Nicolas Soames

NAXOS – Die Erfolgsgeschichte

Klaus Heymann
und sein außergewöhnliches
Independent-Label NAXOS,
das die Klassik-Branche
nachhaltig veränderte

Titel der englischen Originalausgabe: The Story Of Naxos
Copyright © 2012 Naxos AudioBooks UK Ltd.

Erstveröffentlichung in England:
2012 von Piatkus . www.piatkus.co.uk
First published in Great Britain in 2012 by Piatkus

Copyright der deutschen Ausgabe © 2012
Verlag Naxos Deutschland - Musik & Video Vertriebs GmbH
Hürderstr. 4 . D-85551 Kirchheim b. München
info@naxos.de . www.naxos.de

Alle Rechte vorbehalten, insbesondere das des öffentlichen Vortrags.
Kein Teil des Werkes darf in irgendeiner Form ohne schriftliche Genehmigung
des Verlages reproduziert oder unter Verwendung elektronischer Systeme
verarbeitet, vervielfältigt oder verbreitet werden.

Übersetzung: Doris Hummel

Satz: Burkhard Lieverkus, Wuppertal | www.lieverkus.de
Druck und Bindung: FINIDR, s.r.o., Tschechien
Papierart: 90 g Offsetpapier weiß von Ružomberok Mondi
Umschlaggestaltung: Krüger & Kocherscheidt GbR, www.krueger-und-ko.de
Foto Titelseite: © HNH

Bibliografische Informationen der Deutschen Nationalbibliothek
Die Deutsche Nationalbibliothek verzeichnet diese Publikation
in der Deutschen Nationalbibliografie; detaillierte bibliografische Daten
sind im Internet über http://dnb-nb.de abrufbar

Printed in Tschechien

Bestellnr.: NB2012
ISBN 978-3-898-16300-2

Nicolas Soames

NAXOS – Die Erfolgsgeschichte

Klaus Heymann
und sein außergewöhnliches
Independent-Label NAXOS,
das die Klassik-Branche
nachhaltig veränderte

Aus dem Englischen von Doris Hummel

Inhalt

	Vorwort von Klaus Heymann	11
	Einführung von Nicolas Soames	15
Eins	Entscheidende Veränderungen in der Klassik-Branche, 1977–1990	23
Zwei	Klaus Heymann: Ein Porträt	45
Drei	Die frühen Jahre: von Frankfurt nach Hongkong, 1936–1967	59
Vier	Ein neues Zuhause in Fernost: Die Entwicklung einer unternehmerischen Laufbahn, 1967–1982	69
Fünf	Marco Polo: Ein internationales Label, 1982–1987	87
Sechs	Naxos: Eine klassische Revolution, 1987–1994	109
Sieben	Naxos: Eine Weltmacht, 1994–2000	135
Acht	Das digitale Zeitalter, 1996–2011	161

Neun   **Die Künstler: Solisten und Kammermusiker** 183

    Takako Nishizaki – Violine 188
    Jenő Jandó – Klavier 198
    Idil Biret – Klavier 204
    Maria Kliegel – Cello 208
    Kodály Quartet 212
    Ilya Kaler – Violine 216
    Maggini Quartet 218
    Patrick Gallois – Flöte und Dirigat 224
    Norbert Kraft – Gitarre und die *Guitar Collection* 228
    Ulrich Eisenlohr – Klavier 232
    Die neue Generation 235
    Tianwa Yang – Violine 235
    Ashley Wass – Klavier 236
    Eldar Nebolsin – Klavier 239
    Christopher Hinterhuber – Klavier 241

Zehn   **Die Künstler: Dirigenten** 245

    Marin Alsop 249
    Antoni Wit 255
    Dmitri Jablonski 260
    Michael Halász 264
    Jeremy Summerly 270
    Helmut Müller-Brühl 275
    Takuo Yuasa 278
    Leonard Slatkin 282
    Robert Craft 286
    James Judd 289

Elf	**Komponisten unserer Zeit**	295
	USA	298
	Polen	324
	Großbritannien	326
	Weitere zeitgenössische Stimmen	331
Zwölf	**Naxos und seine Labels**	341
	Der Naxos-Katalog	342
	Das zentrale Klassik-Repertoire	344
	Opera Classics	356
	American Classics	357
	Spanish Classics	359
	Italian Classics	361
	Guitar Collection	363
	Organ Encyclopedia	364
	Amadis, Donau, Lydian und Linz	365
	Naxos Jazz	365
	Naxos World	367
	Naxos Historical	368
	Naxos DVD	374
	Streichungen	376
Dreizehn	**Marco Polo**	381
	Der Marco-Polo-Katalog	384
	Chinese Classics	384
	Marco Polo Classics	385
	Filmmusik bei Marco Polo	391
	Yellow River und Middle Kingdom	392
	Nachklang	393

| Vierzehn | **Der Verlag** | 397 |

Naxos AudioBooks 397
Naxos Hörbücher 404
Naxos Educational 404
Naxos Books 407
Artaria Editions 409

| Fünfzehn | **Hinter den Kulissen** | 415 |

A&R, Neuaufnahmen
und der Veröffentlichungszeitplan 415
Aufnahmen, Produktion und Schnitt 420
Verträge und Organisation der Aufnahmen 433
Booklets und Design 433

| Sechzehn | **Naxos im Web** | 449 |

Die Entwicklung der digitalen Dienste 449
Die Plattformen 458
Naxos-Website 458
Naxos Music Library 459
ClassicsOnline 461
Naxos Video Library 462
Naxos Spoken Word Library 463
Naxos Web Radio 464

Siebzehn	**Der Vertrieb: Die Ausweitung eines Imperiums**	467
	Naxos Global Logistics	470
	Naxos: Vertrieb in aller Welt	473
	Großbritannien: Select Music und Videovertrieb	473
	USA: Naxos of America	489
	Deutschland: Naxos Deutschland	504
	Die nordischen Länder: Naxos Schweden	511
	Naxos Japan	519
	Australien: Select Audio-Visual Distribution	522
	Naxos Far East	525
	Naxos Korea	526
	Frankreich: Abeille Musique (unabhängig)	529
Achtzehn	**Naxos: Die Zukunft**	537
	Anhang: Auszeichnungen	553
	Danksagungen	569
	Index	571

Vorwort von Klaus Heymann

Wenn ich auf das letzte Vierteljahrhundert des Naxos-Labels zurückblicke – und sogar noch weiter, bis zu den Anfängen von Marco Polo im Jahr 1982 – bin ich überrascht, wie sehr all das von ganz alleine gewachsen zu sein scheint. Auch wenn ich natürlich Pläne hatte, hat sich Naxos auf ganz unerwartete Weise entwickelt, ohne dass ich dabei je stur einem großartigen Unternehmenskonzept gefolgt wäre.

Das Label, dessen erstes Ziel es war, gute, neue Digitalaufnahmen zu einem Preis anzubieten, den sich jeder leisten konnte, ist ganz sicher zur rechten Zeit auf der Bildfläche erschienen. Aber mir ist durchaus bewusst, welch großer Teil seines Erfolges allein dank einiger ganz entscheidender Einzelpersonen möglich wurde, die an das glaubten, was ich vorhatte, und die ebenso überzeugt davon waren wie ich, dass sich die Tonträgerindustrie verändern musste. Sie gehörten nicht zum Kreis der Ewiggestrigen in den etablierten Institutionen – sonst hätten sie sich gewiss nie auf die Zusammenarbeit mit einem Klassik-Label eingelassen, das seinen Sitz ausgerechnet in Hongkong hat! Sie gehörten aber auch nicht alle zum Kreis der Klassikfans: Einige unter ihnen wussten anfangs sogar nur sehr wenig über klassische Musik, auch wenn sie schnell dazulernten. Sie glaubten einfach an das, was ich zu erreichen versuchte.

Naxos hat die Kultur und die Industrie der klassischen Musikaufnahmen nachhaltig verändert, daran besteht kein Zweifel. Dieses Buch erzählt, wie es dazu kam. Allein anhand des Inhaltsverzeichnisses lässt sich ablesen, dass diese Geschichte von einer sehr bunt gemischten Gruppe von Frauen und Männern erzählt, die ihr Talent und ihre Energie in ein junges Unternehmen investierten, das versuchte, neue Wege zu finden, die Dinge anzugehen: Ich denke da beispielsweise an all die großartigen Musiker, denen das Klassik-Establishment niemals eine internationale Plattform geboten hätte, die jedoch immer wieder bewiesen, dass grandiose Darbietungen auch dort zu finden sein können, wo man sie vielleicht nicht erwartet hätte. Oder an all die kompetenten Produzenten und Techniker der digitalen Welt, die sachkundigen Designer und Autoren, die bereit waren, mit knappen Deadlines zu arbeiten, ohne dabei je musikwissenschaftliche Standards zu vernachlässigen.

Ebenso wichtig waren jedoch auch die Vertriebsunternehmen, die nicht nur effiziente Netzwerke geschaffen, sondern auch frische, und manchmal sehr mutige Marketingkampagnen entwickelten, um Naxos zum sichtbarsten, präsentesten Klassik-Label der Welt zu machen. All diese unterschiedlichen Persönlichkeiten spiegelten sich auch in der Art und Weise wider, wie Naxos sich in so weit verstreuten Ländern wie den USA, Deutschland, Japan, Frankreich, Korea und Großbritannien entwickelte. Die grundlegende Ausrichtung des Labels war zwar von Anfang an international, oft ergaben sich jedoch eindeutige nationale Eigenheiten in Bezug auf Veröffentlichungen oder die Art und Weise, in der einzelne Titel vermarktet wurden.

Ich hatte von Beginn an die Absicht, Naxos trotz seiner günstigen Preise in Sachen Technologie stets an vorderster Front zu platzieren, und es freut mich besonders, dass wir auch 25 Jahre später noch dort zu finden sind und inzwischen auch spezielle Klassik-Webdienste anbieten, mit denen andere Unternehmen schlichtweg nicht mithalten können.

Die Geschichte von Naxos erzählt, wie das Label sich zur weltweit einzigen, wiedererkennbaren Marke im Bereich der Klassik entwickelte. Wir sind so schnell nach vorne gestürmt, dass sich erst rückblickend wirklich erkennen lässt, wie wir eigentlich dort gelandet sind. Diese Geschichte zeigt außerdem, dass wir uns mit unserer großen Bandbreite an Künstlern und Repertoires und unserer immensen Anzahl an

Veröffentlichungen, seien es bekanntere oder unbekanntere Werke, mittlerweile zum führenden Anbieter klassischer Musikaufnahmen entwickelt haben: Wir sind längst viel mehr als ein »Budget«-Label. Und die Reise geht weiter. Das Umfeld der klassischen Musik und der Plattenindustrie ändert sich – in kommerzieller wie auch in technologischer Hinsicht – heute noch schneller als 1987, als die erste Naxos-CD erschien. Trotzdem bin ich heute noch genauso aufgeregt, wenn ich in Hongkong ein Paket mit neuen Naxos-Titeln öffne, wie ich es damals in Frankfurt als Teenager war, als ich begann, Klassik-Schallplatten zu sammeln.

Ich habe als Nicht-Musiker das große Glück gehabt, mein Leben im Herzen der Musik verbringen zu dürfen: Ich durfte meiner Frau, Takako Nishizaki, dabei zusehen, wie sie die großen Violinkonzerte dieser Welt einspielt und dabei helfen, sie zu weltweiten Bestsellern zu machen; ich darf daran mitarbeiten, einen umfassenden Klassik-Katalog mit außergewöhnlich breitem Repertoire aufzubauen – und ich durfte ein Unternehmen aufbauen, das die klassische Musik Millionen von Menschen näherbringt, die ihr sonst vielleicht niemals begegnet wären.

Klaus Heymann, 2012

Einführung von Nicolas Soames

Zum ersten Mal begegnete ich Klaus Heymanns Plattenfirmen, als ich als Klassik-Redakteur bei der *Music Week* arbeitete, der führenden Musik-Fachzeitschrift Großbritanniens, für die ich sowohl über die wichtigsten aktuellen Themen als auch über Neuveröffentlichungen berichtete. Ich schrieb damals auch einen Artikel über Marco Polo und, kurz nach seiner Gründung, über Naxos. So lernte ich auch Klaus kennen. Ich arbeitete außerdem für *Gramophone* und diverse landesweite Zeitungen, und als Journalist habe ich mich natürlich schon immer für gute Geschichten begeistert. Daher war meine Aufmerksamkeit auch sofort geweckt, als sich die Kontroversen um die Unternehmungen dieses »deutschen Geschäftsmannes aus Hongkong« entwickelten – besonders, da er gleichermaßen gefeiert wie kritisiert wurde.

Tatsächlich kann ich mich noch sehr gut an unsere erste Begegnung in einer Hotelbar in London erinnern. Meine Freunde bei den Majors hatten mich vor seiner dubiosen Herkunft gewarnt, und ich war angenehm überrascht, als ich mitnichten auf Mephisto traf – denn genauso war er mir beschrieben worden – sondern auf einen geradlinigen, aufrichtigen Geschäftsmann, der sich ganz offensichtlich hervorragend mit Musik und Musikern auskannte. Darüber hinaus war er bestens über das aktuelle Geschehen informiert. Ich glaube, das muss ungefähr 1990 gewesen sein, als Naxos gerade aus seinem Exklusivvertrag mit Woolworth ausstieg.

Anschließend trafen wir uns relativ regelmäßig, meist auf der MIDEM (der Musikmesse in Cannes, von der ich alljährlich für diverse Zeitungen und Zeitschriften berichtete) oder in London. Klaus hatte immer interessante Neuigkeiten im Gepäck oder zeigte mir einen neuen Blickwinkel, den ich verfolgen konnte: Obwohl er in Hongkong lebte, war er stets bestens informiert.

1992 gründete ich gemeinsam mit meiner Schwester, der Klarinettistin Victoria Soames, das unabhängige Label Clarinet Classics, das eine ganz klare Richtung verfolgte. Ich kannte zwar verschiedene Musikvertriebe, wandte mich zunächst jedoch an Graham Haysom. Er hatte kurz zuvor in Zusammenarbeit mit Klaus Select Music ins Leben gerufen, um Naxos in Großbritannien zu vertreiben, und ich hatte das Gefühl, das Unternehmen sei auf einem guten Weg. Kurze Zeit später schlug Klaus bei einem unserer Treffen vor, Naxos könne den weltweiten Vertrieb von Clarinet Classics übernehmen. Abgesehen von ein paar Einwänden nahmen wir sein Angebot gerne an.

Am Abend des 23. Januar 1994, nach der Naxos-Konferenz auf der MIDEM Classique, veranstaltete Klaus für sämtliche Naxos-Vertriebsunternehmen ein Abendessen in einem Hotel in Cannes. Ich hatte tagsüber bereits die Konferenz besucht, teils als Journalist, teils als Inhaber einer Plattenfirma. Während des Essens saß ich neben Klaus. Zu Beginn des Abends kündigte er an, die Veranstaltung werde um 23 Uhr enden. Typisch deutsche Effizienz, dachte ich. Um 22.50 Uhr begann ich, ihm von meinem jüngsten Vorhaben zu berichten: einem Hörbuch-Label, das gekürzte Versionen großer Literaturklassiker anbieten würde, unterlegt mit klassischer Musik. So wollten wir Größen wie Homer oder Dante einem breiteren Publikum zugänglich machen. Klaus hörte aufmerksam zu. Um 22.56 Uhr schlug er ein gemeinsames Unternehmen vor und hatte bereits konkrete Vorstellungen von der Anzahl der Veröffentlichungen in den ersten beiden Jahren, den finanziellen Einzelheiten und sogar der grundlegenden geschäftlichen Organisation. Wir diskutierten noch vier Minuten darüber, und um Punkt 23 Uhr waren wir uns einig und besiegelten unser Vorhaben mit einem Handschlag. Klaus erhob sich, dankte allen für ihr Kommen und verließ den Saal.

Und ich saß da, völlig perplex, und versuchte zu realisieren, dass mein Leben soeben seine Richtung geändert hatte.

Seit jenem Tag sind 18 Jahre vergangen. In der Zwischenzeit hat Naxos AudioBooks auf beiden Seiten des Atlantiks zahlreiche Preise gewonnen und sich zum führenden Hörbuch-Label für klassische Literatur entwickelt. Seither habe ich mich hauptsächlich um dieses Unternehmen gekümmert, aber ich habe stets auch Naxos' gesamte Entwicklung im Auge behalten – immerhin hatte ich zwei Jahrzehnte lang über die Klassikindustrie berichtet, bevor ich mich selbst in einer der aufregendsten Geschichten wiederfand, die sich in der Welt der klassischen Musikaufnahmen je ereignet hatten. Ich wurde Zeuge einer bemerkenswert schnellen Expansion und bin zu fast allen Naxos-Büros auf der Welt gereist. Natürlich verlief nicht alles vollkommen reibungslos: Immer wieder sah ich, wie Klaus das Ruder noch einmal herumriss, wenn seine Begeisterung und seine Investitionen in neue Aufnahmen wieder einmal entschieden größer waren als die Erträge. Jeden Monat, wenn die CDs mit den Neuerscheinungen von Naxos AudioBooks in meinem Büro eintrafen und ich die Pakete öffnete, war ich aufs Neue erstaunt über die Vielfalt der Musik und der Musiker: Ich fand darin nicht nur beliebte Klassiker, sondern auch Komponisten, von denen ich noch nie zuvor gehört hatte – dabei sollte dies doch eigentlich ein Budget-Label sein.

Diese Jahre bei Naxos waren ungeheuer aufregend. Es gab Zeiten der Verwirrung und Zeiten der Verzögerung, nicht erreichte Verkaufsziele, schiefgelaufene Projekte und Reihen mit wirklich guten Aufnahmen, die aufgrund von Marketingfehlern scheiterten. Aber die Erfolge haben die Niederlagen bei Weitem überwogen, und noch immer erscheinen jeden Monat neue Musikaufnahmen – und Hörbücher – in einer bemerkenswerten Vielfalt, mit der es keine andere Firma weltweit aufnehmen kann.

Als ehemaliger Journalist hatte ich das große Privileg, Naxos' Entwicklung vom Außenseiter – der um einen Platz in der Klassikindustrie und gegen die Missachtung des Establishments kämpfen musste – zu seiner heutigen herausragenden Position mitverfolgen zu dürfen. Was die Bandbreite des regelmäßig veröffentlichten klassischen Repertoires angeht, steht seine weltweit führende Position außer Frage. Darüber hinaus ist Naxos im Bereich der Klassik das stärkste, weitreichendste Vertriebsnetzwerk weltweit und Spitzenreiter in Sachen digitaler Lieferung (in diversen Formen). Auch wenn es manchmal schwierig sein kann, Veränderungen von innen zu bewirken, ist offensichtlich, dass sich die Musikindustrie weiterentwickelt hat, und zu einem großen Teil hat sie dies auch Naxos zu verdanken.

Nachdem ich einige Jahre fast ausschließlich für Naxos AudioBooks und gelegentlich für Naxos gearbeitet hatte – beispielsweise bei der Produktion von *Der Karneval der Tiere*, gelesen vom allseits beliebten Johnny Morris – wurde ich bei Naxos auch auf anderen Gebieten im Bereich der klassischen Musik tätig. Zunächst habe ich die Biografien von einigen Komponisten der Hörbücher produziert, später dann auch allgemeine Musikbiografien und -geschichten. Nach 15 Jahren wurde mir klar, dass irgendjemand irgendwann auch *Die Geschichte von Naxos* schreiben würde. Und es würde gewiss nicht leicht werden, das Porträt eines derartig vielschichtigen Unternehmens zu zeichnen, selbst wenn diesem Unternehmen nur ein einziger Mann vorstand. Letzten Endes konnte ich mich dieser Aufgabe nicht entziehen – die Geschichte war einfach zu gut.

Ich wollte jedoch nicht einfach die Geschichte eines Unternehmens niederschreiben: Ich wollte eine Geschichte für den durchschnittlichen Naxos-Käufer erzählen – für jene Menschen, die in die Plattenläden gehen und direkt auf die Naxos-Abteilung zusteuern. Und das ist ein herrlich bunt gemischter Haufen: Studenten, die sich nur Naxos leisten können; Klassik-Neulinge, die dank des Covers Werke sofort erkennen, von denen sie schon einmal gehört haben; aber auch jene anspruchsvollen CD-Käufer, die sich für einen bestimmten Bereich des ungewöhnlichen Repertoires interessieren und ernsthafte Sammler, die sich angesichts der Naxos-Preise nur schwer beherrschen können – wie kleine Kinder im Süßwarenladen. Und genau das ist das Außergewöhnliche an der Anhängerschaft, die Naxos im Laufe der Jahre gewonnen hat – diese Menschen kommen aus allen Schichten der Gesellschaft, aber sie vereint die Tatsache, dass sie eine Naxos-CD sofort erkennen, wenn sie sie sehen.

Dieses Buch ist daher auch mit dem steten Gedanken an diese Menschen geschrieben. Ich habe mich der Aufgabe angenommen, zu erzählen, wie und wann diese Geschichte sich zugetragen hat. Offen gestanden gibt es dabei kein wirkliches »Warum«. Außer vielleicht, dass der Naxos-Gründer Klaus Heymann eine Gelegenheit erkannte, die er anfangs noch für ein eher kurzfristiges Unternehmen hielt, die er inzwischen jedoch in eine bereits 25-jährige Geschichte nie geahnten Wachstums verwandelte. Und mehr als alles andere wurde er dabei von einer einzigen Sache angetrieben – von seiner Liebe zur Musik.

Nicolas Soames, 2012

Entscheidende Veränderungen in der Klassik-Branche, 1977–1990

1977, zehn Jahre, bevor die erste Budget-CD von Naxos in Europa und Asien auf den Markt kam, erreichten die Verkaufszahlen des Vorgängerformats – der Vinylplatte – ihren Höhepunkt. Die Klassikindustrie unterschied sich sowohl in ihrer Form als auch in ihrem Wesen sehr stark von der, an die wir uns im 21. Jahrhundert bereits so sehr gewöhnt haben. Damals war diese Branche sehr patriarchalisch strukturiert: Sie wurde von einer Handvoll selbsternannter ruhmreicher – zumindest sahen sie sich selbst gerne so – Plattenfirmen regiert, die innerhalb der Industrie inoffiziell als »Major-Labels« bezeichnet wurden und eine ausgewählte Liste mit Starkünstlern unter Vertrag hatten, die meist exklusiv hofiert, gefeiert – um nicht zu sagen: verwöhnt – und als die einzig wahren Musikkünstler der Welt vermarktet wurden. Die führenden Dirigenten, Solisten und Sänger dieser »Majors« wurden von anderen Firmen, Einzelhändlern und Käufern klassischer Musik als aristokratisches Grüppchen angesehen: Allein sie waren in der Lage, die einzig wahren Interpretationen der Werke großer Komponisten zu präsentieren – zumindest galten sie so lange als die einzig Wahren, bis die nächste Generation nachrückte und an ihrer Stelle vermarktet und gefördert wurde.

In Europa gab es vier dieser großen Plattenfirmen: die Deutsche Grammophon (DG), Philips, Decca und EMI. Die Deutsche Grammophon (aufgrund ihrer unverwechselbaren gelben Kartusche auch oft schlicht als »Gelblabel« bezeichnet) hatte ihren Sitz in Hamburg und verfügte vermutlich über das höchste Prestige. Ihr vollständiger Name war Deutsche Grammophon Gesellschaft, kurz: »DGG«, was später jedoch auf »DG« verkürzt wurde. Philips, ursprünglich eine niederländische Firma, war Teil des Elektronikriesen. Die seltsam breit gefächerten Geschäftstätigkeiten von Decca, einem langjährigen britischen Unternehmen, reichten von klassischen Musikaufnahmen bis zu militärischer Elektronik. Auch EMI hatte seinen Sitz in Großbritannien und trug sein altes Erbe mit Stolz: Seine Wurzeln reichten bis in die frühesten Tage der klassischen Plattenindustrie zurück, und die Veröffentlichungen zierte das berühmte Hund-und-Grammophon-Logo von His Master's Voice, bis es im Zuge irgendeiner cleveren Marketingidee von den Plattenhüllen verbannt wurde.

Darüber hinaus existierten zwei amerikanische Labels, RCA und CBS. RCA entstand Ende der 1920er durch die Fusion der mächtigen Victor Company und der Radio Corporation of America, und wurde über Jahrzehnte hinweg von einem Giganten des amerikanischen Kapitalismus geführt: David Sarnoff. Einer der wichtigsten Künstler bei RCA war Arturo Toscanini. CBS (ursprünglich Columbia) stand unter der Leitung von William Paley, einem weiteren Medienriesen aus der Mitte des 20. Jahrhunderts, der der Plattensparte der RCA mit der Übernahme der American Record Corporation im Jahr 1938 ernsthaft Konkurrenz machte. Sowohl RCA als auch CBS nutzten ihre Radio- und Fernsehzweige, um ihre großen Künstler zu vermarkten, darunter auch Sir Thomas Beecham.

Der Inhalt ihrer sechs Kataloge reichte bis zum Beginn der Aufnahme-Ära im ersten Jahrzehnt des 20. Jahrhunderts zurück. In diesen frühen Tagen lieferten sie sich ein regelrechtes Rennen darum, die größten Künstler und Darbietungen jener Zeit für immer festzuhalten, und es entstanden wirklich bemerkenswerte Archive. Damals musste beim Einspielen der Werke noch alles perfekt sein: Nachbearbeitungen sind erst seit der Zeit nach dem Zweiten Weltkrieg üblich, als erstmals auch Tonbänder für die Aufnahmen verwendet wurden.

1977 teilten diese sechs internationalen Major-Labels den Löwenanteil untereinander auf: Sie erzielten die höchsten Verkaufszahlen im Bereich der klassischen Musik und erlangten durch Artikel und Rezensionen in Klassikzeitschriften überall auf der Welt die größte öffentliche Aufmerksamkeit. Sie verfügten über perfekte Werbemaschinerien, um ihre Stars zu vermarkten und konnten ihre umfangreichen Backkataloge verwerten, um Wiederveröffentlichungen zu günstigeren Preisen, Sampler mit besonders beliebten Stücken und – etwa für das Weihnachtsgeschäft – Sammelalben zu Sonderpreisen auf den Markt zu bringen.

Inmitten dieser mächtigen Wale tummelten sich die »Independents«: unabhängige Klassik-Labels, die oft von Fans ins Leben gerufen worden waren, die hofften, spezielle Nischen füllen zu können. Diese »Indies« waren äußerst rege und geschäftstüchtig – sie verstanden es, die Bedürfnisse der Sammler zu befriedigen. Ihr Sortiment war meist auf seltenes Repertoire begrenzt, das sich in der Regel der Kammermusik widmete, aber auch Orchesterwerke und in einigen Fällen sogar Opern einschloss. Die Unabhängigen lebten von ihrer Cleverness und überlebten häufig nur dank des Einfallsreichtums ihrer Gründer: Sie spiegelten das Land ihres Firmensitzes wider und veröffentlichten – zumindest in der Anfangsphase – vorwiegend Musik oder Musiker aus diesem Land. Für gewöhnlich waren sie dem Untergang geweiht, sobald Alter und Erschöpfung ihre Eigentümer übermannten.

Es war eine geschäftige Szene. Mitte der 1970er gehörten ihr in Großbritannien Labels wie CRD, Unicorn-Kanchana, Nimbus, Meridian und Lyrita an, während die französische bzw. deutsche Indie-Szene jeweils von zwei größeren Firmen angeführt wurde: Harmonia Mundi und Erato in Frankreich, Acanta und die Deutsche Harmonia Mundi in Deutschland. In Skandinavien gab es BIS, in den USA waren Elektra Nonesuch, Varèse Sarabande und Telarc starke Vertreter. Im kommunistischen Ostblock Europas wurde die Klassikindustrie von den nationalen Labels dominiert: Supraphon und Opus in der Tschechoslowakei, Hungaroton in Ungarn, Polskie Nagrania in Polen, VEB Deutsche

Schallplatten in der DDR und der mächtigen Melodiya Company in der Sowjetunion. Sie hatten sozusagen einen doppelten Status inne: In ihren Heimatländern waren sie Majors, im Rest der Welt Independent-Labels.

Die allgemeine Wahrnehmung sah die sechs großen Majors gemeinsam mit ihren *maestri* unumstößlich an der Spitze dieser Riege. Der unbezwingbare König aller war Herbert von Karajan. Er bedeutete gleich für zwei Plattenfirmen – DG und EMI – den Hauptgewinn, was zum einen an seinem unersättlichen Appetit nach Musikaufnahmen, zum anderen an den damit verbundenen Kosten lag, die für eine Firma allein, selbst für einen Major, einfach zu hoch waren. Natürlich gab es aber auch noch andere Stardirigenten: Georg Solti bei Decca, Leonard Bernstein bei CBS, den verstorbenen Otto Klemperer bei EMI, den jungen James Levine bei RCA und Bernard Haitink bei Philips. Sie alle veröffentlichten ihre sinfonischen Zyklen, aber keiner von ihnen reichte an die Produktivität eines Karajan heran, der in seiner Aufnahme-Laufbahn nicht weniger als fünf Beethoven-Sinfoniezyklen auf den Markt brachte. Qualitätsvergleiche zwischen Bernsteins und Haitinks Mahler, um nur ein Beispiel zu nennen, waren zentrale Themen der Diskussion jener Zeit, und um wenigstens als halbwegs ernsthafter Sammler angesehen zu werden, musste man mindestens drei oder vier Versionen eines kompletten Zyklus' besitzen.

Dann waren da natürlich noch die Solisten. Denken wir nur einmal an die Pianisten: Ashkenazy bei Decca, Pollini bei DG, Perahia bei CBS. Oder an die Violinisten: Menuhin bei EMI, Stern bei CBS. Oder die Sänger: Pavarotti und Sutherland bei Decca, Sherrill Milnes und Placido Domingo bei RCA. Und sie waren nur die Oberfläche. Die meisten Majors verfügten über eine lange Liste von Vertragskünstlern, die die wichtigsten Instrumente abdeckten und unterschiedliche Darbietungen desselben Werkes anboten. Selbstverständlich spielten auch sie das zentrale Repertoire ein (das in den 1980ern als »Kernrepertoire« bekannt wurde), aber in der Werbung setzten die Firmen ihren Schwerpunkt auf die Künstler. Die Major-Labels machten aber nicht nur Stars, sie bauten auch auf dem Erfolg bereits etablierter Konzertmusiker auf.

Es war Aufgabe der Presse- und Werbeabteilungen, den Sammlern die Botschaft zu übermitteln, dass es für sie unerlässlich war, in die teureren Aufnahmen dieser Starkünstler in Begleitung der besten Orchester der Welt zu investieren, wenn sie sich zu Hause eine ernstzunehmende Interpretation des Kernrepertoires ins Regal stellen wollten. Wer sein Geld für andere Aufnahmen ausgab, unterstützte damit zwar vielleicht einen achtbaren Versuch, aber erstklassige Qualität würde er dadurch sicher nicht erwerben.

Dieses Gefühl der Erhabenheit wurde von einem finanziellen Fundament getragen, das Überfluss nicht nur ermöglichte, sondern sogar dazu ermutigte. Die Künstler erhielten Tantiemen und andere Vergünstigungen, die den fantastischen Deals ihrer Popstar-Kollegen in nichts nachstanden. Ihnen wurde ein Vetorecht bei Aufnahmen gewährt, falls sie mit dem Endergebnis nicht zufrieden waren – ganz gleich, wie lange die Aufnahmen im Studio gedauert hatten. Carlos Kleiber weigerte sich, erneut mit der DG zusammenzuarbeiten, nachdem das Label darauf bestanden hatte, seine Aufnahme von *Tristan und Isolde* zu veröffentlichen. Er hatte mehrere Tage mit der Aufnahme zugebracht, die DG daraufhin mehrere Monate in die Nachbearbeitung investiert, aber trotzdem war er der Ansicht, die finale Fassung sei nicht gut genug für eine Veröffentlichung und verweigerte seine Zustimmung. Am Ende gelang es der DG mit ungewöhnlicher Entschlossenheit, ihn doch noch umzustimmen: Die Aufnahme wurde (recht erfolgreich) veröffentlicht, aber Kleiber arbeitete nie wieder mit der Firma zusammen.

Vielen der unter Vertrag stehenden Künstler wurden sogar Genehmigungsrechte für Fotos gewährt. Es war beinahe üblich, dass sich Veröffentlichungen um Monate oder sogar Jahre verzögerten, wenn einem Künstler ein Coverfoto nicht gefiel, er aber keine Zeit für eine weitere Session im Studio hatte. Einen Fotografen um die halbe Welt zu fliegen, damit er einen Künstler in voller Orchestermontur für ein Plattencover fotografierte, wurde als relativ kleiner Aufwand betrachtet.

All dies wurde von den üppigen Werbeetats gedeckt, dank der auch Klassikjournalisten zu Zielen in aller Welt reisten, um Interviews zu führen oder Konzerte, Festivals oder Studioaufnahmen zu besuchen und anschließend darüber zu berichten. Diese Budgets ermöglichten auch ähnlich großzügige Ausgaben für Werbeanzeigen in klassischen Musikzeitschriften und auf den Klassik-Seiten zahlreicher Zeitungen und sicherten den Majors so den Löwenanteil der Leitartikel, während die Indies sich um die restlichen Zeilen streiten durften.

So war nun einmal der Lauf der Dinge, und nur wenige beschwerten sich darüber. In gewisser Weise war es ein goldenes Zeitalter und die Gefahr, dadurch das eine oder andere Image übermäßig aufzublasen, gehörte einfach dazu. All dies war möglich, weil sich die klassische Musik seit den 1950ern, in denen der Popmusik-Markt immer weiter wuchs, und sich das Kaufen von Platten zu einer beliebten Freizeitbeschäftigung entwickelte, eine besondere, erhabene Position in der Musikindustrie verschafft hatte. Klassische Musik war – im Gegensatz zur Popmusik – Kunst, klassische Musiker die einzig wahren Künstler. Niemand erwartete, dass dieser Bereich des kulturellen Lebens einen Gewinn abwarf oder zum Nettoprofit eines Unternehmens beitrug – ebenso wenig, wie man dieses vom Opera House am Londoner Covent Garden erwartete. Oder zumindest gewährte man einen großzügigen Spielraum. Die Klassikabteilungen der Major-Labels lebten in einer magischen Welt.

Es besteht kein Zweifel daran, dass sie diese Aura nur teilweise verdienten – immerhin waren sie von den mächtigen Marketingmaschinerien dieser internationalen Unternehmen auf Hochglanz poliert worden. Doch ebenso zweifellos haben wir dieser Epoche eine Reihe außergewöhnlicher Aufnahmen zu verdanken, die auch in Zukunft noch zu den einzigartigen Errungenschaften der westlichen Kultur zählen werden. Nur wenige, die Karajan jemals haben dirigieren sehen oder ihm begegnet sind, können leugnen, dass er in vielerlei Hinsicht ein außergewöhnlicher Mann war. Gleiches gilt für Bernstein oder Kleiber, Klemperer oder Giulini. Es drehte sich auch nicht immer alles um die ganz großen Stars: Sie wurden von hochqualifizierten, engagierten Technikern, Produzenten und A&R (»Artist and Repertoire«)-Experten getragen, die sich in einer Umgebung bewegten, in der sich Elemente einer elitären akademischen Welt und einer ausschweifenden Showbusiness-Atmosphäre à la Hollywood miteinander vermischten.

Aber es gab auch echte Integrität. In vielen Projekten steckte beinahe eine Art Kreuzrittergeist: Decca machte es sich beispielsweise zur Aufgabe, die historische Aufführungspraxis bekannter zu machen – ein Trend, den die unabhängigen Labels gesetzt hatten. Mit einem Mozart-Sinfoniezyklus von Christopher Hogwood und der Academy of Ancient Music half das Unternehmen auch diesem Genre in den Mainstream. Initiiert wurde dies jedoch nicht von den Künstlern, sondern vom Decca-Marketingchef, dem es damit tatsächlich gelang, der Alte-Musik-Bewegung Auftrieb zu geben.

Ein weiteres Beispiel, ebenfalls aus dem Hause Decca, war die Veröffentlichung von Bachs gesamtem Orgelwerk. Für dieses Projekt entschied sich die Plattenfirma für den englischen Organisten Peter Hurford, einen hochgeschätzten Künstler, der außerhalb der Welt der Orgelmusik jedoch kaum bekannt war. Darüber hinaus traf man die kreative Entscheidung, die Stücke in aller Welt und ausschließlich auf neuen Orgeln aufzunehmen. Hurford reiste daher mit dem Decca-Aufnahmeteam durch Europa, Amerika und Australien, um das Projekt zu realisieren. Ganz gewiss kein billiges Unterfangen, und es ist höchst unwahrscheinlich, dass es seine Ausgaben je wieder einspielte. Aber es war definitiv ein Statement.

Zwei oder drei Jahrzehnte lang wuchsen und gediehen klassische Musikaufnahmen allein in der überladenen, geschützten Welt der Major-Labels, die kaum noch genügend Brotkrumen und Platz für geschäftstüchtige Einzelkämpfer bot, um ein eigenes kleines Label zu gründen. Der Anteil klassischer Musik in der gesamten Plattenindustrie reichte von fünf Prozent in den USA bis zu elf Prozent in Deutschland und etwa sieben Prozent in Großbritannien, hielt sich insgesamt jedoch relativ stabil und schlug nur hin und wieder merklich aus, wenn sich ein unerwarteter Charterfolg mit einem Crossover-Projekt einstellte.

In den 1970ern änderte sich das klassische Bild jedoch. Das Pop-Label Warner tauchte mit der Übernahme der unabhängigen Plattenfirma Elektra Nonesuch einen Zeh in die Klassik-Gewässer, und auch EMI investierte in kleine Aufnahmestudios in aller Welt und machte sich damit innerhalb der Riege der Majors einzigartig. 1979 gesellte sich Decca zu den beiden Klassik-Labels Deutsche Grammophon und Philips, die sich bereits zum Plattenriesen PolyGram zusammengeschlossen hatten. Edward Lewis, Decca-Gründer und leidenschaftlicher Klassikliebhaber, war in finanzielle Schwierigkeiten geraten und zum Verkauf gezwungen. Er starb nur zwei Wochen später. Obwohl alle drei Labels ihren individuellen Charakter auch in der Folge weitgehend behielten, stieg PolyGram Classics, wie der Konzern nun hieß, zur weltweit größten Klassik-Macht auf. Allmählich wurden auch die Popmusik-Labels – stets mit kommerziell geschärftem Blick – auf die klassische Nische aufmerksam, die sie jedoch nie wirklich verstanden. Vermutlich war dies auch der Grund dafür, dass sämtliche unschätzbar wertvolle 78er-Masterplatten zerstört wurden, als PolyGram Decca übernahm.

1979 setzte allmählich eine Stagnation bei den Plattenverkäufen ein. Dafür gab es verschiedene Gründe. Inzwischen gab es die LP seit beinahe 40 Jahren, und die Menschen begannen sich zu fragen, ob es wirklich nötig war, ihre absolut annehmbare Aufnahme von Beethovens Sinfonien durch eine Interpretation des neuesten Star-Dirigenten zu ergänzen oder gar zu ersetzen. Sie mochte vielleicht ein wenig zerkratzt sein, aber sie war entschieden langlebiger als die 78er. Hauptgrund für den Rückgang war jedoch das Aufkommen heimischer Tonbandaufnahmen: Ende der 1970er kamen die ersten Stereoanlagen mit Radio, Plattenspieler und Kassettendeck aus Japan in den Westen, und schon bald war es üblich, zu Hause eigene Aufnahmen auf Kassette zu überspielen. Leerkassetten waren zwar noch relativ teuer, aber es war immer noch günstiger, Platten zu überspielen als eine neue LP zu kaufen. Prompt startete die Plattenindustrie ihre erste Anti-Piraterie-Kampagne, deren Logo ein Totenkopf war, aber die Flut ließ sich nicht mehr aufhalten. Notgedrungen begab sich die Industrie auf die Suche nach einem Medium, das nicht kopiert werden konnte.

Auch die ersten kommerziellen Digitalaufnahmen entstanden 1979. Dieses System bediente sich eines PCM (»Puls-Code-Modulation«)-Rekorders, der Töne ohne analoges »Rauschen« produzierte. Klassik-LPs erschienen mit dem Kaufanreiz »DIGITAL« und versprachen absolute Stille im Hintergrund. Dieses Versprechen hielten sie auch – bis auf die kleine Ausnahme, dass am Mikrofon ein analoger »Moment« entstand bzw. ein analoger Prozess unvermeidbar war, wenn die Nadel auf die Vinylplatte traf. Dennoch war ein eindeutiger Unterschied zu erkennen, und die Klassikwelt feierte diese Entwicklung als großen Fortschritt im Bereich der Aufnahmetechnologie.

1978 hielt die digitale Technologie mit der Bildplatte von Philips auch in Privathaushalten Einzug, und als sich die Techniker von Philips und Sony schließlich zusammenschlossen, wurde die Compact Disc geboren. Die CD-Herstellung war jedoch ein sehr komplexer Prozess und bedurfte umfangreicher Investitionen. Dennoch veränderte die CD nach ihrer Einführung in Japan im Jahr 1982 und im Rest der Welt im Jahr 1983 die Musikindustrie für immer. Sämtliche Plattenfirmen hofften, dass ihre bemerkenswerte Klangqualität einen so hohen Standard setzen würde, dass sich niemand mehr mit Kassettenaufnahmen zufriedengab. Darüber hinaus gestaltete sich dieses Unterfangen ohnehin noch recht schwierig, bevor CD-Player und Kassettenrekorder in einem Gerät kombiniert wurden, und es sollte noch einige Jahre dauern, bevor Heimcomputer es relativ einfach machten, Kopien von CD zu CD zu erstellen. Eine Zeit lang war die Industrie daher vollkommen überzeugt davon, die CD sei die ersehnte Antwort auf die Heimpiraterie. Ironischerweise sollten später jedoch gerade Digitalaufnahmen und die CD das größte Heimpiraterie-Problem für die Plattenfirmen auslösen – 1983 erschienen sie jedoch noch als die perfekte Lösung. Sie bescherten der Klassikindustrie noch nie dagewesene Gewinne. Anfangs wurde der CD-Klang von vielen noch in Frage gestellt: Sammler, die an den »warmen« Klang der LPs gewöhnt waren, übten Kritik an der ersten Generation der CDs und CD-Player. Im Laufe der Jahre machte die Technologie jedoch immer größere Fortschritte – durch Computer verbesserten sich Aufnahme- und Produktionstechnologien, und auch die Qualität der Abspielgeräte entwickelte sich weiter – und es bestand kein Zweifel mehr daran, dass die praktische Handhabung des neuen Mediums und die Begeisterung für die neue, »moderne« Technologie schließlich zu deren Siegeszug führen würden. Kurioserweise war es Herbert von Karajan, der die Spieldauer festlegte. Als Sony ihn fragte, was er für die geeignete

Spieldauer hielt, antwortete er, sie müsse lang genug für Beethovens 9. Sinfonie sein. Dies war jedoch ziemlich unlogisch: Es wäre weit sinnvoller gewesen, die Spieldauer auf etwa 60 Minuten (zwei Seiten einer LP) oder 90 Minuten (zwei Seiten einer Kassette) festzulegen.

Das Format gab ernsthaften Klassiksammlern einen triftigen Grund, all ihre Lieblingsaufnahmen noch einmal auf CD zu kaufen: die Backkataloge von Karajan, Klemperer, Solti und Giulini, von Michelangeli und Stern, von Opern bis hin zu historischen Darbietungen, die bis in die Zeit der ersten Musikaufnahmen zurückreichten. Es dauerte zwar eine Weile, bis die Plattenfirmen wirklich damit begannen, ihre Backkataloge zu verwerten, aber als sie es taten, erwies es sich als äußerst profitabel. Das neue Medium öffnete darüber hinaus die Tür für eine weitaus breitere Öffentlichkeit, die nun ebenfalls Ausflüge in die klassische Musik unternehmen konnte. Wenn Musikliebhaber nun CDs von Pink Floyd oder den Beatles kauften, warfen sie auch hin und wieder eine Klassik-CD in ihren Einkaufskorb. Sie machte sich gut im Regal, und ein komplettes Orchester klang auf CD unbestreitbar beeindruckend.

Das einzige Problem in den ersten vier oder fünf Jahren war, dass CDs noch sehr teuer waren (was ihr silbern glänzendes Äußeres rechtfertigen sollte). Die Kapazitäten der wenigen CD-Hersteller weltweit waren begrenzt. Plattenfirmen konnten von ihren Kunden hohe Preise für das Privileg verlangen, ihnen den Besitz dieser neuen Technologie zu ermöglichen, und sie verkauften CDs für den dreifachen Preis einer LP. Es zeichnete sich schnell ab, dass die klassische Musik eine führende Position im Bereich der CD übernehmen würde, auch wenn die Scheiben alles andere als billig waren. Dies lag vor allem daran, dass die längeren Spielzeiten eher der klassischen als der Popmusik zugute kamen. Darüber hinaus nahm man allgemein an, dass sich Klassiksammler dank ihrer größeren Kaufkraft und ihres generellen Interesses an Hi-Fi – sie spielten ihre LPs nicht auf einem Dansette-Wechsler ab – zu den ersten Anhängern der neuen Technologie entwickeln würden. Diese Annahme sollte sich als richtig erweisen.

Infolge des kommerziellen Erfolgs der frühen CD-Jahre streckten die Klassik-Labels ihre Köpfe auch immer häufiger über den Rand des

Plattentellers hinaus. Dies zeigte sich auch an der wachsenden Präsenz bei der MIDEM (der alljährlich im Januar stattfindenden Musikindustrie-Messe in Cannes), die schließlich zur Gründung der MIDEM Classique führte. Sie verhalf der Industrie im Allgemeinen und der klassischen Musik im Besonderen zu neuer Energie. Dank der neuen Technologie wurde die Klassik ein wenig angesagter.

Gleichzeitig rückten auch klassische Musiker immer weiter in den Mittelpunkt des Interesses der breiten Öffentlichkeit. Karajan mochte sich vielleicht bereits in den letzten Jahren seines Lebens befinden, aber er war nach wie vor äußerst präsent. Eine Zeit lang füllten seine Konzerte mit den Berliner Philharmonikern in Japan nicht nur Konzerthäuser, sie wurden auch in den Radio- und Fernsehsendern des NHK (der öffentlichen japanischen Rundfunkanstalt) ausgestrahlt und erreichten so 15 Millionen Menschen. Karajan hatte erkannt, wie wichtig es war, auch die breite Öffentlichkeit mit einzubeziehen und ließ schon bald alle seine Konzerte filmen: In finanzieller Hinsicht war dies ein immenses Unterfangen, aber es würde ihm, wie er hoffte, eine gewisse Unsterblichkeit verleihen. Diese allgemeine Aufmerksamkeit wirkte sich auch entscheidend auf die Plattenverkäufe aus, und als Karajan im Jahr 1989 starb, stellten seine Aufnahmen 25 Prozent des Gesamtumsatzes der DG dar.

Durch die Klassikbranche wehte ein frischer Wind. Diese neue Energie war zum einen auf die Einführung der CD zurückzuführen, zum anderen auf die neu aufblühende Generation unabhängiger Labels. In Großbritannien hinterließen Hyperion, Chandos, Nimbus, ASV und andere einen immer größeren künstlerischen und kommerziellen Eindruck. In Deutschland scharte ECM unter der Leitung seines extrem individualistischen Gründers Manfred Eicher schon bald eine Kult-Anhängerschaft um sich, während Capriccio gemeinsam mit der CD auf der Bildfläche erschien. BIS, von Robert von Bahr 1973 gegründet, hatte sich bereits als führendes unabhängiges Label in Schweden etabliert und ergriff die Möglichkeiten der CD mit beiden Händen.

1982 kam aus Hongkong eine weitere Geschäftsidee: das Label Marco Polo Records, das von dem in Deutschland geborenen Geschäftsmann

Klaus Heymann gegründet worden war, um Musik aus der Zeit der Romantik und Spätromantik aufzunehmen und die weltweit allerersten Aufnahmen dieser Musik zu veröffentlichen. Es zeigte eine klare Marketingstrategie und fand seinen ganz eigenen Platz zwischen den bereits etablierten unabhängigen Labels. Dass ein solches Unternehmen seinen Ursprung in Hongkong hatte, war durchaus ungewöhnlich, aber die Welt wurde eben immer kleiner. Die ersten Aufnahmen erschienen noch auf LP, aber auch wenn die CD schon kurz nach der Gründung des Labels eingeführt wurde, dauerte es aufgrund der fehlenden Kapazitäten der Hersteller noch eine Weile, bevor Heymann und Marco Polo die Zusage eines CD-Fabrikanten erhielten.

Gemeinsam wuchsen diese kleinen, couragierten Labels allmählich zu einer eigenen Macht heran, die die Welt der Klassikaufnahmen veränderte und ihren Beitrag dazu leistete, diese Musik einem breiteren Publikum bekannt zu machen. Im Großen und Ganzen war hierbei eher die Musik die treibende Kraft, nicht die Künstler. Doch auch der Aufstieg der CD trug einen großen Teil dazu bei: Allmählich steigerte sich die Produktion, und den Kunden stand Monat für Monat eine größere Bandbreite und Vielfalt an Musik und Labels in den Regalen zur Auswahl.

Mitte der 1980er stieg schließlich auch die Anzahl der CD-Hersteller. Die CD hatte sich als Medium definitiv durchgesetzt, und auch die allgemeine Finanzbranche beschloss, auf diesem Sektor zu investieren. Zu Beginn lagen die Produktionskosten aufgrund der geringen Herstellerzahl noch recht hoch. 1985, als sich der Wettbewerb unter den Fabrikanten verstärkte und höhere Kapazitäten den Markt stabilisierten, begannen die Kosten dann allmählich zu sinken. 1987 gab es sogar einige ungenutzte Kapazitäten – genug, um einen japanischen Hersteller dazu zu bringen, CDs für 3 US$ pro Stück zu pressen (der Preis für eine LP lag bei 1 US$).

Dies war auch der Zeitpunkt, an dem eine neue Ära für Klassikaufnahmen anbrach – in der unwahrscheinlichen Umgebung der französischen *hypermarchés*. Ein Hongkonger Einkaufsbüro, Fargo, hatte einer Firma in Hongkong einen riesigen Auftrag für digitale Aufnahmen beliebter Klassikstücke erteilt, die zum Budgetpreis angeboten werden sollten: Die erste Naxos-CD rollte bei Denon in Yokohama vom Band.

Es war jedoch nicht allein das Aufkommen der CD, das den Weg für neue Unternehmen wie Naxos ebnete: Ende der 1980er erlebte die Klassikindustrie noch weitere entscheidende Veränderungen. Einige der Majors hatten neue Eigentümer, die begannen, die traditionellen, eingefahrenen Unternehmensgewohnheiten in Frage zu stellen. Große multinationale Firmen interessierten sich verstärkt für die potenziellen Profite im Bereich der klassischen Musik, als die Konsumenten ihre LPs allmählich gegen CDs austauschten. 1986 kaufte der deutsche Verlags- und Medienkonzern Bertelsmann RCA auf, um seinen Geschäftsbereich neben der Printsparte auch auf die Musikbranche ausweiten zu können. 1987 übernahm Sony CBS Records und schuf mit dem Ziel, Inhalte zu erwerben, Sony Classics: Man wollte die CDs nicht einfach nur pressen. 1988 entschloss sich auch die Time Warner Group, tiefer in die Klassikbranche einzutauchen, und kaufte das deutsche Unternehmen Teldec. Vier Jahre später stieß der ehemalige EMI-Präsident Peter Andry zu dem Konzern, der Erato mit in die Familie brachte und mit Warner Classics ein separates Label gründete. So entstand ein neues »Major« mit drei Eisen im Feuer sowie Elektra Nonesuch als eine Art »unabhängiges Label« als Extra. Auch wenn sie es zu diesem Zeitpunkt noch nicht wussten, würden sich all diese Klassikfirmen schon bald strengeren Geschäfts- und Bilanzierungsrichtlinien unterwerfen müssen: Kapitalrenditen nach weniger als zwei Jahren im Gegensatz zur bislang vorherrschenden, eher laxen Renditepolitik.

Neben diesen Neuerungen für die Labels kam es auch im Einzelhandel zu entscheidenden Veränderungen. Jahrelang waren die Verkaufszahlen im Bereich der Klassik von den Klassikabteilungen der großen Musikladenketten und einem Netzwerk unabhängiger Klassikläden bestimmt worden, die von äußerst sachkundigen Klassikliebhabern geführt wurden. Beide hatten im Laufe der Zeit allmählich den Ruf erworben, hin und wieder etwas unnahbar zu sein. Wer über ein weniger ausgeprägtes Selbstbewusstsein hinsichtlich seines Klassikwissens verfügte, empfand die Erfahrung eines Einkaufs nicht selten als ziemlich abschreckend.

Diese Läden hatten ihr Angebot bislang auf Vollpreis-Produkte und Wiederveröffentlichungen zu mittleren Preisen konzentriert. Mit dem

Aufstieg der CD änderte sich das. 1987 waren bereits CD-Reihen zu mittleren und sogar Budgetpreisen auf dem Markt. Im Oktober 1987 führte EMI in Großbritannien die CD entsprechend ihrer beliebten LP-Reihe *Music for Pleasure* zu einem Verkaufspreis von 6,99 £ ein. Britische Ladenketten inklusive Musikabteilung, etwa WH Smith oder Boots, begannen, CDs für günstige 4,99 £ und sogar 3,99 £ anzubieten. Geschäftstüchtige unabhängige Vertriebsunternehmen streckten ihre Fühler in alle Ecken der Welt aus, um dieser Nachfrage gerecht zu werden. In der Folge kamen Aufnahmen aus Jugoslawien oder der Slowakei auf den Markt, auch wenn sich schon bald Gerüchte über ihre dubiose Herkunft und hin und wieder über ihre fragwürdige Qualität verbreiteten.

Dies war die Geburtsstunde von Naxos. Das Label wurde von Klaus Heymann, dem in Hongkong ansässigen Unternehmer, der klassische Musik genauso sehr liebte wie eine gute Geschäftsmöglichkeit, beinahe aus Versehen gegründet. Auch wenn die Entstehung von Marco Polo eindeutig auf Ersteres zurückzuführen war, gründete er Naxos ursprünglich aufgrund des Letzteren. Naxos nutzte diverse Verkaufskanäle, bot seine Aufnahmen zunächst nur in Supermärkten und großen Ladenketten an und fand erst allmählich den Weg in den Klassik-Mainstream. In Großbritannien schloss Naxos 1988 einen Exklusivvertrag mit Woolworth und wurde das einzige Klassik-Label der Kette, die damals mit einem Marktanteil von zehn Prozent zu den führenden Plattenhändlern des Landes zählte und dringend auf der Suche nach einer günstigen Klassik-Reihe war. Dies war der erste entscheidende landesweite Schritt auf den britischen Markt. Es war allerdings kein sonderlich vielversprechender Schritt, da er das Label in seinem Ehrgeiz bremste, zu einer ernstzunehmenden internationalen Klassik-Größe aufzusteigen. Zu Beginn schien Naxos daher Gefahr zu laufen, mit all den anderen kurzlebigen Labels, die mit osteuropäischen Orchestern zusammenarbeiteten, in einen Topf geworfen zu werden. Die Tatsache, dass Naxos neue Digitalaufnahmen seriöser Darbietungen auf den Markt brachte (»DIGITAL/DDD« stand gut sichtbar auf sämtlichen Covers), wurde anfangs von Konkurrenten, Journalisten und sogar Händlern oft übersehen. Es bestand also durchaus die Gefahr, dass Naxos gemeinsam mit vielen anderen sang- und klanglos wieder von der Bildfläche oder zumindest in unscheinbaren Schnäppchen-Körben verschwand.

Dass das Label trotzdem überlebte, lag einerseits an der Tatsache, dass es sich zur rechten Zeit am rechten Ort befand, andererseits jedoch an der immensen Energie und echten Liebe zur klassischen Musik, mit der seine Entwicklung und Expansion vorangetrieben wurden. Davon abgesehen war dies ganz zweifellos der richtige Zeitpunkt für den Durchbruch eines Budget-CD-Labels. *Music Week*, eine britische Fachzeitschrift, schrieb im Sommer 1988: »Langjährige Klassikkäufer werden ihre Sammlungen in den kommenden fünf Jahren nach und nach auf das neue Hightech-Medium umstellen und Händlern mit einem guten Sortiment an klassischem Grundrepertoire ein stetes Einkommen sichern.« Und genau das taten sie auch. Die CD-Verkaufszahlen stiegen damals um 20 Prozent pro Jahr, und 1988 zogen die CD-Verkäufe schließlich mit den LP-Verkäufen gleich. Es war eine Zeit des Booms, der eindeutig auch den billigeren CDs zu verdanken war.

Selbst die Major-Labels erkannten dies. Ende 1988 kündigte Poly-Gram preiswerte CD-Reihen aus seinem Backkatalog analoger Aufnahmen an, die zum Preis von 5,99 £ angeboten werden sollten. Auf diesen Listen standen auch – zumindest für Klassikfans – sehr bekannte Namen, die für die neuen Käufer der Klassik-CDs bei Woolworth jedoch keine Rolle spielten: Sie wollten in erster Linie »DIGITAL/DDD« auf dem Cover gedruckt sehen. Die Majors waren der Ansicht, die Namen der »Stars« auf ihren CDs würden die Versionen dieser Emporkömmlinge mit ihren osteuropäischen Orchestern in den Schatten stellen – auch wenn es sich dabei nur um nachbearbeitete analoge Aufnahmen (AAD) handelte. Sie lagen falsch.

Tatsächlich hätte man bei PolyGram schon über beinahe hellseherische Fähigkeiten verfügen müssen, um zu wissen, dass sich dieses kleine Label aus Hongkong eines Tages wirklich zu einer echten Bedrohung für die alte Ordnung entwickeln würde. Bei der DG hatte man darüber hinaus viel wichtigere Dinge im Kopf: 1989 starb Herbert von Karajan. Sein Tod bedeutete das Ende einer Ära, und die DG-Vorstandsetage verzweifelte beinahe, allein bei dem Gedanken, einen Ersatz für ihn finden zu müssen. Sie hofften auf Claudio Abbado, der Karajan schon bei den Berliner Philharmonikern nachgefolgt war und bereits bei ihnen unter Vertrag stand. Tief im Herzen wussten sie jedoch, dass er die beispiellose Präsenz des großen Meisters nie würde erreichen können.

Angesichts dessen, was sich parallel bei EMI abspielte, müssen sie sich gefühlt haben, als stünden sie einer doppelten Bedrohung gegenüber: Ein etwas verlotterter, aber genialer Geiger namens Nigel Kennedy hatte bereits rund zwei Millionen Alben mit einer zusammengestückelten Version von *Die Vier Jahreszeiten* verkauft (die einzelnen Teile waren an mehreren Terminen aufgenommen und später zusammengeschnitten worden) – und das allein durch die schiere Strahlkraft seiner Persönlichkeit und des cleveren Pop-Marketings. Auch hier war zwar ein Star das Zugpferd, nur dass dieser Star eben eine vollkommen andere Persönlichkeit hatte und auch ein Pop-Publikum ansprach. Karajan hatte nie versucht, populär zu werden – was er in gewisser Weise natürlich trotzdem war – nur grandios.

1990 stellte der Erfolg der Drei Tenöre und ihrer *tour de force* in den Ruinen der Caracalla-Therme während der Fußballweltmeisterschaft in Rom Kennedy wieder etwas in den Schatten. Gemeinsam bildeten Luciano Pavarotti (Decca), Placido Domingo (DG) und José Carreras (Philips) eine der tragenden Säulen von PolyGram: Nicht zuletzt dank einer hervorragenden Marketingstrategie verkauften sie Millionen von Alben und lösten eine Welle aus, auf der jeder Einzelne von ihnen noch mehrere Jahre lang sicher reiten konnte. Die clevere Idee, Pavarottis Aufnahme von *Nessun dorma* in Großbritannien als Titelmusik sämtlicher Fußballübertragungen der WM auszuwählen, verhalf ihnen zu einem sensationellen Start. Decca konnte sich bereits über einen Verkaufsschlager freuen, bevor die CDs der Drei Tenöre überhaupt gepresst worden waren.

Allerdings bedeutete dies auch, dass die Investitionsfinanzierungen der Majors in den Fokus rückten. Mit einem Mal war klassische Musik nicht mehr nur prestigeträchtig, sondern auch ein kommerzielles Gut. Das Gespenst der finanziellen Erwartungen schlich sich in die Klassik-Vorstandsetagen: Auch die Finanzmänner wollten ein Stück vom Kuchen. Die Majors in ihren multinationalen Konzernen fanden sich nun in einer nüchterneren Umgebung wieder, in der finanzielle Ziele erreicht werden mussten, und in der letzten Endes der Profit im Vordergrund stand, nicht der perfekte Bass. Viele dieser Erwartungen waren für Klassik-Verkaufszahlen schlichtweg unrealistisch. Unterdessen kletterte Naxos mit seinem schnell wachsenden Katalog dank eines effizienten Marketings und Vertriebs und seiner für alle erschwinglichen Preise auf der Liste der Klassik-Verkäufe immer weiter nach oben, da sich das Label an ein breiteres, nicht ausschließlich an Klassik interessiertes Publikum richtete. Naxos' schlanker Geschäftsansatz war perfekt auf diese Zeit zugeschnitten.

Da die Klassik-Manager der Majors nicht in der Lage waren, jedes Jahr einen Erfolg wie den der Drei Tenöre vorzuweisen, um ihre finanziellen Ziele zu erreichen, waren sie gezwungen, ihre gewohnten Pfade zu verlassen. Im Verlauf der 1990er wurde offensichtlich, dass der alte, weltmännische Führungsansatz der Klassik-Labels nicht mehr zeitgemäß war. Eine lange Liste von Starkünstlern mit großzügigen Verträgen war nicht mehr zu halten, und so mussten – zu ihrem großen Entsetzen – zahlreiche Künstler, die bereits jahrelang mit den Labels verbunden gewesen waren, »entlassen« werden. Es kam zu Kürzungen, die noch vor einem Jahrzehnt undenkbar gewesen wären. Die Forderungen der neuen Buchhalter waren in der Welt der Klassik unrealistisch und unerreichbar, aber der Schaden ließ sich nicht mehr rückgängig machen. Nun war es nicht mehr möglich, das Kernrepertoire heranzuziehen, um jungen Künstlern die Chance zu geben, der Welt *ihren* Beethoven oder *ihren* Brahms zu präsentieren. Die Majors konnten diese jungen Talente nicht länger fördern. Stattdessen suchte man nach Stars mit einer Art Pop-Appeal, die man regelrecht auf die öffentliche Bühne katapultierte und sofort wieder fallen ließ, falls es ihnen nicht direkt gelang, sich einen Namen zu machen. Etats für Werbung und journalistische Reisen wurden ebenso gekürzt wie die Etats für Aufnahmen. Die Majors konnten sich den Luxus neuer Interpretationen nicht mehr leisten: Allein erfolgreiche Crossover-Projekte konnten die hohen Gewinnanforderungen nun noch erfüllen.

Dieser neue Druck löste einen Dominoeffekt in der gesamten Klassikbranche aus und führte zu einer weiteren Neuentwicklung: den Künstler-Labels. Als Colin Davis' Zusammenarbeit mit Philips endete, beschloss er gemeinsam mit dem London Symphony Orchestra (LSO) und dessen Geschäftsführer Clive Gillinson, ein eigenes Label zu gründen, das LSO Live. Ihrem Beispiel folgten bald weitere Orchester, darunter auch das London Philharmonic Orchestra. Auch unabhängige Labels, die sich in der Vergangenheit traditionell vom Kernrepertoire ferngehalten hatten, wagten sich nun allmählich auf die zentrale Klassik-Route. Künstler, die ohne Plattenfirma durch die Musikszene trieben, machten sich notgedrungen auf die Suche nach anderen Möglichkeiten.

Währenddessen wuchs auch der Druck, den das kleine, scheinbar unbedeutende Label mit Sitz in Hongkong auf die Branche ausübte, indem es seine CDs zu einem Preis verkaufte, der unter dem Wert der kleinsten Banknote des jeweiligen Landes lag. Die wichtigsten Sinfonien des 19. Jahrhunderts, gespielt von osteuropäischen Orchestern unter der Leitung unbekannter Dirigenten, konnten doch unmöglich ernsthaften Einfluss ausüben – oder doch? Und gewiss würden sich die großen Violinkonzerte, interpretiert von irgendeinem unbekannten japanischen Geiger, oder die Klavierkonzerte in der Version irgendeines stillen Ungarn, auf dem großen Klassikmarkt nicht behaupten können – richtig?

Aber das konnten sie. Von der ersten, ausschließlich bei Woolworth erhältlichen CD-Reihe im Jahr 1988 hatte sich das Unternehmen in die wichtigsten Musikladenketten Großbritanniens hochgearbeitet, und schon nach kurzer Zeit tauchte die berühmte »weiße Naxos-Wand« überall im Land auf. Dieses Muster setzte sich schon bald überall auf der Welt fort – nicht immer im selben Tempo oder auf dieselbe Weise, aber die Erfolgskurve zeigte stets nach oben. Mit dem weißen Cover und seiner schlichten Grafik hatte man einen einheitlichen Look geschaffen, der dem Label einen hohen Wiedererkennungswert bescherte: Es hob sich von allen anderen ab. Innerhalb bemerkenswert kurzer Zeit wurde Naxos als Marke wahrgenommen, als einzige Marke dieser Art im Bereich des Klassik-Mainstreams. Die Käufer begannen, gezielt danach zu suchen, und da sich das Repertoire des Labels schnell erweiterte, entwickelte sich Naxos zu einer Marke, zu der die Menschen immer gerne zurückkehrten. Nach und nach veränderte sie so das Erscheinungsbild der Klassikabteilungen. Als sich das Konzept dieser »Eigenmarke« immer mehr durchsetzte, tauchte sie immer öfter auch in anderen, weniger traditionellen Verkaufsstellen wie etwa Buchläden auf, und Anfang der 1990er war sie auf vielen Märkten bereits allgegenwärtig.

Die beiden letzten Jahrzehnte des 20. Jahrhunderts waren von einer kontinuierlichen Entwicklung und aufregenden Veränderungen in der Klassikbranche gekennzeichnet. Überall eröffneten sich neue Möglichkeiten, und wer diese Bühne damals betrat und sich auch dort halten konnte, zeigte dadurch nicht nur seine große Liebe zur klassischen Musik, sondern auch die Fähigkeit, sich diesen Veränderungen anzupassen oder sie sogar vorherzusehen. Die Major-Labels lauschten dem Schwanengesang der »Starkultur«, während sich die unabhängigen Labels hinsichtlich ihres Repertoires als wirklich einfallsreich erwiesen und den Plattenkäufern verlorene oder lange vergessene Musik wieder näherbrachten. Sowohl die Major-Labels als auch die Unabhängigen erkannten damals den Aufstieg der historischen Aufführungspraxis.

Ebenso entscheidend war die Tatsache, dass klassische Musik nun einem breiteren Publikum zu erschwinglichen Preisen angeboten wurde. Die Kunden hatten dies vor allen anderen Naxos zu verdanken, das seinen Erfolg auf überraschend einfache, traditionelle Weise erzielte: Man bot seriöse Darbietungen aus dem zentralen Repertoire als neue Digitalaufnahmen auf CD an und garnierte sie mit einem knappen, aber zuverlässigen »Klappentext«. Klassische Musikaufnahmen hatten sich für immer verändert.

Mitte der 1990er war für alle, die die Zeichen erkannten, offensichtlich, dass sich eine Neuordnung abzeichnete. Die dominante Stellung, die die Majors über so lange Zeit in der Klassikindustrie eingenommen hatten, wurde von außen und innen untergraben. Die digitale Welt war etwas vollkommen Neues. Sie lockte einen völlig neuen Kundenstamm in die Plattenläden, der glücklich war, wenn er mit einem Arm voller günstiger, weiß livrierter CDs wieder herauskam und wusste, dass er sich auf die Qualität der Produkte verlassen konnte – und womöglich sogar einen unerwarteten Schatz entdeckt hatte. Diese Aufnahmen stammten jedoch nicht aus den großen Studios der Plattenfirmen in den Hauptstädten, die auf eine lange Klassiktradition zurückblicken konnten. Naxos' Hauptsitz befand sich in Hongkong, und ironischerweise war dies ein weiterer Grund für den Erfolg des Unternehmens: Viele Jahre lang hatten die Majors es schlichtweg nicht als ernst zu nehmende Bedrohung angesehen. In Großbritannien unterhielt das Label während der frühen Schlüsseljahre zunächst ein Büro in Sheffield, später in Redhill, Surrey. In den USA befand sich der Sitz in Cherry Hill, New Jersey, später dann in Nashville, Tennessee. In Schweden entschied man sich für das ländliche Städtchen Örebro, in Deutschland schlug man sein Lager in Münster auf.

Im Laufe der 1990er entwickelten sich diese Naxos-Büros immer mehr auch zu Vertriebszentren anderer klassischer Labels, und in einigen Fällen stieg das Unternehmen sogar zum wichtigsten Klassikvertrieb des Landes auf. Diesen Verlauf hätte keiner der großen alten Herren bei PolyGram, EMI oder Sony vorhersehen können. Innerhalb des ersten Jahrzehnts des 21. Jahrhunderts zeichnete sich jedoch ganz eindeutig ab, wer von nun an ihr größter Konkurrent war.

zwei

Klaus Heymann: Ein Porträt

Klaus Heymann ist groß: 1,93. Mittlerweile ist er Mitte 70, seine Haare sind ergraut, er ist schlank und geht leicht gebeugt, vielleicht, weil er so viele Jahre in Fernost verbracht hat, wo er fast all seine Mitmenschen überragt. Vielleicht ist es aber auch die unausweichliche Folge all der Jahre, die er über die Tastatur einer Schreibmaschine oder eines Computers gebeugt saß. Sein eigentliches Zuhause ist seit über 40 Jahren Hongkong, und obwohl er inzwischen auch einige Monate im Jahr in seinem zweiten Zuhause in Auckland, Neuseeland, verbringt, deutet kaum etwas darauf hin, dass er China in nächster Zukunft verlassen wird.

Er hat es stets als besonders befriedigend empfunden, dass die von Naxos ausgelöste Revolution in der Klassikindustrie nicht in Europa, dem traditionellen Zentrum klassischer Musik, oder in den Vereinigten Staaten ihren Anfang nahm, sondern in Hongkong. Er hat mir oft versichert, dass er nicht erreicht hätte, was er inzwischen erreicht hat, wenn er seinen Sitz in Europa gehabt hätte. Gerade weil Hongkong kein Zentrum für Klassik war, konnte Naxos wachsen, an Stärke gewinnen und weltweit expandieren. Keine der großen Plattenfirmen kümmerte sich darum, was im fernen Osten passierte, und als sie ihren Blick schließlich doch dorthin wandten, war es bereits zu spät.

Heymann geriet nie in Versuchung, wegzuziehen. Der Hauptsitz von Naxos bleibt hier – im Hightech-Distrikt Cyberport. Seine Frau, die japanische Geigerin Takako Nishizaki, hat dort eine florierende

Geigenschule (Suzuki-Methode), und sein Sohn Rick, inzwischen Mitte 30, führt von Hongkong aus Naxos Far East.

Heymanns Wurzeln in Hongkong reichen tief. Die geschäftige, risikobereite, hyperdynamische Atmosphäre, gepaart mit chinesischem Handelsgeschick, gefiel ihm schon immer. Hier feierte er seinen ersten geschäftlichen Erfolg und baute sich lange vor Naxos ein ansehnliches Vermögen auf. Er hat das meiste aus seiner Position als Geschäftsmann gemacht, in der er sich auch in chinesischen Kreisen im Besonderen und in Fernost im Allgemeinen wohlfühlt, obwohl sein berufliches Leben in Europa begann. In Deutschland geboren, aber in ganz Europa ausgebildet – in Portugal, Paris, London und Frankfurt: er spricht vier Sprachen fließend und beherrscht die Grundlagen einiger weiterer – war seine Perspektive stets international.

Dies gilt sogar für seinen Namen. Für gewöhnlich stellt er sich in der englischen Ausspracheversion als Klaus »*Hey-man*« vor, anstatt streng auf die korrekte deutsche Aussprache »*Hei*-mann« zu bestehen. Wenn er in seinem Büro in Cyberport ist, spricht der Großteil der Belegschaft ihn mit »Mr. Heyman« an. Er hat Linguistik studiert, und sein Englisch ist makellos, aber er spricht es – ungewöhnlich für einen Europäer – mit eindeutig amerikanischem Einschlag. Dies ist vermutlich auf seine ersten Jahre in Hongkong und Südostasien zur Zeit des Vietnamkriegs zurückzuführen, als er vorwiegend mit Amerikanern zu tun hatte. Er hat ihre Aussprache angenommen, was vermutlich auch für seine Geschäfte von Vorteil war.

Im Herzen war Klaus Heymann stets ein Geschäftsmann, sein Hintergrund liegt jedoch in der Kunst und der Geisteswissenschaft: Erwähnt man in seiner Gegenwart Seneca oder Don Quixote, schwingt in seinen Ausführungen stets mit, dass er sie im Original gelesen hat. In seinen Studententagen interessierte er sich für Literatur, Geschichte, Politik und politische Theorie, und dieses Interesse ist bis heute nicht verflogen. Trotzdem ist er heute der Erste, der zugibt, dass er keine Bücher mehr liest. Wenn er (in der ersten Klasse) in ein Flugzeug steigt, liest er Wirtschaftsmagazine oder Klassikzeitschriften, den *Economist* oder die *Financial Times* oder studiert Unternehmensanalysen. Er verinnerlicht aktuelle Konzepte wie »Langzeitgeschäfte«, »globaler Markt«, »Trendwende« oder »schwarzer Schwan« und hält sich in Sachen Weltpolitik – besonders in Bereichen, die seine Geschäfte betreffen – und technologische Entwicklungen auf dem Laufenden.

Für einen Mann in den 70ern ist er außergewöhnlich gut informiert, was digitale Fortschritte und Entwicklungen anbelangt. Als die Fax-Technologie gerade auf den Markt kam, war er einer der Ersten, die auf diesen Zug aufsprangen, und er bestand darauf, dass all seine Geschäftskollegen seinem Beispiel folgten. Mit E-Mails war es ganz ähnlich: Er erhält jeden Tag Hunderte von Nachrichten, aber jeder, der regelmäßig mit ihm in Kontakt steht, ganz egal in welcher Ecke der Welt, wird bestätigen, dass er fast immer innerhalb eines Tages antwortet – oft sogar innerhalb weniger Stunden oder Minuten. Bei ihm erscheint dies völlig mühelos. Darüber hinaus war er einer der ersten regelmäßigen Skype-Nutzer: Sämtliche Naxos-Büros weltweit waren verpflichtet, sich anzumelden. Bei den Skype-Videotelefonaten zog er allerdings einen Schlussstrich – seiner Meinung nach benötigen sie eine zu große Bandbreite. Mit Ende 60 litt er aufgrund der ständigen Belastung durch die stundenlange Benutzung seiner Maus am RSI-Syndrom. Er stieg auf Pen-Mouse-Nutzung um und legte sich später eine der ersten Versionen einer Spracherkennungssoftware für seinen Computer zu. Wenn man ihn heute an seinem Computer sitzen sieht, kann man beobachten, dass er die meiste Zeit mit ihm spricht. Er verfügt inzwischen über eine hochmoderne Spracherkennungssoftware, die es ihm ermöglicht, sämtliche E-Mails zu beantworten und die Tastatur dabei kaum zu benutzen. Nichts darf der Bewältigung der Kommunikationsflut, die jeden Tag aus allen Zeitzonen über ihn hereinbricht, im Wege stehen.

Meistens arbeitet er von seinem Büro in seinem Haus in Hongkong aus, einem Zimmer direkt neben dem großen Wohnzimmer. Sein Schreibtisch ist perfekt aufgeräumt. Der Laptop nimmt den zentralen Platz ein. Im Hintergrund kann man hören, wie seine Frau übt oder unterrichtet. Vielleicht läuft aber auch die Naxos Music Library. Wenn er ein Dokument zugeschickt bekommt, das er sich genauer durchlesen muss, druckt er es aus und liest es lieber auf Papier als auf dem

Bildschirm. Ansonsten sieht er für den Rest der Welt mit seinen Kopfhörern und seinem Mikrofon aus wie ein Angestellter in einem Callcenter, wenn er mit seinem Computer – und dem Rest der Welt – spricht und das Naxos-Imperium leitet.

Denn genau das tut er. Alle Naxos-Straßen führen zu diesem kleinen Arbeitszimmer. Manchmal führt die Kommunikationsroute per E-Mail oder Skype auch in sein etwas eindrucksvolleres Büro aus Stahl und Glas in Cyberport, wo er einen größeren Schreibtisch hat, auch wenn er dort nur noch etwa zwei Mal pro Woche anzutreffen ist. Diese Routen könnten natürlich auch in jede andere Ecke der Welt führen – nach Shanghai, Nashville, London oder München – je nachdem, wo er sich gerade aufhält.

Seit seiner frühesten Kindheit im Nachkriegsdeutschland wusste er, dass er eine natürliche geschäftliche Begabung und ein Gespür für geschäftliche Möglichkeiten hat. Teilweise hat er diese seinen außergewöhnlichen Fähigkeiten im Kopfrechnen zu verdanken. Er kann Kosten und Gewinnspannen blitzschnell abschätzen und hat einen zuverlässigen Instinkt dafür, was auf dem Markt funktioniert. Am Anfang stand ein kleines Handelsunternehmen. Er bevorzugte Dinge aus dem technologischen Bereich – Kameras, die neueste Hi-Fi-Ausrüstung oder hochmoderne Studioeinrichtungen – da er ohnehin ständig etwas darüber las. Er liebte die Herausforderung, besonders, wenn die Umstände ihn dazu zwangen, um die Ecke zu denken, um ein Problem zu lösen. Die offiziellen Handelswege waren seine Sache nicht. Wenn er etwas schneller und mit größerem Gewinn erreichen konnte, wenn auch vielleicht auf etwas unorthodoxe Weise – umso besser. Während seiner Zeit bei Braun erlernte er die Grundlagen von Werbung und Marketing, und als er später nach Hongkong ging, um die Außenstelle einer amerikanischen Zeitung zu eröffnen, lernte er, wie man ein Geschäft aus dem Nichts aufbaut.

Untermauert wurde all dies von den beiden großen Leidenschaften seines Lebens: Sport und Musik (vorwiegend Klassik). Er war – dank seiner Größe und seines Ballgeschicks – ein recht brauchbarer Tennisspieler, nahm eine Zeit lang auch an Turnieren teil und gab Tennisstunden.

Die meisten Menschen, die einen Sport auf Wettkampfniveau beherrschen, nehmen die Lektionen, die sie dabei lernen, auch in ihr späteres Leben mit. Klaus Heymann entwickelte bereits als Teenager einen gewissen sportlichen Ehrgeiz, den er auch als Geschäftsmann behielt. Für ihn war ein geschickter Aufschlagreturn, dem einige Paraden später ein hübscher Passierball folgte, schon immer besonders befriedigend – sein Tennisspiel basierte nicht auf offenem Angriff oder unerreichbaren Volleyschlägen.

Gleiches gilt für seine unternehmerischen Tätigkeiten. Es entspricht seinem Geschäftsstil nicht, Konkurrenten zu zerstören, er bevorzugt es, sein Spiel nach seinen Stärken auszurichten und erst dann den entscheidenden Zug zu machen, wenn er es selbst für richtig hält. Aber Heymann ist auch der Erste, der zugibt, dass er bei mehreren Gelegenheiten einfach der Glücklichere war, wenn etwa ein Ball genau dort landete, wo er es beabsichtigte oder zur rechten Zeit eine Netzkante zu seinen Gunsten ins Spiel kam. Die Devise hieß dabei ohne Zweifel stets gewinnen, und in all den Jahren gab es nur wenig Raum für Sentimentalitäten. Obwohl seine Frau Violinistin ist, ist seine Einstellung gegenüber Musikern alles andere als sentimental. Natürlich ist er sich aufgrund der Tatsache, dass er mit einer Musikerin verheiratet ist, sehr gut darüber im Klaren, was es bedeutet, als Künstler zu arbeiten. Aber als Besitzer einer Plattenfirma kann er es sich nur sehr selten erlauben, seine persönlichen Gefühle oder Vorlieben für einen Künstler über die Gewinnanforderungen seines Unternehmens zu stellen. Seine Einstellung ist pragmatisch: »Kein Profit, keine Plattenfirma, keine Aufnahmen.«

Heymann weiß, dass er alle Asse im Ärmel hat. Er hat mit keinem seiner Musiker einen Langzeitvertrag abgeschlossen, hat von seinen Künstlern jedoch von Anfang an verlangt, dass sie sich ihm und Naxos gegenüber loyal verhalten. Wenn sich ein Musiker beispielsweise illoyal zeigte, indem er einen Vertrag mit einem anderen Label unterschrieb, strich er ihn ohne das geringste Bedauern von seiner Liste und stellte sicher, dass er nie wieder ein Stück mit Naxos aufnahm. Dies passierte vor allem in den Anfangsjahren, als Heymann das Unternehmen aufbaute und der Ansicht war, er könne es sich nicht leisten, die falschen

Signale zu senden. Diese Haltung dehnte sich auf sein gesamtes Geschäftsgebahren aus: Er war absolut in der Lage, einen Geschäftspartner zu übergehen, wenn dieser seinen Teil der Abmachung nicht einhielt, besonders, wenn sich bereits eine andere Gelegenheit ergeben hatte. Trotzdem muss man ihn eher als konsequent denn als rücksichtslos bezeichnen, und er hat auch kein Problem damit, sich für sein Handeln zu entschuldigen, wenn er eine Entscheidung hinterher bereut.

Auf der anderen Seite kann er jedoch sehr langmütig und überraschend großzügig sein. Über diese Seite seiner Persönlichkeit sind Menschen, die ihn vielleicht nicht so gut kennen, oft besonders erstaunt. Ein ehemaliger Angestellter, der in Misskredit gefallen war und die Firma verlassen musste, drohte mehrfach, ihn zu verklagen und beleidigte ihn auch immer wieder persönlich, aber Heymann kam trotzdem weiter für die Ausbildung der Kinder des Mannes auf – genau, wie er es versprochen hatte.

Er investiert einiges in Projekte zur musikalischen Erziehung, weil er klassische Musik noch bekannter machen oder dadurch einfach ein Loblied auf sie singen möchte. Einige dieser Projekte erzielen Gewinne, die meisten allerdings nicht. Dies scheint ihn jedoch nicht zu stören, weil es bei diesen Projekten um die Sache an sich geht. Ruhm bedeutet ihm nicht viel: Obwohl er Naxos an vorderster Stelle führt, war er an all dem »Personenkult« nie interessiert. Er wird häufig für Artikel zu klassischer Musik oder zu Wirtschaftsthemen interviewt, aber in der Anonymität fühlt er sich ebenso wohl. In China, wo Nishizaki als Solokünstlerin sehr bekannt ist, wird er hin und wieder als »Mr. Nishizaki« bezeichnet, und es amüsiert ihn – vielleicht ist er sogar stolz darauf. 2010 stand er bei den Hong Kong Business Awards mit einigen der reichsten – man könnte auch sagen: den megareichen – Männern der Stadt auf der Bühne, nachdem er den Preis als erfolgreichster selbständiger Unternehmer gewonnen hatte. Um die Wahrheit zu sagen: Er hätte ihn beinahe abgelehnt, da die Verleihung seine Pläne durchkreuzte, sich eine kleine Erholungspause in Neuseeland zu gönnen und dort jeden Tag Golf zu spielen. Er entschied sich jedoch schließlich, daran teilzunehmen, weil die Öffentlichkeit gut für Naxos' Ansehen in seiner Heimatstadt war.

Wie bei vielen anderen extrem erfolgreichen Männern sind auch in Heymanns Persönlichkeit widersprüchliche Züge zu erkennen. Oder, um es anders zu formulieren: Er besitzt scheinbar gegensätzliche Züge, die nebeneinander bestehen können. Er trifft kühle, ziemlich emotionslose geschäftliche Entscheidungen, aber seine Reaktion auf Musik ist eindeutig emotional. Nur wenige seiner langjährigen Geschäftspartner haben ihn je in intimem Rahmen über seine Leidenschaft für Musik sprechen hören, und sie wären über seine Ausführungen zu Richard Strauss' *Der Rosenkavalier* gewiss überrascht:

> *Der Rosenkavalier ist eines der ganz wenigen Stücke, die mich zum Weinen bringen. Ich weine nicht über den Tod von Heldinnen oder wenn jemand auf der Bühne stirbt ... aber dramatische Auflösungen, etwa, wenn die Marschallin Octavian für Sophie freigibt, weil sie weiß, dass es das Richtige ist – die berühren mich. Ich war ebenso tief berührt, als ich Pfitzners* Palestrina *zum ersten Mal gesehen habe, und er geht mir noch heute nahe. Da stirbt niemand. Aber Palestrinas Versöhnung mit seinem Verfolger, Kardinal Borromeo, und dieses Gefühl der spirituellen Befreiung haben eine ungeheure Kraft. Und ich ziehe Bruckner Mahler vor. Bei Bruckner gibt es keine Tiefs: Er ist ein erhebender Komponist, selbst bei seinen langsamen Passagen, außer vielleicht bei der langsamen Passage in der 9. Sinfonie. Für mich dreht sich bei seinen Sinfonien alles um die guten Dinge in der Welt: sein Aufbau ist grandios, und seine Welt ist vollkommen. Im Vergleich dazu ist Mahler für mich emotional gesehen unausgeglichener, wilder und unsicherer.*

Heymann ist äußerst direkt und erfrischend unprätentiös, wenn er über Musik spricht. Er hat nie gelernt, Noten zu lesen oder ein Instrument zu spielen, da in seiner Familie keine derartige Tradition bestand. Nach dem Krieg verfügten die meisten Menschen ohnehin nicht über genügend Geld, um ein Instrument zu kaufen oder für Unterrichtsstunden zu bezahlen. Er musste schon in sehr jungen Jahren arbeiten, da er von seinen Eltern kein Taschengeld bekam. Heute sagt er, die Tatsache, dass er nie wenigstens Klavierspielen oder Notenlesen gelernt hat, gehöre zu den Dingen, die er in seinem Leben am meisten bedauere – auch wenn er dies mit der Gründung von Naxos bekanntermaßen in einen Vorteil verwandelte. Nach einem Leben inmitten der Musik und einer langjährigen Ehe mit einer Geigerin spricht er meist noch immer von »hoch« oder »tief« anstatt von »Kreuz« oder »b«. Mehrere Universitäten haben ihm bereits Ehrendoktorwürden angeboten, aber er hat sie jedes Mal abgelehnt: Seiner Ansicht nach wäre es anmaßend, sie zu akzeptieren, da er noch nicht einmal Noten lesen kann. Trotzdem hat er genügend Selbstbewusstsein, um auf der jährlichen Verkaufstagung ein Loblied auf Schumanns *Szenen aus Goethes Faust* oder Mozarts Divertimento in Es-Dur zu singen, allesamt meisterhafte Werke, mit denen für gewöhnlich nur Experten vertraut sind. Und er ist sich durchaus bewusst, dass die jüngste Produktion von *Szenen aus Goethes Faust* (ein umfassendes Werk mit komplettem Orchester, Solisten und Chor) im momentanen Klima seine Kosten wohl nie wieder einspielen wird. Bei Projekten, die ihm besonders am Herzen liegen, ist ihm das egal.

Wie viele andere Unternehmer ist auch Heymann gerne risikobereit. Er versichert jedoch, dass er niemals ein Risiko eingehen würde, das so groß ist, dass es den Untergang der Firma bedeuten könnte. Er ist hingegen durchaus bereit, eine Reihe kleinerer Wagnisse auf sich zu nehmen oder größere Mittel in neue Ideen zu stecken, wenn er die Hoffnung hat, dass die eine oder andere dieser Investitionen Früchte tragen könnte. Im Laufe seiner geschäftlichen Karriere hat er vermutlich mehr Niederlagen einstecken müssen, als er Erfolge verbuchen konnte. All diese Niederlagen waren jedoch relativ klein, wohingegen er in einigen entscheidenden Bereichen die richtigen Entscheidungen getroffen hat.

Nur wenige wissen, dass Naxos eigentlich das »Baby« eines Ehepartner-Teams ist. Klaus Heymann und Takako Nishizaki verbindet eine ungewöhnlich enge Beziehung, sowohl in persönlicher als auch in geschäftlicher Hinsicht. Heymann betont stets, welch große Rolle seine Frau für den Aufbau der Firma gespielt hat, auch wenn diese nur sehr selten anerkannt wird, da er nun einmal der prominenteste Kopf des Labels ist. Nishizakis Aufnahmen trugen ganz entscheidend dazu bei, das Label auf den Weg zu bringen. Sie war es auch, die Empfehlungen dazu aussprach, mit welchen Künstlern Naxos zusammenarbeiten und welchen Teil des Repertoires sie einspielen sollten, nachdem sie sie bei einem Konzert oder auf Demoaufnahmen gehört hatte. Sie übte entscheidenden Einfluss auf den musikalischen Charakter von Naxos aus. Es sollte an dieser Stelle auch nicht unerwähnt bleiben, dass die Gleichstellung der Frau bei Heymann nie in Frage stand.

Das Unternehmen Naxos wurde jedoch allein von einem Mann zu dem gemacht, was es heute ist. Er war stets seine Stärke und seine Schwäche: Heymann führt die Firma nun seit 25 Jahren – und das bis ins kleinste Detail. Die meisten neuen Ideen und Richtungswechsel stammen von ihm selbst. Er hat zwar immer ein offenes Ohr für die Ideen seiner Angestellten – egal, auf welcher Ebene – und er unterstützt sie, wo er kann, aber letzten Endes geschieht nichts ohne seine Zustimmung. Dies kann ebenso eine Hilfe wie ein Hindernis sein. Einerseits sind dadurch sofortige Entscheidungen möglich. Andererseits bedeutet es aber auch, dass es für das Unternehmen trotz einiger sehr fähiger und leidenschaftlicher Mitarbeiter stets schwierig war, sich auf Firmenebene auf eine breitere Basis zu stellen – auch dann noch, als es ganz offensichtlich zu groß für ein einziges Paar Hände wurde. Heymann ist sich dessen ebenso bewusst wie der Erfolgsbilanz von Unternehmen, die ihren Gründern und Geschäftsführern in Personalunion über den Kopf wuchsen: Sie gingen nur allzu oft unter oder mussten mit größeren Firmen fusionieren. Im Laufe der Jahre hat er mehrfach versucht, einen Nachfolger für sich zu finden – oder zumindest einen Geschäftsführer, der die Tagesgeschäfte der Firma übernimmt. Er hat immer wieder Kandidaten eingestellt, aber nur wenige hielten sich länger als zwei oder drei Jahre. Einfach ausgedrückt: Heymann hat schlichtweg noch niemanden gefunden, der in den entscheidenden Bereichen klassische Musik, Geschäftswesen, Visionen *und* Flexibilität mit ihm gleichziehen konnte und darüber hinaus unermüdliches berufliches Engagement mitgebracht hätte. Wenig überraschend bringt Heymann selbst nur wenig

Geduld für Menschen auf, die er für nicht ausreichend kompetent hält – und dies gilt für sämtliche Bereiche. Wer seinen Erwartungen nicht gerecht wird, bleibt für gewöhnlich nicht lange. Wer sie hingegen erfüllt, erhält von ihm dieselbe Loyalität, die auch er im Gegenzug erwartet.

Seit vielen Jahren hält er an seiner Vorstandsetage fest, die sich hauptsächlich aus den Geschäftsführern von Select Music UK, Naxos of America und Naxos Sweden sowie weiteren von ihm ausgewählten Mitgliedern zusammensetzt. Sämtliche Angelegenheiten werden ausführlich besprochen, und in der Regel drückt Heymann keine Entscheidung mit Gewalt durch, besonders, wenn sie die Vertriebsunternehmen direkt betrifft. Er mischt sich nicht in die Leitung der einzelnen nationalen Firmen ein, solange keine Probleme entstehen. Die nationalen Geschäftsführer leiten ihre Unternehmen so, als seien sie ihre eigenen. Die meisten von ihnen sind »Lebenslängliche«, die bereits über mindestens zehn Jahre Erfahrung bei Naxos verfügen. Heymann ist allerdings auch bekannt dafür, neue Projekte oder größere Initiativen ohne Diskussionen oder die Zustimmung des Vorstands auf den Weg zu bringen. All seine leitenden Angestellten sind inzwischen darauf gefasst, hin und wieder vor vollendete Tatsachen gestellt zu werden: mal wurde ein Projekt bereits angeleiert, mal ein neues Vorstandsmitglied ernannt, ein neues Label für den weltweiten Vertrieb unter Vertrag genommen oder die Veröffentlichung eines neuen Komponistenzyklus beschlossen. Heymann ist gewitzt und spontan und verfügt über einen sicheren Instinkt und einen guten Überblick, besonders, wenn es um Geschäfte geht. Da er seine Schlussfolgerungen so schnell trifft, bleiben gelegentliche Fehler jedoch nicht aus. Paradoxerweise kann er aber auch den kleinsten Einzelheiten ausführliche Beachtung schenken, sei es in Rechtsunterlagen – er hat schon häufig auf gewisse Punkte hingewiesen, die seine Anwälte übersehen hatten, und so einen Fall gewonnen – oder beim Korrekturlesen eines Klappen- oder Booklet-Textes. Dafür gibt es eine einfache Erklärung: Seinem prüfenden Blick entgeht nicht das Geringste, wenn er sich für eine Sache wirklich interessiert. Ist sein Interesse hingegen eher marginal oder hat er andere, dringlichere Dinge zu erledigen, ist dieser prüfende Blick eher flüchtig.

Heymann geht voll und ganz in seiner Arbeit auf. Es ist weniger so, dass sie ihn antreibt, sondern eher, dass sie eine Faszination auf ihn ausübt, egal, ob es dabei um das Künstlerische oder das Geschäftliche geht. Vielleicht liegt es ja daran, dass er ständig zwischen diesen beiden Welten pendelt oder sich parallel mit ihnen beschäftigt, aber er ist in all den Jahren genauso frisch und neugierig geblieben wie eh und je. Trotzdem hat er Zeit für Hobbys: Seit einigen Jahren nehmen Wein und Golf eine vermutlich ebenbürtige Stellung bei seinen Freizeitaktivitäten ein. Er zieht die Weine aus der Neuen Welt den europäischen Trauben vor, und er kennt sich gut damit aus. So war es auch der Wein, der ihn an Australien und Neuseeland am meisten reizte. Selbst wenn Heymann in Europa ist, trinkt er Weine aus der Neuen Welt. Er ist allerdings kein Sammler – seine bevorzugten Weine halten sich dafür nicht lange genug. Er ist ein versierter Golfspieler, der noch immer zu Fuß von Loch zu Loch geht und sämtliche Transportmittel strikt ablehnt. Hier findet er seinen sportlichen Ausgleich, seine Erholung von seinem Computer und all den E-Mails (er benutzt nur selten ein Handy). Golf bietet ihm außerdem die Möglichkeit, erneut den Funken des sportlichen Wettkampfs zu entzünden. Wenn er sich mit jemandem messen kann, spielt er immer besser, als wenn er allein auf dem Platz steht – und dies lässt sich ohne Zweifel auch auf sein Geschäftsleben übertragen.

Hin und wieder spielt Heymann mit dem Gedanken, in den Ruhestand zu gehen, auch wenn es nur ein teilweiser Ruhestand wäre. Aber er meint es nicht wirklich ernst. In Asien gibt es zahlreiche Geschäftsleute – aus China und aus dem Westen – die mit über 80 Jahren noch immer internationalen Unternehmen vorstehen, und in seinem tiefsten Inneren sieht er keinen Grund, weshalb nicht auch er einer von ihnen sein sollte. Es gibt nur sehr wenige Anzeichen dafür, dass sich sein Scharfsinn oder seine Begeisterung für neue Geschäftsideen in irgendeiner Weise gemindert hätten. Im Kreise seiner Kollegen ist er nach wie vor derjenige mit dem größten Weitblick, und wahrscheinlich ist er auch noch immer der Risikobereiteste. Es besteht kein Zweifel daran, dass Naxos sein Werk ist und bleibt: Er macht damit, was ihm gefällt, aber er bedenkt dabei stets, dass er inzwischen über 300 Angestellte führt, von denen viele – besonders unter den Führungskräften – seiner Firma ihr Leben gewidmet haben. Er weiß, dass er letzten Endes sein eigenes Geld riskiert, und damit ist die Sache klar.

ZWEI

Drei

Die frühen Jahre:
von Frankfurt nach Hongkong,
1936–1967

Klaus Heymann wurde am 22. Oktober 1936 in einem Vorort von Frankfurt geboren. Sein Vater Ferdinand arbeitete als Verwalter bei der Stadt, seine Mutter Paula war eine klassische Hausfrau – eine Rolle, die sie zwar verachtete, aber akzeptieren musste, da sie nur die Grundschule besucht hatte. Sie war klug und geschickt, und als Heymanns Vater 1939 zur Armee eingezogen wurde und die drohende Kriegsgefahr immer größer wurde, übernahm sie seine Stelle im Rathaus. Ferdinand diente als Offizier bei der Flugabwehr und war vorwiegend in Städten in ganz Deutschland stationiert. Als Heymann vier Jahre alt war, wurde er zusammen mit anderen Kindern aufs Land verschickt, wohin ihm auch seine Mutter einige Zeit später folgte. Zunächst lebte er in verschiedenen Dörfern in Hessen, später in größeren Städten im Elsass und schließlich, bei Kriegsende, in Bayern. Als die Heymanns 1945 nach Frankfurt zurückkehrten, stellten sie fest, dass ihre Wohnung an Vertriebene vergeben worden war, und so mussten sie allesamt (Ferdinand, Paula, Klaus und seine jüngere Schwester Brigitte) auf den Dachboden von Heymanns Großmutter ziehen. Seine zweite Schwester, Barbara, wurde drei Jahre später geboren. 1948 kehrte die Familie schließlich wieder in ihre Wohnung zurück, und ihr normales Leben konnte beginnen. Heymann war damals zwölf. Er erinnert sich an das Zuhause seiner Kindheit als »kultivierten« Ort:

> *Wir waren eine Familie von Bücherwürmern. Ich erinnere mich noch, wie ich als Kind in einer Ecke des Zimmers saß, meine beiden Schwestern und meine Mutter in irgendeiner anderen, jeder mit einem Buch. Unsere Kultur war eine Lesekultur. Mit Musik bin ich erst ein bisschen später in Berührung gekommen, obwohl meine Eltern klassische Musik immer mochten und auch zu Konzerten gegangen sind. Kurz nach Ende des Krieges, Ende 1945, ich war gerade neun, habe ich in einem Kurbad am anderen Ufer des Sees mein allererstes Konzert besucht – die Münchner Philharmoniker spielten Beethovens* Lenore Nr. 3, sein 4. Klavierkonzert *und Schuberts »unvollendete« Sinfonie. Ich weiß noch, dass Rosl Schmid die Pianistin war und der Dirigent Hans Rosbaud. Später, als er Chefdirigent des Sinfonieorchesters des Hessischen Rundfunks wurde, habe ich noch viele Konzerte mit ihm gehört. Ich fand es ungeheuer faszinierend. Die Musik hat einen bleibenden Eindruck auf mich gemacht, und als ich wieder in Frankfurt lebte, versuchte ich, möglichst alle »Jugendkonzerte« des Hessischen Rundfunks zu besuchen. Ich habe damals eine Menge Konzerte gesehen.*
>
> *Meine Großmutter mütterlicherseits hatte ein Haus in einem anderen Vorort und Freunde, die auf dem Land lebten, deshalb hatte sie auch immer etwas zu essen. Wir sind am Wochenende immer mit dem Fahrrad dorthin gefahren – 20 Kilometer hin und 20 zurück. Bei ihr stand ein Klavier im Flur, aber das durfte ich noch nicht einmal anfassen. Ich weiß noch, wie sie immer gesagt hat: »Du machst es nur kaputt. Fass das Klavier ja nicht an!« Vielleicht hätten sich die Dinge anders entwickelt, wenn sie mich darauf hätte*

spielen lassen oder ich es wenigstens hätte anfassen dürfen. Vielleicht hätte ich dann ein Instrument erlernt. Aber das ist nicht passiert, und ich habe auch nie eins gelernt. Weder meine Mutter noch mein Vater spielten ein Instrument, das lag wohl einfach nicht in der Familie. Ich habe auch nie gelernt, Noten zu lesen.

Um 1955 kam ich dann etwas enger mit der Musik in Berührung, als mein Vater seinen ersten Plattenspieler kaufte. Ich weiß, dass ich damals noch zur Schule ging, weil ich mir nebenbei Geld als Caddy verdiente; da war ich 19. Wir hatten natürlich auch eines dieser alten Radios, und es hatte einen ziemlich guten Klang. Die erste Platte, die mein Vater kaufte, war Mendelssohns Hebriden-Ouvertüre *auf einer 45er. Um meinen Vater zu ärgern, dessen musikalische Vorlieben etwa mit dem Jahr 1900 endeten, kaufte ich Strawinskis* Petruschka, *Richard Strauss'* Till Eulenspiegel *und* Don Juan *und die* Symphonie fantastique *von Berlioz. Das waren meine ersten drei LPs. Ich glaube, sie waren alle von Philips, und der Dirigent war Willem van Otterloo [der niederländische Dirigent des Residentie Orkest in Den Haag], der vor allem für seine Aufnahmen von Musik aus dem 20. Jahrhundert bekannt war.*

Auch wenn ich kein Instrument spielte, was ich bis zum heutigen Tag sehr bedauere, las ich immerhin Bücher. Als ich noch in der Schule war, las ich eine Menge Bücher von Karl May. Er hat seine Geschichten ja in aller Welt angesiedelt – im amerikanischen Wilden Westen und in Nahost – in Ländern, die er selbst nie bereist hatte. Er hat über 40 oder 50 Bücher geschrieben, und nach seinem Tod erdachten andere Autoren weitere Geschichten. Der Vater eines meiner Klassenkameraden war ein Industrieller, deshalb hatte er genügend Geld, sie alle zu kaufen, und ich habe sie mir immer ausgeliehen. Ich setzte mir das ehrgeizige Ziel, all seine Bücher zu lesen, und das habe ich auch gemacht.

Aber ich habe auch andere Sachen gelesen. Ich habe alles gelesen! Ich glaube, ich war der beste Kunde unserer örtlichen Bücherei. Ich habe nachts unter der Bettdecke gelesen, und eigentlich überhaupt die ganze Zeit. Aber nichts über Musik. Ich habe mir zwar die Programmhefte von Konzerten angeschaut, aber über klassische Musik an sich habe ich erst später gelesen, als ich ernsthaft begann, Platten zu sammeln. Das war nach der Universität.

Heymann lernte schon in sehr jungen Jahren, wie man Geld verdiente. Mit zehn begann er, frühmorgens an einem Kiosk Übungsblätter zu kaufen, die er in der Schule mit kleinem Gewinn weiterverkaufte. Außerdem war er sehr an Sport interessiert und bekam zunächst einen Job als Balljunge in einem großen Tennisverein, später dann als Caddy in Frankfurts einzigem Golfclub. In seiner Studentenzeit hatte er unzählige weitere Jobs: Er entfernte die Etiketten von Flaschen, die wiederverwertet werden sollten, verlud Postsäcke auf Nachtzüge und war Trauzeuge bei Hochzeiten. Er war ein sehr guter Tennisspieler – eine Zeit lang trainierte er sogar die Tennismannschaft der Universität Frankfurt – und verdiente Geld, indem er im Frankfurter Presseclub Unterrichtsstunden gab, während der Sommerferien auch in einem großen Industriebetrieb im nahen Wiesbaden. 1956, kurz vor seinem 20. Geburtstag, schrieb er sich an der Universität in Frankfurt ein, wo er Englisch, romanische Sprachen und Literatur studierte. Das Reisen hatte ihn schon immer interessiert: Brasilien faszinierte ihn besonders, und er beschloss, Portugiesisch zu lernen. Das Wintersemester 1958 verbrachte er an der Universität Lissabon, wo er die portugiesische Sprache und Literatur studierte und bei einer portugiesischen Gastfamilie lebte. Während des Sommers spielte und unterrichtete er Tennis und verdiente so genügend Geld, um sich ein Wintersemester an einer ausländischen Universität zu finanzieren – eine gute Vorbereitung auf sein späteres Leben.

Ich habe viel über die verschiedenen Lebensweisen der Menschen gelernt. Ich war damals schon eine Art Macher.

Während ich in Lissabon studierte, habe ich auch Tennis für die Uni gespielt und dadurch eine Menge Leute kennengelernt. Ich hatte zwei sehr gute Lehrer: Der eine, ein Brasilianer, hatte das wichtigste Buch über die Geschichte der portugiesischen Sprache verfasst, der andere unterrichtete Linguistik und Literatur. Im Portugiesischen gibt es viele Dialekte: Viele kleine Täler waren damals vom Rest des Landes abgeschnitten. Mein Professor hat die Sätze immer in Lautschrift aufgeschrieben und wir mussten dann raten, in welche Ecke des Landes der Satz gehörte. Er hat immer sehr berührend von der schrecklichen Armut dort erzählt – zum Beispiel, dass es in manchen Dörfern nur einen Anzug gab: Wenn einer der Dorfbewohner aufgrund einer offiziellen Angelegenheit in die Stadt musste, zog er den einzigen Anzug des Dorfes an.

Weil ich im Ausland studiert hatte, bekam ich an der Universität in Frankfurt einen Teilzeitjob und leitete ein Seminar für meine Kommilitonen. Da ich weiterhin Tennisstunden gab, ging es mir finanziell tatsächlich sehr gut. Ich sprach deutsch, englisch und portugiesisch und studierte Französisch, Spanisch und Italienisch – und ich belegte ein paar Kurse in Rumänisch, das ja halb zur romanischen, halb zur slawischen Sprachfamilie gehört.

1959 verbrachte Heymann das Wintersemester am King's College in London; hauptsächlich studierte er an der Portugiesischen Fakultät, aber er besuchte auch Vorlesungen in Französisch und Englisch. Er betrachtet sein Studium dort als ganz entscheidend, da er in jener Zeit »eine kritische Betrachtung der Literatur« erlernte, die sich stark von der eher ehrerbietigen deutschen Haltung unterschied. 1960 kehrte er nach Frankfurt zurück, wo er den Sommer über genügend verdiente, um den Winter an der Sorbonne in Paris verbringen zu können. Dort hatte er das große Glück, bei dem renommierten Professor und Autor Antoine Adam zu studieren. Heymann brachte stets seinen Kassettenrekorder zu den Vorlesungen mit und zeichnete sie auf, während all seine Kommilitonen sich Notizen machten. Während dieser winterlichen Studienphasen besuchte er außerdem zahlreiche Opern, Theateraufführungen und Konzerte: in der Oper de São Carlos in Lissabon, im Royal Opera House, Covent Garden, in London (es waren die frühen Jahre von Georg Solti) und in der Opéra und Comédie-Française in Paris. So konnte sein Leben jedoch nicht ewig weitergehen: Er kam zu dem Schluss, dass fünf Jahre des studentischen Daseins genügten. Als man ihm sagte, dass er zwei weitere Jahre in Frankfurt würde bleiben müssen, um seinen Abschluss machen zu können, brach er sein Studium ab.

Das war 1961. Er hatte bereits reichlich Erfahrung damit gesammelt, sein Geld auf die unterschiedlichste Weise zu verdienen. Tennis kam für ihn dabei nie als Beruf in Frage: »Auf Landesebene war ich ein ganz passabler Spieler, aber mehr auch nicht – damals gab es auch noch gar keinen Profizirkus wie heute.« Auch ein Leben als Vereinstennislehrer konnte er sich nicht vorstellen. Allerdings hatte er es seinem Tennisunterricht im Frankfurter Presseclub zu verdanken, dass er eine Stelle als Leiter des Anzeigenverkaufs bei einer Zeitung namens *The Overseas Weekly* bekam (die dank der sexy Fotos, die in jeder Ausgabe zu sehen waren, den Spitznamen »The Over-Sexed Weekly« erhielt). Das Blatt war eine englischsprachige Boulevardzeitung für die 300.000 in Deutschland stationierten amerikanischen Soldaten.

> *Mein Chef war nicht nur Hi-Fi-verrückt, er liebte auch klassische Musik. Irgendwann kamen wir auf die Idee, eine Hi-Fi-Beilage herauszubringen. So habe ich einiges über Hi-Fi gelernt. Es sind dann immer wieder Leute auf mich zugekommen, weil sie Übersetzungen von Hi-Fi-Handbüchern vom Deutschen ins Englische brauchten. So kam ich zu einem sehr lukrativen Nebenjob: Ich übersetzte Bedienungsanleitungen und Anzeigen, denen mein Chef anschließend den nötigen Feinschliff verlieh. Wenn Sie einen Rasierapparat von Braun kaufen, finden Sie in der Bedienungsanleitung heute noch eine Menge Begriffe, die ich vor vielen*

Jahren für meine Übersetzungen gefunden habe. Später habe ich angefangen, nebenbei als freiberuflicher Texter zu arbeiten. Ich habe eigentlich die ganze Zeit nur gearbeitet: Tagsüber hatte ich meinen festen Job, und um 19 Uhr habe ich dann die Übersetzungs- oder Textaufträge bekommen, die ich über Nacht fertigstellen musste. Es war die perfekte praktische Ausbildung. Ich habe den Agenturbetrieb dabei aber nicht nur als Übersetzer oder Texter kennengelernt, sondern auch als Model für diverse Broschüren. Einmal stand ich als Lufthansa-Kapitän Modell, in einem schicken Auto, neben mir ein wunderschönes blondes Model. Es war Winter, aber ich hatte die Sommeruniform des Kapitäns an, weil die Anzeige im Sommer erscheinen sollte. Es war eiskalt. Die Leute von der Werbeagentur haben dem Model zwischen den Fotoaufnahmen immer einen Pelzmantel umgelegt, aber ich saß die ganze Zeit da, in meiner Sommeruniform, und habe gezittert. Ein anderes Mal wurde ich für eine Zigarettenwerbung gebucht, bei der ich natürlich eine Zigarette halten musste. Ich hatte noch nie geraucht, und meine Augen haben angefangen zu tränen und ich musste husten. Ich habe gelernt, dass man nie direkt in die Kamera schauen darf, sondern sich immer einen Fokuspunkt suchen muss, zum Beispiel die Schulter des Kameramanns, sonst sieht man irgendwie unsicher aus. Wenn wir also heute ein Fotoshooting mit einem Musiker haben oder wenn ein Pressefotograf Bilder von mir macht, weiß ich, was zu tun ist.

Es zeichnete sich jedoch schnell ab, dass es für Heymann bei *The Overseas Weekly* keine wirkliche Zukunft gab, und als Braun ihm 1966 eine Stelle als Leiter der Export-Werbeabteilung anbot, folgte er diesem neuen Weg. Es war ein entscheidender Schritt für ihn, da er damals wichtige Verkaufs- und Marketingmethoden erlernte, die er später auch bei seinem eigenen Klassik-Label einsetzen konnte. Braun war für sein klassisches, schlankes Design bekannt, aber Heymann erkannte, dass die Exportmärkte dies in ihren Werbekampagnen nicht transportierten. Er legte Gestaltungsrichtlinien für die Werbung von Braun fest – und viele dieser Richtlinien übertrug er später auf Naxos.

> *Braun hat eine Menge Tests gemacht, um herauszufinden, welche Typografien und welche Layouts am leichtesten zu lesen sind. Die Ergebnisse haben sie anschließend in ihre Designs einfließen lassen: Keine Einrückungen, weil sie den Lesefluss verlangsamen; dunkelblau auf weiß ist leichter zu lesen als schwarz auf weiß; serifenlose Schrift ist einfacher zu lesen als Serifenschrift. Braun benutzte immer Vorlagen für seine Layouts, in die der Text und die Bilder dann passen mussten. Das Ergebnis war, dass alle Anzeigen und Druckerzeugnisse von Braun einen sehr cleanen Look hatten. Ich habe dort viel gelernt.*

Nachdem Heymann ein Jahr lang bei Braun gewesen war, bot ihm *The Overseas Weekly* an, ein neues Büro in Hongkong zu eröffnen. Es war die Zeit des Vietnamkrieges. Heymann traf am 6. Januar 1967 mit einem Koffer und einem Zweijahresvertrag in Hongkong ein, und auch wenn er seither durch die ganze Welt gereist ist, ist Hongkong immer sein Zuhause geblieben.

vier

Ein neues Zuhause in Fernost: Die Entwicklung einer unternehmerischen Laufbahn, 1967–1982

Mit dem Umzug nach Hongkong begann für Heymann eine steile Lernkurve: Er musste nicht nur ein Büro eröffnen, sondern auch Probleme mit Druckereien, Vertriebsunternehmen und, nicht zuletzt, Militärbehörden meistern. Letztere unterstützten die Zeitung nicht, da sie sich kritisch gegenüber der Armee geäußert hatte, und verboten, sie an militärischen Zeitungsständen zu verkaufen. Ohne Vertrieb gab es jedoch auch keine Werbung. Heymann reiste durch ganz Asien – durch Thailand, die Philippinen, Korea, Taiwan, Japan und, natürlich, Vietnam – und suchte nach Verkaufsständen vor Militärkasernen. Er hatte zwar Erfolg, stellte jedoch schnell fest, dass es entschieden bessere Möglichkeiten für einen weiter reichenden Vertrieb gab. Es gelang ihm, die Telefonbücher der einzelnen Militärbasen aufzutreiben, die ihm die Kontaktdaten der wichtigsten Armeeangestellten lieferten – sie sollten schon bald das Kernstück eines unvergleichlichen Netzwerks bilden. Heymann fand einen Weg, die Zeitungen en gros zu einem internationalen Postzentrum in Japan zu schicken, von wo sie dann kostenlos an Armeeangestellte weitergeleitet wurden – selbst an Soldaten und Flieger an der Front! Außerdem bot er den Lesern die Zeitung kostenlos an – ein sehr frühes Beispiel für eine Gratiszeitung, die sich allein durch Werbeanzeigen finanzierte, die wiederum fast alle großen japanischen Kamera- und Hi-Fi-Hersteller umfassten. Nach zwei Jahren verließ Heymann die Zeitung, um sich weiterzuentwickeln. Seine nächsten Stationen waren Davidson and Partners, eine Direktwerbeagentur sowie ein Versandhandel für die Truppen der US-Armee in Asien: Pacific Mail Order System. Es war das Jahr 1969.

Ich wusste, wie man aus Armee-Telefonbüchern Adressdateien machte. Mir kam die Idee, einen Versandhandel aufzuziehen, weil ich auf meinen Reisen zu den verschiedenen Militärstützpunkten ständig gefragt wurde: »Wo kann ich eine Kamera kaufen?« Also habe ich einen Versandhandel aufgebaut und Kameras verkauft. Zunächst musste ich einen Kamera-Katalog erstellen – ich wusste allerdings nicht viel über Kameras und habe eine Menge Fehler gemacht! Ich habe ihn trotzdem verschickt, und als ich drei Wochen später in meinen Briefkasten geschaut habe, flatterten Hunderte von Umschlägen mit Verrechnungsschecks heraus. Innerhalb eines Jahres war ich Dollarmillionär. Ich war damals 33. Das klingt vielleicht alles sehr leicht, aber ich hatte einige Probleme zu bewältigen, besonders beim Versand, wenn ich die Kameras zu den Käufern auf eine Militärbasis schicken musste. Kurze Zeit später habe ich herausgefunden, dass ein Ort namens Guam das Hongkong am nächsten gelegene US-Territorium war. Ich habe dort ein Depot eingerichtet und die Pakete en gros per Luftfracht von Hongkong nach Guam geschickt. Unsere Leute in Guam haben die Pakete dann am örtlichen Postamt aufgegeben, und so wurden die Waren von der US-Regierung zu den inneramerikanischen Portokosten an Armeestützpunkte in ganz Asien verschickt.

Es war eine aufregende Zeit. Heymann flog in Militärhubschraubern über Vietnam, sah die schwierigen Verhältnisse aus erster Hand und erlebte mit, wie Waffen blockierten oder die Kommunikation über Funk beinahe unmöglich wurde. Während der Tet-Offensive befand er sich in Saigon: Er lernte, sich in Cafés nie ans Fenster zu setzen, da immer die Gefahr bestand, dass der Vietcong Bomben hindurchwarf. Aber Heymann machte auch Ausflüge in die Tourismusbranche, arbeitete mit einer großen amerikanischen Airline zusammen und organisierte Reisen für Soldaten auf Heimaturlaub.

1973, mit dem Pariser Friedensabkommen, war auch das Ende seines speziellen Versandhandels abzusehen. Heymann ließ sich jedoch nicht unterkriegen: Er passte sein Unternehmen den neuen Umständen an und bot Hi-Fi-Ausrüstung für Armeeangehörige an, die kurz vor ihrer Rückkehr in die USA standen. Sie konnten die Geräte kaufen, während sie sich noch in Fernost befanden, und die Ausrüstung pünktlich zu ihrer Ankunft zu sich nach Hause schicken lassen. Auch wenn Heymann sich darüber im Klaren war, dass sein Leben in Hongkong und Fernost in Zukunft ein ganz anderes sein würde, verlor er keinen Gedanken daran, nach Europa zurückzukehren. »Ich konnte mir nicht vorstellen, irgendwo anders zu leben.«

Auch während dieser Zeit hörte er viel Musik, wenn auch meist von LP – eine Livemusik-Szene von zumindest annehmbarer Qualität existierte in Hongkong praktisch nicht. Auch sein Interesse an Hi-Fi behielt Heymann bei. Er hatte bereits Erfahrung damit gesammelt, Revox-Tonbandgeräte und Bose-Lautsprecher an GIs zu verkaufen, und dies sollte zum nächsten entscheidenden Schritt in seiner Karriere führen: einem Treffen mit dem innovativen Lautsprecher-Designer Dr. Amar G. Bose. Bose war nach Hongkong gereist, um dem Unternehmen, das seine ungewöhnlichen Boxen vertrieb, einen Besuch abzustatten, war von dessen Leistung jedoch enttäuscht. Er bot Heymann den Vertrieb der Bose-Lautsprecher in Hongkong und China an. Es war der Beginn einer fruchtbaren Beziehung, die über 25 Jahre bestehen und später auch einen entscheidenden Beitrag zu Naxos leisten sollte. Auch Revox übertrug ihm die Vertriebsrechte seiner Tonbandgeräte für Hongkong und China. Für Heymann war dies ein durchaus natürlicher Schritt, da die Musik auch während seiner turbulenten, geschäftigen Anfangszeiten in Fernost ein zentraler Bestandteil seines Lebens geblieben war und eine emotionale Verbindung zu seiner westlichen Herkunft darstellte.

> *Gleich zu Beginn meines Lebens in Hongkong habe ich angefangen, Platten zu sammeln. Ich habe sämtliche Kataloge studiert und LPs aus der ganzen Welt gekauft – auch Aufnahmen von Hungaroton, Supraphon und Opus aus Osteuropa. Die habe ich über einen kleinen Vertrieb namens Essex Trading in Hongkong bezogen. Der Vertreter des Unternehmens, David Levy, wusste auch viel über eher unbekannte Musik – über all die polnischen, tschechischen und ungarischen Komponisten – und natürlich über das gesamte Kernrepertoire. Ich hatte zu Hause Hunderte von LPs in meinen Regalen stehen. Ich habe versucht, sie zu katalogisieren, aber ich hatte einfach nicht genügend Zeit, und irgendwann habe ich sie dann einfach in der Reihenfolge ins Regal gestellt, in der ich sie gekauft hatte.*
> *Ich kannte mich hauptsächlich mit Orchestermusik und Opern aus. Ich mochte die großen Klavier- und Violinkonzerte und das sinfonische Repertoire: Bruckner und Mahler – besonders Musik, die schnell und laut war. Erst später, nachdem ich meine Frau, Takako Nishizaki, kennengelernt hatte, kam ich wirklich mit Kammermusik in Berührung und lernte, Musik auf intelligente, sensible Weise zu hören. Als Revox- und Bose-Händler hielt ich es für eine gute Idee, das Zubehör im Rahmen von Konzerten zu bewerben. Aber auch die Tatsache, dass mir die europäische Umgebung fehlte, spielte dabei eine Rolle. In Europa war ich daran gewöhnt gewesen, Konzerte und Opernaufführungen zu besuchen, und auch wenn ich mein Leben in Fernost liebte und mir dort Platten anhören konnte, spürte ich, dass mir die*

Livemusik fehlte. Also habe ich die Sache selbst in die Hand genommen und das geändert.

Das erste Konzert, das Heymann organisierte, war ein Liederabend mit dem amerikanischen Pianisten Michael Ponti, den er über familiäre Kontakte arrangierte. Ponti hatte bereits zahlreiche Aufnahmen mit dem unabhängigen amerikanischen Label Vox-Turnabout gemacht und etwa 80 Alben veröffentlicht – darunter auch seit Langem vergessene romantische Klavierkonzerte von Moscheles, Bronsart, Thalberg und anderen für das Raritäten-Label Candide. Heymann kannte die Aufnahmen und lernte von Ponti, wie ein Label wie Vox seine Aufnahmekosten verringern konnte, um seine Platten kostendeckend zu produzieren – ein starker Kontrast zur Arbeitsweise der Major-Labels wie Deutsche Grammophon oder EMI. Dieser erste Kontakt erwies sich als glücklicher Zufall, da Vox mit seinem Tochter-Label Turnabout über eines der ersten Budget-Plattenlabel überhaupt verfügte und in den 1950ern mit seinen »Billig-LPs« eine Pionierrolle übernommen hatte. Es verhalf einigen großen Künstlern zu erfolgreichen Karrieren, unter ihnen auch der Pianist Alfred Brendel und die Dirigenten Jascha Horenstein und Otto Klemperer. Bei der Auswahl seines Repertoires war das Label ebenso innovativ und veröffentlichte sowohl spezielle Stücke als auch Kernwerke: Es veröffentlichte nicht nur die erste Komplettaufnahme von Bachs *Matthäus-Passion* oder Orffs *Carmina Burana,* sondern auch Barockmusik, die schon bald zum Standardprogramm gehörte. Komponisten wie Vivaldi, Corelli und Tartini wurden so einem breiten Publikum bekannt, und dies beinahe zum allerersten Mal. Für einen Sammler wie Heymann war das Label von besonderem Interesse: Es faszinierte ihn, wie sein Gründer, George Mendelssohn-Bartholdy (ein Nachfahre von Felix Mendelssohn), es schaffte, nicht nur passable, sondern hin und wieder sogar sehr gute Aufnahmen aus dem Standard- wie dem Spezialrepertoire zu günstigen Preisen zu veröffentlichen. Bevor Ponti in Hongkong eintraf, war Heymanns Interesse jedoch eher beiläufig: Er betrieb einen Versandhandel und war nie auf den Gedanken gekommen, in der Klassikindustrie Fuß zu fassen. Es war Michael Ponti, der ihn unabsichtlich auf diese Idee brachte, als er sich darüber enttäuscht zeigte, dass seine Platten in den Läden in Hongkong nicht erhältlich waren. Ob Heymann, der schließlich im Import-Export-Geschäft tätig war, da nicht vielleicht Abhilfe schaffen könne?

Anfangs war der Import von LPs nur ein Hobby. Heymanns Hauptgeschäft waren weiterhin die Einfuhr und der Verkauf von Studioausrüstung, hauptsächlich von Revox und Studer. 1969 hatte er die Revox (HK) Ltd gegründet, die er 1976 in Studer-Revox (HK) Ltd umbenannte, da das Unternehmen damals begann, auch professionelle Aufnahmeausrüstung zu vermarkten.

> *Die Firma, die die Revox-Tonbandgeräte herstellte, produzierte auch die berühmten professionellen Aufnahmemaschinen von Studer. Sie haben mich mit dem Vertrieb dieser Maschinen in Hongkong und China beauftragt, und da ich festgestellt hatte, dass es schwierig war, nur Tonbandgeräte zu verkaufen, sah ich mich auch nach anderem Zubehör um (Mischpulte, Hallgeräte, Equalizer, Mikrofone), damit wir den Kunden auch eine komplette Studioausrüstung anbieten konnten.*

Zu Beginn der 1970er entdeckte Heymann eine Marktlücke auf dem internationalen Kamera-Markt: Er begann, Kameras von Minolta, Canon und Nikon in Japan über semi-offizielle Kanäle zu kaufen und sie parallel nach Deutschland zu exportieren. Er umging dabei genau die Schritte, die die japanischen Exportpreise so hoch machten. Er nutzte Abkommen mit diversen Fluglinien, die noch aus der Zeit seines früheren Versandhandels bestanden, und flog mit 2.000 in 30 bis 40 Kisten verpackten Kameras, die als Übergepäck deklariert wurden, erster Klasse von Japan nach Hongkong. Seine japanischen Lieferanten zahlte er oft in bar aus und reiste daher nicht selten mit Millionen von Yen in seinem Aktenkoffer. Alles war vollkommen legal, und so konnte er in Japan einfach zum Zoll gehen, dort sämtliche Waren anmelden und sich mit einem Aktenkoffer voller Banknoten vor die Zollbeamten stellen.

»So habe ich in der Zeit zwischen dem Ende des Versandhandels und dem Beginn meines Studiobetriebs überlebt.«

1973 war Heymann bereits ein bekannter Name in der Aufnahme- und Studioszene in Hongkong, und durch seine Liebe zur klassischen Musik kam er in Kontakt mit anderen Auswanderern, die sein Interesse teilten. Durch weitere Konzerte, die er nach dem Konzertabend mit Ponti organisierte, erregte er auch die Aufmerksamkeit des Dirigenten des halbprofessionellen Hong Kong Philharmonic Orchestra, und man bot ihm einen Platz als Vorstandsmitglied an. Heymann akzeptierte unter der Bedingung, dass das Orchester in Zukunft ein Berufsorchester wurde, und setzte sich selbst verstärkt dafür ein, dieses Vorhaben in die Tat umzusetzen. Er wurde zum Vorsitzenden des Spendenkomitees und zum Generaldirektor ehrenhalber ernannt. Eines der Mitglieder des Spendenkomitees war ein leitender Angestellter des Chemiezweigs von Esso, der Heymann sämtlichen »großen Tieren« in Hongkong vorstellte, denen er so seine Idee verkaufen konnte: Er machte ihnen bewusst, dass Hongkong von einem Berufsorchester nur profitieren konnte – und nicht zuletzt gab es ihnen auch die Möglichkeit, ihre Gäste zu unterhalten und ihr Unternehmen zu bewerben bzw. bekannter zu machen. Ob sie sich vorstellen konnten, ihm bei der Finanzierung zu helfen?

> *Ich habe ein schönes kleines Geschäftsmodell entworfen, ohne wirklich etwas darüber zu wissen, aber so einen wie mich hatten sie noch nie gesehen, und sie hatten auch noch nie über ein derartiges Konzept nachgedacht. Im Januar 1974 hatte ich die nötigen Mittel beisammen, und wir konnten das Berufsorchester Hong Kong Philharmonic ins Leben rufen. Unsere Musiker waren ein bunter Haufen: Wir haben ein paar Koreaner, Japaner und andere Musiker engagiert, die in Hongkong lebten. Und wir haben Anzeigen geschaltet und Leute auf der Basis von Demobändern eingestellt. Später gab es dann jede Menge Probleme, aber so haben wir angefangen. Als wir größere Stücke spielen wollten, heuerten wir philippinische Musiker aus den Nachtclubs an,*

um genügend Leute zu haben. Ich musste das Repertoire lernen – ich habe sämtliche Verlagskataloge studiert – und ich kann Ihnen noch heute die Instrumentationen für die meisten sinfonischen Standardwerke nennen.

Ich wusste so gut wie nichts über Solisten, also habe ich die Regeln selbst gemacht. Dazu gehörte auch, dass wir nur Künstler engagierten, die entweder einen Vertrag mit einem Major-Label oder in den vergangenen drei Jahren einen wichtigen Wettbewerb gewonnen hatten. Eine der Solistinnen, die mir angeboten wurden, war Takako Nishizaki, aber sie erfüllte keines dieser Kriterien. Sie war eine begabte japanische Geigerin und Shinichi Suzukis erste Schülerin, obwohl ihr wichtigster Lehrer ihr Vater gewesen war, ein Kollege von Suzuki. Sie hatte bei Joseph Fuchs an der Juilliard studiert und das Fritz-Kreisler-Stipendium erhalten, das jedes Jahr an den besten Geigenschüler vergeben wird. 1964 war sie beim Leventritt-Wettbewerb Zweite hinter Itzhak Perlman geworden, aber das war immerhin bereits zehn Jahre her. Sie war dann längere Zeit auf Tournee gewesen und anschließend wieder nach Japan zurückgekehrt. Also habe ich sie abgelehnt. Aber Anfang 1974 bekam ich einen Anruf von ihrem japanischen Manager, der mir mitteilte, sie komme nach Hongkong, um mit den Philharmonikern zu spielen und ein Konzert mit einem koreanischen Pianisten zu geben. Er fragte, ob ich sie nicht treffen und sie mir anhören wolle. Wie es der Zufall so wollte, hatte dem Orchester gerade eine rumänische Geigerin abgesagt, die Wieniawskis Violinkonzert Nr. 2 hätte spielen sollen. Das Management stimmte zu, und Takako sprang für sie ein. Zu jenem Zeitpunkt hatte ich schon nichts mehr mit dem Orchester zu tun, aber ich traf sie trotzdem am 13. August 1974 am Flughafen, und so hat alles angefangen.

Tatsächlich war sie bei unserer ersten Begegnung ziemlich durcheinander. Im Flugzeug war irgendjemand auf ihre

Geige getreten, und sie machte sich große Sorgen deswegen. Wie sich herausstellte, war ihre Sorge jedoch unbegründet, da der Koffer das meiste abgefangen hatte und der Geige nichts passiert war. Sie ging an mir vorbei, sagte »Meine Geige, meine Geige!«, und stieg in den Wagen, den das Orchester geschickt hatte, um sie am Mandarin Hotel abzusetzen. Ich hatte sie bislang noch nicht spielen gehört, aber ich fand sie süß. Ich lud sie zum Abendessen ein, aber sie sagte, sie habe bereits gegessen. Wie es dann mit einem Drink wäre? Sie sagte, sie trinke nicht. Oder vielleicht mit einer Tasse Tee? Dazu konnte sie nicht nein sagen, und so gingen wir abends um halb neun zusammen einen Tee trinken und plauderten bis halb zwei Uhr morgens. Wir waren die Letzten in der Bar. Später hat sie mir erzählt, dass sie vor unserem Treffen eigentlich einen älteren Herrn mit drei Kindern erwartet hatte und dass sie sehr überrascht gewesen war, wie viel ich über klassische Musik wusste.

Als ich sie den Wieniawski spielen hörte, war ich tiefbeeindruckt: Es war wirklich gut. Sie war eine fantastische Geigerin. Ich ging dann auch zu ihrem Kammermusikabend. Sie erwies sich als wunderbare Musikerin und Künstlerin mit großartiger Bühnenpräsenz. Nach ihren Konzerten blieb sie noch einige Tage in Hongkong. Es gelang mir, Einladungen zu verschiedenen Dinnerpartys zu ergattern, um sie wiederzusehen. Und dann hat es gefunkt. Kurz darauf musste ich eine zweiwöchige Geschäftsreise nach Japan unternehmen, und ich besuchte sie zu Hause bei ihrer Familie in Nagoya. Ihr Vater war ein sehr angesehener Musiklehrer, der gemeinsam mit Shinichi Suzuki die berühmte Suzuki-Methode entwickelt hatte. Ich sprach kein Japanisch und ihre Familie kein Englisch, deshalb musste Takako übersetzen. Schon wenig später bat ich ihren Vater um seine Erlaubnis, seine Tochter heiraten zu dürfen. Er war ziemlich schockiert. Er hatte gerade erst einen Anbau am Haus abgeschlossen und dort ein Musikstudio eingerichtet, und eigentlich sollte Takako seine Schüler übernehmen. Aber er freute sich, dass ich klassische Musik mochte: Nachdem Takakos Schwester geheiratet hatte, hatte ihr Mann, ein Universitätsprofessor, ihr verboten, weiterhin Konzerte zu geben, obwohl sie eine sehr begabte Pianistin war. So sollte es mit Takako nicht passieren. Ihr Vater erklärte mir außerdem, er sei derjenige gewesen, der immer dafür gesorgt habe, dass Takako genügend übe und dass ich von nun an dafür verantwortlich sein würde!

Sie heirateten im Januar 1975. Am 29. Dezember 1976 wurde ihr Sohn geboren. Sie nannten ihn Henryk, nach dem Komponisten Henryk Wieniawski, dessen Konzert sie zusammengebracht hatte. Heute wird er von allen Rick genannt, arbeitet ebenfalls bei Naxos und ist für Hongkong und den Rest Südostasiens verantwortlich.

Auch wenn sein Studio- und Hi-Fi-Unternehmen weiterhin sein Hauptgeschäft blieb, engagierte Heymann sich auch immer mehr im Bereich des Imports von Musik und Platten. Sein Vertriebsnetzwerk in Hongkong und Fernost funktionierte mit den osteuropäischen Labels inzwischen sehr gut, und sein Ehrgeiz war geweckt. Irgendwann eröffnete er sogar einen eigenen Klassik-Plattenladen in Hongkong, Hong Kong Records, der jedoch überhaupt keinen Gewinn erzielte, sodass er ihn nach drei Jahren wieder schloss.

Eigentlich war es eher ein Hobby. Ich hatte auch einen recht eigenwilligen Manager, der lieber das ins Sortiment nahm, was ihm gefiel, anstatt das, was sich auch verkaufen ließ. Und das Schlimme war, dass ich das sehr gut verstehen konnte! Außerdem bekam ich Ärger, weil wir ein paar Sammelalben der Majors über andere Kanäle importierten, da wir sie dort günstiger entdeckt hatten. Mir war nicht bewusst, dass ich damit gegen Parallelimportgesetze verstieß.

Aber PolyGram hat mich verklagt, und ich musste ziemlich zu Kreuze kriechen.

Er zog es daraufhin vor, sich auf den Vertrieb zu konzentrieren. Seit Heymanns Unterhaltung mit Michael Ponti, bei der die beiden über dessen Aufnahmen bei Vox gesprochen hatten, war das Unternehmen im Laufe der 1970er stetig weitergewachsen. Durch den direkten Kontakt mit einem Budget-Label sammelte er, bewusst oder unbewusst, nützliche Informationen für die Zukunft.

Ich wandte mich an George Mendelssohn [den Eigentümer von Vox-Turnabout und Candide], der mir sagte, er habe in Hongkong noch keinen Vertrieb. Also habe ich damit begonnen, Vox-Turnabout und Candide zu importieren und zu vertreiben. Für Sammler waren das sehr interessante Labels, aber da ich von Michael schon viel über George und seine Geschäftsmethoden gehört hatte, gab ich mich keinen allzu großen Illusionen hin. Michael hatte mir erzählt, dass er seine berühmten Skrjabin-Sonaten – die bei ihrer Veröffentlichung weithin als die besten auf dem Markt galten – auf einem normalen Klavier hatte einspielen müssen und dass er kein Geld für ein Hotel bekommen und auf dem Studioboden hatte schlafen müssen! George sparte auch bei den Produktionskosten und benutzte schlechte Orchester für zu lange, billige Pressungen. Dadurch bekamen die Labels einen negativen Ruf. Aber all das hätte man nie vermutet, wenn man den Mann persönlich traf. Ich habe mich mit George getroffen, als ich für Bose geschäftlich nach New York reisen musste. Er hatte ein Büro an der Upper East Side, in einer ziemlich schicken Gegend, und er erwies sich als perfekter Gentleman. Er hatte immer eine ziemlich aristokratische Haltung – er nannte sich selbst George de Mendelssohn-Bartholdy! Von ihm lernte ich, gewisse Dinge bei der Gründung meiner eigenen Labels zu beachten, zum

> *Beispiel, nicht bei der Produktion oder der Pressung zu sparen und die Künstler mit Respekt zu behandeln. Und das war gar nicht so schwierig – immerhin war ich ja mit einer Künstlerin verheiratet!*

Heymann schrieb an Eurodisc, den Klassik-Zweig von Bertelsmann (BMG), zu dem auch das Pop-Label Ariola gehörte. Man bot ihm nicht nur den Vertrieb von Eurodisc, sondern auch von Ariola und Hansa an, die Disco-Musik produzierten. Heymann war sich nicht sicher – er wusste nicht das Geringste über diese Art von Musik. Als er jedoch mit seinen beiden Verkäufern in Hongkong sprach, waren sie begeistert, da sie wussten, dass es leichter werden würde, Popmusik in die Läden zu bringen. Es folgten weitere Klassik-Labels, unter anderem Telefunken. Zur selben Zeit entdeckte Heymann auf dem asiatischen Markt eine Lücke im Bereich günstiger Klassik-Kassetten und gründete mit 50 lizenzierten Titeln von Hungaroton und Supraphon sein eigenes Label, Budget Classics. Es kam 1977 auf den Markt, trug die Originallogos der beiden ursprünglichen Labels sowie den Schriftzug »Budget Classics« und bot ein sehr einfaches Farbsystem: grün für Barockmusik, rosa für Klassik und blau für romantische Musik. Bilder gab es keine.

> *Tatsächlich lief es ziemlich erfolgreich. Ich habe die Kassetten für 10 HK$ pro Stück verkauft; damals kostete eine LP um die 40 HK$. Kassetten zum Normalpreis waren fast genauso teuer, das Ganze war also ein vollkommen neuer Ansatz. Die Bandbreite war relativ groß, und in vielerlei Hinsicht war es ein Vorläufer von Naxos. Die Kassetten waren ausschließlich für den Markt in Hongkong bestimmt. Wir haben von den meisten Titeln 2.000 bis 3.000 Stück verkauft, und ich habe das Label bis zur Gründung von Naxos weiterlaufen lassen.*

1978 besuchte Heymann zum ersten Mal die MIDEM, die internationale Musikmesse, die jedes Jahr im Januar in Cannes stattfindet. Es war ein Schlüsselmoment. Hongkong und der gesamte Ferne Osten galten als Zentrum der Musikpiraterie, aber Heymann war mit seiner Firma Studer-Revox (HK) Ltd definitiv ein seriöser Unternehmer. Er wurde Lizenznehmer von Virgin Records, und da er bereits bewiesen hatte, dass er gute Ergebnisse erzielen und gleichzeitig klare, regelmäßige Verkaufsberichte liefern konnte, kam er nach und nach mit weiteren wichtigen Pop-Labels ins Geschäft. In Hongkong tat er sich mit einem jungen Engländer, dem Pop-Experten Steve Beaver, zusammen, und schon bald unterzeichneten sie auch bei Chrysalis, Jive und Mute, um nur einige zu nennen.

> *Ich erinnere mich noch, wie ich 1980 auf der MIDEM war und Steve bei einem Label nach dem anderen unterschrieb. Er kam dann immer zu mir und meinte: »Klaus, ich brauch mal eben 10.000 US$ Vorschuss, ich will bei Jive Records unterschreiben.« Also habe ich direkt an Ort und Stelle einen Scheck ausgestellt – so lief das damals.*

Als die BMG, deren Labels Ariola und Eurodisc Heymann bereits vertrieb, RCA aufkaufte, fand er sich nicht nur mit dem RCA-Klassik-Label, sondern auch mit den Pop- und Rockkatalogen von RCA, Arista und Motown wieder. 1984 war er Eigentümer des größten Plattenvertriebs in Asien außerhalb Japans, und das nur dank dieser Rock- und Pop-Labels. Heymann vertrieb sogar die erste Platte von Whitney Houston. Dennoch blieb die klassische Musik seine erste musikalische Priorität – schließlich war er mit einer hervorragenden Geigerin verheiratet, die er beim Aufbau ihrer Karriere unterstützen wollte. Die ersten Aufnahmen hatte er bereits 1978 mit ihr gemacht.

> *Takako hatte das Fritz-Kreisler-Stipendium der Juilliard gewonnen, und auch ihr Vater hatte schon immer Kreisler gespielt. Sie ist mit seiner Musik aufgewachsen und hatte schon immer eine besondere Affinität dazu. Von dieser Musik gab es keine modernen Aufnahmen, deshalb war sie*

für Takako eine ganz offensichtliche Wahl. Insgesamt hat sie zehn LPs aufgenommen. Einige wurden bei Telefunken veröffentlicht, andere bei Camerata – beides Labels, die ich vertrieb. Inzwischen sind sie alle auch digital erhältlich. Dann kam die Aufnahme von The Butterfly Lovers, die großen Einfluss auf ihre Karriere hatte und sie zu einer der bekanntesten Violinistinnen in ganz Asien machte.

Hinter dieser Aufnahme steckt die Geschichte eines Konflikts innerhalb der klassischen Musikszene Hongkongs. Heymann leitete das Hong Kong Philharmonic Orchestra nur für kurze Zeit. Es gefiel ihm nicht, dass er Anweisungen eines Komitees bei der Auswahl der Künstler und des Repertoires befolgen sollte, obwohl er die ganze Arbeit machte. Dies entspricht ganz und gar nicht seiner Arbeitsweise, und so ging man getrennte Wege. Heymann, der noch nie Angst davor hatte, sich kampflustig zu zeigen, entwickelte sich zum größten Kritiker des Orchesters und gründete eine eigene Musikzeitschrift, die *Hong Kong Hi-Fi and Music Review*. 1978 war der Standard des Orchesters nach eigener Einschätzung hoch genug, um eigene Aufnahmen einzuspielen. Die Leitung entschied, mit *The Butterfly Lovers* zu beginnen, dem beliebtesten Werk der »westlichen« chinesischen Klassik von den Komponisten Chen Gang und He Zhanhao. Takako Nishizaki wurde nicht gebeten, den Solistenpart zu übernehmen. Heymann betrachtete dies als Herausforderung und beschloss sofort, das Werk selbst mit ihr aufzunehmen. Er überredete sie, es zu lernen, und es gefiel ihr sogar. Er entschied, es in Nagoya mit dem Nagoya Philharmonic Orchestra unter der Leitung des ehemaligen Chefdirigenten der Hong Kong Philharmonics, Lim Kektjiang, einzuspielen. Sie reisten nach Nagoya, doch ihr erster Versuch einer Aufnahme wurde von Streitereien mit der Gewerkschaft und dem Management überschattet, und sie mussten abbrechen. Vier Monate später kehrten sie zurück, um die Aufnahmen abzuschließen, und spielten außerdem Shande Dings *Long March Symphony* ein. Am Ende konnten sie mit ihren Aufnahmen beinahe vier LPs mit chinesischer Musik füllen. Anfangs kritisierte man in China,

Nishizaki sei nun einmal Japanerin und könne chinesische Musik nicht mit dem entsprechenden chinesischen Ausdruck spielen. Aber es war immerhin die erste moderne Aufnahme des Stücks mit einem guten Orchester und gutem Klang, und sie wurde ein Achtungserfolg: Innerhalb kurzer Zeit verkaufte sie sich allein in Hongkong 60.000 Mal – eine Zahl, die zuvor noch nie eine Klassik-LP erreicht hatte. Sie stellte die Version der Hong Kong Philharmonics, die zuerst erschienen und mit deren deutschem Hausdirigenten aufgenommen worden war, völlig in den Schatten. Heymann erkannte, dass er nicht nur Wettkämpfe gewinnen konnte, sondern dass sich in diesem Bereich auch eine neue Geschäftsmöglichkeit für ihn bot.

> *Takako spielte es, als sei es Tschaikowski. Sie gab einfach alles und behandelte die Komposition, als sei es grandiose Musik, und das kann sie auch sein. Selbst heute noch sagt der Komponist He Zhanhao, dass sie das Stück besser spielt als jeder andere. Es erschien 1979 beim Label HK, das ich gegründet hatte – es war also HK 1. Es hat sich überall dort in Asien verkauft, wo es chinesische Gemeinden gab. Wir durften das Stück aber nicht in Taiwan verkaufen, da es als Festland-Musik verboten war: Wir vertrieben es deshalb unter seinem englischen Namen – der chinesische Titel war* Liang Shan Bo und Zhu Ying Tai, *nach den Namen der beiden Protagonisten in der chinesischen Oper, auf denen das Stück basierte – und eine Zeit lang kamen wir damit durch. Aber als die Behörden erkannten, worum es sich dabei handelte, wurde es verboten. Danach wurde es nur noch auf dem Schwarzmarkt und als Raubkopie verkauft. Wir konnten unsere Platten auch nicht in Festlandchina verkaufen, weil uns die normalen Kanäle nicht offen standen. Aber es gelang uns, die Lizenz der Aufnahmen an Victor in Japan zu verkaufen. Wir lizenzierten alle vier Platten, die wir aufgenommen hatten – das war unser erster großer internationaler Erfolg. Victor brachte sie in einer wunderschönen*

> roten Box mit einem tollen Booklet heraus und veranstalte-
> te eine große Launch-Party.
>   Ein paar Jahre später kam Chen Gang nach Hongkong
> und verkündete öffentlich, Takako habe das Stück über-
> haupt nicht verstanden. Er besuchte uns zu Hause, und sie
> ging das Werk Takt für Takt mit ihm durch.

Also spielte Nishizaki eine weitere Aufnahme ein, wieder in Japan, aber dieses Mal mit einem anderen chinesischen Dirigenten und einem anderen japanischen Orchester (inzwischen hat sie das Werk sieben Mal aufgenommen). Nach der Veröffentlichung beschwerten sich die Kritiker in Hongkong, es sei nicht chinesisch genug. Trotzdem machte sie sich mit den ersten beiden und den folgenden Aufnahmen von The Butterfly Lovers in China – und in ihrer Heimatstadt Hongkong – einen Namen als beste Interpretin chinesischer Geigenmusik: Sie spielte im Hong Kong Coliseum vor einem riesigen Publikum und war in den folgenden drei Jahrzehnten ständig auf Tournee. Heymann gab außerdem weitere Violinkonzerte in Auftrag (je eines von Chen Gang und Du Mingxin, einem weiteren bekannten chinesischen Komponisten), die Nishizaki ebenfalls einspielte. Sowohl Nishizaki als auch Heymann sind der Ansicht, dass diese Aufnahmen, die in den letzten Jahrzehnten des 20. Jahrhunderts entstanden, einen großen Beitrag zur chinesisch-japanischen Freundschaft geleistet haben.

Heymann hat immer wieder betont, dass die Tatsache, dass er mit einer Weltklassegeigerin verheiratet ist, einen zusätzlichen Ansporn bot, ein eigenes Plattenlabel zu gründen. Er hat seine Frau von dem Moment an, als er sie zum ersten Mal spielen sah, als Musikerin und Bühnenkünstlerin bewundert.

> Takako hatte schon immer ein unglaubliches Charisma auf
> der Konzertbühne. Sie betritt die Bühne wie eine Königin,
> und die Menschen beginnen zu klatschen – sie hat diese völ-
> lig natürliche Bühnenpräsenz. Und sie bietet dem Publikum
> wirklich eine gute Show, wenn sie spielt.

Fünf

Marco Polo:
Ein internationales Label,
1982–1987

Während Heymann weiterhin klassische chinesische Musik für sein Label HK aufnahm (insgesamt etwa 50 Werke), erkannte er, dass sich ihm eine Gelegenheit bot, Aufnahmen für den weltweiten Markt zu produzieren. Die Wogen im Streit mit dem Hong Kong Philharmonic Orchestra hatten sich nach der Einstellung eines neuen Managers wieder geglättet, und das Orchester wollte weitere Aufnahmen einspielen. Heymann hielt es zwar für unangemessen, dass das Orchester Mainstream-Komponisten wie Mahler oder Bruckner aufnahm, aber immerhin bot sich ihm dadurch die Gelegenheit, sich einen lange gehegten Wunsch zu erfüllen und einige Raritäten zu veröffentlichen: Musik aus den späteren Jahren des 19. sowie aus dem frühen 20. Jahrhundert, die noch nie zuvor aufgenommen worden war. Er wollte ein Label etablieren, das nur Weltpremieren diverser Aufnahmen veröffentlichte und Klassiksammlern neue Werke vorstellte. Er nannte das Label »HK Marco Polo«, da der Name die chinesische Herkunft mit der Idee des Entdeckergeistes vereinte. Es kam 1982 auf den Markt, verkaufte seine Platten zum vollen Preis und trennte sich schon kurze Zeit später von dem Namenszusatz »HK«.

Wir begannen mit einer Platte mit Ouvertüren und Märschen von Wagner, die erstaunlicherweise noch nie zuvor aufgenommen worden waren, darunter auch Rule Britannia, Polonia *und der* Kaisermarsch *mit dem Hong Kong Philharmonic Orchestra. Zu den ersten Aufnahmen gehörten außerdem Respighis* Concerto gregoriano *und* Poema autunnale *mit dem Singapore Symphony Orchestra. Ich hatte angefangen, die Geschichte der Musik zu studieren, um nach unbekannten Werken berühmter Komponisten oder den bekanntesten Werken unbekannter Komponisten zu fahnden, die noch nie aufgenommen worden waren. Takako war ebenfalls involviert, und sie musste eine Menge neuer Musik lernen, zunächst das* Concerto gregoriano, *dann die Spohr-Konzerte und viele andere mehr. Viele Marco-Polo-Aufnahmen sind noch heute die einzigen erhältlichen Versionen dieser Werke.*

Ich fing an, das Grove Dictionary of Music and Musicians, Die Musik in Geschichte und Gegenwart (MGG) *und Verlagskataloge zu lesen. Die Verlage waren wirklich sehr entgegenkommend, und wir mussten nicht viel für die Leihmaterialien bezahlen. Ich habe selbst bei den Verlagen angerufen – in Hongkong gab es niemanden, der das für mich hätte tun können. Das ist eines der Probleme, wenn man in Hongkong lebt, besonders in jenen Tagen: es gab nicht viel Lernmaterial. Wir waren dort sehr isoliert. Aber der Vorteil war, dass ich die Dinge auf meine Weise erledigen konnte. Für mich gab es keine negativen Präzedenzfälle. Ich konnte wirtschaftlich an die Dinge herangehen. Ich las die Kataloge, wählte die Musik aus und arrangierte die Werke so, dass sie auf eine LP passten. Ich habe sogar Ölgemälde in China für die Cover in Auftrag gegeben. Bei einem Besuch in Shanghai lernte ich den Maler Chai Benshan am Konservatorium kennen. Er sah sich Schwarz-Weiß-Zeichnungen oder Gemälde von Komponisten an und erschuf dann seine eigene Version. Das macht er bis heute. Er hat Spohr, Wagner, Joachim und Respighi gemalt – und all die seltenen Komponisten, die wir aufgenommen haben. Die Menschen waren ziemlich überrascht ... sie hatten noch nie ein Ölgemälde von Joseph Joachim gesehen. Und ich finde, dass einige dieser Gemälde wirklich erstklassig waren! Wir haben sie für die ersten Aufnahmen anfertigen lassen, aber irgendwie waren es immer Männer mit Bärten. Nach der 50. Platte hatten wir das Gefühl, dass wir so nicht weitermachen konnten und uns etwas anderes einfallen lassen mussten.*

Es war eine sehr aufregende Zeit. Tagsüber kümmerte ich mich um meine diversen Geschäftszweige – den Popmusik-Vertrieb, die Hi-Fi-Verkäufe und die Organisation neuer Studios – und abends ging ich nach Hause und studierte die Verlagskataloge. Ich hatte noch nie von dieser Musik gehört, weil sie noch nie aufgenommen worden war, aber in den Katalogen fand ich gerade genügend Informationen, um mir eine Vorstellung davon zu machen, was ich zu erwarten hatte. Wir bestellten die Partituren, und Takako schaute sie sich an und sagte mir, welche Stücke sie für gut hielt und welche die Mühe nicht wert waren.

Meine Wertschätzung für Musik hat sich geändert, seit Takako in mein Leben getreten ist. Ich betrachtete Musik eher von einem professionelleren Standpunkt aus, seit ich Anfang der 1970er damit begonnen hatte, Programme für das Hong Kong Philharmonic Orchestra zusammenzustellen, aber durch Takako lernte ich, sie aus der Perspektive eines Musikers zu schätzen. Sie hat mir gezeigt, wie man richtig zuhört, besonders bei Kammermusik. Und sie hat mir alles über Intonation, Gesamteindruck und Ausdruck beigebracht und darüber, gute Musik zu schätzen – nicht nur die, die laut und rasant ist. Das war wirklich eine sehr wichtige Zeit für mich. Irgendwann habe ich dann angefangen, zu den Vorspielen der Musiker für das Orchester zu gehen und auch bei den Proben zuzuhören. Ich schätze, man könnte sagen, dass ich die Konzerte nicht mehr so sehr genoss, nachdem ich auch beruflich damit zu tun hatte, weil ich dadurch ein viel kritischeres Ohr hatte und eher auf Fehler achtete, als einfach nur die Musik zu genießen. Aber ohne Takakos Hilfe wäre es sehr schwierig für mich gewesen, mein musikalisches Bewusstsein zu entwickeln, das mich erst dazu befähigte, diese Plattenfirmen zu leiten. Bis heute entscheidet hauptsächlich sie darüber, wer bei uns aufnimmt und wer nicht. Wir machen auch oft »Blindtests«, bei denen wir uns dies und das anhören, ohne vorher zu wissen, wer die Musiker sind.

Gleich zu Beginn von Marco Polo kam es zu einer großen Veränderung: Die Produktion der Aufnahmen wurde nach Europa verlagert. Aufgrund des Vertriebs und der Lizenzierung der Aufnahmen von Hungaroton, Supraphon und Opus waren enge Verbindungen mit Ungarn und der Tschechoslowakei nötig. Kurz nach der Veröffentlichung der ersten Marco-Polo-Platten schlugen die Geschäftsführer von Hungaroton und Slovart Heymann vor, die Aufnahmen für die Labels in Ungarn bzw. der Slowakei einzuspielen: Warum nicht in Bratislava oder Budapest aufnehmen?

Ich habe gesagt: »Okay!«, und 1984 haben wir angefangen. Die Orchester dort haben auch nicht mehr gekostet als das, was wir in Hongkong und Singapur bezahlt haben, und weltweit ließen sie sich viel besser verkaufen. Viele Plattenkäufer waren der Ansicht, Aufnahmen des Hong Kong Philharmonic oder der Singapore Symphony seien höchstwahrscheinlich ziemlich unseriös. Von diesen Orchestern hatten sie eben noch nie etwas gehört. Außerhalb Japans waren keine Aufnahmen japanischer Orchester erhältlich, und ich dachte mir, auf dem Papier klänge die Slowakische

Philharmonie oder das Rundfunk-Symphonieorchester Budapest sicher besser – und so war es dann auch. Aber ich muss auch sagen, dass die Aufnahmen wirklich besser waren. Die Slowakische Philharmonie war und ist noch immer ein sehr gutes Orchester, und damals war sie einfach viel besser als das Hong Kong Philharmonic Orchestra oder das Singapore Symphony Orchestra, die sich beide auf ausländische Musiker verließen, Letzteres vor allem auf Tschechen und Polen).

Heymann gibt zu, dass es zu Beginn keine Langzeitpläne für Marco Polo gab. Er erstellte Listen mit Werken, die er aufnehmen wollte, und arrangierte sie in Programmen von etwa 50 Minuten, eine angemessene Länge für eine LP. Wenn ein Orchester verfügbar und die Stücke erhältlich waren, begann man mit den Aufnahmen. Im Laufe eines Jahres wurden zwischen zehn und 15 LPs veröffentlicht. 1985, als die Aufnahmen größtenteils in Osteuropa stattfanden, konnte das Label bereits auf fast 50 Titel zurückblicken. So lohnenswert das Unternehmen in künstlerischer Hinsicht auch sein mochte – es bestand kein Zweifel daran, dass das Label mit seinen Entdeckungen einen wichtigen Beitrag auf dem Gebiet der Klassikaufnahmen leistete – so offenkundig war es auch, dass die Aufnahmen an sich wenig glamourös waren, sondern eher einer mühevollen Plackerei glichen. Nishizaki benötigte eine Menge Durchhaltevermögen, Entschlossenheit und Konzentration, um die Herausforderungen zu bewältigen, mit denen sie konfrontiert wurde. Heymann hat die strapaziösen Zeitpläne dieser frühen Tage bis heute nicht vergessen.

Wir machten noch immer Aufnahmen in Fernost, wenn sich die richtige Gelegenheit bot. Wir reisten nach Singapur, um Respighis Concerto gregoriano *aufzunehmen. Es ist ein wundervolles Stück, aber urplötzlich verwandelt es sich in einen extrem schwierigen Paganini! Wir haben es mit dem Singapore Symphony Orchestra in der Victoria Concert Hall eingespielt, als es anfing zu regnen ... und der Saal war nicht schalldicht. Man konnte den Regen hören. Also mussten wir aufhören. Und als der Regen vorbei war, hörte man den Verkehrslärm, deshalb mussten wir nachts aufnehmen. Es ist ein Werk voller wunderschöner gregorianischer Melodien – ich kann sie heute noch singen – aber am Ende dreht Respighi komplett durch. Es ist wirklich wahnsinnig schwierig für den Solisten. Uns rannte allmählich die Zeit davon, das Orchester hatte Schwierigkeiten mit der Musik, wir waren alle müde – und ich war ziemlich nervös. Es war wirklich eine sehr angespannte Situation. Aber am Ende haben wir es geschafft. Wir haben vier Tage in Singapur verbracht, um dieses Stück einzuspielen. Situationen wie diese haben Takako zu einer sehr erfahrenen Studiokünstlerin gemacht, die jederzeit auf alles vorbereitet ist.*

Hongkong verfügte über eine gute Konzerthalle für Plattenaufnahmen. Die Slowakische Philharmonie in Bratislava hatte zwar ein paar sehr gute Musiker, aber ihr Konzertsaal war, ebenso wie der in Singapur, nicht schalldicht. Außerdem befand sich direkt davor eine Straßenbahnhaltestelle. Alle mussten lernen, mit dem Verkehrslärm zurechtzukommen und nicht einfach aufzuhören, nur weil draußen eine Straßenbahn vorbeirumpelte: Sie mussten weiterspielen und sich auf die anschließenden Nachbesserungen verlassen. Glücklicherweise war es während der kommunistischen Ära abends ziemlich ruhig, und so beschloss man, um 19 Uhr mit den Aufnahmen zu beginnen und bis fünf Minuten vor Mitternacht zu arbeiten, sodass die Musiker gerade noch genügend Zeit hatten, zusammenzupacken und die letzte Straßenbahn nach Hause zu erwischen. Diesem Muster folgte man über Jahre hinweg, und es waren von Anfang an Economy-Projekte: Man flog in der Economy Class in kommunistische Länder (nicht besonders gemütlich, wenn man, wie Heymann, 1,93 m groß ist), in denen die Hotels und allgemeinen Einrichtungen recht schlicht waren. Heymann stand früh auf, um zu telefonieren, sich um die Flut von Telexen (die Vorläufer der Faxe) zu kümmern und sicherzustellen, dass seine Geschäfte zu Hause in Hongkong reibungslos verliefen. Nishizaki probte tagsüber im Hotel, und nachts nahm man unter schwierigen Bedingungen auf. Aber es waren Projekte, die allen gefielen, und der Preis – den das Orchester selbst vorgeschlagen hatte, nicht etwa Heymann – war vernünftig.

> *Wir bezahlten einen Pauschalpreis pro aufgenommener Minute und Musiker: 2 DM pro Minute und Musiker. So kostete ein 60-minütiges Werk, das 80 Musiker erforderte, 9.600 DM. Wir haben sie in Fremdwährung bezahlt, was sie toll fanden, weil es einen blühenden Schwarzmarkt für den Umtausch von D-Mark in die Landeswährung gab. Es war für beide Seiten ein gutes Geschäft. Sie waren zwar nicht so schnelle Partituren-Leser wie englische Orchestermusiker, aber im Orchester gab es ein paar sehr gute Musiker, und wir haben ein paar schöne Aufnahmen gemacht. Außerdem habe ich mich mit den Dirigenten und Produzenten auf eine Pauschale geeinigt. Um ehrlich zu sein, habe ich für die Aufnahmen vorher kein Kostendiagramm gemacht. Ich habe sie einfach so günstig wie möglich produziert; ich wusste ja ungefähr, was sie kosten würden, plus oder minus zehn Prozent. Und ich habe vorher geschätzt, wie viele ich wohl verkaufen würde.*

Die Verträge waren klar und relativ schlicht, und im Wesentlichen hat sich daran im Lauf der Jahrzehnte auch nichts geändert. Das Label nahm nie einen Künstler langfristig unter Vertrag: Die Künstler wurden nur für ein bestimmtes Projekt oder eine bestimmte Reihe verpflichtet. Später konnte es zu einer weiteren Zusammenarbeit kommen, falls beide Parteien dies wünschten. Für Solisten wurde darüber hinaus eine klare Struktur ohne die Zahlung von Tantiemen geschaffen: Man bezahlte die Künstler aus, und Solisten erhielten 1.000 US$, Duos 1.500 US$, Trio 1.800 US$ und Quartette 2.000 US$.

> *Alles darunter wäre eine Beleidigung gewesen, und alles darüber unerschwinglich. Außerdem fand ich, dass es wichtig*

> war, dass alle dasselbe bekamen – ich wollte keine Ausnahmen machen, weil ich weiß, dass Künstler immer untereinander reden. Viele unabhängige Labels arbeiten auf dieser Grundlage und bezahlen im Voraus, damit ihnen die Aufnahmen gehören. Es ist zwar ein Risiko für die Firma, aber nur unabhängige Labels, die sich die Vorabinvestitionen nicht leisten können, zahlen Tantiemen.

In den letzten Jahren des LP-Zeitalters, als Tantiemen noch erwartet wurden, scheuten sich einige Solisten davor, sich auszahlen zu lassen. Viele andere erkannten hingegen, dass sie damit tatsächlich ein besseres Geschäft machten: Sie wurden vorab bezahlt, anstatt das Geld erst Jahre später tröpfchenweise zu bekommen (oder gar nicht, falls sich die Platte nicht gut genug verkaufte – die Künstler mussten erst bezahlt werden, wenn die Labels ihre Aufnahmekosten wieder ausgeglichen hatten). Heymann, der sich an Michael Pontis Erfahrungen erinnerte, sicherte außerdem zu, dass die Verträge mit Marco Polo (und später auch Naxos) auch Reisekosten, Hotelausgaben und Spesen der Musiker einschlossen.

> In diesen frühen Tagen nahmen wir nicht mit Künstlern auf, die allein durch ihren Namen sehr viel mehr Platten verkauft hätten, deshalb gab es auch keinen Grund, Tantiemen zu zahlen. Wir wollten einen fairen Deal anbieten, aber das war auch schon alles. Ich fand schon immer, dass es ein sehr offener Markt ist. Wenn ein Künstler besser bezahlt werden wollte und diesen Preis woanders auch bekam, war er frei, dorthin zu gehen. Dafür hatte ich natürlich Verständnis.

Zu diesem Vertragssystem gehörte auch ein ebenso klar strukturierter Prozess für die Coverdesigns der ersten LPs – ein Konzept, das auch fast drei Jahrzehnte später noch bei Marco Polo und Naxos umgesetzt wird.

> Ich habe ein einfaches, aber sehr direktes Designformat entwickelt, das sich ganz leicht von einer Platte auf die andere

übertragen ließ. Mir war von Anfang an klar, dass der Komponist ganz oben stehen sollte, dann das Werk und darunter der Künstler. Das bedeutet ja nicht, dass der Künstler unwichtig ist, aber das waren ja alles keine bekannten Namen, warum hätte ich sie also hervorheben sollen?

Natürlich waren die Aufnahmen erst der Anfang. Ebenso wichtig für den Erfolg eines Klassik-Labels ist der Vertrieb. Heymann wusste zwar, wie er seine Platten in Fernost vertreiben konnte, aber er hatte keinerlei Erfahrung mit dem Vertrieb im Westen – und er wusste, dass Marco Polo allein aufgrund seiner Auslegung primär ein Label für den Westen war, nicht für Asien.

Wir haben nicht für den Klassikmarkt in Hongkong aufgenommen. Er war zu klein, und Marco Polo zu speziell. Ich musste auf den Weltmarkt abzielen. Schließlich wollte ich ja Geld damit verdienen, oder zumindest keines verlieren. Ich brauchte Vertriebsunternehmen in den wichtigsten Klassikmärkten in Europa und in den USA, und ich stellte schnell fest, dass die Händler aufgrund des ungewöhnlichen Repertoires, das von achtbaren Orchestern eingespielt worden war, durchaus Interesse zeigten. In diesen ersten Jahren hatte ich auf der MIDEM viel zu tun – ich bin ständig die Gänge rauf- und runtergerannt und habe nach Händlern für verschiedene Gebiete gesucht. Als ich wieder in Hongkong war, habe ich dann Muster an Händler in aller Welt verschickt. Wenn ich geschäftlich ins Ausland reisen musste, hatte ich immer ein paar Muster-LPs im Gepäck – die ja viel größer waren als CDs – und damit verschiedene Klassikläden und Vertriebsunternehmen aufgesucht.

Einer der ersten Orte, die er besuchte, war Gramola, der größte Klassikladen in Wien, der Richard Winter gehörte und auch von ihm geführt wurde. Winter erinnert sich noch heute an den groß gewachsenen

Fremden, der eines Tages im Jahr 1983 an seiner Verkaufstheke auftauchte und aus einem großen Koffer die ersten fünf Platten seines neuen Labels Marco Polo hervorzauberte. Heymann weiß aus erster Hand, was es bedeutet, Schallplattenvertreter zu sein – eine Erfahrung, die es ihm ermöglicht hat, andere Vertreter in aller Welt zu motivieren, zu informieren und zu überzeugen, durch die Läden zu ziehen und seine Klassikaufnahmen anzupreisen. Und Marco Polo funktionierte.

Ich habe mit Marco Polo nie Geld verloren. Ich habe das Label mit den Gewinnen aus dem Bose-Geschäft gegründet, aber ich denke, ich kann behaupten, dass wir unsere Investitionen immer wieder reingeholt haben. Alles hat sich verkauft, wahrscheinlich, weil wir uns auf Raritäten konzentrierten – zumindest eine Zeit lang: Wenn es keine Weltpremiere war, haben wir es nicht gemacht. Gelegentlich haben wir ein paar Stücke als Füller aufgenommen, weil wir bei den Platten eine vernünftige Spieldauer anbieten wollten. Aber viele Jahre lang stand auf dem Cover jeder LP oder CD »Weltpremiere«.

Das haben auch die Kritiker schon sehr früh bemerkt, denn diese Leute mögen es, wenn sie etwas Neues finden, über das sie schreiben können. Ich erinnere mich noch, dass Takakos erste Rezension in Gramophone – für Concerto gregoriano – ziemlich schlecht war, weil der Kritiker meinte, er habe die Solistin gar nicht hören können ... unser Produzent fand aber, die Solistin solle lieber ins Orchester eingebettet werden, anstatt im Vordergrund zu spielen. Ich weiß noch, wie enttäuscht ich war. Ich fand, dass der Kritiker in diesem Fall recht hatte, und ich habe dadurch eine wichtige Lektion gelernt. Normalerweise hören die Produzenten bei Klassikaufnahmen auf sehr hohem Niveau über hochwertige Studiolautsprecher zu. Aber so hören die meisten Menschen zu Hause die Musik ja nicht. Ich wusste aus meiner Erfahrung in Aufnahmestudios, dass

Pop-Produzenten immer auch kleine Lautsprecher haben, auf die sie umstellen und die Musik so hören können, wie es auch die meisten Leute zu Hause tun. Unter besten Studiobedingungen kann man die Geige vielleicht ganz deutlich hören, aber bei geringerer, normaler Hörlautstärke ist die Balance vielleicht ganz anders, und die Violine geht im Orchester unter. Ein Produzent muss aber sicherstellen, dass die Balance auf allen Ebenen stimmt.

Marco Polo entwickelte sich schnell zum Traum-Label für Sammler romantischer und spätromantischer Musik. Die Qualität der Musik an sich war zwar nicht unbedingt konstant, aber fast jedes veröffentlichte Werk hatte etwas Besonderes zu bieten – eine schöne Melodie, einen grandiosen Moment oder sogar einen echten Meilenstein in der Geschichte der Plattenaufnahme. Dies war ganz gewiss auch bei Havergal Brians Sinfonie Nr. 1, der *Gotischen*, der Fall, die Heymann 1989 aufnahm.

Irgendwann im Jahr 1988 hat der Dirigent Kenneth Jean mir von Brians »gotischer« Sinfonie erzählt und gesagt, sie sei wohl ein Werk, das nie aufgenommen werden würde. Es sei einfach ein zu gewaltiger Kraftakt: zwei Orchester, ein Männerchor, ein Kinderchor – Hunderte von Menschen, und das Werk dauert eine Stunde und 40 Minuten. Ich habe das als Herausforderung angesehen und mit der Planung begonnen. Ich beschloss, es 1989 im Konzertsaal des Slowakischen Rundfunks in Bratislava mit der Slowakischen Philharmonie und dem Slowakischen Rundfunk-Symphonieorchester unter der Leitung von Ondrej Lenárd einzuspielen. Es war damals das mit Abstand größte Projekt, das wir je umgesetzt hatten, und auch das teuerste. Es hat 75.000 US$ gekostet, und ich war mir ziemlich sicher, dass ich das Geld nie wieder reinholen würde. Die Aufnahmen schienen gut zu laufen, aber als wir sie hinterher *geschnitten haben, stellten wir fest, dass fünf Takte fehlten! Glücklicherweise war es nur der A-cappella-Chor, also haben wir den kleinen Chor noch mal einbestellt, die fehlenden Takte aufgenommen und eingefügt.*

Wir waren alle erstaunt, wie gut sie sich verkauft hat. Zunächst einmal hat sie Marco Polo viel bekannter gemacht. Jeder in der Klassikszene wusste davon, weil die »Gotische« ein so legendäres Werk ist. Aber was noch besser war: Sie entwickelte sich zum mit Abstand bestverkauften Stück des Labels. Innerhalb von ein paar Jahren haben wir 30.000 Platten zum vollen Preis verkauft und überraschenderweise unsere Ausgaben wieder eingespielt. Selbst jetzt, bei Naxos, sind die Verkaufszahlen immer noch beständig – und das sollten sie auch sein, wenn man den Schnäppchenpreis bedenkt. Wenig überraschend ist sonst allerdings noch nie jemand auf die Idee gekommen, sie aufzunehmen!

Hinsichtlich ihrer Größe war die *Gotische* zwar ein untypisches Werk für Marco Polo, das Abenteuerliche des Projekts war hingegen durchaus typisch. Das Label verhalf vielen vergessenen oder beinahe vergessenen Komponisten zu neuer Aufmerksamkeit bei Klassikliebhabern. Es veröffentliche große Orchesterwerke von Glasunow, Szymanowski, Rubinstein, Raff, Lachner, Kalinnikow und Mjaskowski, Kammermusik französischer Komponisten wie Félicien David und Jacques Ibert und Klavierstücke von Alkan, Erkel und Čiurlionis. Zu Hochzeiten verbuchte das Label 45 Veröffentlichungen pro Jahr, und im Laufe von über zwei Jahrzehnten wurden etwa 900 Titel produziert.

Bei Marco Polo entwickelte Heymann auch seine Vorliebe für komplette Zyklen (die oft den finanziellen Ruin eines wahren Sammlers bedeuten). Es war eine Sache, die vollständigen Sinfonien von Raff oder die Orchestermusik von Glasunow zu produzieren, aber die kompletten Walzer, Polkas und Märsche von Johann Strauss Vater und Sohn oder von Josef Strauss? Das grenzte doch an Wahnsinn – oder?

Die Idee war vollkommen verrückt, das gebe ich zu. Aber es war nicht so, dass ich einfach damit angefangen hatte und nicht mehr aufhören konnte. Ich habe 1985 mit der Planung begonnen, zunächst mit dem Dirigenten Alfred Walter, dann in Zusammenarbeit mit dem verstorbenen Professor Franz Mailer, der weltweit die Koryphäe für die Familie Strauß war. Das erste Problem war, die Musik überhaupt zu finden, weil nicht alles an einem Ort war, also haben wir mit dem angefangen, was verfügbar war. Den Rest haben wir dann Stück für Stück zusammengesammelt. Professor Mailer erhielt Zugang zu sämtlichen Manuskripten, und er schrieb viele Partituren und einzelne Teile von Hand ab. Wir haben fast alles mit den slowakischen Orchestern aufgenommen, weil sie das richtige Gespür für die Musik hatten: Bratislava ist ja beinahe ein Vorort von Wien. Und wir haben immer mit Wiener Dirigenten gearbeitet. Für Johann Strauß (Sohn) haben wir etwa zehn Jahre gebraucht. Es waren 52 CDs. Dann haben wir mit Josef angefangen, was noch mal fünf Jahre gedauert hat und insgesamt auf 26 CDs kam. Zuletzt haben wir uns an Johann (Vater) gewagt; das werden am Ende etwa 24 Stück sein.

Marco Polo ist für Heymann noch immer eine seiner befriedigendsten Errungenschaften. »Ich habe zwar ein Label geschaffen, aber so, dass es sich zu einer Marke entwickelt hat.« Er sagt, zu Anfang sei alles größtenteils ungeplant gewesen und er habe eben in den entscheidenden Momenten die richtigen Entscheidungen getroffen. Dank des schlichten, aber wirkungsvollen Designs konnte man eine Marco-Polo-Platte an ihrem Dunkelblau (ein Überbleibsel von Heymanns Erfahrungen bei Braun) und dem Namen des Labels an zentraler Stelle immer sofort erkennen, und in gewisser Weise kündigte es den Naxos-Look bereits an. Auch wenn die Auswahl der Werke zu Beginn noch ein wenig willkürlich gewesen sein mag, wurde schon bald eine gewisse Methodik eingeführt. Ende der 1980er hatte Heymann umfassende Listen der Werke zusammengestellt, die er produzieren wollte. 1988 schrieb Peter

Bromley, der später Produktionsleiter bei Naxos wurde, damals aber für das englische Label Gimell arbeitete, an Heymann und schlug eine Reihe bislang vernachlässigter italienischer Orchesterwerke der Romantik vor. Er war erstaunt, als er als Antwort aus Hongkong eine umfangreiche Liste der wichtigsten italienischen *Novecento*-Werke bekam, deren Veröffentlichung Marco Polo in naher Zukunft plante.

Während der Entstehung dieses Buches sind bei Naxos einige dieser Titel neu erschienen, aber viele warten noch immer darauf, aufgenommen zu werden: Werke von Casella, Pizzetti, Montemezzi, Martucci, Mascagni, Sinigaglia und vielen anderen. Interessant an dieser Liste war, dass sie fein säuberlich abgetippt worden war, einschließlich Anmerkungen zu den Verlagen, der Länge, dem Datum der Kompositionen und dem Ort, an dem man die Partitur vermutlich finden konnte. Die Liste bot einen Überblick über eine bestimmte Sparte der klassischen Musik und zeigte, wie sorgfältig bei Marco Polo für Produktionen recherchiert wurde.

> *Bei Marco Polo gibt es viele ausgezeichnete Stücke. Wenn man sich diese Komponisten ansieht, war es, glaube ich, die gemeinsame Schwäche der meisten, dass sie nicht wussten, wie man ein gutes Ende schreibt. Sie haben sich in leeren Wiederholungen verloren, oder ihnen gingen bei der Melodie die Ideen aus. Oft sind diese Werke eine Art spätromantische Kinovorstellung.*

Marco Polo ist bis heute im Geschäft, wenn auch in eingeschränkter Form. Die Aufnahmen der leichteren Musik gibt es weiterhin, ebenso die der Opern von Siegfried Wagner, aber das wichtigste Label für alle Neuveröffentlichungen ist Naxos. Viele bedeutende Marco-Polo-Aufnahmen wurden gestrichen und bei Naxos noch einmal herausgebracht, sodass einige Repertoire-Raritäten zu Budgetpreisen erneut aufleben konnten. Die Preise der Marco-Polo-CDs fielen auf ein mittleres Niveau, eine Veränderung, die dem Wunsch der Vertriebsunternehmen nachgab, auch wenn Heymann eigentlich dagegen war.

Heute herrscht auf dem Gebiet der Raritäten ein viel stärkerer Wettbewerb. Jeder sucht nach ungewöhnlichen oder vergessenen Werken, um sie aufzunehmen, weil alle wissen, dass sich mit dem Standardrepertoire kein Geld verdienen lässt. Deshalb dachten wir, wir könnten besser mit den anderen konkurrieren, wenn wir unsere Marco-Polo-Aufnahmen zu mittleren Preisen anböten, auch wenn diese Taktik leider nicht von Erfolg gekrönt war.

Auch wenn Marco Polo und später Naxos durch die musikalischen Unternehmungen weltweit Heymanns Bild in der Öffentlichkeit bestimmten, waren seine Studio- und Hi-Fi-Geschäfte stets der finanzielle Motor. Ohne diese erfolgreichen Unternehmen wäre es unmöglich gewesen, die kontinuierlichen Investitionen aufrecht zu erhalten, die für Tausende ambitionierter Plattenaufnahmen nötig waren. Heymann verdiente sein Geld mit gewöhnlichen Geschäften, das er dann – manchmal auch etwas leichtsinnig – in eine wahre Flut von Unternehmungen reinvestierte: Musikaufnahmen, Videoproduktionen, Bücher, musikalische Publikationen, Konzertwerbung, Lernmaterialien und vieles mehr. Er schöpfte seine natürlichen unternehmerischen Instinkte, gepaart mit einem sehr ausgeprägten Wettkampfgeist, voll aus. Hongkong empfand er als die perfekte Umgebung für seine Fähigkeiten. Letzten Endes waren es seine Geschäfte mit Studio- und Hi-Fi-Ausrüstung, die begonnen hatten, nachdem er dem Zeitungsgeschäft den Rücken gekehrt und 1970 seinen Versandhandel gegründet hatte, die die Grundlage für sein Vermögen bildeten. Er hielt sie noch bis 2003 aufrecht, als sein Bose-Vertriebsabkommen für Hongkong und China schließlich auslief. Aber sein Weg war nie klar vorgezeichnet gewesen.

Ein Großteil meines Erfolges hat mit Asien und der besonderen Atmosphäre Hongkongs zu tun. Es ist ein Ort, an dem viel gekungelt wird. Mein Lieblingssprichwort ist: »Wenn es keinen Weg gibt, gibt es für die Chinesen immer einen Weg drum herum.« Wenn man vor einem Hindernis steht, dann lässt es sich immer irgendwie umgehen, und das mache ich auch heute noch so: Ich finde Lösungen für Probleme, indem ich die Punkte verbinde. Ich bin gut darin, eine Gelegenheit zu erkennen und zu nutzen oder Lösungen zu finden, wenn es mal nicht so glatt läuft.

Im Laufe der 1970er und 80er unterhielt Heymann eine Reihe von Geschäften: Wenn sich eine Gelegenheit ergab, konnte er sie einfach nicht ignorieren. Studio- und Hi-Fi-Ausrüstung war das Ergebnis seiner Suche nach etwas langfristigeren Geschäften. Während des Vietnamkrieges hatte er Revox-Tonbandgeräte an Angestellte der US-Armee verkauft und anschließend den Revox-Vertrieb in Hongkong übernommen. Das Unternehmen, das die Revox-Geräte herstellte, produzierte außerdem das Studer-Sortiment professioneller Tonbandgeräte und beauftragte Heymann schließlich ebenfalls mit dem Vertrieb in Hongkong und China. Als diese Vertriebsverträge von den Unternehmen unter, wie er fand, unfairen Umständen aufgekündigt wurden, war er entschlossen, ihnen zu zeigen, dass er sich nicht unterkriegen ließ. Durch eine glückliche Fügung erhielt er am selben Tag, als der Kündigungsbrief von Studer-Revox eintraf, auch einen Anruf von einem Vertreter von MCI (einem der größten Konkurrenten von Studer im Studio-Bereich), der sich gerade zufällig in Hongkong befand. Sie trafen sich, und er bot Heymann den MCI-Vertrieb für Südostasien und China an.

Ich wollte es diesen Typen bei Studer zeigen. Ich gebe nicht auf. Ich hätte aus dieser Geschäftssparte austreten können, aber das tat ich nicht. Ich hatte keine Ahnung, wie man ein komplettes Aufnahmestudio ausstattet, aber ich fand einen japanischen Studiodesigner, der alles wusste, und so haben wir angefangen, Studios zu bauen. Wir haben den gesamten chinesischen Markt von Studer- auf MCI-Ausrüstung umgestellt. Im ersten Monat haben wir fünf Aufnahmestudios an Radio Television Brunei verkauft. Und ich bin Risiken eingegangen. Im Winter 1985 habe ich, rein auf Verdacht, ein komplettes TV-Studiosystem für eine Ausstellung des Fernsehsenders mit nach Tianjin genommen. Ich hatte keine Ahnung, was ich damit machen würde, falls ich es nicht verkaufen sollte. Aber das habe ich – an China Central Television in Peking. Sie haben zwei Wochen lang mit harten Bandagen gekämpft, während ich in meinem Hotelzimmer in Peking saß und an den Preisen herumgerechnet habe, aber letzten Endes haben sie es gekauft. Ich wusste, dass sie es wollten, weil es das allererste moderne TV-Studiosystem in China war. Damals habe ich die Grundlagen des Geschäfts gelernt: nicht nur, wie man die Ausrüstung installiert, sondern auch, was jeder einzelne Teil dieser Ausrüstung – die Tonbandgeräte, Mischpulte, Hallgeräte, Equalizer, Mikrofone – in einem professionellen Aufnahmestudio eigentlich macht. Ich musste schließlich wissen, was ich da vertrat. Diese Wochen werde ich nie vergessen.

Wir haben dieses Studio erfolgreich gebaut, und es hat uns in China ein Renommee für Qualitätsarbeit und guten Kundendienst eingebracht. In den folgenden Jahren haben wir auch die ersten modernen Aufnahmestudios für China Central Broadcasting und China Records gebaut.

Während ich die Ausrüstung in Tianjin vorführte und verkaufte, installierten ein englischer und ein amerikanischer Ingenieur die Studios in Brunei für mich. Der Amerikaner stammte aus Idaho und aß nur Fleisch und Kartoffeln, aber in Brunei gab es keine Kartoffeln und nur ganz wenig Fleisch – dort aß man Meeresfrüchte und Reis – und er war sehr unglücklich. Mitten am zweiten Tag der Ausstellung in Tianjin bekam ich einen Anruf aus Brunei: Ihnen war die Schrumpffolie ausgegangen, die spezielle Plastikfolie für Kabel, die man mit einem Brenner aufträgt. Da war ich also, in China, zur Vorweihnachtszeit – in China feiern sie zwar kein Weihnachten, aber dort, wo man Schrumpffolie kaufen konnte, schon. Es war das allererste Mal, dass ich richtiges Herzklopfen hatte. Ich war total gestresst – und ich musste die ganze Zeit mit den chinesischen Funktionären trinken. Hinterher bin ich direkt ins Hotel gefahren und habe mich ans Telefon gehängt: Wo finde ich jetzt Schrumpffolie? Aber einen Tag nach Weihnachten hatte ich ihnen ihre Schrumpffolie organisiert. Das waren noch Zeiten! Keine E-Mails, kein Fax: nur Telefon und Telex.

Auch wenn er scheinbar allzeit bereit war, eine vielversprechende Geschäftsgelegenheit beim Schopfe zu ergreifen, beschränkte Heymann seine Tätigkeiten 1980 doch größtenteils auf privates und professionelles Audio-Zubehör, Aufnahmestudios, die Planung und Installation von Soundsystemen und auf die Musik. Nachdem er innerhalb kürzester Zeit den Studer- und Revox-Vertrieb verloren bzw. den Zuschlag für den MCI-Vertrieb erhalten hatte, strukturierte er seine Geschäfte um. Er änderte den Namen Studer-Revox (HK) Ltd in Pacific Music Co. Ltd, der seinen wachsenden Fokus auf die Musik widerspiegeln sollte. Außerdem gründete er zwei neue Unternehmen: Audio Consultants Ltd für den Geschäftszweig der Studio-Planung und der –installation sowie Pacific Audio Supplies Ltd, das für die privaten und professionellen Bose-Audiogeschäfte und die Installation der Soundsysteme zuständig war. So sah die Unternehmenssituation auch Mitte der 1980er noch aus. 1992 verkaufte er Audio Consultants Ltd an seinen Partner John Ho, um sich auf das Bose- und das Musikgeschäft konzentrieren zu können.

Es war eine verrückte Zeit. In den 1970ern und 1980ern waren sämtliche asiatischen Märkte Piraterie-Märkte, sogar Singapur. Allmählich wurden sie jedoch immer legaler, zuerst Hongkong, dann Singapur, und die anderen folgten nach und nach. Ich war zur rechten Zeit am rechten Ort. In Korea, Thailand, auf den Philippinen und in Indonesien war Piraterie noch länger ein Problem, aber die Dinge änderten sich, als vor allem die großen Läden sauber wurden. Das war für die Vertriebsgeschäfte sehr wichtig.

Mitte der 1980er wurde die weltweite Plattenindustrie von Veränderungen erfasst. 1983 kam die Compact Disc auf den Markt, die nicht nur die neue digitale Technologie mit sich brachte, sondern auch einen enormen Anstieg bei den Plattenverkäufen. Digitalaufnahmen hatten die analogen Aufnahmen bereits überholt, und der Schritt zur gänzlichen Umstellung auf die digitale Technik stand bevor. Heymann befand sich in der perfekten Position: Dank seiner Studio- und Hi-Fi-Geschäfte war er in Sachen Aufnahmetechnologie immer auf dem neuesten Stand. Durch seinen Sitz in Asien, einer Technologie-Hochburg mit riesiger Bevölkerung, die ganz scharf darauf war, zu den ersten Nutzern zu gehören, war er rechtzeitig vorgewarnt und wusste, wie schnell das neue System die LP ersetzen würde. Darüber hinaus verfügte er dank seines Popmusik-Vertriebs über einen viel umfassenderen Überblick über die Plattenindustrie als die Eigentümer anderer Klassik-Labels. Persönlich fühlte er sich jedoch weiterhin der klassischen Musik verbunden: Marco Polo war gerade erst gegründet worden, und Heymann reagierte, indem er die neue Technologie im Bereich der Klassikaufnahmen einführte, anstatt seine Tätigkeiten auf den Pop-Bereich auszuweiten, in dem er nur über sehr geringe Erfahrung verfügte. 1983 begann er, für Marco Polo im neuen Digitalformat aufzunehmen, 1984 produzierte er seine ersten CDs, und 1985 ließ er die LP-Produktion komplett fallen (und war damit wahrscheinlich das erste Klassik-Label, das dies tat).

Wir haben bei Marco Polo sofort mit der Veröffentlichung der CD-Aufnahmen begonnen, sobald die japanischen Hersteller, vor allem JVC und Denon, Kapazitäten frei hatten. Die Hersteller waren weltweit ziemlich skrupellos und haben immer zuerst ihre größten Kunden bedient. Ich hatte keine Zweifel daran, dass darin die Zukunft lag. In den Hi-Fi-Zeitschriften, und besonders in der Klassikindustrie, hieß es oft, der Klang der 16-Bit-Technologie sei der LP gegenüber *unterlegen, aber für mich stand außer Frage, dass dies die Richtung war, in die sich alles bewegen würde. Meine Vertriebspartner waren ziemlich überrascht – oder besser gesagt: schockiert – als ich aufgehört habe, LPs zu pressen! Ich konnte zwar hören, dass der Klang nicht so gut war wie auf Vinyl, aber das lag nur daran, dass wir uns bereits daran gewöhnten, mit dieser digitalen Technologie zu arbeiten. Anfangs haben wir digital auf diesen riesigen alten U-matic-Tonbandgeräten aufgenommen, und auch damit mussten wir uns erst einmal vertraut machen. Bei Marco Polo haben wir uns aber sehr schnell umgestellt, weil wir ja in Asien waren. Unser japanischer Produzent hatte eine digitale Aufnahmeausrüstung, aber wir haben uns auch bald eine eigene gekauft, damit wir die Geräte nicht für jedes Projekt wieder neu mieten mussten. Die Pressungen waren auch teuer: Wir haben 3 US$ für eine gepresste CD bezahlt, im Gegensatz zu 1 US$ für eine LP – ein riesiger Unterschied. Und das Mastering war auch nicht billig. Das war zu einer Zeit, als wir nur 5 US$ für eine LP verlangt haben. Für die CDs mussten wir mehr verlangen, aber der Markt hat das akzeptiert, weil niemand auch nur den geringsten Zweifel daran hatte, dass die CD, trotz der höheren Produktionskosten, das Medium der Zukunft war.*

sechs

Naxos: Eine klassische Revolution, 1987–1994

1987 verfügte Marco Polo über einen Katalog mit 150 Titeln. Die Geschäfte liefen gut. Die Fülle der Neuerscheinungen hatte sich bei etwa 30 pro Jahr eingependelt, das Label etablierte sich immer weiter bei Klassikhändlern in aller Welt, und die Umstellung auf CD hatte sein Ansehen gesteigert. Die CD hatte sich inzwischen zum wichtigsten Medium entwickelt, und die Plattenindustrie erntete die Gewinne dieses Technologiewandels: Die Leute kauften sich CDs ihrer Lieblingsmusik, um ihre alten – und in vielen Fällen zerkratzten – LPs zu ersetzen. Überall auf der Welt sprossen CD-Fabriken aus dem Boden, und der Druck durch mangelnde Kapazitäten ließ allmählich nach. Man hörte immer wieder, der hohe Einstiegspreis würde sowohl im Bereich der Herstellung als auch im Handel sinken, und 1987 flatterte in Korea ein Schmetterling für Klaus Heymann mit den Flügeln. Sein Leben und seine Arbeit sollten sich für immer verändern: Naxos zeichnete sich am Horizont ab.

> *Also, um ehrlich zu sein, war alles reiner Zufall. Ich wünschte, ich könnte behaupten, ich wäre so vorausschauend gewesen, zu erkennen, dass billige Klassik-CDs irgendwann so erfolgreich sein würden, aber die wahre Geschichte sieht anders aus. Viele Jahre lang habe ich sehr gute Geschäfte*

mit Korea gemacht, indem ich Lizenzen für Klassik-Inhalte an Firmen vergab, die Kassetten- oder LP-Sammlungen von Tür zu Tür verkauften. Das waren umfangreiche Sammlungen – 40 oder 50 Kassetten in einer Box. Ich habe Lizenzen für Supraphon und Melodiya verkauft, alles, woran wir die Rechte hatten. Es war irgendwie ein seltsames Geschäft. Eine Plattenfirma stellte die Pakete zusammen, aber anschließend wurden sie von speziellen Unternehmen mit speziellen Verkäufern vertrieben. Es war eine ziemlich aggressive Verkaufstaktik. Einige der Pakete wurden auch nachts in irgendwelchen Bars an betrunkene Büroangestellte verkauft, aber das meiste waren Tür-zu-Tür-Verkäufe. Es wurde überall verkauft, außer in den normalen Musikläden, und die Plattenfirmen überließen es diesen Spezialunternehmen, den Markt zu regeln. Irgendwann, ich glaube, das war 1986, bekam ich einen Anruf von Herrn Lee von SRB Records, denen ich in den vergangenen Jahren eine Menge Material für zahlreiche Pakete verkauft hatte. Er sagte: »Mr. Heymann, wir wären gerne die erste Firma, die klassische Musik in 30 CD-Paketen von Tür zu Tür verkauft.« Er bestand auf digitale Originalaufnahmen, keine digitalen Kopien analoger Aufnahmen. Ich habe geantwortet: »Mr. Lee, ich habe keine Digitalaufnahmen, aber ich will mal sehen, was ich tun kann.« Dann habe ich Ivan Marton angerufen, meinen Kontakt in Bratislava, und ihn gefragt: »Kennst du nicht jemanden?« Er meinte, ja, er kenne eine Firma, die digitale Masters beliebter Klassikwerke habe. Sie hatten sie digital aufgezeichnet, konnten sie dann aber nicht auf CD veröffentlichen, weil die Hersteller keine Kapazitäten frei hatten. Das Ergebnis war, dass sie in finanzielle Schwierigkeiten gerieten. Ivan meinte, ein Slowake in Paris könne mir die Rechte besorgen. Ich habe den Mann kontaktiert und ihm gesagt, dass wir gerne die Lizenzen für die Masters für ein Paket in Korea hätten, ich aber gerne die Rechte für

Fernost kaufen würde. Ich habe sie für 500 US$ pro Master gekauft – das war die Ablösesumme. Ohne Ablaufdatum. Ich habe bezahlt, und die Masters wurden mir nach Hongkong geschickt.

Dann habe ich Herrn Lee wieder angerufen und gesagt: »Ich habe die Masters, kann ich Sie Ihnen schicken?« Er erwiderte: »Oh, es tut mir leid, aber wir haben noch mal alles durchgerechnet, die Kosten für Mastering und Pressung: Wir können das Projekt nicht durchziehen.« Wir haben aufgelegt, und ich dachte: »Was zur Hölle mache ich denn jetzt?« Das waren Aufnahmen der Slowakischen Philharmonie und der Capella Istropolitana – gute Musiker, aber unbekannte Künstler und Dirigenten. Also habe ich mit meinen Leuten geredet und gesagt: »Hört mal, ich sitze hier auf 30 Masters – was sollen wir machen? Wir könnten sie verkaufen, aber weil es nur unbekannte Musiker sind, können wir sie nicht zum vollen Preis anbieten.« Damals lag der Preis für eine CD bei etwa 25 US$, LPs kosteten etwa 5–6 US$ pro Stück. Ich habe gesagt: »Jungs, lasst sie uns zum Preis einer LP verkaufen.« Und das war der entscheidende Schachzug.

Also haben wir die ersten fünf Titel des Naxos-Labels in Hongkong für 50 HK$ pro Stück verkauft, etwa 6,25 US$. Praktisch schon am nächsten Tag fingen die Telefone an zu klingeln: Alle hatten schon vom ersten Budget-CD-Label gehört. Die Telefone standen gar nicht mehr still, und ich wusste, dass ich daraus ein Geschäft machen konnte. Ich habe meinen Kontakt in Paris angerufen und gesagt: »Ich möchte eine Lizenz für den Rest der Welt.« Ich habe eine Lizenz für den Rest der Welt bekommen, und so haben wir angefangen.

Diese Lizenz basierte auf Tantiemen und war etwas komplizierter, aber nun hatte Heymann 30 Masters zur Verfügung, die er weltweit verkaufen konnte. Er ließ sie in Japan herstellen, bei Denon, und sein erster großer Kunde war der Einkäufer für die französischen *hypermarchés* in Hongkong: Fargo. Die ersten Bestellungen beliefen sich auf 50.000 und 100.000 Stück, je 3.000 bis 5.000 pro Titel – Zahlen, die in der Klassikindustrie äußerst selten waren. Aber als die weltweite Produktionskapazität stieg und die Herstellungspreise sanken, verkaufte der ursprüngliche Lizenzgeber dieselben Aufnahmen auch an andere Labels, und die ganze Sache geriet ein wenig durcheinander. Anfang 1988 wurde der europäische Markt mit Billig-CDs verschiedener Labels überschwemmt, die daraufhin von Europa auf den asiatischen Markt verschifft wurden. Die Blase hatte sich acht Monate lang gehalten, aber nun war sie geplatzt, und es entstand ein harter Konkurrenzkampf.

Dann stand ich vor der Entscheidung, ob ich weitermachen oder das Handtuch werfen wollte. Ich habe mich gefragt: »Ich hatte ein gutes Jahr, soll ich jetzt wirklich sagen, ›Das war's‹, oder soll ich richtig in dieses Geschäft investieren?« Und weil ich ohnehin bereits Platten in Ungarn und in der Slowakei für Marco Polo produzierte und wusste, wie das geht, sagte ich mir: »Okay, wir benutzen diese Produktionsstätten, um unsere eigenen Masters des Standardrepertoires aufzunehmen.« Tatsächlich hatte ich bereits 1987 begonnen, ein paar Titel für Naxos aufzuzeichnen. Als ich gesehen habe, wie gut sich diese 30 digitalen Titel verkauften, wollte ich das Repertoire erweitern, weil es da eine Menge Dinge gab, die ich noch nicht hatte. So hatte ich 1988 schon ein paar eigene Aufnahmen in der Pipeline. Das Tempo war allerdings relativ langsam, weil ich ja diese 30 im Katalog hatte. Nachdem ich die Entscheidung gefällt hatte, in Aufnahmen für den Budgetmarkt zu investieren, habe ich sofort damit begonnen, diese ersten 30 Titel neu aufzunehmen, um von Null auf einen komplett neuen Katalog aufzubauen.

Heymann beschloss außerdem, mit dem Namen »Naxos« weiterzumachen. Er hatte sich inzwischen ein eigenes Profil erarbeitet und das Gefühl, es weiter ausbauen zu können. Auf den Namen war er durch Zufall gekommen.

Ich wollte mir eine Eigentumswohnung kaufen. In Hongkong kaufen sich manche Leute wegen der Steuervorteile eine Wohnung durch eine Shelf Company. Ich habe meinen Anwalt angerufen und gesagt: »Hör mal, ich möchte eine Shelf Company kaufen, was kannst du mir da anbieten?« Und ich schätze, die haben Leute, die sich Namen für diese Firmen einfallen und sie dann registrieren lassen, und irgendeiner dieser Typen war die kompletten griechischen Inseln durchgegangen: Crete Ltd, Rhodes Ltd, Lesbos Ltd, und ich hab gesagt: »Nein, danke.« Aber irgendwie gefiel mir Naxos Ltd, auch wegen Ariadne auf Naxos, der Oper von Richard Strauss. Also habe ich Naxos Ltd gekauft, und Naxos Ltd hat die Wohnung gekauft. Das war 1985. Dann, 1987, saß ich da, mit meinen Masters, und habe nach einem Namen für ein Label gesucht, und irgendwann fiel mir ein: »Hey, mir gehört Naxos Ltd. Nennen wir es doch Naxos.«

Es sollte sich als eine meiner besten und schlechtesten Entscheidungen herausstellen. Es ist ein toller Name für ein Label, aber in vielen Ländern kann man den Namen eines Ortes nicht als Marke eintragen lassen. Wenn zum Beispiel ein Stoffhändler aus Manchester diesen Namen registrieren ließe und Stoffe aus Manchester für ihre hohe Qualität bekannt wären, hätten alle anderen Stoffhändler ihren Laden dichtmachen können. Wie bei Sheffield-Stahl. Aber wie dem auch sei, dummerweise habe ich nicht darüber nachgedacht und »Naxos« als Logo benutzt. Andererseits ist der Name aber toll und in fast jeder Sprache leicht auszusprechen. Er hat den Bezug zum klassischen Griechenland und durch Ariadne auf Naxos auch zur klassischen Musik. Also nicht nur zu dem griechischen Mythos, sondern auch zu der Oper. Das Logo habe ich selbst entworfen – die Säulen mit dem Namen in der Mitte – und es dann einem Künstler gegeben, damit er es professionell ausarbeitet. »Das hier möchte ich, die Säulen und den Namen Naxos«, usw. Ich mag keine Serifenschriften, aber ich musste akzeptieren, dass eine serifenlose Schrift mit diesen Säulen und den Großbuchstaben einfach nicht gut ausgesehen hätte.

Für die Cover sind wir dem hauseigenen Stil gefolgt, den wir für Marco Polo entwickelt hatten. Ich habe mich für den Kunst-Ansatz entschieden und für berühmte Gemälde, bei denen das Copyright ausgelaufen war. Wegen unserer engen Margen musste ich auf die Kosten achten. Aus demselben Grund haben wir auch die Künstler nicht mit auf das Cover genommen: Unsere Musiker waren ja nicht berühmt, und gute Porträtfotos kosten Geld. Man will ja nicht, dass das Künstlerporträt aussieht wie ein Verbrecherfoto aus der Polizeikartei.

Die Serifenschrift war schnell ausgesucht. Dann habe ich beschlossen, dass Weiß zu unserem Markenzeichen werden würde – blau auf weiß oder schwarz auf weiß, genau, wie ich es bei Braun gelernt hatte. Ich hatte außerdem die Idee, auf der Rückseite kleine Klappentexte abzudrucken, um den Leuten zu erklären, was für eine Musik das war, und später haben wir das dann auch eingeführt. Die meisten Naxos-Aufnahmen haben diese Texte immer noch, und ich bin wirklich überrascht, dass das nicht schon von mehr Labels übernommen wurde. Heute bräuchten wir die Klappentexte wahrscheinlich gar nicht mehr, aber ich glaube, bei dem speziellen Repertoire sind sie einfach hilfreich.

Ich habe beschlossen, den Klappentext nicht zu knapp zu halten. Ich wollte vernünftige Texte, und ich hatte wirklich Glück, dass ich Keith Anderson gefunden habe, der von Anfang an alle Texte geschrieben hat. Er hat als Musiklektor in Hongkong gearbeitet, und in gewisser Weise ist er einer der Väter von Naxos. Er hatte bereits Texte für Marco Polo geschrieben und schrieb später dann auch alle Naxos-Texte. Er verfügte über ein unglaublich großes Wissen und war sehr gründlich, und ich bin stolz darauf, dass wir in der gesamten Geschichte des Labels noch nie irgendwelcher Falschangaben überführt wurden. Die meisten Texte haben wir auf Englisch verfasst, aber wir haben beschlossen, auch andere Sprachen anzufügen, wenn die Künstler oder Komponisten aus einem bestimmten Land kamen und wir den Titel dort wahrscheinlich gut verkaufen würden. Bei deutschen Komponisten haben wir allerdings eine Ausnahme gemacht – das sind einfach zu viele, und eigentlich können ja auch alle Deutschen Englisch lesen.

Im Laufe der Jahre sind so viele Händler zu mir gekommen, die mir gesagt haben, was für ein wunderbares Label Naxos doch sei, aber das man noch so viel machen könnte, um das Design attraktiver und interessanter zu gestalten. Sie haben alle nicht verstanden, worum es geht. Ein Teil des Erfolges ist darauf zurückzuführen, dass das Design sehr geradlinig ist und einen hohen Wiedererkennungswert hat. Man bekommt, was man auf dem Cover sieht.

Heymann erinnert sich noch, dass das Repertoire der ersten 30 Aufnahmen zwar insgesamt sehr solide war, einige entscheidende Dinge jedoch fehlten. Nachdem diese ersten Titel veröffentlicht worden waren und allmählich auch bei anderen Labels erschienen, nahm Heymann die Kataloge zur Hand, um einen Aufnahmeplan zu erstellen. Er markierte alle Werke, die bereits über zehn Mal aufgenommen worden waren, und so entstand der erste Masterplan.

Vivaldis Vier Jahreszeiten war nicht dabei: Das war die erste neue Aufnahme, die wir in Bratislava für Naxos machten. Takako hatte es natürlich in ihrem Repertoire, und in

Bratislava gab es das ausgezeichnete Kammerorchester Capella Istropolitana, das sich aus einigen der besten Musiker der Slowakei zusammensetzte. Damals, in der kommunistischen Ära, war Bratislava unglaublich – eine Stadt mit 300.000 Einwohnern und fünf Orchestern: der Slowakischen Philharmonie, dem Rundfunk-Symphonieorchester, dem Orchester der Nationaloper, dem Slowakischen Kammerorchester und der Capella Istropolitana. Und eine Big Band gab es auch.

Takako nahm Die Vier Jahreszeiten unter der Leitung des amerikanischen Dirigenten Stephen Gunzenhauser auf, dem Chefdirigenten des Delaware Symphony Orchestra. Er war sehr gut – er hatte vorher schon einmal eine Aufnahme für Marco Polo gemacht – und für Naxos war er sozusagen einer der Dirigenten der ersten Stunde. Wir haben die Aufnahmen im Herbst 1987 in nur zwei Tagen eingespielt, aber sie verliefen nicht vollkommen problemlos. Wir mussten nach der Hälfte die Cembalistin austauschen, weil sie dem Stück nicht gewachsen war. Wir haben zwar kurzfristig Ersatz gefunden, konnten das letzte Konzert aber nicht wirklich proben. Wir mussten proben und immer gleich aufzeichnen. Und wir hatten nur ein sehr enges Zeitfenster, weil die Musiker um Mitternacht die letzte Straßenbahn nach Hause erwischen mussten. Ich erinnere mich noch, wie wir gerade den letzten Takt fertig hatten und sie sofort aufgesprungen und zur Straßenbahn gerannt sind. Ein paar Tage später haben sie dann das Concerto alla rustica, den Füller, eingespielt.

Weitere Schlüsselwerke mit der Capella Istropolitana folgten, darunter auch Händels *Wassermusik* und *Feuerwerksmusik* und Bachs *Brandenburgische Konzerte*. Immer mehr Musiker und Ensembles kamen an Bord. Der ungarische Pianist Jenő Jandó, der sich als treuer Partner des Labels erweisen und den Großteil des Klavier-Repertoires einspielen sollte, war einer der Ersten. Er war Heymann von Hungaroton empfohlen worden, das die ersten Aufnahmen für Naxos durchgeführt hatte. Jandó begann mit den beliebten Beethoven-Sonaten, und als Nishizaki sie hörte, lobte sie: »Er ist ein ganz wundervoller Pianist.« Er nahm noch weitere Werke auf, darunter auch Mussorgskys *Bilder einer Ausstellung* sowie einige Kammermusikstücke mit Nishizaki. Schon kurze Zeit später vertraute Heymann ihm die kompletten Klaviersonaten von Beethoven an.

> *Eines der Dinge, die mir an Naxos am besten gefallen, ist, dass es Künstlern, die vielleicht noch nicht so bekannt, aber trotzdem wundervolle Musiker sind, die Chance gibt, zu glänzen. In einem Jahr hat Jenő Jandó den Wettbewerb des Ungarischen Rundfunks gewonnen, András Schiff in einem anderen. Ich glaube, Jenő (wir nennen ihn »J. J.«) ist weltweit einer der besten Pianisten unserer Zeit. Die Leute fragen ihn immer, wie er es nur geschafft hat, in relativ kurzer Zeit so viele Aufnahmen einzuspielen. Er antwortet dann, dass es für ihn, wenn er erst einmal den Stil und die musikalische Sprache des Komponisten verstanden hat, nur noch um die Technik geht – und die beherrscht er grandios. Seine Bescheidenheit und seine Zurückhaltung sind womöglich auch der Grund dafür, dass er nicht schon viel früher Karriere gemacht hat und auch heute noch nicht die Karriere hat, die er verdient. Aber er ist ein wunderbarer Musiker. Ich erinnere mich noch daran, wie er mit Takako die Beethoven-Sonaten aufgenommen hat: Vor der Session haben sie kaum miteinander gesprochen. Zwischen ihnen gab es dieses vollkommene Verständnis über die Musik – perfekte Harmonie.*

Jandó war begeistert, beinahe Vollzeit für Naxos aufnehmen zu können, oft am Italienischen Kulturinstitut in Budapest. Das Einzige, was er in den Anfangstagen zu kritisieren hatte, war, dass Naxos seinen Namen nicht richtig schrieb: mit zwei Akzenten auf dem »o« in »Jenő « und einem auf dem »o« in »Jandó«. Die Naxos-CDs wurden mit einem schlichten Computerprogramm entworfen, das zwar über diakritische Zeichen verfügte, aber nicht über den Doppelakzent, der für seinen Namen benötigt wurde: die Akzente sind länglich, keine Punkte wie bei einem Umlaut. Später wurde dies jedoch korrigiert.

In diesen frühen Naxos-Tagen führte Heymann diverse Unternehmen gleichzeitig – das asiatische Pop- und Klassik-Vertriebsnetzwerk, den Hi-Fi-Vertrieb, Marco Polo und andere – und so trafen die beiden sich erst zwei Jahre später bei Jandós erster Aufnahme der Beethoven-Klavierkonzerte in Budapest. Heymann reiste zwar nach Bratislava, so oft er konnte, aber meist nur, wenn Nishizaki dort aufnahm: Seine Geschäfte aus einem Hotelzimmer zu führen, war in kommunistischen Ländern wie der Slowakei oder Ungarn noch immer nicht ganz einfach, und Telefonieren war extrem teuer. In den ersten Jahren von Naxos musste sich Heymann daher in großem Umfang auf die Empfehlungen der Slowaken verlassen. Kenneth Schermerhorn, der von der finnischen Regierung mit der Sibelius-Medaille ausgezeichnet worden und Chefdirigent des Hong Kong Philharmonic Orchestra war, reiste nach Bratislava und dirigierte das Slowakische Rundfunk-Symphonieorchester bei der Aufnahme von *Finlandia* und anderen Tondichtungen. Zu den Empfehlungen der Slowaken gehörten auch die Dirigenten Anthony Bramall (der einige der frühen Orchesterwerke aufnahm) und Peter Breiner (der später auch einen großen Teil der Musik arrangierte, darunter auch die Nationalhymnen der Welt). Außerdem empfahl Hungaroton die Pianisten István Székely und Péter Nagy, die bei vielen der ersten Naxos-Aufnahmen dabei waren. Der Dirigent Barry Wordsworth kam ebenfalls an Bord, genau wie Wolf Harden, den Heymann bereits vor Naxos kannte. Die Musiker dieser ersten Tage kamen über die unterschiedlichsten Kontakte zu Naxos, da man einfach nicht genügend Zeit hatte, einzelne Künstler sorgfältig gegeneinander abzuwägen, zu treffen oder vorspielen zu lassen, nicht zuletzt aufgrund des Firmensitzes in Hongkong. Es gab einfach zu viel zu tun. In Naxos' erstem Jahr nahm Heymann 30 neue Titel auf, bevor er das Repertoire der ersten 30, deren Lizenz er erworben hatte, erneut aufzeichnete, und die Aufnahmen mussten sehr schnell auf den Markt gebracht werden. Natürlich passierte all das parallel zum normalen Marco-Polo-Programm. Es grenzte an Wahnsinn.

Damals habe ich mir alles angehört. Jahrelang wurden mir DATs [Digital Audio Tapes] der Endversionen nach Hongkong geschickt, damit ich sie absegnete. Takako und ich haben sie uns immer nach dem Abendessen angehört. 1988, als das Geschäft bereits sehr gut lief, haben wir die Zahl der Aufnahmen auf etwa 60 gesteigert. Im selben Jahr hat Takako auch angefangen, das ganze Standardrepertoire aufzunehmen: Mozart- und Bach-Konzerte, Beethoven, Mendelssohn, Brahms, Bruch. Dann kamen nach und nach die Mozart- und Beethoven-Sonaten ... Wenn ich so zurückblicke, denke ich, dass ein paar sehr gute Aufnahmen dabei waren, die die Zeiten überdauert haben. Das gilt besonders für Die Vier Jahreszeiten, *die sich über 1,5 Millionen Mal verkauft haben – Takako ist eine Künstlerin, die einige sehr interessante Dinge über die Musik zu sagen hatte, und man kann hören, dass die Capella Istropolitana ein erstklassiges Streichorchester ist. Die Mozart-Konzerte, Tschaikowski, Mendelssohn und Bruch waren auch sehr gut. Der Brahms gehörte nicht zu ihren Lieblingsstücken, aber sie hat ihn trotzdem gelernt, und er gefiel ihr danach besser. Die Bach-Konzerte hat sie sowieso immer gespielt, und Mozarts 3, 4, und 5. Aber sie musste auch Mozart 1 und 2 lernen und die »Haffner«-Serenade, die in der Mitte ein Mini-Konzert hat. Dieser Druck hat das Beste aus ihr herausgeholt. Sie war immer hervorragend vorbereitet und hatte ein unglaubliches Durchhaltevermögen. Und all diese Aufnahmen verkaufen sich heute immer noch!*

Heymann fühlte sich der klassischen Musik so sehr verpflichtet, dass die Grenzen zwischen »Populär«-, »Kern«- und sogar »Spezial«-Repertoire in seiner Vorstellung ziemlich fließend waren. Heute sagt er, Naxos habe sich in den 1990ern zu einem »Spezial«-Label entwickelt, aber nur ein Jahr nach seiner Gründung wurde der erste Teil der Haydn-Quartette aufgenommen. Dazu gehörten auch vier populäre Stücke, etwa das *Kaiserquartett* und das *Sonnenquartett*, und die Sammlung überraschte alle, als sie sich außerordentlich gut verkaufte. Auch die ausgewählten Musiker trugen zu diesem Erfolg bei: Das Kodály Quartet, ein ausgezeichnetes Ensemble, war Heymann ursprünglich von Hungaroton empfohlen worden. Es ergab sich darüber hinaus eine weitere fruchtbare Zusammenarbeit: Als Naxos beschloss, den Haydn-Quartettzirkel aufzunehmen, war es für Heymann die natürliche Entscheidung, das Kodály Quartet erneut zu verpflichten. Die Aufnahme gehörte zu jenen, die Naxos 1990 eine erste begeisterte Rezension eines bekannten britischen Kritikers bescherte.

Am Anfang dachte ich immer, dass es bestimmt nicht lange gut gehen würde. Sicher würden die Majors bald tolle Sachen aus ihren Backkatalogen veröffentlichen. PolyGram startete aber erst in den frühen 1990ern sein erstes Budget-CD-Label: Eloquence. Sie sind die Sache aber völlig falsch angegangen, weil es keine Digitalaufnahmen waren und sie auch keine großen Namen dabei hatten. Deshalb konnten wir mit ihnen konkurrieren. Sie brachten nicht Karajan oder andere bekannten Dirigenten zu günstigen Preisen heraus, weil sie immer noch versuchten, eine Menge Geld mit der Veröffentlichung ihrer alten Aufnahmen zum vollen Preis zu verdienen, während die Leute ihre bereits bestehenden Musiksammlungen auf CD umstellten. Und ich schätze, die Künstler wollten auch nicht auf den CDs eines Budget-Labels gesehen werden. Inzwischen haben sich die Dinge allerdings geändert!

Um ehrlich zu sein, hätte ich wahrscheinlich dasselbe gemacht – nur, dass ich Naxos gesehen und erkannt hätte, dass es mir gefährlich werden könnte. Aber wir waren in

Hongkong eben sehr weit weg. Ein Freund von mir war bei einer Vorstandssitzung von PolyGram dabei, bei der auch über Naxos diskutiert wurde. Man war sich einig, dass es nur ein Gespenst sei, das eine Zeit lang umhergeistern und in ein paar Jahren wieder verschwinden würde, vermutlich sogar schon in sehr naher Zukunft. Der Preis war zwar eine Bedrohung, aber sie konnten einfach nicht glauben, dass die Öffentlichkeit Interesse daran haben könnte, Stücke des Standardrepertoires zu kaufen, die von Musikern gespielt wurden, von denen sie noch nie etwas gehört hatten. Hongkong war sehr weit weg, und sie konnten sich nicht vorstellen, dass man von dort aus ein seriöses Klassik-Label führen konnte. Vielleicht wäre es anders verlaufen, wenn ich Naxos in Deutschland oder England gegründet hätte, direkt vor ihrer Nase. Ein leitender Angestellter eines der Klassik-Majors wurde einmal mit den Worten »dieser verrückte Deutsche in Hongkong mit seinem Budget-Label« zitiert, als er über mich sprach.

1989 beschloss Heymann, seine Unternehmen erneut umzustrukturieren. Bertelsmann (BMG) wollte in Asien Fuß fassen und bot ihm einen guten Preis für Pacific Music und seine Tochterunternehmen in der Region an, und Heymann akzeptierte. Pacific Music war bereits recht einflussreich. Es besaß nicht nur in Hongkong Vertriebsunternehmen, sondern auch in Singapur, Thailand und Malaysia: »Zwischendurch waren alle großen Pop-Künstler Malaysias bei uns.«

Glücklicherweise wollte BMG Naxos nicht. Sie glaubten, es habe keine Zukunft. Hätten sie es gewollt, hätte ich es wahrscheinlich verkauft. Aber sie hätten es zerstört. Und sie haben den chinesischen Katalog gekauft, was eigentlich ein Jammer war, weil ich dadurch Takakos erste Aufnahme von The Butterfly Lovers *und eine Menge andere chinesische Klassik-Stücke verlor. Ich würde sie mir wirklich gerne* zurückholen – nicht zum Verkauf auf CD, sondern, um sie online zu stellen. BMG gehört inzwischen ja zu Sony, und ich hoffe, dass ich mit Sony einen Deal machen kann. Aber was mit BMG passiert ist, ist so typisch für die Majors. Warum kaufen sie etwas, das sie dann gar nicht nutzen? Sie wollten die chinesische Klassik, auch das Violinkonzert von Du Mingxin, aber die meisten Aufnahmen sind nicht lange, nachdem BMG Pacific gekauft hat, verschwunden. Irgendwann haben wir die Lizenzen einiger Titel von BMG zurückgekauft, aber sie sind schon vor langer Zeit abgelaufen.

Sie haben Naxos aber nicht gekauft, weil sie das Potenzial nicht erkannten, was wirklich ein großes Glück für uns war. Sie haben das grundlegende Konzept nicht verstanden, genauso wenig wie PolyGram damals – dass wir einen umfangreichen Katalog mit neuen Digitalaufnahmen aufbauen und sie zu günstigen Preisen verkaufen wollten. Das Entscheidende, und das hat keines der Major-Labels verstanden, war, dass es eben kein Label mit der »Lizenz zur Verwertung« war, sondern etwas vollkommen Neues. Ihre einzige mögliche Antwort war, ein eigenes, ähnliches Label zu gründen, mit anderen Leuten. BMG hat das mit Arte Nova schließlich auch probiert: Es war der erste ernsthafte Versuch. Aber sie haben es nicht geschafft, Naxos zu vertreiben oder eine wichtige Rolle auf dem Klassik-CD-Markt zu spielen.

Von 1987 bis Anfang der 1990er habe ich praktisch ständig über meine Schulter geguckt, um zu sehen, wo die Majors blieben. Als ich sie nirgends entdecken konnte, habe ich begonnen, Pläne für einen umfassenden Katalog wichtiger klassischer Musik zu schmieden, darunter auch zahlreiche komplette Zyklen. Bereits 1989 habe ich beschlossen, die kompletten Beethoven-Sinfonien zu machen. Es war das erste »komplette« Projekt, das wir mit Naxos verwirklicht haben. Es verlief nicht völlig reibungslos. Wir haben sieben

Sinfonien mit den Zagreber Philharmonikern unter der Leitung von Richard Edlinger aufgenommen, aber es gab Probleme, und so mussten wir frühere Versionen von Nr. 3 und Nr. 6 aus Bratislava heranziehen, um die Sammlung zu vervollständigen. Es war ein Risiko, als wir anfingen, aber am Ende haben wir 200.000 CD-Sets innerhalb von drei Jahren verkauft. Wir boten gute Qualität zu einem guten Preis an, und darüber hinaus sprachen wir auch einen anderen Käufertyp an, nicht nur die normalen Klassikkäufer. Wir waren attraktiv für Kunden, die eine LP-Sammlung hatten und auf CD umsteigen wollten, aber keinen allzu großen Wert darauf legten, wer die Künstler waren. Wir haben viel an junge Leute verkauft, Studenten, die nicht viel Geld hatten, und eben an alle, die von LP auf CD umstiegen. So sah der ursprüngliche Markt aus – anders als heute, wo der wahre Kenner Naxos wegen seines Repertoires kauft.

Während der gesamten 1980er und in den ersten Jahren der 1990er wurden die Unternehmungen von Naxos und Heymann vom Establishment der Klassikszene – den wichtigsten Zeitschriften und Kritikern – entweder ignoriert oder verunglimpft. Es gab natürlich auch einige unseriöse Anbieter, die billige Klassik-CDs feilboten – Opportunisten, die Naxos' kommerziellen Erfolg sahen und versuchten, auf den Zug aufzuspringen. Bis zu einem gewissen Grad wurde Naxos von der Klassik-Elite mit ihnen gleichgesetzt, größtenteils jedoch ignoriert. Also ackerte Heymann weiter. Der Erfolg fiel ihm keineswegs in den Schoß.

Die Verkaufszahlen fielen ja nicht vom Himmel! Ich konnte schließlich nicht einfach all diese Aufnahmen produzieren und sie auf irgendwie magische Weise in die Welt hinausschicken, wo ein williges Publikum sich sofort darauf stürzte und sie kaufte. Ich musste erst ein Vertriebsnetzwerk aufbauen, das die CDs auf den wichtigsten Märkten erhältlich machen, die Öffentlichkeit darüber in Kenntnis setzen und sie überzeugen konnte, dass sie nicht nur billig, sondern auch gut waren! Das war der schwierigste Teil des Ganzen.

Ein Großteil des Erfolges von Naxos ist auf Heymanns Organisation eines weltweiten Vertriebs zurückzuführen. Dies mag zwar nicht so glamourös sein wie eine Produktion von Mozart oder Beethoven, aber es war, schlicht und ergreifend, ein entscheidender Schachzug. Darüber hinaus machte Heymann das Wetteifern in der Geschäftswelt ebenso großen Spaß wie der Umgang mit den Künstlern und die Aufnahmen an sich. Der Konkurrenzkampf und das ständige Lösen von Problemen verschafften ihm Befriedigung – ebenso wie gelegentliche Misserfolge, da sie die Herausforderung einer Umstrukturierung bzw. Neueinschätzung mit sich brachten. Unternehmen scheitern immer wieder an einem schlecht organisierten Vertrieb, egal, ob es sich bei der Ware um klassische Musik oder Seife handelt, und Sentimentalitäten oder Allüren haben dort keinen Platz. Zu Beginn war der Vertrieb noch kein Problem, da Budget-CDs einen gewissen Neuheitswert besaßen. Das Vertriebsnetzwerk jedoch so eng zu knüpfen, dass ein Klassik-Label – auch wenn es ein Budget-Label war – weiter wachsen und gedeihen konnte, sollte sich als noch schwieriger erweisen, als den weltweiten Vertrieb von Marco Polo aufrechtzuerhalten. Hin und wieder passierten Fehler, und man zweigte in der falschen Richtung vom Wege ab. In sämtlichen Ländern kamen und gingen Firmen – einige expandierten, andere gingen Bankrott. Heute verfügt Naxos jedoch über ein konkurrenzloses weltweites Netzwerk für den Vertrieb klassischer Musik.

Die etablierten Klassik-Vertriebe verstanden gleich zu Beginn, was wir mit Marco Polo wollten, und waren im Allgemeinen sofort bereit, uns aufzunehmen. Und sie wussten auch, was sie damit tun mussten. Aber Naxos war einfach so anders, dass sie nicht wussten, wie sie damit umgehen sollten. Viele Marco-Polo-Vertriebe ließen die Finger davon, weil sie Angst um ihren Ruf hatten. Ich konnte auch keinen Vertrieb in Japan finden – einem riesigen Klassikmarkt – bis mein Schwager sich der Sache angenommen hat. Richard Winter von Gramola in Wien war eine Ausnahme: Er hat es aufgenommen und zusammen mit seinen anderen Klassik-Labels angeboten. In Deutschland hatten wir einen Vertrieb, der unsere Naxos-CDs zum vollen Preis angeboten hat, weil sie bei Denon in Japan gepresst worden waren, die einen sehr guten Ruf hatten. Er hat parallel teures Audio-Zubehör importiert und dachte, er könnte auch die CDs zu hohen Preisen anbieten. Anfangs funktionierte das recht gut, aber das entsprach ja nicht der Idee hinter Naxos – es war ganz eindeutig ein Budget-Label – also mussten wir uns wieder von ihm trennen. In England hatten wir in den allerersten Jahren einen sehr kleinen Anbieter, der nur sehr wenig mit dem Label gemacht hat und irgendwann schließen musste. Mir blieb dann nur noch ein einzelner Vertreter. Eines Tages habe ich gelesen, dass Boots, die große Drogeriekette, eines der Billig-Labels aufgenommen hatte, und ich bat meinen Vertreter, sich mit Woolworth in Verbindung zu setzen. Woolworth nahm Naxos auf. Sie bestanden jedoch auf Exklusivität, und ich akzeptierte. Sie haben allerdings keinen besonders guten Job gemacht und irgendwann der Aufhebung des Exklusivvertrags zugestimmt. Wir sind dann zu Harmonia Mundi gegangen, die damals ein wichtiger unabhängiger Klassik-Vertrieb in Großbritannien waren, und eine Weile sind wir dort geblieben. Die Verkäufe von Naxos haben sich dann aber allmählich auf die Verkäufe des Harmonia-Mundi-Labels ausgewirkt, und die Geschäftsleitung sagte dem Harmonia-Mundi-Team, Graham Haysom und Fergus Lawlor, sie sollten Naxos fallen lassen. Aber die beiden haben sein Potenzial erkannt und vorgeschlagen, auf 50:50-Basis gemeinsam ein Vertriebsunternehmen zu gründen. Ich habe zugestimmt, und 1991 ging mein erstes Vertriebsunternehmen im Westen an den Start: Select Music mit Sitz in Redhill, Surrey.

Die Klassik-Vertriebe waren aber nicht die Einzigen, denen es schwer fiel, Naxos einzuordnen: Den Händlern ging es genauso, nicht nur in den unabhängigen kleinen Läden, sondern auch in den Klassikabteilungen der großen Ladenketten. Wo sollten sie die CDs platzieren?

Die Händler fanden, sie könnten diese Billig-CDs nicht mit all den anderen »bedeutenden« Klassik-CDs einsortieren, also haben sie uns in Regale in der Ecke platziert. Sie wollten Naxos nicht mit ihren guten Aufnahmen mischen, aber sie konnten uns auch nicht ignorieren, weil die Leute Naxos kaufen wollten. Aus diesem Vorurteil erwuchs die berühmte »weiße Naxos-Wand«: Dort standen wir, in unseren Regalen in der Ecke, ganz allein – und klar zu unterscheiden. Die Kunden sind in die Läden gegangen und direkt auf diese Regale zugesteuert, haben ein bisschen gestöbert, sich dann zwei oder drei CDs ausgesucht und sind direkt zur Kasse gegangen. Schließlich wurde den Händlern klar, dass sie ihre Verkaufszahlen verbessern konnten, wenn sie es den Käufern leicht machten und Naxos gleich einen ganzen Aufsteller widmeten, was bald kein Problem mehr war, da das Label ja sehr schnell wuchs. Es war einer der Schlüsselfaktoren bei der Verwandlung von Naxos in eine Marke – die führende Klassik-Marke. Auch heute ist es noch das einzige Label der Welt, das als Label sortiert in den Regalen steht. Und dabei ist das nur durch Zufall passiert!

Im Laufe des folgenden Jahrzehnts und darüber hinaus floss ein Großteil von Heymanns Zeit und Energie in die Entwicklung des Naxos-Vertriebsnetzwerks, in das Lösen von Problemen, in Personalveränderungen und in Investitionen in Personen und Infrastruktur. Er half Unternehmen, die vor dem Bankrott standen, aus der Klemme, kaufte einige von ihnen auf und schloss andere, und auf einigen Schlüsselgebieten hatte er sehr zu kämpfen. In Skandinavien erlebte er ebenso Zeiten des Booms wie steinige Jahre. Jeden Januar fand man ihn auf der MIDEM in Cannes, wo er neue Abkommen schloss, alte festigte und Vertriebskonferenzen abhielt, auf denen er die Neuerscheinungen des kommenden Jahres verkündete, über die Aktivitäten des vergangenen Jahres informierte und die Vorhaben für die folgenden zwölf Monate bekanntgab. Nach und nach scharte er ein vielschichtiges internationales Team um sich – oder, besser gesagt, eine Gruppe von Einzelkämpfern, die auf verschiedenen Gebieten besonders stark waren und über unterschiedliche Fähigkeiten und Temperamente verfügten. Erstaunlicherweise gelang es ihm, regelmäßigen, beinahe täglichen Kontakt mit ihnen zu halten.

Zum Kernteam in Hongkong gehörte auch Keith Anderson, ebenfalls Auswanderer und Musiklektor, der so etwas wie der große Gelehrte von Naxos wurde und eine unglaubliche Anzahl an Cover- und Klappentexten sowie Essays in den unterschiedlichsten Längen verfasste, sowohl für Marco Polo als auch für Naxos. Später kam auch Keiths Sohn, Anthony Anderson, nach seinem Altphilologie-Studium an der Durham University nach Hongkong. Er fing ganz unten an, um jeden einzelnen Aspekt des Geschäfts kennenzulernen und wurde später in gewisser Weise zu Heymanns rechter Hand. Außerdem waren weitere Schlüsselpersonen für Naxos in aller Welt verstreut. David Denton, ein Musikschriftsteller aus Sheffield, übernahm die Öffentlichkeitsarbeit und stellte Kontakte zu Künstlern und Orchestern in Großbritannien her. Er half dabei, Select Music in einen der einflussreichsten Klassik-Vertriebe in Großbritannien zu verwandeln. In Schweden, auf dem größten Markt in Skandinavien, begann Heymann mit einem christlichen Musikvertrieb. Als dieser Bankrott ging, schloss Heymann sich mit Håkan Lagerqvist, einem cleveren Musik-Marketingexperten, und dessen Geschäftspartner Mats Byrén zusammen. Lagerqvist wusste nicht viel über klassische Musik, hatte in Skandinavien aber bereits einige außergewöhnliche Erfolge zu verbuchen, darunter auch *Schwedische Klassik-Favoriten*, eine über das Fernsehen beworbene Sammlung, die angeblich ihren Weg in 80 Prozent der Haushalte der schwedischen Mittelschicht fand. Naxos Sweden ist heute der führende Klassik-Vertrieb des Landes, der etwa 75 Prozent der nationalen Klassik-Verkäufe über seine verschiedenen

Portale abwickelt. Nach einigen schwierigen Zeiten kaufte Heymann mit Erfolg weitere Dritthändler in Skandinavien auf und besitzt inzwischen die Vertriebsnetzwerke in Finnland, Dänemark und Norwegen. Die USA erwiesen sich als einer der schwierigsten Märkte. Nach mehreren teuren Fehlstarts (darunter auch einer mit einem Heavy-Metal-Vertrieb) löste Heymann das Problem schließlich, indem er mit Jim Sturgeon und Jim Selby, zwei cleveren Kanadiern mit Erfahrung im Pop-Business, ein eigenes Unternehmen gründete. Sie siedelten Naxos of America in Nashville an, dem Zuhause der Countrymusik, und schickten das Label erfolgreich auf den Weg. In Australien erlebte man gute und schwierige Zeiten, die sich wieder beruhigten, als Heymann auch dort einen eigenen Vertrieb gründete. In Deutschland sah die Sache ganz ähnlich aus: Hier tat er sich letzten Endes mit Chris Voll zusammen, einem Verkaufsexperten, der bereits für einen früheren Naxos-Vertrieb gearbeitet hatte. Frankreich war einigen Schwankungen unterlegen, je nachdem, wer gerade verantwortlich war, und es ist noch heute der einzige große Plattenmarkt, auf dem Naxos kein Tochterunternehmen hat.

Heymann hat stets den persönlichen Kontakt zu all diesen Verantwortlichen gehalten, anfangs per Telefon und Fax, später per Telefon und E-Mail (er hatte auch diese neue Technologie sofort übernommen) und natürlich jetzt per Skype. Kurz und gut: Er arbeitet ununterbrochen, erteilt Ratschläge, redet allen gut zu, leistet Überzeugungsarbeit und unterbreitet Vorschläge. Er war und ist stets für jedermann zu erreichen, und er hat anscheinend noch nie eine anstehende Kampagne, eine Beförderung oder die Bedingungen eines Deals vergessen, ganz egal, ob es dabei um einen Rabattvorschlag, ein Lizenzangebot oder die Anmietung von Büros ging. Selbst zu Beginn des neuen Jahrtausends hörte er noch sämtliche Aufnahmen persönlich an, las sämtliche CD-Texte und überprüfte alle Covers.

Parallel führte er außerdem sein auf direktere Weise lukratives Unternehmen für private und professionelle Audioausrüstung sowie ein florierendes Dance-Music-Label: Nach dem Verkauf von Pacific Music an BMG im Jahr 1989 gründete er umgehend ein neues Unternehmen mit Steve Beaver, um EuroBeat in Asien zu vermarkten.

BMG wollte Steve nicht, was ein weiterer Fehler war. Er ist wirklich ein Genie, wenn es darum geht, Trends in der Musikindustrie zu erkennen – diese Gelegenheit konnte ich mir einfach nicht entgehen lassen. Also haben wir Beaver Records gegründet, und es hat sich zum größten Dance-Music-Label in Asien entwickelt. Irgendwann haben wir mal 50 Prozent der japanischen Dance-Music-Charts belegt. EuroBeat war Ende der 1980er und Anfang der 1990er sozusagen der König der europäischen Elektronischen- und Discomusik, aber es gab auch großes Interesse in Asien. Viele Aufnahmen wurden so populär, dass die japanischen Lizenznehmer eine Tournee forderten. Aber das war Elektronische-Musik, die von Studiomusikern geschaffen worden war. Wir mussten in Italien anrufen und sagen: »Hey, könnt ihr nicht ein paar Musiker auftreiben, die das noch mal machen und in Japan auf Tour gehen?«

Schon bevor ich Pacific Music an BMG verkaufte, hatte ich eine Menge Geld mit Discomusik verdient. Steve hatte die meisten der wichtigen Labels unter Vertrag genommen, und wir haben eine Reihe extrem erfolgreicher Sampler herausgebracht, weil wir auf all die Hits dieser spezialisierten Labels zurückgreifen konnten. In Hongkong haben wir von einigen dieser Disco-Sampler 50.000 Stück verkauft, und dann haben wir sie auch in Korea verkauft. Wir hatten dort bereits Sublizenznehmer für alle Labels, die wir vertraten. Es war ein faszinierendes Geschäft. Die Koreaner durften keine Vorschüsse bezahlen, und die einzige Möglichkeit, wie wir das Geld bekommen konnten, war, dass ich es in bar abholte – sonst wäre nie ein Geschäft zustande gekommen. Auf den Philippinen und in Taiwan hatten wir dasselbe Problem: mit 10.000 US$, 15.000 US$, 20.000 US$ in bar in Taschen ins Flugzeug, und damit dann durch den Zoll. Es gab ein paar wirklich spannende Momente.

> *Schließlich hatte ich das EuroBeat-Geschäft satt. Wir verdienten eine Menge Geld damit, aber irgendwie war es auch peinlich, weil der Großteil der Musik nur Elektro-Müll war. Und als Steve Beaver mir 1992 einen fairen Preis für meinen Anteil an Beaver Records angeboten hat, habe ich angenommen. So konnte ich mich wieder auf mein Bose-Geschäft, Marco Polo und Naxos konzentrieren. Das Geld, das ich mit Bose verdient habe, habe ich komplett in Naxos gesteckt. Ich habe mein ganzes Geld wieder in Naxos investiert. Jahrelang habe ich nie wirklich Gewinn mit den Aufnahmen gemacht, aber es war ein wichtiges Ziel für mich, mit Naxos eine Erfolgsgeschichte zu schreiben. Ich hätte es auch verkaufen und ein gemütliches Leben führen können, aber mit den Jahren erkannte ich, dass es mir gelang, in einer Branche zu überleben, die ich liebte, und ich schaffte es, auf andere Weise Geld zu verdienen, um die Weiterentwicklung des Labels zu finanzieren.*

Diese finanziellen Mittel waren auch bitternötig, da die Anzahl der CDs, die Naxos und Marco Polo nun jährlich aufnahmen, inzwischen im dreistelligen Bereich lag, und einige von ihnen waren sehr teuer. 1990 ging Heymann mit Naxos einen weiteren großen Schritt, als er die erste komplette Oper aufnahm. Als er das Label gegründet hatte – und auch noch in den ersten Jahren danach – hatte er nie mit dem Gedanken gespielt, eine Oper einzuspielen: Es war schlichtweg ein ruinös teures Unterfangen – oder, wie Molière es ausdrückte: »Der teuerste, dem Menschen bekannte Krach.« Als das Jahrzehnt sich jedoch dem Ende neigte, hatte Heymann das Gefühl, die Zeit sei reif für den Verkauf digital aufgenommener Standard-Opern zum Budgetpreis. Den Anfang machte *Così fan tutte*, die er 1990 in Bratislava mit Sängern der Wiener Staatsoper in Begleitung des Chors der Slowakischen Philharmonie und der Capella Istropolitana unter der Leitung von Johannes Wildner einspielte. Dank ihrer mittleren Länge bot sie sich für einen ersten Ausflug in die Welt der Opernaufnahmen an. Bereits vor ihrem Erscheinen fühlte sich

Heymann jedoch ermutigt, ein weitaus couragierteres Projekt anzugehen: *Carmen*, eine der am häufigsten aufgeführten und aufgenommenen Opern aller Zeiten.

> *Damals kannte ich keine guten Sänger in Europa, denen man ein solches Schlüsselprojekt anvertrauen konnte. Ich wandte mich an Alexander Rahbari, der in Persien geboren und Chefdirigent des Belgischen Rundfunk- und Fernsehorchesters (BRT) war. 1989 war das BRT zu unserem Haus-Orchester bei einigen der anspruchsvolleren Repertoire-Aufnahmen geworden – Debussy, die Brahms-Sinfonien und viele andere. Rahbari wollte unbedingt eine Oper machen, und er lebte in Wien und kannte die Sänger dort. Also haben wir Carmen im Juli 1990 in Bratislava aufgenommen. Es hat 50.000 US$ gekostet, was für eine Doppel-CD, die zum Budgetpreis verkauft werden sollte, ein ziemliches Risiko war. Aber sie verkaufte sich wie warme Semmeln: 300.000 Stück innerhalb kürzester Zeit. Also haben wir mit* La Bohème, Rigoletto *und anderen weitergemacht. Wir haben mit allen Geld verdient, weil es bisher noch keine Budget-Opern auf dem Markt gab – und schon gar keine Neuaufnahmen zu diesem Preis. Auch heute finde ich noch, dass die musikalischen Darbietungen wirklich gut sind, und wir hatten Sänger, die später richtig bekannt geworden sind: Giorgio Lamberti in* Carmen *und* Tosca, *mit Nelly Miricioiu als Tosca, oder Luba Orgonášová als Mimì in* La Bohème. *Wie sich herausstellte, tummelten sich auch in den Opernhäusern der Provinz eine Menge Talente – Sänger, die bei den Major-Labels keine Chance auf eine Aufnahme bekamen und sich freuten, mit uns aufnehmen zu können.*

1990 schrieb Edward Greenfield, ein führender englischer Kritiker, einen großen Artikel im *Guardian*, in dem er die Arbeit und die Erfolge von Naxos würdigte. Es war ein entscheidender Wendepunkt: Im *Penguin Guide to Classical Music* erschienen die ersten Empfehlungen für Naxos-Aufnahmen, und Mitte der 1990er waren es bereits über 100. Selbst *Gramophone*, die prestigeträchtige britische Klassikzeitschrift, nahm allmählich Notiz: Die erste uneingeschränkte Lobeshymne wurde der Aufnahme der Haydn-Quartette des Kodály Quartet zuteil. Beim Label und im gesamten Unternehmen machte sich Zuversicht breit.

sieben

Naxos: Eine Weltmacht, 1994–2000

Die Opernaufnahmen und die Flut an Orchester- und Kammermusik, die die Grenzen des »populären« Repertoires nun bei Weitem überschritten, hatten einen bleibenden Eindruck hinterlassen: Ernsthafte Sammler und das Klassik-Establishment akzeptierten allmählich, dass es ein weiteres großes Label in ihrer Mitte gab.

> *1994 waren wir ein bedeutendes Label und haben sieben bis acht Millionen CDs pro Jahr verkauft. In den ersten Jahren haben wir einen größeren Gewinn erzielt, da der Großteil des Repertoires, das wir aufnahmen, gemeinfrei war und wir so kaum für Urheberrechte bezahlen mussten. Ende der 1980er waren die Preise bei der CD-Herstellung noch ziemlich hoch, aber als immer mehr Firmen gegründet wurden und die Kapazitäten stiegen, sanken Anfang der 1990er die Preise. Unser Verkaufspreis ist aber nicht gesunken, und so wurde Naxos rentabler. Selbst als die Preise zu stagnieren begannen, machten wir immer noch 1,50 US$ Gewinn pro CD. Der Exportpreis lag bei etwa 2,00 US$, die Herstellung kostete 50 Cent, also haben wir 1,50 US$ verdient, wenn wir die CDs in den USA für 5,99 US$*

verkauft haben. Ich hatte bewusst versucht, den Preis einer Naxos-CD immer dem Wert der kleinsten Banknote des Landes anzupassen. In Großbritannien kosteten sie 4,99 £, in Deutschland 9,99 DM, in Schweden 49 KR. Darauf zielten wir ab. Leider hat das in den USA nicht funktioniert. Aber es gab diese Grundidee, von der wir uns auch nur sehr zögerlich verabschiedeten, als die finanzielle Situation es uns diktierte. Der Preis stieg ganz allmählich auf allen Märkten, auch wenn dieser Anstieg im Nachhinein recht gering war. Und selbst mit einem Gewinn von 1,50 US$ war es eine ziemliche Herausforderung, sämtliche Aufnahme- und Designkosten wieder hereinzuholen. Einige CDs haben sich sehr gut verkauft, aber viele eben nicht, und als wir begannen, urheberrechtlich geschütztes Material aufzunehmen – Strawinski, Schostakowitsch, Sibelius und viele mehr – schrumpften unsere Gewinnspannen. Viele Jahre lang habe ich versucht, unsere Vertriebspartner zu überzeugen, ein zweistufiges Preissystem einzuführen – eines für gemeinfreie Musik und eines für urheberrechtlich geschützte Werke – was aus kommerzieller Sicht absolut sinnvoll gewesen wäre, für die Kunden aber wenig Sinn ergeben hätte, da sie über Aspekte wie mechanisches Copyright ja nicht Bescheid wissen.

Es ist Heymanns expansionistisch-unternehmerischem Temperament zu verdanken, dass er regelmäßig in neue Ideen und neue Produkte investierte. Diese Tatsache, gepaart mit seiner Bereitschaft, spontane Risiken einzugehen, ist der Kern seines Erfolges. 1994 weitete er das Naxos-Angebot über die Grenzen der klassischen Musik hinaus aus und begab sich mit Naxos AudioBooks auf das Hörbuch-Terrain.

Ich war beim Abendessen der Naxos-Vertriebspartner auf der MIDEM und saß neben dem Musikjournalisten Nicolas Soames. Er hatte mich bereits für diverse Zeitungen und

Zeitschriften interviewt, und außerdem vertrieben wir sein kleines Label Clarinet Classics. Am Ende des Abends erwähnte er, er wolle ein neues Hörbuch-Label gründen und gekürzte Versionen von Literatur-Klassikern auf Kassette herausbringen; damals war dies nach wie vor das dominierende Medium im Hörbuchbereich. Der Gedanke dahinter war, »schwierige« Schriftsteller wie Homer, Milton, Dante oder Joyce leichter zugänglich zu machen und sie einem breiteren Publikum näherzubringen, wobei die Aufnahmen von klassischer Musik begleitet werden sollten. Ich fand die Idee interessant, dachte aber, dass das Projekt besonderer Verkaufsanreize bedurfte, wenn es ein Erfolg werden sollte: Die Begleitmusik war ein solcher Anreiz, die Titel auf CD herauszubringen ein anderer – das war zu einer Zeit, als die Hörbuchabteilungen in den Buchläden noch »Bücher auf Kassette« hießen. Ich habe meine Vertriebspartner aus Großbritannien, den USA und Australien dazu gerufen, die am Nebentisch saßen, und habe ihnen die Idee erläutert. Ich war außerdem der Ansicht, wir könnten die Hörbücher sozusagen als »Türöffner« für die Buchläden benutzen. Sie signalisierten zwar kein allzu großes Interesse an den Hörbüchern selbst, gaben aber zu, dass ihnen die Aufnahmen dabei helfen könnten, den Buchläden so auch ihre Naxos-Klassik-CDs anzubieten. Sie sahen die Naxos-Aufsteller in allen großen Buchläden bereits vor sich. Es war perfekt! Also habe ich Nicolas vorgeschlagen, das Geschäft zusammen aufzuziehen. Ich habe ihm einige Bedingungen vorgeschlagen und ihm gesagt, er könne zwischen September und Dezember 25 Aufnahmen veröffentlichen, 1995 dann weitere 50. Wir haben das Geschäft per Handschlag besiegelt. Das war um 23 Uhr, pünktlich zum offiziellen Ende des Abendessens, also bin ich auf mein Hotelzimmer gegangen, um mich auf den kommenden Morgen vorzubereiten.

Die Geschichte ist ziemlich typisch für Klaus Heymanns rasante Entscheidungsprozesse, aber die Geschichte von Naxos AudioBooks, die sich daraufhin entwickelte, verlief nicht ganz so reibungslos. Innerhalb von 18 Monaten errang das Label Auszeichnungen für James Joyce, Dickens und Lyrik und machte sich mit seinen erstklassigen Produktionen und hervorragenden Schauspielern einen Namen: Es führte die Marke Naxos auf neues Terrain. Es bedurfte jedoch eines ganzen Jahrzehnts des Vertrauens und der Investitionen, um dem Label auch zu kommerziellem Erfolg zu verhelfen. Das verzwickteste Problem war der Vertrieb: Es handelte sich bei den Aufnahmen zwar um CDs, die wichtigste Verkaufsstelle für Hörbücher waren aber nach wie vor die Buchläden, und dort lag nicht gerade Naxos' große Stärke. Es dauerte daher ein paar Jahre, in den englischsprachigen Ländern ein vernünftiges Netzwerk aufzubauen. Trotzdem gewann Naxos durch die Gründung seines Hörbuch-Zweiges Fachwissen im Bereich der Herstellung und Veröffentlichung von Büchern hinzu, das sich später noch als nützlich erweisen sollte.

Auch dieses Unternehmen bewies einmal mehr, welch entscheidende Rolle der Vertrieb spielte. Die Stärke von Naxos' Klassik-Vertrieb in den Schlüsselländern ermöglichte es sämtlichen Tochterunternehmen, ein Aufnahmeprogramm vor Ort ins Leben zu rufen, sodass der Name Naxos nicht mehr nur für eine globale Marke stand, sondern auch eine lokale Note bekam. In Großbritannien wurde es Mitte der 1990er von David Denton auf den Weg gebracht, der bereits für die Werbung und das Marketing von Naxos in Großbritannien zuständig war. Er verpflichtete Jeremy Summerly und die Oxford Camerata für das Label, das dringend eine Reihe mit alter Chormusik herausbringen wollte. Denton stieß außerdem Programme mit englischer Musik an, die mit der Orchestermusik von Bax begannen. Im Laufe des nächsten Jahrzehnts machte sich Naxos mit seinen Aufnahmen englischer Musik einen Namen, die es problemlos mit den Konkurrenz-Labels Hyperion und Chandos, deren CDs zum vollen Preis erschienen, aufnehmen konnte. Dies wurde von Anthony Anderson fortgeführt, als dieser Hongkong verließ und nach England zurückkehrte, um die Leitung von Select

Music zu übernehmen, nachdem Heymann 1997 Haysom und Lawlor ausbezahlt hatte. Select Music war das erste Vertriebsunternehmen im Westen, das vollständig in Heymanns Besitz war, und es diente anderen als Vorbild – unter anderem auch, was die Aufnahmen vor Ort betraf. Dies waren jedoch keineswegs Prestigeprojekte: Sie mussten kommerziell erfolgreich sein, was nicht selten eine Herausforderung darstellte, da sie sich aufgrund der Tatsache, dass es sich um englischsprachige Hörbücher handelte, nicht überall auf der Welt leicht verkaufen ließen. Die Gewinnspannen waren für ein Budget-Label sehr klein, was auch an den Urheberrechtsgebühren lag, und eine Weile stand alles auf Messers Schneide. Anderson bewies jedoch, dass es funktionieren konnte, und ebnete so den Weg für ähnliche Projekte in anderen Ländern, vor allem in den USA.

> *Wir haben versucht, nur lokales Repertoire zu produzieren, das wir auch woanders verkaufen konnten, mit Ausnahme der Reihe* Japanese Classics, *die erst viel später erschien. Englische Musik verkauft sich in allen ehemaligen Kolonien – Australien, Neuseeland und Nordamerika – und natürlich in Großbritannien recht gut: Es ist multinationales Repertoire. Und* American Classics, *das sich zu einem unserer stärksten Sublabels entwickelte, war ein bewusster Versuch, Naxos endlich auch auf dem amerikanischen Markt zu etablieren. Und es hat funktioniert. Bis dahin war das Label dort nie sonderlich erfolgreich gewesen. Wir haben ganz gute Umsätze mit* American Classics *erzielt, aber das Wichtigste war, dass es das Label auf dem bedeutendsten Musikmarkt der Welt bekannt machte. Und in Amerika hatte es noch nie wirklich ein Label gegeben, das seine eigene Musik aufnahm und sie dann weltweit vertrieb. In Kolumbien wurde eine ganze Menge amerikanischer Musik veröffentlicht, unter anderem auch Bernstein, aber es gab kein umfassendes Projekt, durch das amerikanische Musik sowohl für den heimischen als auch den Exportmarkt aufgenommen wurde.*

Mit American Classics gab es zum allerersten Mal eine internationale Plattenfirma, die eine ansehnliche Menge amerikanischer Musik aufzeichnete, die sofort überall auf der Welt erhältlich war. Die Bandbreite reichte von Sinfonien von Roy Harris und William Schuman bis hin zu Bernstein. Wir haben die kompletten Orchesterwerke von Samuel Barber und den kompletten John Philip Sousa aufgenommen, was – erstaunlicherweise – noch nie zuvor jemand getan hatte. Ich muss zugeben, dass ich noch nie von William Schuman oder Roy Harris gehört hatte, bevor wir anfingen. Wie früher auch, habe ich einfach angefangen, alles über die Geschichte der Musik zu lesen und Kataloge zu studieren. Und ich hatte Berater für das amerikanische Repertoire, zu Beginn noch Victor und Marina Ledin und später dann eine offizielle Redaktion, zu der auch der Schriftsteller Joseph Horowitz und die Musikwissenschaftler Wiley Hitchcock und Wayne Shirley gehörten. Sie verhalfen der Reihe American Classics zu dem Ansehen, das sie verdiente.

Die Reihe startete 2002, zum 15-jährigen Jubiläum von Naxos, und bescherte dem Label außergewöhnliche Pressereaktionen. Heymann war auch von den Verkaufszahlen angenehm überrascht: Der Barber brachte es beispielsweise auf beinahe 30.000 verkaufte CDs weltweit. Selbst für Komponisten wie Harris und Schuman, die im Ausland weniger bekannt waren, konnte ein Drittel der Verkäufe außerhalb der USA verbucht werden. Ein Grund, weshalb Heymann die Barber-Reihe mit dem Royal Scottish National Orchestra begann, war dessen wichtigster Gastdirigent, die ebenso feurige wie talentierte Marin Alsop, ein Schützling Bernsteins. Ein anderer Grund waren die streng gewerkschaftlich organisierten amerikanischen Orchester, die schlichtweg zu teuer waren, um überhaupt in Betracht gezogen zu werden. Dies sollte sich zwar schon bald ändern, aber anfangs wurde die amerikanische Musik noch in Schottland aufgenommen. Zur selben Zeit entstanden auch französische Musik in Frankreich, spanische Musik in Spanien, polnische Musik in Polen usw. Dank des Bose-Geschäfts, das die Gewinne einfuhr, konnte Heymann es sich leisten, vielseitig zu sein und Risiken einzugehen. Auch Bose war jedoch kein unerschöpflicher Geldesel: Nicht selten war der Cashflow eher mager, und Heymann musste Kürzungen im Bereich seiner ehrgeizigen Aufnahme- und Entwicklungspläne in Erwägung ziehen. Irgendwie gelang es ihm jedoch immer, irgendwo auf der Welt die nötigen finanziellen Mittel aufzutreiben und die Expansion des Labels voranzutreiben.

Die lokalen Aufnahmeprojekte lösten oft auch einen Nebeneffekt aus: Sie verhalfen Naxos zu so großer Bekanntheit auf den lokalen Märkten, dass sich dem Unternehmen schon bald andere Labels anschließen wollten, auch wenn dies eigentlich vollkommen gegen ihre Intuition ging. Immerhin waren sie ja eigentlich Konkurrenten, aber die Ergebnisse zeigten schon bald, dass sich viele Vorteile ergaben, wenn konkurrierende Klassik-Labels gemeinsam vertrieben und verkauft wurden. Die Position des Naxos-Vertriebs wurde dadurch weiter gestärkt. Das Konzept hatte seinen Ursprung in Großbritannien.

Am Anfang war es gar nicht so einfach, die wichtigsten unabhängigen Labels davon zu überzeugen, sich unserem Vertriebsnetzwerk anzuschließen. In gewisser Weise stellten wir alles dar, was sie nicht mochten, und unser Erfolg war eine Bedrohung. Wollten wir ihr Geschäft vielleicht nur untergraben? Verständlicherweise hatten sie auch die Sorge, nur noch als die Nummer Zwei nach Naxos präsentiert zu werden, wenn unsere Verkäufer in die Läden gingen. Aber wir konnten sie überzeugen, dass das nicht der Fall sein würde. Das erste Major-Label, das auf uns zukam, war Hyperion in Großbritannien, und das hat wirklich alle überrascht, weil Ted Perrys Label nicht nur innerhalb der Landesgrenzen, sondern in aller Welt zu den am meisten respektierten gehörte. Es half allerdings, dass unser Unternehmen in Großbritannien »Select« hieß und nicht »Naxos« – das war Graham Haysoms Idee. Aber letzten Endes hat es in Schweden und den USA genauso gut funktioniert: Dort haben wir den Namen Naxos beibehalten, und die Labels sind trotzdem zu uns gekommen, ohne sich Sorgen darüber zu machen, wie wir nun hießen. Select Music wurde zu einem Muster für andere, und, um die Wahrheit zu sagen, brauchten wir die Labels genauso sehr wie sie uns: Nur so konnten wir die Marktmacht erlangen und unsere Umsätze steigern, um weitere Verkäufer einstellen und uns vergrößern zu können.

Amerika stellte sich als schwer zu knackende Nuss heraus, weil es dort bereits andere Klassik-Vertriebe gab, die viele europäische Labels vertrieben. CPO kam schon sehr früh zu uns, und nach und nach schlossen sich uns auch andere an. Anderswo war es dasselbe – hin und wieder musste ich unsere Vertriebs-Töchter finanziell unterstützen. Es hat 15 Jahre gedauert, ein starkes, stabiles Vertriebsnetzwerk aufzubauen. Aber letzten Endes war es die Stärke dieses weltweiten Vertriebsnetzwerks, die Naxos zu einer echten Macht in der Welt der klassischen Musik machte.

1995 kam es zu einer weiteren entscheidenden Entwicklung, die Naxos nachhaltig beeinflussen sollte: Es war die Geburtsstunde von K&A (Klaus und Andrew) Productions und damit der hauseigenen Aufnahmen inklusive Schnitt und Mastering. Über ein Jahrzehnt lang, seit dem Beginn von Marco Polo im Jahr 1982, hatte Heymann sich bei seinen Aufnahmen auf eine Gruppe freiberuflicher Produzenten und Techniker verlassen. Sie alle wurden durch ein deutsches Schnitt- und Aufnahmeunternehmen unter der Leitung des Niederländers Teije van Geest abgewickelt. Dieses System hatte recht gut funktioniert, aber man konnte nicht gerade behaupten, dass die Aufnahmen von Naxos oder Marco Polo auf dem neuesten Stand der Technik waren. Sinn und Zweck der hauseigenen Produktions- und Aufnahmeabteilung war es, die Qualität der Aufnahmen dem wachsenden internationalen Renommee anzugleichen. Beständigkeit war dabei das wichtigste Ziel. David Denton fand Andrew Walton, einen Geiger des English Chamber Orchestra, der sich bereits einen Namen als Aufnahmetechniker und Tonmeister gemacht hatte. K&A Productions hatte seinen Sitz nicht weit nördlich von London in Potters Bar und entwickelte sich schnell zum Herzen des Produktionsgeschehens.

1994 haben wir etwa 120 Aufnahmen gemacht, aber allmählich glitt uns die Sache aus der Hand. In einem Jahr haben wir sogar 300 Aufnahmen produziert, und die Masters stapelten sich schon bei uns! In manchen Jahren waren wir mit 600 Masters im Rückstand, die alle auf eine Veröffentlichung warteten. Das waren natürlich riesige Investitionen, die uns überhaupt nichts einbrachten. Eine funktionierende Qualitätskontrolle war nun umso wichtiger, und bei K&A gab es die. K&A hat angefangen, das überschüssige Material zu prüfen, zu schneiden und zu mastern. Und es hat sich um einen großen Teil der Aufnahmen gekümmert, und das nicht nur in Großbritannien, sondern in ganz Europa und in den USA. Je besser der Ruf wurde, desto mehr Labels kamen wegen unserer hochmodernen Aufnahmetechnik auf uns zu, und K&A entwickelte sich zu einer der führenden Produktionsfirmen im Bereich der klassischen Musik.

Der schiere Arbeitsaufwand, der inzwischen von den verschiedenen Naxos-Portalen geleistet wurde, war wirklich erstaunlich.

Das Problem war, dass wir in gewisser Hinsicht zu erfolgreich wurden. Die ursprüngliche Idee war, eine Aufnahme von jedem Stück einzuspielen, das in den Aufnahmekatalogen mit zehn Aufnahmen verzeichnet war. Das war meine Definition von populär! Anfangs hätte ich mir nie träumen lassen, dass wir so viele Haydn-Quartette einspielen würden, und ganz sicher keinen C. P. E. Bach. Heute denken wir sogar über den kompletten C. P. E. Bach in einer modernen »C. P. E. Edition« nach! Aber als wir die ersten fünf

Jahre überlebt hatten, änderte sich unser Plan. Ich wollte Naxos sozusagen in eine Enzyklopädie der klassischen Musik auf CD verwandeln, und während der gesamten 1990er haben wir unser Repertoire auf viele verschiedene Bereiche ausgeweitet. Wir benötigten ein starkes Programm mit Neuerscheinungen, und unsere Kunden schrien förmlich nach mehr. Naxos mochte vielleicht mit der Produktion klassischer Musik für Supermarktkunden angefangen haben, aber nun durchforsteten auch ernsthafte Klassikfans unsere Listen, um zu sehen, was wir als Nächstes herausbringen würden. Ich wollte eben all das aufnehmen und habe konstant investiert, und dieses Engagement zahlt sich heute aus.

Ich habe mich aber nicht Hals über Kopf auf alles gestürzt, auch nicht auf das Kernrepertoire. Die Schostakowitsch-Sinfonien wurden mir vom Slowakischen Rundfunk-Symphonieorchester angeboten, das war ein wirklich gutes Geschäft. Die Sinfonien hat Ladislav Slovák dirigiert, ein echter Veteran, der schon bei den Ur-Aufführungen einiger der Sinfonien in Russland dabei gewesen war. Die Interpretationen waren wundervoll, aber das Orchester stieß natürlich irgendwann an seine Grenzen. Meine eigenen musikalischen Ansprüche und Kriterien änderten sich. Es reichte nicht mehr, einfach nur Aufnahmen auf den Markt zu bringen, die zu einem Budgetpreis akzeptabel waren: Sie mussten erstklassig sein und jederzeit mit den Vollpreis-Labels konkurrieren können. Mitte der 1990er hatte ich es allmählich satt, dass Naxos von allen nur als »Budget-Label« angesehen wurde, dessen Aufnahmen dem Verkaufspreis entsprachen. Die Kritiker hörten einfach nicht zu. Sie beurteilten uns aufgrund ihres vergangenen Eindrucks von Naxos.

Für die Bruckner-Sinfonien habe ich mir wirklich Zeit gelassen. Für mich war Bruckner der Komponist schlechthin, und ich liebe seine Sinfonien, seit ich ein junger Mann war. Ich kannte Horensteins Aufnahme der 9. Sinfonie bei Vox, die noch immer zu den Besten gehört. Also habe ich gewartet, bis ich das Gefühl hatte, wir seien bereit, etwas Besonderes zu schaffen. Eines Tages im Oktober 1994 bekam ich einen Anruf von Anthony Camden, dem englischen Oboisten [ehemaliger Erster Oboist des London Symphony Orchestra], der damals Musikdekan an der Hongkong Academy for Performing Arts war. Er sagte: »Georg Tintner ist in der Stadt.« Ich hatte noch nie von ihm gehört. »Er ist der größte lebende Bruckner-Dirigent. Ich dachte, du willst vielleicht mal mit ihm reden.«

Also haben mich Georg und seine Frau Tanya, mit der ich heute noch Kontakt habe, zu Hause besucht, und ich habe ihn sozusagen interviewt. Ich habe ihn gefragt, was er von Bruckner hält und wie er die Sinfonien interpretieren würde, und er hat mich unglaublich beeindruckt. Er sprach mit einer unglaublich großen Verehrung über Bruckner, und sein Gebaren erinnerte beinahe an einen Heiligen. Ich denke allerdings, dass er in gewissen Bereichen alles andere als ein Heiliger war. Aber er war Veganer und trug beispielsweise auch nichts, was aus Tierhaut hergestellt war – in mancherlei Hinsicht war er wirklich radikal! Aber als Mensch hat er mich tief beeindruckt, und ich hatte das Gefühl, ein Mann wie er könne Bruckner gerecht werden. Natürlich habe ich mich auch noch ein wenig umfassender informiert, aber es hat alles gepasst, also habe ich entschieden, einen Versuch mit dem Sinfoniezyklus zu wagen.

Zu Anfang stand das Projekt unter keinem guten Stern. Tintner war nach dem Krieg eine Zeit lang in Neuseeland gewesen und hatte sich dort bereits einen Namen gemacht, also begann man den Zyklus mit dem New Zealand Symphony Orchestra. Es war für keinen der Beteiligten eine schöne Zeit: Irgendwann ging alles drunter und drüber, und als man die 9. Sinfonie plante, verweigerten die Stimmführer ihre Teilnahme. Die Aufnahme fand statt, wurde jedoch nicht veröffentlicht.

Die 6. Sinfonie war bereits fertig eingespielt worden, bevor der Ärger begonnen hatte, und auch wenn sich einige der Musiker über Tintners Dirigierstil beschwerten – er vergrub seinen Kopf immer tief in der Partitur – war die Aufnahme (die 1998 veröffentlicht wurde) ausgezeichnet und erhielt sehr gute Kritiken. Heymann entschloss sich jedoch, das Projekt zu verlagern und mit dem Royal Scottish National Orchestra und dem National Symphony Orchestra of Ireland aufzunehmen. Der Kontakt zu Naxos bestand dank David Denton, und Heymann war mit dem Ergebnis sehr zufrieden. »Ich glaube, dass das bis heute einer der besten Bruckner-Zyklen der Welt ist.«

Die Entscheidung, mit Orchestern aufzuzeichnen, die besonders gut zu einem bestimmten Repertoire passten, wurde erst durch gelockerte geschäftliche Einschränkungen möglich. Britische Musiker waren – und sind noch immer – die besten Partituren-Leser der Welt, und obwohl sie ein wenig teurer waren, spielte auch die knappe Zeit, die für die Aufnahmen zur Verfügung stand, stets eine wichtige Rolle. Auch die wachsenden Qualitätsansprüche machten eine sorgfältigere Orchesterauswahl nötig. David Denton ebnete den Weg für diverse Naxos-Verbindungen mit weiteren Ensembles, unter ihnen auch das Bournemouth Symphony Orchestra. Weitere regionale Orchester aus Großbritannien folgten, besonders jene, die Vollzeitverträge mit ihren Musikern hatten und Engagements benötigten, wenn es in ihrem Konzertleben gerade eher ruhig zuging. Gleichzeitig gewann auch das Programm mit Alter Musik an Fahrt.

> *Als David mir die Oxford Camerata vorstellte, habe ich Jeremy Summerly gebeten, einen Aufnahmeplan für alte Chormusik zu erstellen. Er hat 15 Programme erstellt, und wir haben sie alle produziert. Ich höre den Leuten zu, auch wenn ich natürlich trotzdem alles prüfe. Das Gleiche gilt für Hervé Niquet und Le Concert Spirituel, die Charpentier, Lully und andere französische Barockmusiker für uns aufgenommen haben. Ich habe zu ihm gesagt: »Mach mir einen Plan!«*

Aber nicht all diese neuen Unternehmungen verliefen so erfolgreich. Viele wurden angestoßen, schluckten ansehnliche Investitionen, die sie nie wieder einspielten, und mussten anschließend ausgebremst oder komplett gestoppt werden. Heymann, der sehr geübt darin ist, den Dingen etwas Positives abzugewinnen, ist der Ansicht, dass fast alle Aufnahmen in der digitalen, vielschichtigen Welt von heute irgendeinen Zweck erfüllen können. Dennoch ist im Laufe der Jahre eine Menge Geld aus dem Bose-Geschäft – und nach dessen Ende aus Heymanns Privatvermögen – in diversen klassischen und nicht-klassischen Kanälen versickert, das erst viel später wieder auftauchte.

Auch die Hörbücher benötigten eine Menge Zeit, bevor sie Gewinne erzielten, und seinem Weltmusik- bzw. seinem Jazzlabel gelang dies nie.

> *Aus künstlerischer Hinsicht war das Jazz-Label sehr erfolgreich. Aber ich kannte weder das Geschäft noch die Jazzszene und habe mich auf den bekannten australischen Jazzpianisten Mike Nock verlassen, der über sämtliche Kontakte verfügte. Es schien mir nur eine weitere Musiksparte zu sein, aber tatsächlich war dort alles ganz anders. Bei unseren Klassikaufnahmen standen die Komponisten ganz oben, aber auf einer Jazzplatte kommt der Künstler zuerst. Das war ein wichtiger Unterschied, der mir am Anfang nicht wirklich bewusst war. Wir haben auch zu viel bezahlt, um die Aufnahmen zu produzieren.*
>
> *Die größte Überraschung war, dass auf den großen Jazzmärkten der Welt – in den USA, Frankreich und Japan – kaum nicht-amerikanischer Jazz gekauft wurde. So einfach war das. Wir gewannen Goldene Schallplatten in Finnland und Schweden, aber in den USA haben wir nicht mal 50 CDs verkauft.*
>
> *Ich wollte Jazz vom Feinsten – das Beste, was in Skandinavien, Deutschland, Australien, Neuseeland oder wo auch immer zu finden war. Aber wir hatten auch amerikanischen Jazz. Eine ganz schlichte Tatsache war jedoch, dass unsere*

> *Vertriebe zwar wussten, wie man Klassik verkaufte, von Jazz aber so gut wie keine Ahnung hatten. Außerdem hat sich die Musik auf den größeren Märkten nicht gut verkauft, nur auf den kleineren. Und wir haben den Fehler gemacht, zeitgenössische Kunst auf die Cover zu nehmen anstatt Fotos der Künstler. Es wäre auch nicht nötig gewesen, die Aufnahmen zum Budgetpreis anzubieten. Die Kritiken waren fantastisch, aber trotzdem war das Ganze ein Misserfolg. Manchmal denke ich, ich würde es gerne noch mal mit dem Jazz versuchen, besonders, da unsere Vertriebe jetzt ja wissen, wie sie ihn verkaufen müssen. Ich müsste aber auf jeden Fall eine sehr viel wirtschaftlichere Methode finden.*

Mehr oder weniger dasselbe Schicksal ereilte zur selben Zeit auch das Weltmusik-Label, bei dem einige sehr gute Aufnahmen entstanden. Eine von ihnen, eine Aufnahme geistlicher tibetischer Gesänge der Mönche des Klosters Sherab Ling, gewann sogar einen GRAMMY und verkauft sich bis heute. Es floss eine Menge Geld in das Vorhaben, auch Naxos World zu Erfolg zu verhelfen, das Genre erwies sich jedoch als eine zu fremdartige kulturelle Umgebung für das Label.

Die Geschichte wiederholte sich mit der Ambient- und New-Age-Musik des Labels White Cloud erneut. Es wurde von Jon Mark geleitet, der mit Mark-Almond, einer der großen Rockbands der 1970er, zu Ruhm gelangt war.

> *Jon war ein sehr kreativer Typ, und ich finde, ein Teil der Musik, den er bei White Cloud produzierte, war wirklich schön. Aber sie passte einfach nicht in unsere Firma und war ebenfalls ein Misserfolg, auch wenn sie immer noch online ist und wir sie für Sampler nutzen.*

Historische Aufnahmen waren hingegen eine völlig andere Sache. Zu Beginn der 1990er kam in der Firma die Frage auf, ob man sich auch auf dem Gebiet der historischen Aufnahmen versuchen sollte. Laut dem damaligen Kenntnisstand gab es dafür nur einen sehr begrenzten Markt. Heymann war der Ansicht, dass Naxos, sollte es sich auf dieses Terrain begeben, etwas Einzigartiges würde anbieten müssen und nicht einfach produzieren konnte, was die anderen bereits auf den Markt warfen. Er begann mit einer Sammlung von Originalmasters mit Liveaufnahmen, die ihm in der Vergangenheit angeboten worden waren, die er aber nie veröffentlicht hatte. Er nannte sie *Immortal Performances*. Das war 1995. Dann wandte sich Mark Obert-Thorn, ein anerkannter Musik-Restaurator, an Heymann und schlug ihm vor, eine viel breitere Palette kommerziell vielversprechender Aufnahmen aus der Vergangenheit mit den modernsten Restaurierungstechnologien zu bearbeiten. Beginnen wollte er mit Rachmaninow, der seine eigenen Klavierkonzerte spielte. Die Platte wurde sofort ein Erfolg und verkaufte sich mehrere Zehntausend Mal. Auch heute gehen jedes Jahr noch 2.000 CDs über den Ladentisch.

Damals brachten die meisten Labels, die historische Musik neu herausbrachten, alte Aufnahmen zum vollen Preis auf den Markt. Wir wollten die bestmöglichen Restaurierungen veröffentlichen, um ein qualitativ absolut hochwertiges historisches Label mit Budgetpreisen anbieten zu können. Die Verkaufszahlen schossen durch die Decke, und ich wollte mehr, als Mark liefern konnte. Also hat er Ward Marston ins Team geholt, einen weiteren hervorragenden, sehr bekannten Restaurator. Wir hatten jetzt zwei der besten Leute der Szene bei uns, was uns besonders bei den Kritikern half, die noch immer gegen Naxos waren. Sie hatten keine andere Wahl, als dem, was wir im Bereich der historischen Musik produzierten, widerwillig Respekt zu zollen. Wir veröffentlichten einige der besten und legendärsten Aufnahmen zu günstigen Preisen – und, das mussten sie ebenfalls zugeben, viele von ihnen klangen besser als die Versionen, die von den ursprünglichen Labels herausgegeben worden waren.

Wir haben uns gefragt, warum die Major-Labels, beispielsweise EMI, nicht einfach noch weitere historische

Aufnahmen aus ihren Archiven veröffentlichen. Nun, wir fanden schon bald heraus, warum: Letzten Endes stellte sich die Sache nämlich gar nicht als so großer kommerzieller Erfolg heraus. Die Majors veröffentlichen all diese Musik in ihren Archiven aus gutem Grund nicht: Sie brachten nur die großen Namen heraus, weil sich die anderen nicht gut genug verkauften. So einfach war das.

Ich habe aus Erfahrung gelernt, dass – mit einigen Ausnahmen wie Rachmaninow – nur Künstler, deren Karriere bis in die zweite Hälfte des 20. Jahrhunderts reichte, einen Anreiz zum Kauf boten: Jascha Heifetz, Arthur Rubinstein, Maria Callas, Pablo Casals – und selbst in seinem Fall nur die Solosuiten von Bach. Walter Giesekings historische Aufnahmen verkauften sich in Deutschland, weil er dort in der zweiten Hälfte des 20. Jahrhunderts noch immer gespielt hatte. Fritz Kreisler hingegen verkauft sich nicht so gut. In den kompletten Werken von Benno Moiseiwitsch steckt sehr viel Liebe. Gleiches gilt für Jussi Björling, der sich immerhin in Schweden verkauft. Die Majors wussten also genau, was sie taten!

Trotzdem hat sich »Naxos Historical« sehr positiv auf den Ruf des gesamten Labels ausgewirkt, und es leistet ernsthaften Sammlern noch immer unschätzbare Dienste. In dieser Hinsicht war es eine gute Investition, wenn auch keine profitable. Und auf der digitalen Plattform sind die historischen Aufnahmen noch mal richtig aufgeblüht.

Der einfachste Weg, an Einnahmen zu kommen, war es, die Lizenzen bereits bestehender Aufnahmen an andere zu vergeben, ohne dadurch die CD-Verkaufszahlen zu beeinflussen. Heymanns alleinige Eigentümerschaft sämtlicher Aufnahmen und seine rationelle Art des Geschäftemachens ermöglichten es, bei Geschäften mit anderen Medienunternehmen, die klassische Musik benötigten – Werbeagenturen, Filmemacher, Verlage usw. – spontane Entscheidungen zu treffen.

Diesen Einkommensstrom auszuweiten, entwickelte sich zu einem der Schwerpunkte für Heymann und die Naxos-Vertriebe. 1997 schloss er mit Isabel Gortázar, einer spanischen Verlegerin, Geschäftsfrau und Schriftstellerin, ein Abkommen, um die Lizenzgeschäfte in Europa und darüber hinaus auszuweiten. Heymann gewährte ihrer Firma (TEC, SL) die Exklusivrechte der Lizenzen sämtlicher Naxos- und Marco-Polo-Aufnahmen in mehreren europäischen und in allen spanischsprachigen Ländern: nicht nur für Sondereditionen, etwa Premium-Pakete zu Werbezwecken, sondern auch und vor allem für Buchverlage zum Verkauf in Sondermagazinen, Lernmaterialien für den Schulunterricht und andere Produkte, die nicht über den Einzelhandel vertrieben wurden. Dazu gehörte auch der Verkauf von Millionen von CDs an Kiosken und über andere Netzwerke. Es stellte sich als sehr lukratives Unternehmen heraus.

Mitte der 1990er war allgemein eine Zeit der Expansion, und Heymann wollte unbedingt auf neue Gebiete vordringen. Er gründete Artaria Editions, einen Sonderverlag, der sich auf Zeitgenossen Haydns und Mozarts konzentrierte.

Neun Jahre lang habe ich als Hobby das Kammermusik-Festival in Neuseeland geleitet, wo ich mein zweites Zuhause habe. Das Festival war eine gute Gelegenheit, Künstler zu treffen. Als ich 1994 in Wellington war, habe ich Allan Bradley kennengelernt, der eigentlich Musikwissenschaftler ist, aber zufällig auch das New Zealand Chamber Orchestra leitete. Als Musikwissenschaftler ist er auf die Zeitgenossen von Haydn und Mozart spezialisiert, vor allem auf Leopold Hofmann.

Wir sprachen darüber, Stamitz' Orchestertrios aufzunehmen, und dann fing er an, über eine Menge anderer Komponisten aus dieser Zeit zu sprechen, von denen ich noch nie gehört hatte – François-Joseph Gossec, Franz Ignaz Beck und, natürlich, Leopold Hofmann. Ich sagte ihm, wir könnten auch ein paar Werke von ihnen aufnehmen, und er erklärte mir, es seien zwar keine Partituren oder Stücke von ihnen erhältlich, die Musik sei aber gut. Er meinte, wir müssten unser Spielmaterial daher anhand der Originalmanuskripte erstellen.

Das war der Beginn eines neuen Unternehmens. 1995 haben wir einen Verlag namens Artaria Editions gegründet, den wir nach Haydns Wiener Verlag benannten. Über das Geschäft wusste ich anfangs eigentlich nichts, aber im Laufe der Jahre haben wir eine Menge zuvor nicht verfügbarer Werke veröffentlicht, und heute sind es über 500 Titel. Sie werden hochgeschätzt, und Universitäten überall auf der Welt bestellen unsere Neuveröffentlichungen. Artaria könnte sicherlich noch viel erfolgreicher sein, aber wir hatten einfach noch nie jemanden, der es wie ein richtiges Unternehmen führt: Allan ist Musikwissenschaftler, und er geht in die Bibliotheken, holt Mikrofilme und schneidet sie selbst.

Trotzdem hat Artaria uns ein wirklich umfangreiches, einzigartiges Repertoire beschert: die Violinkonzerte von Saint-Georges, die Takako aufgenommen hat, die Konzerte und Sinfonien von Vanhal und Pleyel oder die Klavierkonzerte von Ferdinand Ries, die auch kommerziell ein ziemlicher Erfolg waren. Und wir haben über 60 CDs herausgebracht. Artaria hat uns ein einzigartiges Repertoire geschenkt, deshalb können wir es größtenteils als Erfolg betrachten. Und außerdem konnten wir so Erfahrungen mit einem Musikverlag sammeln.

2004 gab Heymann dem Team von Naxos AudioBooks grünes Licht für die Entwicklung einiger Produkte für den Buchmarkt. Die Hörbücher hatten bereits eine gewisse Präsenz in den Buchläden, und von dort schien es nur ein kleiner Abstecher zu Musikbüchern zu sein. Also produzierte Naxos Books Biografien verschiedener Komponisten: als Bücher mit zwei CDs und einer Website. Darüber hinaus gab der Verlag die erste allgemeine Geschichte der klassischen Musik Amerikas sowie ein wichtiges Buch mit den Memoiren des Dirigenten Robert Craft heraus, dessen enge Verbindung zu Strawinski ihm nach dem Krieg einen Platz im Herzen der kulturellen Szene beschert hatte. Einmal mehr brachte der Vertrieb diese künstlerischen Pläne ins Wanken: die Bücher aus Papier landeten in einer anderen Abteilung als die Hörbücher! Trotzdem konnte man mit zwei Kinderbüchern der Chefredakteurin von Naxos Books, Genevieve Helsby, auch einen kommerziellen Erfolg verbuchen: *Meet the Instruments of the Orchestra!* und *My First Classical Music Book*. Mit diesen Titeln unterstrich Heymann seine Ambitionen, auch Lernmaterialien zu entwickeln.

> *Wir haben ein paar ausgezeichnete Bücher gemacht, die in verschiedene Sprachen übersetzt wurden, und auch wenn wir nicht sofort einen Gewinn damit erzielten, haben sich einige am Ende doch sehr gut verkauft. Außerdem haben wir gelernt, wie man Bücher, E-Texte und Apps produziert und verkauft und so das Fachwissen unseres Unternehmens erweitert.*

Das Naxos-Label ging einst mit einer neuen Technologie – der CD – an den Start, und bis heute sind Innovationen ein konstantes Thema – und eine konstante Herausforderung – für das Unternehmen. Dabei war es nicht immer leicht, die nächste große technologische Entwicklung zu erkennen.

> *Niemand hat gerne zu viele verschiedene Formate in seinen Beständen, und ich habe versucht, das auf ein Minimum zu beschränken. Naxos wurde als CD-Label gegründet, aber es gab noch immer eine Nachfrage nach Kassetten, also haben wir auch ein begrenztes Sortiment an Naxos-Kassetten veröffentlicht. Dann kam die Minidisk, und wir haben auch ein paar davon herausgebracht, und von den diversen »verbesserten« CD-Formaten, DVD-Audio und SACD. Eine Zeit lang waren wir das einzige Unternehmen, das*

entsprechende Titel in drei verschiedenen Formaten veröffentlichte: CD, DVD-Audio und SACD. Bei DVD-Audio habe ich mich geirrt, SACD hat gewonnen, aber inzwischen geht das auch wieder zurück. Inzwischen bringen wir auch einige Blu-ray-Audiodiscs heraus.

Dann kamen die Versuchungen des Videomarktes hinzu – zunächst auf VHS und Laserdisc, später auf DVD. Irgendjemand erzählte mir, bald würden überall auf der Welt Fernsehsender einfache Reiseprogramme mit Musik aufkaufen, die statt der »Testbilder« gesendet werden sollten, also dann, wenn der Sender kein richtiges Programm mehr ausstrahlte. Wir haben die entsprechende Ausrüstung gekauft, Material zu vielen Großstädten der Welt produziert – von Helsinki bis Venedig, von Wien bis London – und ein paar wirklich schöne Aufnahmen mit Musik unterlegt. Die Aufnahmen wurden so geplant, dass das Filmmaterial synchron zur Musik geschnitten werden konnte. Die Filme waren und sind hübsch anzuschauen, auf Video aber kein kommerzieller Erfolg. Ich habe zu viele Dinge gleichzeitig gemacht und nicht systematisch die Fernsehsender abgeklappert, um die Programme zu verkaufen. Aber das hätten wir auch gar nicht selbst tun können: Wenn man etwas an einen Fernsehsender verkaufen will, muss man das über spezielle Marketingfirmen tun, die eine breite Palette von Produktionen verkaufen. Wir hatten auch nicht das richtige Medium. Hätten wir damals schon DVDs gehabt, wäre es vielleicht anders gelaufen. Inzwischen sind sie alle auf DVD erschienen und verkaufen sich ganz gut, und mittlerweile kommt auch die Online-Einnahmequelle hinzu. Wir nehmen pro Jahr etwa 40.000 € ein. Aber ich habe um die US$4 Millionen in unsere musikalischen Reisen investiert und bezweifle, dass sie die je wieder einspielen werden.

Typischerweise verbuchte Heymann auch diesen Misserfolg als »Lernerfahrung« und verwandelt ihn am Ende in einen kommerziellen Erfolg. Er begann, das Videogeschäft besser zu verstehen, und schärfte dadurch seinen Blick für diesen Bereich des Klassik-Geschäftes. Er war bereit, zuzuschlagen, als die DVD sich als Standardformat etablierte.

> *Viele waren skeptisch, ob die Nachfrage nach klassischen Konzerten und Opern auf Video überhaupt groß genug sein würde, aber es war offensichtlich, dass wir uns immer mehr zu einer visuellen Kultur entwickelten. Man musste sich ja nur mal den Erfolg von MTV anschauen. Das digitale Medium spielte eine entscheidende Rolle, aber es gab auch andere Faktoren: Mir war völlig klar, dass die DVD eine große Zukunft vor sich hatte, wenn die Leute sich eine Oper auf DVD kaufen konnten, dafür aber weniger bezahlen mussten als für dasselbe Werk auf zwei oder drei Musik-CDs und es darüber hinaus auch nur als Musikaufnahme anhören konnten, wenn sie wollten. Und wenn dem so war, dann gab es auch strategische Gründe, warum wir auf diesen Zug aufspringen mussten.*
>
> *Für uns fuhr er in Deutschland ab. Eines Tages, es war Anfang 2000, bekam ich einen Anruf von Chris Voll, dem Geschäftsführer von Naxos Deutschland. Er erzählte mir von einem neuen Klassik-DVD-Label namens Arthaus und sagte, man habe ihm den Vertrieb des Labels in Deutschland angeboten. Ich habe ihm sofort gesagt, er solle versuchen, den weltweiten Vertrieb des Labels für uns zu bekommen. Und Arthaus hat uns tatsächlich den Rest der Welt gegeben und ist seitdem bei uns. Als Nächstes folgte Opus Arte, diesen Kontakt hatte Anthony Anderson hergestellt: Sie wussten, was wir für Arthaus geleistet hatten, und wollten sich unserem Vertriebsnetzwerk anschließen. So erreichten wir auch die Klassiksammler, die ihre Kernkundschaft bildeten. Sie waren der Ansicht, ihre Produkte*

gehörten in spezielle Klassikläden, nicht ins Regal neben die neuesten Hollywoodstreifen. Unsere Subunternehmer und Dritthändler mussten ihr gewohntes Terrain verlassen. Aber wir haben bewiesen, dass wir auch diese Herausforderung meistern können, und heute sind wir der führende Vertrieb für Klassik-DVDs weltweit.

Zum Zeitpunkt der Jahrtausendwende stand die Klassikindustrie einigen ernsthaften Veränderungen gegenüber. Bei den Majors passierte immer weniger, bei Naxos hingegen immer mehr – und dies galt sowohl hinsichtlich des Repertoires als auch der Musiker selbst. Die Major-Labels mussten sich von einem ihrer Vertragskünstler nach dem anderen verabschieden, als diesen bewusst wurde, dass ihre einzige Chance, ihre Aufnahmen tatsächlich auf den Markt zu bringen, in einer Zusammenarbeit mit den Unabhängigen lag – mit Naxos. Selbst Heymann war überrascht angesichts der Namen, die nun bei seinem Label erschienen und bereits einen sehr guten internationalen Ruf hatten. Die größte Veränderung war der Einbruch bei den CD-Verkäufen: einst eine boomende Industrie, verkaufte sich Musik auf CD – besonders Pop – allmählich immer schlechter. Dies war einerseits auf das wachsende Musikangebot im Internet, andererseits auf die Kultur der illegalen Musik-Downloads zurückzuführen. Anfangs war die klassische Musik davon zwar kaum betroffen, aber die gesamte Musikindustrie war dadurch mitten ins Herz getroffen worden und musste einige heftige Schläge einstecken. Letzten Endes blieb auch die Klassiksparte nicht verschont.

In den 1990ern hatte sich Naxos allmählich von einem Budget-Label, das vorsichtig einen Zeh in den Teich des speziellen Repertoires steckte, in ein Klassik-Label verwandelt, das dank seiner niedrigen Preise und der steigenden Qualität ein ausgezeichnetes Preis-Leistungs-Verhältnis und eine noch nie dagewesene Bandbreite bot. Als die Majors ihre Klassik-Veröffentlichungen herunterfuhren, erweiterte Naxos sein Angebot und nahm Kernwerke neu auf, falls Verbesserungen offensichtlich nötig und möglich waren. Außerdem versuchte man immer öfter, komplette Zyklen einzelner Komponisten sowie ein breites Angebot an speziellem

Repertoire zu veröffentlichen, das in der Geschichte der Klassikaufnahmen unerreicht war. Im ersten Jahrzehnt des neuen Jahrtausends überstieg die Anzahl der monatlichen Neuveröffentlichungen oft 20 oder 30 Titel, unter denen sich kaum Wiederveröffentlichungen befanden.

In den ersten Jahren des 21. Jahrhunderts wurde Naxos außerdem endlich als das gewürdigt, was es war: ein ernstzunehmender Akteur auf dem Gebiet der Klassikaufnahmen, und nicht nur ein weiteres Budget-Label.

> *Die Kritiker in Großbritannien und in den USA haben die Naxos-Aufnahmen trotz ihres günstigen Preises immer öfter gelobt. Neue CDs wurden völlig unvoreingenommen besprochen. Trotzdem gab es natürlich überall auf der Welt noch immer »Beckmesser«, und es sollte noch bis 2001 dauern, bis zum ersten Mal eine Naxos-CD mit einem Gramophone Award ausgezeichnet wurde: Vaughan Williams Quartette, gespielt vom Maggini Quartet. Der Wind hatte sich endlich gedreht, und 2005 waren wir sogar das »Label des Jahres« bei Gramophone. In den USA haben wir mehrere GRAMMY-Nominierungen eingeheimst, und inzwischen haben wir diesen begehrten Preis schon 16 Mal gewonnen. Hin und wieder bekommen wir von einigen der alten Hasen immer noch Rezensionen, in denen sie uns offensichtlich mit falschem Lob vernichten wollen und schreiben, gewisse Aufnahmen seien für den bescheidenen Preis ganz gut. Wenn ich das heute sehe, ärgert es mich schon, aber zum Glück kommt das kaum noch vor.*

Auch Klaus Heymann selbst wird inzwischen nicht länger als eine Art Klassik-Außenseiter betrachtet, sondern eher als Pionier.

> *Wir haben lange gebraucht, um mit Naxos die Anerkennung zu bekommen, die wir verdient haben. Jahrelang wurde mir vorgeworfen, ich hätte die Klassikindustrie zerstört,*

weil ich klassische Musik so günstig angeboten habe. Das war natürlich Unsinn. Mit nur zehn Prozent Marktanteil hätte ich das ja gar nicht geschafft. Ich hatte schlichtweg nicht die nötige Marktmacht. Die Majors haben sich durch die Art und Weise ihrer Geschäfte selbst zerstört, dadurch, dass sie Unsummen in ihr Star-System pumpten. Sie haben ihre Unternehmen geführt, als seien sie Teil der Filmindustrie, während die Unabhängigen ihre kleinen Firmen sehr kontrolliert leiteten.

Ich weiß immer genau, wie viel ich für eine Aufnahme ausgegeben habe, und wenn ich teuer produziere, weiß ich, wie viele CDs eines Titels ich verkaufen muss, um meine Kosten zu decken. Ich stelle sicher, dass meine Künstler sich gut auf die Aufnahmesessions vorbereitet haben: Sie tauchen nicht auf, fangen an zu proben und stellen dann fest, dass sie die Musik gar nicht spielen können. All diese Dinge haben die Majors falsch gemacht: Sie haben zugelassen, dass die Aufnahmekosten außer Kontrolle gerieten und die Künstlerhonorare ins Astronomische stiegen. Sie haben Künstlern Genehmigungsrechte für Coverfotos eingeräumt, die einige ihrer »Stars« auf üble Weise missbrauchten. Und als dann die Drei Tenöre kamen, versuchten alle, diesen Erfolg nachzuahmen – mit vernichtenden Konsequenzen.

Die Majors schnitten auch nicht besser ab, als es darum ging, die nächste große Veränderung in der Plattenindustrie zu erkennen, geschweige denn, sie zu nutzen.

Das digitale Zeitalter, 1996–2011

... und dann kam das Internet. Heymann war vielleicht der einzige bedeutende Akteur auf dem Klassikmarkt, der diese Veränderung nicht nur kommen sah, sondern sein Unternehmen auch entsprechend darauf einstellte. Er erwies sich damit als bemerkenswert vorausschauend und verwandelte Naxos in die stärkste Klassik-Macht der ersten Jahre des 21. Jahrhunderts.

> *Mitte der 1990er hatte ich noch überhaupt keine Ahnung von Internet. Aber einer der großen Vorteile einer modernen Stadt wie Hongkong ist, dass wir hier immer sehr dicht an den neuesten Technologien sind. Eines Tages, das war 1995, kam S. K. Wong, mein Lagerchef in Hongkong, in mein Büro. Er beschäftigte sich hobbymäßig mit EDV und hatte zum Spaß schon einige Zeit im Internet verbracht. Er sagte: »Wir sollten eine Website für unsere Firma schaffen.« Ich fragte: »Was ist eine Website?« Er hat es mir erklärt, und ich sagte. »Okay, lass uns eine Website machen.« Also haben wir eine entworfen. Es war keine Musik dabei oder nur ein bisschen, aber ich habe ich mich nicht besonders intensiv damit beschäftigt. Er schlug vor, sowohl »naxos.com« als*

auch »marcopolo.com« zu registrieren. Mir war nicht klar, wie wichtig es war, Markennamen zu registrieren, und ich sagte ihm, er solle stattdessen »hnh.com« nehmen [den Namen des Naxos-Mutterunternehmens]. Ich verstand nicht, weshalb man zwei Websites brauchte, wenn man auch nur eine haben konnte. Das war wirklich eine dumme Entscheidung! Später hat es uns eine Menge Geld und Mühen gekostet, »naxos.com« zurückzubekommen, und für »marcopolo.com« war es bereits zu spät.

Eines Tages las ich im Wall Street Journal, dass Musik in den kommenden Jahren größtenteils digital vertrieben werden würde – dass dort die Zukunft der Musikindustrie liege. Ich dachte: »Warte mal, lass mich mal unsere Website anschauen.« Mir war sofort klar, dass unsere Seite äußerst ungeeignet war: Es dauerte drei Minuten, bis sie überhaupt geladen war, und die Datenbank war ein einziges Durcheinander. Ich sagte: »Macht sie dicht, wir fangen noch mal von vorne an. Wir bringen die Daten in Ordnung und entwerfen eine Homepage, die sich in 30 Sekunden lädt, nicht in drei Minuten.«

Dann wurde mir klar, dass das auch eine großartige Plattform war, um Kunden in die Musik hineinhören zu lassen, bevor sie sie kauften. Also habe ich beschlossen, den gesamten Katalog ins Internet zu stellen, damit die Leute sämtliche Stücke Probe hören konnten, in Lo-Fi. Aufgrund der Kosten für die Verbindung musste es Lo-Fi sein, aber dafür war es auch vollkommen gratis. Der Großteil der Welt arbeitete noch immer mit Anwähl-Internetzugängen, deshalb war es nicht besonders schnell. In Hongkong und anderen asiatischen Ländern änderte sich dies jedoch schneller, vor den USA und Europa, sodass ich immer einen Schritt voraus sein konnte. Ich konnte die Möglichkeiten noch vor dem Rest der Klassikwelt erkennen. Wir haben »hnh.com« erst 1996 gestartet, aber schon 1997 wurde unser Gesamtkatalog mit *allen Naxos- und Marco-Polo-Aufnahmen auf unserer Website gestreamt.*

Lange Zeit habe ich die Seite als Werbeinstrument betrachtet. Wir hatten zu jener Zeit etwa 2.500 Titel, und die mussten wir allesamt ins Internet stellen, inklusive Cover und Noten! Wir hatten einen ganzen Raum voller computerverrückter Jungs aus Hongkong, die sämtliche Eingaben gemacht haben. Es war ziemlich kostenintensiv, weil die Verbindungen damals so teuer waren.

Die Dinge entwickelten sich schnell: Das Konzept, das damals den Beinamen »Datenautobahn« erhielt, war ein beliebtes Thema in den Medien. 1998 erschienen weitere Klassik-Websites auf der Bildfläche, und nicht selten wurde eine Menge Geld in Projekte gesteckt, die ebenso schnell wieder verschwanden, wie sie aufgetaucht waren. Heymanns Websites »hnh.com« und später »naxos.com« überlebten teilweise auch deshalb, weil Naxos es sich leisten konnte, die Dienstleistungen durch das physische Geschäft zu finanzieren, teilweise aber auch, weil die Firma kein Geld zum Fenster hinauswarf, um die Seiten zu bewerben, und darüber hinaus sämtliche Entwicklungsarbeiten selbst erledigte.

Anfangs habe ich es nicht als Geschäftsmöglichkeit betrachtet, weil die Verbindungen so teuer waren. Außerdem war der Internetmarkt einfach nicht groß genug. Für uns war es einfach ein nettes Werbeinstrument. Ich hatte keine allzu großen Ambitionen damit. Als die Verbindungskosten dann aber allmählich sanken, habe ich angefangen, darüber nachzudenken, wie wir die Vorteile des Internets so anwenden konnten, dass sie dem Klassik-Konsumenten wirklich von Nutzen waren.

Downloads empfanden die meisten Klassik-Konsumenten eher als fragwürdig, da sie sehr großen Wert auf die Klangqualität legten. Für viele Zuhörer war Hi-Fi essentiell, und dort, wo noch immer

Einwählverbindungen vorherrschten und die Übertragungsgeschwindigkeit eher gering war, ließ sich eine schlechte Klangqualität nicht vermeiden. Bei einem dreiminütigen Popsong fiel dies nicht allzu sehr ins Gewicht, aber bei einer Beethoven-Sinfonie erwies es sich als echtes Hindernis. Hinzu kam die eher zögerliche Bereitschaft des durchschnittlichen Klassik-Hörers, seine Musiksammlung auf einem Computer zu archivieren, der lediglich an Lautsprecher mit geringer Klangqualität angeschlossen war. Also ersann Heymann ein vollkommen neues Konzept: Er begann, klassische Musik für Abonnenten zu streamen.

Ich habe 2002 mit der Naxos Music Library, der NML, begonnen. Das Konzept sah vor, den Zugang zu dieser Sammlung auf Abonnement-Basis zu verkaufen. Ich dachte, dass wir dafür bestimmt zahlreiche Nutzer finden würden. Zum einen war da der akademische Markt – Universitäten, Schulen, Bibliotheken aller Art. Die mussten die Musik ja zu Studienzwecken hören. Manchmal müssen sie sich ein ganzes Werk anhören, manchmal aber auch nur eine bestimmte Notenfolge oder einen bestimmten Auszug. Ich wusste, dass all die Klappentexte, in die wir so viel Zeit und Geld investiert hatten – und die in Naxos'Anfangstagen als unnötig für ein Budget-Label erachtet worden waren! – hier sehr willkommen sein würden. Wir haben also nicht nur die Aufnahmen digitalisiert, sondern auch die Texte und die Covers. Ich wollte sichergehen, dass alle, die unsere Aufnahmen online hörten, dasselbe bekamen wie diejenigen, die sich die CDs kauften. Ich wollte, dass sich das Abo auch lohnte.

Die akademische Welt war unser erstes Ziel: Sie würden erhebliche Summen sparen, wenn sie keine CDs mehr kaufen mussten, die irgendwann kaputt oder verloren gingen. Dann würde es natürlich auch einige private Abonnenten geben und solche, die sich aus beruflichen Gründen anmeldeten, etwa Menschen aus der Klassikbranche, die schnellen, zuverlässigen Zugang zu Informationen über klassische Musik benötigten. Außerdem habe ich mich gefragt, ob es wohl sinnvoll wäre, beispielsweise teurere Hotels anzusprechen, die die Musik entweder zentral streamen oder ihren Gästen als breite Auswahl auf den Zimmern anbieten würden.

Dieses Konzept auch tatsächlich umzusetzen, war eine riesige Aufgabe, die umfangreiche Investitionen erforderte. Die meisten leitenden Angestellten bei Naxos waren der Ansicht, Heymann sei mit dem digitalen Virus infiziert worden – und sie hatten recht! Die Vertriebe sahen nur, dass sich ihre Geschäfte auf den Verkauf von CDs gründeten: Entweder erkannten sie nicht, wie sie auf diesem neuen digitalen Pfad Geld verdienen konnten, oder es war ihnen zu aufwändig, es herauszufinden. Es herrschte allgemeine Skepsis. Heymann musste all seine Überzeugungskünste aufbringen, um ihnen zu erklären, dass darin die Zukunft lag und dass das Unternehmen in neue Bereiche investieren und sich verändern musste, wenn es nach dem ersten Jahrzehnt des 21. Jahrhunderts noch am Leben sein wollte. Er sollte recht behalten, aber es war ein harter Kampf. Von 2002 an veranstaltete er bei jedem Treffen auf der MIDEM Seminare für seine Vertriebspartner, auf denen sie lernten, digitale Musik zu verkaufen. Mit den Naxos-eigenen Vertriebsunternehmen gestaltete sich dies etwas einfacher, auch wenn es Heymann selbst bei ihnen schwerfiel, die Veränderungen umzusetzen. Die meisten anderen waren entweder nur sehr zögerlich dazu bereit oder verstanden schon das grundlegende Konzept überhaupt nicht. Das Seltsame daran war, dass die meisten dieser Geschäftsführer viel jünger waren als Heymann, der damals bereits auf die 70 zuging.

Ich erklärte ihnen, dass es nötig war, neue Abteilungen zu gründen, um diesen Märkten die Naxos Music Library und das Konzept der digitalen Lieferung zu verkaufen. Sie mussten über den Tellerrand schauen, wenn sie auch in Zukunft noch existieren wollten. Und natürlich war auch ich

> *auf ihren Erfolg angewiesen, weil die NML ansonsten ein Reinfall geworden wäre. Zuerst gab es Fortschritte in den USA, dann auch in Großbritannien, und das Bewusstsein wurde allmählich größer.*

Den unabhängigen Vertrieben auf den kleineren Märkten fiel der Schritt besonders schwer – sie wurden oft von Klassikfans geführt, die eher traditionell an den Verkauf klassischer Musik herangingen. Ihre Unternehmen verfügten nicht über eine Infrastruktur, die es ihnen leicht gemacht hätte, zu expandieren.

Gleichzeitig versuchte Heymann auch andere Labels davon zu überzeugen, mit an Bord zu kommen. 2002 verfügte Naxos zwar bereits über eine riesige Sammlung, aber sie war bei Weitem noch nicht vollständig, und um potenzielle Abonnenten anzulocken, benötigte er noch eine viel größere Anzahl an Labels.

> *Ich wollte sämtliche Klassik-Labels mit ins Boot holen, damit den Abonnenten nicht nur eine Version eines Werkes zur Verfügung stand, sondern mehrere, die sie dann vergleichen konnten. Und ich wollte sämtliche Informationen zu einem Werk bereitstellen – die Spieldauer, die Orchestrierung, die Hintergrundgeschichte, die Künstler, alles. Ein Abonnement sollte ein wirklich nützlicher Service für alle sein, die sich für klassische Musik interessierten. Mein großes Ziel war es, in der Bibliothek letzten Endes wenigstens eine Aufnahme jedes großen Werkes zur Verfügung zu stellen, das je eingespielt worden war.*

Die anderen Labels mit ins Boot zu holen war jedoch kein leichtes Unterfangen. Nur wenige verstanden das Konzept: Warum war es überhaupt nötig? Heymann vergaß hin und wieder, dass er eine Vorreiterrolle einnahm – dass seine Vision des sofortigen Zugangs zu sämtlichen Werken der klassischen Musik für viele ein rätselhaftes oder sogar bedrohliches Konzept darstellte. Außerdem bestand gegenüber Naxos noch immer eine gewisse Restskepsis. Die neue Idee sah vor, dass die anderen Labels ihren gesamten Katalog – sozusagen ihren Familienschmuck – Naxos überließen, das ihn dann in ein Netzwerk hochlud, das für jedermann überall auf der Welt zugänglich war! Würden die Leute die Aufnahmen da nicht einfach kopieren und auf dem Schwarzmarkt verkaufen? Internetpiraterie war bereits ein heiß diskutiertes Thema. Würde Heymann das Material ausbeuten? Hatte er nicht vielleicht doch Hörner? Und einen Dreizack? Heymann selbst wiederum hatte keine Ahnung, ob sich die Bibliothek als kommerzieller Erfolg erweisen oder wie viel Geld die Labels mit dieser Dienstleistung verdienen würden.

Das erste Label, das sich der Naxos Music Library anschloss, war das schwedische Klassik-Label BIS, das von Robert von Bahr geführt wurde. Er war schon zuvor einer der Ersten gewesen, die Naxos den Vertrieb für verschiedene Gebiete übertragen hatten, darunter auch Großbritannien und Skandinavien. Er ebnete den Weg für weitere Labels in der NML. Seine Erfahrungen mit Naxos hatten ihm gezeigt, dass er dem Unternehmen vertrauen konnte.

Während Heymann sich bemühte, weitere Labels an Bord zu holen, erweiterte er auch den Service um einige Details, und seine IT-Abteilung wurde inzwischen von seinem ehemaligen Lagerchef S. K. Wong geführt.

Wir mussten unsere Internet-Plattform von Beginn an kontinuierlich aufrüsten, aber so läuft das bei einem derartigen Unterfangen nun mal. Anfangs haben wir die Musik auf naxos.com – damals war es noch hnh.com – mit 20 Kbit/s über den RealPlayer geliefert, das war damals Standard. Für damalige Verhältnisse war der Klang akzeptabel, heute wäre er es sicher nicht mehr! Das war 1996. Dann wurde Windows Media zum Standard. Als wir die NML richtig an den Start brachten, boten wir Aufnahmen mit 20, 60 und 128 Kbit/s an, was es den Nutzern ermöglichte, die Aufnahmen anhand der ihnen zur Verfügung stehenden Bandbreite auszuwählen: Vielerorts gab es immer noch ausschließlich langsame Einwählverbindungen. All das erforderte einen erheblichen Aufwand im Hintergrund und noch größere Investitionen in neue Hardware: Da wir den gesamten Inhalt in drei verschiedenen Formaten anboten, mussten wir ihn ja auch in verschiedenen Formaten lagern. Dies hatte jedoch einen unerwarteten, angenehmen Nebeneffekt: Ein Jahr nach der NML ging [im Jahr 2003] auch iTunes an den Start, und wir konnten ihnen sofort unseren gesamten Katalog anbieten – komplett digitalisiert und mit sämtlichen Metadaten. Wir waren das erste Klassik-Label, das seinen Gesamtkatalog auf iTunes anbot, und ich glaube, sie haben auch heute noch eine besondere Schwäche für uns.

Naxos in einen digitalen Dienstleister zu verwandeln, war jedoch keineswegs so einfach, wie es sich vielleicht anhört. Es gab unzählige Probleme mit den Servern, Dateien und Daten, und auch das Internet selbst war bei Weitem noch nicht so beständig wie heute.

Manchmal hat es uns wirklich richtige Kopfschmerzen bereitet. Es gibt eine Menge guter Gründe, nicht immer gleich nach vorne zu preschen, besonders, wenn es um neue Technologien geht. Du machst dann all die Fehler, aus denen die, die nach dir kommen, nur lernen können. Und die Kunden befanden sich ja selbst noch mitten in einem Lernprozess. Die Kundenbetreuung war ziemlich beschäftigt. Aber so haben wir uns im digitalen Klassikbereich an die Spitze des Feldes gesetzt. Natürlich gab es auch Konkurrenz – die Dinge entwickelten sich sehr schnell. Da war beispielsweise classical.com, die ihren Sitz in Großbritannien hatten und sogar schon vor naxos.com an den Start gegangen waren. Anfangs war es ein Kampf um den US-Markt, aber außerhalb der USA waren sie nicht sehr stark, und sie waren auch nicht so fokussiert wie wir. Darüber hinaus war es uns möglich, weiter in unseren Service zu investieren, weil wir ein starkes Kerngeschäft hatten, und bis 2003 konnten wir Naxos mit den Bose-Gewinnen unterstützen. Heute haben wir eigentlich keine ernstzunehmende Konkurrenz mehr für unseren Abonnement-Service.

Immer mehr Labels schlossen sich an, vor allem als klar wurde, dass sich die Angst, die NML könne sich negativ auf die CD-Verkäufe auswirken, nicht bestätigte. Der Markttrend ging in Richtung digitaler Verkäufe, und er ließ sich nicht mehr aufhalten. Das Aussterben der CD würde sich jedoch noch sehr viel länger hinziehen, als die Experten prognostiziert hatten. In der Zwischenzeit stellte die NML eine zusätzliche Einkommensquelle für die Labels dar. Selbst Chandos, das unabhängige britische Label, das eine eigene, sehr gute digitale Web-Plattform entwickelt hatte, schloss sich schließlich an.

Unser Ehrgeiz war und ist es, einen Ort zu schaffen, an dem jedes Werk zu finden ist, das je aufgenommen wurde. Und inzwischen sind wir mit fast 70.000 CDs und 1.000.000 Titeln schon ziemlich nahe dran. Ich fand es interessant, dass sich bis 2010 nicht ein einziges Major-Label der NML angeschlossen hatte. Sie waren bei iTunes, eMusic und auf anderen digitalen Plattformen vertreten, aber die Klassik-Majors wollten sich der NML einfach nicht anschließen. Wenn man aber mit einem Musikstudenten in irgendeinem Land der Welt spricht, dann ist es ziemlich wahrscheinlich, dass er bereits Erfahrungen mit der NML gesammelt hat.

2005 hatte Naxos sich zu einem riesigen Unternehmen entwickelt, das seinem Hauptsitz in Kowloon sozusagen über den Kopf gewachsen war und in neue Büroräume in Cyberport umziehen musste. Der neu entstandene Stadtteil in Hongkong war, wie der Name bereits vermuten lässt, ein Distrikt, der vorwiegend IT-Unternehmen anzulocken versuchte. Sämtliche Gebäude waren bereits auf das 21. Jahrhundert ausgelegt und verfügten über eine erstklassige technische Infrastruktur.

Naxos war jedoch nach wie vor in erster Linie ein Klassik-Label und benötigte ein Internet-Expertenteam, das sich um die immer größeren technischen Veränderungen kümmerte, die durch die Anforderungen der Kunden nötig wurden. 2007 stieß Riyaz Moorani zu Naxos, ein Kanadier, der sein Hotelbuchungs-Internetunternehmen verkauft hatte und nach einer neuen Herausforderung suchte. Er war Experte auf dem Gebiet des Internets als Verkaufsplattform und gründete ein neues IT-Unternehmen in Manila, wo er auch lebte. Die Firma wuchs schließlich auf 60 Mitarbeiter an, darunter auch Musikwissenschaftler, Systemanalysten, Entwickler und Webdesigner. Dass er die Vorteile eines Umzugs nach Manila sofort erkannte, war einmal mehr Heymanns internationaler Perspektive zu verdanken: Dort waren die Ausgaben für die Gehälter geringer, und Englisch war eine der Amtssprachen. Indien war eine Alternative gewesen, aber die Philippinen lagen näher an Hongkong. Die NML-Datenbank wurde komplett umstrukturiert, die Benutzeroberfläche wurde überarbeitet, um sie kundenfreundlicher zu gestalten, und es wurden zahlreiche Elemente ergänzt.

2007 folgte classicsonline.com, eine Seite mit dem eindeutigen Ziel, Downloads zu verkaufen – keine Streaming-Abonnements. Man entschied sich für einen allgemeinen Namen, damit die Klassikkäufer nicht annahmen, auf der Plattform stünden nur Naxos-Aufnahmen zur Auswahl: Alle rund 50 unabhängigen Labels, die sich bisher der NML angeschlossen hatten, waren vertreten. Die Dateien unterlagen auch keinem DRM (Digitales Rechtemanagement), da es sich ausschließlich um MP3-Formate handelte, die nicht urheberrechtlich geschützt waren. Auch auf diesem Gebiet, das damals kontrovers diskutiert wurde, übernahm Heymann einmal mehr die Rolle des Klassik-Pioniers.

Etwa zur Zeit der Jahrtausendwende, als die Download-Ära begann, öffnete sich ein philosophischer und kommerzieller Graben zwischen jenen Labels, die auf einem Kopierschutz bestanden, und jenen, die ihn nicht länger für geeignet hielten. Anfangs brachten diverse E-Händler wie iTunes oder eMusic das Thema zur Diskussion. Für Heymann war völlig klar, in welche Richtung Naxos – und die Musikindustrie insgesamt – gehen musste.

Die Musikindustrie versuchte, die Stalltür zu verriegeln, nachdem das Pferd längst ausgerissen war. Als die CD auf den Markt kam, waren die Kosten für den Bau neuer Produktionsstätten so immens, dass alle – ich selbst eingeschlossen – dachten, wir würden die Raubkopierer so endlich loswerden. Das Ergebnis war, dass niemand daran dachte oder es für wichtig hielt, die CDs mit einem Kopierschutz auszustatten. Dann wurden die CD-Fabriken jedoch immer billiger und kleiner, und heute passt eine komplette Produktionsanlage schon in einen relativ kleinen Raum. Du steckst vorne eine Scheibe rein, und hinten kommt eine CD raus! Die CD-Piraten stellten schnell fest, dass es sehr einfach war, eine perfekte Kopie von einer perfekten Masterdisk zu ziehen, und erst da wurde der legalen Industrie bewusst, wie wichtig ein Kopierschutz gewesen wäre. Als dann die Downloads kamen, fand die Industrie, es sei endlich an der Zeit, ihn anzubringen. Aber die Kunden hatten sich inzwischen daran gewöhnt, mit ihren CDs machen zu können, was sie wollten, und haben das nicht akzeptiert. Im Internet tauchten überall Seiten auf, auf denen die Nutzer ihre Musik miteinander teilen konnten, und die machten es den Piraten ziemlich leicht.

Ich war von Anfang an derselben Ansicht: Wenn die Leute CDs kopieren wollten, dann konnten sie dies sehr leicht tun, also wo lag der Sinn darin, die Downloads mit einem Kopierschutz zu versehen? Wir mussten uns dem Problem der Verkäufe aus einer anderen Richtung nähern. Natürlich hatte ich einige Vorteile, die es mir ermöglichten, in dieser Hinsicht ziemlich dickköpfig zu sein. Zunächst einmal behinderten mich weder ein riesiger Rechtsapparat noch irgendwelche Star-Künstler, die auf einem Kopierschutz bestanden, weil sie bereits bei den CDs unter dem fehlenden Kopierschutz gelitten hatten. Aufgrund der Tatsache, dass Naxos seine CDs zum Budgetpreis anbot, war es außerdem recht unwahrscheinlich, dass es die Leute reizen würde, sich eine Aufnahme herunterzuladen, die nicht dieselbe Qualität hatte wie die CD, und sie dann wahllos zu kopieren. Die CDs waren so billig, dass Naxos die Aufmerksamkeit der Piraten gar nicht erst erregte. Für die Pop-Branche stellte die Sache aufgrund der kürzeren Spieldauer und der dadurch kleineren Dateien ganz sicher eine größere Herausforderung dar. Als die Industrie schließlich die DVD auf den Markt brachte, hatte sie ihre Lektion gelernt: DVDs hatten von Anfang an einen Kopierschutz, und die Leute waren daran gewöhnt.

Der erste Naxos-Zweig, der ungeschützte MP3-Downloads anbot, war 2004 Naxos Audiobooks auf naxosaudiobooks.com. Es gab praktisch keine Anzeichen für Piraterie. Als ClassicsOnline schließlich an den Start ging, hatte sich der Streit über den Kopierschutz weitgehend gelegt. Nun konzentrierte man sich darauf, den digitalen Bereich auszubauen.

ClassicsOnline kam nur langsam in die Gänge, aber heute gehört es unter den Websites zum Verkauf klassischer Musik zu den Top Five. Und es kann nur noch wachsen. Auch die NML kann eine sehr befriedigende Wachstumskurve vorweisen. Am Anfang war es hart, weil die Bibliotheken in den Universitäten und Schulen noch immer ihre CD-Sammlungen hatten und oft einfach nicht den Sinn darin sehen konnten. Außerdem hatten wir das Problem, dass viele Bibliothekare fürchteten, ihre Jobs zu verlieren. Aber inzwischen steigen immer mehr Bibliotheken auf das digitale Format um, sodass ihre Kunden von überall auf ihren Bestand zugreifen können. Die Provinz Ontario hat die NML für jede Schulbibliothek gekauft. Auch ein paar Provinzen in Spanien kaufen sie für ihre Schulen. Welche andere Bibliothek kann schon eine Sammlung mit 70.000 CDs bieten, die jeden Monat um 1.000 weitere wächst?

In Heymanns Vision des perfekten weltweiten Marktes stehen internationalen Verkäufen keinerlei Handelsbarrieren im Weg. Die Realität sieht natürlich anders aus. Protektionismus ist ein Thema, selbst in digitalen Sphären. Erst im digitalen Zeitalter sollten sich Heymanns Investitionen in die historischen Aufnahmen auszahlen. Moiseiwitsch mochte sich vielleicht auf CD nicht gut verkauft haben, aber für Sammler und Studenten in aller Welt waren seine Aufnahmen nun auch online zugänglich. In dieser Hinsicht leistete die historische Reihe einen wichtigen Beitrag zur großen Vielfalt der digitalen Bestände der NML. Doch selbst dort müssen – einzigartig (und eine Ironie) auf dem Gebiet der historischen Aufnahmen – Territorialrechte beachtet werden. Es war die obskure Welt dieser Aufnahmen, durch die Naxos in eine Reihe teurer und zeitaufwändiger Gerichtsverhandlungen verwickelt wurde.

> *Die erste Auseinandersetzung aufgrund unser historischen Aufnahmen hatten wir mit der Metropolitan Opera, die uns verklagte, nachdem wir die Immortal Performances-Reihe veröffentlich hatten. Als wir unsere Pläne auf unserer Website bekannt gaben, bekamen wir sofort einen Brief von der Met, in dem stand: »Veröffentlicht das nicht in den USA.« Es war völlig klar, dass Jonathan Wearn, der die Reihe für uns geschaffen hatte, es auch für die USA lizenziert hatte – wir hatten die entsprechende Lizenz. Wir haben uns schließlich entschlossen, sie nicht in den USA herauszubringen, weil ich dort nicht in einen Prozess verstrickt werden wollte. Ich wollte einfach nur in Ruhe meinen Geschäften nachgehen. Aber die Leute haben sie trotzdem importiert, und daraufhin hat die Met uns doch noch verklagt. Am Ende wurde die Klage abgewiesen, weil wir in New York State verklagt worden waren und dort gar keine Verkäufe stattgefunden hatten. Die Met hat sich danach ruhig verhalten.*
>   *Bevor wir Naxos Historical in den USA an den Start brachten, ging ich zu der Anwaltskanzlei, die uns in dem Prozess gegen die Met vertreten hatte, um mir ein*

juristisches Gutachten einzuholen. Ich wollte sichergehen, dass es am Ende nicht doch noch irgendwelche Probleme wegen der Urheberrechte gab. Unsere Anwälte gaben uns grünes Licht, und wir haben mit der Veröffentlichung in den USA begonnen. Aber EMI sah dies als einen Angriff auf sein Pop- und Klassikerbe an und verklagte uns, und die Sache zog sich in einem langwierigen Prozess dahin. Irgendwann kannte ich die Telefonnummer meiner Anwälte in New York auswendig, und das ist immer ein schlechtes Zeichen. Die erste Runde haben wir gewonnen, aber EMI ging in Berufung, und das Berufungsgericht schickte den Fall wieder zurück ans Bezirksgericht. Wir haben uns schließlich auf einen Vergleich geeinigt, und der Fall wurde nie endgültig entschieden.

EMI zog die Klage zurück, aber ich musste auch das Produkt vom Markt nehmen. Ich habe dann die Anwälte, die mich so schlecht beraten hatten, wegen Verletzung der Berufspflicht verklagt. Einen Teil meines Geldes habe ich von ihnen zurückbekommen – nicht alles, aber immerhin einen ansehnlichen Teil. Heute können wir unsere historischen, restaurierten Aufnahmen überall auf der Welt verkaufen, nur nicht in den USA. Aufgrund von Freihandelsabkommen mit den USA haben Singapur und Australien ihren Copyright-Schutz für Tonaufnahmen von 50 auf 70 Jahre verlängert. Dadurch ist eine Lücke entstanden: In Australien und Singapur kann alles nach 1955 weitere 20 Jahre lang nicht verkauft werden – das nenne ich freien Handel!

Natürlich profitiere ich als Inhaber eines Archivs mit zahlreichen urheberrechtlich geschützten Aufnahmen selbst ganz ordentlich von dieser Regelung! Aber als Sammler, der ich in meinem tiefsten Herzen immer noch bin, schmerzt es mich einfach, zu wissen, dass die Majors 200.000 Titel in ihren Archiven lagern, von denen vielleicht zehn Prozent in physischer oder digitaler Form erhältlich sind. Es schmerzt mich auch, dass die Majors Kataloge kaufen, die dann einfach verschwinden. Aber ich muss auch realistisch sein und verstehen, dass es den Markt für Neuaufnahmen vollkommen zerstören würde, wenn sie wirklich alles, was sie irgendwann einmal aufgenommen haben, veröffentlichen würden.

Ich sage immer, dass es in der Welt etwa eine Million Klassiksammler gibt, die jeweils zehn CDs im Jahr kaufen. So definiere ich einen ernsthaften Sammler. Es sind etwa 100.000 Titel erhältlich, in physischer oder digitaler Form, das bedeutet also, dass sich jeder Titel im Durchschnitt 100 Mal verkauft: 100 Stück pro Titel pro Jahr. Was würde also passieren, wenn auf einmal 200.000 Titel zur Verfügung stünden? Würden die Sammler dann 20 CDs kaufen? Nein, sie würden nach wie vor zehn kaufen. Das würde bedeuten, dass die durchschnittlichen Verkaufszahlen auf 50 sinken würden – und das funktioniert aus kommerzieller Hinsicht einfach nicht.

Das ist ein Problem der gesamten Industrie. In den Archiven lagern Unmengen von Aufnahmen, die man nun nutzen könnte, was auch immer häufiger geschieht. Die BBC, der Norddeutsche Rundfunk, der Süddeutsche Rundfunk, der Schwedische Rundfunk und all die anderen nationalen Rundfunkanstalten in Europa haben riesige Archive und produzieren jedes Jahr Hunderte neuer Aufnahmen. Und dann sind da noch die Major-Labels mit ihren Archiven, in denen über 200.000 Titel in Albumlänge lagern. Wenn all diese Aufnahmen tatsächlich irgendwann veröffentlicht werden, wer soll sie dann eigentlich kaufen?

Die Industrie muss also einige von der Liste streichen. Aber was mich so bedrückt, ist die Tatsache, dass die Entscheidung darüber, was veröffentlicht und was gestrichen werden soll, so unüberlegt ist. Sie wird von Leuten getroffen, die einfach nicht wissen, worauf es ankommt. Da werden

> *teilweise Schlüsselwerke aus den Katalogen gestrichen. Aber, so verrückt das auch klingen mag, letztlich liegt das wohl in der Natur der Sache. Menschen sterben, und eine neue Generation wächst heran – und die Menschen, die diese Aufnahmen sammeln, sterben eben allmählich aus.*

Im zweiten Jahrzehnt des 21. Jahrhunderts sieht sich die Klassikindustrie einer vollkommen anderen Situation gegenüber als zum Beginn der CD-Ära. Auch Naxos selbst hat sich ganz entscheidend verändert und ist zum weltweit führenden Sammler-Label herangereift, das jeden Monat mehr neue Aufnahmen veröffentlicht als die Konkurrenz. Als er anfing, wurde Heymann mit den Worten zitiert, er wolle mit dem Label nur eine einzige Aufnahme von jedem wichtigen Werk veröffentlichen und die Meisterwerke nicht endlos neu aufnehmen. Als die Anforderungen jedoch stiegen, sah er ein, dass es nötig war, bessere Aufnahmen zu produzieren. Vasily Petrenkos Zyklus der Schostakowitsch-Sinfonien mit dem Royal Liverpool Philharmonic Orchestra oder Marin Alsops Brahms-Sinfonien mit dem London Philharmonic Orchestra sind nur zwei von zahlreichen Beispielen: Sie können sich mit den Besten messen. Ähnliches gilt für Naxos' spezielle Werke für Sammler, bei denen es sich entweder um erstmalige Aufnahmen oder wichtige Neuauflagen vergessener Werke handelt. Beides würde eine Entscheidung rechtfertigen, Naxos in ein Vollpreis-Label zu verwandeln. Dazu wird es jedoch nicht kommen.

> *Ich habe mich für die Budget-Sparte entschieden, weil ich die Künstler, mit denen wir anfangs gearbeitet haben, nicht zum vollen Preis verkaufen konnte. Jetzt sind wir extrem zurückhaltend damit, uns von unseren günstigen Preisen zu verabschieden, auch wenn bei 90 Prozent unserer Produkte der volle Preis gerechtfertigt wäre. Aber wir haben unseren Platz in einem gewissen Preissegment, und ich glaube nicht, dass der Naxos-Käufer eine solche Veränderung akzeptieren würde. Sicher verspüre ich manchmal schon*

einen Widerwillen dagegen, weil es immer schwieriger wird, den Preis so niedrig zu halten. Und wenn ich mir die Vollpreis-Labels ansehe, dann ärgere ich mich mittlerweile immer mehr, weil ich weiß, dass die Dinge, die wir machen, ihren ganz sicher ebenbürtig und in vielen Fällen sogar besser sind. Immerhin ist eine ganze Reihe von Künstlern, die heute bei uns aufnehmen, ursprünglich von den Major-Labels zu uns gekommen. Aber wir haben eben keine andere Wahl.

Naxos hat hinsichtlich seiner Budgetpreise nicht nur seinen Kunden gegenüber eine erstaunliche Beständigkeit bewiesen, sondern auch, was seine Beziehungen zu seinen Künstlern angeht, selbst im Falle der »großen Namen«. Das Prinzip, allen dasselbe Honorar zu bezahlen, hat sich bis heute nicht geändert, und Gleiches gilt für die vertragliche Basis. Kein Künstler darf innerhalb eines Jahres nach dem Ende seiner Aufnahmen Musik für ein anderes Label einspielen bzw. Aufnahmen bei Naxos beginnen, falls die letzte Zusammenarbeit mit einem anderen Label noch kein Jahr zurückliegt. Heymann stellt darüber hinaus absolut klar, dass kein Naxos-Künstler, der doch ohne vorherige Genehmigung bei einem Konkurrenz-Label Aufnahmen macht, je wieder mit Naxos zusammenarbeiten wird. Dies gilt jedoch nicht für Kammermusik, und es gibt noch weitere Ausnahmen, beispielsweise für Dirigenten, die von einem Solisten gebeten werden, ein Konzert zu dirigieren.

Wir können wirklich sagen, dass wir unsere Künstler über unsere Websites und unseren Vertrieb gut bewerben. Inzwischen ist es sehr prestigeträchtig, ein Naxos-Künstler zu sein. Vor zehn Jahren sah das noch ganz anders aus. Heute werden die Künstler mit Naxos identifiziert, und Naxos mit ihnen. Manchmal fragen die Künstler, ob sie auch bei anderen Labels aufnehmen dürfen, und dann entscheiden wir von Fall zu Fall. Es macht mir zum Beispiel nicht allzu viele Sorgen, wenn ein Dirigent eine Konzert-Einspielung mit einem anderen Label aufnimmt – besonders, wenn es ein Label ist, das wir vertreiben. Aber im Großen und Ganzen will ich nicht, dass Naxos-Künstler auch bei Konkurrenz-Labels erscheinen. Wenn sie uns verlassen wollen, dann ist das in Ordnung, das ist ihre Entscheidung. Aber dann können sie nicht mehr zu uns zurückkommen.

In den Anfangsjahren entwickelte sich Naxos' unkonventioneller Ansatz schnell zur Zielscheibe der Kritik des Establishments. Auch heute sieht sich das Label noch hin und wieder dieser Kritik ausgesetzt, was aber auch daran liegen mag, dass es inzwischen so erfolgreich ist.

2007 veröffentlichte der englische Penguin-Verlag ein neues Buch des umstrittenen englischen Klassikjournalisten Norman Lebrecht: *Maestros, Masterpieces and Madness: The Secret Life and Shameful Death of the Classical Record Industry.* Auch wenn der Teil des Buches, der sich mit Naxos beschäftigte, darin nicht allzu viel Platz einnahm – insgesamt nur fünf Seiten – war er voller sachlicher Fehler, stellte die Firma und Klaus Heymann in einem schlechten Licht dar und warf Heymann ernsthaftes Fehlverhalten vor. Heymann verklagte Lebrecht und Penguin am High Court of Justice in London und wehrte sich gegen 15 Aussagen des Buches, die er als nicht zutreffend bezeichnete. Der Fall endete schließlich mit einer öffentlichen Entschuldigung von Penguin und der Zahlung einer nicht genannten Summe für die Gerichtskosten sowie den entstandenen Schaden. Außerdem musste der Verlag sämtliche noch nicht verkaufte Ausgaben des Buches aus den Läden in Großbritannien zurückziehen. Penguin brachte das Buch 2008 erneut auf den Markt, allerdings ohne die falschen Passagen.

Auch Heymanns eigene Sicht auf Naxos hat sich im Laufe der Jahre verändert. Es begann als Budget-Label, das Kernwerke der Klassik anbot und sich später zu einem Repertoire-Label entwickelte. Die Firma weitete sich außerdem zu einem weltweiten Vertriebsnetzwerk aus, das klassische Musik in all ihren Formen und in allen Preissegmenten anbot. Nun, da das zweite Jahrzehnt des 21. Jahrhunderts voranschreitet, geht Heymann der Verwirklichung einer neuen Vision nach: Naxos soll sich zu einem Dienstleister für Klassikaufnahmen entwickeln. Das Label hat nun ein weiter gefasstes Ziel: Es möchte bei der Entstehung spezieller Aufnahmen helfen, sei es durch das Naxos-Label oder das eigene Label eines Künstlers. Heymann ist der Ansicht, mit dem weltweiten Naxos-Vertriebsnetzwerk die gesamte Tonleiter der Industrie abdecken zu können: Irgendwo findet man immer Rat in Sachen Vertragsrecht, Produktion, Vertrieb, Presse und Marketing oder Label-Management. Das Unternehmen, so Heymann, hat auf all diesen Gebieten eine Menge Erfahrung.

Die Dinge entwickeln sich so schnell, dass auch dieses Buch zwangsläufig nur einen »historischen« Blick auf das Unternehmen werfen kann. Die Tatsache, dass letztlich alles auf die klassische Musik zurückzuführen ist, legt den Verdacht nahe, dass sich bei Naxos eigentlich alles um die Musik der Vergangenheit dreht. Von Klaus Heymanns Standpunkt aus könnte jedoch nichts weiter von der Wahrheit entfernt sein.

Neun

Die Künstler:
Solisten und Kammermusiker

Traditionell spielen Solisten, zusammen mit den Dirigenten, in jedem standardmäßigen Klassik-CD-Katalog eine wichtige Rolle – vielleicht sogar die wichtigste Rolle überhaupt. Sie sind die Stars, die die Musik neu interpretieren, die bereits seit Generationen gespielt wird. Es ist ihr Talent oder ihre Persönlichkeit – in vielen Fällen auch beides – die den Käufer davon überzeugen, in genau diese Aufnahme zu investieren. Dadurch bestätigen sie die Entscheidung des Eigentümers des Labels, der sie für dieses Stück seines Repertoires ausgewählt hat. Es entspricht der allgemeinen Überzeugung, dass die besten Solisten etwas Neues über Chopins Klavierkonzert zu sagen haben, Beethoven oder Rachmaninow frischen Wind einhauchen können oder es mühelos verstehen, Tschaikowskis Violinkonzert in ein noch aufregenderes Erlebnis zu verwandeln als jemals zuvor. Dies war jedoch nie Sinn und Zweck von Naxos, zumindest nicht in den frühen Tagen. Klaus Heymann hat oft betont, er werde die großen Werke der klassischen Musik nur ein einziges Mal aufnehmen und seinen Naxos-Katalog nicht mit verschiedenen Versionen von Mozart oder Beethoven füllen. Er gründete das Label vor allem in der Absicht, gute Darbietungen der Klassiker zu bieten: Naxos war ein Repertoire-Label. Auf den CD-Covers standen die Komponisten – nicht die Künstler – ganz oben, und es waren auch keine Fotos der Künstler zu sehen, noch nicht einmal auf der Rückseite.

    Seine erste Herausforderung bestand darin, herausragende Musiker zu finden, die erstklassige Aufnahmen abliefern konnten. Er wusste, dass es unzählige Solisten im Konzertzirkus gab, deren Aufführungen es mit denen der Künstler aufnehmen konnten, die bei den Majors unter Vertrag standen, die aber, aus welchen Gründen auch immer, keinen Plattenvertrag hatten. Heymann war davon überzeugt, dass sie die Gelegenheit beim Schopfe ergreifen würden, die großen Werke der Klassik auch im Studio einzuspielen, wie sie es ja bereits Woche für Woche bei ihren Konzerten taten. Er würde sie für die Aufnahmen bezahlen, aber sie würden keine Tantiemen erhalten. In der CD würde er eine kurze Biografie inklusive Foto der Künstler abdrucken, aber nicht auf der CD. Und er würde festlegen, wann und mit wem sie aufnahmen. Dies war so weit von der gängigen Praxis der damaligen Zeit entfernt, in der Solisten noch überschwänglich gefeiert wurden, dass eine Zusammenarbeit mit Heymann einen großen Vertrauensvorschuss seitens der Musiker bedeutete.

    Das Erstaunliche daran war, wie ungeheuer schnell all dies vonstatten ging. Heymann erkannte, dass es in der Tat eine Menge Musiker gab, die ausgezeichnet spielten und es in Sachen Technik und Musikalität ohne Weiteres mit den viel beworbenen Stars der Major-Labels aufnehmen konnten, die aber dennoch kein Star-Ego oder übertriebene Erwartungen hatten. Durch eine Mischung aus Zufall, cleveren Entscheidungen und ein wenig Glück fand er einen dieser ausgezeichneten Musiker nach dem anderen.

    Mit Marco Polo hatte er bereits Erfahrung in der Zusammenarbeit mit Produktionsteams gesammelt und Kontakte zu Orchestern in Osteuropa geknüpft. Es war das »Label der Entdeckungen«, und so erwarteten weder die Kritiker noch die Sammler, dass es für seine Aufnahmen große Stars verpflichten würde. Heymann hatte in Hongkong, wo oft gute Solisten auftraten – darunter auch seine zukünftige Frau – außerdem mit Konzertwerbung zu tun gehabt. Als sich daher die Gelegenheit zur Gründung von Naxos ergab, kannte er bereits einige Musiker – und er kannte Leute, die er um Empfehlungen bitten konnte. Auch heute lächelt er noch still in sich hinein, wenn er daran denkt, wie viel Glück er hatte, als er bestimmte Musiker fand, die das Fundament für Naxos bildeten. Schon zu einem sehr frühen Zeitpunkt hatte er Hungaroton darum gebeten, ihm einen Pianisten für die beliebten Beethoven-Sonaten zu empfehlen, und er saß gerade mit seiner Frau, Takako Nishizaki, zu Hause, als das Demoband eintraf. Er spielte es ab, und sie waren beide über die Qualität des Spiels erstaunt: In der Aufnahme steckten jede Menge Charakter und Entschlossenheit. Der Künstler war Jenő Jandó.

Heymann verließ sich für einen Großteil des Kernrepertoires, von Mozart bis Bartók, auf Jandó. Nur wenige Label-Eigner hätten einem einzigen Pianisten einen so großen Teil der Musik übertragen, aber Heymann hat seine Entscheidung nie bedauert. Weniger überraschend war, dass alle wichtigen Violinkonzerte und ein Großteil der Kammermusik mit Nishizaki aufgenommen wurden. Aber genau wie in Jandós Fall wusste Heymann, dass ihm hier eine großartige Musikerin mit ausgezeichneter Technik zur Verfügung stand, die bestens vorbereitet zu den Aufnahmen erschien – und auch wirklich ihre beste Leistung bringen konnte, sobald das rote Aufnahmelicht anging. Die Cellistin Maria Kliegel erwies sich als Musikerin vom selben Schlag: Auch sie schloss sich der Naxos-Familie an und übernahm die Rolle der Solocellistin. Die Liste der Naxos-Hauskünstler wuchs, und die Basis war dabei stets gegenseitige Loyalität. Vielleicht etwas unerwartet, wirkte sich dieses Muster der Kontinuität auch positiv auf Verkäufe und Marketing aus: Die Käufer – Sammler wie neue Naxos-Anhänger – erkannten, dass sie diesen Namen vertrauen konnten, und das Label nicht nach Vielfalt um der reinen Vielfalt willen suchte.

Nach den ersten paar Jahren, in denen Heymann sich nur auf einige Hauskünstler verlassen hatte, die den Großteil des grundlegenden Standardrepertoires aufnahmen, änderte sich seine Politik jedoch. Immer mehr Künstler und Orchester zeigten Interesse an einer Aufnahme mit dem Label. Heymann wählte die Werke aus dem Repertoire aus und entschied sich dann für die Künstler, die am besten dazu passten – eine Herangehensweise, die im direkten Gegensatz zu jener der etablierten

Plattenfirmen stand, die zunächst ihre Künstler verpflichteten und anschließend die Stücke auswählten, die sie einspielen sollten. Als Naxos schließlich begann, auch mehr internationales Repertoire aufzuzeichnen, beschloss Heymann außerdem, den Aufnahmen, wenn möglich, auch eine nationale Komponente zu verleihen. Englisches Repertoire wurde mit englischen Künstlern und Orchestern eingespielt, oder wenigstens mit einem englischen Dirigenten. Mit französischem Repertoire ging man ähnlich vor, und im Falle von Liedern und Chansons bestand Heymann auf deutschen oder österreichischen Sängern für die Lieder bzw. französischen Sängern für die Chansons.

Es kam der – überraschend frühe – Zeitpunkt, an dem Heymann das Gefühl hatte, seine Absicht, jedes Werk nur einmal aufzunehmen, nicht länger aufrechterhalten zu können. Dafür gab es eine Reihe von Gründen. In manchen Fällen war offensichtlich, dass die früheren Aufnahmen in musikalischer oder technischer Hinsicht verbesserungswürdig waren, in anderen Fällen gab es einen guten Marketinggrund, beispielsweise die Gelegenheit zu einer interessanten Paarung. In wieder anderen Fällen fand man einen jungen Musiker, der schlicht und ergreifend so atemberaubend war, dass es geradezu selbstzerstörerisch gewesen wäre, diese Möglichkeit verstreichen zu lassen. Je reifer Naxos wurde, desto häufiger kam es zu Neuaufnahmen bereits im Katalog vorhandener Werke. Heymann wurde von seinen Vertriebsunternehmen in aller Welt unter Druck gesetzt, beliebte Stücke erneut herauszubringen. Im Herzen selbst ein Sammler, wollte Heymann das Naxos-Repertoire zwar lieber durch neue Stücke als durch neue Interpretationen ergänzen, aber sein Verkaufsteam erklärte ihm, eine CD mit dem Werk eines unbekannten Komponisten ließe sich einfach nicht so gut verkaufen wie Mendelssohns Violinkonzert, selbst wenn es sich dabei um eine Weltpremiere handelte. Heymann weiß, dass sich keine Neuauflage der *Vier Jahreszeiten* je wieder so gut verkaufen wird wie Nishizakis Version, aber selbst bei Naxos sind Veränderungen unerlässlich. Heute gibt es bei Naxos eine neue Generation von unbestreitbar aufregenden Künstlern, die etwas wunderbar Frisches zu bieten haben. Ermutigend ist, dass sie sich oft selbst nach mehr sehnen als nur dem Kernrepertoire:

Ferdinand Ries zu spielen ist eine Offenbarung für ein junges Talent wie Christopher Hinterhuber, und Tianwa Yang hat tatsächlich selbst darum gebeten, die komplette Kammermusik für Violine und Klavier von Wolfgang Rihm aufnehmen zu dürfen.

Dieser Perspektivenwechsel traf mit einer Veränderung im kommerziellen Hintergrund der Aufnahmen zusammen. Vor der Jahrtausendwende betrachteten sowohl klassische als auch Popmusiker Musikaufnahmen als zusätzliche Einnahmequelle. Mit der Ausbreitung des Internets, das sowohl neue Möglichkeiten als auch neue Probleme mit sich brachte, wurden Aufnahmen jedoch immer mehr als ein Marketinginstrument denn als Einkommensquelle angesehen. Natürlich bleiben Aufnahmen für Megastars nach wie vor sehr lukrativ. Für die große Mehrheit der Künstler sind sie inzwischen jedoch eher so etwas wie eine Visitenkarte: eine persönliche Verbindung zu ihrem Publikum oder ihrer Fangemeinde. Auf dieser Basis ist eine wachsende Anzahl von Musikern bereit – darunter auch recht bekannte Namen – für sehr wenig Geld aufzunehmen, um sicherzustellen, dass ihre Werke auch außerhalb der Konzertsäle erhältlich sind. In gewisser Weise gilt dies umso mehr, je weiter sich das Feld der digitalen Lieferungen ausweitet. Heute können sich Musiker dank der unzähligen Streamings und Downloads, vor allem auf so ausgereiften Plattformen wie bei Naxos, weltweit ganz einfach vermarkten.

Begleitend dazu hat Naxos seine Auswahlkriterien für Künstler weiterentwickelt. Heute reicht es nicht mehr, nur gut zu spielen, wenn das rote Licht angeht. Naxos sucht nach besonderen Talenten, nach Persönlichkeiten und Musikern mit einer aktiven Konzertkarriere, für die Musikaufnahmen nur einen Zweig ihres künstlerischen Schaffens darstellen.

Wie war die Zusammenarbeit mit Naxos für diese Künstler selbst? Wie haben sie den Weg zu Naxos gefunden? Wie gefällt es ihnen im Aufnahmestudio? Bei Naxos gibt es Hunderte von Musikern, und die Liste wächst stetig weiter. In diesem Buch werden sie von einer kleinen Auswahl repräsentiert, von Künstlern aus allen Altersklassen und mit den unterschiedlichsten Hintergründen – von Musikern aus allen Teilen Europas und Fernost, die inzwischen überall auf der Welt leben und spielen. Sie bilden eine wirklich internationale Gruppe, die Naxos selbst wunderbar widerspiegelt.

Takako Nishizaki – Violine

Wenn es eine Musikerin gibt, die durch und durch die internationale Herkunft von Naxos und Marco Polo verkörpert, dann ist es die in Japan geborene Takako Nishizaki. Sie war die erste Schülerin von Shinichi Suzuki, dem Erfinder der Suzuki-Methode, und studierte später an der Juilliard, der wichtigsten amerikanischen Musikhochschule, vorwiegend bei Joseph Fuchs. 1964 war sie eine von vier Finalisten des Leventritt-Wettbewerbs (Itzhak Perlman erhielt in jenem Jahr den ersten Preis), und 1969 gewann sie die Juilliard Concerto Competition, bei der sie Mozarts *Sinfonia concertante* mit Nobuko Imai spielte. Nach einer kräfteraubenden Tournee von Küste zu Küste durch die USA beschloss sie, nach Japan zurückzukehren: eine Entscheidung, die sie 1974 zu einem Konzert nach Hongkong führen sollte. Dort lernte sie Klaus Heymann kennen, den sie später heiratete, und dort begann auch ihre unvergleichliche Aufnahmekarriere, die sich bis heute über 30 Jahre erstreckt. Dieser bemerkenswerten Verbindung entwuchsen weit über 100 Aufnahmen – eine Zahl, die vermutlich kaum ein anderer klassischer Geiger erreicht haben dürften, und auch die Bandbreite ihrer eingespielten Musik ist nach wie vor unerreicht.

Im Westen ist Nishizaki wohl am besten für ihre Aufnahmen eines Großteils des Mainstream-Repertoires für Naxos bekannt: all die großen Konzerte und Sonaten, die sich oft Hunderttausende Male verkauft haben – ihre Aufnahme von *Die Vier Jahreszeiten* steht beispielsweise auf Platz acht der meistverkauften Klassik-CDs aller Zeiten. Darüber hinaus hat sie zahlreiche vergessene Werke für Marco Polo eingespielt, die von Konzerten von Rubinstein bis zur kompletten Fritz-Kreisler-Edition in zehn Teilen reichen (während ihrer Zeit an der Juilliard erhielt sie das Fritz-Kreisler-Stipendium). Einzigartig ist jedoch, dass sie in China mindestens genauso bekannt ist, wo ihre Aufnahme des modernen chinesischen Klassik-Violinkonzertes *The Butterfly Lovers* erfolgreicher war als jede chinesische Version: Über drei Millionen Platten wurden allein in Fernost verkauft. Sie hat das Stück unzählige Male in den meisten Großstädten Chinas vor vielen Tausend Zuschauern aufgeführt. Man sagt, ihre Darbietungen und ihr Ansehen in China hätten nach einer langen Zeit der Anspannungen einen wichtigen Beitrag zur Verbesserung der Beziehungen zwischen Japan und China im letzten Viertel des 20. Jahrhunderts geleistet.

Nishizakis Leistung im Bereich der CD-Aufnahmen ist in jeglicher Hinsicht außergewöhnlich. Hätte sie vorher gewusst, welche Anzahl und welche Vielfalt an Werken sie zwischen den späten 1970ern und dem ersten Jahrzehnt des neuen Jahrtausends aufnehmen würde, wäre womöglich sogar sie selbst angesichts dieser immensen Aufgabe erblasst. Doch all ihre Aufnahmen zeugen von einer unglaublichen Hingabe, egal, ob sie Tschaikowskis Konzert oder Mozarts Sonaten spielt, Saint-Georges' Konzerten zu neuer Aufmerksamkeit verhilft oder Arrangements traditioneller chinesischer oder thailändischer Musik interpretiert.

Ihr Erfolg wurde nur dank des Zusammentreffens einiger entscheidender Faktoren möglich: einer musikalischen Familie, die sie unterstützte; einer sicheren, virtuosen Technik, gepaart mit einem natürlichen Talent; der Bereitschaft zu einer stets gewissenhaften Vorbereitung; und – und dies kann gar nicht genug betont werden – ihrer Courage und geradezu marathonartigen Fähigkeit, mit dem ständigen Druck durch Konzerte, Aufnahmen, neue Werke, Reisen und tägliches Üben zurechtzukommen. Es war gewiss stimulierend für sie, mit einem Mann verheiratet zu sein, dessen ständige Energie und Ambitionen immer neue Ideen für Aufnahmen hervorbrachten. Aber als Künstlerin muss sie sich manchmal gefühlt haben, als lebe sie auf einem Hochseil, und sie hat gewiss einen enormen Druck verspürt, diesen Anforderungen auch gerecht werden zu müssen.

Es half, dass sie Japanerin war und einer Kultur entstammte, in der Disziplin und harte Arbeit einen hohen Stellenwert genießen. Takako Nishizaki wurde in Nagoya geboren und bereits im Alter von dreieinhalb

Jahren von ihrem Vater Shinji unterrichtet, der gemeinsam mit Shinichi Suzuki an der Entwicklung der Suzuki-Methode arbeitete. Als weiteren großen Einfluss nennt sie ihre Mutter Masako, eine Pianistin, die als Kind drei Mal täglich mit ihr arbeitete und ihr manchmal Luft zufächelte, wenn sie an besonders heißen Tagen üben musste. Nishizakis natürliche Begabung und ihre entspannte Haltung durften sich frei entwickeln, und anfangs wurde sie allein nach Gehör unterrichtet: Erst im relativ fortgeschrittenen Alter von sechs Jahren lernte sie, Noten zu lesen. Später wurde sie von Broadus Erle unterrichtet (dem damaligen Leiter des Japan Philharmonic Orchestra, der anschließend als Geigenlehrer in Yale arbeitete), der Japan jedoch später verließ, woraufhin sie zu Hideo Saito an die Toho School of Music wechselte.

Ihr Erfolg an der Juilliard sowie ein Auftritt in der amerikanischen Fernsehsendung *The Bell Telephone Hour* sorgten dafür, dass sie mit Konzertangeboten überschwemmt wurde, und in einer Saison spielte sie über 100 Konzerte. Dieser pralle Terminkalender voller Konzerte und Reisen entsprach jedoch nicht dem Leben, das sie führen wollte, und so kehrte sie nach Japan zurück, um dort eine Konzertkarriere aufzubauen. Sie befand sich bereits auf einem guten Weg, als sie Klaus Heymann kennenlernte. »Damals war ich keineswegs auf der Suche nach einem festen Freund und ich wollte ganz sicher nicht heiraten, da ich in Nagoya eine eigene Fernsehsendung bekommen sollte. Das Konzept sah vor, dass ich durch die Welt reiste, in all die wichtige Musikstädte, die Musiker und Orchester dieser Städte vorstellte, nebenbei Restaurants und Museen empfahl usw. Ich hatte außerdem gerade erst mein eigenes Kammerorchester in Nagoya gegründet, und mein Vater hatte im Haus unserer Familie extra ein neues Musikzimmer für mich gebaut. Ich wollte meinem Vater helfen, seine vielen Schüler zu unterrichten.«

Sie hatte zu diesem Zeitpunkt bereits einige Aufnahmen eingespielt (Griegs Violinsonaten und Kreisler-Stücke für RCA sowie Schubert und Franck für Balkanton), fühlte sich vom gesamten Prozess des Aufnehmens jedoch nicht sonderlich angezogen. »Anfangs nahm ich nicht besonders gerne auf, weil ich daran gewöhnt war, Konzerte zu spielen. In gewisser Weise empfand ich es als zu einfach, Fehler wieder auszubessern, und die Darbietungen waren insgesamt auch nicht so natürlich. Aber irgendwann haben mir die Aufnahmen dann Spaß gemacht, und ich wurde ziemlich gut darin. Ich verstand, dass für Studioaufnahmen gewisse Anforderungen bestehen, die sich von der völligen Spontaneität eines Konzertes unterscheiden. Wenn es beispielsweise nötig war, eine Stelle zu wiederholen, musste ich sie in genau demselben Tempo wie beim ersten Mal spielen, damit man sie hinterher reinschneiden konnte – aber natürlich versuchen wir immer, möglichst lange Passagen und komplette Sätze am Stück aufzunehmen!«

1979 nahm ihre Karriere eine neue Wendung, als sie *The Butterfly Lovers* von Chen und He aufnahm, ein Stück für Sologeige und Orchester, das noch immer zu den beliebtesten modernen chinesischen Werken zählt. Durch die Aufnahmen fanden verschiedene Zweige der geschäftlichen Aktivitäten ihres Mannes und ihres gemeinsamen Lebens in Honkong zusammen, und sie waren der Beginn von Nishizakis großer Popularität in China. Klaus Heymann gründete speziell für die Aufnahme ein neues Label, das er schlicht »HK« nannte – der erste Schritt in einer sehr erfolgreichen Reihe mit chinesischer Musik. Etwa 35 Jahre später bot Nishizaki das Stück erneut für die Menschen des bevölkerungsstärksten Landes der Welt dar: 2009 spielte sie *The Butterfly Lovers* bei einem im Fernsehen übertragenen Konzert in der Großen Halle des Volkes in Peking. Aufführungen dieser Art, die sie in ganz Fernost, vorwiegend jedoch in China gab, wirkten sich ganz gewiss auch auf die Anzahl der Konzerte aus, die sie im Laufe ihrer Karriere im Westen gab. Sie war aus den USA nach Japan zurückgekehrt, weil sie ihr Leben nur ungern alleine auf irgendwelchen Flughäfen verbringen wollte. Selbst als ihr Name in Europa und den USA durch die Naxos-Aufnahmen immer bekannter wurde, entschloss sie sich, ihre Reisen zum Wohl ihrer Familie und aufgrund ihrer Verpflichtungen in Asien einzuschränken.

Ihre erste Aufnahme für Marco Polo waren Respighis *Concerto gregoriano* und *Poema autunnale* mit dem Singapore Symphony Orchestra im Jahr 1984. »Ich musste das *Concerto* speziell für die Aufnahme lernen, aber später habe ich es oft auf der Bühne gespielt.« Es war der Beginn einer Reihe vergessener Violinkonzerte für Heymanns neues Label, das erstmalige Aufnahmen von Stücken des romantischen und spätromantischen Repertoires anbieten wollte. Per definitionem waren dies allesamt vergessene Werke, die sie für die Sessions von Null auf erlernen musste.

»Ich mochte das Rubinstein-*Concerto* sehr und habe es nach der ersten Aufnahme oft bei Konzerten gespielt. Gleiches gilt für Spohrs Konzert Nr. 7, das ich später auch im Musikverein in Wien gespielt habe. Und der Respighi ist ein tolles Stück, abgesehen vom Ende vielleicht, mit dem der Komponist versucht hat, paganinimäßiger zu sein als Paganini selbst. Es erstaunt mich immer noch, dass Stücke wie der Respighi, Joachims Konzert Nr. 3 oder der Rubinstein nicht viel öfter gespielt werden. Sowohl der Joachim als auch der Rubinstein haben ein paar wunderschöne langsame Sätze, aber bis heute sind nur meine Aufnahmen erhältlich.« Nishizaki hat sich bei Naxos kontinuierlich für vergessene Werke eingesetzt und auch Konzerte von Saint-Georges, Vanhal und Kraus aufgenommen.

Respighis *Concerto* spielte sie zwar in Singapur ein, während der 1980er fand Nishizaki sich aber immer häufiger in Europa wieder – oft in Bratislava, etwa bei Aufnahmen von Tschaikowski, Mendelssohn, Brahms oder Bruch mit der Slowakischen Philharmonie. Gelegentlich fand sie in Europa die Zeit, auch Konzerte zu geben. Selbstverständlich kannte sie die meisten großen Werke und hatte sie bereits in den USA und Fernost gespielt. Aber nun machte sie die angenehme Erfahrung, diese auch mit einem guten europäischen Orchester spielen zu können: Auch wenn die Slowakische Philharmonie nicht allzu bekannt war, wurde ihr Können von Dirigenten wie Michael Halász sehr geschätzt. Nishizaki erinnert sich immer wieder gerne an die Aufnahmen in Bratislava. »Im Allgemeinen verliefen sie sehr gut. Ich war gut vorbereitet, und für gewöhnlich hatten wir genügend Zeit, um an Einzelheiten zu arbeiten. Manchmal musste ich ein wenig auf die Produzenten einwirken, damit sie die Balance zwischen der Geige und dem Orchester auch richtig hinbekamen, aber hinsichtlich des Stils gab es keine größeren

Unstimmigkeiten mit den Dirigenten. Wir haben strittige Punkte eigentlich immer im Vorfeld geklärt.« Nishizaki setzte sich mit dem Dirigenten ans Klavier und ging das Stück vor jeder Aufnahmesession durch, um ihren jeweiligen Ansatz und die Tempi zu besprechen.

Viel störender war das, was außerhalb des Konzertsaals passierte. »Gelegentlich waren die äußeren Umstände eine ziemliche Herausforderung. Der Konzertsaal der Slowakischen Philharmonie, in dem ich den Großteil der Standardkonzerte aufnahm, war nicht schalldicht, und die Sessions mussten häufig unterbrochen werden, weil draußen eine Straßenbahn vorbeifuhr. Manchmal auch, weil auf den Schiffen auf der nahen Donau irgendwelche Bands spielten. Es war sehr frustrierend!«

Während der kommunistischen Ära bestand außerdem das Problem der Reisefreiheit, an das sich Nishizaki nur allzu gut erinnert. »Die Bedingungen waren schwierig. Klaus und ich sind mit den billigsten Airlines geflogen, und damals waren die Hotels in Bratislava sehr schlicht. Manchmal mussten wir zwei Stunden oder noch länger an der Grenze zwischen Österreich und der Slowakei warten. Oft konnte ich dann erst am folgenden Tag mit den Aufnahmen beginnen.«

Ganz nebenbei war sie aber auch Mutter. Ihr Sohn Rick war sechs Jahre alt, als Marco Polo an den Start ging, und beinahe zwölf, als sich mit Naxos erste Erfolge einstellten. Nishizaki musste ihre Rollen als Musikerin und Mutter in Einklang bringen, was aufgrund ihrer vielen Reisen keineswegs leicht war.

Die Bedingungen waren alles andere als ideal, aber auch heute ist sie noch sehr zufrieden mit diesen ersten Aufnahmen, wenn auch vielleicht nicht mit jedem einzelnen Detail. Sie gibt zu, dass sie sich in der Barockzeit weniger wohlfühlt. Dies ist auch der Grund dafür, dass ihr persönlicher Maßstab eher die zentralen klassischen und romantischen Konzerte sind (Mozart, Beethoven, Mendelssohn, Tschaikowski usw.), obwohl ihre Aufnahme der *Vier Jahreszeiten* nach wie vor ihr Bestseller aus dem westlichen Repertoire bleibt. »Ich hatte wirklich Glück, dass Kenneth Jean und Stephen Gunzenhauser die meisten wichtigen Konzerte dirigiert haben. Diese Aufnahmen sind immer reibungslos verlaufen. Natürlich hätte ich ein paar der Konzerte gerne noch einmal aufgenommen. Nicht, weil mit der ersten Version irgendetwas nicht gestimmt hätte, sondern weil ich ein paar der Konzerte einfach gerne anders gespielt hätte. Im Laufe der Jahre habe ich immer mehr über den Aufnahmeprozess gelernt und darüber, wie man das bestmögliche Ergebnis erzielt.«

Kammermusik war von Beginn an ein wichtiger Teil von Nishizakis musikalischer Karriere, besonders während ihrer Zeit an der Juilliard, und die Möglichkeit, zahlreiche Werke aufzunehmen, die eine so zentrale Rolle in ihrem Musikerleben spielten, schätzte sie besonders. Sie suchte sich ihre Partner für die Kammermusik sorgfältig aus und entwickelte eine besondere Beziehung zu dem Pianisten Jenő Jandó. »Er ist ein wunderbarer Musiker, und wir haben uns gleich sehr gut verstanden. Bei den Vorbereitungen für die Aufnahmen gab es kaum Diskussionen. Wir haben uns schnell auf den Stil für die einzelnen Stücke geeinigt und mussten nur noch an ein paar Details und am Zusammenspiel arbeiten.«

Die Violinsonaten-Zyklen von Beethoven und Mozart wurden komplett in Budapest aufgezeichnet. »Ich kannte die Mozart-Konzerte – außer Nr. 1 und 2, die nur sehr wenige Künstler bei Konzerten spielen – aber ich musste ein paar der Mozart- und Beethoven-Sonaten speziell für die Aufnahmen lernen.« Seit ihr Mann sie mit seinen Argumenten von der Aufnahme kompletter Zyklen überzeugt hatte, lagen zu Hause auf ihrem Notenständer stets neue Musikstücke, die sie lernen konnte. Wolf Harden und Michael Ponti waren ihre Partner für einen Großteil der zehnteiligen Kreisler-Edition (die Werke waren ursprünglich Ende der 1970er für Telefunken und Camerata aufgenommen und auf LP veröffentlicht worden, bevor sie von Marco Polo zu einer Sammlung zusammengefasst und neu herausgegeben wurden).

Während ihrer rasanten Karriere wechselte Nishizaki mehrfach das Instrument. Im Laufe ihres Studentenlebens und ihrer frühen Konzertlaufbahn hatte sie auf einem italienischen Instrument von Lorenzo Ventapane aus dem frühen 18. Jahrhundert gespielt, das ihr Vater für sie gekauft hatte. Als sie begann, die großen Konzerte für Naxos einzuspielen, entschied sie sich für eine Guarneri. Ein wohlhabender japanischer

Arzt, der das Instrument bei einem japanischen Geigenhändler erstanden hatte, hatte es ihr verkauft. Die Geige hatte einen außergewöhnlichen Klang, stellte sich später jedoch durch einen deutschen Geigenexperten als Fälschung heraus. Glücklicherweise ersetzte der Händler sie durch eine echte Stradivari, die Nishizaki anschließend verkaufte und durch eine frühe Guarneri del Gesù ersetzte. Dieses Instrument tauschte sie später wiederum gegen die Guarneri aus dem Jahr 1732, die sie heute noch spielt: passenderweise gehörte das Instrument einst Fritz Kreisler (und vor ihm Tivadar Nachéz). Nishizaki erklärt allerdings, dass sie die meiste Zeit auf einer Kopie dieser Geige spielt, die Joseph Curtin für sie angefertigt hat, einer der besten Instrumentenbauer Amerikas. Sie tut dies besonders dann, wenn ein Konzert im Fernsehen übertragen wird, bei dem der Ton ohnehin verstärkt wird und die Scheinwerfer sehr heiß sind.

Die Aufnahmen der Geigenliteratur mögen Nishizakis öffentlicher Beitrag zur Erfolgsgeschichte von Naxos und Marco Polo gewesen sein, aber auch hinter den Kulissen spielte sie eine einflussreiche Rolle. Das Zusammenleben mit einem Ehemann, der voll und ganz in seinem Geschäft und der Musik aufging, bedeutete, dass die Arbeit praktisch nie aufhörte. Heymann, der selbst kein ausgebildeter Musiker ist, hat sich immer auf den musikalischen Rat und die Anmerkungen seiner Frau verlassen. Nach dem Abendessen in ihrem Zuhause in Hongkong oder Neuseeland hörten sie sich an den meisten Abenden gemeinsam durch den Stapel der ersten Schnittfassungen oder Masters (ursprünglich auf DATs, später auf CDs), die ihnen aus den Aufnahmestudios in aller Welt zur Absegnung zugeschickt wurden. »In den ersten zehn Jahren habe ich mir alle wichtigen Aufnahmen angehört. Im Großen und Ganzen gab es keine ernsten Probleme, aber manchmal bestand ich darauf, dass das Zusammenspiel oder die Intonation korrigiert wurde. Nur in sehr seltenen Fällen habe ich Klaus empfohlen, eine Aufnahme nicht zu veröffentlichen, weil die Qualität einfach nicht akzeptabel war.«

Bereits in diesen frühen Tagen waren die Anzahl und Vielfalt der Werke außergewöhnlich. An einem Abend lauschten die beiden beispielsweise einer Sinfonie von Ludwig Spohr, Klavier-Trios von Schubert,

Palestrina, Szymanowski, einer Klaviersonate von Mozart oder Suppé-Ouvertüren. Da die effiziente Maschinerie von Naxos und Marco Polo Hunderte von Aufnahmen produzierte, kamen sie aus dem Anhören oft gar nicht mehr heraus, und Heymann verließ sich dabei stets auf das gute Gehör und den kritischen Musikgeschmack seiner Frau.

Die Aufgabe war für Nishizaki nicht neu: Sie hatte von Anfang an die ersten Schnitte ihrer eigenen Aufnahmen angehört und die Endfassungen abgesegnet. Dadurch stieg der musikalische Standard bei Naxos und Marco Polo ganz erheblich, und es war ein weiterer Beweis für die Tatkraft und die Hingabe, die sowohl Heymann als auch Nishizaki an den Tag legten. Beiden lagen die Aufnahmen, die veröffentlicht werden sollten, wirklich am Herzen, ganz egal, ob sie bei Marco Polo zum vollen Preis oder bei Naxos zum Budgetpreis angeboten wurden. Hin und wieder mussten sie dabei zwar Kompromisse schließen, aber die Lektionen, die sie so in ihrem Wohnzimmer vor ihrer Stereoanlage lernten – dank Heymanns beruflichem Hintergrund war seine heimische Ausrüstung natürlich stets hochmodern – übten einen direkten Einfluss auf die Qualität und die Prozesse bei zukünftigen Aufnahmen aus – und darauf, welche Musiker sie dafür verpflichten würden. Heymann bezeichnet seine Frau oft als das Gehör von Naxos. Auf seine Bitte hin hat sie sich auch schon des Öfteren Aufnahmen von Musikern angehört, die hofften, eine CD mit Naxos aufnehmen zu können. »Klaus möchte, dass ich mir jeden neuen Künstler und jedes Orchester anhöre, und wahrscheinlich habe ich auch das letzte Wort, wenn es darum geht, wen wir verpflichten. Klaus vertraut meinem Urteil. Ich bin beeindruckt von dem, was ich heute alles höre. Aus technischer Hinsicht ist der Standard sehr hoch, deshalb höre ich immer auf die Musikalität, einen schönen Klang, eine große Dynamik oder ein ausdrucksstarkes Spiel.«

In den letzten Jahren hat sich Nishizakis Leben in eine andere Richtung entwickelt. Sie macht zwar noch immer Aufnahmen, aber längst nicht mehr so häufig: Konzerte von Saint-Georges, Vanhal und Kraus gehören zu ihren jüngsten Werken. Auch die Aufnahme der Arrangements von Peter Breiner haben ihr viel Freude gemacht, darunter auch diverse Opern-Potpourris und beliebte Sammlungen wie *Russian*

Romance, Chinese Pop Evergreens und *Tchaikovsky: None but the Lonely Heart*.

Heute gibt sie nur noch etwa zehn Konzerte pro Jahr, »auch wenn ich *The Butterfly Lovers* in China vermutlich jede Woche woanders spielen könnte!« Wenn sie *The Butterfly Lovers* in einem glitzernden Konzertkleid vor Tausenden von Zuschauern in einer chinesischen Großstadt spielt, ist Takako Nishizaki von Kopf bis Fuß internationale Virtuosin. In Hongkong ist sie eine große musikalische Berühmtheit, die nicht nur in Klassikkreisen hohes Ansehen genießt, sondern auch in der breiteren Öffentlichkeit. Ihre Beliebtheit hat ihr zu einem Platz in der Hongkonger High Society verholfen, und wenn das Paar öffentliche Auftritte wahrnimmt, wird Klaus Heymann manchmal als Mann von Takako Nishizaki vorgestellt. Im Rest der Welt spielt sie jedoch mit großer Anmut die Rolle der »Mrs. Heymann«, der Geige spielenden Ehefrau des führenden Unternehmers der Klassikbranche.

Sie übt noch immer täglich, auch wenn sie nur noch selten Konzerte gibt. »Ich fühle mich nicht gut, wenn ich nicht jeden Tag übe.« Den Großteil ihrer Aufmerksamkeit widmet sie jedoch inzwischen dem Unterrichten: 2005 gründete sie das Takako Nishizaki Violin Studio. Wenn man bei Heymanns zu Hause in Hongkong anruft, kann man im Hintergrund ihre Geigenschüler hören, und manchmal sind es ganz offensichtlich Anfänger. Nishizaki saß bereits in der Jury diverser internationaler Geigenwettbewerbe, etwa beim Kreisler-Wettbewerb in Wien, und könnte sich ihre Schüler aus einer Reihe fortgeschrittener Bewerber aussuchen. Sie arbeitet jedoch am liebsten mit Kindern, die ihre ersten Schritte wagen: sie nennt sie »ein weißes Blatt«. Es überrascht wenig, dass sie mit den Kindern und deren Müttern gemeinsam arbeitet: Ihr Suzuki-Hintergrund ist stets präsent, auch wenn sie der Methode nicht strikt folgt. »Ich nutze die besten Elemente der Suzuki-Methode und kombiniere sie mit traditionellem Unterricht. Ich bestehe darauf, dass ein Elternteil von Anfang an involviert ist, und ich benutze die zehn Bücher der Suzuki Violin School: Sie sind immer noch die vollständigste Sammlung von Übungsstücken verschiedener Schwierigkeitsgrade, auch wenn sie zu stark auf Barockmusik setzen und nach Mozart nichts mehr kommt. Meine Schüler müssen vom ersten Tag an lernen, die Musik auch virtuell zu lesen, und sie müssen die Übungen durchspielen.«

Ihre Leidenschaft für das Unterrichten bewog Nishizaki vor einiger Zeit auch dazu, sämtliche Suzuki-Stücke in sieben Teilen als *Suzuki Evergreens* aufzunehmen. »Ich wollte den jungen Menschen einfach weitergeben, was ich von meinem Vater und von Herrn Suzuki gelernt habe – und auch, was ich dadurch gelernt habe, dass ich diese Stücke viele Jahre lang selbst unterrichtet habe. Außerdem wollte ich unbedingt die Originalversionen zahlreicher Arrangements ergänzen, damit die Kinder verstehen, dass das alles Musik ist und nicht nur eine Sammlung von Übungen, die sie abarbeiten müssen.« Einmal mehr vereinten sich bei diesem Projekt die gemeinsamen Interessen dieses Ehepartner-Teams, das in der Musikszene wohl einzigartig ist. Nachdem sie ein Leben lang die größten und anspruchsvollsten Musikstücke aufgenommen hat, die je für Violine komponiert wurden, muss es eine beinahe heilsame Erfahrung für Takako Nishizaki gewesen sein, ihre Guarneri zur Hand zu nehmen, auf das rote Licht zu warten und *Twinkle, Twinkle, Little Star* zu spielen.

Jenő Jandó – Klavier

Für einen Mann, der zu den klassischen Musikern mit den meisten Aufnahmen aller Zeiten gehört, ist Jenő Jandó eine überraschend bescheidene Erscheinung. Während er in der Umkleide der Franz-Liszt-Musikakademie in Budapest sitzt – wo sich schon Bartók, Kodály, Dohnányi und viele andere große Künstler (darunter auch Jandó selbst!) vorbereiteten, bevor sie ihre Konzerte im Art-nouveau-Saal gaben – fällt es schwer, den Mann mit seinem Spiel zusammenzubringen. Weißes Haar, weißer Bart, schmächtig – beinahe wirkt es, als fühle er sich auf einem Klavierhocker wohler als auf einem Sofa.

Es ist zwar schwer zu beweisen, aber wahrscheinlich gibt es von Jandó mehr CDs als von jedem anderen Solopianisten. Und vermutlich hält er auch den Pianisten-Rekord für die reinen Verkaufszahlen: Viele seiner frühen Aufnahmen haben sich bis zu 500.000 Mal verkauft. Insgesamt beläuft sich die Zahl der Naxos-CDs unter seiner Mitwirkung auf unglaubliche 400. Etwa die Hälfte dieser Platten sind zwar diverse Sampler – *Chill with Mozart, Bach for Meditation, Night Music, Music to Die For* – aber auch sie sollten nicht außer Acht gelassen werden (er selbst steht dazu). Immerhin haben sie ihn in mehr Wohnzimmer auf der ganzen Welt gebracht als jede seiner Originalaufnahmen! Und sie zeigen, welch tragende Säule Jandós Klavierkünste für Naxos' Kernkatalog darstellen.

Zusammengefasst könnte man sagen: Jandó hat für Naxos alle wichtigen Klavierstücke der klassischen und romantischen Periode eingespielt – und noch viele mehr. Dies wäre zwar ein wenig übertrieben, da es durchaus einige Werke gibt, an denen er nicht beteiligt war (Chopins Klavierstücke etwa oder der komplette Liszt), aber er hat sämtliche Klaviersonaten Haydns aufgenommen, den Großteil von Mozarts Klaviermusik (alle Klavierkonzerte und –sonaten), sämtliche Beethoven-Sonaten und die komplette Klaviermusik von Schubert. Zu den großen Konzerten, die Heymann ihm anvertraute, gehören auch die Werke von Brahms, Grieg, Dvořák und Rachmaninow, von den drei Bartók-Konzerten ganz zu schweigen (hinzu kommen außerdem alle Soloklavierstücke Bartóks sowie Mussorgskys *Bilder einer Ausstellung*).

Darüber hinaus spielte er die gesamte Kammermusik derselben Periode ein. Dazu gehören auch Mozarts und Beethovens Violinsonaten mit Takako Nishizaki (eine Naxos-Partnerschaft, die beide Musiker überaus schätzen) sowie viele andere Werke, die er mit ungarischen Freunden und Kollegen einspielte (etwa Schuberts *Forellenquintett*, Beethovens Cellosonaten mit Csaba Onczay und Brahms Klarinettensonaten, Trios und Quintett). Relativ spät in seiner Karriere, die bereits ebenso lange dauert wie es Naxos gibt, kamen Bachs 48 Präludien und Fugen hinzu. »Es war eine wundervolle Aufgabe«, erinnert er sich. »Unglaublich. Im *Wohltemperierten Klavier* findest du einfach alles. Es ist ein echtes Schmuckkästchen, und alles darin ist wunderschön.«

Jandós Diskografie ist das bemerkenswerte Zeugnis eines außergewöhnlichen Talents. Diese Leistung erschiene vielleicht weniger erstaunlich, wäre sein Name in der Klassikwelt bekannter – der eines Alfred Brendel vielleicht oder eines Evgeny Kissin. Aber das ist er nicht. Seine Geschichte ist deshalb so ungewöhnlich, weil darin eine führende Plattenfirma einem in den großen internationalen Konzertsälen relativ unbekannten Pianisten ein zentrales Klavierwerk nach dem anderen anvertraute. In den zweieinhalb Jahrzehnten seiner Studiokarriere, in denen er förmlich durch das Repertoire fegte, in einem Jahr oft zehn Platten oder mehr aufnahm und nebenbei ebenso fleißig seine Konzertkarriere fortsetzte, tat er einfach, was ihm im Blut lag.

Morgens machte er sich zum Italienischen Kulturinstitut im Zentrum Budapests auf, in dem viele seiner frühen Aufnahmen stattfanden, um weitere Haydn-Sonaten oder vielleicht auch ein Klavierkonzert von Mozart einzuspielen. Er genoss seine morgendliche Tasse Kaffee, eine Zigarette (der im Laufe des Tages noch viele folgen würden) und ein Pläuschchen mit Ibolya Tóth – Produzentin, Freundin und jahrelang eine Schlüsselfigur für Naxos in Ungarn. Im Saal erwartete ihn sein eigener Flügel, ein Steinway Modell C, das er ausgewählt hatte, weil er, wie er sagt, »seinen klareren Bass« für Aufnahmen bevorzugte. Zwischen 10 Uhr und 14 Uhr, hin und wieder auch bis 16 Uhr, spielte er dann die Musik ein.

Auch heute folgt Jandó noch seinem simplen Aufnahmemuster. »Ich spiele immer den kompletten Satz und wiederhole ihn dann ein paar Mal. Manchmal muss ich etwas wiederholen, weil man mich ziemlich laut mitsummen hört, wenn ich spiele – es ist ein hässliches Geräusch, aber nicht so laut wie bei Glen Gould!« Gelegentlich konnte er dazu überredet werden, sich eine nicht angezündete Zigarette in den Mund zu stecken, damit er nicht so laut mit der Musik mitsummte. Er nimmt die Partituren zwar immer zu den Aufnahmen mit, aber dank seines erstaunlichen Gedächtnisses liegen die Noten die meiste Zeit nur neben ihm.

Wenn er und sein Produzent sich sicher sind, dass alle Details berücksichtigt wurden, spielt er das Stück oft noch einmal »wie beim Konzert«. An diesem Punkt widmet er sich dann dem zarteren Anschlag bei einer charmanten, scheinbar mühelosen Haydn-Sonate, der Dynamik in

Liszts Sonate in h-Moll – bei der er trotz seines klaren Spiels ein wahres Feuerwerk entzündet – oder seiner Fingerfertigkeit und Gelassenheit in einer vierteiligen Bach-Fuge. Nach jahrzehntelanger Erfahrung ist Jandó vor dem Mikrofon völlig entspannt, und trotzdem gelingt es ihm jedes Mal, eine aufgeregte Konzert-Atmosphäre zu schaffen.

Seine erste Aufnahme für Naxos war eine Sammlung mit drei beliebten Beethoven-Sonaten: *Pathétique*, *Mondscheinsonate* und *Appassionata*. Sie wurde vom 21. bis 23. April 1987 in Naxos' erstem Jahr im Italienischen Kulturinstitut in Budapest aufgezeichnet, auch wenn sich die Veröffentlichung noch bis März 1988 hinzog. Heymann, der bereits zuvor bei anderen Aufnahmen mit dem ungarischen Label Hungaroton zusammengearbeitet hatte, hatte das Label um eine Empfehlung für einen guten Pianisten gebeten, der sämtliche Beethoven-Sonaten einspielen konnte. Man empfahl ihm Jandó. Obwohl dieser es damals nicht wusste, war diese erste Aufnahme seine Probe-Platte.

Als die DAT-Kopie in Hongkong eintraf, klang sie ausgezeichnet, aber es bedurfte dennoch eines großen Vertrauensvorschusses auf Seiten von Heymann, wenn er wirklich sämtliche Beethoven-Klaviersonaten einem Mann anvertrauen wollte, den er selbst noch nie getroffen hatte. Die Aufnahme war nicht Jandós erste CD: Er hatte für Hungaroton bereits einige Liszt-Transkriptionen eingespielt und darüber hinaus mehrere Wettbewerbe gewonnen. Andererseits war er bereits Anfang 30 und hatte eine zwar stete, aber nicht besonders spektakuläre Musikerkarriere hinter sich. Er entstammte einer Generation großartiger ungarischer Pianisten – András Schiff und Zoltán Kocsis hatten gemeinsam mit ihm die Liszt-Akademie besucht – aber sein Konzertleben hatte sich beinahe ausschließlich in Ungarn und Osteuropa abgespielt. Diese eine Beethoven-Platte sollte sein Leben verändern. Heymann rief ihn aus Hongkong an und fragte ihn, ob er den kompletten Zyklus einspielen wolle. Die Bedingungen waren klar, wenn auch für die damalige Zeit etwas ungewöhnlich: Jandó würde pro Platte bezahlt werden. Heymann wollte, dass er die Stücke so schnell wie möglich einspielte, spätestens innerhalb der kommenden drei Jahre. Jandó sah darin kein Problem. Etwa die Hälfte der Stücke befand sich bereits in seinem Repertoire, und er lernte schnell. Er schloss die Aufnahmen sechs Monate früher ab.

Selbst heute erinnert er sich noch an bestimmte Sessions: »Besonders Opus 110. Ich glaube, das war meine beste Aufnahme. Und ich bin auch sehr stolz auf die Sonate in d-Moll, den ›Sturm‹, weil sie komplett auf der CD ist, ohne Schnitt! Ich habe dieses Stück sehr sorgfältig unter den wachsamen Augen des Komponisten Pál Kadosa an der Akademie gelernt, und als ich es dann aufnehmen sollte, habe ich es einfach gespielt. In einem Take.«

Ein Jahr nach Beginn des Beethoven-Zyklus erhielt Jandó einen weiteren Anruf. »Wir steckten gerade mitten in diesem großen, schwierigen Projekt, und Herr Heymann fragte mich, ob ich nicht auch alle Mozart-Konzerte aufnehmen wolle.« Jandó kannte etwa zehn von ihnen und hatte sie bereits gespielt, musste den Rest aber lernen. Die größte Herausforderung für ihn bestand in einigen Entscheidungen, die er bezüglich der Kadenzen treffen musste. »Mozart hat nicht für alle Konzerte Kadenzen geschrieben, besonders bei den frühen Werken. Wenn sie verfügbar waren, benutzte ich die Hummel-Kadenzen, aber gelegentlich entschloss ich mich, sie zu kürzen. Mozart hatte eine kürzere Klaviatur als Hummel, also habe ich Hummels Tonumfang so verändert, dass er auf das kleine Klavier passte, für das Mozart das Stück geschrieben hatte. Ich wollte mich nicht außerhalb von Mozarts Stil bewegen.«

Er nahm den Zyklus mit dem Kammerorchester Concentus Hungaricus auf, in dem viele seiner ungarischen Musikerfreunde spielten, die teilweise auch an der Liszt-Akademie mit ihm studiert hatten. Dieser Mozart-Zyklus war auch der Beginn seiner Verbindung zu der Produzentin Ibolya Tóth, die ebenfalls eine seiner Kommilitoninnen an der Liszt-Akademie gewesen war. Das Projekt beanspruchte drei Jahre, aber Tóth stand ihm die ganze Zeit über mit Rat und Tat zur Seite. Tatsächlich hat sie den Großteil der Platten produziert, die er seitdem für Naxos eingespielt hat, darunter auch die gesamten Reisen durch Haydn, Schubert und Bartók. Diese konstante Bindung zwischen Musiker und Produzent übte ohne Frage großen Einfluss auf den Inhalt von Jandós Diskografie aus. Ab 1995 fanden die Aufnahmesitzungen in

Tóths eigens erbautem Studio (Phoenix Studio) in Diósd am Stadtrand von Budapest statt.

Obwohl Jandó auch Einzelstücke aus anderen Epochen einspielte, fühlte er sich im Wiener Milieu und mit den Zyklen einzelner Komponisten stets am meisten zu Hause. »Man ändert seine Ansichten über einen Komponisten, wenn man so viele seiner Stücke spielt.« Auf Mozart folgte Schubert, dann ging es wieder zurück zu Haydn. »Sie sind alle miteinander verbunden, und es ist sehr interessant, die klassische Welt auf diese Art zu erleben. Schubert bietet eine andere Herausforderung. Er ist schwieriger als Beethoven, weil seine Musik schwerer zu fassen ist. Beethoven erlaubt viele verschiedene Ansätze, aber bei Schubert musst du einfach Schubert sein. Ich hoffe nur, dass meine Persönlichkeit Schuberts Persönlichkeit nahe genug kommt, weil ich selbst auch Wassermann bin, genau wie Mozart und Schubert.« Er lächelt dabei mit einem Hauch von Selbstironie.

Jandó nähert sich Kammermusik auf intuitive Weise. Bei den Proben für die Aufnahmen der Violinsonaten von Mozart und Beethoven mit Nishizaki gab es, wie er sich erinnert, kaum Diskussionen. »Zuerst muss man die Noten richtig lesen und das gesamte Stück studieren. Wenn beide gute Musiker sind, dann muss man nicht reden. Man muss sehr sensibel sein und spüren, wie der andere an die Musik herangeht. Und man kann es hören, wenn beide das Stück auf dieselbe Weise fühlen. Das ist die Grundlage der Kammermusik. Wenn man die Schwingungen des anderen nicht finden kann oder die Ansichten sich zu stark unterscheiden, kann man auch nicht zusammen spielen.«

Die Aufnahmen für Naxos wurden zu einem festen Bestandteil seines musikalischen Lebens, aber Jandó war auch im Konzertbetrieb gut beschäftigt. Seine Aufnahmen öffneten ihm die Türen zu weiteren Auftritten außerhalb Europas, etwa in Japan, den USA, Kanada und Hongkong. In Japan waren die Auswirkungen besonders zu spüren, wo auf ein Konzert stets eine CD-Signierstunde folgte. Sein Durchhaltevermögen ist legendär. Er ist dafür bekannt, morgens eine Aufnahme durchführen und abends ein Konzert spielen zu können. Gelegentlich ist er sogar eingesprungen, um ein Konzert zu retten, und hat das Werk aus dem Gedächtnis gespielt – auch wenn er nur ein paar Stunden zuvor etwas ganz anderes aufgenommen hat.

Die Jahre vergingen wie im Flug, aber die Anfragen von Naxos schienen nicht abzureißen. Es war zwar Jandós persönlicher Wunsch, die Haydn-Sonaten einzuspielen, aber für gewöhnlich ging die Initiative von Heymann aus. Selbst heute ist Jandó noch überrascht von der Art und Weise, in der Naxos sich entwickelt hat – und von den Werken, die ihm anvertraut wurden: Liszts Sonate in h-Moll, Bachs *Goldberg-Variationen* und sogar Dohnányi (der zwar vornehmlich dem Neo-Klassizismus zugerechnet wird, dessen Bandbreite aber viel weiter reicht). Es war ein Risiko für das Label, sich so sehr auf einen einzigen Pianisten zu verlassen, aber es scheint sich ausgezahlt zu haben. Naxos' 25. Geburtstag fällt in Jandós 60. Lebensjahr. Es gibt noch einige Werke, die er gerne aufnehmen würde, nicht zuletzt diejenigen, mit denen er den Bartók-Zyklus vervollständigen könnte. Aber dank seiner unerreichten Diskografie ist er sicher auch zufrieden mit dem, was er bereits geleistet hat.

Idil Biret – Klavier

1989 lernte Klaus Heymann die in der Türkei geborene Pianistin Idil Biret in Brüssel kennen. Naxos befand sich in seinem zweiten Jahr, und er war auf der Suche nach einem Musiker, der einen Meilenstein in der Geschichte der Musikaufnahmen in Angriff nehmen konnte: Zum ersten Mal sollte ein Pianist die kompletten Klavierwerke von Chopin einspielen, sowohl die Solostücke als auch die Konzerte. Biret hatte sich bereits einen Ruf als hervorragende Künstlerin erarbeitet – Wunderkind, Studentin von Wilhelm Kempff und Alfred Cortot – der durch ihre Aufnahmen von Liszts Klavier-Transkriptionen von Beethovens neun Sinfonien untermauert wurde.

Obwohl sie bereits eine große Bandbreite an Musikstücken gespielt, die meisten von Brahms Werken schon vor dem Teenageralter auswendig gelernt und viele Stücke des zeitgenössischen Repertoires aufgenommen hatte (darunter auch Boulez' Sonate Nr. 2), hatte sie Chopin bisher kurioserweise erst relativ wenig gespielt. »In meiner Kindheit habe ich ein paar sehr schlechte, sentimentale Chopin-Darbietungen gehört. In einigen Kreisen galt Chopin als Synonym für tränenreiche, sentimentale Musik. Ich fand es schade, dass ein Komponist, der alles andere als selbstgefällige Werke in vollkommener klassischer Perfektion geschrieben hatte so sehr missverstanden wurde.« Während ihres Studiums mit Kempff hatten sich ihre Ansichten über den Komponisten geändert, und seltsamerweise wurden sie durch ihre Liebe zu Scriabins Musik noch verstärkt. »Bei meiner Suche nach den Ursprüngen seiner Inspiration habe ich Chopin gefunden.« Für Biret waren die Nocturnes und Mazurkas nun keine sentimentalen, leicht düsteren, mondsüchtigen Stücke mehr – diese alte Sichtweise gehörte durch ihr weiteres Studium mit Alfred Cortot endgültig der Vergangenheit an.

Chopin tauchte immer öfter in den Programmen ihrer Konzerte auf, und Heymanns Bekanntschaft und sein Angebot kamen daher genau zur richtigen Zeit. Trotzdem kam es überraschend, vor allem, weil es von der Bitte begleitet wurde, das Projekt so schnell wie möglich abzuschließen, idealerweise innerhalb von zwei Jahren. Birets Durchhaltevermögen und ihr angeborenes Talent waren legendär, aber sie stand dennoch vor einer immensen Aufgabe. Sie lebte in Brüssel und Istanbul, vergrub sich dort immer tiefer in Chopin, studierte die Partituren, lauschte historischen Aufnahmen und las Essays über Chopin-Interpretationen. Zwischen März 1990 und Februar 1992 nahm sie am Clara Wieck Auditorium in Heidelberg und am Haus der Künste in Košice in der Slowakei die kompletten Werke auf. Sie begann und schloss mit den Etüden und vollendete den Zyklus mit *Trois Nouvelles Études*. Bei Naxos versuchte man, mit ihr Schritt zu halten, und veröffentlichte die Werke in einzelnen CDs. Der komplette Zyklus bestand schließlich aus 15 CDs mit 17 Stunden Chopin und den Noten zu jedem Werk. Die Sammlung gewann 1995 den Grand Prix du Disque Frédéric Chopin. Zwölf Jahre später verlieh der polnische Staatspräsident Lech Kaczyński ihr während eines Staatsbesuchs am 23. Januar 2007 »für ihre außergewöhnliche Leistung und die Verbreitung von Chopins Musik in aller Welt durch ihre Aufnahmen und Darbietungen der Werke des Komponisten« den

Verdienstorden der Republik Polen in der polnischen Botschaft in Ankara.

In diesen beiden geschäftigen Chopin-Jahren begann Biret für Naxos außerdem mit den Aufnahmen der kompletten Zyklen von Brahms und Rachmaninow. Die erste CD, die Biret bei Naxos veröffentlichte, enthielt die Klavierkonzerte Nr. 2 und Nr. 4 von Saint-Saëns, die sie mit dem Philharmonia Orchestra unter der Leitung von James Loughran eingespielt hatte (eine Aufnahme, die sie ursprünglich für Vox geplant hatte). Erst danach folgten Chopin, Brahms und Rachmaninow.

Zeitgenössische Musik spielte auch vor Naxos immer eine wichtige Rolle in Birets Konzert- und Studioleben. Sie hatte bereits mehrere Werke für Atlantic/Finnadar aufgenommen, darunter auch Boulez' Klaviersonate Nr. 2. Als sie daher einen Anruf von Yves Riesel bekam, dem Naxos-Labelmanager in Frankreich, der ihr vorschlug, alle drei Klaviersonaten von Boulez für Naxos einzuspielen, war sie sofort begeistert. »Klaus und ich hatten bereits eine gute Beziehung zueinander aufgebaut, und ich war der Ansicht, dass das Projekt sehr gut für das Label sein würde. Ich wusste aber auch, dass es nicht Klaus' Musik war, und er war entsprechend skeptisch, ob sie sich auch verkaufen würde. Anfangs hat er nur sehr widerwillig zugestimmt.« Letzten Endes gab er jedoch seine Einwilligung, und typischerweise wollte er die Aufnahmen möglichst schnell. »Ich kannte die 2. Sonate, die anderen beiden aber nicht. Das war im Dezember 1994, und Klaus wollte, dass ich sie im Januar und Februar 1995 einspielte, in einem Studio bei Radio France. Es war eine großartige Herausforderung für mich. Ich musste einen Monat lang sehr intensiv arbeiten, aber als ich dann mit den Aufnahmen begann, schien es sehr gut zu laufen, und es gab kaum Probleme.« Die Verkaufszahlen überraschten alle und verblüffen Heymann noch immer: Bis heute wurden weltweit über 40.000 CDs verkauft.

Auch Biret selbst bewundert die Werke: »Das sind grandiose Stücke. Für mich sind die Boulez-Sonaten große Klassiker des 20. Jahrhunderts. Sie gehören zusammen, sie sind sehr logisch und sie haben eine Bedeutung. Ich glaube, dass sie zu den wenigen Werken dieser Epoche gehören, die auch in Zukunft noch im Repertoire bleiben werden. Wir waren wirklich alle überrascht, wie gut sie sich verkauft haben. Das beweist, dass die Menschen neugierig sind. Sechs Jahre später habe ich Klaus dann vorgeschlagen, Ligetis Etüden aufzunehmen – ein weiteres Werk, das, wie Boulez' Sonaten, auf sehr solidem Boden steht. Er war einverstanden. Ich hatte sie schon oft in meinen Konzerten gespielt.« Seit ihrer Veröffentlichung im Jahr 2003 haben sich die Etüden weit über 20.000 Mal verkauft.

Die Bandbreite von Birets Klaviermusik ist immens. Sie hat unter anderem auch einige Bach-Transkriptionen aufgenommen – allerdings nicht von Busoni, sondern von ihrem Lehrer Wilhelm Kempff. »Sie sind wundervoll. Ich ziehe sie Busonis vor. Sie sind einfacher und treffen eher den Geist dieser religiösen Musik.« Die letzte Aufnahme, die Biret für Naxos einspielte, war Strawinskis eigene Klavier-Transkription von *Der Feuervogel* (von 1910). »Ich habe mal eine Klavieraufnahme von Strawinski gehört, auf der er es selbst spielt. Es war wunderschön, und ich wollte es auch spielen.« Bis heute haben sich ihre Aufnahmen für Naxos – allein die Chopin-, Brahms- und Rachmaninow-Zyklen belaufen sich auf 37 CDs – über zwei Millionen Mal verkauft.

Inzwischen hat ihr Unternehmergeist Biret in eine neue Richtung gelenkt. Sie wollte schon immer den Beethoven-Sonatenzyklus und viele andere Werke einspielen, darunter auch weitere Liszt-Transkriptionen (*Harold in Italien* für Geige und Klavier oder die *Symphonie fantastique* für Klavier). Aus diesem Grund hat sie gemeinsam mit ihrem Ehemann Şefik Yüksel das Idil Biret Archive ins Leben gerufen. Sie bringt viele ihrer früheren Aufnahmen, die vor ihrer Zeit bei Naxos entstanden, in die Sammlung ein (darunter auch Liszts Transkriptionen von Beethovens Sinfonien) und fügt Dutzende neuer Titel hinzu. Naxos konnte all die Musik, die Biret aufnehmen wollte, schlichtweg nicht unterbringen, aber Heymann bot ihr dennoch den Mantel des weltweiten Naxos-Netzwerks an. Das IBA, vertrieben von Naxos, erscheint so heute als unabhängiges Label mit Naxos-Katalognummern. Es ist ein idealer Kompromiss für beide Seiten.

Biret teilt ihre Zeit zwischen ihren drei Wohnsitzen in Brüssel, Paris und Istanbul auf. Sie hat einen Pleyel-Flügel von 1889 in Brüssel und einen Steinway von 1960 sowie einen Schröder von 1916 in Istanbul, aber für ihre Konzerte und Aufnahmen bereitet sie sich nachts auch auf einem elektronischen Klavier oder auf einer stummen Klaviatur vor. Sie ist mittlerweile in ihrem siebten Lebensjahrzehnt, aber die Energie ihrer Auftritte scheint unvermindert. 2010, im Jahr von Chopins 200. Geburtstag, hat sie viele Konzerte gegeben, und als eine führende polnische Zeitung ein 15-bändiges Werk über das Leben des Komponisten herausgab, wählte sie Idil Birets Chopin-Aufnahmen als Begleitmusik aus: eine ganz besondere Anerkennung.

Maria Kliegel – Cello

Es war ein ziemlicher Platten-Coup, der die in Deutschland geborene Cellistin Maria Kliegel mit Klaus Heymann in Kontakt brachte: die Weltpremiere der Aufnahme von Alfred Schnittkes Cellokonzert. Das Werk war für Natalia Gutman geschrieben worden, die es auch als Erste spielte: Man gab ihr ein Zwei-Jahres-Fenster für die erste Aufnahme. Die Sache verlief jedoch nicht nach Plan, und die Zeit wurde allmählich knapp. Zu jenem Zeitpunkt hatte Maria Kliegel das Stück bereits gelernt und spielte es bei Konzerten. Heymann hatte davon gehört und bat sie, es für Marco Polo aufzunehmen. Zwischen den beiden geplanten Aufnahmen entstand eine Art Wettrennen, und jede hatte mit eigenen Problemen zu kämpfen. Der Komponist selbst war bei den Gutman-Aufnahmen dabei gewesen, aber ein zweites Stück, das ebenfalls mit auf die CD sollte, musste erst noch fertiggestellt werden. Unterdessen sprang kurz vor Beginn der Marco-Polo-Aufnahmen mit Kliegel und dem Rundfunk-Symphonieorchester Saarbrücken plötzlich der Dirigent ab. Kliegel überredete das Orchester, Gerhard Markson als Ersatz zu akzeptieren, der ihre erste Aufführung des Stückes dirigiert hatte. 1991 erschien die Marco-Polo-CD als Weltpremiere und wurde vom Komponisten hochgelobt (er bezeichnete sie als die »maßgebliche« Einspielung).

Dies war ein Schlüsselmoment für Maria Kliegel und der erste Schritt in einer langen Zusammenarbeit mit Marco Polo und später Naxos.

Ihre Aufnahmekarriere hat eine zentrale Rolle in ihrem Musikerleben gespielt. Sie wurde in Hessen geboren und studierte bei János Starker und Mstislaw Rostropowitsch (1981 gewann sie den Großen Preis des Rostropowitsch-Wettbewerbs in Paris). Sie war besonders erfreut darüber, ihre Aufnahmekarriere mit Schnittkes Konzert beginnen zu können. »Ich war so glücklich, dass ich mit einem Stück anfangen konnte, das nicht von Dvořák, Saint-Saëns oder Tschaikowski war, sondern von Schnittke. Er war ein sehr bedeutender Komponist, und außerdem war ich in dieses Stück richtig verliebt.«

Schnittkes Konzert ist teuflisch schwierig, und es zeigte ganz eindeutig das Talent, das sowohl Starker als auch Rostropowitsch in ihr erkannt hatten. Heymann, der einen Cellisten suchte, mit dem er das Standard-Cellorepertoire einspielen konnte, war von der Schnittke-Aufnahme sehr beeindruckt und wandte sich an Kliegel. Mit finanzieller Unterstützung der Stiftung, durch die sie auch ihr Stradivari-Cello erhalten hatte, wurde die Aufnahme der Konzerte von Dvořák und Elgar unter (für diese frühen Naxos-Tage) relativ feudalen Bedingungen in der Henry Wood Hall in London mit dem Royal Philharmonic Orchestra unter der Leitung von Michael Halász eingespielt. »Es war fantastisch«, sagt Kliegel. »Ich hatte ein bisschen Angst, weil ich nicht wusste, wie die englischen Musiker auf eine unbekannte deutsche Cellistin reagieren würden, die ein Elgar-Konzert spielte. Aber sie waren wirklich sehr aufmerksam und freundlich. Ich hatte das Gefühl, ich säße mit ihnen in einem großen, gemütlichen, warmen Bett – es war einfach toll.« Die CD wurde 1992 veröffentlicht, nie aus dem Katalog entfernt und hat sich inzwischen 160.000 Mal verkauft. Für Kliegel war es der Beginn einer Folge regelmäßiger Aufnahmen, die insgesamt fast 15 Jahre anhielt.

»In den Anfangsjahren hat Klaus alle Vorschläge gemacht. Er meinte, er bevorzuge CDs mit einem Komponisten, weil sie sich leichter verkaufen ließen. Ich wusste aber, dass dies bei Cellomusik schwieriger ist, weil das Cellorepertoire der einzelnen Komponisten nicht so umfangreich ist.« Trotzdem funktionierte es in den ersten Jahren gut. »Ich wollte Stücke aufnehmen, die ich auch schon bei Konzerten gespielt hatte, aber es mussten auch Stücke sein, die ich wirklich spielen wollte – ich wollte keine Aufnahmen um der Aufnahme willen. Und das mussten wir mit Klaus' Wünschen in Einklang bringen.«

Kliegel nahm Konzerte von Saint-Saëns und Schostakowitsch, Tschaikowskis *Rokoko-Variationen* und Bruchs *Kol Nidrei* auf. Sie arbeitete mit verschiedenen Pianisten zusammen und spielte auch das zentrale Sonatenrepertoire (Beethoven, Mendelssohn, Chopin, Brahms) sowie attraktive Programme mit Zugabenstücken ein, darunter auch eine Sammlung von Werken des Cellisten und Komponisten David Popper. Ihre Aufnahme von Taveners *The Protecting Veil* verkaufte sich über 40.000 Mal.

Es war unvermeidbar, dass sie irgendwann auch Bachs Cellosuiten aufnehmen würde. »Klaus war sehr geduldig – ich habe Jahre gebraucht, um mich darauf vorzubereiten. Ich liebe die Barock- und Klassik-Stücke, aber die romantische Musik berührt mich noch mehr.« Sie verglich die vier existierenden Manuskripte der Suiten und spielte sie schließlich mit der Produzentin Ibolya Tóth in Budapest ein. Die Aufnahme wurde 2005 veröffentlicht.

Die zweifellos außergewöhnlichste CD, die während Kliegels Aufnahmekarriere bei Naxos und Marco Polo entstand, ist *Hommage à Nelson Mandela*. Kliegel, eine ebenso leidenschaftliche wie unternehmungslustige Musikerin, fühlte sich von Mandelas Autobiografie inspiriert, die sie während eines Urlaubs auf Hawaii las. Sie war entschlossen, ihn kennenzulernen und ihre Bewunderung auf ganz besondere Weise auszudrücken. Sie gab ein Werk für Cello und Perkussion bei dem Komponisten Wilhelm Kaiser-Lindemann in Auftrag, das sie 1996 in Düsseldorf zum ersten Mal aufführte. Im folgenden Jahr spielte sie in Kapstadt das Konzert von Saint-Saëns, wobei sie auch einige Auszüge aus *Hommage à Nelson Mandela* in ihre Darbietung einfließen ließ: Nur drei Monate später war sie erneut in Südafrika und spielte eines Morgens einige Teile des Stücks vor Nelson Mandela persönlich. »Ich durfte ihn eine Stunde lang persönlich treffen«, erinnert sie sich. »Ich habe einen der Sätze für ihn gespielt – er basierte auf einem Wiegenlied der Xhosa ... Ich hatte beschlossen, dieses Lied als Wiegenlied zu singen, mich dabei selbst auf den Leersaiten zu begleiten und den Rhythmus auf der Rückseite des Cellos zu klopfen. Es war kompliziert, aber er war sehr gerührt. Es war eine wundervolle Erfahrung. Zwischen dem Zeitpunkt, an dem ich das Buch gelesen habe, und der Erfüllung meines Wunsches lagen vier Jahre.« Das Stück wurde bei Marco Polo mit einem Foto von Mandela und Kliegel veröffentlicht und weltweit bekannt.

Kliegel hat inzwischen 34 Aufnahmen für Naxos eingespielt. Sie sagt, kurioserweise habe sich ihre Konzertkarriere nicht entsprechend ihrer Diskografie und ihrer internationalen Plattenverkäufe entwickelt. Sie macht dies an persönlichen Gründen fest, möglicherweise auch an Managementfehlern. Stattdessen schlug sie eine Karriere als Lehrerin ein, und in den vergangenen Jahren hat sie Bücher und DVDs veröffentlicht, die sich mit den zahlreichen Herausforderungen des Hauptrepertoires beschäftigen, denen Cellisten gegenüberstehen. Sie blickt gerne auf ihre Zeit bei Naxos zurück.

»Für mich war die Beziehung mit dem Label etwas ganz Besonderes, weil ich von Anfang an mit Klaus Heymann persönlich korrespondiert habe. Er war oft bei mir zu Hause. Wir hatten auch ein paar Meinungsverschiedenheiten, aber das ist schließlich normal. Und wir haben ein gewisses Grundvertrauen zueinander aufgebaut. Anfangs war ich ihm wirklich sehr dankbar, weil er mir genügend vertraut hat, um mir das wichtigste Cellorepertoire anzubieten. Ich wusste ja, dass er für die nächsten zehn Jahre nur eine Aufnahme dieser großen Werke machen würde. Am Anfang war ich ziemlich skeptisch, diese Aufnahmen für Naxos überhaupt einzuspielen, weil es ja ein Budget-Label war und die Leute meinten: ›Wieso gehst du denn nicht zur Deutschen Grammophon?‹, ›Weil das nicht so einfach ist!‹, habe ich ihnen dann gesagt. In diesen ersten Jahren waren die CDs von Naxos und Marco Polo in den Läden schlecht präsentiert, und die Preise waren wirklich sehr niedrig. Aber ich hatte schließlich ein gutes Orchester und eine gute Aufnahme, also war das Ergebnis auch sehr gut. Ich habe einfach gehofft, dass sich der Vertrieb in den kommenden Jahren noch verbessern würde. Und das hat er dann ja auch. Später habe ich von anderen Musikern gehört, dass ihre Aufnahmen gestrichen wurden, wenn sie sich nicht so gut verkauften, und da habe ich nur gedacht: ›Tja, das ist mir mit meinen Aufnahmen bei Naxos oder Marco Polo noch nie passiert!‹«

Kodály Quartet

Attila Falvay, 1. Geige · Erika Tóth, 2. Geige · János Fejérvári, Bratsche · György Éder, Cello

Haydn ist das Fundament aller Streichquartette. Die meisten Ensembles haben ein paar Haydn-Quartette in ihrem Repertoire, und fast alle Musiker sagen, dass sie ihrer nie überdrüssig werden. Relativ wenige kommen hingegen in den Genuss, sie alle zu spielen, und noch weniger haben den kompletten Zyklus eingespielt. Attila Falvay, erster Geiger des Kodály Quartet, bekräftigt, dass dies in seiner beinahe ein Vierteljahrhundert andauernden Studiokarriere bei Naxos sein persönlicher Höhepunkt war – ein dauerhafter Höhepunkt, da sich die Aufnahmen für den kompletten Zyklus de facto über ein Jahrzehnt erstreckten. Vom 17. bis 19. Juni 1988 spielte das Kodály Quartet (das damals aus Attila Falvay, 1. Geige; Tamás Szabó, 2. Geige; Gábor Fias, Bratsche, und János Devich, Cello, bestand) das Op. 76 Nr. 3 in C-Dur (*Kaiserquartett*), Op. 76 Nr. 2 in d-Moll (*Quintenquartett*) und Op. 76 Nr. 4 in B-Dur (*Sonnenaufgang*) ein. All diese Stücke hatte das Ensemble ohnehin im Repertoire, und so waren die Aufnahmen das reinste Vergnügen. Keiner von ihnen – am allerwenigsten Falvay, der erst seit 1980 zum Quartett gehörte, das 1966 gegründet worden war – hatte auch nur die geringste Ahnung, dass dies der Beginn eines kompletten Zyklus sein würde. Soweit sie wussten, handelte es sich dabei lediglich um eine einzige Platte für irgendein dubioses Budget-Label, auch wenn dies ihr Vergnügen an den Sessions keineswegs schmälerte. Die Aufnahme sollte sich als wichtige Platte für Naxos erweisen, da sie dem Label im November 1990 die erste wirklich positive Kritik in Großbritannien bescherte: in der einflussreichen Sendung *Record Review* von BBC Radio 3. Sie half dabei, das Label trotz seiner günstigen Preise als zuverlässige Quelle für klassische Musik zu etablieren.

Das Kodály Quartet hatte bereits die Hälfte aller Haydn-Quartette in seinem Konzertrepertoire, daher fiel es den Musikern relativ leicht, sie im Studio einzuspielen. Jede einzelne Aufnahme war ein reines Vergnügen, wie Attila Falvay sich erinnert. »Wenn ich je das Glück hätte, sie noch einmal aufzunehmen, würde ich mit den frühen Stücken beginnen und mich dann in der Reihenfolge, in der sie komponiert wurden, durch die Quartette spielen. Aber in diesen Anfangstagen hatten wir nicht unbedingt die allerbesten Partituren: Das war während der kommunistischen Zeit, und die Urtexte waren nicht erhältlich. Wir hatten nur die Peters Edition, und die warf schon einige Fragen auf. Manchmal mussten wir einfach unserem Instinkt vertrauen. Aber das ist eine fantastische Sache für ein Streichquartett, besonders für die erste Geige, und ich war sehr glücklich. Es ist ein Traum, alle Haydn-Quartette aufnehmen zu können und diese wundervolle Literatur kennenzulernen und zu spielen.«

Die Aufträge für die Aufnahmen kamen von Heymann, der ursprünglich nur die Quartette hatte haben wollen, die schon bereits populär waren. Das Kodály Quartet begann jedoch schon bald mit der Aufnahme der Stücke in der Reihenfolge ihrer Opus-Nummern, was Falvay noch immer für die richtige Entscheidung hält. »Wir fanden besonders Haydns thematische Umsetzung und Entwicklung in den Streichquartetten interessant. Musikalische Ideen, die er beispielsweise bereits in Nr. 1 eines Opus ausprobiert hatte, konnten später in Nr. 2 und Nr. 3 desselben Opus wieder auftauchen. Es war eine große Familie der thematischen Ideen, die stets weiterwuchs und von Haydn weiter ausgearbeitet wurde. Das Tempo ist auch sehr wichtig. Und, sich zu fragen, welche Art von Musik es ist: Ist sie eine Art Bauerntanz oder, wie beim ›Kaiserquartett‹, eher aristokratisch und edel?«

1994 stand fest, dass das Ensemble den gesamten Zyklus einspielen würde, und Haydn war schon bald ein fester Bestandteil des alljährlichen Aufnahmeprogramms der Musiker. Manchmal nahmen sie zwei Haydn-Platten pro Jahr auf, manchmal auch mehr. Die letzte Platte des Zyklus wurde im Jahr 2000 eingespielt: Sie enthielt die Arrangements zweier (heute als nicht authentisch geltender) Kassationen von Op. 2 Nr. 3 und 5 sowie die beide Quartette des Op. 3, die heute allgemein Hofstetter zugeschrieben werden. Man beschloss jedoch, sie der Vollständigkeit halber trotzdem einzuspielen. Der komplette Zyklus (25 CDs) erschien 2008 und wurde von der Kritik positiv aufgenommen. Falvay bemerkt dazu: »Es war unvermeidbar, dass wir im Laufe der zwölf Jahre unseren Ansatz und unseren Stil veränderten. Die Besetzung hat sich geändert [die aktuelle Besetzung ist seit 2005 zusammen], und mit ihr natürlich in gewisser Weise auch unsere Spielweise. Aber das ist ganz natürlich – alle Musiker ändern im Laufe der Zeit ihr individuelles Spiel.«

Die Interpretation war im Falle von Haydn besonders entscheidend, da sich das Bewusstsein für die Historische Aufführungspraxis in den 1990ern vergrößerte. Falvay bemerkte, dass sich die Ansichten änderten und Darbietungen mit Darmsaiten in den Vordergrund rückten, und auch wenn alle vier Musiker nach wie vor auf modernen Instrumenten spielen, hat sich der Stil ihrer Haydn-Quartette weiterentwickelt. »Meine Art zu spielen liegt sehr nahe am Gesang, einer natürlichen Singstimme, ohne zu viele Manierismen. Ich mag die reine Musikalität, wenn sich die Persönlichkeit von ganz allein zeigt.« Ein ungarisches Quartett ist eine natürliche Wahl für Haydn, da er viele seiner Werke am Schloss Esterházy schrieb. Falvay ist sich sicher, dass das Kodály Quartet eine ganz besondere ungarische Note mitbringt und in seiner Spielweise der starken Tradition früherer ungarischer Quartette folgt. »Vielleicht spielen wir klassischer und weniger akademisch oder wissenschaftlich als ein amerikanisches oder französisches Quartett.«

Der Erfolg des Haydn-Zyklus brachte das Kodály Quartet auf den Weg des zentralen klassischen Repertoires, der in den kompletten Zyklen von Beethoven und Schubert gipfelte. Falvay schlug Heymann den Beethoven-Zyklus vor. Das Ensemble hatte bereits sämtliche Stücke bei Konzerten gespielt, auch wenn dies die Aufnahmen nicht unbedingt einfacher machte. »Die Beethoven-Quartette sind sehr kompliziert – das ist ein völlig anderes Projekt. Bei den Haydn-Quartetten spielt die erste Geige die meisten Melodien. Bei Beethovens Quartetten spielt jeder etwas Wichtiges. Zum Beispiel bei der *Großen Fuge*. Wenn jeder die Dynamik so spielt, wie es geschrieben ist, dann ist es ein schreckliches Stück, weil der Zuhörer dann überhaupt keine Melodie mehr hören kann – alle spielen nur Fragmente. Wir mussten mehr Kontinuität hineinbringen. Wir mussten die Dynamik ein paar Mal umschreiben, sogar von *fortissimo* nach *piano*, weil andere Teile einfach viel wichtiger sind. Es ist wirklich ein sehr schwieriges Stück. Die Aufnahmen haben uns geholfen, denn wenn wir uns die erste Fassung anhörten, konnten wir hören, was jeder Einzelne von uns machte und wie unsere Theorien in der Praxis funktionierten. Ich habe mich gefreut, dass wir so gute Kritiken dafür bekommen haben, weil wir wirklich sehr hart daran gearbeitet haben!«

Bei Beethoven war der Aufnahmeprozess ein anderer. Bei den Haydn-Sessions hatten sie pro Tag ein Quartett eingespielt; bei den Werken aus Beethovens mittlerer Periode war das Quartett schon mit einem oder zwei Sätzen pro Tag zufrieden. Aber die meisten Sitzungen folgten einem Muster: Aufwärmen um 9 Uhr, ab 10 Uhr zwei bis drei Stunden Aufnahme ohne Pause, dann Mittagessen und anschließend wieder Aufnahme bis etwa 17 Uhr oder 18 Uhr. »Ich mag keine Pausen, weil man dann die ganze Anspannung verliert und es schwierig ist, den Charakter des Stücks wiederzufinden. Ich bin nach jeder Sitzung vollkommen erschöpft, weil man wirklich eine Menge Konzentration und Energie benötigt, damit es bei den Wiederholungen nicht langweilig wird. Wir müssen unser Spiel immer frisch halten, was ohne Publikum viel schwieriger ist. Bei einer Aufnahmesession hat man einfach ein ganz anderes Gefühl! Wenn man ein Konzert spielt, ist es viel einfacher, voller Leben und Elan zu spielen, obwohl man bei einem Konzert ja nur eine Möglichkeit hat. Manchmal, wenn man sich bei einer Aufnahme eine erste Fassung anhört, ist man ganz überrascht davon, was man hört – man erwartet nicht, dass eine Phrase, die man gerade gespielt hat, so klingt!«

Die meisten Aufnahmen fanden mit der Produzentin Ibolya Tóth statt (wie so viele andere Aufnahmen in Ungarn auch), zunächst am Italienischen Kulturinstitut und dann im Phoenix Studio in Diósd. Der

Unterschied zu vielen späteren Aufnahmen des Kodály Quartet bestand jedoch darin, dass sie von Falvays Frau Mária geschnitten wurden. Falvay hörte sich die erste Fassung an und vertraute seiner Frau und Tóth dann den Schnitt der Endfassung an. »Sie hören anders zu als ich.« In 20 Jahren hat das Kodály Quartet mehr als 50 Aufnahmen für Naxos eingespielt, wobei sie an den drei Zyklen von Haydn, Beethoven und Schubert gleichzeitig arbeiteten. Das Ensemble hat aber auch andere Stücke aufgenommen, darunter die Oktette von Mendelssohn, Schubert und Bruch (»das war eine Entdeckung für uns«), die Quartette von Ravel und Debussy sowie Schuberts *Forellenquintett* und Bartóks Quintett (beide mit Jenő Jandó). Sie bedauern es, Stücke, die sie oft bei ihren Konzerten spielen, nicht auch für Naxos aufgenommen zu haben – Quartette von Bartók, beispielsweise (die für Naxos vom Vermeer Quartet eingespielt wurden), Dohnányi oder auch Kodály selbst. Aber Falvay beschwert sich nicht. »Wir waren sehr dankbar für die Gelegenheit, all dieses klassische Kernrepertoire für Naxos aufnehmen zu können. Anfangs haben wir nicht darüber nachgedacht, für welche Firma wir die Aufnahmen machten – ob es ein Budget-Label war oder wo sie ihren Sitz hatte. Wir waren einfach froh, dass wir die Chance dazu bekamen. Am Anfang sind uns einige Leute mit Vorurteilen begegnet, die Naxos nicht für voll nahmen, weil es die CDs zum Budgetpreis verkaufte. Die Leute dachten, es sei dann vielleicht auch eine Budget-Darbietung – in gewisser Weise eben billig. Aber glücklicherweise hat sich diese Wahrnehmung komplett geändert. Und es hat unserer Konzertkarriere ganz sicher geholfen. Es war sehr gut, dass wir mit unseren Aufnahmen, die gute Kritiken erhalten hatten, bei Konzertagenten vorstellig werden konnten.«

Ilya Kaler – Violine

Nachdem der in Russland geborene Virtuose Ilya Kaler Mitte der 1980er drei der größten internationalen Geigenwettbewerbe gewonnen hatte (Tschaikowski, Sibelius und Paganini), war es alles andere als eine offensichtliche Wahl, als er Anfang der 1990er zu Naxos übersiedelte. Die Veröffentlichung seiner ersten Platte (Paganinis Konzerte Nr. 1 und 2 und seine 24 Capricen) brachte ihm jedoch weltweite Anerkennung ein und unterstrich den wachsenden Reiz, den Naxos auf außergewöhnliche Künstler ausübte. Es war offensichtlich, dass Naxos ihnen eine internationale Plattform bieten konnte, die es mit jedem etablierten Label aufnehmen konnte.

Stephen Gunzenhauser war bereits Naxos-Künstler und hatte in den USA zwei Konzerte mit Kaler dirigiert. Er empfahl ihn Klaus Heymann, der sofort mit dem Paganini-Angebot antwortete. Es folgten rasch weitere Aufnahmen, darunter auch Konzerte von Glasunow und Dvořák. »Er war ganz sicher einer der großen Geiger in der russischen Tradition unserer Zeit, aber er hat nicht die Karriere gemacht, die er verdient gehabt hätte«, so Heymann. »Er ist sehr musikalisch und hat eine ausgezeichnete Technik, und sein Spiel ist sehr intelligent.« In den folgenden Jahren baute Kaler das Naxos-Geigenrepertoire aus, das Takako Nishizaki bereits geschaffen hatte. Er fügte eigene Aufnahmen des Kernrepertoires hinzu, spielte aber auch weniger bekannte Werke ein (ein Weg, den er auch heute noch beschreitet). Die Brahms-Sonaten erschienen 2002, gefolgt von den großen Konzerten von Tschaikowski, Brahms und Schumann sowie beiden Konzerten von Schostakowitsch.

Kalers Loyalität zu Naxos ist uneingeschränkt. »Es war eine wunderbare Gelegenheit für mich, diese großartigen Stücke aufnehmen zu können, und sie haben mir in meiner Karriere sehr geholfen.« Von seinem Zuhause in Illinois arbeitet er weiter an seiner internationalen Konzertkarriere, während der er bereits mit zahlreichen großen Orchestern zusammengearbeitet hat. Er erlebt den Naxos-Vertrieb in allen Ecken der Welt. »Neulich habe ich in Santa Domingo in der Dominikanischen Republik gespielt, und nach dem Konzert kamen plötzlich diese jungen Menschen auf mich zu und haben mich gebeten, die Naxos-CDs zu signieren, die sie gekauft hatten – Paganinis Capricen. Es war wirklich schön, das zu erleben.«

Heute nimmt er nur noch ein oder zwei Mal pro Jahr auf. »Der Großteil meiner Arbeit findet in Konzertsälen statt, deshalb fühlt es sich manchmal recht seltsam an, wieder vor einem Mikrofon zu stehen, aber ich brauche nie lange, um mich daran zu gewöhnen. Ich betrachte es immer als Lernerfahrung, weil deine Ohren irgendwie anders funktionieren, wenn du vor einem Mikrofon stehst. Du hörst sehr aufmerksam auf das, was du tust, und warum du es tust, und wenn du dir hinterher das Master anhörst, entdeckst du ganz neue Seiten an deinem Spiel – manchmal gefallen sie dir, manchmal aber auch nicht! Für mich als Instrumentalisten ist das sehr stimulierend. Aber im Allgemeinen denke ich wirklich, dass meine Aufnahmen mein Spiel sehr gut widerspiegeln und genauso klingen, wie ich mich auch live anhöre.«

Seinen Ruf als Studiokünstler hat er sich unweigerlich durch seine Aufnahmen des populären Repertoires erarbeitet. Er hat außerdem Bachs unbegleitete Sonaten und Partiten aufgezeichnet, bei denen das Geigenspiel ganz allein im Rampenlicht steht, sowie Ysaÿes Solosonaten. Doch wenn er heute auf seine über zwei Jahrzehnte umspannende Aufnahmegeschichte bei Naxos zurückblickt, ist er den weniger bekannten Werken ebenso zugetan. Dazu gehören auch Tanejews *Suite de concert*, beide Szymanowski-Konzerte mit der Warschauer Philharmonie unter der Leitung von Antoni Wit (eine Aufnahme, die zu einer Reihe von Konzertengagements führte, als Promoter auf seine Arbeit aufmerksam wurden), und das Violinkonzert von Mieczysław Karłowicz, ebenfalls mit der Warschauer Philharmonie und Wit. Kaler kannte Karłowiczs Konzert bereits, weil er es als Kind in Russland oft gehört hatte, aber er hätte nie geglaubt, eines Tages die Chance zu bekommen, es selbst aufzunehmen. »Das ist der Grund, warum die Arbeit mit Naxos eine so interessante Erfahrung war«, bekräftigt er.

Maggini Quartet

Das Maggini Quartet hat einen einzigartigen Beitrag zu Naxos im Allgemeinen und zur englischen Kammermusik im Besonderen geleistet. Nach dem Erscheinen der ersten Aufnahme des Quartetts bei Naxos im Jahr 1996 folgte ein steter Strom weiterer Platten, die sich dem Kern der englischen Kammermusik widmeten, besonders den Werken von 1900 bis 1950.

Das Angebot, diese Musik für ein internationales Budget-Label aufzunehmen, kam für das Quartett ziemlich überraschend: Gewiss war die englische Kammermusik doch allein die Domäne der englischen unabhängigen Vollpreis-Labels, oder nicht? Diese besondere Zusammenarbeit (die Teil der Reihe mit britischer Musik war, die David Denton ins Leben gerufen hatte) verhalf Naxos jedoch zu einem eigenen englischen Charakter in England – diese »lokale« Note wurde von anderen Naxos-Unternehmen in anderen Teilen der Welt schon bald nachgeahmt. Alles begann mit der Musik von Frank Bridge und E. J. Moeran und endete 15 Jahre und etwa 30 CDs später mit der Musik von Ronald Corp. Dazwischen lag unter anderem die gewichtige Aufnahme der *Naxos Quartets* von Peter Maxwell Davies.

Die Beziehung zwischen Naxos und dem Quartett begann mit einem einfachen Vorschlag. 1994 beschlossen seine Mitglieder – Laurence Jackson und David Angel, Geige; Martin Outram, Bratsche; Michal Kaznowski, Cello – privat zwei CDs mit englischer Musik aufzunehmen und sie verschiedenen Plattenfirmen anzubieten. In einer Kirche im Norden Londons spielten sie kurze, attraktive Stücke für Streichquartett von Bridge sowie die Streichquartette und das Streichtrio von Moeran ein. Als Techniker und Produzenten engagierten sie ihren Freund Andrew Walton: Hauptberuflich Geiger des English Chamber Orchestra, interessierte er sich auch sehr für den Aufnahmeprozess an sich.

Die Masters verschickten sie an drei Labels. Das Quartett erhielt eine äußerst positive Rückmeldung von David Denton, der Naxos vertrat. Er willigte nicht nur ein, die Aufnahmen zu veröffentlichen, sondern bot ihnen auch einen Vertrag für weitere Platten mit englischer Musik an. Er hatte auch nichts dagegen, sie weiterhin von Andrew Walten produzieren zu lassen. Dieser Moment veränderte das Leben des Quartetts (und Waltons) komplett, wie David Angel sich erinnert: »Ich saß gerade im Zug, als Andrew mich anrief, und wir konnten es beide kaum glauben. Es war das beste Angebot überhaupt, sowohl für ihn als Produzenten, als auch für uns als Quartett.«

Es war auch ein musikalischer Wendepunkt für das Quartett, denn plötzlich bildete englische Musik den zentralen Bestandteil seines Konzertlebens. »Als wir das Maggini 1988 gründeten, haben wir uns ganz sicher nicht als Instrument für britische Komponisten gesehen. Das passierte alles durch Zufall. Wir haben Moeran für die Aufnahmen ausgesucht, weil wir gefragt wurden, ob wir einige seiner Stücke auf einem Festival in der Nähe von Tunbridge Wells spielen wollten, und wir fanden sie ganz wundervoll. Wir kannten eines von Brittens Quartetten, und unser Bratschist, Martin, wollte es unbedingt spielen. Wir haben Quartette aus dem europäischen Kernrepertoire gespielt – wir hatten schon Stücke von Haydn, Schubert und Szymanowski für andere Labels aufgenommen und hatten eigentlich nicht vor, so viel englische Musik zu spielen, bis Naxos uns gefragt hat, ob wir sie nicht aufnehmen wollen!«

Die nächste CD war Elgars Klavierquintett mit Peter Donohoe, die den Diapason d'Or in Frankreich gewann. Diese Anerkennung war besonders befriedigend, auch wenn sie ironischerweise nicht aus England kam. Als Anthony Anderson 1997 zu Select Music stieß, übernahm er auch die Verantwortung für die Maggini-Aufnahmen und entwickelte in den folgenden zehn Jahren eine enge Beziehung zu dem Ensemble. Der erste Teil von Brittens Streichquartett (Nr. 1 und 2) folgte 1998, und man einigte sich auf zwei Aufnahmen pro Jahr. Das Quartett spielte bei seinen Konzerten ein immer breiteres Repertoire, und immer öfter handelte es sich bei dem zentralen Werk – aufgrund der Naxos-Aufträge – um ein englisches Stück. Das Ensemble plante sorgfältig und relativ weit im Voraus und nahm die Werke, die es für seine nächste Aufnahme ausgewählt hatte, in sein Konzertprogramm, bevor es mit ihnen ins Studio ging.

Britische Musik entwickelte sich zum Markenzeichen des Maggini Quartet, auch wenn Angel darauf hinweist, dass sie höchstens ein Drittel ihres Konzertrepertoires ausmachte. Die regelmäßigen Rezensionen, die sie für ihre Aufnahmen zweimal jährlich erhielten – und die normalerweise voll des Lobes waren – halfen nicht nur dabei, das Quartett bekannter zu machen, sie trugen ganz sicher auch dazu bei, dass es zusätzliche Konzertengagements erhielt. Auf Britten folgte Walton, auf Walton folgte Vaughan Williams. Die Sammlung mit den beiden Streichquartetten von Vaughan Williams und dem *Phantasy Quintet* mit Garfield Jackson bescherte Naxos seinen ersten *Gramophone* Award. »Es begann für uns als ganz typisches Projekt«, erinnert sich Angel. »Wir kannten die Musik nicht besonders gut, bevor wir anfingen, damit zu arbeiten, und ich mochte Vaughan Williams auch nicht besonders. Aber ich habe mich in die Quartette verliebt, und im Jahr 2000 habe ich praktisch mit Vaughan Williams gegessen, getrunken und geschlafen. Ich habe alles über ihn und seine Musik gelesen, was ich in die Finger kriegen konnte, und wir haben ihn überall gespielt. Genau wie bei Britten haben wir uns komplett in ihn vertieft.«

Es sollte eine ganz besondere Aufnahme werden, und die Sitzungen selbst zeigten, was für ein eingeschweißtes Team das Maggini Quartet und Andrew Walton bereits waren. Angel erinnert sich: »Es gab da einen Moment, als wir den langsamen Satz Nr. 2 einspielten, den zentralen Satz, der *pianissimo* beginnt, ohne Vibrato. Es war ein ganz besonderer, sehr bewegender Moment. Als wir die erste Aufnahme gemacht hatten, sagte Andrew im Regieraum: ›Ich glaube, wir können das auf zweierlei Art machen. Entweder schlagen wir den etwas steinigeren Schostakowitsch-mäßigen Weg ein, oder wir machen etwas völlig Ungewöhnliches, das wir im Konzertsaal vielleicht nicht so leicht hinkriegen würden.‹ Und das war dann auch der Weg, auf den er uns schicken wollte. Wir haben zu fünft daran gearbeitet, und als wir uns die erste Aufnahme angehört haben, musste ich näher an die Lautsprecher rangehen, um etwas zu hören. Aber ich musste zugeben, dass es etwas wirklich Außergewöhnliches an sich hatte, und *er* hatte uns dazu gebracht. Irgendwie drückte es perfekt aus, wie besonders die Musik für uns war.«

Daher freuten sie sich besonders, als sie 2001 ausgerechnet für diese Platte den Kammermusikpreis von *Gramophone* gewannen. Bei der Preisverleihung in London spielten sie einen Satz des Stückes, und an jenem Abend kam auch ein bekannter Dirigent auf sie zu, der sie kritisierte, weil sie für Naxos aufnahmen. Die Vorurteile gegen das Label bestanden noch immer, auch 14 Jahre nach seiner Gründung. »Er meinte, er könne verstehen, dass wir Aufnahmen machen wollten, wo immer wir konnten, aber er warf uns vor, ›mit dem Teufel gemeinsame Sache zu machen‹!« Die Vaughan-Williams-CD wurde zum Bestseller des Quartetts: Innerhalb eines Jahres nach dem Gewinn der Auszeichnung verkaufte sie sich 20.000 Mal, und bis heute wurden insgesamt 45.000 Stück verkauft – eine wirklich außergewöhnliche Zahl für relativ spezielles Repertoire wie dieses.

Im folgenden Jahr begann schließlich das Projekt, mit dem das Maggini Quartet wohl bis in alle Ewigkeit in Verbindung gebracht werden wird: die *Naxos Quartets*, zehn Werke, die Sir Peter Maxwell Davies, Master of the Queen's Music (Hofkapellmeister), speziell für das Ensemble komponierte. Ein so außergewöhnliches Engagement seitens des Komponisten, der Musiker und des Plattenlabels, die sich für ein derartig aufsehenerregendes musikalisches Projekt zusammenschlossen, hatte es in der Geschichte der Klassischen Musik noch nie gegeben. Angel berichtet: »Max wollte eine Reihe von zehn Quartetten schreiben – er hatte das Gefühl, es sei an der Zeit – aber er musste erst einen Aufhänger dafür finden. Er kannte das Belcea Quartet schon seit Langem und sprach zunächst mit ihnen, aber sie haben abgelehnt. Vermutlich wurde ihnen klar, welch immenses Engagement das Projekt erforderte.

Dann kam irgendwie Klaus Heymann mit ins Boot, und Naxos trat an uns heran. Wir waren das Quartett, das englische Musik einspielte – wir waren die offensichtliche Wahl. Wir wussten von Beginn an, was für ein außergewöhnliches Projekt es werden würde, und wir haben wirklich lange und sorgfältig darüber nachgedacht, aber am Ende konnten wir es einfach nicht ablehnen. Es war zu aufregend, und so etwas war ja noch nie dagewesen – wir hatten tatsächlich eine Vereinbarung mit einem so grandiosen Komponisten wie Maxwell Davies getroffen und würden zehn Quartette in fünf Jahren einspielen. Dies bedeutete auch, dass wir sehr intensiv mit ihm zusammenarbeiten würden, und wenn ich heute zurückblicke, denke ich, dass es aus musikalischer Hinsicht eines der wichtigsten Dinge war, die ich je gemacht habe. Es war eine wirklich außergewöhnliche Erfahrung. Alles, was ich sagen kann, ist: ›Gott sei Dank haben wir uns so gut verstanden!‹ Ich weiß noch, wie

Max am Anfang meinte, dass er uns nicht kennt und wir ihn nicht kennen, und dass wir keine Ahnung hätten, was passieren würde. Wir wurden ein bisschen ruhiger, als wir das allererste Mal für ihn spielten, das war eine Woche vor der Weltpremiere des ersten Quartetts. Da haben wir festgestellt, dass er absolut musikalisch ist! Das war keine Mathematik. Obwohl er ein Mathegenie ist, benutzt er das nur als Werkzeug, wenn er komponiert. Er kann aber auch jeden Rhythmus tanzen, den er schreibt – er kann die Musik mit seinem Körper spüren.

Er hat uns durch die Proben geführt, als wäre es ein Haydn-Quartett; jedenfalls war Haydn der Ausgangspunkt für ihn. So haben wir gleich beim ersten Stück den perfekten Einstieg gefunden. Von da an haben wir uns zu fünft auf die gemeinsame Reise begeben: Er hat immer mehr darüber gelernt, wie man Quartette schreibt, und wir haben immer mehr darüber gelernt, wie man sie spielt! Sie waren spielbar, aber manchmal wirklich teuflisch. Es war nicht so, dass sie immer schwieriger wurden, je weiter die Reihe voranschritt, wir hatten eher das Gefühl, dass seine Kompositionen immer klarer wurden. Von Quartett Nr. 1 an gab es immer wieder wirklich bemerkenswerte Passagen, aber ich glaube nicht, dass er je wieder zu der dichten Komposition in Nr. 2 zurückgekehrt ist, obwohl das Quartett wirklich gigantisch und sehr beeindruckend ist. Wenn überhaupt, dann wurde er immer transparenter. Ich bin mir aber nicht sicher, ob er mir da zustimmen würde. Als wir das vierte Quartett spielten und das erwähnten, sagte er: ›Das liegt nur daran, dass ihr euch an mein Empfinden der Tonalität gewöhnt, und wenn ihr jetzt noch mal die anderen drei spielen würdet, dann würden sie auch anders klingen.‹ Ich habe ihn daran erinnert, als wir uns auf das siebte Quartett vorbereitet haben, und er meinte: ›Habe ich das wirklich gesagt? Was für eine Frechheit!‹.« Wie immer ging das Quartett mit den Stücken zunächst auf Tournee, bevor die Musiker sie im Studio einspielten. Der *poet laureate* Andrew Motion schrieb sogar eine Reihe von Sonetten für sich, die er bei Konzerten zwischen den einzelnen Sätzen von Quartett Nr. 7 lesen konnte.

Während die zehn Quartette ihren festen Platz in der englischen Musikgeschichte einnahmen, mussten sie ihn in Magginis Aufnahmeprogramm bei Naxos erst noch finden. In den fünf Jahren, in denen die Musiker die *Naxos Quartets* einspielten, nahmen sie jeweils auch mindestens eine weitere CD auf, oft auch mehr. Sie spielten Musik von Alwyn, Arnold, Bax, Bliss, Ireland, Rawsthorne und Lennox Berkeley. In gewisser Weise läutete das Ende des *Naxos Quartets*-Projektes auch das Ende einer Ära für das Maggini Quartet ein. Laurence Jackson, der erste Geiger, hatte das Ensemble verlassen, und es gab einige Ersatzmusiker, bis es sich schließlich für Susanne Stanzeleit entschied. Der Musik von Edmund Rubbra folgten daraufhin die Quartette von Ronald Corp, und beide CDs wurden 2011 veröffentlicht. Das war auch das Jahr, in dem das Maggini Quartet und Naxos beschlossen, in Zukunft getrennte Wege zu gehen. Das Quartett wollte auch Werke außerhalb des englischen Repertoires aufnehmen, um die Interessen der einzelnen Musiker besser widerzuspiegeln, und Naxos hatte für dieses Programm andere Ensembles. Es war eine freundschaftliche Trennung, da beide Seiten wussten, dass sie während ihrer 15-jährigen, emsigen Partnerschaft etwas wirklich Außergewöhnliches geschaffen hatten.

Patrick Gallois – Flöte und Dirigat

Patrick Gallois ist beinahe einzigartig unter den Naxos-Künstlern, da er dort sowohl als Solist als auch als Dirigent erschienen ist. Seinen Aufnahmen des wichtigsten Flötenrepertoires ist die unverkennbare Persönlichkeit seines besonderen Instruments anzumerken: einer Holzflöte, die nach seinen ganz individuellen Angaben gefertigt wurde, mit eckigen Löchern und eckigen Klappen. Seinen Aufnahmen mit Orchesterwerken, von Haydn bis Gershwin, ist eine besondere Lebendigkeit zu eigen, denn Gallois liebt vor allem das Musizieren. Er ist kein Dirigent, der im Aufnahmestudio wie ein leistungsorientierter Geschäftsführer arbeitet: Er besteht darauf, so lange mit seinem Orchester zu arbeiten, wie es eben dauert. Die Tatsache, dass ihm dies auch bei Naxos gelungen ist, wo Geld immer eine große Rolle spielte, zeugt sowohl von seiner Hingabe als auch seiner Genialität – und von Klaus Heymanns

Fähigkeit, den unterschiedlichsten Talenten gerecht zu werden. Die Auswahl eines finnischen Kammerorchesters unter der Leitung eines französischen Dirigenten für die Aufnahme so unterschiedlicher Werke wie der frühen Haydn-Sinfonien, Mendelssohns Violinkonzert oder Musik für Klarinette und Streicher von George Gershwin ist ganz sicher keine offensichtliche Strategie. Aber die musikalischen Ergebnisse gaben diesen Entscheidungen recht.

Gallois begann seine Studiokarriere an der traditionellen Spitze: der Deutschen Grammophon. Dieses Prestige spiegelte seine außergewöhnlichen Qualitäten als Flötist wieder, aber er fühlte sich in der Umgebung nicht wohl. »Ich bin nach London gereist und habe das Rodrigo-Konzert in einer Sitzung aufgenommen, den Khatchaturian in einer anderen. Das kann man zwar machen, aber ich habe mich gefragt: Wo ist die Musik?« Nach etwa zehn Aufnahmen mit dem Gelblabel hörte er daher auf. »Sie wollten, dass ich mit den Wiener Philharmonikern Mozart einspiele. Das sind tolle Musiker, aber das ist nicht mein Stil.« Die Aufnahme wurde nie veröffentlicht, und Gallois wechselte zu Naxos. »Die Art und Weise, wie die DG Musik aufnimmt, ist fantastisch, wenn du Karriere machen willst, aber ich wollte einfach nur Musiker sein. Ich habe versucht, eine Firma zu finden, die die Dinge tun würde, die ich tun wollte, nicht Mendelssohns Violinkonzert oder Francks Sonate für Flöte, die einfach schrecklich ist. Für Flöte gibt es eine Menge Musik, aber die Menschen wissen das gar nicht.« Außerdem wollte er mehr dirigieren, besonders Orchester, zu denen er eine enge Beziehung hatte. Seit beinahe einem Jahrzehnt spielt seine Verbindung mit dem Sinfonia Finlandia Jyväskylä eine zentrale Rolle bei seiner Arbeit: Er lebt den Großteil des Jahres in Finnland.

Seine erste CD für Naxos waren Mozarts Flötenkonzerte, darunter auch das Konzert für Flöte und Harfe, das er mit dem Schwedischen Kammerorchester und dem Harfenisten Fabrice Pierre aufnahm; das Album erschien 2003. Typischerweise schrieb Gallois seine eigenen Kadenzen und drückte den Aufnahmen seinen Stempel damit noch deutlicher auf. Im Laufe der nächsten zehn Jahre erschienen weitere Flötenwerke, darunter auch das Flötenkonzert von Friedrich Witt (in einem

Programm mit zwei Witt-Sinfonien), das Konzert für zwei Flöten, das der zeitgenössische bulgarische Komponist Emil Tabakov speziell für Gallois geschrieben hatte (und das er mit Philippe Bernold einspielte), Reineckes Flötenkonzert, die kompletten Flötenkonzerte von C. P. E. Bach sowie Musik für zwei Flöten und Orchester von Franz und Karl Doppler (aufgenommen mit Kazunori Seo).

Sämtliche Aufnahmen für die DG spielte er auf einer Goldflöte ein. Um die folgende Veränderung zu unterstreichen, nahm Gallois alle Werke für Naxos mit der von ihm selbst entworfenen Holzflöte auf, sogar Stücke aus dem 20. Jahrhundert. »Ich wollte nicht auf einer alten Flöte mit einem alten Orchester spielen. Das hatte ich schon vor Jahren getan. Aber man muss seine eigene, besondere Stimme kennen, und meine Stimme ist sehr speziell. Mein Instrument, die Holzflöte mit den eckigen Löchern und Klappen, ist ein Unikat. Du musst wie ein Sänger mit einer eigenen Stimme sein, du musst alles spielen können. Ich war ziemlich frustriert wegen der Traversflöte, weil am Ende immer alles gleich klang. Das ist nicht mein Klang, sondern der Klang des Instruments.« Er erklärt, dass Reineckes Musik für einen Musiker geschrieben wurde, der sie auf einem Holzinstrument spielt, wenn auch einem sehr ungewöhnlichen mit zwanzig Klappen. »Ich habe es gespielt, und es ist wirklich interessant, aber auch sehr schwierig.« Auch wenn Gallois einräumt, dass die Authentizität der Instrumente ganz sicher ihren Platz hat, glaubt er, dass man es damit auch übertreiben kann. »Das romantische Instrument hat elf Klappen, und es gibt drei oder vier verschiedene Griffe für jede Note ... manche Barockflöten haben nur eine Klappe, andere haben fünf. Man kann kein Experte auf all diesen Flöten sein. Es ist viel besser, bei der Musik Experte zu sein.« Darum benutzt er seine spezielle Flöte für Komponisten von Einojuhani Rautavaara über François Devienne bis hin zu Saverio Mercadante, dessen Kammermusik-Arrangements auch auf einer seiner jüngsten Aufnahmen zu hören sind.

»Musik machen« ist für Gallois ein konstantes Ausdrucksmittel und ein ständiges Thema. Seine besondere Beziehung mit der Sinfonia Finlandia Jyväskylä, einem Berufsorchester, erlaubt es ihm, eine ganze Probenwoche für eine Naxos-CD einzuplanen – ein höchst ungewöhnlicher

Umstand. »Es ist purer Luxus! Ich kann mit meinem Orchester Fehler machen. Wir können Dinge ausprobieren und sogar aufnehmen, und wenn ich dann eine Nacht darüber geschlafen habe und finde, dass es nicht funktioniert, können wir es noch mal machen!«

Alles hat ganz einfach angefangen. »Ich habe Klaus gefragt, ob ich auch mal als Dirigent aufnehmen dürfe. Er hat mir vertraut und war einverstanden. Es war ganz leicht. Das größte Problem mit Dirigenten ist, dass sie eben dirigieren. Es ist nicht so schwer, ein Orchester dazu zu bringen, zusammen und in Harmonie zu spielen. Die Hauptschwierigkeit ist, auch eine musikalische Richtung zu haben und zu wissen, wohin man will. Ein Dirigent sollte ein künstlerischer Leiter sein, jemand, der sagt, wir machen es in diesem Stil oder in jenem, wir gehen nach links oder nach rechts, aber wir gehen in eine bestimmte Richtung!«

Dies war vor allem bei den frühen Haydn-Sinfonien der Fall, die Gallois im Suolahti-Saal aufnahm. »Diese Sinfonien sind eine ganz andere Welt. Das ist keine Barockmusik. Sie gehen auf C. P. E. Bach und Wilhelm Friedemann Bach zurück, und man kann sie nicht einfach so spielen, wie sie geschrieben wurden. Das wäre langweilig. Man muss nach der Musik suchen. Ich habe einen Ansatz gewählt, habe beim Improvisieren ganz oft das Cembalo benutzt, bin um die Harmonien herumgeschlichen, habe mir einen Scherz erlaubt. Ich bin mir zu 200 Prozent sicher, dass es damals auch so gewesen wäre. Normalerweise arbeiten Musiker nicht am frühen Haydn, genauso wenig wie an Vivaldi. Sie spielen ihn einfach. Aber bei dieser Art von Musik muss man seine Fantasie einfach viel mehr einsetzen. Man muss länger proben, um wirklich Musik daraus zu machen. Bei Mozart hat man weniger Raum für Kreativität, weniger Raum für Interpretationen: Er ist einfach perfekt. Bei Haydn hat man mehr Raum. Es ist dasselbe mit Ravel im Vergleich zu Debussy: Ravel und Mozart, Debussy und Haydn.

Mit meinen Aufnahmen für Naxos fühle ich mich als Musiker einfach frei. Ich bin jetzt seit neun Jahren bei der Sinfonia Finlandia, und ihr Stil und Klang sind wirklich sehr speziell. Das Orchester wird immer besser. Auf diese Weise kann man in London nicht arbeiten – die Musiker sind da einfach viel zu beschäftigt.«

Da sie ihren Sitz in Finnland haben, ist es nur natürlich, dass Gallois und das Sinfonia Finlandia Jyväskylä auch viele Aufnahmen für das finnische Label Ondine eingespielt haben, das inzwischen ebenfalls Naxos gehört. Sie nehmen nach wie vor für Ondine auf, aber Gallois ist mit Naxos selbst mindestens genauso beschäftigt. Zu seinen jüngsten Aufnahmen als Flötist gehören auch Stücke von Pleyel, zu seinen letzten Orchesteraufnahmen auch amerikanische Klassik, »die nicht mal die Amerikaner kennen«, sowie Ouvertüren und Ballettmusik von Joseph Martin Kraus. Als ich das letzte Mal mit ihm sprach, plante er gerade einige Ouvertüren von Cimarosa mit der Sinfonia Finlandia. »In der Woche koche ich für das Orchester dann Spaghetti...«

Norbert Kraft – Gitarre
und die *Guitar Collection*

»Die Gitarre ist in der Welt der Klassik eine Art Außenseiter«, erklärt Norbert Kraft, der kanadische Gitarrist. Nichtsdestotrotz wollte Klaus Heymann sie unbedingt ins Programm nehmen, und 1994 startete er gemeinsam mit Kraft die *Guitar Collection*, die heute den weltweit umfangreichsten Katalog klassischer Gitarrenaufnahmen eines einzelnen Labels bietet. Darüber hinaus berichtet Heymann, dass jede einzelne CD der Reihe inzwischen einen Gewinn erzielt oder zumindest ihre Kosten wieder eingespielt hat, was für ihre große Beliebtheit in der internationalen Gitarrengemeinde spricht.

Norbert Kraft, der in Toronto lebende Virtuose und Lehrer, hatte bereits Aufnahmen für ein englisches Label gemacht, doch die Beziehung begann bereits zu bröckeln. Es war SRI, der damalige Naxos-Vertrieb in Kanada, der Kraft vorschlug, sich das aufstrebende Label einmal genauer anzuschauen. »Am Anfang war ich skeptisch, weil ich damals glaubte, ein ›Budget‹-Label bedeute auch billige Qualität«, erinnert sich Kraft. »Aber der Händler meinte, in ein paar Jahren wäre Naxos die letzte Firma, die sich noch über Wasser halten würde, also dachte ich, ich sollte mich wirklich mal näher erkundigen!« Heymann hörte sich Krafts bereits existierende CDs an: Sie gefielen ihm. Er fragte Kraft, was er gerne aufnehmen würde. Kraft stellte eine Liste mit 30 CDs zusammen und erwartete, dass Heymann eine kleine Auswahl aussuchen würde. Er war verblüfft, als man ihm sagte, er könne sie alle aufnehmen – aber innerhalb eines Jahres!

Krafts Leben änderte sich mit einem Mal erheblich. Er erfreute sich bereits einer erfolgreichen Konzertkarriere, aber da er für die Aufnahmen ein wenig Zeit frei räumen musste, beschloss er, seinen Unterricht einzuschränken. Er nahm zunächst die beliebten Gitarrenkonzerte von Rodrigo, Castelnuovo-Tedesco und Villa-Lobos in Manchester mit dem Northern Chamber Orchestra unter der Leitung von Nicholas Ward auf; die CD erschien im Mai 1994 und verkaufte sich über 250.000 Mal. Später im Jahr folgte *19th Century Guitar Favourites*, die erstmals den Titel *Guitar Collection* trug und ein Muster für zukünftige Aufnahmen lieferte.

Dann kam es jedoch zu einer Veränderung. Im Gegensatz zu den meisten anderen Musikern hatte Kraft sich schon immer für den eigentlichen Aufnahmeprozess interessiert. Nach einer Diskussion mit Heymann wurde beschlossen, es mit einigen Aufnahmen in Kanada unter seiner eigenen Federführung zu versuchen. Seine Frau Bonnie, Pianistin und Cembalistin, würde als Produzentin und Tonmeisterin fungieren. Nach intensiver Suche stießen die Krafts auf St. John Chrysostom, eine Kirche in Newmarket vor den Toren Torontos: Sie hatten das Gefühl, dort die perfekte Akustik für Gitarrenaufnahmen gefunden zu haben. Die ersten Probeaufnahmen wurden von Naxos abgesegnet, und das Leben der Krafts nahm erneut eine Wendung. Nachdem sie bereits zahlreiche Aufnahmen verbuchen konnten, zogen sie sogar um, um näher an ihrem Studio zu sein.

Es wurde für Norbert Kraft bald offensichtlich, dass ein Gitarrist alleine das gesamte Programm, das Naxos forderte, nicht zu deren voller Zufriedenheit und in so kurzer Zeit einspielen konnte. Immerhin hatte er die Absicht, einen repräsentativen Gitarren-Katalog aufzubauen, und das bedeutete, auch die Talente anderer Gitarristen zu nutzen. Zunächst einmal musste er Heymann davon überzeugen, sich von einigen der alten Naxos-Muster zu lösen. »Klaus betrachtete Naxos als Repertoire-Label, das nicht von den Künstlern dominiert wurde, also gab es auch keine Künstler-Fotos auf dem Cover. Außerdem wollte er CDs mit einzelnen Komponisten. Für einen Gitarren-Katalog ist das aber nicht immer die richtige Herangehensweise. Es gibt ein paar Komponisten, die ganze CDs füllen können – Sor, zum Beispiel, dessen Musik 16 CDs umfasst, und ein paar andere – aber Komponisten wie Britten oder Ginastera, die nur ein großes Werk geschrieben haben, sind üblicher. Außerdem wollten wir Themen-CDs machen, etwa *Guitar Music of Argentina*.« Darüber hinaus gab es ein sehr üppiges Repertoire für die Gitarre als Kammermusik-Instrument. Heymann akzeptierte diese Unterschiede, und die *Guitar Collection* brachte eine starke Aufnahme nach der anderen heraus.

Kraft war der Meinung, selbst mühelos zwei oder drei CDs mit verschiedenen Stücken pro Jahr einspielen zu können. Letzten Endes gewann sein Interesse am Aufnahme- und Produktionsprozess jedoch die Oberhand, und er hat bis heute nur ein Dutzend CDs eingespielt. Norbert und Bonnie Kraft entwickelten sich schnell zum Naxos-Aufnahmeteam für Kanada und zogen Musiker aus ganz Nordamerika und weit über seine Grenzen hinaus an. Zunächst lag ihr Schwerpunkt auf Gitarrenmusik, auch wenn dabei immer wieder Spannungen entstanden. Einige von Norberts Kollegen fühlten sich nicht ganz wohl dabei, dass auf der anderen Seite der Glasscheibe ebenfalls ein Gitarrist saß, der ihr Spiel kritisierte oder Vorschläge machte. »Manchmal hatten wir das Gefühl, es wäre besser, wenn ich nur die Mikrofone aufbaute und dann wieder verschwand, sodass Bonnie sich alleine um die Produktion kümmerte«, lächelt Kraft. Aber als eine neue Generation an Gitarristen nachwuchs, freuten sich die jüngeren Musiker, von seiner Erfahrung profitieren zu können. »Während der Aufnahmen fungieren wir eigentlich als Musiklehrer. Natürlich bringen die Künstler ihre eigenen Interpretationen mit, aber wir können ihnen trotzdem helfen. Wenn wir hören, dass ein Crescendo nicht funktioniert, dass es einfach nicht am Mikrofon ankommt, dann kann ich gewisse Vorschläge machen. Wir arbeiten sehr eng mit den Künstlern zusammen. Natürlich sind wir auch eine Art Verkehrspolizisten für falsche Noten oder Intonation, aber wir sind insgesamt sehr intensiv dabei und helfen den Musikern, ihre bestmögliche Interpretation zu finden.«

Obwohl die Naxos-Produktionen der Krafts sich inzwischen auch auf Kammer-, Orchester- und Chormusik ausgeweitet und die beiden sich zum wichtigsten Studioteam in Nordamerika entwickelt haben, bleiben sie der Fortsetzung der *Guitar Collection* nach wie vor eng verbunden. Im Laufe der Jahre haben sie enge Verbindungen zu den großen internationalen Gitarren-Wettbewerben entwickelt, vor allem auch zur Guitar Foundation of America. »Die Gitarre lebt als Instrument etwas außerhalb des Scheinwerferlichts der Klassikwelt. Sie hat sich eine eigene, lebendige Welt mit eigenen Organisationen und Gesellschaften geschaffen.« Durch die Kombination des großen Gitarren-Fachwissens der Krafts mit dem weltweiten Vertriebsnetz von Naxos war es möglich, CDs mit den Gewinnern diverser Wettbewerbe zu produzieren, die diese auf deren Tourneen durch den internationalen Konzertzirkus begleiten konnten. Dank dieser jungen Gitarristen wurde die *Laureate Series* von Naxos ins Leben gerufen, die später auch auf andere Instrumente ausgedehnt wurde. Für diese Reihe mussten alle Beteiligten in Höchstgeschwindigkeit arbeiten. »Oft kamen die Gewinner erst vier bis sechs Monate nach dem Wettbewerb zu uns ins Studio, und wir mussten die Stücke dann rechtzeitig vor Beginn der anstehenden Konzerttournee aufnehmen, schneiden, auf CD pressen und in den Vertrieb bringen.« Die Krafts und Naxos unterhalten inzwischen außer zur GFA auch Verbindungen zu den drei wichtigsten internationalen Gitarrenwettbewerben (zwei in Spanien und einem in Italien), und bei jedem Wettbewerb ist eine Aufnahme bei Naxos ebenfalls Teil des ersten Preises.

2003 erschien Norbert Kraft zum letzten Mal bei Naxos, auf einer CD-Sammlung mit Kammermusik von Takemitsu. Obwohl er nach wie vor Konzerte spielt und unterrichtet, widmet er sich hauptsächlich dem Aufnahmeprozess. »Es gibt noch immer eine Menge Gitarrenrepertoire, das man aufnehmen könnte – wir haben noch immer nicht alle Stücke von Napoléon Coste oder Rodrigo eingespielt, und mit Leo Brouwers

Konzerten haben wir noch nicht mal angefangen.« Die Krafts produzieren pro Jahr inzwischen acht CDs mit gezupften Saiten: vier *Laureate*-Aufnahmen und vier andere, auf denen auch Lauten zum Einsatz kommen. Nigel Norths CDs haben sich als die beliebtesten erwiesen, und seine kurzen Videoausschnitte, die die Krafts auf YouTube eingestellt haben, wurden bereits von Tausenden Nutzern angeklickt. Die Bandbreite des eingespielten Gitarrenrepertoires ist unübertroffen und reicht von den Quintetten von Boccherini über die Musik von Henze bis hin zu Barrios Mangoré und Piazzolla. Die *Guitar Collection* ist der Traum eines jeden Gitarristen.

Ulrich Eisenlohr – Klavier

Die *Deutsche Schubert-Lied-Edition*, die über 650 Lieder umfasst, ist eine der großartigsten Musiksammlungen überhaupt. Ein Meisterwerk folgt auf das nächste, und dabei bedienen sie sich der einfachsten Mittel: Stimme und Klavier. Es war ein Projekt, das Klaus Heymann besonders am Herzen lag, nicht zuletzt, weil der Großteil der Lieder Vertonungen von Gedichten in seiner Muttersprache waren. Auch wenn sie von den besten Sängern interpretiert wurden, war es ihm immer schwer gefallen, die Lieder anzuhören, wenn sie nicht von deutschen Muttersprachlern gesungen wurden. Immerhin, so fand er, waren sie Schuberts leidenschaftliche Antwort auf den besonderen Klang und die tiefe Bedeutung der deutschen Lyrik, und er beschloss, dass Naxos die Sprache mit seiner Komplettausgabe authentisch präsentieren würde.

Neben dem Bariton Roman Trekel wurde der ausgezeichnete Begleitmusiker Ulrich Eisenlohr für den ersten Teil der *Schubert-Lied-Edition* einschließlich *Winterreise*, Schuberts bemerkenswertestem Liedzyklus, ausgewählt. Er wurde 1998 in Berlin eingespielt und 1999 veröffentlicht. Gut ein Jahrzehnt später, im März 2010, erschien mit Teil 35 der letzte Teil, der den Titel »Raritäten, Fragmente und Alternativversionen« trug.

Für Eisenlohr war es eine ganz besondere Reise. Als Hochschullehrer und Pianist unterrichtete er auch an Konservatorien in Europa und

Japan. Er kannte die meisten Lieder und hatte viele bereits bei Konzerten gespielt. Sich jedoch ein ganzes Jahrzehnt so intensiv mit dem sprudelnden Quell von Schuberts reger Fantasie zu beschäftigen, erwies sich als ebenso belebend wie erschöpfend. Auch der Pianist Stefan Laux wirkte von Beginn an an der Reihe mit, doch die Edition fiel schon bald unter Eisenlohrs alleinige Leitung. Er suchte nicht nur die Sänger aus und begleitete sie, er schrieb auch viele der detaillierten Texte und stellte Nachforschungen zum Hintergrund und Inhalt der Lieder und Fragmente an. Diese wissenschaftliche Arbeit stärkte die Reihe sehr und ermöglichte es Eisenlohr, die umfassendste Sammlung zu schaffen, die jemals aufgenommen worden war.

»Wir haben 672 Stücke. Dazu gehören auch viele verschiedene Arrangements [neue Kompositionen, die auf demselben Gedicht basieren], einige unterschiedliche Versionen [Abwandlungen derselben Komposition] und einige Fragmente und Teillieder.« Eisenlohr erklärt, dass er mit seiner Entscheidung, die Sammlung nach den Dichtern zu ordnen, Schuberts Herangehensweise folgte. »Es bietet zahlreiche Vorteile, die Lieder nach Dichtern und Dichtergruppen zu sortieren«, so Eisenlohr. »Zunächst einmal ist Schubert selbst in entscheidenden Momenten seiner Karriere als Liedkomponist ebenfalls diesem Ansatz gefolgt. Zweitens wird dadurch offensichtlich, dass Schubert ein wahrer Meister darin war, die verschiedenen Stile und Persönlichkeiten der Dichter und ihrer Lyrik in sich aufzunehmen. Man erkennt spezifische Ansätze in Sachen Klang, musikalischer Sprache und Aufbau für jeden wichtigen Dichter oder jede Dichtergruppe. Zu guter Letzt zeigt das Sortieren nach Dichtern ganz eindeutig, dass Gedicht und Musik, ebenso wie Dichter und Komponist, im Genre des klassischen Kunstliedes eine unauflösbare Symbiose eingehen.«

Die vielleicht größte Herausforderung des Projektes stellte die Auswahl der Sänger dar. Die Entscheidung, für eine Gruppe von Liedern einen bestimmten Tenor oder Bariton auszuwählen, konnte stets nur eine persönliche Antwort auf die Werke selbst sein, aber ganz entscheidend für die Auswahl war Eisenlohrs jahrelange Konzerterfahrung. »Die Sänger zu kennen, zu hören und mit ihnen zu arbeiten, war der allerwichtigste Teil. Es ging darum, Musiker auszusuchen, die nicht nur gute Sänger waren, sondern auch gute Liedersänger. Und deutsche Muttersprachler. Das mag für das Singen von Schubertliedern vielleicht kein absolutes Muss sein, aber wir sind nach wie vor der Ansicht, dass es ein großer Gewinn ist.«

Eisenlohr benutzte die maßgebliche *Neue Schubert-Ausgabe* von Bärenreiter. Auch wenn keine formalen, wissenschaftlichen Recherchen nötig waren, arbeitete er zusammen mit den Sängern intensiv an den Texten, bevor sie ins Studio gingen. »Wir mussten viele Aspekte der Darbietungen aus einem frischen Blickwinkel betrachten. Nehmen wir beispielsweise *Dichter der Empfindsamkeit*, Teil 6 mit Jan Kobow: Wir wollten für die verschiedenen Strophen auch wirklich unterschiedliche musikalische Variationen ausarbeiten. Dies kommt möglicherweise auch der Art und Weise sehr nahe, in der Schubert und seine Sänger diese Lieder darboten.«

Die *Deutsche Schubert-Lied-Edition* ist ein Projekt, das Eisenlohr niemals vergessen wird: Es hat sein eigenes Konzertleben bereichert, und er hofft, dass auch die Zuhörer darin einiges entdecken werden. »Wir fanden darin viele erstklassige, wunderschöne Lieder, die fast völlig unbekannt sind und nur sehr selten bei Liederabenden gespielt werden.«

Die neue Generation

Tianwa Yang – Violine

Die junge chinesische Geigerin Tianwa Yang drückt Naxos seit 2004 mit ihren frischen, lebendigen Aufnahmen der Kompositionen von Sarasate ihren Stempel auf, und bis heute sind sechs CDs erschienen. Ihre Virtuosität ist eines ihrer Markenzeichen. Ein Wunderkind, nahm sie bereits im Alter von 13 Jahren Paganinis 24 Capricen auf, und in der Zwischenzeit ist sie zu einer Violinistin mit internationaler Solokarriere herangereift, die sie bereits durch die gesamten USA und Europa führte. Außerdem hat sie eine Aufnahme von Vivaldis *Vier Jahreszeiten* eingespielt (wichtig für die Promotion eines jungen Musikers), verhalf der CD aber zu einer ganz besonderen Eigenständigkeit, indem sie das Stück mit Piazzollas *Vier Jahreszeiten* paarte. Zu ihren aktuellen Projekten für Naxos gehören auch die komplette Musik für Violine und Klavier des deutschen Komponisten Wolfgang Rihm sowie Ysaÿes Solosonaten.

Yang studierte bis zum Alter von 16 Jahren in China, bevor sie drei Jahre in Deutschland verbrachte. Zu ihren positiven Einflüssen zählt sie auch Jörg-Wolfgang Jahn vom Bartholdy-Quartett und den Barockcellisten Anner Bylsma. Wie auch ihre Sarasate-Aufnahmen erkennen lassen, gehören Anmut, spielerische Leichtigkeit und eine gewisse Freiheit in der Darbietung unbedingt zu ihrem ganz persönlichen Stil.

Es war Heymann, der vorschlug, sie solle ihre Naxos-Karriere mit Sarasate beginnen. »So hat alles angefangen. Er hat mich gefragt, ob ich die populärsten Werke einspielen wolle, und dazu noch ein paar andere Lieblingsstücke, vielleicht auch meine eigenen. Er hat es mir überlassen, sie auszuwählen. Damals kannte ich den Rest der Sarasate-Musik nicht sehr gut. Ich kannte nur ein paar Stücke. Sogar für die erste CD habe ich ein Stück ausgesucht, das ich vorher überhaupt nicht kannte. Das Beste von Sarasate ist wirklich sehr gut. Ich mag alle seine Opernfantasien, die es wirklich verdient hätten, bekannter zu sein – besonders die Fantasien über *Carmen, Die Zauberflöte* und *Don Giovanni* – und

Romeo und Julia. So viele von ihnen wurden nie in der Öffentlichkeit gespielt, und ich finde, das ist wirklich schade. Und natürlich ist die Musik einfach wunderbar geschrieben. Seine Werke zeigen ... Wie soll ich das ausdrücken? ... die leichtesten, elegantesten Seiten der Violine: Oft ist es so zart, so fein, detailliert und sensibel. Und als Geiger wusste er natürlich, was er tun muss, damit das Instrument am besten klingt.«

Ashley Wass – Klavier

Wettbewerbe werden von vielen Musikern nicht beachtet, und doch bieten sie oft eine Startrampe für Solisten. Im Falle des englischen Pianisten Ashley Wass war dies ganz gewiss der Fall. Teil seines Preises beim Gewinn der 1997 in Großbritannien ausgetragenen World Piano Competition war auch eine Aufnahme bei Naxos, die ihm, wenn auch über einige Umwege, zu einer fruchtbaren Studiokarriere verhalf – fruchtbar nicht nur für ihn, sondern auch für die englische Musik.

Nach dem Wettbewerb schickte Naxos ihm eine lange Liste mit Werken, die für den Katalog noch gebraucht wurden und aus der er sich das Repertoire aussuchen durfte, das er einspielen wollte. Er entschied sich für eine Auswahl an Stücken von César Franck, eine für ihn typische, weil eigenwillige Wahl für eine erste Aufnahme. Seinen Stempel hat er dem Label vorwiegend mit englischer Musik des frühen 20. Jahrhunderts aufgedrückt, auch wenn er der Erste ist, der zugibt, dass das Einspielen des Repertoires eine wahre Entdeckungsreise für ihn und zahlreiche Sammler war – besonders im Fall der Musik von Arnold Bax.

»Anfangs wusste ich überhaupt nichts über Bax. Zu Beginn dieses Jahrhunderts schien das Interesse an seiner Musik wieder aufzuleben, was sicher auch an den von Naxos veröffentlichten Sinfonien unter der Leitung von David Lloyd-Jones lag. Durch diese CDs habe ich die Musik ein bisschen kennengelernt, und sie gefiel mir ganz gut. Ich habe dann die erste CD aufgenommen [Klaviersonaten Nr. 1 und 2], und sie kam gut an, also haben wir daran angeknüpft.« Zwischen seinem Sieg bei dem Wettbewerb und der Veröffentlichung des ersten Teils der

Bax-Reihe im Jahr 2004 lagen sieben Jahre, doch anschließend ging es schneller voran. Wass spielte weitere acht Teile ein, darunter auch sämtliche Bax-Soli und die Orchester- und Kammermusik mit Klavier. Er war der Erste, der dies tat. »Ich halte die *Sinfonischen Variationen* für ein Meisterwerk – wundervoll – und es hat unglaublich viel Spaß gemacht, sie aufzunehmen. Die Erste Sonate habe ich in den letzten drei oder vier Jahren oft bei Konzerten gespielt, und sie kommt immer gut an. Und die großen, 45-minütigen *Winterlegenden*, ein wahres Monsterwerk, sind ebenfalls ganz bemerkenswert. Es ist wirklich ein tolles Stück – teilweise sehr düster, und typisch für Bax sind die unstete Struktur und die flüchtigen Melodien. Bax war wirklich gut darin, Musik zu schreiben, die einfach unglaublich schön ist.«

Für den Bax-Zyklus und die anderen Aufnahmen englischer Musik musste Wass zahlreiche Werke in extrem kurzer Zeit lernen, aber auch dies gehört zu seinen besonderen Fähigkeiten. Er räumt ein, dass nicht alle Musikstücke unbedingt erstklassig sind, aber die Aufnahmen gaben ihm die Möglichkeit, einige herausragende Werke kennenzulernen, die heute zu seinem dauerhaften Repertoire gehören. Was die englischen Komponisten angeht, die er für Naxos eingespielt hat, so schätzt er Frank Bridge am meisten, in dessen Musik »ich mich einfach verliebt habe... Von all den Projekten, an denen ich gearbeitet habe, waren die Bridge-Aufnahmen für mich mit Abstand am lohnendsten. In Höchstform ist er ein wirklich außergewöhnlicher Komponist. Die Sonate beispielsweise ist ein absolut wunderbares Stück, auch wenn sie leider noch immer viel weniger bekannt ist als viele unterlegene Werke berühmterer Komponisten.«

Nachdem er all diese englische Musik aufgenommen hatte, machte er sich irgendwann Sorgen, als »Englisch-Spezialist« abgestempelt zu werden, aber er gibt zu, dass er von seinem Naxos-Programm durchaus profitiert hat. Er war die offensichtliche Wahl für Vaughan Williams' Klavierkonzert bei den »BBC Proms« 2008, das er anschließend gemeinsam mit dem Royal Liverpool Philharmonic Orchestra unter der Leitung von James Judd auch für Naxos einspielte. Er wird häufig gebeten, ein englisches Stück einzuflechten, wenn er im Ausland Liederabende gibt. Aber er freute sich besonders, als er im Rahmen des Projektes mit der kompletten Klaviermusik von Liszt ebenfalls zwei Teile der Reihe einspielen durfte. 2005 gab er bei einer Privatveranstaltung in London ein Festkonzert zu Naxos' 18. Geburtstag. Es war ein eindrücklicher Augenblick: Das Konzert fand nicht nur während des Höhepunkts der Party statt – die alles andere als ein formelles Konzertereignis war – es wurde auch gefilmt, und der Kameramann nutzte die wenig förmliche Umgebung, um besonders nah an den Künstler heranzukommen. Nur ein paar Meter neben ihm stand Klaus Heymann höchstpersönlich, sehr interessiert daran, den englischen Pianisten spielen zu sehen, den er bislang nur auf CD gehört hatte. Trotz des Drucks zeigte Wass eine grandiose, virtuose Performance einiger anspruchsvoller Liszt-Stücke – und wurde kurz darauf eingeladen, für die Liszt-Edition aufzunehmen. Die erste CD enthielt, auf seine persönliche Anregung hin, auch die Transkription für zwei Klaviere von Beethovens 9. Sinfonie (aufgenommen mit Leon McCawley). Bei der zweiten CD handelte es sich um *Album d'un voyageur*, die erste Inkarnation des ersten Buches des berühmten Werkes *Années de pèlerinage*, das Wass schon häufig bei seinen Konzerten gespielt hatte.

Auch der Kammermusik fühlt er sich jedoch besonders verbunden – er leitet ein eigenes Festival in Lincolnshire – und Naxos bot ihm die Möglichkeit, Bridges Klaviertrios sowie, gemeinsam mit dem Tippett Quartet, einem weiteren Naxos-Ensemble, die Klavierquintette von Bax einzuspielen.

Wass ist nicht an einer großen Karriere interessiert – er möchte nur Musik machen. Vor ein paar Jahren, im jungen Alter von 33, gönnte er sich daher eine viermonatige Pause von seinem Klavier und sämtlichen Aufnahmen. »Die Gefahr ist, dass man ausbrennt und müde wird und sich alles eher wie ein Job anfühlt als nach Leidenschaft. Man muss sich selbst hin und wieder daran erinnern, warum man sich dafür entschieden hat, das zu tun. Und wenn man nur noch gestresst und müde ist, sich Sorgen macht oder das Gefühl hat, man schafft das alles nicht mehr ... ich glaube, dann muss man mal einen Gang runterschalten.« Aber selbst wenn er das tut, bleibt er allein dank seiner Diskografie – die auch Musik von Elgar und Alwyn umfasst – trotzdem stets im Blick der Öffentlichkeit.

Eldar Nebolsin – Klavier

Der in Usbekistan geborene Pianist Eldar Nebolsin hat für Naxos einige besonders anspruchsvolle Aufgaben erfüllt, darunter auch die Neuaufnahme einiger von Pianisten für Pianisten geschriebenen Stücke, beispielsweise die Konzerte von Liszt und Chopin, Rachmaninows Präludien oder Schuberts *Wanderer-Fantasie*. Als ebenso aktiver Kammermusiker in den Konzertsälen der Welt, gehörten zu seinen ersten Kammermusik-Aufnahmen für Naxos auch Brahms' Klavierquartette. Zuletzt spielte er die beiden Klavierkonzerte des portugiesischen Komponisten Fernando Lopes-Graça aus dem 20. Jahrhundert ein, die sein breit gefächertes Interesse unterstreichen.

Nebolsin ist ein ruhiger, freundlicher Mann, der sehr entspannt auf seine bisherige Karriere blickt, die unweigerlich auch von einigen Wettbewerben gespickt ist. »Ich habe nur an vier Wettbewerben teilgenommen, und ich glaube, dass das auch schon viel zu viel war. Ich hatte jedes Mal das Glück, den ersten Preis zu gewinnen, und ich habe mich immer gefragt, warum das passiert ist ...« Dazu gehörten auch die Wettbewerbe in Santander und Moskau, bei denen er jeweils nicht nur den ersten Preis gewann, sondern auch die Auszeichnung für Klavierkonzerte von Mozart (was mehr über sein feines Gespür aussagt als über sein Glück).

Die Konzerte von Chopin und Liszt gehören zu den Kernbestandteilen des Katalogs eines jeden Plattenlabels, und mit ihnen tritt Nebolsin in die berühmten Naxos-Fußstapfen von Idil Biret und Jenő Jandó, die die Latte bereits in den Anfangsjahren sehr hoch gelegt haben. »Als einer der beliebtesten Komponisten wird Chopin meiner Ansicht nach auch immer einer der anspruchsvollsten bleiben. Er ist so etwas wie ein Prüfstein oder Lackmuspapier: Schon ein paar Takte seiner Musik zeigen, aus welchem Holz du als Musiker geschnitzt bist. Bei Mozarts

Musik ist es ganz ähnlich. Es ist unmöglich, zu täuschen, wenn man Chopin spielt. Wenn man so will, zwingt seine Musik einen dazu, die Wahrheit zu sagen. Man könnte sagen, dass in jedem Satz von Chopins Musik eine andere seelische Geste steckt. Es ist sehr wichtig, zu verstehen, wie die Harmonien miteinander verflochten sind und was sie im Einzelnen bedeuten. Im Gegensatz dazu verlangt Liszt eher eine ›orchestrale‹ Vorstellungskraft. Deshalb muss es das Ziel des Pianisten sein, zu lernen, eine Dimension außerhalb des Klaviers zu hören, um die Zuhörer davon zu überzeugen, das Liszts schnelle, schwierige Passagen weit über schlichte Schreibmaschinengeräusche hinausgehen, auch wenn sie sich leider viel zu oft so anhören. Seine Virtuosität ist vor allem ein Mittel zum Zweck, nicht nur der reine Zweck an sich. Das ist es auch, was mit dem ›transzendentalen‹ Charakter seiner Klavierwerke gemeint ist: Er öffnet das Tor zu einer phänomenalen Welt der Musik.«

Nebolsin nahm Liszts Klavierkonzerte gemeinsam mit Vasily Petrenko auf, einem weiteren Naxos-Künstler der jüngeren Generation. »Vasily ist einer der talentiertesten Musiker, die ich je getroffen habe. Er hat ein unglaublich scharfes Gehör, eine perfekte Technik, ein tiefes musikalisches Wissen und einen unglaublichen Gestenreichtum, der ihm hilft, auch die subtilsten Nuancen oder Schattierungen der Musik auszudrücken. Ich bewundere auch seine Spontaneität sehr, seinen Sinn für Humor und seine menschlichen Qualitäten auf und abseits der Bühne. Es war eine unvergessliche Erfahrung, mit ihm auf der Bühne und im Studio zu arbeiten, und ich hoffe, dass ich noch öfter die Gelegenheit bekomme, mit ihm aufzunehmen, vielleicht etwas aus dem russischen oder deutschen Repertoire.«

Nachdem er seine Studiokarriere bei Decca begann, ist Nebolsin heute bei Naxos sehr zufrieden. »Ich bin Naxos sehr dankbar, und ich möchte mich bei Klaus Heymann für die Möglichkeit bedanken, mit Künstlern wie Vasily Petrenko, JoAnn Falletta und Antoni Wit arbeiten und aufnehmen zu können. Ich finde, dass Naxos auch im Bildungsbereich fantastische Arbeit leistet, und natürlich helfen sie sehr dabei, neue und unbekannte Musik zu fördern. In unserer pragmatischen, zynischen Gesellschaft ist das besonders wichtig, weil die Musik uns besser macht und uns dabei hilft, eine höhere spirituelle Ebene zu erreichen und die Welt, in der wir leben, besser zu verstehen.«

Christopher Hinterhuber – Klavier

Ferdinand Ries, ein Zeitgenosse Beethovens, war eine Art Offenbarung für den österreichischen Pianisten Christopher Hinterhuber. Als Naxos ihn fragte, ob er Ries' acht Klavierkonzerte aufnehmen wolle, musste er zugeben, dass er sie nicht kannte. Er hatte im Radio zwar schon einige Geigenstücke und Sinfonien gehört, aber er hatte keine Ahnung, dass es die Klavierkonzerte überhaupt gab. Er war damit nicht allein: Die Idee zu den Aufnahmen war nur entstanden, weil Heymanns Musikverlag, Artaria Editions (der ihm und dem in Neuseeland lebenden Allan Badley gehört), sie aus Bibliotheksarchiven ausgegraben hatte und Aufführungsfassungen vorbereitete. Hinterhuber dachte, er sollte sich die Musik besser ansehen, bevor er zustimmte, und ging in die Bibliothek des Musikvereins seiner Heimatstadt Wien, um die Partituren zu studieren, die dort vorhanden waren. Es war ihm nicht erlaubt, sie auszuleihen, also setzte er sich an einen Tisch und las sie sich durch. Er war angenehm überrascht: Die Klavierpassagen waren ebenso lebendig wie interessant (Ries selbst war zu Lebzeiten ein bekannter Klaviervirtuose), auch wenn die Orchesterteile nicht viel mehr als Begleitmaterial waren. »Es sind eine Menge Noten für mich, aber nicht besonders viele für das Orchester«, gibt Hinterhuber zu, und es klingt beinahe entschuldigend.

Er gelangte zu der Ansicht, dass die Konzerte es definitiv wert waren, gelernt und aufgeführt zu werden. Die Reihe war sehr durchdacht geplant – ein oder zwei Konzerte pro CD, ergänzt durch andere Werke für Klavier und Orchester – und sollte insgesamt fünf Teile umfassen. Die Orchester wurden anhand der Stücke ausgewählt, und so reiste Hinterhuber durch die ganze Welt, um die Reihe einzuspielen, die von Uwe Grodd dirigiert wurde: Teil 1 und 5 wurden mit dem New Zealand Symphony Orchestra aufgenommen, damit Badley beim Anfang und Ende des Zyklus anwesend sein konnte. Teil 2 wurde mit dem Gävle

Symphonieorchester in Schweden eingespielt, da die CD auch *Variations on Swedish National Airs* enthielt. Da zu den begleitenden Werken des dritten Teils auch *Grand Variations on ›Rule Britannia‹* gehörten, entschied man sich für die Aufnahmen für das Royal Liverpool Philharmonic Orchestra. Natürlich wurde Hinterhuber anschließend häufig gebeten, sie auch bei Konzerten in ganz Europa zu spielen. »Aus pianistischer Hinsicht sind das sehr attraktive Stücke, aber sie sind in erster Linie keine Showstücke – wie Kalkbrenner, beispielsweise.«

Er nimmt inzwischen seit einem Jahrzehnt für Naxos auf. Seine erste Naxos-CD war Teil 4 der *Klavierwerke zu vier Händen* von Schubert, die er 2002 mit Rico Gulda einspielte. Drei Jahre später wurde eine Aufnahme veröffentlicht, die er selbst vorgeschlagen hatte – Sonaten und Rondos von C. P. E. Bach – der kurze Zeit später Werke für Klavier und Orchester von Hummel folgten, darunter auch *Oberons Zauberhorn*. Als er allmählich Gefahr lief, in die Schublade für eine bestimmte Periode gesteckt zu werden, war er umso erfreuter, als er die Kammermusik von Zemlinsky aufnehmen konnte: das Klarinettentrio und die bedeutende Cellosonate – die er als »zusätzliche Brahms-Sonate« bezeichnet – mit dem Klarinettisten Ernst Ottensamer und dem Cellisten Othmar Müller.

Hinterhubers Diskografie bei Naxos besteht vorwiegend aus klassischen und frühen romantischen Werken – eher ein Zufall als ein Spiegelbild seines Konzertrepertoires. Er spielt ebenso häufig Liszts Klavierkonzerte oder Musik aus dem 20. Jahrhundert, etwa Frederic Rzewskis *The People United Will Never Be Defeated!* – was von einem Musiker seiner Generation, der sich noch auf der Suche befindet, allerdings durchaus auch erwartet wird. Aber er freut sich genauso, wenn er Musik aus früheren Jahrhunderten entdeckt. Neben seinen Studioaufnahmen für Naxos spielte Christopher Hinterhuber auch Klavierstücke (Schubert, Rachmaninow und Schönberg) für Michael Hanekes Film *Die Klavierspielerin* ein – und es sind tatsächlich seine Hände, die auf der Leinwand zu sehen sind!

Zehn

Die Künstler: Dirigenten

Als zum allerersten Mal eine Aufnahme von Tschaikowskis *Manfred*-Sinfonie mit dem Royal Liverpool Symphony Orchestra unter der Leitung seines neuen Jungstars Vasily Petrenko veröffentlicht wurde, war Kritikern wie Klassiksammlern klar, dass sie ein ganz besonderes Talent vor sich hatten. »Wir haben das Werk in der Liverpool Philharmonic Hall eingespielt und versucht, etwas ganz Besonderes zu schaffen, das einen Eindruck vom monumentalen Ausmaß von Byrons Gedicht und Tschaikowskis Sinfonie vermittelt«, erklärt Petrenko. Das Naxos-Team teilte Hongkong mit, man habe eine wirklich außergewöhnliche Aufnahme im Kasten, und noch bevor *Manfred* veröffentlicht wurde, wurden Petrenko und das RLPO eingeladen, in den kommenden Jahren einen Schostakowitsch-Sinfoniezyklus aufzunehmen – sie stimmten zu. Als der erste Teil erschien, wurden die Erwartungen mit großem Lob der Kritiker, diversen Preisen und guten Verkaufszahlen mehr als erfüllt: Naxos hatte definitiv einen der aufregendsten jungen Dirigenten an Bord.

Dieses Vorgehen war in den 25 Jahren von Naxos beinahe einzigartig. Genauso hatte die traditionelle Klassikindustrie seit Anbeginn der Aufnahmegeschichte funktioniert: Man hielt nach Stars Ausschau und versuchte, sie an sich zu binden. Dies war jedoch von Anfang an nicht die Art und Weise, in der Naxos seinen Katalog und seinen Ruf aufbauen wollte. Naxos verstand sich als Repertoire-Label: seine Stars waren die Komponisten. Die Rolle des Dirigenten bestand darin, die

Darbietungen in eine Richtung zu lenken, die zu Aufnahmen führte, die die Zeit überdauern und – und das war die Mindestanforderung – jeder genauen Prüfung standhalten würden. Auch wenn dies vielleicht nach falschem Lob klingen mag – das war es nicht. Um vor dem Slowakischen Rundfunk-Symphonieorchester oder der Capella Istropolitana zu stehen, musste der Dirigent ein wahrer Meister seiner Kunst sein und eine Aufführung dirigieren, die nicht nur Charakter und Elan bewies, sondern auch ebenso akkurat wie ausgeglichen war. Und genau das war es, was die Naxos-Dirigenten leisteten. Sie waren talentiert, erfahren und dirigierten Abend für Abend erfolgreiche Konzerte. Sie mochten vielleicht nicht bei den Salzburger Festspielen oder in der Berliner Philharmonie dirigieren, aber sie kannten die Musik und waren in der Lage, sie aufzuführen.

Dieser entspannte Pragmatismus ist typisch für jene Dirigenten, deren Namen seit den allerersten Aufnahmen des Labels immer wieder auf den Covers erschienen. Im ersten Jahrzehnt existierte ein innerer Kreis aus Dirigenten, die dabei halfen, den größten Klassik-Katalog der Welt in Rekordzeit aufzubauen. Viele von ihnen werden auch heute noch hin und wieder beschäftigt, und auch wenn sie nur selten im grellen Scheinwerferlicht stehen, wissen sie ebenso gut wie jeder sogenannte Star, wie man ein Orchester dirigiert und eine Sinfonie zum Leben erweckt. Zu ihnen gehören Anthony Bramall, Béla Drahos, Stephen Gunzenhauser, James Judd, Adrian Leaper, Ondrej Lenárd, Barry Wordsworth, Antoni Wit und Dmitri Jablonski, um nur einige zu nennen. Jeder von ihnen hat seinen Platz in der Naxos-Geschichte.

Anthony Bramall war Kapellmeister an den Städtischen Bühnen Augsburg, als er in Naxos' allererstem Jahr Bizets *Carmen* und die *L'Arlésienne*-Suiten mit der Slowakischen Philharmonie einspielte. Bis heute wurden 100.000 CDs verkauft, die Aufnahme ist noch immer erhältlich, und Bramall ist noch immer in Augsburg. Der Ungar Béla Drahos kann auf eine große Naxos-Diskografie zurückblicken. Heymann wählte ihn für die Leitung des ersten Beethoven-Sinfoniezyklus (mit der Nicolaus Esterházy Sinfonia) mit nur einem Dirigenten sowie für neun CDs der Haydn-Sinfonien, Hofmanns Flötenkonzerte und sämtliche Vivaldi-Fagottkonzerte aus. Er wurde außerdem als Solist für einige Flötenkonzerte von Vivaldi ausgewählt. Stephen Gunzenhauser ist seit 1979 Dirigent und Chefdirigent des Lancaster Symphony Orchestra und war lange Zeit Chefdirigent des Delaware Symphony Orchestra in Wilmington. Er war darüber hinaus viele Jahre lang »Hausdirigent« bei Naxos und übernahm für das Label auch die Leitung bei der Aufnahme seiner meistverkauften CD aller Zeiten: *Die Vier Jahreszeiten*, gespielt von Takako Nishizaki mit der Capella Istropolitana. Adrian Leaper, heute erster Dirigent und künstlerischer Leiter des RTVE-Symphonieorchesters und –Chors in Madrid, nahm sich vielfältiger Stücke des Naxos-Repertoires an, darunter auch Werke von Eric Coates, Frederic Curzon, Elgar, Sibelius und Tschaikowski, chinesische Orchestermusik und Nielsen-Sinfonien. Der in der Slowakei geborene Ondrej Lenárd kann ebenfalls auf eine lange Liste mit Aufnahmen zurückblicken, darunter auch Teile von Strauss und Tschaikowski. Er wird jedoch als der Mann in die Naxos-Geschichte eingehen, der die weltweit erste Aufnahme von Havergal Brians Sinfonie Nr. 1, die *Gotische*, dirigierte (die ursprünglich bei Marco Polo erschien). Dieses Prädikat kann er mit Stolz tragen. Barry Wordsworth, seit langem dem Royal Ballet, Covent Garden, treu verbunden, dirigierte die Capella Istropolitana bei einzelnen Teilen der Haydn-, Mozart- und Beethoven-Sinfonien während Naxos frühester Jahre.

Dies sind die Namen jener Dirigenten, die, damals noch völlig unbekannt, auf die berühmten weißen CD-Covers gedruckt wurden und schon bald darauf seltsam vertraut klangen. Ihre Gesichter mögen vielleicht nie berühmt geworden sein, aber ihre musikalischen Interpretationen sind auf Millionen von Klassik-CD-Sammlungen in aller Welt zu finden.

Naxos hat sich nie auf die Suche nach Stardirigenten begeben. Dies bedeutet jedoch nicht, dass das Label nicht auch Dirigenten mit außergewöhnlichem Talent, Charisma und Persönlichkeit verpflichtet hätte. In all den Jahren mit Naxos hat Heymann immer wieder Dirigenten aller Altersgruppen, Hintergründe und Nationalitäten ausgewählt und sie mit einer großen Repertoire-Bandbreite betraut. Manchmal kamen die

Künstler auch selbst mit speziellen Projekten zu ihm, aber ihre Vorschläge wurden stets durch das Repertoire bestimmt. In vielen Fällen halfen der Erfolg des Naxos-Labels und seine Allgegenwärtigkeit dabei, die Karrieren dieser Dirigenten voranzutreiben. Manchmal waren die Dirigenten auch enttäuscht, dass sie nicht die Möglichkeit bekamen, ihre Interpretation eines großen Klassikers auf CD zu bannen, da das Werk bei Naxos bereits existierte (auch wenn Heymann in seltenen Fällen nachgab). Aber sie alle haben die Naxos-Philosophie zu schätzen gelernt und hart an den Projekten gearbeitet, die ihnen anvertraut wurden. Der Beruf des Dirigenten ist oft längst nicht so glamourös wie er vielleicht erscheinen mag. Manchmal genügt es dabei, sich einfach nur auf die aktuelle Aufgabe zu konzentrieren, dann ist ihre Arbeit rein künstlerischer Art. Oft fungiert der Dirigent jedoch auch als Theateragent, Spendensammler, Problemlöser und Diplomat, muss einen kühlen Kopf bewahren und Widerstandsfähigkeit beweisen. Ohne Leonard Slatkins Einsatz für William Bolcoms *Songs of Innocence and of Experience*, der sich über ein Jahrzehnt erstreckte, wäre es nie zu der mit einem GRAMMY ausgezeichneten Aufnahme gekommen. Auch Marin Alsop hat sich ihren diversen Naxos-Projekten mit unermüdlicher Energie und Ausdauer gewidmet und Klaus Heymann davon überzeugt, dass er und Naxos sehr wohl einen Brahms-Sinfoniezyklus benötigten – der natürlich von ihr selbst dirigiert wurde. Peter Breiner wiederum musste von jenem Moment an, als er Heymann kennenlernte, mit seiner Doppelrolle als Dirigent und Arrangeur zurechtkommen.

Genau wie bei den Instrumentalisten, hat auch jeder Dirigent bei Naxos seine oder ihre eigene Geschichte über die Beziehung zwischen Künstler und Label zu erzählen. Die einzige Konstante, die all diesen Dirigenten gemein ist und die sie auch mit Heymann selbst teilen, ist ihr völliger Mangel an Überheblichkeit. Ihre Podien befinden sich in Standardhöhe über dem Orchester, und sie sind zuallererst großartige Musiker. Hier sind einige ihrer Geschichten.

Marin Alsop

Niemand, der schon einmal eine von Marin Alsops mitreißenden Aufführungen auf den großen Konzertbühnen dieser Welt gesehen hat – sei es in der Carnegie Hall in New York oder bei den »BBC Proms« in London – wird ihre schiere Dynamik je wieder vergessen. Sie betritt das Podium mit einer unbestreitbaren Starqualität, und doch liegt der Fokus stets auf der Musik. Dies ist auch der Grund, warum ihre musikalischen Ideen auf CD so gut transportiert werden – und ihre Aufnahmen für Naxos zu einem Kernbestandteil des Label-Katalogs wurden. In den zwölf Jahren seit ihrer ersten Aufnahme (Barbers Sinfonien Nr. 1 und 2) hat sich ihre internationale Karriere stetig weiterentwickelt, und 2005 wurde sie zur ersten weiblichen Chefdirigenten eines großen amerikanischen Orchesters ernannt: des Baltimore Symphony Orchestra. Bezeichnenderweise erkannte sie auch von Beginn an, dass ihre Verbindung zu Naxos für beide Seiten gewinnbringend sein konnte, und nahm daher auch Naxos-Aufnahmen in das Programm ihres Orchesters auf, beispielsweise Dvořáks Sinfoniezyklus, der live in der Joseph Meyerhoff Symphony Hall in Baltimore eingespielt wurde. Ihm sind seither zahlreiche weitere gefolgt, unter anderem ihre hoch gelobte Studioaufnahme von Bernsteins *Mass*, die ihr 2010 einen *Gramophone* Award bescherte.

Die Verbindung zwischen Alsop und Naxos kam durch einen Zufall zustande. Während ihrer Zeit als Chefdirigentin des Colorado Symphony Orchestra Mitte der 1990er plante Alsop, Musik von Samuel Barber aufzunehmen, es kam jedoch nie dazu. Als Klaus Heymann dann ebenfalls beschloss, Barbers wichtigste Orchestermusik einzuspielen, fragte er beim Royal Scottish National Orchestra an, wo man ihm sagte, man habe tatsächlich gerade eine amerikanische Gastdirigenten verpflichtet: Marin Alsop. Damit nahm die Verbindung der beiden ihren Anfang. Alsop hatte bereits für EMI und andere Firmen aufgenommen, band sich jedoch erst an Naxos auch langfristig. »Der Barber-Zyklus war ein großartiges Anfangsprojekt: Insgesamt haben wir sechs sehr starke CDs damit gefüllt, was natürlich eine ganze Weile gedauert hat. In dieser Zeit habe ich Klaus ziemlich gut kennengelernt. Wir haben uns ein paar Mal getroffen, und in all den Jahren haben wir immer per E-Mail und Telefon Kontakt gehalten – und in letzter Zeit natürlich per Skype!«

Von Beginn an wurde Alsop immer wieder mit »diesem wirklich interessanten Stigma« konfrontiert, weil sie als Künstlerin für ein Budget-Label Aufnahmen machte. »Alle haben mir gesagt, ich solle nicht mit einem Budget-Label arbeiten, weil noch nie jemand von den Künstlern dort gehört hatte. Ich habe darüber nachgedacht, aber nachdem ich mit Klaus gesprochen hatte, war mir klar, dass er überhaupt nicht in diese Schublade passte und sehr unternehmerisch dachte. Er betrachtete die ganze Musikindustrie von einem vollkommen neuen, frischen Blickwinkel aus. Das gefiel mir einfach. Ich fand seine Ideen wirklich brillant und habe seine Risikobereitschaft sehr bewundert. Und ich habe erkannt, dass ich bei Naxos Dinge tun konnte, die woanders nicht möglich gewesen wären. Es war eine Win-win-Situation.«

Die erste Barber-Aufnahme erschien im Jahr 2000, zu einem Zeitpunkt, als Alsops Karriere gerade richtig ins Rollen kam. Möglicherweise hat ihr auch die Tatsache geholfen, dass sie eine weibliche Dirigentin ist (die nach wie vor recht rar sind), auch wenn dies für Heymanns Entscheidung, ihr zunächst den Barber-Zyklus und später eine Vielzahl weiterer Aufnahmen anzuvertrauen, keine Rolle spielte. Für ihn zählten einzig und allein ihre aufregenden Darbietungen. Ein weiteres Plus war, dass Naxos bis zu diesem Zeitpunkt noch mit keinem Dirigenten (und keinem anderen Künstler) zusammengearbeitet hatte, der regelmäßig auf den großen Konzertbühnen der Welt auftrat. Zur Naxos-Familie gehörten zwar bereits zahlreiche Musiker, die eine Menge Aufnahmen machten, aber nur sehr wenige konnten sich, wie Marin Alsop, auch über eine Konzertkarriere auf höchstem Niveau freuen. Alsop entwickelte außerdem eine enge Verbindung zum Bournemouth Symphony Orchestra, die zu einer Reihe weiterer Aufnahmen mit Naxos führte und Alsop zu einiger Bekanntheit in Großbritannien verhalf – und das nicht nur als Dirigentin.

Alsop ist alles andere als ein traditioneller Maestro, und dank ihres unkomplizierten Wesens fällt es ihr leicht, das Publikum direkt anzusprechen. Ganz ähnlich wie ihrem Mentor Leonard Bernstein gelang es ihr, Werke wie Bartóks *Der wunderbare Mandarin* in so entspannter, aber dennoch informativer Weise zu präsentieren, dass BBC Radio 3 beschloss, nicht nur die Musik zu senden, sondern auch das, was sie dazu sagte – ein äußerst seltenes Ereignis. Diese besondere Fähigkeit, mit Worten umzugehen, ermöglichte ihr sogar einige Abstecher in den Hörbuchbereich: Sie nahm sowohl *The Story of Classical Music* sowie zwei Teile von *Famous Composers* für Naxos AudioBooks auf: alles Titel, die die klassische Musik einem jüngeren Publikum näherbringen sollten. Obwohl sie eher daran gewöhnt war, vor Erwachsenen zu sprechen, erwies sie sich als Erzählerin für Kinder als echtes Naturtalent. Sie führte sie leichtfüßig durch die Geschichte der Musik, von den frühen Perioden bis hin zu Komponisten, deren Werke sie selbst schon in aller Welt dirigiert hatte – und sogar einigen, die sie persönlich kannte! Sie entwickelte dadurch eine Vorliebe für Hörbücher und beschloss, weitere Aufnahmen für Naxos einzulesen, so oft ihre Zeit es erlaubte. Bei mehr als einer Gelegenheit war ihr Zeitplan so eng, dass sie nach einem Flug über den Atlantik nach London mit dem Taxi direkt zum Studio von Naxos AudioBooks fahren musste, um dort eine Aufnahme für Kinder, eine Einleitung zu Takemitsu oder Brahms oder andere drängende Projekte wie diverse Podcasts einzusprechen, bevor sie sich ins Hotel begeben konnte.

Ihr bemerkenswertes Durchhaltevermögen und ihre erstaunliche Energie sind auf ihre Zielstrebigkeit zurückzuführen. Alsop wusste, dass sie Gefahr lief, mit Barber als ihrer ersten Aufnahme trotz Heymanns vielfältiger Repertoirepläne in eine amerikanische Nische gesteckt zu werden. Dies wollte sie unbedingt vermeiden, auch wenn sie zugibt, dass sie das amerikanische Repertoire für sich persönlich immer als sehr wichtig empfand. »Es war unvermeidbar, dass ich eine Menge amerikanischer Klassiker für Naxos aufnehmen würde, da ich bereits einen guten Ruf für meine Interpretationen zeitgenössischer amerikanischer Musik hatte. Sie gefiel mir ja auch, und sie ist heute noch sehr wichtig für mich.« Einige ihrer amerikanischen Aufnahmen bilden heute den Kern der Naxos-Reihe *American Classics*: Sinfonien von Aaron

Copland, Philip Glass und Roy Harris, beispielsweise. Sie hat darüber hinaus den Werken eines jungen amerikanischen Komponisten, Michael Hersch, zu größerer Bekanntheit verholfen, indem sie seine Sinfonien Nr. 1 und 2 einspielte. Sie nennt diese CD als Beispiel für die bemerkenswerte Vielfalt, die Heymann immer wieder unterstützt, obwohl Naxos ein Budget-Label ist. Tatsächlich war es Alsop, die Heymann dazu ermunterte, auch mit anderen zeitgenössischen Komponisten ein Wagnis einzugehen, unter ihnen auch Michael Torke und der Altmeister der japanischen Klassik-Komponisten, Tōru Takemitsu.

Wie viele ihrer Dirigentenkollegen hatte auch Alsop den Wunsch, einige der populärsten Komponisten aufzunehmen. Anfangs stand sie jedoch vor dem Problem, dass Naxos zu jenem Zeitpunkt (kurz nach der Jahrtausendwende) bereits einen Großteil der Kernwerke in seinem Katalog hatte und Heymann noch immer keine Repertoirewiederholungen wünschte. Er erkannte jedoch an, dass Alsop sich bereits einigen Respekt für ihre Interpretationen der unterschiedlichsten großen Musikstücke erarbeitet hatte, und als sie mit der Idee an ihn herantrat, die Brahms-Sinfonien mit dem London Philharmonic Orchestra aufzunehmen, erklärte er sich einverstanden. Die Aufnahmen fanden 2004 und 2005 in Großbritannien statt und wurden mit einem Coverdesign veröffentlicht, das sich vom üblichen Naxos-Standard mit dem weißen Rahmen unterschied: Stattdessen war Marin Alsop selbst zu sehen. Die CDs bestätigten, was ihre Konzerte schon seit einiger Zeit zeigten: dass Naxos über eine herausragende Interpretin der wichtigsten Wiener Klassiker verfügte. »Brahms' Musik liegt mir besonders am Herzen. Sein Streichersextett in B-Dur war das erste Stück, das mich emotional berührt hat. Ich war damals ungefähr zwölf, und mit einem Mal verstand ich, welche Kraft die Musik hat, dass sie Leben verändern und unsere Herzen gefangen nehmen kann. Mein einziges *Ziel* war es immer, Musik aufzunehmen, für die ich eine Leidenschaft empfinde, und Klaus ist dafür immer sehr offen gewesen. Meine *Hoffnung* ist es jedoch, dass die Menschen die Verbindung zwischen den einzelnen Brahms-Sinfonien auf den vier CDs auch hören. Für mich sind sie vier Planeten desselben Sonnensystems, auf natürliche, organische Weise unverbrüchlich miteinander verbunden – und doch ist jede für sich ein einzigartiges, ganz besonderes Stück. Ich hoffe, dass die Menschen diese Gesamtarchitektur des Brahms-Zyklus ebenfalls spüren, nicht nur den Aufbau jeder einzelnen Sinfonie.«

Die Übereinstimmung, die Alsop und Heymann dabei stets hatten, hat sich ausgezahlt: Seit sie in Baltimore den Taktstock übernommen hat, sind einige wichtige Platten erschienen, darunter auch Dvořáks Sinfoniezyklus, der live in dem Saal eingespielt wurde, den das Orchester so gut kennt. »Für mich ist Dvořák eine Erweiterung zu Brahms. Ich bewundere bei Dvořák dieselben Qualitäten, die auch Brahms selbst bewunderte: den unglaublich melodiösen Erfindungsreichtum, große Bögen, unerwartete Vielfalt. Und es gefällt mir, dass Dvořák Außenseiter war, weil er Tscheche war, und dass er seinem tiefsten Inneren immer treu geblieben ist, weil er sich für sein Erbe und für sein Land eingesetzt hat. Ich habe versucht, bei meinen Aufführungen Schönheit und Authentizität in Einklang zu bringen. Ich liebe die ursprüngliche Art und Weise, in der Dvořák seine Musik stützt, und ich habe versucht, diese zutiefst menschliche Eigenschaft mit der Raffinesse des reiferen Dvořák zu verschmelzen.«

Nachdem sie begonnen hatte, Bartók in Bournemouth aufzuführen (eine eher unwahrscheinliche Kombination, die sowohl bei den Konzerten als auch auf CD zu einigen spektakulären Ergebnissen führte), setzte sie ihren Weg in Baltimore mit dem *Konzert für Orchester* und *Musik für Saiteninstrumente, Schlagzeug und Celesta* fort. Darüber hinaus hat sie Naxos eine der aufregendsten Opern der letzten Jahre beschert: John Adams' *Nixon in China*, die ebenfalls live aufgenommen, aber aus verschiedenen Aufführungen zusammengeschnitten wurde. »Das war kompletter Wahnsinn! Es ist kompletter Wahnsinn, eine so komplexe Oper wie *Nixon in China* live einzuspielen, und ich kann den Produzenten, Tim Handley, gar nicht hoch genug loben ... Das war wirklich eine *tour de force*!« Zu ihren geplanten Projekten gehört auch ein Prokofjew-Zyklus, der aus einer Kombination aus Konzert- und Studioaufnahmen in São Paulo bestehen wird. »Es ist schwer, Studio- und Liveaufnahmen miteinander zu vergleichen. Ich glaube, dass man im Studio eine bessere technische Umgebung schaffen kann, aber die Liveaufnahmen haben etwas Besonderes an sich, wenn das Publikum dabei ist – sie fangen den Fluss der Musik und die Magie des Augenblicks einfach besser ein. Aber mir gefällt beides. Mein Ideal wäre vielleicht eine Liveaufnahme mit ein paar Studioteilen hier und da, um kleine Unebenheiten auszubessern.«

Alsop begleitet stets den kompletten Aufnahmeprozess. Nach 15 Jahren fühlt sie sich dabei bereits wie zu Hause. Sie hört sich die ersten Schnittfassungen immer sehr sorgfältig an. »Ich höre sie über Kopfhörer – manchmal auch auf meinem Computer, obwohl ich das besser nicht zugeben sollte!« Sie fügt Kommentare an und lauscht anschließend der Endfassung. Sie ist darüber hinaus auch mit anderen Bereichen bei Naxos vertraut. »Ich nutze die Naxos Music Library oft als Informationsquelle: Sie ist eines meiner wichtigsten Werkzeuge, wenn ich meine Programme zusammenstelle. Und ich schaue mir an, was es bei Naxos bereits gibt. Das hilft mir, wenn ich neue Aufnahmen vorschlagen will!«

Marin Alsop und Klaus Heymann stehen regelmäßig in Verbindung. »Wir unterhalten uns gerne über Musik – und über das Geschäft. Ich mag ihn, und ich habe großen Respekt vor ihm. Bei Naxos gibt es keine Hierarchie, keine Kungeleien. Ich bekomme genauso viel bezahlt wie irgendein unbekannter Künstler. Man könnte jetzt sagen, dass es ganz schön knausrig ist, die Künstler so zu behandeln, aber ich finde es einfach sehr ehrlich. Bei Aufnahmen geht es längst nicht mehr darum, Geld zu verdienen: Es geht darum, deine Karriere und dein Orchester zu fördern und deine Ideen bekannter zu machen, und Klaus ist der beste Partner, den ich mir dafür wünschen könnte.

Ich habe keinen reinen Exklusivvertrag mit Naxos, auch wenn ich ihn wie einen Exklusivvertrag behandle. Wenn ich für ein anderes Label aufnehme, spreche ich vorher immer mit Klaus und diskutiere die Sache mit ihm. Mein Standpunkt ist, dass ich jedes Projekt erst mal Klaus anbieten möchte. Wenn er kein Interesse daran hat, macht es ihm nichts aus, wenn ich es woanders umsetze. Es ist ganz einfach: Ich schätze es sehr, bei Naxos sein zu können. Ich bin total aufgeregt, dass ich jetzt eine pädagogische Reihe machen kann. Ich finde, Naxos hat mehr dafür getan, der Öffentlichkeit klassische Musik näherzubringen, als die allermeisten anderen Unternehmen oder Organisationen. Es liegt mir sehr am Herzen, auch junge Menschen zu erreichen, und dieses Projekt vereint all meine Interessen: meine Liebe zur Musik, meine Bemühungen, die klassische Musik zu entmystifizieren, eine Kommunikation mit dem Publikum aufzubauen und jungen Menschen neue Möglichkeiten aufzuzeigen und ihre Fantasie anzuregen.«

Antoni Wit

Der renommierte polnische Dirigent Antoni Wit nimmt seit fast zwei Jahrzehnten für Naxos auf und ist mittlerweile auf etwa 100 CDs vertreten, die sich zusammen über drei Millionen Mal verkauft haben (und das schließt die Download-Verkäufe nicht mit ein) – eine Leistung, die er selbst vor 1990 niemals für möglich gehalten hätte. Damals war er Chefdirigent und künstlerischer Leiter des Nationalen Symphonie Orchesters des Polnischen Rundfunks in Kattowitz und hatte durch die Klassik-Buschtrommeln bereits vernommen, dass eine merkwürdige Plattenfirma unzählige CDs mit Orchestern in der Slowakei einspielte. Später hörte er dann, dass das Label Marco Polo Stücke von Szymanowski mit einem anderen Orchester in Kattowitz aufnahm, von dem er wusste, dass es nicht an den Standard des NSOPR heranreichte. Er stellte den Kontakt her, und schon wenige Monate später bat Heymann Peter Breiner, nach Kattowitz zu reisen und einige seiner Arrangements mit dem NSOPR einzuspielen. Das Ergebnis bestätigte die Qualität des Orchesters.

Wit erzählt weiter: »Jetzt hatten wir die Möglichkeit, direkt mit Klaus Heymann Kontakt aufzunehmen, und ich habe ihm mitgeteilt, dass wir ein interessantes Prokofjew-Projekt für den 100. Geburtstag des Komponisten planten und auch Konzerte der fünf Klavierkonzerte mit dem koreanischen Pianisten Kun Woo Paik geben würden. Klaus schlug vor, die Konzerte für Naxos aufzunehmen. Wir haben zwei CDs eingespielt, und sie haben den Diapason d'Or und den Grand Prix de la Nouvelle

Académie du Disque in Frankreich gewonnen. Wir hätten uns keinen besseren Start wünschen können, und danach entwickelte sich unsere Zusammenarbeit immer erfolgreicher.«

Heymann hatte schon länger nach einem erstklassigen Orchester gesucht, dem er die großen Stücke des romantischen Repertoires anvertrauen konnte, und er betraute das Nationale Symphonische Orchester des Polnischen Rundfunks mit einem Großteil dieser Aufgabe: alle Sinfonien Tschaikowskis, Mahlers, Schumanns und viele mehr. Die meisten dirigierte Wit, der sich den Tschaikowski-Zyklus jedoch mit Adrian Leaper, den Mahler mit Michael Halász teilte. Der Strom der Angebote riss nicht ab – und die musikalische Vielfalt war enorm. Es gab Werke aus dem Kernrepertoire, bei denen Wit und das NSOPR den Orchesterpart auf zahlreichen Konzert-CDs lieferten: Klavierkonzerte von Brahms, Dvořák, Ravel und Rachmaninow (zwei Mal, zunächst mit Bernd Glemser, dann mit Idil Biret) sowie Violinkonzerte, zu denen auch die beiden Werke Bartóks gehörten (mit György Pauk). Außerdem dirigierte er Smetanas *Má vlast*. »Das war eine unserer ersten Aufnahmen, aber damals habe ich sie nicht als etwas Besonderes empfunden. Aber wir haben 150.000 CDs verkauft, und plötzlich tauchte das Nationale Symphonie Orchester des Polnischen Rundfunks in Kattowitz auf der musikalischen Weltkarte auf.« Wit und das NSOPR spielten darüber hinaus Messiaens *Turangalîla-Sinfonie* mit *L'Ascension* ein, und die Aufnahme gewann 2002 den Klassik-Preis auf der MIDEM Classique in Cannes.

Wit blieb noch bis zum Jahr 2000 beim Nationalen Symphonie Orchester des Polnischen Rundfunks, und im letzten Jahrzehnt des 20. Jahrhunderts nahm er eine große Auswahl polnischer Musik für Naxos auf. »In jenem Jahr, als Witold Lutosławski starb [1994], hatte Klaus Heymann die Idee, sämtliche Orchestermusik Lutosławskis einzuspielen. Darüber habe ich mich besonders gefreut.« Die Aufnahmen des Klavierkonzertes bleiben für Wit unvergesslich. Es musste zwei Mal eingespielt werden: Die erste Pianistin wurde durch Piotr Paleczny ersetzt, um ein befriedigenderes Ergebnis zu erzielen – ein äußerst seltenes Ereignis in der Naxos-Geschichte. Doch damit endeten die Probleme nicht: Die CD erschien mit Palecznys Namen, aber mit einem Foto der ersten Pianistin, was zu einigem Stirnrunzeln führte – nicht zuletzt wegen des falschen Geschlechts!

Seine enge persönliche Verbindung zu einigen wichtigen polnischen Komponisten aus der zweiten Hälfte des 20. Jahrhunderts verleiht Wits Aufnahmen für Naxos eine besondere Authentizität. Er studierte Komposition mit Krzysztof Penderecki an der Musikakademie Krakau und war sehr interessiert daran, Pendereckis wichtigste Orchesterwerke aufzunehmen, darunter auch seine Sinfonien und Violinkonzerte. »Penderecki hat seine Art, Musik zu schreiben, komplett verändert. Was er vor 40 Jahren geschrieben hat, unterscheidet sich völlig von dem, was er heute macht. Das gilt zwar für alle polnischen Komponisten, aber bei Penderecki ist die größte Veränderung zu erkennen.« Wit wusste besonders Pendereckis Anwesenheit während der Aufnahmen zu schätzen. »Penderecki kam immer zu den Sessions, wenn er konnte. Das war sehr stimulierend für das Orchester, und für mich war es interessant, die Musik mit dem Komponisten persönlich zu diskutieren. Ich hatte außerdem das Vergnügen, die Musik von Lutosławski und Messiaen in Anwesenheit der Komponisten zu dirigieren. Sie sind alle so unterschiedlich! Penderecki kann eine Metronomangabe von 90 schreiben, aber 60 dirigieren. Als ich ihn gefragt habe, warum er die Partitur nicht anpasst und die Angabe auf 60 ändert, antwortete er, dass in der Zukunft ja vielleicht mal jemand 90 spielen wird.«

Lutosławski stand dazu in völligem Kontrast. »Ich habe mit ihm bei Konzerten und Aufnahmen für den Polnischen Rundfunk und Polskie Nagrania zusammengearbeitet. Ein Jahr vor seinem Tod schrieb er seine 4. Sinfonie für eine Premiere in Los Angeles, aber er fragte, ob er nicht schon einen Monat früher kommen und das Werk aufnehmen könne. Die Aufnahme sollte dann aber bis nach der ersten Aufführung ruhen. Ich habe mich gefreut, ihm bei seiner Sinfonie helfen und so eng mit ihm zusammenarbeiten zu können. Er war sehr tiefsinnig in seinen Gedanken und bei allem, was er schrieb. Er hat nie etwas beiläufig geschrieben. Wenn man sich einmal die Noten von Nr. 4 anschaut, sieht man am Anfang eine Metronomangabe von 55. Das ist sehr ungewöhnlich, weil das Metronom üblicherweise 54 oder 56 ist, nicht 55. Sie glauben mir vielleicht nicht, aber ich habe eine Aufnahme von Lutosławski selbst, wie er die Nr. 4 spielt, und das Metronom ist exakt 55.«

Mit Messiaen machte Wit eine ganz ähnliche Erfahrung. »Wir haben die *Turangalîla-Sinfonie* in den 1990ern in Kattowitz aufgenommen, nach Messiaens Tod. Aber ich hatte einige Jahre zuvor *Saint François* in Kattowitz mit ihm vorbereitet: Er war bei fünf Proben dabei. Um ihn zufriedenzustellen, musste man sehr genau wissen, was in der Partitur stand, aber man musste auch Dinge anhand der Noten entwickeln.« Es überrascht wenig, dass Wit die Naxos-Aufnahme der *Turangalîla-Sinfonie* sehr ernst nahm. Die Doppel-CD wurde 1998 im Grzegorz-Fitelberg-Konzertsaal in Kattowitz eingespielt, in zwei Aufnahme-Blöcken von jeweils vier Tagen – ein ungewöhnliches Unterfangen für ein Budget-Label.

Als Wit 2002 den Posten als Chefdirigent und künstlerischer Leiter der Warschauer Philharmoniker antrat, zog die Verpflichtung bei Naxos mit ihm. Alles ging seinen üblichen Gang. Das Penderecki-Programm wurde auf die *Lukas-Passion, Die Sieben Tore von Jerusalem* und *Utrenja* ausgedehnt, bedeutende Chorwerke, die weltweit großen Eindruck hinterlassen hatten. Wit nahm außerdem eine Szymanowski-Reihe auf, die Sinfonien, Chorwerke und beide Violinkonzerte umfasste. Zum 150. Jahrestag von Chopins Tod dirigierte Wit darüber hinaus neue Aufnahmen der Klavierkonzerte mit dem usbekischen Pianisten Eldar Nebolsin.

Die Umstände hatten sich inzwischen jedoch geändert. Wit erklärt, dass die Naxos-Honorare für Musiker im kommunistischen Regime Polens, in dem ein florierender Schwarzmarkt bestanden hatte, sehr attraktiv gewesen waren. »Die Naxos-Honorare waren damals fünf Mal so viel wert!« Die Entwicklung der Demokratie machte diesen Vorteil zunichte, und wenn die Warschauer Philharmoniker heute Aufnahmen einspielen, müssen diese zu einem kleinen Teil durch das Orchester selbst bezuschusst werden. »Aber es ist wichtig, polnische Musik im Ausland bekannter zu machen.«

2005 bat Heymann Wit, nach Weimar zu reisen und *Eine Alpensinfonie* von Richard Strauss mit der Staatskapelle Weimar einzuspielen. »Ich glaube, es war eine der ersten CDs, die sie je gemacht haben, deshalb war es etwas ganz Besonderes für sie. Sie waren sehr engagiert und mit Leidenschaft bei der Sache, und sie lieben diese Musik, ohne dass ihnen jemand erklären müsste, wie wunderschön sie ist.« Später nahm er dort noch weitere Strauss-Stücke auf: *Metamorphosen* und *Symphonia domestica*.

Antoni Wit ist ein Dirigent in bester europäischer Tradition. Er spricht polnisch, deutsch, französisch, spanisch, italienisch und englisch, er fühlt sich beim Dirigieren in aller Welt zu Hause und freut sich, überall auf seinen Reisen seine Naxos-Aufnahmen zu sehen. »Ich werde manchmal von anderen Plattenfirmen gebeten, eine Konzert-CD aufzunehmen, aber ich bin bei Naxos sehr glücklich. Ich habe für EMI zwei CDs mit Szymanowski eingespielt, aber ich sehe diese Platten nie irgendwo. Aber wenn ich in Australien oder São Paulo oder auch in einer kleinen Stadt irgendwo in Spanien oder anderswo bin und dort in einen Laden gehe, sehe ich viele meiner Naxos-CDs. Das bedeutet mir sehr viel.« Und seine Arbeit mit Naxos geht weiter. Er freut sich noch immer jedes Mal auf die Veröffentlichung einer seiner CDs, und er ist durch die große Anzahl seiner bisherigen Aufnahmen ganz offensichtlich keineswegs übersättigt. Er empfindet seine jüngste Aufnahme von Pendereckis *Credo* als etwas ganz Besonderes, auch wenn er weiß, dass sie nie an seine meistverkaufte CD heranreichen wird: Góreckis 3. Sinfonie, die sich fast 250.000 Mal verkaufte. Seine jüngeren Aufnahmen schließen auch zwei CDs mit der Musik von Janáček, Chorwerke von Brahms und zwei CDs des polnischen Komponisten Mieczysław Karłowicz ein, der 1909 im Alter von nur 33 Jahren starb. Wit hat immer gerne mit den vielen verschiedenen Naxos-Solisten zusammengearbeitet, darunter auch die Pianisten Idil Biret und Jenő Jandó. »Alle Solisten, die Klaus vorgeschlagen hat, waren sehr gut.«

Obwohl sie seit über zwei Jahrzehnten zusammenarbeiten, haben Wit und Heymann sich erst zwei Mal persönlich getroffen: Einmal, als Wit sich auf Tournee in Fernost befand und Heymann eines seiner

Konzerte in Taiwan besuchte, das zweite Mal, als Heymann das NSOPR zu einem einwöchigen Musikfestival nach Hongkong einlud. Obwohl sie regelmäßig Kontakt per Telefon und E-Mail halten – auch Wit staunt immer wieder über Heymanns schnelle Antworten – haben sie sich seit 15 Jahren nicht getroffen.

Dmitri Jablonski

Für Dmitri Jablonski gibt es keinen Zweifel: »Ich habe meine Karriere als Dirigent Klaus Heymann und Naxos zu verdanken«, erklärt er. Wenn man bedenkt, dass er über 60 CDs für Naxos aufgenommen und dabei eine große musikalische Bandbreite abgedeckt hat, könnte man in der Tat leicht vergessen, dass er seine Karriere eigentlich als hoch talentierter Cellist begonnen hat. Erst kürzlich hat er für Naxos Poppers *High School of Cello Playing* eingespielt, eine Sammlung mit 40 Etüden, die zweifellos zu den schwierigsten und anspruchsvollsten Stücken im Repertoire des Instrumentes zählen. Dass es zu diesen Aufnahmen kam, obwohl er den Großteil seiner Zeit inzwischen eher dem Dirigieren als dem Spielen widmet, ist ganz typisch für einen Musiker wie ihn, der Können und Talent mit einem Hauch von Abenteuerlust verbindet.

»Ich habe Klaus das Projekt vorgeschlagen, weil so viele meiner Freunde gesagt haben, ich sei gar kein richtiger Cellist mehr, sondern nur noch Dirigent. Aber um ehrlich zu sein, hätte ich sie nicht gelernt, wenn Klaus nein gesagt hätte. Sie sind unglaublich schwirig. Ich habe sie zwar alle aufgenommen, aber sie stecken trotzdem noch nicht richtig in meinen Fingern. Fragen Sie irgendeinen Cellisten, und er wird Ihnen sagen, dass diese Etüden unmöglich zu spielen sind. Ich habe jeweils fünf auf einmal aufgenommen, insgesamt waren es acht Sitzungen. Ich kann Ihnen gar nicht sagen, wie schwirig das war. Manchmal habe ich richtig gezittert, wenn ich ins Studio gegangen bin, weil ich nicht wusste, was mich erwartete. Es ist wie bei Schuberts *Arpeggione*: Wenn du nicht ganz präzise spielst, hast du verloren.«

Da Maria Kliegel den Löwenanteil des Cello-Repertoires eingespielt hatte, boten sich selbst für einen Cellisten von Jablonskis Format bei Naxos nur sehr begrenzte Möglichkeiten. Trotzdem konnte er Khatchaturians Cellokonzert und Konzert-Rhapsodie, Schostakowitschs Cellosonate und andere Kammermusikstücke einspielen – und natürlich Poppers *High School*, die für Cellisten an erster Stelle steht! »Klaus ist ein sehr geradliniger Mann. Er macht mir Komplimente als Cellist, sagt aber auch: ›Du hast keine Karriere als Cellist, nur als Dirigent.‹ Und in gewisser Weise hat er damit recht. Wenn ich 15 Konzerte im Jahr spiele, dann reicht mir das – es gibt Leute, die keine Lust haben, 100 Dvořák-Konzerte im Jahr zu spielen.«

Jablonski hat sich zuallererst jedoch hauptsächlich einen Namen als Cellist gemacht, sowohl als Wunderkind in der Sowjetunion als auch nach 1977, als er mit seiner Mutter, der Pianistin Oksana Jablonskaja in die USA auswanderte. Er besuchte die Juilliard School und studierte bei Zara Nelsova, aber sein Interesse am Dirigieren hielt er stets wach. Tatsächlich kam sein erster Kontakt zu Heymann und Naxos über seine Mutter zustande. Victor und Marina Ledin, ein in San Francisco lebendes Produzentenpaar, das auch als Berater für Naxos tätig war, fungierten dabei als Mittelspersonen. Auch Jablonskaja selbst nahm später Konzerte von Glasunow und Khatchaturian sowie diverse Alben der Liszt-Ausgabe für Naxos auf.

Anfang der 1990er schmiedete Heymann umfangreiche Pläne für die Aufnahmen russischer, skandinavischer und baltischer Musik, vor allem für Marco Polo. Dazu gehörten auch Werke zweier lettischer Komponisten: Sinfonien von Jānis Iwanows und Orchesterwerke von Jāzeps Vītols. Als er erfuhr, dass Jablonski Verbindungen zum Lettischen Nationalorchester in Riga hatte, bot er ihm beide Projekte an. Auf dem Papier war es eine perfekte Kombination – und die Studiosessions bestätigten dies. Eine Auswahl an Orchesterwerken von Vītols wurde im Großen Konzertsaal des Riga Recording Studios im August 1994 eingespielt, die erste Iwanows-Sinfonie folgte sechs Monate später. Als er das Ergebnis hörte, bot Heymann Jablonski eine ambitionierte Liste mit etwa 60 CDs an. »Er ist ein großartiger Cellist, ein sehr musikalischer

Dirigent und ein guter Geschäftsmann«, so Heymann, der Jablonski in der Folge auch einige Naxos-Schlüsselaufnahmen anbot, darunter die Violinkonzerte von Tschaikowski und Bruch sowie Klavierkonzerte von Tschaikowski und Rachmaninow.

Jablonskis ganz besonderer Beitrag zum Katalog von Naxos und Marco Polo lag in seiner Fähigkeit, sich weniger bekannter Repertoirestücke anzunehmen und sie mit einer starken, charakteristischen Darbietung umzusetzen. Tatsächlich kam es direkt zu Beginn des Marco-Polo-Programms zu musikalisch-politischen Verwicklungen, als ein anderer Dirigent versuchte, das Naxos-Projekt mit dem Lettischen Nationalorchester zu übernehmen. Heymann zeigte sich Jablonski gegenüber jedoch loyal und half ihm bei der Suche nach russischen Orchestern, darunter auch das Moskauer Symphonieorchester und die Russische Philharmonie. Erst daraufhin kamen die Aufnahmen in Schwung, und teilweise wurden in einem Jahr 15 CDs eingespielt. Die Werke umfassten auch Musik von Amirow, Arenski, Balakirew, Glasunow, Kabalewski, Karajew, Ljapunow, Mjaskowski und Tischtschenko. Später folgten japanische Komponisten, etwa Ifukube und Ohzawa. Darunter mischten sich immer wieder auch Stücke aus dem Kernrepertoire: Schostakowitschs 7. Sinfonie, *Leningrad*, seine Filmmusik für *Hamlet* oder die *Jazzsuiten*. Einen großen kommerziellen Erfolg feierte er mit Tschaikowskis kompletter Musik für *Schwanensee*.

»Es war eine echte Herausforderung, all diese CDs aus dem unbekannten Repertoire aufzunehmen. Man geht ins Studio und tut etwas, das man noch nie zuvor getan hat. Ich war als Dirigent noch relativ unerfahren, aber dein Hirn muss mit 400 km/h arbeiten. Wir haben komplett bei null angefangen, und manchmal musste ich mit einer handgeschriebenen Partitur arbeiten. Ich glaube, dass ich Partituren sehr schnell lernen kann, aber solange man das Orchester noch nicht gehört hat, ist es relativ schwierig, sich vorzustellen, wie es wirklich klingt. Und Probleme gibt es immer: falsche Noten, falsche Rhythmen ... manchmal haben wir eine Menge Zeit aufgrund von Fehlern der Kopisten verloren. Hin und wieder habe ich auch versucht, vorab Konzerte zu arrangieren, damit wir die Werke kennenlernen konnten – ich war seit 2000

Gastdirigent bei der Moskauer Philharmonie – aber wenn das Stück nicht bekannt ist, nehmen die Orchester es nicht gerne ins Programm.

Ein Teil der Musik war sehr schwer aufzutreiben. Ich denke da zum Beispiel an Arenskis Ägyptische Nächte, die Musik für ein Ballett von Fokine für Djagilews Ballets Russes. Als ich erfahren habe, dass jemand in St. Petersburg handgeschriebene Noten hatte, habe ich das Mariinski-Theater und das Kirow-Theater angerufen, und sie wollten 10.000 US$ für die Noten. Also habe ich es über meine eigenen Kanäle versucht und sie für 1.000 US$ bekommen. Wir haben schließlich Bibliotheken und Bibliothekare!«

Jablonski setzt sich für einige Werke, die er für Naxos aufgenommen hat, ganz besonders ein. »Glasunows Klavierkonzerte gehören definitiv ins Repertoire, nicht nur Rachmaninows Konzerte! Richter hat Rimski-Korsakows Klavierkonzert gespielt, und das sollte man wirklich viel öfter in den Konzertsälen hören – unsere Naxos-Aufnahme mit der wunderbaren chinesischen Pianistin Hsin-Ni Liu beweist das. Aber ich denke, das Stück braucht einen berühmten Künstler, der es wieder bekannter macht. Und Ljapunows Violinkonzert ist schlichtweg ein Schmuckstück.«

Jablonski nahm die Werke in einer derartigen Geschwindigkeit auf, dass es sogar Zeiten gab, in denen die Bänder der Sessions auf den Naxos-Regalen verloren gingen. Die dritte CD mit Iwanows Sinfonien (Nr. 8 und 20) und die Platte mit den Arenski-Suiten waren beide ursprünglich für Marco Polo geplant, wurden aber erst Jahre später bei Naxos veröffentlicht.

»Es war eine unvergessliche Zeit, besonders diese ersten Jahre. Es gab so viel zu tun. Die wirtschaftliche Situation war schwierig – die letzten Jahre der Sowjetunion – und Naxos hat nicht sehr viel bezahlt, aber immerhin genügend, um die Orchestermusiker zu ernähren. Jetzt hat sich die Lage ganz entschieden verbessert.«

Dank all dieser Aufnahmen stehen der Dirigent und der Inhaber des Labels in regem Kontakt, auch wenn sie sich erst zwei Mal persönlich begegnet sind – einmal in Paris zu Beginn der Verbindung und dann einige Jahre später auf der MIDEM. »15 Jahre lang war es ›Herr

Jablonski‹ und ›Herr Heymann‹, und dann, eines Abends, war es plötzlich ›Klaus‹ und ›Dmitri‹. Wir tauschen dauernd Ideen aus. Er ist mit Schostakowitsch und Prokofjews *Alexander Newski* zu mir gekommen. Ich habe ihm neulich einige kroatische Klavierkonzerte vorgeschlagen – nichts, was man mal so eben beim Frühstück entscheidet, aber ich kenne einen sehr guten kroatischen Pianisten, Goran Filipec, und Klaus scheint wirklich sehr interessiert zu sein.« Jablonski ist außerdem zweiter künstlerischer Leiter des Gabala-Musikfestivals in Aserbaidschan und Cello-Professor an der Musikakademie Baku und konnte die Musik des Landes bereits sehr gut kennenlernen. »Hier gibt es ein paar ganz fantastische Dinge, von denen noch nie jemand gehört hat.« Eine CD mit aserbaidschanischen Klavierkonzerten – von Amirow und Adigezalow – werden ebenfalls bei Naxos erscheinen.

Jablonski lebt in den französischen Pyrenäen, an der Grenze zu Spanien. Er besitzt 330 alte Olivenbäume, die er selbst erntet. Er nennt diesen Ort seine »katalanische Datscha«. Hin und wieder tritt er bei Naxos noch immer als Cellist in Erscheinung, sowohl mit Kammermusik als auch als Solist. Seine Aufnahmen von Rachmaninows Klaviertrios, die er mit zwei Freunden (Valeri Grohovski am Klavier und Eduard Wulfson an der Geige) im Potton Hall Studio in England einspielte – Welten entfernt von seinem gewohnten Mosfilm Studio, in dem er vor der Russischen Philharmonie steht und Ljapunow dirigiert – zeigen, wie sehr er es noch immer genießt, einfach nur Musik zu machen.

Michael Halász

Als viel beschäftigter Dirigent im Herzen Europas, der seit über 30 Jahren in den ganz großen Opernhäusern gastiert (darunter auch ein Jahrzehnt als Hausdirigent der Wiener Staatsoper), brachte Michael Halász einen gigantischen Erfahrungsschatz mit zu Naxos. Naxos wiederum verhalf ihm zu einer ansehnlichen Studiokarriere, die ihm andernfalls – in einer Kultur, die sich nur um einzelne, intensiv geförderte Lieblingsstars der Majors drehte – so möglicherweise nicht offen gestanden hätte. Aus dieser Verbindung entstanden eine Reihe großartiger Aufnahmen bei Naxos und Marco Polo, zu denen sowohl Stücke aus dem Kernrepertoire als auch weniger bekannte Werke gehörten – allesamt Einspielungen, darin waren sich sämtliche Kritiker einig, die jedem Label zu jedem Preis zu mehr Ansehen verholfen hätten. Durch sein Tagesgeschäft in der Oper kam Halász darüber hinaus in Kontakt mit einigen der besten aufstrebenden Sänger jener Zeit. Aufgrund dieser Verbindungen sind einige herausragende Aufnahmen mit Mozart-Opern entstanden.

Halász wurde in Ungarn geboren und verfügt über eine sehr ausgeprägte Persönlichkeit – er ist ein starker, geradliniger, pragmatischer Musiker, der sich in der Studioumgebung bestens zurechtfindet. Er erinnert sich besonders an eine Woche in Budapest mit dem Failoni-Orchester: »Klaus hatte mich gefragt, ob ich die Schubert-Sinfonien Nr. 1–4, Nr. 6 und die Joachim-Transkription des *Grand Duo* aufnehmen wolle. Ich hatte bereits Nr. 5 und 8 eingespielt, und die *Rosamunde*-Ouvertüre. Nun, wenn einem das Leben freundlich gesonnen ist, geht hin und wieder etwas, das man sehr sorgfältig vorbereitet, auch ganz leicht von der Hand. Alles lief gut, und ich habe festgestellt, dass wir am Ende anderthalb Tage vor dem Zeitplan fertig werden würden. Also habe ich Klaus in Hongkong angerufen und gefragt: ›Was jetzt? Sollen wir die Neunte machen?‹ Er sagte: ›Ja!‹ Ich hatte meine Noten aber nicht in Budapest, also haben sie mir eine Partitur aus der Orchesterbibliothek gebracht. Ich hatte das Stück bei Konzerten schon oft dirigiert und eine genaue Vorstellung davon – und weil wir die ganze Woche davor nur Schubert gespielt hatten, war es für uns ein leichtes Stück Arbeit!« Um 9 Uhr morgens erhob er seinen Taktstock, der Hornton ertönte, und sie legten los. Es wurde eine ausgezeichnete Aufnahme – idiomatisch wienerisch – und sie befindet sich auch 15 Jahre später noch im Naxos-Katalog. »Wir haben einfach Schubert gespielt. Wenn man sechs oder sieben Stunden am Tag im Studio ist, denkt man nicht darüber nach, was für ein historischer Moment das vielleicht ist oder dass man eines der größten Werke des sinfonischen Repertoires aufnimmt. Du bist einfach ganz in dieser grandiosen Musik gefangen.

Hin und wieder habe ich aber auch an meine Füße gedacht, weil ich einfach sehr lange auf den Beinen war.«

Die Verbindung zwischen Halász und Naxos dauert nun schon beinahe 25 Jahre an. Der Schubert-Sinfoniezyklus gehörte gewiss zu den Höhepunkten, auch wenn die Zusammenarbeit auf eher unsicherem Terrain begann. Heymann und Halász trafen sich 1985 in Bratislava zum ersten Mal, als Takako Nishizaki Rubinsteins Violinkonzert mit der Slowakischen Philharmonie für Marco Polo einspielte. Aus dem gegenseitigen Respekt entwickelte sich ein konstanter Strom weiterer Studioaufträge. Im folgenden Jahr nahm Halász Goldmarks 2. Sinfonie und die *Penthesilea*-Ouvertüre mit der Rheinischen Philharmonie auf. Es war die Erste in einer Reihe von Weltpremieren, die Halász für Marco Polo aufnahm, wobei die Ideen dazu, wie er zugibt, größtenteils von Heymann stammten. »Damals suchte Klaus nach den Lücken, nach Stücken, die noch nicht eingespielt worden waren. Ich glaube, er nahm *Musik in Geschichte und Gegenwart* sogar mit ins Bett und suchte nach Lücken. Er hat mich fast in den Wahnsinn getrieben, damit ich die Mjaskowski-Sinfonien aufnehme. Ich habe ihn gefragt: ›Wer will das denn hören?‹ Er meinte nur: ›Das Mjaskowski-Revival kommt.‹ Ich warte immer noch darauf, aber ich habe die 7. und 10. Sinfonie trotzdem gemacht.«

Zu weiteren Stücken, die Halász für Marco Polo einspielte, gehörten auch Ballettmusik aus Rubinsteins Opern, Schmidts 1. Sinfonie und *Notre Dame* sowie Richard Strauss' 2. Sinfonie. Marco Polo, nicht Naxos, war auch das erste Label, das in den Genuss seiner Opernkenntnisse kam. Er war seit 1978 musikalischer Gesamtleiter der Oper Hagen gewesen, und kurz bevor er das Haus verließ, um seinen neuen Posten als Hausdirigent des Wiener Staatsorchesters anzutreten, schlug er Heymann Schrekers *Der ferne Klang* vor. Es war das ambitionierteste Projekt, das Marco Polo bis dato in Angriff genommen hatte, aber es war genau die Art von Weltpremiere, nach der Heymann suchte. Sie war nur möglich, weil Halász das Stück in Hagen bereits ins Programm genommen und sämtliche Proben und Vorbereitungen bereits stattgefunden hatten. Die Aufnahme war ein erstaunlicher Coup des Labels und wurde 1991 veröffentlicht.

»Dank der Aufgaben, mit denen Klaus mich für Marco Polo betraute, habe ich Stücke kennengelernt, denen ich sonst nie begegnet wäre. Sie waren es wert, aufgenommen zu werden, weil sie Weltpremieren waren – auch wenn wir, ehrlich gesagt, keine Ahnung hatten, wie das Ergebnis aussehen würde. Der Goldmark ist nicht unbedingt die beste Sinfonie, weil er so programmatisch ist, und die Strauss-Sinfonie ist auch nicht sehr angesehen, weil sie nicht den Strauss verkörpert, den wir kennen. Aber nur, weil es nicht Dvořák ist, heißt das ja nicht, dass es unbedeutend sein muss. Sie waren es wert, eingespielt zu werden – auch wenn ich mir da bei Mjaskowski immer noch nicht ganz sicher bin!«

Anfang der 1990er war Halász außerdem damit beschäftigt, weitere populäre Werke für Naxos aufzunehmen. Er vergrößerte das Repertoire stetig, unter anderem mit Ballettmusik von Tschaikowski (*Schwanensee* und *Der Nussknacker*), Ouvertüren von Beethoven und sogar Beethovens 3. und 6. Sinfonie. »Als Klaus mich bat, die Dritte aufzunehmen, habe ich lange darüber nachgedacht. Es gibt schon so viele Aufnahmen von Beethovens ›Eroica‹ – wer wartet da schon auf die ›Eroica‹ unter der Leitung von Halász? Sie bei einem Konzert zu spielen, ist etwas anderes, aber die 150. ›Eroica‹ auf CD? Aber dann dachte ich, okay, wenn die Welt Mjaskowskis Sinfonien ertragen kann, dann kann sie auch Halászs ›Eroica‹ ertragen! Ich habe es gemacht, und ich denke, sie ist recht gut geworden.«

Zu weiteren Werken zählten auch Mozarts Messe in c-Moll und Brahms' 4. Sinfonie, Cellokonzerte von Elgar und Dvořák mit Maria Kliegel und Teile des Mahler-Sinfoniezyklus, den er sich mit Antoni Wit teilte (Halász spielte Nr. 1, 7 und 9 sowie *Das Lied der Erde* ein). Auch wenn er weiterhin Wien die Treue hält, empfindet Halász nach wie vor großen Respekt für die Orchester, mit denen er bisher zusammengearbeitet hat. »Die Slowakische Philharmonie war ein ausgezeichnetes Orchester. Nur, weil es eben in Bratislava zu Hause war, galt es nicht als eines der ganz großen Orchester, wie etwa das London Philharmonic. Aber sie konnten praktisch alles spielen. Nur, weil sie damals hinter dem Eisernen Vorgang lebten, waren sie im Westen nicht genauso bekannt.«

Sein Ruf an die Wiener Staatsoper erfolgte zu einer Zeit, als Heymann bereit war, neue, digitale Opernaufnahmen mit seinem Budget-Label zu wagen. Die Gewinnmargen waren eng, aber mithilfe eines Operndirigenten mit Halászs Renommee musste er sich hinsichtlich des Ergebnisses keine Sorgen machen. In weiser Voraussicht überließ Heymann die Auswahl der Sänger Halász. »Ich arbeitete andauernd mit guten Sängern zusammen, und daher war es besser, dass ich sie selbst aussuchte, sonst hätten die Agenten Klaus irgendwelche Sänger aufgedrängt.« Die erste Mozart-Oper, die er für Naxos aufnahm, war *Die Zauberflöte* – im Italienischen Kulturinstitut in Budapest mit dem Failoni-Orchester. Die Solisten waren Herbert Lippert als Tamino, Elizabeth Norberg-Schulz als Pamina, Hellen Kwon als die Königin der Nacht, Kurt Rydl als Sarastro und Georg Tichy, der die Komik des Papageno perfekt transportierte. Als die Aufnahme 1994 erschien, begann die *Gramophone*-Rezension mit den Worten: »Naxos hat es wieder einmal geschafft.«

Die Aufnahmen verliefen gut, aber beim Schnitt hätte alles durchaus noch schiefgehen können: »Ich bin immer gerne dabei, wenn geschnitten wird, manchmal sogar bei der ersten Fassung. Bei der *Zauberflöte* war es besonders wichtig, weil dort ein großer Teil der Dialoge gesprochen wird, und einige der Sänger konnten nicht besonders gut Deutsch. Außerdem mussten wir ein paar Soundeffekte daruntermischen – die Zauberflöte, den Donner und den brüllenden Löwen. Wir hatten Glück, dass ich dabei war. Ich saß im Tonstudio, als wir den Donner vor dem ersten Auftritt der Königin der Nacht abmischten. Der Techniker hat alles zusammengeschnitten, und ich habe es mir dann angehört, aber irgendwie hatte ich das Gefühl, dass etwas nicht ganz stimmte. Ich habe dem Techniker gesagt, dass die Königin der Nacht plötzlich einen halben Ton höher klingt. Er meinte, das sei nicht möglich. Ich sagte ihm, ich hätte zwar nicht das absolute Gehör, aber mir käme es nicht nur höher, sondern auch schneller vor. Als wir es noch mal überprüft haben, haben wir festgestellt, dass der höchste Ton der Königin der Nacht kein F mehr war, sondern ein Fis. Definitiv! Wir waren völlig verblüfft. Wir hatten keine Ahnung, warum. Die Originalaufnahme hatte die richtige Höhe. Also haben wir die Handbücher für das digitale

Bearbeitungssystem durchgelesen, das wir benutzten. Der Techniker konnte nicht besonders gut Englisch, und obwohl ich den englischen Text verstand, war ich ja kein Techniker und verstand die technischen Angaben nicht richtig! Aber als ich noch einmal alles durchdacht habe, kam ich zu dem Schluss, dass der Soundeffekt für den Donner 48 kHz hatte, alles andere aber 44,1 kHz. Als wir den Soundeffekt vor der Königin der Nacht platziert haben, wurde sie dadurch auch höher. Ich habe gefragt: ›Was können wir da machen?‹ Unsere Lösung stand zwar nicht im Handbuch, aber sie hat trotzdem funktioniert: Wir haben zwischen den Donner und die Königin eine Millisekunde digitaler Stille geschnitten, und dadurch konnte die Königin der Nacht wieder mit 44,1 laufen. Ich war sehr stolz auf diese Millisekunde.«

Beethovens *Fidelio* wurde 1998 aufgenommen, *Don Giovanni* zwei Jahre später, beide im Phoenix Studio in Budapest mit der Nicolaus-Esterházy Sinfonia. 2004 kehrte Halász für *Die Hochzeit des Figaro* erneut dorthin zurück.

Halász, heute Mitte 70, blickt mit einer gewissen Zufriedenheit und Zuneigung auf seine Aufnahmen für Naxos zurück. Sie waren vielleicht nicht so glamourös wie seine Arbeit in den großen Opernhäusern, aber sie waren so etwas wie ein roter Faden. »Ich habe oft unterschätzt, was es wirklich bedeutet, bei dem Label zu sein. Ich habe in Bratislava oder Budapest aufgenommen, aber Klaus verkaufte Naxos ja überall auf der Welt. Ich habe festgestellt, dass die Menschen mich in Ecken der Welt kennen, von denen ich nie gedacht hätte, dass ich dort irgendwann mal bekannt werden würde. Ich war wirklich überrascht. Ich weiß, dass meine Aufnahmen gut sind, weil ich ein gutes Gespür für Tempi und Schnitt habe, auch wenn ich mir meine CDs heute nicht mehr gerne anhöre, weil sie mich an die Entwicklung erinnern, die ich durchgemacht habe. Aber auf einige von ihnen bin ich immer noch stolz: Mahler 9, einen großen Teil der Schubert-Sinfonien, vielleicht die Neunte, die Zweite und die Dritte. Was die Opern angeht, denke ich da an *Die Zauberflöte* – eigentlich alle Mozarts – und an den *Fidelio*. Aber ich habe diese Aufnahmen nicht des Geldes wegen gemacht oder für meine Unsterblichkeit. Ich liebe es einfach, gute Musik zu dirigieren.«

Jeremy Summerly

Jeremy Summerly, Dirigent und Dozent, ist akademischer Leiter der Royal Academy of Music in London, Moderator bei BBC Radio und Redakteur bei Faber Music. Er gründete 1984 den Chor Oxford Camerata und war von 1990 bis 1996 Dirigent der Schola Cantorum of Oxford. Er hat bei über 40 Aufnahmen für Naxos Musik dirigiert, die neun Jahrhunderte umspannt, und war bereits als Dirigent bei den »BBC Proms« und den Berliner Philharmonikern tätig.

Summerly erinnert sich noch sehr genau an seinen ersten Kontakt mit Naxos. »Am Tag nach meinem 30. Geburtstag, am 28. Februar 1991, wurde ich von einem Mann namens David Denton geweckt. Er sagte: ›Du hast von der Firma vielleicht noch nichts gehört: Naxos.‹ Aber das hatte ich, weil ich die Schumann- und Brahms-Klavierquintette gehört hatte, die ich für wirklich grandiose Aufnahmen hielt. Er meinte, er habe mich auf Radio 3 gehört, in *Record Review,* als ich über jüngere Renaissance-Chormusik sprach, und er nahm an, ich hätte meinen eigenen Chor. Ich sagte ihm, den hätte ich in der Tat, die Oxford Camerata, und ich schickte ihm ein paar Aufnahmen von Konzerten, die wir bereits eingespielt hatten.

Kurze Zeit später rief er mich erneut an und sagte: ›Wir brauchen fünf Aufnahmen mit Renaissance-Chormusik, am besten so schnell wie möglich.‹ Im Sommer haben wir angefangen und die ersten fünf in 15 Monaten eingespielt. Unsere erste Aufnahme war eine Sammlung mit *Lamentos* von White, Tallis, Palestrina, Lassus und de Brito. Wir haben sie im New College in Oxford aufgenommen, wo ich selbst bis zum Vordiplom studiert habe. Es war Sommer, deshalb war es nicht schwierig, dort hineinzukommen, und ich konnte in einem Gebäude aufnehmen, das ich gut kannte – und mit Sängern, die ich gut kannte. Und ich konnte Repertoire aussuchen, das ich ebenfalls sehr gut kannte. Wir sind diesem Muster gefolgt und haben uns an das gehalten, was wir kannten. Nach den *Lamentos* haben wir Palestrinas *Missa Papae Marcelli,* Messen von Byrd, de Victoria und Tallis und einige Motetten eingespielt. Wir konnten diese Aufnahmen nur so schnell durchführen, weil wir uns mit dem Material sehr wohlfühlten. Wenn sich eine solche Gelegenheit ergibt, dann greifst du entweder sofort zu, oder du lässt es sein!«

So einfach, wie dies vielleicht klingt, lagen die Dinge jedoch nicht. Aus praktischen Gründen mussten Summerly und die Oxford Camerata ihre Aufnahmen im New College beenden. »Wir sind aus dem New College in die Dorchester Abbey und dann ins Hertford College in Oxford umgezogen, wo wir den Großteil unserer Aufnahmen einspielten, weil es dort sehr ruhig ist – dort gibt es überhaupt keinen Durchgangsverkehr. Das ist sehr wichtig, wenn man mit einem kleinen Ensemble arbeitet – in unserem Fall 15 A-cappella-Stimmen. Da kann man sich keine Hintergrundgeräusche erlauben. Jedes Mal, wenn man eine Session wegen irgendwelcher Geräusche unterbrechen muss, verliert man einen Teil der Spannung – und damit meine ich durchaus auch einen Teil der Geduld. Am Ende haben wir eine echte Beziehung zu der kleinen Kapelle entwickelt. Wir haben Hertford College nicht aufgrund seiner architektonischen Umgebung ausgewählt, aber die Akustik da ist wirklich sehr intim, und es ist zum Zuhause unserer Aufnahmen geworden.

Ich hatte nicht wirklich darüber nachgedacht, was nach den ersten fünf CDs passieren würde. Seit wir 1984 angefangen hatten, haben wir uns ganz langsam weiterentwickelt und Konzerte gegeben, wenn und falls sich die Gelegenheit bot. Aber die Aufnahmen für Naxos zwangen uns sozusagen, ein richtiger Chor zu werden. Es war unser Glück, dass ich von 1982, nachdem ich meinen Abschluss gemacht hatte, bis 1989 bei der BBC als Tontechniker gearbeitet hatte, und ich hatte auch freiberuflich bei einigen Produktionen mitgewirkt. Ich fühlte mich in der Studioumgebung also sehr wohl. Eigentlich waren die *Lamentos* meine zweite Aufnahme, weil ich bereits eine CD mit der Schola Cantorum of Oxford für ein kleines englisches Label eingespielt hatte. Das hatte den Vorteil, dass ich mich an die Schola Cantorum wenden konnte, als ich einen voll ausgereiften Chor für Naxos brauchte. Mit der Oxford Camerata habe ich weiterhin Renaissance-Musik gemacht.«

Die Aufnahmen der Oxford Camerata verkauften sich erstaunlich gut: die *Lamentos* über 100.000 Mal, Palestrinas *Missa Papae Marcelli* sogar mehr als 150.000 Mal. Sie wurden allgemein gelobt und halfen

Naxos nicht nur dabei, den hohen Stellenwert des Labels im Bereich der Alten Musik, sondern seinen hohen Stellenwert allgemein zu etablieren. Dies war besonders wichtig, da das Ensemble zwar aus England stammte und sich nahtlos in die ausgezeichnete englische Chor-Tradition einreihen konnte, sein Repertoire jedoch aus internationalen Stücken bestand.

Nach diesen ersten fünf Aufnahmen fragte David Denton: »Und, was kommt als Nächstes?« Summerly schlug Gesualdos Musik für fünf Stimmen vor, die praktischerweise auf eine CD passen würde. »Es war keine Musik, die wir gut kannten, deshalb mussten wir unseren Wohlfühlbereich zum allerersten Mal verlassen und uns mit Musik beschäftigen, von der ich nie gedacht hätte, dass wir sie irgendwann mal aufnehmen würden. Aber sie bot uns die Möglichkeit, unsere Bandbreite zu erweitern, und von jenem Moment an schien es kaum noch Grenzen zu geben. Ich musste nichts planen, weil Naxos irgendwann dazu überging, bestimmte Musik bei uns anzufragen, beispielsweise Faurés Requiem, das ich dann mit der Schola Cantorum aufnahm. Dann kamen Bach und Vivaldi. Es war ein sehr organischer Prozess. Ich hätte nie gedacht, dass es sich so entwickeln würde. Ich hatte mich nie als Spezialisten für Renaissance-Musik betrachtet, als wir anfingen. Deshalb habe ich mich aber sehr gefreut, als die Spanne bis zurück ins Mittelalter, dann wieder nach vorne zum Barock und ins 19. Jahrhundert reichte.«

In seiner Eigenschaft als Akademiker und Dirigent konnte Summerly in zweierlei Hinsicht einen Beitrag zu Naxos leisten. »Mir ist nie in den Sinn gekommen, dass es vielleicht Einschränkungen bei den Aufnahmen mit einem Budget-Label geben könnte: Wir bekamen ein professionelles Honorar, und wir arbeiteten ganz sicher nicht auf Budget-Niveau. Aber wir hatten trotzdem das Gefühl, dass die Texte, die im Booklet der CD standen, durch etwas ausführlichere Texte und Übersetzungen verbessert werden konnten. Als ich das erwähnte, schlug David vor, ich solle sie ihm einfach schicken, und er würde sie dann drucken! Es lief alles sehr geradeheraus! Glücklicherweise hatten wir ein paar Leute in beiden Chören, die in mehreren Sprachen ziemlich fließend waren, sogar in Latein, also haben wir alles selbst gemacht, und Naxos hat dafür bezahlt. Dank dieser Beziehung ist es uns auch nie in den Sinn gekommen – obwohl wir uns allmählich einen ziemlich guten Ruf erarbeiteten – dass wir bei EMI oder der Deutschen Grammophon vielleicht besser aufgehoben gewesen wären. Dort hätten wir uns in unserer Arbeit viel stärker einschränken müssen.«

Summerly begann, zukünftige Projekte direkt mit Heymann zu besprechen, und er erinnert sich noch daran, dass es Heymann selbst war, der sich dafür einsetzte, Summerlys Aufnahmen über die Zeit der Renaissance auszuweiten. Sie trafen sich 1997 zum ersten Mal, als die Oxford Camerata eingeladen wurde, beim Konzert anlässlich des zehnten Geburtstags der Firma in London zu singen. »Er kündigte uns als Naxos' Fünf-Sterne-Künstler an.«

Die Musik, die Summerly inzwischen dirigierte, reichte bis in die Zeit von Hildegard von Bingen, Machaut und Gombert zurück und bis zu John Tavener nach vorne. Summerly stellte für die Aufnahme von Faurés Requiem eigens ein Instrumentalensemble für die Oxford Camerata zusammen, griff für Bach (auch bei *Magnificat*) und Vivaldi jedoch auf das Northern Chamber Orchestra zurück. Er genoss nach wie vor seine künstlerische Freiheit. »Es half uns, am Boden zu bleiben. Das Wunderbare an der Verbindung mit Naxos ist, dass sich auf künstlerischer Ebene niemand einmischt. Klaus sagte, er wolle Faurés Requiem, und ich habe ihm gesagt, dass ich gerne die fantastisch schöne Originalversion ohne Geigen aufnehmen würde. Er meinte nur, das sei unsere Entscheidung.«

Unter den zahlreichen Aufnahmen, die Summerly inzwischen für Naxos eingespielt hat, hebt er zwei besonders hervor. »Für mich waren die vielleicht eindrücklichsten Aufnahmen Purcells Hymnen mit der *Music on the Death of Queen Mary*. Es ist englische Musik, und wir sind nun mal ein englischer Chor. Ich erinnere mich noch, dass wir bei den Sessions gar nicht weitermachen wollten. Immer, wenn wir das Ende eines Stücks erreicht hatten und der Produzent meinte: ›Okay, weiter‹, hatten wir eigentlich überhaupt keine Lust dazu. Wir wollten es immer noch mal machen ... wir haben es fast nicht übers Herz gebracht, zu sagen, dass wir ein Stück im Kasten hatten.« Auch die Aufnahmen von *Spem in Alium*, Tallis' 40-teiliger Motette und ein einzigartiges Juwel des Chorrepertoires der Renaissance, sind ihm besonders in Erinnerung geblieben. »Wir haben *Spem in Alium* 2004 zum 20. Geburtstag der Oxford Camerata aufgenommen. Der Produzent war Andrew Walton, die Technik übernahm Mike Clements. Natürlich brauchten wir dazu 40 Stimmen. Bei diesen Ensembles für Alte Musik haben die Sänger ein sehr nützliches Zeitfenster von etwa einem Jahrzehnt, bevor ihre Stimmen voll ausgereift sind und sie allmählich als Solisten arbeiten können, deshalb ändert sich die Zusammensetzung eines Chors ständig. Für *Spem* konnten wir einige unserer Leute zurückholen, und wir hatten eine wunderbare Zeit. Aber ich werde es auch deshalb nie vergessen, weil wir das Werk im Kreis aufgenommen haben, was ich vorher noch nie gemacht hatte. Ich weiß noch, wie ich mitten in diesem riesigen Kreis im großen Schiff von All Hallows in Gospel Oak stand und wir dieses wundervolle Stück einsangen. Egal, wohin ich in diesem riesigen Kreis geschaut habe, ich habe einen wirklich guten Freund gesehen. Es war sowohl eine außergewöhnliche musikalische als auch eine außergewöhnliche emotionale Erfahrung für mich. Auch jetzt kann ich mir die Aufnahme noch anhören, weil sie mich so sehr berührt. Ich kenne jede einzelne dieser 40 Stimmen, und ich stand mittendrin. Es war unvergesslich.«

Summerly nimmt seit über 20 Jahren für Naxos auf: Was mit Produktionen in einem sehr speziellen Bereich der Renaissance-Musik begann, übertraf am Ende sämtliche Erwartungen bei Weitem. Er dirigierte Taveners *Lament for Jerusalem*, die *Weihnachtgeschichte* von Schütz, portugiesische Messen von Lobo und Cardoso und Händels Kreuzigungshymnen (darunter auch *Zadok der Priester*). Er hat sogar eine »wortlose« Version von 30 Sekunden des Agnus Dei aus Faurés Requiem für einen Auto-Werbespot im Fernsehen aufgenommen (die Produzenten wollten zuerst die Naxos-Aufnahme verwenden, empfanden es dann aber als unpassend, fromme Worte zu benutzen, sodass die Passage noch einmal ohne Worte eingespielt wurde). Als Lehrer an der Royal Academy war es ihm möglich, Lücken im Katalog der bereits verfügbaren Choraufnahmen zu erkennen, und er fand bei Heymann stets ein offenes Ohr, wenn er beispielsweise erklärte, warum eine gute Aufnahme von Machaut unerlässlich war.

Das Osterwochenende 1993 war besonders voll gepackt. »Das war die Woche, in der ich am meisten zu tun hatte. Der Großteil des Chors bestand aus Kirchenmusikern und hatte die Karwoche hinter sich, bei der es immer viel zu tun gibt, und dann kam ja noch Ostern – wir haben die Kirche sieben Tage lang praktisch gar nicht mehr verlassen. Dann sind wir nach Oxford gefahren, wo wir innerhalb von zwei Tagen Lassus' Messen für fünf Stimmen aufnehmen. Dann hatten wir einen Tag frei ... dann folgten zwei Tage mit englischen Madrigalen und Liedern, wobei wir die Proben dafür noch in der Woche vor Ostern hatten unterbringen müssen. Ich werde das nie vergessen. Die Sänger waren alle absolut erschöpft, aber während der Aufnahmen für die Lassus-CD sind sie einfach immer besser und besser geworden. Und eigentlich war es völlig unmöglich, dass wir auch noch diese englische Platte aufnehmen. Aber wir haben es geschafft, und sie klingt wirklich fantastisch!«

Summerly und seine Ensembles nehmen heute seltener auf, aber er ist noch immer regelmäßig auf Neuerscheinungen zu finden: Er ist vermutlich der Naxos-Dirigent, der auf den meisten Sammlungen vertreten ist. Seine Aufnahmen, ein Großteil aus dem Bereich der Sakralmusik, sind auch auf *Classical Meditation*, *Chill with Bach*, *A Bride's Guide to Wedding Music*, *Classics Go To War*, *Mystic Voices*, *101 Classics – The Best Loved Classical Melodies*, *Caravaggio: Music of His Time*, *Adagio Chillout*, *Music to Die For* und vielen anderen enthalten. Summerly ziert sich deswegen jedoch keineswegs. »Ich fühle mich geschmeichelt! Es ist doch egal, wo die Musik am Ende erscheint. Wenn sie ihren Weg in die Wohnzimmer der Menschen und in einen CD-Player oder einen Computer findet, dann ist das doch toll!« Naxos hätte es selbst nicht besser formulieren können.

Helmut Müller-Brühl

Über 15 Jahre lang hat das Kölner Kammerorchester (KKO) unter der Leitung von Helmut Müller-Brühl exklusiv für Naxos aufgenommen und sich eine Diskografie mit über 60 CDs aufgebaut. Es war eine wichtige

Verbindung, da der Darbietung des Orchesters, das sich auf eine ungewöhnliche Geschichte stützen konnte, bei Werken aus dem 18. und 19. Jahrhundert ein ganz besonderer Stil zu eigen war, den es auch mit zu Naxos brachte. 1924 von Hermann Abendroth gegründet, ging es 1976 zu alten Instrumenten über und machte sich ein Jahrzehnt lang auf dem Gebiet der Historischen Aufführungspraxis einen Namen. 1987 entschloss sich Müller-Brühl, wieder zu modernen Instrumenten zurückzukehren, die Historische informierte Interpretation jedoch beizubehalten. Auch wenn dieser Ansatz heute durchaus üblich ist, war er damals noch vollkommen neu. Es gab einerseits praktische Gründe für Müller-Brühls Entscheidung, die teilweise die Größe der Konzertsäle betrafen, andererseits aber auch musikalische.

»Um den korrekten Stil einer Periode zu erschaffen, ist es viel wichtiger, die Historische Aufführungspraxis zu studieren und sich alle verfügbaren Informationen zu beschaffen, als sogenannte Originalinstrumente zu benutzen. Und wenn man sich diese historische Praxis genau betrachtet und das entsprechende Material genau studiert, ist eine Historisch informierte Interpretation auch mit modernen Instrumenten möglich.«

Die Veränderungen wurden erfolgreich umgesetzt, und Mitte der 1990er hatte sich das KKO mit Müller-Brühl als führendes deutsches Kammerorchester etabliert, ohne noch länger historische Instrumente zu benutzen. Dies war auch der Zeitpunkt, an dem Müller-Brühl Klaus Heymann traf, dessen eigene Ansichten bezüglich der Aufführungspraxis sich mit dem Ansatz des KKO deckten. Die Umstände ihres ersten Treffens, so erinnert sich Müller-Brühl, waren jedoch alles andere als vielversprechend: »Wir haben uns 1996 in einem Hotel am Frankfurter Flughafen getroffen, zwischen zwei Flügen.« Aber beide verstanden sich sofort, und nur wenige Monate später nahm das KKO bereits für Naxos auf: Sein erstes Projekt waren die Oboenkonzerte von J. S. Bach, gespielt von Christian Hommel. Damit unterstrichen Müller-Brühl und Heymann ihre Ansicht, ein historischer Stil und eine originalgetreue Aufführung barocker oder klassischer Komponisten ließen sich auch mit den Vorzügen moderner Instrumente erzielen. Müller-Brühl hat keinen Zweifel daran, dass die Reihe, die sich den Orchesterwerken von

J. S. Bach widmete, ein ganz neues Kapitel in der Studiogeschichte öffnete. »Das waren die ersten überzeugenden Aufnahmen mit modernen Instrumenten, und sie suchen noch heute als komplette Reihe ihresgleichen«, verkündet er selbstbewusst. Die Beethoven-Aufnahmen wurden mit ähnlicher Überzeugung eingespielt. »Es gibt viele Beethoven-Zyklen auf dem Markt, aber unserer ist nicht nur hoch entwickelt, frisch interpretiert und in einer historisch akkuraten Weise dargeboten, man kann ihn auch tatsächlich komplett anhören! Ich freue mich, dass die Veröffentlichung der 9. Sinfonie unseren Zyklus pünktlich zu Naxos' 25. Geburtstag vollendet.«

Die über 60 Aufnahmen des KKO umfassen auch Werke von J. S. Bach und Vivaldi, acht CDs als Teil der kompletten Haydn-Sinfonien, drei Teile der Mozart-Sinfonien und viele Konzert-CDs – darunter auch solche Entdeckungen wie die Violinkonzerte von Vanhal und Saint-Georges mit Takako Nishizaki. Besonders zufrieden ist Müller-Brühl mit Telemanns *Darmstädter Ouvertüren*, die 2001 einen Klassik-Preis in Cannes gewannen. »Das war ein großes Ereignis, weil noch nie ein Ensemble, das Barockmusik auf modernen Instrumenten spielte, je zuvor diesen Preis gewonnen hatte. Für mich war es ein Durchbruch, der zeigte, dass man eine gute Darbietung von Barockmusik vor allem dank einer historisch orientierten Interpretation erzielt und nicht nur, weil man historische Instrumente benutzt.«

In den 16 Jahren mit Naxos gab es natürlich auch kontroverse Repertoire-Diskussionen. »Am Anfang kamen die meisten Vorschläge von Klaus, zum Beispiel der Telemann und viele der Haydn-Sinfonien. Bach, Mozart und Beethoven sind meine Götter. Die eher unbekannten musikalischen Schätze sind das Ergebnis unserer guten Zusammenarbeit bei der Auswahl des Repertoires. Ich war immer sehr beeindruckt von der hohen Qualität der Naxos-Aufnahmen und ich fand es gut, dass dieser hohe Qualitätsstandard der Öffentlichkeit zu einem attraktiven Preis zugänglich gemacht wurde. Die enge Beziehung zu Klaus und Naxos gehört zu den besten Erfahrungen meines Lebens, und ich werde dafür immer unendlich dankbar sein.«

Takuo Yuasa

Der in Japan geborene Takuo Yuasa kann bei Naxos auf eine außergewöhnlich vielfältige Diskografie zurückblicken. Auf über 30 Aufnahmen dirigiert er Musik, die auch die Violinkonzerte von Vieuxtemps und Lalo, Schönbergs *Verklärte Nacht*, eine Auswahl von Webern sowie Werke von Rubbra, Glass und Arvo Pärt umfasst. In seinem Heimatland ist er hingegen hauptsächlich dafür bekannt, eine Reihe japanischer Komponisten wieder ins Licht der Öffentlichkeit gerückt zu haben, unter ihnen auch Yamada und Yashiro.

In vielerlei Hinsicht spiegeln seine Naxos-Aufnahmen auch seine ganz persönliche musikalische Reise wider. Im Alter von 18 Jahren verließ er Japan, um erst in den USA, später dann in Europa (bei Hans Swarowsky in Österreich, Igor Markevitch in Frankreich und Franco Ferra in Italien) zu studieren, bevor er Assistent von Lovro von Matačić wurde und in Monte Carlo, Mailand und Wien arbeitete. Er erinnert sich noch sehr gut an den Beginn seiner Reise bei Naxos. Es war 1996, und er sollte das Hong Kong Philharmonic Orchestra dirigieren. Kurz vor seiner Ankunft erhielt er einen Brief von Heymann – und er weiß noch ganz genau, wie er ihn geöffnet hat.

Lieber Herr Yuasa,
ich möchte mit Ihnen aufnehmen.

»Das war der erste Satz. Er hat sich nicht vorgestellt. Er ist direkt auf den Punkt gekommen. Das ist typisch Klaus. Und dann hat er gefragt, ob ich exklusiv für Naxos aufnehmen würde!«

Sie trafen sich, als Yuasa nach Hongkong kam, und ein Jahr später machte er seine erste Aufnahme: *Veni, Veni, Emmanuel* und *Tryst* des schottischen Komponisten James MacMillan. Da er bereits einige Jahre das BBC Scottish Symphony Orchestra dirigiert hatte (er hat noch immer eine Wohnung in Glasgow), war Yuasa mit MacMillan bereits vertraut. Anfangs war es aber dennoch eine große Herausforderung. Die Aufnahmen fanden mit dem Ulster Orchestra in der bestens geeigneten

Ulster Hall statt. Yuasa wurde 1998 zum wichtigsten Gastdirigenten des Orchesters, und es sollte der Beginn einer langen, freundschaftlichen Beziehung sein. Das Album verkaufte sich weltweit 20.000 Mal – eine äußerst respektable Zahl für zeitgenössische schottische Musik.

Anfangs konzentrierte sich Yuasa auf britische Musik. Er nahm Taveners *The Protecting Veil* und *In Alium* auf, das sich mit 40.000 verkauften CDs als weiterer zeitgenössischer Hit erwies, und kehrte für die Aufnahmen von Brittens Violinkonzert (gespielt von Rebecca Hirsch) und Cellosinfonie (gespielt von Tim Hugh) zum BBC Scottish Symphony Orchestra zurück. Beide CDs wurden 1999 veröffentlicht. In den darauf folgenden Jahren folgten weitere Stücke des britischen Repertoires, darunter auch Rubbras Violinkonzert und zwei Aufnahmen der Reihe *British Piano Concerto* (Harty und Rawsthorne).

Yuasa musste all diese Werke speziell für die Aufnahmen lernen. Da es ihm aber schon immer leicht gefallen war, sich schnell in einer neuen Partitur zurechtzufinden, machte ihm dies nichts aus. »Das habe ich meinem Hintergrund in der Theorie und Komposition mit meinem Professor Hans Swarowsky zu verdanken. In den meisten Unterrichtsstunden beschäftigten wir uns mit Notenlesen, deshalb habe ich eine sehr klare Methode, wenn ich mich mit einer neuen Partitur auseinandersetze.« Seine größte Herausforderung in dieser Hinsicht waren die Aufnahmen zu *Inflight Entertainment, Powerhouse* und anderen Werken des australischen Komponisten Graeme Koehne mit dem Sydney Symphony Orchestra. Yuasa dirigierte damals in Oslo und wurde kurzfristig gebeten, für die Aufnahmen nach Australien zu fliegen. Die Noten trafen erst zwei Tage vor seinem Abflug ein, aber er war bestens mit der Musik vertraut, als er die Sydney Town Hall betrat. »Glücklicherweise war die Partitur sehr klar und in musikalischer Hinsicht nicht sehr kompliziert!« Das war im Januar 2001. Aufgrund verschiedener Umstände wurde die CD trotz der Dringlichkeit der Aufnahmen erst im Oktober 2004 veröffentlicht (was eine andere Seite des Musikgeschäfts erkennen lässt).

Im Laufe der Zeit erweiterte Yuasa seine Diskografie mit zeitgenössischer Musik stetig. Er nahm Philip Glass' Violinkonzert und Michael

Nymans Klavierkonzert (aus der Filmmusik für *Das Piano*) sowie Arvo Pärts *Tabula Rasa* (mit *Collage über B-A-C-H* und der 3. Sinfonie) auf, das sich bis heute 60.000 Mal verkauft hat.

Yuasa erklärt, dass es für ihn als Japaner, der seine Ausbildung in Europa absolviert hat, keinen offensichtlichen musikalischen Weg gab. »Klaus fragte mich, was ich aufnehmen wolle, und wenn ich Finne gewesen wäre, hätte ich Sibelius nennen können.« Yuasa schlug die Zweite Wiener Schule vor, da er in jüngeren Jahren oft tief in diese europäische Tradition versunken gewesen war: Seine Aufnahmen der Musik von Webern, darunter auch *Passacaglia*, *Symphonie* und *Fünf Stücke für Orchester*, bedeuten ihm heute noch viel. Es mag hingegen überraschen, dass er seine CD mit der Musik von Honegger, zu der auch die 3. Sinfonie, *Liturgique*, und *Pacific 231*, zählen, ebenso sehr schätzt.

2001 nahm seine Karriere bei Naxos eine unerwartete Wendung. »Ich erinnere mich noch, dass Klaus direkt am Anfang auf mich zukam und meinte, ich könne eines Tages auch japanische Musik aufnehmen, aber damals war die Idee noch keineswegs ausgereift. Ich habe dann gar nicht mehr daran gedacht, bis er mich ein paar Jahre später in Tokio anrief und meinte, er wolle jetzt mit den Aufnahmen des japanischen Repertoires beginnen.« Naxos war in Japan noch nicht so präsent, wie Heymann es sich wünschte (immerhin verfügt das Land über einen der größten Märkte für klassische Musik überhaupt). Er beschloss daher, einige Werke aus dem japanischen Sinfonierepertoire einzuspielen, von denen er bereits gehört hatte, obwohl sie außerhalb des Landes nur wenig bekannt waren.

Die Werke wurden Yuasa anvertraut, der auch die Aufnahme der Weltpremiere von Yamadas Ouvertüre mit dem New Zealand Symphony Orchestra übernahm. »Die Ouvertüre stammt aus dem Jahr 1912 und wurde im Stil von Weber oder Mendelssohn komponiert. Der Stil von Yamadas nächstem Werk, der Sinfonie in D, ›Triumph und Frieden‹, gehört in eine etwas spätere Periode. Im folgenden Jahr zeigten zwei Tongedichte dann ganz deutlich, dass er mit Richard Strauss in Kontakt gekommen war – Yamada war nach Europa gereist und hatte Strauss dirigieren gehört.«

Japanese Classics entwickelte sich zu einer fortlaufenden Serie, die sich ursprünglich der sinfonischen Musik aus der Zeit vor dem Zweiten Weltkrieg widmete und zeigte, dass etwa Takemitsu nicht aus dem Nichts aufgetaucht war: Er baute auf einer westlich beeinflussten, aber dennoch japanischen Klassiktradition auf. Obwohl einige dieser Werke bereits zuvor aufgenommen worden waren, verhalf die von Morihide Katayama zusammengestellte Naxos-Reihe dem Label in Japan endlich zu der Präsenz, auf die es gehofft hatte. Inzwischen sind etwa 20 CDs erschienen, und bei der Hälfte der Aufnahmen schwang Yuasa den Taktstock. Viele Teile der Reihe – die auch Komponisten wie Yashiro, Ohki, Moroi und Mayuzumi umfasst – wurden mit westlichen Orchestern eingespielt, darunter auch das Ulster Orchestra und das New Zealand Symphony Orchestra. Die japanischen Käufer empfanden dies als weiteres Plus, da sie sich freuten, dass ihre Musik auch im Ausland bekannter zu werden schien.

Der kommerzielle Erfolg der Aufnahmen verhalf der Musik in Japan zu einem breiteren Publikum als jemals zuvor. »Es ist zu einem großen Teil Naxos zu verdanken, dass viele Japaner sich inzwischen für ihr heimisches Repertoire interessieren. Heute gibt es oft Konzerte mit japanischen Werken, viel häufiger als vor dem Beginn der Naxos-Reihe.« Darüber hinaus festigte sie Yasuas Ruf als Dirigent in Japan. Jahrzehntelang war er als japanischer Export in Europa wahrgenommen worden, aber die Aufnahmen führten dazu, dass er immer öfter auch in japanischen Städten dirigierte. Momentan teilt er seine Zeit zwischen Europa, Osaka und Tokio auf, wo er außerdem an der Universität für Kunst und Musik unterrichtet. Die Universität Tokio verfügt über ein professionelles Orchester und ein Tonstudio, und dank Yuasa wurde die jüngste Ausgabe der *Japanese Classics*, Hashimotos 2. Sinfonie, dort aufgenommen. »Dank dieser Naxos-Aufnahmen bin ich nun auch dem Publikum in meinem eigenen Land bekannt.«

Leonard Slatkin

Seit 1984, dem Jahr seiner ersten Aufführung von William Bolcoms *Songs of Innocence and of Experience*, die auf den Gedichten von William Blake basieren, hatte Leonard Slatkin sich gewünscht, das Werk aufzunehmen. Er hatte es bereits mehrmals bei Konzerten dirigiert, aber mit jedem Jahr, das ins Land zog, schien die Möglichkeit einer Aufnahme in weitere Ferne zu rücken: Mit einer Länge von beinahe drei Stunden und einem riesigen Personalaufwand (Orchester, Chor und Solisten sowie Musiker außerhalb des klassischen Milieus: insgesamt 500 Künstler) war das Projekt einfach zu groß, zu anspruchsvoll und letzten Endes zu teuer, um damit ins Studio zu gehen. 2004 sah Slatkin seine Chance jedoch gekommen. Es war der 20. Jahrestag der Premiere des Werkes, und die University of Michigan, an der es zum ersten Mal aufgeführt worden war, hatte es geschafft, alle nötigen Künstler zu verpflichten und sogar Sponsorengelder aufzutreiben – immerhin war Bolcom selbst an der hauseigenen Fakultät für Komposition beschäftigt. Slatkin fand sich zur richtigen Zeit am richtigen Ort wieder: Er hatte gerade seine Stelle als Chefdirigent des nahen Detroit Symphony Orchestra angetreten und war sehr interessiert daran, den Kontakt mit der Universität herzustellen, da er wusste, welch hoher musikalischer Standard dort herrschte. Er war bereit, seine Dienste kostenlos anzubieten und wusste, dass viele Solisten dies ebenfalls tun würden: Dies war schließlich ein ganz besonderes Werk.

Da er ebenfalls wusste, dass zwischen Naxos und Bolcom bereits eine Beziehung bestand, wandte er sich an Heymann. »Ich hatte Klaus damals noch nicht kennengelernt, aber natürlich verfolgte ich die Entwicklungen in der Branche während der Jahre, in denen ich von Plattenfirma zu Plattenfirma wechselte, so gut ich konnte. Es war offensichtlich, dass sich einiges veränderte, aber ich war von Anfang an der Ansicht, dass Naxos genau das Richtige tat – es bot spezielles und bekanntes Repertoire zu Preisen an, die die Menschen sich leisten konnten. Also habe ich ihm den Bolcom vorgeschlagen, und er hat zugestimmt.« Man beschloss, eine Livedarbietung aufzuzeichnen und sie als Grundlage für die Aufnahme zu benutzen (eine anschließende Session für Nachbesserungen würde sich nicht vermeiden lassen). Ganz so einfach war die Sache allerdings nicht. Zwei Monate lang erklärte die musikalische Fakultät der Universität das Werk zur höchsten Priorität und bereitete sich für das Konzert am 8. April 2004 vor. Slatkin kam zwei Wochen vorab hinzu, um mit den Musikern zu arbeiten – für ein derartiges Projekt ist dies eine ungewöhnlich großzügige Probenzeit mit dem Dirigenten. Er war von den Musikern beeindruckt. »Wenn man nicht auf das Cover geschrieben hätte, dass es sich um das Orchester und den Chor einer Universität handelte, hätte niemand geglaubt, dass dies keine Berufsmusiker waren. Aber das Niveau der jungen Musiker heutzutage ist unglaublich hoch.« Das Konzert war ein großer Erfolg, und die Musiker bereiteten sich anschließend auf die Sitzung für die Nachbesserungen vor. »Wir wussten, dass wir einen Teil des Publikumslärms entfernen mussten, und allein aufgrund der Logistik des Stücks war es nicht praktikabel, bestimmte Passagen des Konzertes zu verwenden: Die verschiedenen Ensembles waren über die gesamte Bühne verteilt, etwa der Chor und die Kammermusiker. Gewisse Teile mussten wir daher separat aufnehmen.« Am Ende stellte es sich als unmöglich heraus, überhaupt Ausschnitte der Konzertaufführung zu verwenden, da sich aufgrund der Verstärker im Saal Probleme mit der Balance ergeben hatten. Das gesamte Werk wurde an den folgenden anderthalb Tagen erneut eingespielt, teilweise bereits wenige Stunden nach dem Konzert.

Erstaunlicherweise erklärten sich praktisch alle Beteiligten einverstanden, so lange zu bleiben, bis die Aufnahmen abgeschlossen waren. Die Produktion lag in den Händen des erfahrenen Naxos-Produzenten Tim Handley, dem der Techniker David Lau inklusive seines kompletten Teams zur Seite stand, die allesamt bis spät in die Nacht arbeiteten. Die Session dauerte auch am darauf folgenden Tag noch an, und Musiker und Aufnahmeteam arbeiteten fast neun Stunden nonstop, um alles fertigzustellen. Das Projekt stellte eine immense Herausforderung dar, der ein junges, dynamisches und ebenso talentiertes Universitätsteam vielleicht besser gewachsen war als andere es gewesen wären. Diese besondere Energie ist auch auf den drei CDs zu spüren. Sie wurden weltweit im Oktober 2004 veröffentlicht und begeistert aufgenommen, und im Februar 2006 heimste die Aufnahme vier GRAMMYS ein: Bestes Klassik-Album, Beste Chordarbietung und Beste Zeitgenössische Klassik-Komposition sowie die Auszeichnung als Produzent des Jahres für Tim Handley. Slatkins Glaube an das Projekt und seine großartige Leistung bei der Umsetzung waren mehr als belohnt worden. »Bill und ich haben 1964 zusammen in Aston studiert. Ich habe im Laufe der Jahre viele seiner Stücke gespielt, eine seiner Sinfonien in Auftrag gegeben und eine weitere aufgenommen. Ich liebe es, seine Musik aufzuführen – sie ist so unorthodox, einfach ein großer Spaß.«

Die Aufnahme, mit der Naxos seinen ersten Klassik-GRAMMY gewann, vertiefte die Beziehung zwischen dem Dirigenten und der Plattenfirma erneut. In den folgenden Jahren erschienen regelmäßig CDs mit amerikanischem und europäischem Repertoire, darunter auch John Adams' Violinkonzert, gespielt von der jungen englischen Geigerin Chloë Hanslip und dem Royal Philharmonic Orchestra. Slatkins Posten als Chefdirigent des BBC Symphony Orchestra (2000–04) verhalf ihm in Großbritannien zu einiger Bekanntheit, was dort wiederum den Weg für weitere Naxos-Projekte ebnete, die die Aufnahmen in den USA ergänzten. 2005, nach dem Tod von Kenneth Schermerhorn, dem Dirigenten der Nashville Symphony, sprang Slatkin als musikalischer Berater ein. Auch Naxos of America hatte seinen Sitz in Nashville und bereits Verbindungen zur Nashville Symphony aufgebaut. Es war daher keine Überraschung, als Slatkin sich im Juni 2006 für die Aufnahmen des Werkes einer weiteren befreundeten Komponistin, Joan Tower, in der Laura Turner Concert Hall wiederfand. Die CD enthielt auch das *Concerto for Orchestra*, von besonderem Interesse waren jedoch die erstmaligen Aufnahmen von *Made in America* und *Tambor*. Die Platte gewann 2008 zwei GRAMMYS, darunter auch die Auszeichnung als Bestes Klassik-Album.

Zum Zeitpunkt der Preisverleihung steckte Slatkin bereits tief in seinem nächsten Projekt für Naxos: den kompletten Werken von Leroy Anderson. »Anderson ist einer dieser Komponisten, dessen Namen nur wenige Menschen kennen, aber wenn sie seine Musik hören, erkennen sie sie sofort. Ich schlug Klaus vor, zu Andersons 100. Geburtstag [2008] möglichst viele Werke aus seinem Katalog aufzunehmen. Am Ende haben wir fünf CDs gefüllt, und ich glaube, darauf sind insgesamt neun Stücke, die noch nie zuvor aufgenommen wurden.« Slatkin entschloss sich, die Anderson-Sammlung in London mit dem BBC Concert Orchestra einzuspielen, das er auch schon bei den »BBC Proms« dirigiert hatte. Die Wahl mag für einige vielleicht eine Überraschung gewesen sein, aber das Orchester ist nach wie vor für sein besonderes Talent für Unterhaltungsmusik bekannt. »Die Musiker haben ein wirklich gutes Gespür für den Stil und den nötigen Sinn für Humor. Sie kannten zwar nicht alle Stücke, aber sie wussten, wie sie sie spielen mussten.«

Dank Slatkins Ernennung zum Chefdirigenten des Detroit Symphony Orchestra und des Orchestre National de Lyon tauchen auch diese beiden Orchester in seinen zukünftigen Plänen mit Naxos auf. Mit dem DSO hat er bereits einen Rachmaninow-Sinfoniezyklus begonnen, und er hält die erste CD – die 2. Sinfonie, gepaart mit *Vocalise* – für eine der besten seiner bisherigen Laufbahn. Seine Arbeit in Lyon wird nicht nur weitere Werke von Berlioz und Ravel zu Naxos bringen, sondern auch die Weltpremiere von Gabriel Piernés *Kinderkreuzzug* (obwohl das Stück zu den wichtigsten Werken des 20. Jahrhunderts zählt, wurde es noch nie zuvor eingespielt).

Slatkin hat schon für viele Plattenfirmen gearbeitet – EMI, RCA, Vox, Telarc, Decca, Philips und Chandos – aber seine Verbindung zu Naxos bietet ihm genau das, wonach er momentan sucht. »Mit Naxos fühle ich mich nicht unter Druck, Dinge aufzunehmen, nur, weil sie sich gut verkaufen werden. Hier gibt es eine wirkliche Hingabe zu der Musik, die das Label produziert. Sicher, das Geld ist knapp, aber ich mache das ja nicht wegen des Geldes. Außerdem bin ich an einem Punkt in meinem Leben angekommen, an dem ich nichts mehr machen muss, wozu ich keine Lust habe. Das ist ein gutes Gefühl. Ich muss mir keine Sorgen mehr darüber machen, wie ich mit meiner Arbeit ankomme. Ich habe immer wieder festgestellt, dass Klaus ungewöhnliche Dinge mag, wie Bolcom oder Pierné. Und bei Klaus kann man sich immer sicher sein, dass er einen Weg findet, die Industrie an sich ganz neu zu erfinden, falls es irgendwelche Veränderungen gibt, die drohen, Naxos in die Knie zu zwingen. Er ist ein guter Geschäftsmann: Man kann mit ihm wirklich gut über alles reden, und er ist sehr direkt.«

Robert Craft

Seit beinahe zwei Jahrzehnten wirkt der Dirigent und Schriftsteller Robert Craft sehr methodisch an der Aufnahme der großen Werke jener beiden Komponisten mit, die ihn die meiste Zeit seines Lebens eng begleitet haben: Igor Strawinski und Arnold Schönberg. 1947, als er zum ersten Mal mit Strawinski in Kontakt kam, wurde Craft förmlich in jenes Milieu der Musik und zeitgenössischen Kunst geschleudert, das noch heute zu den aufregendsten und kreativsten aller Zeiten gehört. Er traf unzählige große Persönlichkeiten der Nachkriegszeit in Europa, Amerika und Fernost – nicht nur Komponisten, sondern auch Künstler, Dichter und die »Macher des 20. Jahrhunderts«. 1950 lernte Craft Arnold Schönberg kennen, der sich damals bereits im letzten Jahr seines Lebens befand. Craft, selbst ein hoch talentierter Musiker, erwies sich für Strawinski als unverzichtbar: Er dirigierte und organisierte zahlreiche Aufführungen und Aufnahmen seiner Musik, sowohl in den letzten 20 Lebensjahren als auch nach dem Tod des Komponisten.

Für sein emsiges Studioprogramm musste Craft einige Hindernisse überwinden. Sein Ziel war es, ein spezielles Archiv aufzubauen, das das Vermächtnis der musikalischen Sichtweise der beiden Komponisten erhielt und von jemandem geschaffen worden war, dem »sie ihr Vertrauen geschenkt hatten«. Craft hat sämtliche Orchester und Solisten handverlesen und sich auch dem Schnitt der Aufnahmen sehr gewissenhaft gewidmet: Nicht selten konnte er dabei in Bezug auf die Komponisten über Einzelheiten aufklären, die ihm persönlich bekannt waren, obwohl sie nie dokumentiert worden waren. Und er konnte gewisse Details berichtigen, von denen er wusste, dass die beiden Künstler auch selbst darauf bestanden hätten. Craft gründete darüber hinaus eine Stiftung, dank der es den beiden Archiven nie an finanziellen Mitteln mangelte, sodass die Einhaltung der höchsten künstlerischen Standards stets gewährleistet war. Die Aufnahmen wurden mit einigen der besten Orchester der USA und Großbritanniens eingespielt (dem Orchestra of St. Luke's, dem Twentieth Century Classics Ensemble und dem Fred Sherry String Quartet in Amerika sowie dem Philharmonia Orchestra in England) und fanden in einigen der besten Tonstudios statt, unter anderem in den Abbey Road Studios in London. Auch der technische Standard in Sachen Schnitt und Mastering war bei den Aufnahmen stets auf höchstem Niveau.

Zu ihnen gehört auch die Weltpremiere von *Der Feuervogel* in der kompletten Originalversion, bei der auch zwei klappenlose Langtrompeten ein Comeback feiern, die jeweils eine einzige Note spielen, die über die Musik des gesamten Orchesters hinweg zu hören ist. Die Wirkung ist grandios, und vermutlich ist das Stück dank dieser Aufnahme zum ersten Mal seit 1910 wieder in dieser Form zu hören.

Bislang umfasst die Sammlung 14 CDs mit Werken von Strawinski und elf CDs von Schönberg, »den beiden Giganten der Musik des 20. Jahrhunderts«, wie Craft es ausdrückt. Darüber hinaus sind zwei Alben mit den wichtigsten Stücken von Anton Webern entstanden, und außerdem bietet Naxos als Online-Stream oder Download die kompletten Werke von Webern in drei Teilen an, die Craft 1957 aufnahm. Auch wenn Craft all diese Werke als wichtiges Vermächtnis betrachtet, erhebt er keinerlei Anspruch auf Perfektion – er ist sich der breiten Palette von Interpretationsmöglichkeiten nur allzu bewusst. Trotzdem glaubt er, dass auch die Komponisten selbst mit den Aufnahmen zufrieden wären, die gemeinsam die *Robert Craft Collection* bilden.

Als Craft erstmals begann, sich seiner bedeutsamen Aufgabe zu widmen, wurden die Aufnahmen noch bei zwei amerikanischen Labels veröffentlicht: Music Masters und Koch International Classics. Im Laufe der Zeit waren diese Labels jedoch immer weniger in der Lage, ihren Verpflichtungen nachzukommen, und die Masters gingen in Crafts Besitz über. Er begab sich daraufhin auf die Suche nach einem Label, das seine Hingabe für die Musik dieser drei Komponisten teilte, und fand bei Naxos 2004 ein neues Zuhause für die Sammlung.

Zum Zeitpunkt der Entstehung dieses Buches war Robert Craft 88 Jahre alt, begleitete auch seine jüngsten Projekte noch während der Schnittphase und plante bereits neue Aufnahmen. »Die Sammlung ist der ganze Stolz meines musikalischen Lebens. Die Musiker auf diesen Aufnahmen, zum Beispiel die Philharmonia, haben grandiose Darbietungen gezeigt, und das Niveau war höher als je zuvor. Sie waren immer sehr kooperativ und stets in der Lage, technische Schwierigkeiten in einer Art und Weise zu lösen, die noch gar nicht zur Verfügung stand, als ein Großteil dieser Musik geschrieben wurde.« Craft kennt die Musik, die er dirigiert, so gut, dass er oft darum bittet, bestimmte Werke mit bestimmten Orchestermusikern einzuspielen. »Ich sage vorher Bescheid, wenn ich zum Beispiel einen bestimmten Oboisten für Strawinskis *Sinfonie in C* möchte: Der zweite Satz ist beinahe ein eigenes Oboenkonzert! Diese sorgfältige Auswahl ist besonders bei Sängern wichtig. Die musikalischsten Sänger sind nicht unbedingt immer die Sänger mit den besten Stimmen. Ich brauche aber Sänger mit einem guten Gehör, die nicht nur die dissonanten Intervalle schaffen – die großen Intervalle, die bis zu den abgelegenen Noten reichen – sondern auch ein gutes musikalisches Gespür für den Rhythmus und nur ganz wenig Vibrato haben. Das ist in der modernen Musik ganz entscheidend, weil für uns die Tonhöhen so wichtig sind.«

Craft freut sich außerdem über die Vorteile durch einige technische Verbesserungen, die seit seinen frühen Aufnahmen entwickelt wurden, als man in der Regel nur ein Mikrofon benutzte. Er erkennt jedoch an, dass die Werke damals aus einer sehr realen Perspektive aufgenommen wurden. »Man bekommt jetzt ein sehr ausbalanciertes Orchester: Das zweite Kontrafagott im *Feuervogel* ist uns normalerweise nicht so wichtig. Aber jetzt, mit mehreren Mikrofonen, kann man bestimmte Instrumente besser hervorheben, ihnen mehr Kraft geben. Man kann einzelne Passagen deutlicher herausarbeiten, die man mit nur einem Mikrofon gar nicht hören würde.«

Für ihn erfüllen seine Schönberg-Aufnahmen einen besonderen Zweck. »95 Prozent von Schönbergs Musik ist der großen musikalischen Öffentlichkeit vollkommen unbekannt – die meisten seiner Werke hört man in den Konzertsälen nie. Aber genau diese Musik sollte dort regelmäßig gespielt werden. Darum wollte ich diese Aufnahmen auch mit einer Plattenfirma machen, die sie der Öffentlichkeit zugänglich machen würde.« Unter den Schönberg-Produktionen fühlt er sich den *Gurre-Liedern* besonders verbunden. »Die Darbietung ist wundervoll, weil sie den verborgenen Wagnerismus in mir zum Vorschein bringt. Da ist diese Seite in mir, die ich durch Strawinskis Musik nicht ausleben kann. Ich hätte liebend gerne auch mal den *Ring* aufgenommen.« Fragt man ihn nach seinen Strawinski-Aufnahmen, so hebt er besonders *The Rake's Progress* hervor, das er mit dem Orchestra of St. Luke's einspielte. Craft traf Strawinski genau an jenem Tag zum ersten Mal, als Auden dem Komponisten das komplette Libretto lieferte. Er wurde sofort in die Komposition involviert und half mit der Aussprache, dem Vokabular und dem Rhythmus des englischen Textes.

2006 veröffentlichte Naxos als Hardcover-Ausgabe eine faszinierende Sammlung mit Crafts Gedanken und Erinnerungen, die den Titel *Down a Path of Wonder* trägt. In dem Buch begegnet der Leser zahlreichen Persönlichkeiten des 20. Jahrhunderts, darunter auch George Balanchine, T. S. Eliot, W. H. Auden und Aldous Huxley – und natürlich Strawinski und Schönberg.

James Judd

Da die Familie Heymann seit einigen Jahren ein zweites Zuhause in Neuseeland hat, dürfte es nicht überraschen, dass Naxos schon bald eine Verbindung zum New Zealand Symphony Orchestra aufbaute. Als der englische Dirigent James Judd 1999 in Wellington eintraf, um den Posten als Chefdirigent zu übernehmen, war diese Beziehung jedoch etwas eingeschlafen, und Judd hatte die Absicht, sie wieder aufzufrischen. »Das NZSO ist ein erstaunlich vielseitiges Orchester. Die Musiker können Noten sehr schnell lesen, genau wie in London. Man kann sofort das rote Licht anschalten und mit den Aufnahmen beginnen. Ich wollte unbedingt, dass das Orchester wieder mit Naxos zusammenarbeitet. Es hatte zwar auch in der Zwischenzeit einige Aufnahmen und kleinere Tourneen gemacht, war in der Musikwelt aber noch ein echter Geheimtipp. Das Orchester ist wirklich ein echtes Schmuckstück.«

Die Mitglieder des NZSO bilden mit Musikern aus Europa und Fernost eine sehr kosmopolitische Truppe, aber es verfügt auch über einen Kern aus einheimischen Künstlern, die vom hohen Standard der musikalischen Ausbildung des Landes profitierten. Judd war der erste Chefdirigent des Orchesters. Zuvor hatte es mit vielen verschiedenen Dirigenten gearbeitet und ein breites Repertoire mit einer ebenso großen stilistischen Bandbreite gespielt. »Die Musiker wussten, wie Brahms oder Mozart klingen müssen ... aber sie waren auch daran gewöhnt, zeitgenössische Werke für kleine Labels einzuspielen, besonders die Musik neuseeländischer Komponisten.«

Als Chefdirigent des Florida Philharmonic Orchestra hatte Judd Bernsteins 2. Sinfonie und die Sinfonischen Tänze aus *West Side Story* aufgenommen. Es war daher nur logisch, dass seine ersten CDs für Naxos mit dem NZSO ebenfalls amerikanisches Repertoire enthielten: Coplands 3. Sinfonie und *Billy the Kid*, gefolgt von Gershwins *Ein Amerikaner in Paris* mit der Musik aus *Porgy and Bess*. Weitere Bernstein-Stücke folgten, aber Judd wünschte sich für das Orchester eine größere Bandbreite. Englische Musik war dabei der nächste offensichtliche Schritt.

»Ich wollte gerne englische Musik aufnehmen, weil ich das Gefühl hatte, dass wir darin besonders gut sein würden. Damals, 2002, hatte Naxos aber schon eine Menge davon im Katalog! Ich war besonders erpicht auf Elgar, und wir haben zunächst mit kleineren Stücken angefangen: mit den beiden Suiten aus *The Wand of Youth* und einer CD mit Märschen. Schließlich habe ich Klaus gebeten, uns eine Liste mit den Werken zu geben, die er aufnehmen wollte, und daraus ist ein sehr fruchtbarer Dialog entstanden.« Vaughan Williams' Fantasien mit der *Norfolk Rhapsody* gehörten zu den ersten Projekten. Danach folgten unter anderem Beethovens Begleitmusik für *Egmont*, Zemlinskys *Die Seejungfrau* und *Sinfonietta* (Judd hatte Zemlinsky bereits bei Konzerten gespielt) sowie zwei Versionen – eine englische und eine deutsche – von Mendelssohns kompletter Begleitmusik zu *Ein Sommernachtstraum*.

Einige Jahre später fügte Naxos den gesprochenen Text hinzu, der von englischen und deutschen Schauspielern eingelesen wurde – eine weitere Weltpremiere.

Das NZSO zeigte außerdem großes Interesse daran, Musik neuseeländischer und australischer Komponisten aufzunehmen. Der Geschäftsführer des Orchesters, Peter Walls, hatte schon immer zeitgenössische Werke nationaler Komponisten in die Konzertprogramme einfließen lassen, und Heymann, der einen Teil des Jahres in Neuseeland lebte, war gerne bereit, die Musik des Landes zu unterstützen. 2003 nahm das Orchester unter Judds Leitung *Earth Cry* sowie die Klavierkonzerte von Peter Sculthorpe auf, einem der bekanntesten australischen Komponisten. Einige Jahre später folgte John Antills Musik für das Ballett *Corroboree*. Für seine erste CD mit neuseeländischer Musik des 20. Jahrhunderts wählte Naxos erneut einen renommierten Künstler aus und zeichnete Orchesterwerke von Douglas Lilburn auf, den Judd als den »Elder Statesman der neuseeländischen Klassik« bezeichnet. Judd zeigt sich besonders von Lyell Cresswells Musik beeindruckt, der in Neuseeland geboren wurde, aber in Schottland lebt, und nahm neben anderen Stücken auch dessen Werk *The Voice Inside* auf. »Diese Musik ist wirklich einzigartig und sehr ungewöhnlich. Cresswell ist ein Komponist, der es verdient hätte, bekannter zu sein, finde ich. Es ist immer eine besondere Herausforderung, zeitgenössische Musik einzuspielen, wenn der Komponist dabei ist. Aber es ist wichtig, weil Naxos diese Musik über sein außergewöhnliches Vertriebsnetzwerk in alle Welt tragen kann.«

Judd hat auch seine internationale Karriere stets aufrechterhalten – er ist inzwischen emeritierter Dirigent des NZSO – und auch in Großbritannien an zahlreichen Aufnahmen mitgewirkt. Er war es auch, der Heymann Bax vorschlug, und die Sinfonischen Variationen wurden gemeinsam mit *Concertante* für Klavier (linke Hand) mit dem Pianisten Ashley Wass und dem Bournemouth Symphony Orchestra eingespielt. Wass und Judd arbeiteten später erneut zusammen, dann allerdings mit dem Royal Liverpool Philharmonic Orchestra für Vaughan Williams'

Klavierkonzert, das gemeinsam mit *The Wasps* und anderen Werken veröffentlicht wurde.

»Ich liebe den Aufnahmeprozess. Ich versuche dabei immer, etwas zu kreieren, das nicht einfach nur glatt und sauber ist, sondern etwas Lebendiges hat, sodass man die Herzen der Musiker beinahe schlagen hören kann. Ich empfinde es als schmerzhaft, mir die verschiedenen Fassungen anzuhören ... aber auch wenn ich es nicht gerne mache, nehme ich es natürlich sehr ernst. Zum Glück kann ich meinen Produzenten – Andrew Walton und Tim Handley – dabei aber blind vertrauen.«

エルフ

Komponisten unserer Zeit

Es gibt zahlreiche wirtschaftliche Gründe, weshalb ein Klassik-Label, das seine CDs zum Budgetpreis anbietet, bei Projekten mit zeitgenössischer oder urheberrechtlich geschützter Musik besondere Vorsicht walten lassen sollte. Letzten Endes ist alles eine Frage der Gewinnspanne. Die Tantiemen für alle verkauften Aufnahmen – seien es CDs, Downloads oder gestreamte Werke – bekommen zunächst die noch lebenden Komponisten, nach deren Tod gehen sie für einen gewissen Zeitraum in deren Nachlass über: 70 Jahre in der EU und den USA (mit vereinzelten Abweichungen), 50 Jahre in den meisten anderen Ländern. Das Niveau der Tantiemen wird anhand des Händlerpreises berechnet (der Preis, zu dem der Vertrieb die Ware an die Läden verkauft). Dies bedeutet, dass eine urheberrechtlich geschützte Musikaufnahme dem Label 20 bis 50 Prozent weniger Gewinn einbringt als gemeinfreie Musik. Zusätzlich zu diesen sogenannten mechanischen Lizenzen verlangen viele Verlage für die Benutzung ihrer Partituren und Materialien bei der Aufnahme vorab eine beträchtliche Leihgebühr, was viele Plattenfirmen als doppeltes Abkassieren empfinden.

Ein weiterer Aspekt, der eine Besonderheit der Klassikszene darstellt, ist, dass sich Aufnahmen mit zeitgenössischer Musik in der Regel schlechter verkaufen als CDs von Bach, Beethoven und Brahms, da die meisten Klassikliebhaber die Musik unserer Zeit oft als weniger ansprechend empfinden. Natürlich gibt es einige Ausnahmen, aber im Großen und Ganzen entspricht dies den Tatsachen.

Naxos konzentrierte sich zunächst auf gemeinfreies Repertoire; unter den ersten 100 Veröffentlichungen findet sich nur ein urheberrechtlich geschützter Titel: Orffs *Carmina Burana*. Klaus Heymanns Haltung war gespalten. Einerseits war er selbst ein Sammler, der Marco Polo unter anderem deshalb gegründet hatte, weil er damit Weltpremieren veröffentlichen wollte. Seine erste Aufnahme war damals auch ein zeitgenössisches chinesisches Violinkonzert, das von seiner Frau Takako Nishizaki eingespielt wurde. Auf der anderen Seite war er Geschäftsmann und musste die Geschäftsidee Naxos in einen Erfolg verwandeln. Ihm wurde bewusst, dass er, wenn er einen seriösen Klassik-Katalog aufbauen wollte, sowohl die großen Meisterwerke des 20. Jahrhunderts als auch zeitgenössische Werke aufnehmen musste. Nach zwei oder drei Jahren waren die Würfel gefallen: Naxos entwickelte sich allmählich zu einem ausgewachsenen Plattenlabel und das bedeutete, dass er auch zeitgenössische Musik in sein Programm aufnehmen musste. Dabei spielte es keine Rolle, ob er sich für Strawinski entschied (eine Wahl, die schließlich zum ambitionierten Projekt der kompletten Orchesterwerke unter der Leitung von Robert Craft führte), Schönberg oder Schostakowitsch wählte oder sich für führende Persönlichkeiten des musikalischen Bildersturms des 20. Jahrhunderts entschied, beispielsweise für John Cage (Musik für präpariertes Klavier), Edgard Varèse oder Conlon Nancarrow (mit seinen komplexen Rhythmen). Irgendwie musste es Heymann gelingen, am Ende schwarze Zahlen zu schreiben, sei es, indem er Sponsorengelder auftrieb, besonders clevere Geschäfte abschloss, entschieden mehr CDs verkaufte als die Erfahrungen der Vergangenheit erhoffen ließen oder die Verluste im Ernstfall durch Erfolge in anderen Bereichen des Repertoires wieder ausglich. Er versuchte, sich nie auf eine Aufnahme einzulassen, die dem Label garantiert Verluste bescheren würde, aber es gab durchaus Momente, in denen er ein Projekt abnickte, bei dem er in dieser Hinsicht beide Augen zudrückte.

Es ist interessant zu sehen, wie methodisch bei der Auswahl der bei Naxos erschienenen zeitgenössischen Musik und der Komponisten, die dort besonders in den Vordergrund gerückt wurden, vorgegangen wurde. Dabei ziehen sich auch einige nationale rote Fäden durch den Katalog. Die kompositorische Linie lässt sich vom Ende des 19. Jahrhunderts bis zum Beginn des 21. Jahrhunderts verfolgen. Die Vorgehensweise erscheint beinahe akademisch. Heymann kann heute nicht mehr sagen, ob dies von Anfang an geplant war – in gewisser Weise war es ein organischer Prozess, der in den Werken zeitgenössischer Schlüsselkomponisten gipfelte, die im Großen und Ganzen hocherfreut waren, ihre Musik bei einem preiswerten Label wiederzufinden, das die Käufer zu mehr Abenteuerlust bei ihrer Auswahl ermunterte. Die Sammlung ist keineswegs vollständig (das wäre unmöglich), aber nach einer 25-jährigen Aufnahmegeschichte kann Naxos einige, eindeutige rote Fäden in seinem Katalog vorweisen, besonders im Bereich des amerikanischen, polnischen und englischen Repertoires. Darüber hinaus dokumentiert Naxos auch andere, weniger bekannte Entwicklungen, etwa die faszinierende Entfaltung der spanischen oder japanischen Klassik, wobei Letztere in den vergangenen Jahren vor allem durch Tōru Takemitsu und Toshio Hosokawa vertreten wurde. Viele weitere Komponisten unserer Zeit tauchen ebenfalls im Naxos-Katalog auf, wenn auch manchmal nur auf einer oder zwei Aufnahmen. Unter ihnen finden sich so unterschiedliche Künstler wie Gian Carlo Menotti und Luciano Berio. Selbstverständlich wächst auch dieser Katalog stetig weiter: György Ligeti war anfangs nur durch İdil Birets Aufnahme seiner Klavieretüden vertreten, bis 2010 die Aufnahme seiner Quartette mit dem Parker Quartet veröffentlicht wurde (die 2011 einen GRAMMY gewann). Heute veröffentlicht Naxos mehr zeitgenössische Musik und Werke aus dem 20. Jahrhundert als jedes andere Label, egal ob etabliert oder unabhängig.

USA

Die Reihe *American Classics* ist seit Langem ein zentraler Bestandteil von Naxos in Amerika und umfasst heute mehr als 360 Aufnahmen, darunter auch zahlreiche, führende sinfonische Komponisten des 20. Jahrhunderts. Die Veröffentlichung einer derartig umfangreichen Liste war ein großes Risiko für ein Budget-Label und wäre ohne die Unterstützung zahlreicher Organisationen nicht möglich gewesen. Zu ihnen gehörte auch The Copland Trust, der Mittel für Musiker und Komponisten bereitstellte. Charles Ives spielte eine Schlüsselrolle bei der Befreiung der amerikanischen Musik aus der europäischen Abhängigkeit, und Naxos nahm sich seiner Orchesterwerke (der Sinfonien und der *Orchestral Sets*) in den neuen kritischen Ausgaben an. Die Klappentexte erläutern die musikalischen Entscheidungen der Redaktion und des Dirigenten und zeigen, mit welcher Sorgfalt bei den Aufnahmen vorgegangen wurde. Dies ist auch der Grund, weshalb die 4. Sinfonie bisher noch nicht eingespielt wurde: Heymann wartet noch auf die Fertigstellung der neuen genehmigten Ausgabe. Die kompletten Stücke füllen sieben CDs und es wurden ebenfalls Neuausgaben verwendet. Hinzu kommen Einblicke in die Musik von William Schuman, Samuel Barber, Roy Harris und Leonard Bernstein (von Kammermusikstücken wie der Klarinettensonate über große Choralwerke – den *Chichester Psalms* und der Messe – bis hin zu seinem wohl populärsten musikalischen Vermächtnis, *West Side Story*).

Ein tieferer Blick enthüllt eine viel größere, anspruchsvollere Bandbreite. Er zeigt unter anderem die fünf Streichquartette von Elliott Carter, einer der zentralen Figuren der amerikanischen Avantgarde des 20. Jahrhunderts, die vom Pacifica Quartet eingespielt wurden, sowie seine 1. Sinfonie, die mit dem Klavierkonzert veröffentlicht wurde. Neun CDs widmen sich außerdem den Werken von George Rochberg, sechs Alben der Musik von Ned Rorem. Rorem ist eine weitere Schlüsselfigur der amerikanischen Musik des 20. Jahrhunderts. Die Aufnahmen beginnen mit einer Sammlung seiner Lieder (gesungen von Carole Farley in Begleitung des Komponisten) und umfassen darüber hinaus seine drei Sinfonien sowie eine Auswahl an Konzerten und Kammermusikstücken. Außerdem umfasst die Reihe zwei Alben von George Crumb, einem Künstler, der sich experimenteller Techniken bediente und so die Musik der zweiten Hälfte des 20. Jahrhunderts vorantrieb und zur Entwicklung einer charakteristischen amerikanischen Stimme beitrug.

Darauf folgte die jüngere Generation, die die Szene heute dominiert. William Bolcom, John Corigliano und Joan Tower wurden alle 1938 geboren, und ihre unterschiedlichen musikalischen Wege spiegeln sich auch im Naxos-Katalog wider. Das Label veröffentlichte außerdem eine CD mit dem Titel *The Class of '38* mit Musik von William Bolcom, Gloria Coates (der bei Naxos auch zwei eigene CDs mit Streichquartetten bzw. Sinfonien gewidmet sind), John Corigliano, John Harbison, Frederic Rzewski, José Serebrier, Joan Tower und Charles Wuorinen (der darüber hinaus fünf komplette Alben mit vielfältigen Musikstücken veröffentlicht hat).

William Bolcom

William Bolcom trat bei Naxos zunächst nicht als Komponist, sondern als Pianist in Erscheinung: Er spielte Klavierstücke seines Lehrers George Frederick McKay als eine Art Hommage ein. Seine Frau, die Sopranistin Joan Morris, war auf der CD ebenfalls zu hören. Durch sie entstand eine Verbindung zu Naxos, die zu einer Reihe mit seinen Liedern (bei denen er Carole Farley begleitet), seiner kompletten Cellomusik und seinen vier Violinsonaten führte. Es war jedoch die erstmalige Aufnahme seines mächtigen Liederzyklus *Songs of Innocence and of Experience* für Solisten, Chöre und Orchester, der vier GRAMMYS gewann und einen unvergesslichen Eindruck hinterließ.

Seit der ersten Aufführung in Stuttgart 1984 hatte es immer wieder Diskussionen über eine Aufnahme von *Songs of Innocence and of Experience* gegeben, aber die schiere Logistik überstieg die Fähigkeiten sämtlicher Plattenfirmen. Die University of Michigan, an der Bolcom seit 1973 unterrichtete, hatte kurz nach der Premiere in Stuttgart eine Aufführung gestemmt, und es war der Komponist Michael Daugherty, der ebenfalls an der Universität lehrte, der eine weitere Aufführung zum 20. Jahrestag dieses Ereignisses anregte. Die Universität sammelte einen nicht unerheblichen Betrag an Spendengeldern, um die Aufführung zu ermöglichen, und verpflichtete unter der Leitung von Leonard Slatkin neben ihren besten Musikstudenten auch örtliche Chöre, das hauseigene Orchester und professionelle Solisten. Dies war auch der Zeitpunkt, an dem Slatkin und Bolcom mit dem Vorschlag an Heymann herantraten, das Konzert aufzunehmen und hinterher einige Nachbesserungen vorzunehmen. Obwohl er zunächst von der schieren Größe des Projekts ein wenig eingeschüchtert war, stimmte Heymann zu.

Bolcom war während der gesamten Vorbereitungen, während des Konzerts und während der Aufnahmen anwesend, und selbst Jahre später erinnert er sich noch sehr gut an das Ereignis. »Es war einfach unglaublich. Die gesamte Universität hat all ihre Energie zwei Monate lang in die Vorbereitung des Stücks gesteckt. Leonard hatte es bereits zwei Mal dirigiert, und einige der Solisten, darunter auch meine Frau, hatten es vorher auch schon einmal gespielt. Aber viele Musiker kamen zum allerersten Mal damit in Berührung. Ich hatte schon früher mit dem Naxos-Produzenten Tim Handley zusammengearbeitet, und er war so gut informiert und vorbereitet, wie ich es nur selten zuvor bei einem Produzenten erlebt habe – ein wirklich unglaublicher, interessanter Typ mit einem absolut fantastischen Gehör. Und David Lau, der Techniker, war auch ausgezeichnet. Aber um das Konzert verwenden zu können, hätten wir einfach viel zu viel ausgleichen müssen, deshalb mussten wir das Stück erneut einspielen. Ich kann immer noch nicht glauben, dass wir das geschafft haben. Wir haben es nicht in der richtigen Reihenfolge eingespielt: Wir haben erst alle Chorteile aufgenommen und dann alle Solisten, damit wir die Mikrofone nicht ständig wieder neu positionieren mussten, wenn wir sie einmal ausgerichtet hatten. So war es einfach am praktischsten. Aber aus irgendeinem Grund war die Energie so positiv, dass es sich trotzdem anfühlte wie eine Liveaufnahme – das ging so weit, dass wir uns schon gefragt haben, wo der Applaus bleibt, als Leonard mit dem ersten Teil fertig war! Von all den 20 Aufführungen, die ich im Laufe der Jahre von diesem Stück gehört habe, war dies ganz sicher eine der besten.«

Bei Naxos sind noch weitere Werke von Bolcom erschienen, darunter auch seine *Gospel Preludes* für Orgel, gespielt von Gregory Hand.

John Corigliano

John Corigliano hat in den vergangenen Jahren eine enge Beziehung zu Naxos entwickelt und kann auf eine stetig wachsende Diskografie bei dem Label blicken: Bis heute füllt seine Musik zehn CDs. »Ich bin bei jeder Session dabei, wenn ich kann. In den 1970ern habe ich bei Columbia Masterworks als Plattenproduzent gearbeitet – ich weiß, was ich will. Es macht einen großen Unterschied, ob ich dabei bin oder nicht. Die Naxos-Aufnahme von *Mr. Tambourine Man* habe ich sogar koproduziert, und wir haben dafür 2009 zwei GRAMMYS gewonnen – einen für das Stück selbst, den anderen für die ›Beste Gesangsdarbietung Klassik‹. Dabei sein zu können, bedeutet alles für mich.«

Als einer der renommiertesten amerikanischen Komponisten ist Corigliano in verschiedenen Genres tätig – von Opern über Konzerte bis hin zu Filmmusik – und seine Aufnahmen spiegeln genau das wider. Die Musik, die er ursprünglich für den Film *Die rote Violine* schrieb, taucht auf vier verschiedenen Aufnahmen auf, einmal auch in Form eines Violinkonzerts, gespielt von Michael Ludwig in Begleitung des Buffalo Philharmonic Orchestra unter der Leitung von JoAnn Falletta (gepaart mit *Phantasmagoria* inklusive Musik aus seiner Oper *The Ghosts of Versailles*). Die ergreifend schöne Chaconne und die technisch anspruchsvollen Capricen sind jeweils in zwei Versionen erschienen.

Mit *Mr. Tambourine Man* ist es Corigliano gelungen, eine große Herausforderung zu meistern: Er hat sich Bob Dylans Poesie angenommen, von der bereits eine musikalische Version existierte, und ihr völlig neues Leben eingehaucht. Wie gut ihm dies gelungen ist, ist auf der Aufnahme mit der Sopranistin Hila Plitmann zu hören. Die Tatsache, dass ein Werk wie dieses in die Reihe aufgenommen wurde, zeigt den Mut von *American Classics*. Ihm ging die Aufnahme eines weiteren Werkes voraus, in dem sich Corigliano berühmter Worte bediente: *A Dylan Thomas Trilogy* (einschließlich *Fern Hill, Poem in October* und *Poem on His Birthday*), das mit Bravour vom Bariton Sir Thomas Allen in Begleitung der Nashville Symphony unter der Leitung von Leonard Slatkin eingespielt wurde.

Die jüngste Aufnahme zeigt Corigliano von einer anderen Seite und umfasst kühne Kompositionen für ein großes sinfonisches Blasorchester: *Circus Maximus* wurde mit einer speziellen Produktion im Hinterkopf geschrieben, die auch eine Bühnenband, eine Hintergrundband und eine Marschkapelle einschloss. Die dramatische Konzeption wurde vom University of Texas Wind Ensemble unter der Leitung von Jerry Junkin umgesetzt, und die CD erschien bei Naxos in einem ebenso eindrucksvollen 3D-Schuber. Auch bei dieser Aufnahme war der Komponist eng in die Sessions involviert und einige Zeit später wurde sie als Naxos' erste Blu-ray-Audiodisc (BD-Audio) erneut veröffentlicht.

Corigliano schreibt die Klappentexte für fast all seine Naxos-Aufnahmen selbst und hebt dabei auch oft den individuellen Hintergrund der Werke hervor – ein weiteres Zeichen für die enge Beziehung, die er sowohl mit dem Label als auch mit Heymann persönlich pflegt. Corigliano erklärt: »Ich war schon großer Naxos-Fan, bevor ich Aufnahmen für sie machte. Ich fand ihre Mischung aus ungewöhnlichem Repertoire und cleverem Marketing toll: In jedem Plattenladen stand beispielsweise ein riesiger Aufsteller mit Naxos-CDs – das hat sonst keine andere Firma gemacht. Also habe ich meinen Verleger [G. Schirmer] gefragt, ob ich mich nicht mit dem Geschäftsführer des Labels treffen könnte, falls er je nach New York käme. Zufälligerweise reiste Klaus tatsächlich nach New York und Schirmer fragte ihn, ob er sich nicht mit mir treffen wolle. Er war nicht nur einverstanden, er kam sogar in meine Wohnung, um sich mit mir zu unterhalten. Ich habe ihm von meinen Erfahrungen mit etablierten Labels erzählt: dass sie ein Vermögen ausgaben, um eine CD aufzunehmen, die sie dann völlig falsch vermarkteten, und dass man meine Neuveröffentlichungen in den Plattenläden wegen irgendwelcher Vertriebsfiaskos nirgendwo finden konnte. Mir war klar, dass Klaus über diese Dinge Bescheid wusste, aber ich wollte, dass er verstand, warum ich zu Naxos wollte. Wir haben zusammen einen Weißwein genossen, den ich aus Mendoza mitgebracht hatte – Klaus hat am nächsten Tag gleich eine ganze Kiste bestellt – und ich hatte allmählich das Gefühl, dass Naxos tatsächlich meine neue Plattenfirma werden würde.«

Coriglianos Werke werden zwar von zahlreichen Labels aufgenommen, aber er setzt sich selbst aktiv dafür ein, seine Verbindung mit Naxos stetig zu vertiefen. »Mittlerweile gibt es Partnerschaften zwischen den Orchestern und den Plattenlabels, und ich versuche, jedes Orchester, dass an meinen Werken interessiert ist, Richtung Naxos zu lenken.«

Joan Tower

Obwohl Joan Tower in New Rochelle, New York, geboren wurde, verbrachte sie die ersten Jahre ihres Lebens in Südamerika, und sie hatte stets das Gefühl, dass dies ihre Musik nachhaltig beeinflusst hat. Nachdem sie als eine von relativ wenigen weiblichen Komponisten immer wieder gegen Vorurteile ankämpfen musste, erhielt sie Anstellungen als Hauskomponistin der St. Louis Symphony, des Orchestra of St. Luke's und des Pittsburgh Symphony Orchestra, die ihr dabei halfen, sich ein Renommee zu erarbeiten. 2001 erhielt ein Konsortium amerikanischer Regionalorchester Sponsorengelder des Ford Motor Company Fund, um bei einem zeitgenössischen Komponisten ein neues Werk in Auftrag zu geben, das von Orchestern in allen 50 Bundesstaaten der USA gespielt werden sollte. Das Projekt erhielt den Namen »Made in America«. Das Konsortium entschied sich für Tower, die ein 15-minütiges Stück schrieb, das ebenfalls den Titel *Made in America* trug. Es wurde wie geplant im ganzen Land von nicht weniger als 65 Gemeindeorchestern gespielt. Später spielte die Nashville Symphony das Stück (zusammen mit *Tambor* und *Concerto for Orchestra*) unter der Leitung von Leonard Slatkin für Naxos ein; es wurde 2008 mit drei GRAMMYS ausgezeichnet, unter anderem als Beste Zeitgenössische Klassik-Komposition.

Von der Komposition bis zur Aufnahme war *Made in America* eine der unvergesslichsten Erfahrungen in Towers Leben. Der erste große Schritt war das Werk selbst. »Ich habe angefangen, über diese 65 Orchester nachzudenken – unterschiedliche Gemeinden, unterschiedliche Größen und unterschiedliche kulturelle Interessen. Ich wollte, dass zwischen ihnen eine Verbindung entsteht und ich dachte: ›Was kennen sie alle? Sie kennen alle *America the Beautiful*.‹ Das ist auch eines meiner Lieblingsstücke – ich finde, das sollte unsere Nationalhymne sein. Ich beschloss, die Melodie immer wieder in meine Musik einzuflechten, damit die Menschen in dem Stück sofort etwas fanden, das sie wiedererkannten. Viele dieser Menschen hatten ja noch nie Musik eines lebenden Komponisten gehört und ich wollte sie nicht gleich verschrecken. Es stellte sich als eine meiner besten Entscheidungen heraus. Ich musste das Stück so schreiben, dass die Gemeindeorchester es auch spielen konnten, und ich freue mich sehr, heute sagen zu können, dass es tatsächlich alle Orchester gespielt haben. Ich habe sogar einige der Aufführungen dirigiert.«

Als die Aufnahme anstand, entschied man sich für die Nashville Symphony, teils, weil sie sich bereits einen Ruf für amerikanische Musik erarbeitet hatte, teils aufgrund ihrer bereits bestehenden Verbindung zu Naxos. Die neue Laura Turner Concert Hall in Nashville stand kurz vor ihrer Fertigstellung und Alan Valentine, der geschäftstüchtige Leiter des Orchesters, beschloss, es im Saal aufzunehmen, obwohl die Bauarbeiten noch nicht ganz abgeschlossen waren. Er organisierte ein Konzert mit allen drei Tower-Kompositionen für sämtliche Bauarbeiter, Architekten und alle anderen, die am Bau des Saals mitgewirkt hatten: 2000 Personen, allesamt mit Schutzhelmen, füllten die Sitzplätze.

John Adams und Philip Glass

Minimalismus hat sich als einer der vorherrschenden Stile in der zeitgenössischen Musik erwiesen und zwei der führenden amerikanischen Vertreter (die mit ihren Werken jedoch auch in andere Bereiche vordringen) sind auch bei Naxos vertreten: John Adams (Jahrgang 1947) und Philip Glass (Jahrgang 1937). Es war vor allem Marin Alsop, die sich ihrer Musik mit besonderer Hingabe annahm. Sie dirigierte unter anderem Glass' 2., 3. und 4. Sinfonie, aber sein Violinkonzert, gespielt von

Adele Anthony und dem Ulster Orchestra unter der Leitung von Takuo Yuasa, verkaufte sich mit 100.000 Stück am besten.

Die vielschichtige Musik von John Adams ist auf fünf CDs zu finden. *Nixon in China*, allgemein als sein Opern-Meisterwerk angesehen, ist als Liveaufnahme unter der Leitung von Alsop erschienen, während die Aufnahme seiner jüngeren Oper *I Was Looking at the Ceiling and Then I Saw the Sky* von Klaus Simon dirigiert wurde. Alsop nahm darüber hinaus eine Sammlung seiner bekanntesten kürzeren Stücke auf, darunter auch *Shaker Loops* und *Short Ride in a Fast Machine*, und Ralph van Raat spielte seine komplette Klaviermusik ein. Leider zeigte sich Adams alles andere als dankbar über Naxos' Beitrag zu seiner Diskografie. Als er in einem Interview mit *Newsweek* zu den Naxos-Aufnahmen befragt wurde, antwortete er: »Ja, [erfolgreich] sind sie, aber ihre Produktionen sind so mittelmäßig. Sie müssen inzwischen ... sieben oder acht CDs mit meiner Musik aufgenommen haben. Aber sie sind schlecht produziert. In einigen Fällen sind die Darbietungen in Ordnung, aber in anderen Fällen sind sie einfach grauenvoll. Das ist, als ob man in den Supermarkt geht und das billige Toilettenpapier kauft.« Als der Journalist der *Newsweek* fragte: »Von welchen Aufnahmen würden sie den Leuten denn besonders abraten?«, antwortete Adams: »Offiziell werde ich mich dazu nicht äußern.« Sein Verleger entschuldigte sich später bei Klaus für Adams' Verhalten.

Michael Daugherty

2011 gewann die Aufnahme der Nashville Symphony von Michael Daughertys *Deus ex Machina* einen GRAMMY für die Beste Zeitgenössische Klassik-Komposition. *The Metropolis Symphony*, Daughertys lebendige Hommage an die Liebe der Amerikaner zu Superman im Besonderen und dem Comicgenre im Allgemeinen, war das Hauptwerk der CD, doch die Auszeichnung ging an das eindringlichere *Deus ex Machina* für Klavier und Orchester.

Daugherty (Jahrgang 1954) war gemeinsam mit William Bolcom Leiter der musikalischen Fakultät der University of Michigan, bis Bolcom

2005 in den Ruhestand ging und er den Posten allein bekleidete. Er hat es immer verstanden, das Populäre mit dem Esoterischen zu verbinden, eine Fähigkeit, die durch seine vielschichtige musikalische Ausbildung gefördert wurde. Sein persönlicher Hintergrund liegt in der Popmusik – inklusive Drum Corps und Rockbands. Er hat sich stets ein starkes Gespür für seine amerikanischen Wurzeln bewahrt, auch während seines unglaublich vielseitigen Studiums, das ihn unter anderem ans IRCAM in Paris führte (Pierre Boulez' äußerst renommiertes Institut, das sich vorwiegend elektroakustischer Musik widmet), wo er auch mit der europäischen Avantgarde-Szene in Kontakt kam. Beide Einflüsse sind in *Deus ex Machina* deutlich zu erkennen, das vom Pianisten Terrence Wilson und der Nashville Symphony unter der Leitung von Giancarlo Guerrero auf sehr lebendige Weise für Naxos eingespielt wurde.

Daugherty bemerkt dazu: »Ich bin in den 1960ern aufgewachsen, und damals drehte sich alles um Integration. Die Rassen waren getrennt und die Musik war getrennt, aber während meiner Kindheit begann die Zeit der Integration. Deshalb habe ich es immer als etwas ganz Natürliches empfunden, andere Dinge in meine Musik zu integrieren – verschiedene Formen der Kunst oder der Ästhetik. Im 21. Jahrhundert ist es ganz natürlich, dass man sich anschaut, was die Welt zu bieten hat, und dazu gehört auch die Musik. Es gibt so viele verschiedene Arten von Musik. Ich habe Rock und Jazz und Klassik gespielt, mich an Weltmusik ausprobiert und sogar Elektromusik und all diese Dinge gemacht. Wenn man sich die Kunst oder das Kino anschaut, dann sieht man eine große Vielfalt. Maler bedienen sich verschiedener Stile – das ist ein weit geöffnetes Feld. Die Musik ist, ironischerweise, tendenziell am konservativsten, aber ich entstamme einer Generation, in der es nichts Besonderes mehr ist, verschiedene Dinge zu vermischen, und genau das habe ich auch immer gemacht.«

Über die mit einem GRAMMY ausgezeichnete CD sagt er: »Die Nashville Symphony hat *Deus ex Machina* bei mir in Auftrag gegeben und sie haben es mit dem unglaublichen Pianisten Terrence Wilson aufgeführt und aufgenommen. Dann haben sie beschlossen, eine komplette CD mit meiner Musik einzuspielen, und genau das haben wir jetzt auch gemacht. Die Darbietungen sind wirklich grandios, und ich hoffe, dass die Menschen sie mit großer Begeisterung hören werden.«

Im Naxos-Katalog befinden sich darüber hinaus drei weitere Aufnahmen wichtiger Werke von Daugherty. Eine der CDs umfasst *Fire and Blood*, *MotorCity Triptych* and *Raise the Roof* – die drei Schlüsselwerke, die in seiner Zeit als Hauskomponist des Detroit Symphony Orchestra (2000–03) entstanden. Sie wurden vom DSO unter der Leitung von Neeme Järvi mit der Geigerin Ida Kavafian als Solistin bei *Fire and Blood* eingespielt. Auf der ersten Daugherty-CD, die Naxos veröffentlichte, ist das Colorado Symphony Orchestra unter der Leitung von Marin Alsop mit *UFO* (geschrieben für die Perkussionistin Evelyn Glennie, die das Stück auch bei dieser Aufnahme als Solistin spielt) und *Philadelphia Stories* zu hören. Alsop dirigierte außerdem ihr europäisches Orchester, das Bournemouth Symphony Orchestra, für die dritte CD mit Daughertys Werken. Seinen hohen Stellenwert als Komponist bezeugen auch seine Diskografien bei anderen Labels. Die Naxos-Aufnahme von *Metropolis* ist zwar nicht die einzige auf dem Markt, aber sie brachte ihm seinen ersten GRAMMY ein.

Eric Whitacre

Eric Whitacre (Jahrgang 1970) zählt zu den am häufigsten aufgeführten zeitgenössischen Komponisten von Chorwerken in den USA. Er zeichnet sich durch seinen besonders zugänglichen, anmutigen Kompositionsstil aus und bringt seine außergewöhnliche, melodische Gabe voll zur Entfaltung. Obwohl seine Musik bereits auf diversen Naxos-CDs veröffentlicht wurde, erschien die erste reine Whitacre-CD des Labels erst 2010: Chormusik, gesungen von den Elora Festival Singers unter der Leitung von Noel Edison. Dank ihrer Zugänglichkeit eignen sich die Werke für Aufführungen von Ensembles aller Standards und übernehmen damit eine wichtige, einschließende Funktion in der Musikszene der USA.

Klaus Heymann als Tennislehrer auf dem Centre Court des Frankfurter Stadions, 1958

Klaus Heymann in Pilotensommeruniform für eine Zigarettenwerbung

Klaus Heymann in seinem Hongkonger Bose-Büro, Ende der 1970er Jahre

1999 wird Klaus Heymann in Anerkennung der Johann Strauß (Sohn) Edition mit dem »Österreichischen Ehrenkreuz für Wissenschaft und Kunst« ausgezeichnet

Familie Heymann: Klaus, Takako und Rick

Takako Nishizaki und Klaus Heymann in den späten 1990er Jahren

Klaus Heymann im Server-Raum
der Naxos-Zentrale in Hongkong

Ein seltener Moment:
Klaus Heymann, entspannt in der
Naxos-Zentrale in Hongkong

Klaus Heymann im Naxos-Archiv in Hongkong

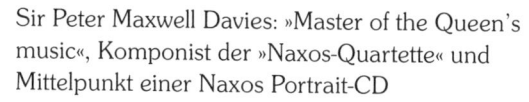

Sir Peter Maxwell Davies: »Master of the Queen's music«, Komponist der »Naxos-Quartette« und Mittelpunkt einer Naxos Portrait-CD

Idil Biret, türkische Pianistin, deren Naxos-Aufnahmen Zyklen von Chopin und Brahms sowie die Berlioz-Sonaten beinhalten

Die Aufnahme von William Bolcoms dreistündigem Werk »Songs of Innocence and of Experience« gewann die beiden ersten Klassik-GRAMMYs für das Label Naxos
(© Foto: Katryn Conlin)

Der österreichische Pianist Christopher Hinterhuber verhalf den vergessenen Klavierkonzerten von Ferdinand Ries zu weltweiter Beachtung
(© Foto: Nancy Horowitz)

Die Naxos-Aufnahmen des Pianisten Ashley Wass,
reichen von englischer Musik bis hin zu Liszt

Obwohl in den USA lebend, basieren Ilya Kalers
Interpretationen auf der Russischen Schule, die
seine Musikalität mit virtuoser Technik vereint

Das schillernde Cello-Spiel von Maria Kliegel

Das Maggini Quartet mit dem Produzenten Andrew Walton (Mitte)

Das Kodály Quartet hat eine Vielzahl zentraler Werke des Klassischen Repertoires für Naxos eingespielt

Ein Vertreter der jüngeren Solisten-Generation bei Naxos ist der usbekische Pianist Eldar Nebolsin, der Werke von Chopin, Liszt und Schubert interpretiert
(© Foto: Kirill Baschkirow)

Takako Nishizaki interpretiert »The Butterfly Lovers« in der Großen Halle des Volkes in Peking, 2009 – eine Aufführung, die anlässlich des 50. Jahrestages der Entstehung des Werkes im Fernsehen übertragen wurde

Takako Nishizaki zuhause in Kowloon, Hongkong

Kühn und energisch: Naxos ist geprägt durch die musikalische Persönlichkeit von Marin Alsop
(© Foto: Grant Leighton)

Nicht nur mit Taktstock ein Könner: für Naxos agiert Patrick Gallois als Flötist und als Dirigent
(© Foto: Matti Salmi)

Peter Breiner ist ein herausragender Arrangeur und Dirigent (© Foto: Roderick Kucavik)

Leonard Slatkin, mehrfach mit dem GRAMMY ausgezeichneter Dirigent
(© Foto: Donald Dietz)

Michael Halász bei der Probenarbeit an der Wiener Staatsoper

Der angesehene polnische Dirigent Antoni Wit, einer der produktivsten Dirigenten bei Naxos

(© Foto: Juliusz Multarzynski)

James Judd, ehemaliger künstlerischer Leiter des New Zealand Symphony Orchestra

Ein Star der jüngeren Generation:
die chinesische Violinistin Tianwa Yang

Dirigent und Cello Virtuose:
Dmitry Yablonsky spielt eine ungewöhnliche
Doppelrolle für Naxos   (© Foto: Lluis Costa)

Die spektakuläre Aufnahme von Tallis' Motette »spem in Alium« mit der
»Oxford Camerata«, dirigiert von Jeremy Summerly

Die Diskographie des ungarischen Pianisten Jenő Jandó ist eine der Säulen des Naxos-Kataloges

Oben rechts: John Corigliano, einer der führenden amerikanischen Komponisten, ist aktiv an den Naxos-Aufnahmen seiner eigenen Kompositionen beteiligt   (© Foto: Henry Fair)

Naxos veröffentlichte die Aufnahmen der »Twentieth-Century Classics« von Robert Craft und verlegte das Buch des Dirigenten »Down a Path of Wonder«

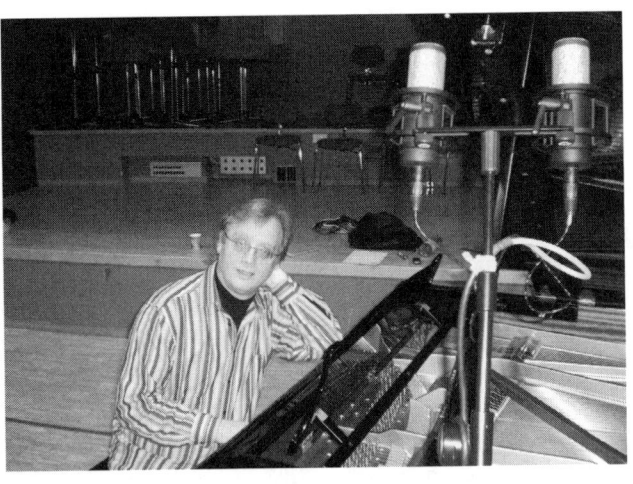

Ulrich Eisenlohr, künstlerischer Leiter und Klavierbegleiter der Schubert-Lied-Edition

Juliet Stevenson liest Jane Austens »Emma«

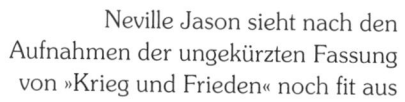

Neville Jason sieht nach den Aufnahmen der ungekürzten Fassung von »Krieg und Frieden« noch fit aus

David Timson, Hörbuchsprecher der Aufnahmen »The Complete Sherlock Holmes« – führte auch Regie bei den Shakespeare- und Goethe-Produktionen für Naxos Audio Books

Kenneth Branagh, Sprecher von Richard III. und Tschechows Kurzgeschichten für Naxos Audio Books
(© Foto: Andrew MacPherson)

Michael Sheen spielt Ödipus und liest Dostojewski sowie »Great Poets of the Romantic Age« für Naxos Audio Books

Anton Lesser, u.a. mit ungekürzten Fassungen von Dickens, Sterne, Homer und Hamlet einer der populärsten Sprecher bei Naxos Audio Books

Andrew Walton, Naxos-Produzent und Geschäftsführer von K&A Productions

Dirigent Mark Fitz-Gerald und Naxos-Produktionsleiter Peter Bromley präsentieren Irinia Schostakowitsch, der Witwe des Komponisten, in Paris die Naxos-Weltpremiere von »Odna«

Die Produzentin zahlreicher, in Ungarn entstandener Naxos-Aufnahmen, Ibolya Tóth

Er verbirgt sich hinter den Naxos-Booklets und vielen weiteren Texten: Keith Anderson

Bonnie und Norbert Kraft, das Naxos-Aufnahmeteam aus Toronto, Kanada
(© Foto: Cameron Ogilvie)

Jim Selby, Geschäftsführer von Naxos of America, im Lager Franklin Tennessee mit mehr als 2,3 Millionen CDs und 225.000 DVDs von 150 Labels

Die Naxos-Pyramide war eines der auffälligsten Shop-Displays, entworfen von Naxos Deutschland

Eine extrem erfolgreiche schwedische TV-Kampagne verhalf dieser Box zu mehr als 250.000 verkauften Exemplaren. Selbst Jahrzehnte später verkauft sich dieses Produkt weiterhin sehr gut

Anthony Anderson, Geschäftsführer von Select Music, mit dem *Gramophone* Award für das Label des Jahres 2005

Die weiße Naxos-Wand in Montreal

Polen

Naxos' Engagement auf dem Gebiet der polnischen Musik ist einerseits auf Heymanns Interesse an der Musik von Szymanowski (die zunächst bei Marco Polo erschien), andererseits auf Antoni Wits persönlichen Einsatz für bestimmte Komponisten zurückzuführen. Es war gewiss ein Glücksfall, dass Wit die herausragenden polnischen Komponisten des 20. Jahrhunderts persönlich kannte und sehr eng mit Lutosławski und Górecki sowie mit weniger berühmten Persönlichkeiten wie Wojciech Kilar zusammengearbeitet hatte. Dem musikalischen Bild Polens im 20. und frühen 21. Jahrhundert, das Naxos zeigt, wohnt daher eine besondere Autorität inne.

Karol Szymanowski

Bereits in den ersten Jahren von Marco Polo identifizierte Heymann Karol Szymanowski als einen jener Komponisten für Orchestermusik, die er unbedingt veröffentlichen wollte. Er nahm seine Sinfonien, Ballettmusik, Chor- und Orchesterwerke sowie Kammermusik auf und fügte letztlich sogar die Oper *König Roger* hinzu. Seine üppig-kühne Orchesterpalette war genau das Richtige für Marco Polo und selbstverständlich wählte Heymann für die Aufnahmen polnische Musiker aus, allen voran das Nationale Symphonieorchester der Philharmonie (Kattowitz). Sie bildeten hinsichtlich der Künstler und Komponisten das Fundament für die Entstehung des polnischen Katalogs, der sich daraufhin in eine klare Richtung entwickelte.

Witold Lutosławski

Im selben Jahr (1937), in dem Szymanowski, der Direktor des Warschauer Konservatoriums, an Tuberkulose starb, erhielt Witold Lutosławski dort sein Kompositions-Diplom. Er war damals 24 Jahre alt. Lutosławski ist ein weiterer Komponist, den Heymann sehr bewundert, und als Naxos eine enge Beziehung zum Nationalen Symphonischen Orchester des Polnischen Rundfunks und Antoni Wit aufbaute, bescherte ihm dies endlich die musikalischen Kräfte, die er brauchte. Ab Mitte der 1990er nahm Wit die Sinfonien, das *Konzert für Orchester*, das Doppelkonzert für Oboe und Harfe, das Cellokonzert und viele andere Werke auf, bis er am Ende sämtliche Orchesterwerke des Komponisten eingespielt hatte.

Krzysztof Penderecki und Henryk Górecki

Krzysztof Penderecki und Henryk Górecki wurden beide 1933 geboren, 20 Jahre nach Lutosławski. Anfangs hinterließ Penderecki einen größeren musikalischen Eindruck im Westen, zunächst mit seinem *Klagelied für die Opfer von Hiroshima* und später besonders mit seinen zutiefst hingebungsvollen Choralwerken, etwa der *Lukas-Passion* und dem *Polnischen Requiem*. Es war jedoch Góreckis 3. Sinfonie, die *Sinfonie der sorgenvollen Gesänge*, die sich zu einem völlig überraschenden weltweiten Hit entwickelte. Die Naxos-Aufnahme mit dem Nationalen Symphonischen Orchester des Polnischen Rundfunks unter der Leitung von Antoni Wit brachte sie dann einem noch größeren Publikum näher. Dieselben Protagonisten fanden sich auch für die Aufnahme der 2. Sinfonie, der *Kopernikanischen*, zusammen, die 2001 in Kombination mit *Beatus Vir* veröffentlicht wurde. Dank dieses regelmäßigen Studioprogramms mit Wit in Polen war Naxos in der glücklichen Lage, weitere äußerst authentische Darbietungen anzubieten. Lutosławski, Penderecki und Górecki besprachen allesamt die Darbietung ihrer Musik vor den jeweiligen Proben, Aufführungen und Aufnahmen mit Wit. Heymann hat sich darüber hinaus verpflichtet, sämtliche Orchester- sowie die Chor- und Orchesterwerke Pendereckis einzuspielen – ein stetig wachsendes Projekt, da der Künstler noch immer komponiert!

Großbritannien

Großbritannien war das erste Gebiet, auf dem Naxos methodisch die Musik der wichtigsten nationalen Komponisten mit einheimischen Musikern aufnahm: Dahinter steckte die Absicht, den ersten Budget-CD-Katalog mit britischer Musik aufzubauen. Nach einem relativ ereignislosen 19. Jahrhundert wurden am Ende des Jahrhunderts und im frühen 20. Jahrhundert doch noch einige Komponisten geboren, darunter auch Arnold Bax, Frank Bridge, Arthur Bliss, Ralph Vaughan Williams und William Walton. Ihnen folgte eine Generation, die die Zeit nach dem Zweiten Weltkrieg bis zu den 1970ern dominieren sollte und zu deren bekanntesten Vertretern Benjamin Britten und Malcolm Arnold zählten. Die Naxos-Aufnahmen, die zu einem Wiederaufleben des Interesses an diesen Komponisten beitrugen, waren mehr als nur passabel: Sie waren mutige Statements. Brittens Repertoire bei Naxos profitierte davon, dass diverse Aufnahmen aus dem untergegangenen Label Collins Classics übernommen werden konnten, aber es umfasst auch sehr gute Eigenproduktionen von Naxos, etwa das Violinkonzert (gepaart mit der Cellosinfonie), gespielt von der Violinistin Rebecca Hirsch und dem Cellisten Tim Hugh, sowie die Aufnahmen des Maggini Quartet und des *War Requiem*. Naxos' Engagement für die Musik von Malcolm Arnold war ebenfalls beträchtlich und die Aufnahmen schließen sämtliche Sinfonien, die Streichquartette und die Kammermusik für Blasinstrumente ein, die über einen Zeitraum von zehn Jahren veröffentlicht wurden.

Aber auch den Komponisten der nachfolgenden Generation wurde einige Aufmerksamkeit geschenkt. In Großbritannien zeigte sich, dass der Erfolg diverser Vollpreis-Labels einen Erfolg von Naxos in der Budgetkategorie nicht ausschloss und tatsächlich freuten sich viele Hörer über die Naxos-CDs.

Sir John Tavener

Sir John Tavener (Jahrgang 1944) kann zwei unbestreitbare Hits verbuchen: *The Protecting Veil* für Cello und Orchester und das Chorwerk

Song for Athene. Die Naxos-Aufnahme des Ersteren mit der Cellistin Maria Kliegel und dem Ulster Orchestra unter der Leitung von Takuo Yuasa hat sich seit ihrer Veröffentlichung 1999 über 400.000 Mal verkauft. Auch *Song for Athene* und weitere Werke, gesungen vom Chor des St. John's College, Cambridge, unter der Leitung von Christopher Robinson, gingen seit dem Erscheinen der CD im Jahr 2000 über 60.000 Mal über die Ladentische. Doch Naxos gab sich damit nicht zufrieden. Weitere Chorwerke sowie eine CD mit Klaviermusik wurden veröffentlicht und zu seinem 60. Geburtstag erschien außerdem *John Tavener: A Portrait*. Dabei handelte es sich um eine Sonderedition mit Musik (einschließlich der Weltpremiere von *Prayer of the Heart*, ein Stück, das er für die isländische Popsängerin Björk schrieb, die es auch sang), einer ausführlichen Biografie und einem aufgezeichneten Interview mit dem Komponisten. »Die isländische Popsängerin Björk fragte mich, ob ich etwas für sie und ihr Brodsky Quartet schreiben würde. Ich kannte ihre Stimme und ich mochte ihren rohen, ursprünglichen Klang. Ich dachte an das Stoßgebet, das auch *Jesus-Gebet* genannt wird, *Jesus Christus, erbarme dich meiner*, und ich habe es in drei Sprachen verwendet: koptisch, englisch und griechisch. Und ich fand, dass sie es wirklich ganz wunderbar gesungen hat. Ich glaube nicht, dass es irgendjemand außer ihr wirklich singen könnte, höchstens jemand, dessen Stimme ihrer sehr, sehr ähnlich ist.«

Sir Peter Maxwell Davies

Der vielleicht außergewöhnlichste Beitrag, den Naxos für die zeitgenössische Musik geleistet hat, waren und sind die *Naxos Quartets*, ein Zyklus mit zehn Streichquartetten, die das Label bei Sir Peter Maxwell Davies (Jahrgang 1934), Master of the Queen's Music, in Auftrag gab. Heymann erklärt: »Als sich die Gelegenheit bot, zehn Streichquartette bei einem der größten lebenden Komponisten – nicht nur in England sondern der ganzen Welt – in Auftrag zu geben, waren wir natürlich begeistert. Wir haben uns zwar gefragt, ob er den Zeitplan wohl würde einhalten können, aber er hat es geschafft. Und jetzt haben wir diesen wunderbaren Zyklus aus Quartetten. Sie spiegeln nicht nur die natürliche Umgebung Orkneys, wo er lebt, wider, sondern kommentieren auch größere Ereignisse unserer Zeit. Sie sind ein wahrer Meilenstein in der Geschichte von Naxos.«

Gewiss spielten die *Naxos Quartets* zwischen 2002 und 2007 auch eine große Rolle in Maxwell Davies' Leben. Nr. 1 feierte am 23. Oktober 2002 in der Wigmore Hall in London Premiere, und Nr. 10 wurde 2007 fertiggestellt, wobei die letzte Aufnahme 2008 veröffentlicht wurde. Der Komponist selbst sagt: »Ich habe das Projekt von Anfang an als eine Art Roman in zehn Kapiteln betrachtet, die alle Teil eines Zyklus waren und miteinander zusammenhingen. Ich lebe in Orkney. Ich lebe dort schon seit über 35 Jahren und ich verbringe eine Menge Zeit mit Spaziergängen am Strand. Das ist eine wundervolle Umgebung, wenn man einfach nur nachdenken möchte. Sie ist nicht still, aber das Meer macht ganz wunderbare Geräusche: Es ändert sich ständig und ist gleichzeitig aufregend und beruhigend. Das ist der Hintergrund für alle zehn Quartette, aber besonders für Nr. 5, *Lighthouses of Orkney and Shetland*. Von meinem Haus aus kann man nämlich den Leuchtturm von North Ronaldsay sehen und gleich um die Ecke sieht man das Licht von vier weiteren Leuchttürmen – ich liebe diese Rhythmen einfach.« Maxwell Davies war bei fast allen Aufnahmesessions anwesend. »Ich musste nicht viel sagen, weil ich alles schon bei der ersten Aufführung gesagt hatte, aber ich bin trotzdem gerne dabei. Gelegentlich habe ich in letzter Minute noch Akkorde oder Ähnliches geändert, um die Klangfülle zu verbessern.

Ich habe oft gesagt, dass sich die Komposition eines Streichquartetts anfühlt, als würde man nackt in der Öffentlichkeit tanzen. Du kannst dich nirgendwo verstecken. Du hast vier Stimmen und du kannst dich nicht hinter ihnen verstecken. Wenn du für größere Ensembles komponierst, kannst du ein paar Blechbläserakkorde schreiben, oder ein paar Takte für die Perkussionisten, falls die Spannungskurve ein wenig abfällt, was ich natürlich nicht hoffe! Aber bei einem Streichquartett bist du sozusagen völlig entblößt. Diesen Quartettzyklus zu schreiben wäre noch sehr viel schwieriger gewesen, wenn ich ohne die ständigen

Rückmeldungen, den Ideenaustausch, die konstante Unterstützung und manchmal sogar die Korrekturen des Maggini Quartet hätte auskommen müssen.

Quartett Nr. 10 ist viel besser als Quartett Nr. 1, weil ich einfach schon viel mehr über das Komponieren von Streichquartetten gelernt hatte, als ich mit dem letzten begonnen habe. Natürlich hatte ich schon ein paar Jahre vorher ein Streichquartett geschrieben, und ich hatte sie intensiv studiert, besonders die Werke von Haydn, aber als ich mit Nr. 2 begann, wusste ich schon ein bisschen mehr, bei Nr. 3 noch ein bisschen mehr und so weiter.« Das dritte Stück hatte darüber hinaus eine politische Note. »Das dritte Quartett fing eigentlich sehr wohlerzogen an: als ganz gewöhnliches Streichquartett mit einem *Allegro* im ersten Satz. Aber dann begann der Irak-Krieg. Ich stand ganz vorne in der Menge, die in London gegen den Krieg demonstrierte. Diese Wut ist in die Musik eingeflossen. Aber ich glaube ohnehin, dass es Sinn und Zweck der Musik ist, alles zu zeigen, was man für richtig und wahr hält und dass man damit seine Meinung präsentieren sollte, ganz egal, ob sich Politiker dadurch vielleicht beleidigt fühlen. Damals beherrschte der Krieg mehr oder weniger meine Gedanken und diese kalte Wut bricht sich auch in der Musik Bahn.« Bei Naxos ist außerdem *Peter Maxwell Davies: A Portrait* erschienen und das Label wird nach und nach auch all seine Collins-Aufnahmen veröffentlichen.

James MacMillan

Die Chorwerke des schottischen Komponisten James MacMillan (Jahrgang 1959) gehören zu den anspruchsvollsten im Naxos-Katalog, und seine große, kompromisslose Komposition für Perkussion und Orchester, *Veni, Veni, Emmanuel*, war ganz ohne Zweifel eines der wichtigsten Werke der 1990er. Es wurde zusammen mit *Tryst*, gespielt vom Ulster Orchestra unter der Leitung von Takuo Yuasa, 1998 bei Naxos veröffentlicht und unterstrich, welche Art von Werken das Label in seinen Katalog mit zeitgenössischer Musik einschließen wollte. Der Aufnahme folgte *Seven Last Words from the Cross* mit anderen Chorwerken, eine

CD, die besonders von MacMillan selbst gelobt wird: »Es war unglaublich aufregend, meine Musik in der Darbietung des Dmitri Ensembles zu hören. Dieses ausgezeichnete, junge Ensemble haucht der Musikszene in diesem Land einen wunderbar frischen Wind ein. Und sie haben wirklich Glück mit ihrem Leiter, Graham Ross, der einer der aufregendsten Musiker ist, die in letzter Zeit auf der Bildfläche erschienen sind. Ich fühle mich geehrt, dass Naxos meinen 50. Geburtstag mit dieser CD feiern will und darauf verschiedene Chorwerke von 1993 bis 2005 vereint.«

John Rutter

Die Musik von John Rutter (Jahrgang 1945) unterscheidet sich vollkommen von den Werken von MacMillan oder Maxwell Davies, nimmt bei Naxos aber ebenfalls einen sehr berechtigten Platz ein. Rutter ist zweifellos *der* zeitgenössische Chorkomponist, dessen Stücke in Großbritannien am häufigsten gesungen werden, und sein fließender Stil hat sich auch für Chöre in anderen Ländern als sehr attraktiv erwiesen. Er besitzt ein eigenes Vollpreis-Label, Collegium Records, für das er seine Musik mit seinem eigenen Chor einspielt. Trotzdem hat er sich über die Neuaufnahmen seiner beliebtesten Werke bei Naxos gefreut und war als Produzent sogar aktiv an den Sessions beteiligt. Er bot an, sowohl die Aufnahmen seines Requiems als auch die *Mass of the Children* zu produzieren (beide gesungen vom Chor des Clare College, Cambridge, unter der Leitung von Timothy Brown), da er überzeugt davon war, dass sie seine Musik einem noch breiteren Publikum zugänglich machen würden.

Weitere zeitgenössische Stimmen

Im Naxos-Katalog finden sich darüber hinaus zahlreiche weitere bedeutende Werke verschiedener Komponisten unserer Zeit. Olivier Messiaen kann auf einen stetig wachsenden Eintrag blicken, angeführt von seiner imposanten *Turangalîla-Sinfonie* (gespielt vom Nationalen Symphonischen Orchester des Polnischen Rundfunks unter der Leitung von Antoni Wit, der selbst für Messiaen arbeitete) und unterstützt von zwei CDs mit dem Orchestre National de Lyon sowie dem Werk *Quartett für das Ende der Zeit* (einem der größten Kammermusikstücke des 20. Jahrhunderts). Paul Jacobs' Aufnahme von *Livre du Saint-Sacrement* gewann 2011 einen GRAMMY für die Beste Instrumentale Solodarbietung (ohne Orchester). Aus Frankreich sind außerdem die bemerkenswerte Aufnahme der Klaviersonaten von Pierre Boulez mit İdil Biret und, aus der folgenden Generation, die Musik von Laurent Petitgirard (Jahrgang 1950) hervorzuheben, die auch zwei seiner Opern einschließen.

Die charakteristische estnische Stimme von Arvo Pärt (Jahrgang 1935), sakral und doch modern, findet auf fünf kompletten CDs Gehör, die auch seine wichtigsten Stücke für Orchester (darunter auch *Tabula Rasa*, die 3. Sinfonie und *Fratres*) sowie die Chorwerke *Passio* und *Berliner Messe* umfassen. Auf einer Reise nach Fernost, nach Japan, finden wir die Stimme von Tōru Takemitsu (1930–1996), die einen ebenso hohen Wiedererkennungswert hat. Vier CDs bieten einen guten Überblick über sein Schaffen, beispielsweise das Orchesterwerk *A Flock Descends into the Pentagonal Garden* und Kammermusikstücke mit Flöte.

Bei Naxos finden sich jedoch auch wiederentdeckte Werke. Der englische Dirigent Mark Fitz-Gerald und der Naxos-Produktionsleiter Peter Bromley, der sich für die stets aktuelle Diskografie von Dmitri Schostakowitsch verantwortlich zeichnet, haben in Zusammenarbeit mit Schostakowitschs Witwe einige seiner vergessenen Musikstücke ins Studio gebracht. Dazu gehören auch die Filmmusik von *Freundinnen* und *Odna* (*Allein*) sowie seine ursprüngliche Idee für den ersten Satz der 9. Sinfonie aus dem Jahr 1945 (die keinerlei Ähnlichkeit zum späteren Werk aufweist).

Peter Breiner – Arrangeur

Ungewöhnlicherweise verfügt Naxos über einen eigenen Arrangeur: den in der Slowakei geborenen, aber in Nordamerika lebenden Pianisten, Dirigenten, Komponisten und Arrangeur Peter Breiner. Als er Heymann vorschlug, einige der größten Hits der Beatles im Stile Händels und Bachs für Kammerorchester zu arrangieren, traf er zunächst auf Skepsis: Die Tage dieser klassischen Beatles-Versionen schienen gezählt. »Schön, aber wenn wir 3.000 davon verkaufen, wäre das eine echte Überraschung«, erwiderte Heymann schließlich. 20 Jahre später hat sich *The Beatles Go Baroque*, gespielt von Peter Breiner und seinem Kammerorchester, fast 150.000 Mal verkauft, wurde Tausende Male heruntergeladen und verkauft sich auch heute noch recht gut. Es hält außerdem den fragwürdigen Rekord der am häufigsten raubkopierten Aufnahme des gesamten Naxos-Katalogs (ein eher zweifelhaftes Kompliment) und wurde illegal von einem ukrainischen Orchester gecovert.

Die Verbindung zwischen Breiner und Heymann erstreckt sich bereits über drei Jahrzehnte und reicht noch in die Zeit vor Marco Polo zurück. Beide vermuten, Breiners erstes Arrangement könnten einige malaysische Volkslieder für Heymanns frühes Label Pacific Music gewesen sein, aber keiner von ihnen kann sich genau daran erinnern. Seither hat Breiner über 1.000 Arrangements produziert, von chinesischen Popsongs für Violine (für Nishizaki) und Orchester bis hin zu von der Kritik gefeierten Orchestersuiten aus Janáčeks Opern.

»Die erste CD, bei der ich für Naxos als Arrangeur und Dirigent mitgewirkt habe, bestand aus Cellokonzerten von Haydn und Boccherini, gespielt von Ludovit Kanta. Ich habe die Kadenzen geschrieben und die Aufnahme ist heute noch erhältlich«, erklärt Breiner. Die engste Beziehung unter den Naxos-Musikern verbindet ihn mit Takako Nishizaki: Im Laufe der Zeit hat er zahlreiche Stücke für Violine und Orchester arrangiert, sowohl für Konzerte als auch für Aufnahmen. Ihre CDs mit chinesischer Volks-, Pop- und klassischer Musik haben sich Hunderttausende Mal verkauft. In all den Jahren hatten die beiden gemeinsam auch viel Freude mit eher »leichter« Musik, darunter *O Sole Mio – Classic Love*

Songs for Violin and Orchestra, Russian Romance, Tchaikovsky: None but the Lonely Heart (eine Sammlung von Tschaikowski-Liedern, arrangiert für Violine und Orchester) und viele mehr. Breiner arrangierte aber auch Musik für andere Naxos-Künstler: Seine Version von Granados' *Spanischen Tänzen* für Gitarre und Orchester, aufgenommen mit Norbert Kraft, erwies sich als Dauerbestseller für das Label und stellte die virtuosen Qualitäten des kanadischen Gitarristen unter Beweis.

2006 regte Heymann ein ungewöhnlicheres Projekt an: Eine Reihe von Orchestersuiten aus Janáček-Opern. *Jenůfa* zählt zu Heymanns Lieblingsopern. »Ich fand, dass Janáčeks Musik es verdiente, bekannter zu werden, und eine Sammlung mit Orchestersuiten würde ihn einem breiteren Publikum näherbringen«, so Heymann. Breiner war ebenfalls sofort begeistert. »Janáček ist mein Lieblingskomponist – ich wurde am selben Tag geboren und wir sind Landsleute!« Die entstandene Sammlung füllt drei CDs, auf denen Breiner das New Zealand Symphony Orchestra dirigiert; 2009 wurde die Aufnahme auf der Liste der besten Klassik-Alben der *Chicago Tribune* in den Top Ten geführt.

Das ambitionierteste, noch immer andauernde und schlichtweg atemberaubendste Projekt, an das sich Breiner je gewagt hat, ist die einzigartige Sammlung *The Complete National Anthems of the World*, die es sich zum Ziel gesetzt hat, die Nationalhymnen sämtlicher Länder der Welt stets auf dem aktuellen Stand zu halten. Seit Heymann 1995 die Idee zu diesem Projekt hatte, bereitet es Breiner stete Kopfschmerzen. Die ersten sechs CDs der beliebtesten Nationalhymnen, gespielt vom Slowakischen Rundfunk-Symphonieorchester, erschienen im darauf folgenden Jahr bei Marco Polo. Dann wurde Heymann bewusst, dass internationale Sportveranstaltungen – bis hin zum Gipfel der Sportwettkämpfe: den Olympischen Spielen – eine zuverlässige Quelle sämtlicher Nationalhymnen für die Medaillenzeremonien benötigten, dass eine aktuelle Sammlung aber nicht existierte. Das Projekt sollte sich als eine der größten logistischen Herausforderungen für Naxos erweisen.

Jede einzelne Nationalhymne, gekürzt auf eine Laufzeit von einer Minute, musste arrangiert und aufgenommen und anschließend dem Olympischen Komitee des jeweiligen Landes vorgespielt werden, das sie für internationale Veranstaltungen absegnete. Das Projekt ist ein steter Prozess, da sich Länder, Hymnen und Meinungen zu den Arrangements permanent ändern. Durch diese Kombination aus Musik und Politik kann es zu einigen Verwicklungen kommen. »Ich könnte ein ganzes Buch mit Anekdoten zu den Antworten der einzelnen Sportkomitees füllen«, grinst Breiner. »Als ich beispielsweise mein Arrangement und die Aufnahme der polnischen Nationalhymne an das polnische nationale Sportkomitee geschickt habe, haben sie mir geantwortet, dass sie ihre Zustimmung nicht geben könnten. Sie wollten, dass ich die Hymne erneut einspiele: ›Lassen Sie es mehr wie einen Marsch klingen‹, forderten sie. ›Es klingt nicht genug nach einem Marsch!‹ Meine Antwort war: ›Das wird auch nie ein Marsch, es sei denn, Sie lassen sich ein drittes Bein wachsen, weil die Hymne nämlich einen *Dreivierteltakt* hat. Das ist eine Mazurka!‹«

Die Organisatoren der Olympischen Spiele in Athen waren von der Sammlung beeindruckt und als das Jahr 2004 näher rückte, erklärten sie sich einverstanden, sie als offizielle Quelle für alle Hymnen bei den Medaillenzeremonien zu verwenden. Insgesamt wurden 202 Hymnen benötigt – die Anzahl der teilnehmenden Nationen bei der Olympiade in Athen. Auch wenn es unwahrscheinlich war, dass die Hymnen von Andorra oder Palau je bei einer Medaillenzeremonie gehört werden würden, konnte Naxos das Risiko nicht eingehen, sie nicht in die Sammlung aufzunehmen.

Viele der Hymnen mussten neu arrangiert oder eingespielt werden: Nationalhymnen ändern sich kurioserweise relativ häufig. Zusätzliche Sitzungen mit dem Slowakischen Rundfunk-Symphonieorchester in Bratislava wurden gebucht. Jede Hymne musste noch einmal überprüft werden. Kurz vor Beginn der Spiele fand ein Treffen zwischen einem Mitglied des Athener Olympischen Komitees, dem russischen Botschafter und dem Kulturattaché in der russischen Botschaft in Athen statt. Sie lauschten der Aufnahme ihrer Nationalhymne aufmerksam und gaben ihr ausgezeichnete Noten. Dann meldete sich jedoch eine russische Putzfrau zu Wort, die gerade die Fenster putzte: »Entschuldigen Sie, meine Herren. Es tut mir leid, wenn ich Sie unterbreche, aber ich fürchte, Sie werden feststellen, dass unsere Regierung die Nationalhymne letzte Woche geändert hat. Wir haben jetzt eine neue.« Und sie hatte Recht. Breiner arrangierte die neue Hymne und nahm sie noch rechtzeitig vor der ersten Medaillenzeremonie auf.

Sämtliche Nationalhymnen, die in Athen gespielt wurden, waren korrekt. Dennoch kam es zu Kontroversen, als einige amerikanische Kommentatoren Breiners Arrangement von *The Star-Spangled Banner* als »europafreundliche Version« bezeichneten: Laut einiger besonders patriotischer Amerikaner brachte die Hymne ihre ›Brust nicht mit genügend Wumms zum Beben‹. Glücklicherweise lebte Breiner damals in Toronto. Der Großteil seiner Orchestrationen traf hingegen auf Bewunderung.

Die schiere Menge der Musik, die Breiner im Laufe der Jahre geschrieben hat, ist enorm. Eine Zeit lang funktionierte er zwei Zimmer seines Zuhauses in Toronto zu einem Archiv um, doch als er 2007 nach New York zog, wurde es zur Aufbewahrung zu Naxos of America nach Nashville transportiert. Es füllte einen riesigen LKW und wog 1,6 Tonnen. Heute lagert es sicher im Naxos-Hauptquartier in Hongkong. Noch immer kommen regelmäßig Stücke hinzu: Arrangements von Opern-Medleys für Violine und Orchester, weitere Opern-Transkriptionen, Lieder und neue Nationalhymnen, die eine außergewöhnliche musikalische Bandbreite abdecken. »Musik ist wie ein grenzenloses Land für mich«, sagt Breiner.

Die vielleicht größte Öffentlichkeit erreichte Peter Breiner im Rahmen seiner Arbeit für Naxos durch seine Arrangements und Darbietungen der Nationalhymnen bei den Olympischen Spielen in Peking und dem damit verbundenen Skandal im Jahr 2008. In den Jahren vor den Spielen ging Heymann immer wieder auf das Olympische Komitee in Peking zu und versuchte, dessen Zusicherung zu erhalten, dass Marco Polos Nationalhymnen verwendet werden würden (was für ein Unternehmen mit Sitz in Hongkong besonders befriedigend gewesen wäre). Überraschenderweise lehnten die Organisatoren das Angebot ab und beschlossen, das Peking Symphonieorchester mit den Arrangements einer neuen Hymnensammlung zu beauftragen. So enttäuscht er darüber auch sein mochte – Heymann war sich relativ sicher, dass es sich dabei um eine schier unlösbare Aufgabe handelte.

Schon nach den allerersten Medaillenzeremonien kamen in der kleinen Welt der Nationalhymnen-Experten Fragen über die Herkunft der Musik auf. Einige der Arrangements klangen vertraut – zu vertraut. Nach den ersten Verdachtsmomenten schrillten schließlich die Alarmglocken. Teilweise klangen die Arrangements sehr nach Peter Breiners Versionen – die Naxos durch Urheberrecht geschützt hatte –, auch wenn sie ganz eindeutig von einem Orchester gespielt wurden, das dem Slowakischen Rundfunk-Symphonieorchester bei Weitem unterlegen war. Wie die *Washington Post* berichtete, waren einige der Marco-Polo-Hymnen in der einen oder anderen Form »ausgeliehen« worden. Von den 204 teilnehmenden Ländern gewannen 54 eine Goldmedaille: 54 Nationalhymnen aus der vom Peking Symphonieorchester bereitgestellten Sammlung wurden an den verschiedenen Sportstätten gespielt.

Anfangs stritt das Organisationskomitee in Peking ab, dass es sich bei einigen der Stücke um Breiners Arrangements handelte. Das Komitee hatte das Peking Symphonieorchester mit der Aufnahme der Hymnen beauftragt und in einem Interview mit dem *Beijing Chronicle* räumte Tan Lihua, der musikalische Leiter des Orchesters, ein, dass es Schwierigkeiten gegeben habe, einen Teil der 212 ursprünglich benötigten Nationalhymnen aufzutreiben (obwohl letztlich nur 204 Länder teilnahmen). Anscheinend waren einige der Noten vom Internationalen Olympischen Komitee bereitgestellt worden, während andere aus einer Vielzahl unterschiedlicher Quellen stammten, »darunter auch Transkriptionen von bestehendem Tonmaterial«. Damit lag der Verdacht recht nahe, dass sich jemand die CDs angehört hatte, um die Arrangements zu kopieren, die das Orchester anschließend einspielte.

Entschädigungen für Urheberrechtsverletzungen in China zu erhalten, war keine leichte Aufgabe, auch wenn das Land gerade dabei war, seinen Ruf in Sachen Musikpiraterie zu verbessern. Heymann verfolgte die Angelegenheit jedoch hartnäckig und wandte sich schließlich an das Internationale Olympische Komitee. Letztlich wurde festgestellt, dass etwa 100 der Marco-Polo-Aufnahmen in der chinesischen

Hymnensammlung verwendet worden waren, die das Orchester beim Organisationskomitee in Peking eingereicht hatte – einige sogar als Quellen für Neuaufnahmen. Man kam schließlich zu einer Einigung. »Es ist ziemlich wahrscheinlich, dass das Komitee wirklich nicht wusste, dass das Orchester unsere Arrangements einfach kopiert hatte«, schließt Heymann.

zwölf

Naxos und seine Labels

Einfach ausgedrückt: Naxos ist das führende Klassik-Label der Welt. Tatsächlich ist es aber weit mehr als das und nichts beweist dies besser als sein Katalog. Er umfasst 200 dicht mit kleiner Schrift bedruckte Seiten und durch ein wahres Wunder an Präzision passt die Inhaltsangabe auf eine einzige Seite. Der Katalog enthält jedoch nicht alle Bereiche, die zu Naxos gehören. Die Website www.naxos.com kommt der Sache zwar schon näher, aber auch sie liefert kein vollständiges Bild. Das Problem ist die schiere Menge an Material: Tausende von Aufnahmen, von denen einige den Begriff »klassische Musik« bis zum Bersten ausdehnen, während ihn andere, offen gestanden, bei Weitem überschreiten, ganz gleich, wie man »klassisch« auch definiert.

In Wahrheit ist er das Lebenswerk eines begeisterten Liebhabers, der im Laufe der Jahre immer wieder gerne in andere Bereiche vorgedrungen ist, auch wenn die Verbindung zur Welt von Mozart und Beethoven dabei manchmal nur noch an einem sehr dünnen Faden hing. In den vergangenen 25 Jahren hat er immer wieder neue Sublabels gegründet, um seine eigenen Vorstellungen umzusetzen. Er rief mit anderen geschäftstüchtigen Mitstreitern, denen er auf seinem Weg begegnete, neue Labels ins Leben (manchmal benutzte er dafür den Namen Naxos, manchmal auch nicht) oder hat andere Labels übernommen, wobei er ihnen gelegentlich erlaubte, ihren Namen zu behalten, sie meist aber ins Mutterschiff aufnahm. Hin und wieder hat er sein Kernterrain der

Klassikaufnahmen auch verlassen, um sich mit Blick auf den Bildungsbereich im Verlagswesen (mit Texten, Musik und Hörbüchern) zu versuchen, sein Unternehmen zu erweitern oder zu ergänzen oder einfach, weil es ihm damals als eine gute Idee erschien. Die folgenden Seiten bieten einen Überblick über die wichtigsten Naxos-Bereiche.

Der Naxos-Katalog

In nur einem Vierteljahrhundert ist es Naxos gelungen, einen Katalog aufzubauen, der die größte Anzahl einzelner Stücke und das breiteste Repertoire eines Klassik-Labels seit Beginn der Studioaufnahmen enthält. Dies ist eine unglaubliche Leistung – umso mehr, da sie zu einer Zeit erbracht wurde, als die Plattenindustrie sich in ihrer bisher instabilsten Phase befand und dramatische Veränderungen erlebte, die viele etablierte Labels in die Knie zwangen. Etwa 7.000 Titel kann das Label Naxos bislang verbuchen. Die große Mehrheit dieser Titel wurde von oder für Naxos selbst aufgenommen. Einige wurden ursprünglich für Marco Polo eingespielt und siedelten erst später zu Naxos über, andere wurden von verschiedenen Labels gekauft. Dieser riesige Klassik-Katalog ist praktisch die alleinige Schöpfung von Klaus Heymann: Die meisten Aufnahmen wurden von ihm selbst angestoßen und jede einzelne wurde letzten Endes von ihm abgesegnet.

Wie zuvor bei Marco Polo verfasste Heymann auch für Naxos eine lange Liste mit Werken, die er aufnehmen *musste* – Musik, die den Kern eines jeden Plattenlabels bildet. Anfangs wurde diese Liste mit jedem Naxos-Jahr jedoch länger, nicht kürzer, da der wachsende Erfolg es Heymann ermöglichte, ambitionierter zu denken. Dabei erkannte er die Empfehlungen und Ratschläge der weltweit verstreuten Mitglieder seines wachsenden Unternehmens stets an. In England baute David Denton das englische Repertoire auf und kümmerte sich um die Aufnahmen, und diese Aufgabe wurde von Anthony Anderson beim britischen Naxos-Ableger Select Music fortgeführt und erweitert. In Skandinavien leistete Håkan Lagerqvist, der Naxos Sweden leitete, einen wichtigen

Beitrag durch die Aufnahmen skandinavischer Musik und einige sehr erfolgreiche TV-Kampagnen, die das Label entschieden bekannter machten. In den USA halfen Victor und Marina Ledin und später ein Redaktionsteam bei der Entwicklung der Reihe *American Classics*, während in Hongkong die A&R-Chefin Edith Lei die kompletten Liszt- und Scarlatti-Klavierprojekte sowie die *Laureate Series* zusammenstellte. Viele Naxos-Musiker – Dirigenten wie Instrumentalisten – haben im Laufe der Jahre eigene Repertoire-Vorschläge gemacht und es gab immer wieder einzelne Enthusiasten, die Heymann geradezu mit Ideen überschütteten. Auch wenn vielleicht nicht alle Details des Inhalts des Naxos-Katalogs auf Heymann zurückzuführen sind, so sind es sein Kern, sein Aufbau und die endgültigen Entscheidungen ganz sicher.

Die Entwicklung des Katalogs war eine außergewöhnliche Reise, die mit der Produktion einer kleinen Sammlung mit 30 beliebten Klassikstücken zum Budgetpreis begann und mit dem Angebot eines breiten Repertoires endete, das kein anderes Label je erreicht hat. Der Weg dorthin war jedoch keineswegs frei von Herausforderungen oder Problemen. Naxos hatte ganz gewiss auch Widersacher, sowohl von außen als auch von innen: Mehrere Labels werteten die Aufnahmen öffentlich ab und versuchten (erfolglos), ihren Einfluss zu nutzen, um Naxos auszubremsen. Einige Mitarbeiter des Unternehmens stellten hingegen die Entscheidung in Frage, sich auch auf spezielleres Terrain zu begeben, sei es mit den Klaviersonaten von Boulez oder unbekannten amerikanischen Sinfonien. Viele innerhalb und außerhalb des Unternehmens fragen sich auch nach wie vor: Wo ist der Naxos-Charakter, der einst so eng definiert war, geblieben? Und doch kann keiner von ihnen den Erfolg des Labels leugnen – oder die Tatsache, dass niemand sonst das Leuchtfeuer der klassischen Musik je so mutig und so weit getragen hat.

Auch die Statistiken sind erstaunlich: Alle 7.000 Musikaufnahmen der diversen Naxos-Labels (und bei Naxos AudioBooks übersteigt die Zahl inzwischen 700) sind digital erhältlich, die große Mehrzahl auch auf CD. Allein beim Naxos-Hauptlabel beläuft sich die Zahl inzwischen auf fast 5.000 Titel, von denen die meisten selbst aufgenommen und nur die allerwenigsten eingekauft wurden. Daraus ergibt sich eine durchschnittliche Anzahl von 200 Veröffentlichungen pro Jahr, ein Programm, dem kein anderes Klassik-Label der Welt – und ganz sicher nicht in der heutigen Zeit – auch nur annähernd nahe kommt. Dazu gehören nicht nur Einzel-CDs, sondern auch viele Sammlungen mit mehreren CDs (etwa eine Doppel-CD mit Bachs Cello-Suiten oder Opern auf vier CDs) und Box-Sets (entweder Sampler mit beliebten Stücken oder spezielle Sammlungen, etwa *The Complete Haydn Symphonies*).

Aber es dreht sich natürlich nicht alles nur um Zahlen: Die Bandbreite und die Vielfalt sind schlichtweg atemberaubend, und von einem relativ frühen Zeitpunkt an stand fest, dass im Katalog des Labels auch besondere Bereiche und Reihen geschaffen werden sollten. Das zentrale Klassik-Repertoire – die Werke, die sich jeder Musikliebhaber, der sich eine Sammlung aufbaut, ins Regal stellen möchte – bildet jedoch nach wie vor den Kern des Labels: Es ist sozusagen das Rückgrat von Naxos.

Der Papierkatalog aus dem Jahr 2011 ist ein eindrucksvolles Dokument mit 226 Seiten zum Stöbern. Er wurde mit Blick auf die Sammler mit großer Sorgfalt erstellt: Dank der großen Liebe zum Detail erinnert nichts daran an einen Budget-Katalog. Aufnahmen, die überall in der Welt von Kritikern gelobt oder ausgezeichnet wurden, sind mit verschiedenen Symbolen gekennzeichnet (ein GRAMMY in den USA, ein Diapason d'Or in Frankreich, die »Platte des Monats« bei *Gramophone*, eine erstklassige Sterne-Bewertung im *Penguin Guide* usw.) und es ist die reinste Freude, zu sehen, wie oft diese Markierungen auftauchen.

Das zentrale Klassik-Repertoire

Von den ersten Tagen des Labels an bestand die Absicht, jedes wichtige klassische Werk nur einmal aufzunehmen, um eine grundlegende Bibliothek zu schaffen. Heymann folgt dieser Politik noch immer gerne, trotz des weiter gefassten Repertoires, wobei er große historische Aufnahmen nicht als direkte Konkurrenz oder als vergleichbare Werke betrachtet. Je weiter die Zeit jedoch voranschritt und je mehr Gelegenheiten sich boten, desto deutlicher wurde, dass es absurd war, sich strikt an diese Regel zu halten. Einige der frühen Aufnahmen waren zwar annehmbar, ließen aber durchaus noch Raum für Verbesserungen. Hin und wieder landete ein Vorschlag auf Heymanns Schreibtisch, den zu ignorieren nicht sehr weise gewesen wäre. Gelegentlich gab es eindeutige Marketinggründe – einen neuen jungen Musiker etwa, der etwas ganz Besonderes zu bieten hatte. Dennoch wird noch immer jede Aufnahme, die eine Wiederholung eines bereits im Katalog enthaltenen Stückes bedeuten würde, sehr genau geprüft, und die große Mehrzahl der Werke – selbst besonders beliebte wie Mozarts Klavierkonzerte – sind nach wie vor durch die ursprünglichen Aufnahmen vertreten (in Mozarts Fall Jenő Jandós grandiose Darbietungen, die für den Zuhörer immer ein großes Vergnügen bleiben werden). Die Sammlung mit Beethovens Klavierkonzerten, die in den 1980ern von Stefan Vladar mit der Capella Istropolitana unter der Leitung von Barry Wordsworth eingespielt wurden, ist ebenfalls nach wie vor die einzige Version im Katalog. Im Gegensatz dazu wurde eine ältere Version der Sinfonien in den 1990ern durch die Aufnahmen mit der Nicolaus Esterházy Sinfonia unter der Leitung von Béla Drahos ersetzt. Inzwischen gibt es sogar eine weitere, die mit dem Kölner Kammerorchester, dirigiert von Müller-Brühl, eingespielt wurde. Heymann entschied außerdem, dass die frühen Aufnahmen der Cellosonaten, gespielt von den ungarischen Musikern Csaba Onczay und Jenő Jandó, keiner Auffrischung bedurften, auch wenn Maria Kliegel zehn Jahre später sämtliche Cellomusik Beethovens erneut einspielte.

In Naxos' erstem Jahrzehnt neigte Heymann oft dazu, die Werke eines Komponisten in einem bestimmten Genre in die Hände eines einzelnen Musikers oder einer Gruppe von Musikern zu legen. Dies hatte vor allem praktische Gründe, da es in sehr kurzer Zeit sehr viel zu tun gab. Aber die bis heute relativ seltenen Neuaufnahmen beweisen, wie perfekt die Auswahl in den meisten Fällen war. Die Aufnahmen des Kodály Quartet, das die kompletten Streichquartette von Haydn einspielte, werden sich auch noch in vielen Jahren in der Branche behaupten können, wenn man verschiedene Versionen miteinander vergleicht. Gleiches gilt für Jandós Darbietungen der Klaviersonaten von Haydn, Beethoven und Schubert. Haydns Sinfonien wurden zwar über einen langen Zeitraum eingespielt und auf verschiedene Orchester aufgeteilt, aber auch sie wurden nie erneuert.

Es mag hingegen ein wenig überraschen, dass bereits zwei Versionen der Brahms-Sinfonien bestehen: die frühen Aufnahmen mit dem BRT unter der Leitung von Alexander Rahbari und die spätere Neufassung mit Marin Alsop und dem London Philharmonic Orchestra, die von der Kritik hoch gelobt wurde und große Aufmerksamkeit erhielt. Darüber hinaus gibt es zwei Aufnahmen von Brahms Violinkonzert: die frühe Fassung von Takako Nishizaki, veröffentlicht mit Bruchs 1. Violinkonzert, sowie Ilya Kalers Version, gepaart mit Schumanns Konzert.

Eine zentrale Rolle in Naxos' Entwicklung spielten natürlich die Aufnahmen von Nishizaki und noch heute sind all ihre CDs mit den wichtigsten Konzerten erhältlich. Ihre erste Aufnahme für Naxos war im Juli 1987 Vivaldis *Die Vier Jahreszeiten*, kombiniert mit *Concerto alla rustica*, die auch im aktuellen Katalog noch ihren Platz hat. Erst 2006 tauchte eine weitere Version dieses vielleicht beliebtesten Klassikwerkes im Katalog auf: Cho-Liang Lin spielt darauf gemeinsam mit Sejong, einer virtuosen Gruppe junger Musiker, unter der Leitung von Anthony Newman. Die Aufnahme zeigt einen eher barocken Stil, wird in Sachen Verkaufszahlen aber dennoch alljährlich von ihrem Vorgänger übertroffen.

Heymann band sich für die Bruckner-Sinfonien sehr entschieden an Georg Tintner und aus dieser Verbindung entstand eine homogene Sammlung, auch wenn sich die einzelnen Werke auf das Royal Scottish National Orchestra, das National Symphony Orchestra of Ireland und das New Zealand Symphony Orchestra verteilten. Der Wiener Dirigent, der 1999 starb, nahm außerdem ausgewählte Sinfonien und Orchesterwerke von Mozart, Schubert, Richard Strauss und anderen auf: All seine Aufnahmen wurden in einer *Tintner Memorial Edition* zusammengefasst, was einem bisher einzigartigen Ritterschlag für einen Naxos-Künstler gleich kommt.

Lieder – besonders von Schubert und, etwas später, Schumann – lagen Heymann ebenfalls immer sehr am Herzen. Da er stets äußerst sensibel auf Lieder reagierte, die nicht von deutschen Muttersprachlern eingesungen worden waren, da es diesen naturgemäß schwerer fällt, eine aussagekräftige Interpretation des Textes zu transportieren, vertraute er die *Deutsche Schubert-Lied-Edition* dem Pianisten Ulrich Eisenlohr an, der wiederum die deutschsprachigen Sänger auswählte. Die Edition wurde zwischen 1999 und 2010 in Einzelteilen veröffentlicht und vereint nicht weniger als 39 Sänger, fünf Pianisten und sechs Instrumentalisten. Mit rund 650 Liedern, davon viele auch in Alternativversionen, ist sie die umfassendste Ausgabe auf dem Markt. 2011 wurde sie als Box-Set veröffentlicht.

Schon kurz nach dem Start von Naxos erstreckte sich der Katalog auch auf Bereiche weit außerhalb des allseits beliebten Repertoires. Werke von Tschaikowski, Schubert, Schumann, Grieg, Dvořák, Liszt und Rachmaninow, die sich am besten verkaufen würden, wurden natürlich zuerst produziert, dicht gefolgt von Mahler und Elgar, aber auch Händel, Byrd und Tallis waren bereits vertreten. Schon in den ersten Jahren zeigten Kammermusikstücke wie die Violinsonaten von Grieg, dass Heymanns Blick in Richtung eines Klassik-Labels mit einem breiter gefassten Fundament ging.

Zu Beginn gab es eine Art Masterplan, der von Hongkong ausging und die Kernwerke abdeckte. Anfang der 1990er unterlag das aufgenommene Repertoire jedoch vielen weiteren Einflüssen (Vorschlägen von Musikern, Anfragen von Vertriebspartnern, Anforderungen des Marktes), von denen einige vollkommen überraschend waren. Aber an der Spitze des Unternehmens stand nun einmal ein Musikliebhaber, nicht einfach nur ein Geschäftsmann. Und so entwickelte sich, beinahe unbemerkt, eine kühnere Aufnahmestrategie, die Naxos auf das Terrain der ernsthaften Klassiksammler führte: Kammermusik, Instrumentalmusik, Chormusik. Selbst die frühen Ausflüge in die zeitgenössische Musik erwiesen sich als unerwartete künstlerische *und* kommerzielle Erfolge. Die Aufnahme eines Vollpreis-Labels von Góreckis 3. Sinfonie erfreute sich damals beispielsweise einiger Beliebtheit und sie schaffte den Sprung in die Charts: War da wirklich noch Platz für die Version eines Budget-Labels? Die Aufnahme des Nationalen Symphonischen Orchesters des Polnischen Rundfunks unter der Leitung von Antoni

Wit, die 1994 für Naxos eingespielt wurde, spiegelte die Stimme der Heimat des Komponisten noch deutlicher wider, als es der ursprünglichen Version von Nonesuch gelungen war, die für einiges Aufsehen gesorgt hatte. Die CD wurde allgemein gefeiert und verkaufte sich über 250.000 Mal. Dieselben Künstler nahmen später auch die 2. Sinfonie gemeinsam auf.

Der Film *Das Piano* war ein kommerzieller Erfolg, der gewiss auch Michael Nymans Filmmusik zu verdanken war. Warum also nicht das Klavierkonzert aus der Filmmusik einspielen und es als erste Budget-Version veröffentlichen? Die CD verkaufte sich über 60.000 Mal. Weder Arvo Pärts *Tabula Rasa* noch John Taveners *The Protecting Veil* bedurften filmischer Unterstützung: Sie erreichten auf eigene Faust ähnliche Verkaufszahlen. Das Naxos-Muster, das bewies, dass das Publikum bereit war, neue Musik zum Budgetpreis auszuprobieren, setzte sich fort. Diese Aufnahmen mögen damals als opportunistisch erschienen sein, da sie Erfolgen nacheiferten, die die etablierten und andere unabhängige Labels erzielt hatten, aber sie waren weit mehr als das: Mit guten Aufnahmen zu erschwinglichen Preisen bestätigten sie, dass Naxos sich sehr schnell zu einem ernst zu nehmenden Klassik-Label entwickelte. Diese Schlacht hat Naxos inzwischen gewonnen, aber sie musste ausgetragen werden. Ein noch erstaunlicherer Erfolg, wenn man das Wesen der Musik bedenkt, war İdil Birets Aufnahme von Boulez' Klaviersonaten Nr. 1–3, die bereits 1995 veröffentlicht wurden und sich über 40.000 Mal verkauften. Heymann hatte eigentlich nie vorgehabt, Stücke aus diesem Repertoire bei einem seiner Label zu veröffentlichen, aber damals schien es einfach die richtige Entscheidung zu sein.

Mitte der 1990er hatte sich Naxos definitiv von seinem ursprünglichen Vorhaben verabschiedet, ausschließlich beliebte Klassikwerke zu erschwinglichen Preisen anzubieten, und drang auf die unterschiedlichsten Gebiete vor. Zahlreiche »komplette« Reihen waren in Planung: Liszts Klavierwerke, Regers Orgelwerke, Glasunows Orchesterwerke (die zunächst bei Marco Polo erschienen und später zu Naxos übersiedelten), Rodrigos Orchesterwerke (in zehn Teilen), Scarlattis Klaviersonaten,

Solers Cembalosonaten und Schostakowitschs Sinfonien (die ursprünglich vom Slowakischen Rundfunk-Symphonieorchester unter der Leitung von Ladislav Slovák eingespielt wurden, inzwischen aber auch in einer Neufassung mit dem Royal Liverpool Philharmonic Orchestra und Vasily Petrenko erschienen sind; beide Zyklen sind noch immer erhältlich). Heymann musste seine Aussagen zur Ausrichtung des Katalogs ständig korrigieren. Welches Ziel hatte Naxos nun? »Einfach alles aufzunehmen«, antwortete Heymann irgendwann.

Die Bandbreite der bei Naxos erschienenen Musik lässt sich recht deutlich erkennen, wenn man sich eine oder zwei Seiten des Papierkatalogs ansieht. Mehr oder weniger zufällig ausgewählt, folgt hier ein Auszug aus der Auflistung unter »H«. Auf einer Doppelseite finden sich dort:

Haydn, Franz Joseph Der Eintrag seiner Werke beginnt am Ende der letzten Spalte; unter der Überschrift »Gesang und Chor« stehen dort auch das Oratorium *Il ritorno di Tobia* und *The Life and Works of Haydn*, geschrieben und gelesen von Jeremy Siepmann (erschienen bei Naxos Educational).

Haydn, Michael Ein Divertimento (gepaart mit Oboenquartetten von Stamitz).

He, Zhanhao *The Butterfly Lovers* (Takako Nishizakis Aufnahme, die sich in China millionenfach verkauft hat).

Headley, Hubert Klyne Ein amerikanischer Komponist des 20. Jahrhunderts, der hier mit seinen Klavierkonzerten Nr. 1 und 2, seiner 1. Sinfonie und *California Suite* vertreten ist.

Heggie, Jake *For a Look or a Touch* (ein Auszug aus seinem Bühnenwerk).

Heifetz, Jascha Transkriptionen für Geige und Klavier.

Helfman, Max *Di Naye Hagode* und andere Werke dieses polnisch-amerikanischen Komponisten des 20. Jahrhunderts.

Helps, Robert Ein weiterer Amerikaner des 20. Jahrhunderts: *Shall We Dance* für Klavier und andere Kammermusikwerke.

Hely-Hutchinson, Victor Ein englischer Komponist des 20. Jahrhunderts, der mit *A Carol Symphony* vertreten ist – seinem Orchesterwerk, das auf Weihnachtsliedern basiert.

Henze, Hans Werner Gitarrenmusik und die Violinkonzerte Nr. 1 und 3 dieses großen Künstlers des 20. Jahrhunderts.

Herbert, Victor Leichte edwardianische Musik, einschließlich der *Irish Rhapsody*.

Hermann, Friedrich Kammermusik dieses deutschen Komponisten aus dem 19. Jahrhundert.

Herrmann, Bernard Der Filmkomponist ist mit vier CDs vertreten, darunter auch seine Musik für *Sinuhe der Ägypter*.

Hersch, Michael Ein junger amerikanischer Komponist, der von Marin Alsop gefördert wurde, die seine 1. und 2. Sinfonie dirigierte.

Hidalgo, Juan Teil 1 von *The Guerra Manuscript* – säkulare spanische Vokalmusik aus dem 17. Jahrhundert.

Higdon, Jennifer Ein Auswahl von Kammermusikstücken dieser amerikanischen Komponistin des 20. Jahrhunderts, darunter auch *Impressions*, gespielt vom Cypress String Quartet.

Hildegard von Bingen Zwei CDs dieser musikalischen Visionärin, aufgenommen mit der Oxford Camerata.

Hill, Alfred Eine bekannte Persönlichkeit der australischen Musikszene des 20. Jahrhunderts, die hier mir drei CDs mit Streichquartetten vertreten ist.

Hindemith, Paul Natürlich seine Sinfonie *Mathis der Maler*, aber auch Kammermusik.

Hoffmann, Johann Ein Mandolinist und Komponist der klassischen Ära; mit zwei seiner Sonaten.

Hoffmann, Melchior Ein Barock-Komponist, der mit der Kantate *Meine Seele rühmt und preist* vertreten ist.

Hoffmeister, Franz Anton Streichquartette und Kontrabaßquartette dieses klassischen deutschen Komponisten und Musikverlegers.

Hoffstetter, Roman Streichquartette, die so gut sind, dass sie jahrelang Haydn zugeschrieben wurden.

Hofmann, Leopold Fünf CDs mit attraktiven Konzerten dieses klassischen Komponisten, deren Noten von Artaria Editions wiederentdeckt und veröffentlicht wurden.

Wenn wir uns einem weiteren, zufällig ausgewählten Abschnitt zuwenden, an dem der Buchstabe »S« durch »T« abgelöst wird, finden wir ...

Szymanowski, Karol Klaviermusik (vier Teile), Lieder, Sakralmusik, Streichquartette, zwei Aufnahmen von Violinkonzerten, *König Roger* und mehr.

Tabakov, Emil Der bulgarische Dirigent und Komponist aus dem 20. Jahrhundert dirigiert seine eigenen Klavier- und Flötenkonzerte.

Takemitsu, Tōru Eine breite Auswahl an Musik dieses führenden japanischen Komponisten des 20. Jahrhunderts.

Tallis, Thomas Alle großen Werke.

Talma, Louise Eine in Frankreich geborene, amerikanische Komponistin, deren Musik hier auch Variationen zu *13 Ways of Looking at a Blackbird* für Tenor, Oboe und Klavier einschließt.

Tanejew, Sergei Iwanowitsch Ein Künstler, der zunächst bei Marco Polo erschien und nun bei Naxos unter anderem mit Streichquartetten und Sinfonien vertreten ist.

Tansman, Alexandre Zwei CDs mit Kammermusik.

Tartini, Giuseppe Violinkonzerte (und die *Teufelssonate*).

Tárrega, Francisco Die wichtigsten Gitarrenwerke auf einer CD.

Tate, Phyllis Ihr *Triptych* ist Teil einer CD mit den Titel *British Women Composers*.

Tavener, John Fünf CDs, auf denen natürlich auch *The Protecting Veil* und *Song for Athene* sowie Klavierwerke und *Lament for Jerusalem* enthalten sind; darüber hinaus ist bei Naxos Educational eine spezielle Doppel-CD mit einem Porträt des Komponisten erschienen.

Taylor, Deems Die Oper *Peter Ibbetson* des amerikanischen Komponisten.

Tschaikowski, Boris Eine russischer Komponist des 20. Jahrhunderts (Mstislaw Rostropowitsch: »Ich halte ihn für ein Genie!«); nicht verwandt mit Pjotr. Drei CDs, darunter auch das Klavierkonzert, das Klarinettenkonzert und die Kantate *Tierkreiszeichen*.

Tschaikowski, Pjotr Iljitsch Mit seinem Eintrag, der sich über die nächsten beiden Spalten erstreckt, schließt die Seite.

Wen man sich den Katalog Seite für Seite anschaut, kommt man aus dem Staunen nicht mehr heraus – und aus dem Schmunzeln. Die alphabetische Auflistung der Komponisten bildet den ersten Teil des gedruckten Katalogs und zeichnet ein kaleidoskopisches Bild des Labels. Dahinter steckt nicht nur Methode, hinter den meisten CDs steckt auch eine Geschichte. Aber sobald man
    Zimmermann, Anton
    Ziporyn, Evan
    Zwilich, Ellen Taaffe
hinter sich gelassen hat, ändert sich das Bild.

Der Bereich mit den Sammlungen zeigt einen vollkommen anderen Ansatz des Klassik-Labels. Heymann bevorzugt CDs mit nur einem Komponisten, da sie viel leichter zu katalogisieren sind, aber oft ist diese Vorgehensweise weder möglich noch ratsam. Anthologien sind äußerst beliebt, und Naxos hat schon viele produziert. Daher ist erforderlich, ihnen einen eigenen Abschnitt zuzugestehen, der ebenso viele Überraschungen bereithält wie die Auflistung der Komponisten von A bis Z. Er beginnt mit den *Alphornkonzerten*. Auch wenn dies nach einem Titel aus dem extrem speziellen Repertoire klingt (die Aufnahme enthält auch Daetwylers *Dialog mit der Natur* für Alphorn, Piccolo und Orchester, die im Studio zu endlosen Balanceschwierigkeiten führte), hat sich die CD seit 2002 sehr respektable 12.000 Mal verkauft. Als Nächstes folgen *Classic American Love Songs*, gesungen von Carole Farley, die von John Constable am Klavier begleitet wird.

Hier finden sich außerdem einige der höchst erfolgreichen Lifestyle- und einführenden Sampler. Offiziell unter dem Namen »Katalogverwertung« bekannt, lassen diese sehr einträglichen Anthologien ernsthafte Klassiksammler nicht selten vor Entsetzen erblassen. Ein typisches Beispiel ist die *Best of*-Reihe mit jeweils einer CD: *The Best of Bach, The Best of Beethoven* usw. (bis hin zu *The Best of Ziehrer*, die beweist, dass Naxos durchaus auch Sinn für Humor hat). Die Reihe verkaufte sich so gut, dass eine Fortsetzung auf den Markt gebracht wurde: die Doppel-CD-Reihe *The Very Best of*. Weitere Sampler finden sich in der *Chill with*-Reihe, die hauptsächlich Werke derselben Komponisten umfasst – Bach, Beethoven, Chopin und Mozart (über 100.000 verkaufte CDs) bis hin zu Tschaikowski – und aufwendig designte Cover bietet.

Tatsächlich zeigt der gedruckte Katalog im Bereich der regionalen Sampler nur die Spitze des Eisbergs, da viele Vertriebsunternehmen in aller Welt auch *Best of*-Reihen (und andere Variationen) in ihrer jeweiligen Landessprache veröffentlichen. Dieses Engagement der Vertriebe hat einen großen Beitrag zu Naxos' Gesamtkatalog geleistet. In den USA wurden von einer Reihe mit dem Titel *Listen, Learn and Grow*, die sich an Babys richtet, rund 150.000 CDs verkauft, und nach ihrer dortigen Veröffentlichung weitere 40.000 in Großbritannien. Nur wenige können es jedoch mit dem Einfallsreichtum von Naxos Sweden aufnehmen: Dort hat das Label bei einer Bevölkerung von nur 9,25 Millionen Einwohnern eine Reihe von CD-Bestsellern durch clevere TV-Kampagnen hervorgebracht. Es begann mit der drei CDs umfassenden Sammlung *Klassiska Favoriter* mit beliebten Klassikwerken, die sich phänomenale 275.000 Mal verkaufte. Zu den internationalen Kampagnen, die ebenfalls Achtungserfolge erzielten, gehörte auch *Voices of Angels* (mit Musik von Palestrina, Hildegard, Allegri, Byrd u. a.), die sich weltweit 110.000 Mal verkaufte.

Auch Weihnachten eignet sich bekanntermaßen hervorragend zu Marketingzwecken. Im Naxos-Katalog finden sich sage und schreibe 30 Weihnachts-Sammlungen (was für den Ideenreichtum der Marketingabteilung spricht): *A Classic Christmas, Christmas Piano Music, Christmas Concertos, A Danish Christmas, Christmas Chill* usw. Ebenfalls unter »C« finden wir im Bereich der Sammlungen zwölf Teile der *Cinema Classics* (sowie *The Very Best of Cinema Classics*), zwölf Teile von *The Classics at the Movies* und weitere filmische Sampler. Außerdem gibt es seitenweise Einträge mit Alter Musik, Easy Listening, Flötenmusik und Beerdigungsmusik. Heymann unterstützt aber auch Unterhaltungsmusik, von orchestraler »Salonmusik« bis hin zu *Vintage Broadway*, und darüber hinaus stehen Opernsammlungen zur Auswahl, *English String*

Miniatures, Finnish Orchestral Favourites, French Festival und *Macabre Masterpieces*.

Etwas ernsthafter zeigt sich das bei Naxos reichlich vertretene Orgelrepertoire, das nicht nur die Werke von Bach oder Buxtehude umfasst, sondern auch ebenso interessante wie durchdachte Sammlungen englischer, französischer und deutscher Orgelmusik bietet. Das Klavier ist ebenso ausführlich vertreten, von *Romantic Piano Favourites* (zehn Teile) bis hin zu *Easy Listening Piano Classics* (über zehn Teile, nach Komponisten getrennt). Tatsächlich ist den meisten wichtigen Instrumenten (Flöte, Klarinette, Geige, Bratsche, Cello) bei den Sammlungen ein eigener Teilbereich gewidmet: Ein Blick unter »T« zeigt auch die fünfteilige Ausgabe *The Art of the Baroque Trumpet* sowie weitere Auswahl-CDs mit Musik für dieses Instruments. »Gesang und Chor« beginnt mit *Abide with Me* und anderen beliebten Hymnen und enthält neben weiteren Höhepunkten auch *Pigs Could Fly* (Chormusik für Kinder), *Psalms for the Spirit, Psaumes de la Réforme, Russian Divine Liturgy* und *Spirituals*. Eine intensivere Beschäftigung mit diesem Abschnitt enthüllt viele weitere, äußerst sorgfältig ausgewählte und nützliche Anthologien. Etwas weiter unten finden sich auch einige Sammlungen mit Hochzeitsmusik (darunter auch *A Bride's Guide to Music for Civil Ceremonies*), wobei sich die erste CD dieser Kategorie noch immer mit Abstand am besten verkauft hat: *Wedding Music* ging seit seiner Veröffentlichung im Jahr 1993 bereits 140.000 Mal über den Ladentisch.

Die aktuellsten und umfassendsten Informationen stehen jedoch auf naxos.com zur Verfügung. Die Kategorie »Sets/Series« umfasst nicht weniger als 29 Unterabteilungen, die sich jeweils bestimmten Bereichen von Naxos und der klassischen Musik widmen. Dazu gehören auch *Early Music Collection* (125 Titel), *19th Century Violinist Composers* (25 Titel), *Greek Classics* (10 Titel), *Italian Classics* (27 Titel) und *Spanish Classics* (75 Titel).

Ein Fundament für die Zukunft möchte die Reihe *Laureate Series* (60 Titel) legen: Sie bietet Aufnahmen der Gewinner verschiedener Instrumentalwettbewerbe aus aller Welt. Hier finden sich junge Musiker (vorwiegend Gitarristen, Pianisten, Violinisten und Cellisten), die für gewöhnlich ein beeindruckend virtuoses Spiel zeigen und unter Beweis stellen, warum sie zu den Preisträgern gehören. Die Kategorie »Sets/Series« beinhaltet aber noch weitere wichtige Bestandteile des Naxos-Katalogs.

Opera Classics

Seit der Einführung der DVD spielen Opern eine immer zentralere, wichtigere Rolle bei Naxos, aber auch Aufnahmen auf CD sind nach wie vor sehr beliebt, und Naxos hat einen nützlichen Beitrag zum auf CD erhältlichen Opernrepertoire geleistet. Inzwischen befinden sich im Naxos-Opernkatalog über 100 Titel, darunter – wie üblich – auch einige unerwartete Werke (besonders, wenn man den günstigen Preis bedenkt). Das Programm begann mit Mozart (bis heute sechs Opern, darunter auch *Don Giovanni* und *Die Hochzeit des Figaro*), schloss aber schon bald Opern anderer Komponisten ein: Donizetti (sechs, einschließlich *Lucia di Lammermoor*), Rossini (16, einschließlich *Der Barbier von Sevilla*), Verdi (sieben, darunter auch *Aida* und *Rigoletto*), Wagner (sechs, inklusive des *Ring*-Zyklus) und Puccini (acht, darunter auch *La Bohème* und *Madama Butterfly*). Außerdem sind Beethovens *Fidelio*, Bizets *Carmen*, Mascagnis *Cavalleria rusticana*, Leoncavallos *Pagliacci*, Meyerbeers *Semiramide*, Brittens *The Turn of the Screw* und *Albert Herring*, Bergs *Wozzeck* und Bartóks *Herzog Blaubarts Burg* vertreten.

Darüber hinaus finden sich zwei Opern von John Adams im Naxos-Katalog, darunter auch jene Komposition, die von vielen als sein Meisterwerk betrachtet wird: *Nixon in China*. Bei weiterem Stöbern stößt man auf Werke von Lully, Rameau, Händel, Pacini, Massenet, Schönberg (*Moses und Aaron*), Korngold, Schreker und Szymanowski sowie Operetten von Johann Strauss.

Viele dieser Aufnahmen wurden allein von Naxos finanziert, wobei die Besetzung jeweils mithilfe der Dirigenten ausgesucht wurde. Einige CDs wurden auch als Koproduktionen aufgenommen, während andere das Ergebnis diverser Lizenzvereinbarungen mit Radiosendern oder

Festivalorganisatoren waren. Die Kosten einer Opernaufnahme sind so immens, dass sie oft nur durch Koproduktionen mit Opernhäusern oder Rundfunkanstalten möglich sind. Doch wie auch immer sie zustande gekommen sein mögen – das Ergebnis ist ein ebenso vielseitiger wie interessanter Opernkatalog.

American Classics

Wenn es einen Bereich bei Naxos gibt, der wohl am wenigsten zu erwarten war und dennoch als der vielleicht innovativste bezeichnet werden kann, dann sind dies die Werke der amerikanischen klassischen Musik aus dem frühen 19. Jahrhundert bis heute, die das Label einem breiteren Publikum bekannt machten. Viele amerikanische Komponisten sind vertraute Namen in der Welt der Klassik: Samuel Barber, Leonard Bernstein, Aaron Copland, George Gershwin, Charles Ives. Es finden sich jedoch auch einige, die im Allgemeinen nur mit einem oder zwei Werken vertreten sind, etwa John Philip Sousa, Walter Piston und Virgil Thomson. Ziel der Reihe *American Classics*, die Heymann 1999 begann, war es, einen unvergleichlichen Katalog mit Musik der größten amerikanischen Klassik-Komponisten zu schaffen, darunter auch noch lebende Künstler. Er wollte Amerika dadurch sein nationales musikalisches Erbe näherbringen und der Musikwelt durch das internationale Naxos-Vertriebsnetzwerk zeigen, dass es hier ein Schaffenswerk gab, das mehr Aufmerksamkeit verdiente. Innerhalb eines Jahrzehnts, in dem engagierte und sorgfältig geplante Aufnahmen eingespielt wurden, mit denen der Veröffentlichungszeitplan kaum Schritt halten konnte, entwickelte sich *American Classics* zu einer 360 Titel umfassenden (und noch immer anwachsenden) Sammlung amerikanischer Musik.

Zunächst wandte sich Heymann an die Produzenten und Agenten Victor und Marina Ledin (die Heymann in Anlehnung an die Firma der beiden, Encore Consultants, nur die »Encores« nennt), um sich in Sachen Repertoire beraten zu lassen. Später versammelte er ein offizielles Beratergremium mit Koryphäen wie dem angesehenen Musikwissenschaftler Wiley Hitchcock, dem Musikwissenschaftler der Kongressbibliothek,

Wayne Shirley, und dem äußerst renommierten Autor und Musikwissenschaftler Joseph Horowitz. Gemeinsam erstellten sie, oft nach angeregten Diskussionen, einen Masterplan für das Projekt. Einige der Aufnahmen waren Weltpremieren – und ihre Zahl erhöhte sich mit den Jahren immer weiter. Oft handelte es sich jedoch auch um neue, digitale Aufnahmen bedeutender Orchesterwerke, die seit Jahren nicht mehr auf CD erhältlich gewesen waren. Zu den ersten Veröffentlichungen zählten auch Victor Herberts *Babes in Toyland*, in Kombination mit *The Red Mill*, der erste Teil in einer ganzen Serie mit Klavierwerken von Charles Griffes sowie eine CD mit Leo Sowerbys Werken für Orgel und Orchester. Nachdem Heymann sich für den Repertoire-Ansatz entschieden hatte, schritt das Projekt zügig voran, und es wurden in schneller Folge Werke etablierter amerikanischer Komponisten aufgenommen und veröffentlicht, darunter auch Piston, Ives, MacDowell, Barber und sogar John Cage: Seine *Sonatas and Interludes*, überarbeitet für Klavier, verkauften sich über 40.000 Mal. Zu den wichtigsten Aufnahmen der Reihe gehörten die kompletten Orchesterwerke von Barber, dirigiert von Marin Alsop (das Violinkonzert verkaufte sich über 40.000 Mal); die komplette Musik für Bläserensembles von Sousa unter der Federführung von Keith Brion (viele Partituren mussten anhand des Materials aus verschiedenen Quellen reproduziert werden – ein immenses Unterfangen); die veröffentlichten Sinfonien von William Schuman unter der Leitung von Gerard Schwarz; die kompletten Orchesterwerke von Bernstein und die erste Aufnahme der kompletten Lieder von Ives, die in Zusammenarbeit mit der Yale University entstanden. Auch die Musik anderer etablierter Komponisten des 20. Jahrhunderts, etwa Howard Hanson, Roy Harris und Leroy Anderson, profitierte von der Veröffentlichung im Rahmen der *American Classics*: Andersons *Orchestral Evergreens* verkauften sich über 40.000 Mal.

Ebenso wichtig waren die Aufnahmen der Werke einer jüngeren Generation von Komponisten, darunter auch John Adams (*Shaker Loops*, das Violinkonzert und *Nixon in China*) und John Corigliano (sieben CDs, einschließlich der 3. Sinfonie, des Violinkonzerts *The Red Violin* und der Musik für Streichquartett). Der größte Einzelerfolg der gesamten Reihe gelang im Jahr 2006, als William Bolcoms *Songs of Innocence and of Experience* unter der Leitung von Leonard Slatkin vier GRAMMYS gewann. Um die Wahrheit zu sagen, wirkte sich dieses anspruchsvolle Werk jedoch mehr auf das Ansehen der *American Classics* als auf die Verkaufszahlen aus, indem es das unerschütterliche Ziel der Reihe unterstrich.

Von vielen Titeln der Serie wurden nur wenige Tausend CDs verkauft, auch wenn sich unter ihnen einige große Orchesterwerke befinden, aber die Impulse, die von ihr ausgingen, erwiesen sowohl dem Genre als auch dem Label selbst große Dienste. Insgesamt konnten die *American Classics* bislang 16 GRAMMYS einheimsen.

Spanish Classics

Manuel de Falla, Isaac Albéniz und Enrique Granados sind, zusammen mit Joaquín Rodrigo, vielleicht die bekanntesten Vertreter der spanischen klassischen Musik, aber – wie in den meisten europäischen Ländern – gibt es eine Fülle von Musik, die nur innerhalb der Landesgrenzen bekannt ist.

Abgesehen von den Werken der spanischen Renaissance-Komponisten, etwa Tomás Luis de Victoria, oder von Juan Crisóstomo de Arriaga aus dem 18. Jahrhundert, wurde der Großteil der bedeutenden spanischen Musik in der Zeit der spanischen Nationalromantik geschaffen: Mit ihrem Stil, der die Melodien regionaler Volksmelodien und Rhythmen aufgriff, spiegelte sie den Ansatz berühmter musikalisch-nationalistischer Komponisten wie Dvořák wider.

Um die wichtigsten Komponisten und deren Werke auszuwählen, tat Heymann sich mit Isabel Gortázar (Verlegerin, Schriftstellerin und Geschäftsfrau) zusammen und gründete 1999 die Firma Marco Polo & Naxos Hispánica SL. Ihre Verbindungen zu diversen großen spanischen Orchestern und ihr reicher Wissensschatz im Bereich dieser Musik selbst machte sie zur idealen, treibenden Kraft für den Aufbau der *Spanish Classics*. Im Laufe des nächsten Jahrzehnts entwickelten Heymann und Gortázar eine Liste mit etwa 75 Titeln, die die Vielfalt der Musik des Landes widerspiegeln sollte, wobei ein Großteil der Aufnahmen bei Naxos oder Marco Polo erschien.

Die Sammlung folgte dem musikalisch-nationalistischen Muster und begann mit mehreren Stücken, die bis heute die wichtigste Reihe baskischer Musik darstellen, die jemals aufgenommen wurde. Zwei baskische Opern, *Amaya* von Jesús Guridi (1886–1961) und *Mendi mendiyan* (*Hoch in den Bergen*) von José Maria Usandizaga (1887–1915), wurden in baskischer Sprache eingespielt. *Mendi mendiyan* war sogar eine Weltpremiere. Guridis Zarzuela *El Caserío* (*Der Weiler*), auf Spanisch gesungen, seine *Sinfonía pirenaica* und sein beliebtestes Werk, *Zehn baskische Melodien*, wurden ebenfalls aufgenommen. Auch Francisco Escuderos Oratorium *Illeta*, geschrieben 1953, ist ein wichtiges Stück der baskischen Sammlung. Das Bilbao Symphonieorchester (gegründet 1922) wurde bei sämtlichen Orchesterwerken sowie bei *Mendi mendiyan* von Juan José Mena dirigiert, *Amaya* (2000 bei Marco Polo erschienen) entstand hingegen unter der Leitung von Theo Alcántara.

Zu den Bestsellern gehören, wenig überraschend, auch einige Werke von Rodrigo. Das *Concierto de Aranjuez* ist, zusammen mit dem bekannten Stück *Fantasía para un gentilhombre*, auf dem zweiten Teil seiner *Kompletten Orchesterwerke* enthalten, aber auch *Concierto Andaluz* für vier Gitarren und Orchester, ein weniger bekanntes, wahres Juwel, ist vertreten. Als Sologitarrist wurde Ricardo Gallén verpflichtet, der mit dem Asturias-Symphonieorchester unter der Leitung von Maximiano Valdés spielte. Die Aufnahmen wurden 2002 veröffentlicht und verkauften sich fast 60.000 Mal – ein imposanter Erfolg, wenn man die Anzahl der bereits erhältlichen Versionen des berühmten *Concierto* bedenkt, darunter auch Norbert Krafts Bestseller-Version, die noch immer im Naxos-Katalog zu finden ist. Da das Vorhaben, Rodrigos komplette Orchestermusik aufzunehmen (bei dem Naxos von der Tochter des Komponisten, Cecilia Rodrigo, unterstützt wurde), so umfangreich war, wurden die Werke auf drei verschiedene spanische Orchester aufgeteilt.

Das Symphonieorchester von Kastilien-León (gegründet 1991) spielte drei Rodrigo-CDs ein. Viel entscheidender war jedoch, dass es auch die erste Aufnahme der *Sinfonía castellana* des größtenteils in

Vergessenheit geratenen Antonio José (1902–1936) produzierte, einem Komponisten aus Kastilien, der während des Spanischen Bürgerkriegs hingerichtet worden war. Kombiniert wurde das Werk mit einer Suite aus *El mozo de mulas* (eine Oper, die nach wie vor auf ihre erste Aufnahme wartet).

Das Gemeindeorchester Madrid (gegründet 1984) spielte sieben Aufnahmen der *Spanish Classics* ein, darunter auch einen Teil des Rodrigo-Zyklus, die erfolgreichen *Preludes and Choruses from Zarzuelas* und die erstmalige Aufnahme der Sinfonie in d-Moll von Ruperto Chapí (1851–1909).

Die Aufgabe, Manuel de Fallas *El amor brujo*, *El sombrero de tres picos* und *La vida breve* (sowie sechs Teile des Rodrigo-Zyklus) einzuspielen, fiel dem Asturias-Symphonieorchester (gegründet 1937) und Maximiano Valdés zu. Ganz im Sinne des Projekts, das zum Ziel hatte, vergessene Komponisten »wiederauferstehen« zu lassen, nahm das Orchester außerdem Werke von Julián Orbón (1925–1991) auf.

Zu guter Letzt spielte ein relativ kleines katalanisches Orchester, das El Vallès Symphonieorchester, verschiedene, sehr interessante Werke von Joaquim Serra (1907–1957) ein.

Italian Classics

Von den ersten Tagen des Labels Marco Polo an hatte Heymann großes Interesse daran, die Vielfalt der italienischen Orchester- und Kammermusik des späteren 19. Jahrhunderts und der ersten Hälfte des 20. Jahrhunderts aufzunehmen. In dieser Zeit waren die Komponisten nicht nur entschlossen gewesen, die italienische Operntradition zu modernisieren, die sich weitgehend auf Melodien verließ, sondern auch, italienischer Musik, die nichts mit Opern zu tun hatte, zu neuer Popularität zu verhelfen. Es war eine Musikepoche, die die Plattenfirmen bislang vernachlässigt hatten. Ottorino Respighis *Sinfonia drammatica* feierte Mitte der 1980er Weltpremiere bei dem Label, ebenso wie die Sinfonien von Gian Francesco Malipiero in den 1990ern (heute bei Naxos). Im ersten Jahrzehnt des 21. Jahrhunderts wagte sich Naxos an die komplette

Orchestermusik von Giuseppe Martucci, dem bedeutendsten italienischen Komponisten von Orchesterwerken im späten 19. Jahrhundert.

Heymanns seit langem bestehender Plan – gepaart mit den Ideen des Naxos-Produktionsleiters Peter Bromley, einem Experten auf diesem Gebiet – sieht vor, nach und nach einen unerreichten Katalog mit italienischer Musik aus dieser Zeit entstehen zu lassen. Ihr Stil kann im Allgemeinen als spätromantisch bezeichnet werden, hin und wieder aber auch als neoklassizistisch, und dabei ist er gleichzeitig progressiv, bestimmt und oft erstaunlich individuell. Dazu gehört auch eine stetig wachsende Liste mit Werken von Alfredo Casella (1883–1947), einschließlich seiner Sinfonien und Konzerte, zwei Teile der kompletten Shakespeare-Ouvertüren von Mario Castelnuovo-Tedesco (1895–1968), Orchesterwerke und Kammermusik von Ildebrando Pizzetti (1880–1968) und eine Doppel-CD, die einen Überblick über die komplette Klaviermusik von Giorgio Federico Ghedini (1892–1965) bietet. Unter diesen Aufnahmen befinden sich auch viele Weltpremieren: 16 im Falle von Malipiero, 13 bei Ghedini, elf für Castelnuovo-Tedesco, vier bei Casella und zwei für Pizzetti.

Interessanterweise wurden diese Werke nicht immer mit italienischen Orchestern und Musikern eingespielt. Die einheimischen Künstler sind jedoch beispielsweise durch das Orchestra Sinfonica di Roma unter der Leitung von Francesco La Vecchia vertreten, die mit Musik von Martucci, Casella, Malipiero, Busoni, Petrassi und Ferrara betraut wurden, und auch Massimo Giuseppe Bianchi, der Ghedinis Klaviermusik auf einem Fazioli-Klavier in Perugia einspielte, wirkte daran mit. In seinem Fall basierten die Partituren auf Manuskripten, die von der Tochter des Komponisten, Maria Grazia Ghedini, zur Verfügung gestellt wurden.

Darüber hinaus wurde die Reihe auch mit Unterstützung des Thessaloniki Symphonieorchesters unter der Leitung von Myron Michailidis, das Werke von Pizzetti einspielte, sowie dem West Australian Symphony Orchestra unter der Leitung von Andrew Penny aufgenommen, die mit Musik von Castelnuovo-Tedesco betraut wurden. Einige Aufnahmen aus den früheren Marco-Polo-Tagen, darunter auch die kompletten veröffentlichten Sinfonien von Malipiero, entstanden mit dem Moskauer

Symphonieorchester unter der Leitung von Antonio de Almeida. Zu den Weltpremieren gehörten auch einige von Malipieros frühen Werken, etwa *Pause del silenzio, Impressioni dal vero* und *Sinfonia degli eroi*, die ebenfalls vom Thessaloniki Symphonieorchester sowie dem Orchestra Sinfonica di Roma eingespielt wurden.

Guitar Collection

Die Fangemeinde der Liebhaber klassischer Gitarrenmusik erstreckt sich über die ganze Welt. Es gibt zwar ähnliche Fangemeinden für viele andere Instrumente, aber die Gitarrenliebhaber sind insofern etwas Besonderes, als es sich dabei vor allem um ein Soloinstrument handelt. Der in Kanada lebende Gitarrist und Produzent Norbert Kraft beglückt diese Fangemeinde mithilfe von Naxos nun bereits seit 1994 – und mit fast 100 Titeln ist es ihm gelungen, einen ebenso lebendigen wie umfangreichen Katalog mit Gitarrenwerken zu erstellen. Alles begann mit seinen eigenen Aufnahmen aus dem populären Repertoire, die in Großbritannien stattfanden. Als er später ein eigenes Studio inklusive Schnittraum in Kanada aufbaute, begann die *Guitar Collection* allmählich merklich zu wachsen. Heute umfasst sie den weltweit größten Einzelkatalog klassischer Gitarrenwerke.

Alle wichtigen Persönlichkeiten sind darin vertreten. Quintette von Luigi Boccherini, Sonaten von Ferdinando Carulli und die Werke für Violine und Gitarre von Niccolò Paganini eröffnen das klassische Repertoire des Instruments, aber auch Transkriptionen aus der Barockzeit sind zu finden. Insgesamt widmen sich 15 CDs der Musik von Fernando Sor und vier CDs den Werken von Napoléon Coste (1805–1883), hinzu kommen außerdem die *Spanischen Tänze* und *Escenas poeticas* von Enrique Granados. Der Großteil der Musik dieser Instrumentenreihe stammt jedoch aus dem 20. Jahrhundert und sie bietet eine erstaunliche Vielfalt: aus Europa Mario Castelnuovo-Tedesco, Joaquín Rodrigo und Hans Werner Henze, und aus Lateinamerika Agustín Barrios Mangoré, Heitor Villa-Lobos, Antonio Lauro und Astor Piazzolla. Die *Guitar Collection* umfasst darüber hinaus auch neue Aufnahmen, die mit den Gewinnern diverser Gitarrenwettbewerbe aus aller Welt eingespielt wurden.

Organ Encyclopedia

Liebhaber der Orgel bilden eine ähnlich kleine Fangemeinde und mit der *Organ Encyclopedia* setzte sich Naxos das Ziel, sie mit den wichtigsten Werken zu versorgen. Inzwischen besteht ein Katalog mit fast 100 Titeln, die Musik aus 500 Jahren umfasst, von der frühen Renaissance bis heute. In fünf Teilen sind Werke des frühen Barock-Komponisten Heinrich Scheidemann sowie sieben CDs von Dietrich Buxtehude aus dem mittleren Barock erschienen. Wolfgang Rübsam hat außerdem die wichtigsten Werke von Bach aufgenommen, die jedoch im Naxos-Hauptkatalog verzeichnet sind.

Der romantische Komponist Joseph Rheinberger ist am besten für seine zahlreichen, wunderschönen Orgelsonaten bekannt, die in acht Teilen im Rahmen der *Encyclopedia* erschienen sind und von Rübsam eingespielt wurden. Auch Felix Mendelssohn trug sechs Sonaten zum Orgelrepertoire bei, die ebenfalls im Rahmen der Reihe veröffentlicht wurden. Unbedingt erwähnenswert sind außerdem die Werke des einflussreichen belgischen Organisten und Komponisten César Franck: Eric Lebrun spielte zwei CDs mit seiner Musik ein.

Die Werke von Louis Vierne, Max Reger und dem überaus produktiven Marcel Dupré (13 CDs bei Naxos) repräsentieren die Vorliebe der romantischen und frühen modernen Ära für harmonische Komplexität und Virtuosität. Die belebende Musik der Komponisten Jehan Alain und Jean Langlais aus dem 20. Jahrhundert zeichnet sich durch ihre Tonalität aus und ist in ihrer Konzeption in gewisser Weise entschlossener und moderner. Zu den jüngsten Veröffentlichungen der *Organ Encyclopedia* gehört auch die mit einem GRAMMY ausgezeichnete Aufnahme von *Livre du Saint-Sacrement* des Olivier-Messiaen-Experten Paul Jacobs, gespielt auf der Orgel der Church of St. Mary the Virgin in New York City. Die Aufnahmen mit Werken von Mendelssohn und Pachelbel gehören zu den Bestsellern.

Amadis, Donau, Lydian und Linz

In den ersten zehn Jahren von Naxos, als der Wettbewerb unter den CD-Herstellern immer größer wurde, erwuchs ein Bedarf an extrem günstigen Budget-Labels, die ihre Waren noch unter dem Naxos-Preis anboten. Um diesen Bedarf zu decken, gründete Naxos vier neue Labels: Amadis, Donau, Lydian und Linz. Diese CDs wurden in Outlet-Märkten verkauft, welche Naxos nicht in ihr Sortiment aufnahmen. Das Repertoire wurde hin und wieder auch von Buchläden und anderen Ketten lizenziert, die ihre eigenen Klassik-Marken aufbauen wollten. Etwa 180 Aufnahmen wurden eingespielt und trotz ihres Zielpublikums und des knappen Budgets feierten einige von ihnen sehr achtbare Erfolge. Auch hier handelte es sich um Werke des Kernrepertoires: Sinfonien von Beethoven, Schubert, Schumann und Brahms; Klavierkonzerte von Mozart, Beethoven und Chopin; die beliebtesten Violinkonzerte; *Famous Waltzes* und die Klavierwerke von Chopin, Grieg und Mendelssohn. Es finden sich jedoch auch einige unerwartete Repertoire-Ausflüge, etwa Schostakowitschs Quartette Nr. 2 und 4, Rossinis Sonaten für Bläser-Quartett oder Cembalomusik von Rameau. Diese Aufnahmen haben online inzwischen ein neues Zuhause gefunden.

Naxos Jazz

Die Gründung eines Naxos-Jazzlabels, das zwar seine Wurzeln im Westen hatte, aber aus den unterschiedlichsten Traditionen schöpfen würde, schien ein offensichtlicher Schritt zu sein. Es würde auf denselben Naxos-Prinzipien hoher musikalischer Standards und günstiger Preise beruhen. Man machte sich also auf die Suche nach Musikern, die sich zwar bereits einer Fangemeinde erfreuten, aber keinen Plattenvertrag hatten. Das Label ging 1997 mit einer Reihe vielfältiger Veröffentlichungen an den Start, die von *I Don't Know This World Without Don Cherry* der New York Jazz Collective bis hin zu *Havana Flute Summit* reichten, wobei Letzteres einige charismatische lateinamerikanische Flötisten vereinte, darunter auch Richard Egues und Orlando »Maraca«

Vallé. Im Großen und Ganzen wurden die Aufnahmen von der Kritik gelobt und so weitete das Label voller Energie seine globale Perspektive aus. Auf *On the Other Hand* ist etwa der deutsch-australische Schlagzeuger Niko Schäuble zu hören, während zu den skandinavischen Ensembles auch die finnische Jazz-Punk-Truppe Lenni-Kalle Taipale Trio mit *Nothing to Hide* gehört (die bestverkaufte Single des Labels) und auch das in Deutschland ansässige Sextett Ugetsu, das aus russischen, deutschen, amerikanischen und australischen Musikern besteht und vom Bassisten Martin Zenker geleitet wird, ist vertreten.

Der Kopf hinter dem Label war der australische Jazzpianist Mike Nock, der den Auftrag hatte, Spitzenjazz aus aller Welt aufzunehmen. Innerhalb eines Zeitraums von vier Jahren wurden etwa 60 Alben veröffentlicht, die von der Kritik für gewöhnlich sehr positiv aufgenommen wurden. Aber die Jazzkultur erwies sich als zu großer Gegensatz zur Klassik. Ein Erfolg in der Jazzszene ist an Stars geknüpft, oder zumindest an recht bekannte Künstler. Darüber hinaus besteht eine unglaubliche Vielfalt an Jazzstilen, die es schwierig macht, sich auf ein bestimmtes Publikum zu konzentrieren. Und auch das Naxos-Vertriebsnetzwerk stieß an seine Grenzen, da all die Mitarbeiter, die gut darin waren, die Musik in die Läden zu bringen und zu bewerben, Experten für Klassik und nicht für Jazz waren. 2001 wurde die Produktion neuer Aufnahmen gestoppt, obwohl das Unternehmen mit insgesamt über 500.000 verkauften CDs nicht völlig erfolglos gewesen war. Viele der Titel verkaufen sich noch immer regelmäßig, wenn auch in bescheidenem Umfang.

Der Hauptgrund für das Aus des Labels war jedoch, dass sich auf dem größten Jazz-Markt der Welt, den USA, nicht-amerikanischer Jazz nur schlecht verkauft. Auch die zeitgenössische Kunst auf den Covers funktionierte nicht, da in diesem Genre Coverfotos der Musiker die Regel sind. Alle bisherigen Aufnahmen sind aber weiterhin erhältlich.

Naxos World

Die Geschichte des Labels Naxos World liest sich ganz ähnlich. Im Jahr 2000 hegte man große Hoffnungen, die zahlreichen Traditionen der Welt- bzw. der folkloristischen Musik schon bald zu einem festen Bestandteil von Naxos machen zu können. Von Beginn an umspannten die Aufnahmen die ganze Welt: Den Anfang machte eine CD mit Sitarmusik von Irshad Khan (der sich bereits einen Namen als hervorragender Musiker gemacht hatte und längst nicht mehr nur als Sohn seines berühmten Vaters, Imrat Khan, angesehen wurde). Noch im ersten Jahr folgte Musik aus China, Kolumbien, Westafrika und Thailand. Einen seiner Bestseller konnte das Label ebenfalls im Jahr 2000 verbuchen: Auf *Bhangra Beatz* präsentierte eine Gruppe indischer und britischer Musiker eine sehr lebendige Fusion traditioneller und moderner Stücke, in denen sie die Punjab-Tradition mit Reggae, R&B, Rap und Dancemusic mischten. Die CD verkaufte sich über 30.000 Mal und Heymann freute sich besonders darüber, dass sie das Naxos-Label auf so eindrückliche Weise in eine vollkommen neue Musikwelt einführte. Auch Dave Swarbrick, Englands bekanntester und unverwechselbarster Folk-Geiger, spielte seine eigenen Kompositionen für das Label ein – der Kontrast hätte größer nicht sein können.

Die erfolgreichste CD entstammte jedoch einer vollkommen anderen Tradition: der Tradition Tibets. Die Aufnahme der Mönche des Klosters Sherab Ling, die in Indien im Exil leben, wo sie ihre religiösen Traditionen aufrechterhalten können, hinterließ einen bleibenden Eindruck. Auf der CD ist ihr charakteristischer, faszinierender Obertongesang zu hören, der von Zimbeln begleitet wird. Auch tibetische Oboen (deren steter Ton durch die zirkuläre Atemtechnik der Musiker entsteht) und die langen, sonoren Hörner sind zu hören. Für diese Aufnahme gewann Naxos seinen allerersten GRAMMY, und sie verkaufte sich über 40.000 Mal.

Aufgrund des sehr speziellen Wesens der Weltmusik erwies es sich, ähnlich wie im Falle des Jazz, für das Naxos-Label als schwierig, einen roten Faden zu entwickeln. Einmal mehr lag dies teilweise daran, dass auch dieses Genre eher auf einzelne Künstler als auf gewisse Stücke des Repertoires oder bestimmte Stile ausgelegt war. Dabei war es auch alles andere als hilfreich, dass sich die Weltmusik im 21. Jahrhundert – paradoxerweise – stetig veränderte: In gewisser Weise stand sie dem Pop näher als der Klassik. Und auch dieses Mal fehlte es dem Label wieder an einem engagierten Fürsprecher innerhalb des Unternehmens. Nach 40 Veröffentlichungen, die unter anderem in Slowenien, Russland, Kamerun und Island stattfanden, wurde das Label 2003 eingestellt. Alle Aufnahmen sind inzwischen digital, viele auch weiterhin auf CD erhältlich, und sie erweitern die musikalische Bandbreite der Naxos-Plattformen ungemein.

Naxos Historical

Als Sammler waren Heymann die legendären Aufnahmen, die in der ersten Hälfte des 20. Jahrhunderts eingespielt wurden, bestens bekannt, auch wenn sein persönliches Interesse eher im Bereich des Repertoires lag als im Bereich der Aufführungen. Trotz der Anfragen verschiedener Vertriebsunternehmen, darunter auch Richard Winter von Gramola in Österreich, verweigerte er sich einige Jahre lang der Idee, bei Naxos einen Bereich zu gründen, der sich historischen Aufnahmen widmete. »Ich habe gezögert, ins ›historische‹ Geschäft einzusteigen, da ich bei all den verschiedenen Versionen, die sich bereits auf dem Markt befanden, keinen neuen, einzigartigen Ansatz für uns sah. Erst der englische Produzent und Techniker Jonathan Wearn hat mein Interesse geweckt, als er mir sagte, er habe Zugang zu den Originalmasters [Transkriptionsplatten] historischer Sendungen, die uns einen ganz entscheidenden Qualitätsvorteil verschaffen würden. Als wir damit begannen, diese historischen Aufnahmen zu veröffentlichen, kam Mark Obert-Thorn auf mich zu, der allgemein als einer der besten Transfer-Techniker der Welt gilt. Er schlug vor, auch restaurierte Versionen kommerzieller Aufnahmen zu veröffentlichen. Wir haben mit einer Aufnahme begonnen, auf der Rachmaninow seine eigenen Konzerte spielt, und wir waren alle von der immensen Nachfrage überrascht.« Das war 1999. »Bis heute haben sich die Aufnahmen der Klavierkonzerte Nr. 2 und 3 allein auf CD über 120.000 Mal verkauft.«

Nur wenige der frühen historischen Aufnahmen konnten an diesen enormen Erfolg anknüpfen, aber im Allgemeinen waren die Reaktionen sehr positiv. »Ich habe Mark grünes Licht gegeben, mit vollem Tempo weiterzumachen. Irgendwann schaffte er es nicht mehr allein und schlug vor, Ward Marston mit ins Boot zu holen, einen weiteren hervorragenden Transfer-Techniker. Der große Vorteil, den die beiden mitbringen, ist, dass sie nicht nur Techniker, sondern auch Musiker sind, deshalb folgen sie bei ihrer technischen Arbeit immer ihrem musikalischen Instinkt.«

Die Palette erweiterte sich schnell. Heymann fühlte sich nicht nur durch die Verkaufszahlen ermutigt, sondern auch durch die Reaktionen der Kritiker, die sich teilweise beinahe überschlugen: In einigen Besprechungen hieß es, die Aufnahmen klängen besser als jemals zuvor – sogar besser als bei ihrer ersten Veröffentlichung. Dies ist zu einem großen Teil auf das technische Geschick bei den Transfers zurückzuführen. Aber neben Geschick bedarf es auch guten Geschmacks, wenn es darum geht, zu entscheiden, wie weit die Oberflächengeräusche auf einem alten Tonband, einer 78er oder anderem Originalmaterial reduziert werden sollen: zu wenig, und man empfindet das Knistern als störend, zu viel, und der individuelle Klang und Charakter des Musikers gehen verloren. Der Erfolg war aber auch auf die Hartnäckigkeit zurückzuführen, die Obert-Thorn und Marston bei der Suche nach den besten Originalquellen an den Tag legten. Oft verwendeten sie zwei oder drei verschiedene Quellen und fügten die jeweils besten Ausschnitte zusammen, auch wenn dies stundenlange, minutiöse Arbeit erforderte. Als bekannte »historische Musiker«, die in ihrer speziellen kleinen Welt sehr gut vernetzt waren, wussten sie, wer mit großer Wahrscheinlichkeit im Besitz einer Originalkopie einer relativ schwer aufzutreibenden Aufnahme von Jussi Björling oder Alfred Cortot war.

Heymann, Obert-Thorn und Marston richteten ihre Aufmerksamkeit zunächst auf kommerziellere Titel, aber es wurde schon sehr bald klar, dass sie eine langfristige Strategie benötigten, die letztlich zu einem

Muster führte, das noch heute besteht. Von einigen Ausnahmen abgesehen, hörte Naxos auf, restaurierte Sendungen zu veröffentlichen. Die Techniker begannen, die besten verfügbaren Aufnahmen auszuwählen und jene Titel zu restaurieren, die sie als essentiell für die Liste von Naxos Historical betrachteten.

Im Jahr 2000 wurde der historische Aufnahmebereich durch die Gründung von Naxos Jazz Legends, Naxos Nostalgia und Naxos Musicals erweitert. Weitere Transfer-Techniker, die auf diese historischen Genres spezialisiert waren, kamen an Bord, unter ihnen auch David Lennick. Mit dieser Art des nicht-klassischen Repertoires bewegte sich Naxos jedoch nicht auf vollkommen neuem Gebiet, da das Unternehmen bereits auf einen umfangreichen Filmmusik-Katalog, ein Label für zeitgenössischen Jazz und sogar Hörbücher blicken konnte. Dennoch war es eine Überraschung, plötzlich Nat King Cole, Noël Coward, Cole Porter oder die Ink Spots unter dem Naxos-Logo singen zu hören.

Nach über einem Jahrzehnt mit zahlreichen Veröffentlichungen hat sich Naxos Historical einen festen Platz im Naxos-Gesamtkatalog erarbeitet: Die beinahe 1.000 Titel haben sich insgesamt sechs Millionen Mal verkauft. Nach wie vor sind Klassikaufnahmen mit 600 Titeln (darunter auch CD-Singles und Box-Sets) am stärksten vertreten; sie haben sich weit über vier Millionen Mal verkauft. Jazz Legends, Nostalgia und Musicals sowie einige Blues-Titel (darunter auch Bessie Smith) schlagen mit 340 Werken zu Buche, die bislang fast zwei Millionen Mal verkauft wurden. Die kontinuierliche Erweiterung der historischen Liste wurde jedoch durch die Urheberrechtsbestimmungen in den USA ausgebremst: Die Vereinigten Staaten sind das einzige Land der Welt, in dem Tonaufnahmen keinen gemeinfreien Status erlangen (zumindest nicht bis 2067), da sie unter die Gesetzgebung des jeweiligen Bundesstaates und nicht unter die bundesweite Gesetzgebung fallen. Dies ist auch der Grund, weshalb alle historischen Aufnahmen von Naxos, egal in welchem Genre, in den USA nicht verkauft werden dürfen. Da sich in den USA ein großer Teil des Weltmarktes befindet, besonders für Jazz und nostalgische Musik, ist Naxos in den Möglichkeiten seiner Veröffentlichungen begrenzt und hat seine Planungen diesem Umstand angepasst.

Nichtsdestotrotz bildet Naxos Historical eine außergewöhnliche Archivbibliothek, sowohl in inhaltlicher Hinsicht als auch in Sachen Klangqualität. Der Klassikbereich ist in seiner Qualität und seiner Titelauswahl unübertroffen. Der Schwerpunkt bei den historischen Aufnahmen liegt, natürlich, auf den Darbietungen an sich, daher sind die meisten der bekanntesten und wichtigsten Aufnahmen, nach Instrumenten sortiert, in der *Great*-Reihe erschienen: *Great Violinists*, *Great Cellists*, *Great Pianists* und *Great Singers* vereinen die wichtigsten Instrumentalisten des 20. Jahrhunderts bis 1960, und *Great Conductors*, *Great Opera Recordings* und *Great Operetta Recordings* vervollständigen die Serie (einzig *Great Violists* war zur Zeit der Entstehung dieses Buches nur mit einem Beispiel vertreten: darauf spielt der englische Bratschist William Primrose *Harold in Italy* und Waltons Violakonzert).

Darüber hinaus besteht eine spezielle biografische Reihe, die auch *The A–Z of Conductors* und *The A–Z of Pianists* einschließt und jeweils 300 Künstlerbiografien, vier CDs und eine eigene Webseite mit weiteren Beispielen der Musiker umfasst. *The A–Z of Singers* und *The A–Z of String Players* sind bereits in Planung.

Es ist erstaunlich, wie beständig einige dieser Künstler nachgefragt werden – selbst Jahre nach ihrem Tod und trotz der Tatsache, dass der Klang der Originalaufnahmen nicht einmal annähernd an die Klangqualität des 21. Jahrhunderts heranreicht. Zu den Musikern der *Great*-Reihe gehören Pablo Casals (seine Darbietung von Bachs Cellosuiten hat sich über 100.000 Mal verkauft), Sergei Rachmaninow, Glenn Gould (seine Version von Bachs *Goldberg-Variationen* hat sich innerhalb von fünf Jahren 25.000 Mal verkauft), Artur Schnabel, Vladimir Horowitz und Edwin Fischer (die Verkaufszahlen seiner Sammlung mit Bachs 48 Präludien und Fugen übersteigen inzwischen 40.000). Bei den Geigern hat sich Yehudi Menuhins frühe Aufnahme von Elgars Violinkonzert, gepaart mit dem 1. Violinkonzert von Bruch, über 35.000 Mal verkauft, wird jedoch von Jascha Heifetz' Aufnahme der Konzerte von Brahms und Beethoven von 1939/40, die sich 45.000 Mal verkaufte, noch übertroffen.

Und hätte man jemals für möglich gehalten, bei einem Budget-Label eine fünfteilige Komplettedition des polnischen Pianisten Ignaz Friedman zu finden? Oder 13 Teile mit Benno Moiseiwitsch? Oder eine 13-teilige Reihe mit dem Titel *Women at the Piano: An Anthology of Historic Performances*, die Aufnahmen aus den Jahren 1926 bis 1954 umfasst? Und es ist unglaublich, welche Schätze sich darin verbergen!

Es dürfte vielleicht ein wenig überraschen, dass an der Spitze der individuellen Bestseller unter den *Great Singers* der schwedische Tenor Jussi Björling steht: Die CD mit seinen Aufnahmen von Opernarien aus den Jahren 1936 bis 1948 war in ganz Skandinavien ein Hit und verkaufte sich über 60.000 Mal. Es gibt jedoch noch weitere Höhepunkte, etwa Kathleen Ferriers unsterbliche Aufnahme von *Das Lied von der Erde* mit Bruno Walter. Auch die Aufnahmen von Maria Callas haben nichts von ihrem Reiz verloren, ebenso wenig wie die Darbietungen von Beniamino Gigli (der mit einer 15-teiligen Komplettausgabe vertreten ist), Elisabeth Schwarzkopf oder Kirsten Flagstad (die gemeinsam mit Lauritz Melchior bei der mitreißenden Aufnahme von *Tristan und Isolde* zu hören ist, die 1936 unter der Leitung von Fritz Reiner in London aufgenommen wurde).

Wie sehr die Mode sich im Lauf der Zeit ändert, zeigt die Aufnahme von Peter Cornelius' *Der Barbier von Bagdad* aus dem Jahr 1956, deren Starbesetzung Oskar Czerwenka in der Titelrolle, Elisabeth Schwarzkopf und Nicolai Gedda sowie den Dirigenten Erich Leinsdorf einschließt – und all das bei einem Budget-Label und mit perfekter Transfer-Technik, ausgezeichneten Texten und Webers einaktiger Oper *Abu Hassan* als Zugabe! Jede einzelne dieser historischen Aufnahmen wurde mit derselben Sorgfalt behandelt wie alle anderen Naxos-Veröffentlichungen und sie alle schließen sämtliche relevanten Dokumentationen ein.

Leinsdorf ist zu Recht Teil der Reihe *Great Conductors,* ebenso wie Wilhelm Furtwängler, Thomas Beecham, Erich Kleiber, Richard Strauss (der Beethoven dirigiert) und viele andere große Namen des 20. Jahrhunderts, unter ihnen auch der kontroverse Star von Karajan. Selbst der unnachahmliche Stokowski, der seine eigenen Transkriptionen dirigiert, ist vertreten – auch wenn er die Tatsache, dass sich José Serebriers moderne Versionen bei Naxos' Hauptlabel besser verkauft haben, sicher mit gemischten Gefühlen gesehen hätte.

Bei Naxos Historical wimmelt es von legendären Opernaufnahmen: es existieren drei von *La Bohème* (de los Ángeles/Björling, Tebaldi/Prandelli und Albanese/Gigli), vier von *Madama Butterfly*, zwei von *Tosca* (eine mit Maria Callas) und eine von *Turandot*. Die Callas ist außerdem in *Il Turco in Italia* zu hören, während Gedda/Schwarzkopf in *Die Fledermaus* erneut vertreten sind und Schwarzkopf darüber hinaus in *Der Zigeunerbaron* von Johann Strauss (Sohn) sowie, nicht zu vergessen, in Richard Strauss' *Ariadne auf Naxos* zu hören ist. Einen musikalischen Kontrast hierzu bieten die klassischen Aufnahmen der Werke von Gilbert und Sullivan mit der D'Oyly Carte Opera Company, zu denen auch *H.M.S. Pinafore* (die sich bis heute 20.000 Mal verkaufte) und *The Pirates of Penzance* gehören, die sich jedes Jahr wieder aufs Neue einer großen Käuferschaft erfreuen.

Heymann gibt zu, dass die Aufnahmen für Naxos Historical auch ihm selbst die Augen geöffnet haben. »Die größte Entdeckung war, dass die Interpretationen viel persönlicher waren und die Künstler sich mit den Werken viel größere Freiheiten nahmen, als es heute akzeptabel wäre. Aber sie haben auch mit viel mehr Gefühl gespielt – manchmal sogar in einem Stil, den man heute als ›geschmacklos‹ bezeichnen würde. Die größte Überraschung bei den Gesangsstücken war, dass damals, wenn überhaupt, nur mit sehr wenig Vibrato gesungen wurde.« Auch wenn er weiß, dass diese Naxos-Aufnahmen dank ihres hohen Standards einen sehr guten Ruf erlangt haben und damit für ernsthafte Sammler hochinteressant sind (selbst wenn sie bereits andere Versionen besitzen), hofft er, dass der günstige Preis die Tür zu einem noch größeren Publikum öffnen wird, das – da ist Heymann sich sicher – von einigen der Darbietungen vollkommen verblüfft sein wird.

Selbstverständlich sind Naxos Jazz Legends, Naxos Nostalgia und die Sammlungen von Naxos Musicals sozusagen bis zum Platzen mit bekannten Namen gefüllt. *That Christmas Feeling: 21 Vintage Seasonal Hits (1932–1950)* steht mit über 45.000 an der Spitze der

Verkaufscharts und lässt mit Hits von *White Christmas* (Bing Crosby) bis hin zu *Winter Wonderland* (Perry Como) keine Wünsche offen. Unter anderem sind dort auch die bekanntesten Crossover-Stars ihrer Zeit vertreten, etwa John McCormack, Richard Tauber, George Gershwin und Marian Anderson. Auf der anderen Seite locken auch bekannte Namen anderer Genres, deren Beliebtheit über Generationen hinweg nicht gesunken ist, beispielsweise Florence Foster Jenkins, Victor Borge und Larry Adler (dessen Aufnahmen heute noch zeigen, welch ein Virtuose er war). Die Liste ist wahrhaft international: Mario Lanza, Gertrude Lawrence, Dean Martin, Lawrence Tibbett, Charles Trenet (*La Mer* ist einer der Besteller), Paul Whiteman und Eartha Kitt – und wenn Ezio Pinza *Some Enchanted Evening* singt, ist das Nostalgie pur.

Auch Jazz Legends hält einige Überraschungen bereit. Django Reinhardt führt die Verkaufscharts an, wobei sich die erste CD 35.000 Mal verkaufte und der zweite Teil mit 25.000 verkauften CDs nicht weit dahinter folgt. Stephane Grappelli, ein einstiger Partner Reinhardts, ist mit zwei CDs vertreten. Aber es sind auch viele weitere große Namen zu finden: Duke Ellington, Sidney Bechet und Benny Goodman, Count Basie, Bix Beiderbecke, Billie Holiday, Louis Armstrong, Sarah Vaughan, Glenn Miller, Art Tatum und sogar Miles Davis aus den 1940ern (*Early Milestones*) und frühen 1950ern (*Boplicity*).

Der historische Katalog wächst Monat für Monat stetig an. Je mehr Zeit verstreicht und je mehr Urheberrechte dadurch auslaufen, desto mehr Künstler – sowohl berühmte als auch weniger bekannte – werden diesen Katalog bereichern.

Naxos DVD

1990 sah Heymann sich einem stetig wachsenden Klassik-Katalog gegenüber und begann, nach neuen Möglichkeiten zu suchen, sich all diese Aufnahmen zu Nutze zu machen. In Hongkong und den übrigen Ländern in Fernost war VHS ein fester Bestandteil jeder Home-Entertainment-Anlage, und gleiches galt für die immer beliebteren Laserdiscs. Er stellte daher ein Videoteam zusammen, das seinen Sitz in der

Schweiz hatte und von dort aus in die wichtigsten Städte und Touristengegenden Europas reisen sollte, um die bekanntesten Sehenswürdigkeiten auf Film zu bannen: Die Aufnahmen sollten später zu ansprechenden Reisefilmen zusammengeschnitten und mit passender klassischer Musik aus den Katalogen von Naxos und Marco Polo unterlegt werden. Die ausgewählten klassischen Werke bildeten dabei die Grundlage für die Filmplanungen. Die Idee war clever und Heymann investierte einiges in dieses Vorhaben: Es war weder leicht noch billig und musste sich voll und ganz auf das VHS-Format verlassen, das zu diesem Zeitpunkt bereits den Kampf gegen Betamax gewonnen und sich zum dominierenden Heimvideosystem entwickelt hatte.

Beinahe 100 *Musical Journeys* wurden produziert und insgesamt zählten sie ganz sicher zu den abenteuerlustigsten Naxos-Unternehmungen. Das Team reiste nach St. Petersburg und Helsinki im Norden, nach Sizilien im Süden, nach Usbekistan im Osten und nach England im Westen. Die Filmemacher nahmen Bilder von Burgen, Kirchen, Landschaften, Schlössern, öffentlichen Gebäuden und Blumen auf. Zurück in den Schweizer Studios wurde das Material dann beispielsweise mit Musik von Bach unterlegt und zu *Germany, A Musical Tour of Bach's Homeland* zusammengeschnitten. Französische Musik bildete die Grundlage für *Chateaux of the Loire*, tschechische Musik untermalte *Prague: A Musical Tour of the City's Past and Present,* und Albinoni, Corelli und, natürlich, Vivaldi setzten Bilder aus Venedig musikalisch in Szene. Auf der musikalischen Reise durch Usbekistan, die Bilder von Moscheen und Medressen in Buchara, Khiva und anderen Städten entlang der Seidenstraße zeigten, waren Rimski-Korsakows *Scheherazade* und *Sadko* zu hören.

Leider setzte sich die Reihe jedoch sozusagen zwischen zwei technische Stühle. Die DVD war bereits auf dem Markt, hinterließ dort jedoch vor der Jahrtausendwende keinen bleibenden Eindruck: Erst 2003 überstiegen die DVD-Verkaufszahlen die der VHS-Kassetten. Die *Musical Journeys* eigneten sich eher für ein Format, das über eine schnelle, zuverlässige Suchfunktion verfügte. Heymann hatte die Produktion der Serie damals bereits seit Langem eingestellt, sie inzwischen jedoch auch auf DVD veröffentlicht, wo sie zumindest einen Teil der Investitionen wieder einspielte. Heymann, der stets ein waches Auge auf den Naxos-Sitz in China hat, gab vor einiger Zeit jedoch eine zehnteilige DVD-Reihe in Auftrag, die sich einigen der bekanntesten Sehenswürdigkeiten des Landes widmete, darunter auch Peking, Shanghai, Xi'an, Hangzhou und Tibet, die jedoch lange nach dem Ende der ursprünglichen Reihe erschienen. Im Falle dieser chinesischen Reihe wurde das Filmmaterial erst nachträglich mit Musik unterlegt.

Es zeichnete sich ab, dass die DVD schon bald eine wichtige Rolle in der Klassikindustrie spielen würde. Auch wenn sich dieser Bereich von den klassischen Audioaufnahmen unterschied und eher die Domäne jener Firmen war, die bereits einen TV-Hintergrund hatten, sammelte Heymann bei seinem neuen Label Naxos DVD so viel Material, wie er konnte.

Heute finden sich dort neben Opern auch Klassik- und Jazzkonzerte. Besonders Opernfestivals waren erpicht darauf, ihren Produktionen ein längeres Leben zu schenken als nur einige Liveauftritte und TV-Ausstrahlungen: Die DVD war die perfekte Lösung und es boten sich schon bald diverse Gelegenheiten. Heute umfasst das Sortiment von Naxos DVD Opern von Donizetti (drei, einschließlich *Lucrezia Borgia*), Rossini (einschließlich *Il Turco in Italia*) und Verdi (inklusive *Luisa Miller* aus dem Teatro La Fenice) sowie Wolf-Ferraris *La vedova scaltra* (ebenfalls aus dem La Fenice) und Berlioz' *Benvenuto Cellini* (von den Salzburger Festspielen). Darüber hinaus scheint eine wachsende Nachfrage nach Filmaufnahmen von Konzerten mit klassischem Kernrepertoire zu bestehen.

Streichungen

Streichungsstrategien sind ein fester Bestandteil der meisten großen Klassik-Label, da vernünftige Kürzungen sowohl aus kommerziellen als auch aus Marketinggründen ratsam sind. Es ist sinnlos, wenn »tote« Titel unnötig Platz in einem Lager einnehmen oder finanzielle Mittel binden, die in neue Produkte gesteckt werden könnten. Seit der Geburt der Downloads hat sich die Situation jedoch merklich entspannt: Es besteht kein Grund, weshalb spezielles Repertoire, das nur auf sehr geringes Interesse stößt, heute nicht auf einer Website für jene Handvoll Leute »gelagert« werden sollte, die sich dafür interessieren. Tatsächlich hat Naxos von jeher eine sehr magere Streichungspolitik verfolgt. Dort wird nur alle paar Jahre ein wenig ausgesiebt und innerhalb des ersten Vierteljahrhunderts wurden weniger als zehn Prozent (tatsächlich nur etwas mehr als fünf Prozent) der Aufnahmen auf CD gestrichen. Einige sind auch zu günstigeren Labels übergesiedelt: Zu den offensichtlichsten Beispielen dieser Taktik gehören jene Marco-Polo-CDs, die später bei Naxos erschienen. Heymann betrachtet sein Label jedoch nach wie vor als Archiv für Sammler, genauso, wie er es von Anfang an getan hat.

Drei-
zehn

Marco Polo

Marco Polo ging 1982 unter dem Namen »HK Marco Polo« an den Start. Heymann hatte Ende der 1970er begonnen, chinesische Orchestermusik für sein HK-Label mit dem Hong Kong Philharmonic Orchestra und dem Singapore Symphony Orchestra einzuspielen. Deren Chefdirigenten wollten sich jedoch nicht auf chinesische Musik beschränken: Sie waren sehr daran interessiert, auch westliches Repertoire aufzunehmen. Heymann wurde bewusst, dass es unmöglich sein würde, Mozart, Beethoven oder Brahms von Orchestern aus Hongkong oder Singapur zu verkaufen. Er beschloss daher, sich mit seinen Aufnahmen auf die Weltpremieren zu konzentrieren, die unter den Sammlern Abnehmer finden würden, egal, welche Orchester, Dirigenten oder Solisten daran mitgewirkt hatten. Die ersten Aufnahmen erschienen noch unter dem Doppelnamen »HK Marco Polo«, doch schon bald darauf verzichtete man auf das »HK«, und das Label Marco Polo war geboren.

Von Anfang an trug Marco Polo den Beinamen »Label der Entdeckungen«, da es das erste Label der CD-Ära war, das sich auf Weltpremieren konzentrierte: Die meisten Veröffentlichungen enthielten Werke, die noch nie zuvor aufgenommen worden waren. In gewisser Weise war es für Heymann weniger ein kommerzielles Unternehmen als ein Hobby – sein ganz persönlicher Beitrag zur Musikwelt, die ihm während seiner Zeit in Fernost eine stete Quelle der Inspiration geboten hatte, da er ansonsten hauptsächlich in seine geschäftlichen Interessen eingebunden gewesen war. Heymann fühlte sich von jeher zur Musik der Romantik und Spätromantik hingezogen und freute sich immer sehr, wenn er als Sammler (und Fernost-Vertriebspartner) besondere CD-Schätze im speziellen Repertoire von Opus, Hungaroton, Melodiya und ähnlichen Labels entdeckte. Er fand Werke, die er besonders mochte, und stellte durch die Lektüre von Musikzeitschriften, Musikenzyklopädien, alten Büchern und Biografien fest, dass im 19. und frühen 20. Jahrhundert auch zahlreiche Komponisten aktiv gewesen waren, die inzwischen fast völlig aus den Programmen der Konzertsäle verschwunden waren (etwa Anton Rubinstein, Joachim Raff, Franz Lachner und Wassili Sergejewitsch Kalinnikow). Sie waren oft nichts weiter als ein bloßer Name in einem Buch, und Heymann hatte keine Ahnung, wie ihre Musik sich anhörte, da es ja keine Aufnahmen gab. Es war daher auch schwer zu beurteilen, ob sich Mjaskowski, Garofalo oder Čiurlionis tatsächlich lohnen würden. Als Heymann sich jedoch entschieden hatte, setzte er seinen Weg mit einem durchdachten Konzept fort, wild entschlossen, Marco Polo zu einen Label der Premieren und Entdeckungen zu machen. Oft gab es niemanden – abgesehen vom Dirigenten, der mit einer Fotokopie der Noten aus einer Spezialbibliothek zu Hause saß und sich auf die bevorstehenden Proben für die Aufnahmen vorbereitete – der wusste, ob die Werke die Mühe überhaupt wert waren.

Meist kam Heymann durch einen klugen Auswahlprozess zum treffenden Urteil: Manchmal stieß er auf Kommentare, die Zeitgenossen (Kritiker oder Freunde) über das Werk eines Komponisten abgegeben hatten, oder er kannte bereits zwei Sinfonien von Raff und konnte daher beurteilen, dass er einen ernsthaften, kompetenten Komponisten vor sich hatte, der auch wirklich etwas zu sagen hatte. Oder er entdeckte, dass etablierte, bekanntere Komponisten, etwa Respighi, Ippolitow-Iwanow oder Cui, die nur dank einiger populärer Werke bekannt waren, auch über ein weitgehend unbekanntes Repertoire verfügten. Es gab zahlreiche große Namen mit einer umfangreichen Auswahl an Werken, die noch immer auf ihre Aufnahmepremiere warteten – oder zumindest auf ihre erste Stereoaufzeichnung – und unter ihnen entdeckte

Heymann einige echte Schätze. Rimski-Korsakow etwa hat weit mehr geschrieben als nur *Sheherazade*, und seine *Nacht auf dem Berge Triglav* und *Pan Voyevoda* wurden bei Marco Polo zum allerersten Mal aufgenommen. Wer weiß, vielleicht gab es im Studio ja auch den einen oder anderen Moment, in dem ein fachkundiger Dirigent vor einem ausgezeichneten Orchester aus Moskau oder Bratislava stand und gefragt wurde: »Wofür machen wir das eigentlich?«, woraufhin er nur seinen Blick auf die Noten richten und antworten konnte: »Für einen reichen, deutschen, klassikbegeisterten Geschäftsmann in Hongkong. Noch mal ab Takt 65!«

Ob er nun seine persönliche Begeisterung auslebte oder nicht: Heymann erwies sich als scharfsinniger, als die meisten vermutet haben dürften. Es bestand nicht nur Interesse an, sondern auch ein Markt für diese Raritäten: Männer (es waren in der Tat vorwiegend Männer), die mit Heymann auf derselben Wellenlänge lagen und sich besonders für Nischen-Repertoire begeisterten. In den einzelnen Ländern gab es jedoch nicht allzu viele dieser Liebhaber – das Problem an der ganzen Sache war daher, sie erst einmal ausfindig machen zu müssen. Einer dieser Enthusiasten war ein echter Weltstar: der australische Komiker Barry Humphries, besser bekannt als sein Alter Ego Dame Edna Everage. Als Barry Humphries gebeten wurde, Prokofjews *Peter und der Wolf* für Naxos einzulesen, lehnte er jedes Honorar ab: Alles, was er wolle, versicherte er, sei eine CD jeder Marco-Polo-Aufnahme, und das bis an sein Lebensende. Das war im Jahr 1996.

30 Jahre nach dem Start von Marco Polo konnte das Label auf 1.000 Neuaufnahmen und Verkaufszahlen von insgesamt 3.750.000 – in diversen Formaten: LPs, Kassetten, DVDs und, größtenteils, CDs – zurückblicken. Nicht schlecht für ein bisschen persönliche Begeisterung.

Der Marco-Polo-Katalog

Chinesische Klassiker

Marco Polo begann beim »HK«-Label mit chinesischer Musik, da Heymann erkannte, dass durchaus ein Markt für Aufnahmen chinesischer Orchestermusik im westlichen Stil bestand (vor allem seit dem Ende des Zweiten Weltkriegs). Dies gab ihm außerdem die Möglichkeit, seine Heimat Hongkong musikalisch zu würdigen und den chinesischen Musikkäufern einen Dienst zu erweisen. Piraterie war zweifellos ein Problem, aber im Allgemeinen stiegen die Verkaufszahlen, und dank seiner Beharrlichkeit ist es dem Label gelungen, im Laufe der Jahre Millionen von CDs in dieser Kategorie zu verkaufen. Alles begann mit dem berühmtesten Werk dieses Genres, Chen und Hes *The Butterfly Lovers*, das unter Mitwirkung von Takako Nishizaki als Solistin und dem Orchester ihrer Heimatstadt, dem Nagoya Philharmonic Orchestra, eingespielt wurde. Im Laufe der Jahre hat Nishizaki weitere sieben Versionen des Stücks in Japan, der Slowakei und China eingespielt (die sowohl auf audiophilen Formaten und auf Video als auch auf CD veröffentlicht wurden). Unterstützt durch ihre ständigen Tourneen und Auftritte in ganz China, beliefen sich die Verkaufszahlen schließlich auf mehrere Millionen. Aber auch andere Aufnahmen waren kommerzielle Erfolge, etwa *Master of Chinese Percussion* mit Yim Hok-Man, *Three Wishes of the Rose – Everlasting Chinese Love Songs*, Dings *Long March Symphony*, Xians Kantate *Der Gelbe Fluss* mit weiteren Chorwerken (die sich insgesamt 30.000 Mal verkaufte) und Rens *Colourful Clouds* mit weiteren beliebten chinesischen Orchesterwerken. Außerdem erwarb Heymann von China Records die Lizenzen einer langen Reihe von Aufnahmen, die in der Folge erstmals auch international erhältlich waren.

Marco Polo Classics

Marco Polo Classics bildet den Kern des Labels. Die rund 800 Titel stellen das vielleicht eigenwilligste Repertoire eines unabhängigen Klassik-Katalogs überhaupt dar. Den Anfang machte eine kluge Auswahl vergessener Ouvertüren und Märsche des großen Richard Wagner, etwa *Polonia*, *Rule Britannia* und andere, die noch nie zuvor aufgenommen worden waren. Eingespielt wurden sie vom Hong Kong Philharmonic Orchestra. Dieser für Heymann typische, clevere Marketingschachzug zeigte von Anfang an, dass er die ernste Absicht verfolgte, vergessene, würdige Musik auf LP herauszubringen (und kurze Zeit später auf CD). Eine der nächsten Veröffentlichungen war Respighis *Concerto gregoriano*, eine weitere Weltpremiere und für viele Sammler eine sehr befriedigende Entdeckung. Je weiter sich der Katalog entwickelte, desto mehr Einzelkategorien entstanden, etwa Orchester-, Kammer- und Instrumentalmusik oder Opern. Im Laufe der Jahre kamen einige außergewöhnliche Projekte hinzu, die dem Label mehr Konturen verliehen. Dazu gehören auch die komplette Musik der Familie Strauß – ein atemberaubendes Unterfangen, das kurz vor der Vollendung steht – oder die *Nationalhymnen der Welt*, eine unübertroffene und stets aktualisierte Sammlung, die ein wahrer Segen für Sportveranstaltungen in aller Welt ist, nicht zuletzt für die Olympischen Spiele.

Opern

Auch ungewöhnliche Opern aus dem frühen 19. Jahrhundert bis zur Mitte des 20. Jahrhunderts wurden regelmäßig von Marco Polo veröffentlicht. Dazu gehören auch die Weltpremieren von Webers *Peter Schmoll und seine Nachbarn*, Marschners Geisteroper *Hans Heiling* und Anton Rubinsteins *Der Dämon* aus dem 19. Jahrhundert. Aus dem 20. Jahrhundert sind Franz Schrekers *Der ferne Klang* und *Die Gezeichneten* sowie nicht weniger als zehn Opern von Richard Wagners Sohn Siegfried (darunter auch *Der Bärenhäuter* und *Schwarzschwanenreich*) vertreten. Außerdem sind Szymanowskis *König Roger*,

Granados' dreiaktige *María del Carmen*, Meyerbeers *L'Étoile du Nord*, Respighis *Lucrezia*, Pfitzners *Das Herz* und sogar eine zeitgenössische italienische Oper, *Divara – Wasser und Blut* von Azio Corghi zu finden.

Orchestermusik

Das erste Kabinettstück des Labels – sowohl hinsichtlich ihres Umfangs als auch ihres musikalischen Inhalts – war ohne Zweifel die Weltpremiere von Havergal Brians 1. Sinfonie, die *Gotische*. Man könnte durchaus sagen, dass hier, unter den Orchesterwerken, das Herzstück des Labels Marco Polo ist: eine unglaubliche Fülle bekannter und unbekannter Entdeckungen. Hier sind zahlreiche Musikstücke vertrauter Komponisten zu finden: Adam (zwei weitere Ballette des Komponisten von *Giselle*), Arenski (*Ägyptische Nächte*), Balakirew, Bax, Bloch, Cui, Donizetti, Dvořák (Opernouvertüren), Glasunow (eine vierteilige Reihe mit Orchesterwerken, die vor 16 weiteren Teilen erschienen, die später bei Naxos veröffentlicht wurden), Goldmark (2. Sinfonie und *Penthesilea*), Hummel, Humperdinck, d'Indy, Janáček (*Die Donau* und *Volkstänze aus Mähren*), Korngold (Violinkonzert, gepaart mit Goldmarks Stück), Respighi (zahlreiche Werke, darunter auch die *Sinfonia drammatica*), Rimski-Korsakow, Salieri (Ouvertüren), Smetana, Spohr, Stanford, Szymanowski und Zemlinsky.

Noch beeindruckender ist, in gewisser Weise, die Sammlung selten gehörter oder nahezu unbekannter Komponisten, die Heymanns Ansicht nach dennoch Werke schrieben, die einen Platz auf einer CD und in den heutigen digitalen Archiven verdienen. Die folgende kurze Auflistung kratzt dabei kaum an der Oberfläche: Bantock, Berners, Boulanger (Lili und Nadia), Braga Santos (sechs CDs dieses bedeutenden portugiesischen Komponisten), Brian (acht CDs mit Sinfonien und weiterer Orchestermusik), Čiurlionis (*Das Meer* und weitere stimmungsvoll vertonte Gedichte), Devreese, Emmanuel, Enescu (seine kompletten Orchesterwerke, lizenziert aus Rumänien), Furtwängler (vier CDs mit Sinfonien und die Klavierkonzerte), Garofalo, Glière (vier CDs einschließlich der drei Sinfonien), Gretschaninow, Hill (drei CDs mit Sinfonien), Ippolitow-Iwanow (drei CDs mit Orchesterwerken), Ivanovs (vier Sinfonien, zwei weitere wurden später bei Naxos veröffentlicht), Koechlin (einschließlich des herausragenden *Le Livre de la Jungle*), Lachner (vier CDs mit Orchesterwerken), Lajtha (alle neun Sinfonien des ungarischen Komponisten), Ljadow, Ljatoschynskyj (fünf Sinfonien), Malipiero (alle Sinfonien), Markewitsch (sieben CDs mit der kompletten Orchestermusik), Moyzes (alle zwölf Sinfonien), Mjaskowski (bisher vier CDs mit Sinfonien, aber Heymann hofft, eines Tages das komplette Werk zu veröffentlichen), Pfitzner (Klavierkonzert), Poot, Raff (alle elf Sinfonien), Rubinstein (die größte erhältliche Sammlung seiner Orchesterwerke, einschließlich fünf Klavierkonzerten), Schmitt (einschließlich *La Tragédie de Salomé*), Spohr (die kompletten Sinfonien), Tanejew, Tournemire und Vītols.

Unterhaltungsmusik und das Strauß-Projekt

Trotz seiner scheinbar ernsten Ausrichtung war Marco Polo stets offen für Unterhaltungsmusik. Die britische Reihe mit Unterhaltungsmusik hat sich als äußerst populär erwiesen, auch wenn sie nur aus 24 Titeln besteht: Ketèlbeys *In a Monastery Garden*, Coates' Marsch *The Dam Busters*, Coleridge-Taylors *Hiawatha* und Tomlinsons *First Suite of English Folk-Dances* verkauften sich allesamt sehr gut. Binges *The Watermill*, aufgenommen mit *Scottish Rhapsody, Elizabethan Serenade* und anderen Werken, erwies sich ebenfalls als Überraschungserfolg. Insgesamt verkauften sich alle 24 Titel der Reihe sehr beachtliche 130.000 Mal.

Im Herzen der Reihe mit Unterhaltungsmusik finden sich die ersten elf CDs mit Walzern, Polkas, Mazurkas und weiterer Musik des dänischen Komponisten Christian Lumbye, fast 39 Jahre lang Chefdirigent und Komponist im Tivoli in Kopenhagen. Auch wenn dies bereits Mitte des 19. Jahrhunderts war, ist seine Musik in Skandinavien noch immer sehr populär. Seine kompletten Orchesterwerke verlangten selbst den eingefleischten Marco-Polo-Fans einiges ab, aber Heymann war und ist von dem Projekt überzeugt. Er hofft noch immer, es eines Tages vervollständigen zu können: Noch stehen mindestens 30 weitere Teile aus.

Dies ist jedoch nichts im Vergleich zu seinem Strauß-Projekt, das – zumindest in logistischer Hinsicht – schlichtweg immens ist. Jeder andere hätte es angesichts der nackten Zahlen, der Erfolgsaussichten und des schieren Ausmaßes vermutlich als waghalsig bezeichnet. Zuallererst verlangte es nach minutiöser Recherche: Viele der Noten und Einzelteile mussten für die Aufnahmesessions von Hand kopiert werden, da keine veröffentlichten Partituren existierten. Die komplette Johann Strauß (Sohn) Edition umfasst 52 CDs. Das Projekt begann 1991 und wurde 1996 abgeschlossen. Die Johann Strauß (Vater) Edition bringt es bislang auf 17 CDs, wird am Ende aber aus insgesamt 24 Teilen bestehen. Die komplette Josef Strauß Edition ist auf 26 CDs erhältlich. Es ist ein unglaubliches Projekt, das aller Wahrscheinlichkeit nach nicht mehr wiederholt werden wird und das so wohl nur vom Eigentümer dieses Labels erdacht, geplant, umgesetzt, produziert und veröffentlicht werden konnte.

Kammermusik

Das 19. Jahrhundert brachte eine immense Vielzahl und Vielfalt an Kammermusik hervor, von der ein Großteil heute in Vergessenheit geraten ist. Marco Polo schöpft bei diesen Wiederentdeckungen, die heute immer mehr in Mode kommen – was Anfang der 1980er, als Heymann begann, noch keineswegs der Fall war – aus einem reichen musikalischen Schatz aus aller Welt. Sie umfassen beispielsweise die Streichquartette des Slowaken Ján Bella, das Klavierkonzert und das Klaviertrio des französischen Komponisten Léon Boëllmann, das Pianotrio in E sowie das Streichquartett in D des Spaniers Tomás Bretón oder die wunderbaren, sehr französischen Salon-Pianotrios von Félicien David. Darüber hinaus sind eine praktische Sammlung englischer Cellosonaten von Ireland, Moeran und Rubbra sowie drei CDs mit diverser Kammermusik mit Klavier des Amerikaners Arthur Foote erschienen, die an Schumann und Dvořák erinnern. Einige Klaviertrios und Streichquartette zeigen, dass Alexander Gretschaninows Wurzeln in der russischen romantischen Tradition liegen, obwohl er 1956 in New York starb. Die beiden CDs mit den Violinsonaten von Camargo Guarnieri, geboren in São Paulo, ähneln in ihrem Charakter der Musik von Braga Santos und Villa-Lobos, während d'Indys Klavier- und Streichquartette das Publikum auf eine musikalische Reise nach Frankreich mitnehmen. Sämtliche Flötenwerke des amerikanischen Komponisten Robert Muczynski aus dem 20. Jahrhundert passen wunderbar auf eine CD, auf der der Künstler selbst am Klavier zu hören ist. Wenn man den Katalog ganz genau studiert, entdeckt man, dass darauf auch der Altmeister der französischen Flötisten, Jean-Pierre Rampal, Flötenduette mit Alexandra Hawley spielt. Nicht viele Menschen wissen, dass auch Rampal ein Marco-Polo-Künstler ist. Der englische Komponist Buxton Orr wiederum bediente sich der Zwölftontechnik. Es ist daher durchaus erstaunlich, dass es seine Pianotrios Nr. 1-3 überhaupt zu Marco Polo geschafft haben, aber sie sind zweifellos gut komponierte Werke. Darüber hinaus sind zwei Klaviertrios von Christian Sinding zu finden, der Griegs Nachfolgergeneration angehört. Ildebrando Pizzetti war Mitglied der italienischen Künstlergruppe *Novecento*, die Heymann sehr am Herzen liegt. Marco Polo veröffentlichte zwei CDs mit seinen Werken, darunter auch zwei Streichquartette. Darüber hinaus war Heymann der Ansicht, Franz Schmidt sei von anderen Plattenfirmen bislang zu Unrecht vernachlässigt worden, und heute sind im Katalog des Labels zwei seiner wichtigsten Klarinettenwerke enthalten: die Klarinettenquintette in A-Dur und B-Dur wurden von ungarischen Musikern eingespielt.

Vielleicht den umfangreichsten Einzeleintrag eines Komponisten mit Kammermusikwerken bei Marco Polo kann Louis Spohr mit der nach wie vor wachsenden Liste seiner kompletten Streichquartette verbuchen, die bislang 14 Teile umfasst (insgesamt existieren 36 Quartette). Sie zeigen die Vielseitigkeit dieses Komponisten, der nur allzu oft in die zweite oder dritte Reihe geschoben wird. Marco Polo veröffentlichte außerdem Spohrs sieben ebenso eindrucksvolle Streichquintette.

Klaviermusik

Marco Polos alphabetische Auflistung der Klavierwerke beginnt angemessenerweise mit Charles-Valentin Alkan, dem vernachlässigten Giganten der französischen Klaviermusik. Marco Polo räumte ihm den gebührenden Platz ein: Fünf CDs, eingespielt von Bernard Ringeissen und Laurent Martin, decken seine wichtigsten Werke ab.

»B« steht für Bach – ein unerwarteter Eintrag, wenn man das Ziel des Labels bedenkt, aber hier ist eine CD mit Busonis Transkriptionen zu finden, gespielt von Sequeira Costa. Auch Bartók verfasste Transkriptionen einiger Werke aus dem 17. und 18. Jahrhundert (die jedoch weniger bekannt sind als Busonis); die ungarische Pianistin Ilona Prunyi präsentiert eine Auswahl. Dasselbe Thema setzt Daniel Blumenthal fort, der Hans von Bülows Transkriptionen von Gluck, Wagner und anderen spielt, während die Operntranskriptionen des ungarischen Komponisten Ferenc Erkel von István Kassai gespielt werden. Eine für Marco Polo typischere Entdeckung ist der litauische Komponist Mikolajus Konstantinas Čiurlionis, der ansprechende Miniaturen für Klavier schrieb, die von Múza Rubackyté auf zwei CDs präsentiert werden und ein paar echte Schätze enthalten – ebenso wie die CDs mit Klaviersonaten und anderen Werken von Robert Fuchs, der sogar von Brahms selbst gelobt wurde.

Der spanische Pianist Jordi Masó hat zwei CDs mit Klavierwerken des spanischen Komponisten Joaquim Homs aus dem 20. Jahrhundert sowie die komplette Klaviermusik von Homs' Lehrer Roberto Gerhard eingespielt, die praktischerweise auf eine CD passt. Gerhards argentinischer Zeitgenosse Luis Gianneo ist mit drei CDs mit Klaviermusik vertreten, die von seiner Suite von 1933 über die *3. Sonate* bis hin zu den *Sechs Bagatellen* aus den 1950ern reicht. Außerdem gibt es zwei CDs eines weiteren Argentiniers, Alberto Williams, dessen Werke von Valentin Surif eingespielt wurden.

Darüber hinaus sind zahlreiche große Sammlungen zu finden. Tatjana Franova spielt die komplette Klaviermusik von Alexander Glasunow auf vier CDs und Konstantin Scherbakov präsentiert die ersten zehn

Teile der Klaviermusik von Leopold Godowsky, die eine unglaubliche Herausforderung für jeden Pianisten bedeutet. Die Werke eines weiteren, älteren Klaviervirtuosen, Sigismond Thalberg, sind auf fünf CDs erschienen und umfassen auch seine Variationen von Rossini-Opern, die Francesco Nicolosi gekonnt darbietet. Die Klaviermusik von Paul Hindemith wurde auf vier CDs vom österreichischen Pianisten Hans Petermandl aufgenommen, der mit dessen Stil besonders vertraut ist, da er bereits Hindemiths Klavierkonzert unter der Leitung des Komponisten selbst spielte.

Auch englische Musik ist vertreten. Die Pianistin Rosemary Tuck nahm zwei CDs mit der Musik von Albert Ketèlbey auf, während Alan Cuckston die Musik von Edward German einspielte. Edward MacDowell war schon zu Lebzeiten in seinem Heimatland (USA) recht bekannt, und seine Klaviermusik, gespielt von James Barbagallo, füllt vier CDs (eine fünfte CD mit seinen Liedern ist ebenfalls erschienen).

Darüber hinaus finden sich bei Marco Polo auch ein paar der üblichen Verdächtigen: Unter anderem ist das Klavierrepertoire von Korngold, Lajtha, Ljadow, Ljapunow, Mjaskowski und Rubinstein erhältlich.

Filmmusik bei Marco Polo

In den ersten 50 Jahren des Films schrieben angesehene Komponisten grandiose Filmmusik. Während dieser Zeit existierte die snobistische Trennung zwischen Filmmusik und »seriöser« Musik noch nicht: Komponisten schrieben einfach die bei ihnen in Auftrag gegebenen Werke, genauso, wie sie es schon immer getan hatten. Neue Digitalaufnahmen einiger der phänomenalen Filmmusiken von Honegger, Vaughan Williams, Herrmann, Chatschaturjan, Bliss, Auric, Waxman, Steiner, Schostakowitsch, Tjomkin und anderen schienen daher eine gute Idee zu sein – besonders, da sie mit den kunstvollen Postern der Originalfilme auf dem Cover verkauft werden würden.

Innerhalb eines Zeitraums von zehn Jahren wurden 46 Titel aufgenommen, viele mit dem Moskauer Symphonieorchester unter der Leitung von William Stromberg in den Mosfilm Studios in Moskau – oft wurde nicht nur ein großes Orchester, sondern auch ein Saal benötigt, in dem Soundeffekte souverän aufgezeichnet werden konnten. Es waren umfangreiche Recherchen und Vorbereitungen nötig, um die Filmmusiken aufzutreiben, und in einigen Fällen musste die Musik erst einer detaillierten Restauration (teilweise sogar einer kompletten Rekonstruktion) unterzogen werden, bevor das Orchester ins Studio gehen konnte. Das Projekt war eine Herzensangelegenheit für den Komponisten John Morgan.

Die Reihe begann 1990 mit Arthur Honeggers Musik zu *Les Misérables* und *Napoléon*, gespielt vom Slowakischen Rundfunk-Symphonieorchester unter der Leitung von Adriano. Mitte der 1990er wurde das Projekt jedoch ambitionierter und setzte sich zum Ziel, nur noch mit sorgfältigen Restaurationen zu arbeiten. Diese waren jedoch enorm kosten- und zeitintensiv. Davon abgesehen, wurden die Filme gezielt aufgrund ihrer Musik ausgewählt und nicht, weil sie große Kassenschlager gewesen waren. Korngolds *Captain Blood* ist gemeinsam mit Steiners *Die drei Musketiere* auf einer CD erschienen: Die Werke wurden von den Brandenburger Symphonikern unter der Leitung von Richard Kaufman eingespielt und verkauften sich über 10.000 Mal. Steiners *King Kong* wurde 1996 aufgenommen und 1997 veröffentlicht und erwies sich mit ähnlichen Verkaufszahlen als weiterer Bestseller.

Diese Verkaufszahlen waren jedoch leider die Ausnahme. Trotz der immensen Anstrengungen bei der Produktion dieser Aufnahmen hinterließen sie keinen bleibenden Eindruck bei den CD-Käufern und die letzte CD mit Filmmusik – Korngolds Musik zu *Robin Hood, König der Vagabunden* unter der Leitung von Stromberg – wurde 2003 bei Marco Polo veröffentlicht.

Yellow River und Middle Kingdom

Diese beiden chinesischen Labels wurden in den 1990ern gegründet, da Heymann sich mit seinem Naxos-Label nicht nur nach Westen, sondern auch nach Osten richten wollte. Da Naxos seinen Sitz in Hongkong hatte, das in naher Zukunft wieder an China zurückgegeben werden würde, gehörte es sowohl zur musikalischen als auch zur kommerziellen Strategie des Unternehmens, spezielle Aufnahmen für den heimischen Markt zu bieten.

Yellow River startete 1992 mit Orchesterwerken, die oft auf traditionellen Themen und Melodien basierten. Dazu gehörten auch *The Legend of Shadi-er* und andere Stücke, präsentiert vom Symphonieorchester des Konservatoriums Shanghai, sowie *Wild Geese on the Sandbank* mit Solostücken für die traditionellen chinesischen Lauten Sanxian und Ruan. Ebenfalls zu finden sind Kompositionen, die während der kommunistischen Ära geschrieben wurden (etwa das Ballett *Das rote Frauenbataillon*, das die Geschichte eines persönlichen Opfers für den politischen Erfolg erzählt), sowie moderne, revolutionäre Peking-Opern, beispielsweise *Mit taktischem Geschick den Tigerberg erobern*. Insgesamt existieren rund 60 Aufnahmen, die allesamt in Festlandchina produziert wurden.

Die Konzeption von Middle Kingdom glich eher der eines Weltmusik-Labels: 13 Aufnahmen präsentierten klassische chinesische Instrumente (darunter auch die Pipa, die Erhu, die Suona und die Dizi), die von einigen der besten chinesischen Musiker gespielt wurden.

Nachklang

Im Laufe des ersten Jahrzehnts des 21. Jahrhunderts weitete das Naxos-Label sein Angebot des speziellen Repertoires weiter aus, nicht nur durch die Neuveröffentlichung alter Marco-Polo-Titel zu günstigeren Preisen, sondern auch durch die Produktion einer breiten Palette an Musik, darunter auch zahlreiche erstmalige Aufnahmen als Weltpremieren. Durch die Kräfte des Marktes veränderte sich das »Label der Entdeckungen« von einem Vollpreis- zu einem Label mit mittleren Preisen und die Rolle von Marco Polo musste neu definiert werden. Heute ist es hauptsächlich das Label für die Unterhaltungsmusik von Komponisten wie der Familie Strauß oder Lumbye. Nach 30 Jahren kann es auf eine lange Reise zurückblicken.

vierzehn

Der Verlag

Naxos AudioBooks

Naxos AudioBooks wurde im September 1994 von Klaus Heymann und Nicolas Soames unter der Überschrift »Klassische Literatur mit klassischer Musik auf Kassette und CD« gegründet. Es war die Zeit, in der Buchverlage sich immer mehr auch auf das Hörbuch-Terrain begaben, ein Gebiet, das zuvor von klassischen Plattenfirmen dominiert worden war, die ihre Hörbücher auf LP und Kassette in Plattenläden anboten. Heymann war von jeher sehr interessiert daran, auch mit Naxos immer wieder neues Terrain zu beschreiben und seinen reichen Schatz an Musikaufnahmen auf immer neue Weise zu vermarkten.

Naxos AudioBooks behauptete sich von Anfang an gut, indem es nicht nur Aufnahmen beliebter Klassiker (in gekürzten Versionen) veröffentlichte, sondern auch gehobene Literatur. Hinter der Auswahl dieser Literatur stand die altbewährte Naxos-Absicht: die Klassiker für ein möglichst vielfältiges Publikum so zugänglich wie möglich zu gestalten. Zu den ersten Aufnahmen gehörten Miltons *Paradise Lost* in einer drei CDs umfassenden gekürzten Ausgabe, die von Anton Lesser gelesen wurde, einem der führenden Theaterschauspieler Englands (ein Jahrzehnt später las er auch die ungekürzte Fassung ein, die zu den besten Aufnahmen des Labels zählt); *Arthurs Tod* von Sir Thomas Malory, gelesen von Philip Madoc; Shelleys *Frankenstein*, gelesen von drei verschiedenen Schauspielern; *Orlando* von Virginia Woolf, gelesen von der jungen Schauspielerin Laura Paton und Dostojewskis *Schuld und Sühne*, gelesen von Michael Sheen, der inzwischen in Hollywood Karriere gemacht hat, damals aber direkt von der Schauspielschule kam.

Drei weitere Aufnahmen gaben in diesen ersten Monaten die Richtung vor. Als Erstes erschien eine bemerkenswerte Ausgabe mit vier CDs, die eine gekürzte Fassung von James Joyces *Ulysses* enthielt, die von den irischen Schauspielern Jim Norton und Marcella Riordan eingelesen wurde. Sie gewann einen der wichtigsten Hörbuchpreise und unterstrich so bereits im ersten Jahr des Labels, dass es durchaus in der Lage war, außergewöhnliche Produktionen anzubieten und auch die schwierigsten Werke der Weltliteratur einem großen Publikum zugänglich zu machen.

Die zweite und dritte Schlüsselaufnahme machte die Absicht von Naxos AudioBooks deutlich, auch klassische Literatur für Kinder anzubieten, und beide haben sich im Laufe der Jahre als Bestseller erwiesen. *Grimms Märchen*, gelesen von der zauberhaften Laura Paton, wurden mit klassischer Musik untermalt und führten auch kleine Kinder so an wunderschöne Stücke des populären Repertoires heran. Dieser Aufnahme folgte der erste neu in Auftrag gegebene Text des Labels: Der Lehrer und Autor Edward Ferrie erzählt in *Tales from the Greek Legends* einige der beliebtesten griechischen Sagen neu und durch die allgemein gelobte, mitreißende Lesung des jungen Schauspielers Benjamin Soames wurde eine neue Generation an Perseus und das Ungeheuer Medusa, Theseus und den Minotaur und viele andere herangeführt.

Innerhalb eines Jahres nahm Naxos AudioBooks allmählich Form an und konnte schon bald rund 50 in verschiedene Kategorien unterteilte Aufnahmen präsentieren. *Classic Fiction* umfasst einen vielseitigen Katalog, der auch Hugos *Der Glöckner von Notre Dame*, Dickens' *Große Erwartungen*, Melvilles *Moby Dick*, Vernes *20.000 Meilen unter dem Meer* sowie Wilkie Collins *Der Mondstein* enthält. Auch der Bereich der Lyrik wuchs stetig und bot Homers *Ilias* und *Odyssee* (gelesen von Anton Lesser) sowie verschiedene Sammlungen an, etwa *Popular Poetry, Popular Verse* und *Great Poets of the Romantic Age* (gelesen von Michael Sheen). Zu den frühen Veröffentlichungen gehörte außerdem *Kontinent der Wale*, das bewegende, »grüne« Wal-Gedicht von Heathcote Williams (vom Autor selbst gelesen, wobei die Musik auch bei dieser Aufnahme wieder eine fantasievolle Nebenrolle spielt). Auch die Reihe *Classic Non-Fiction* hatte von Anfang an ihren Platz (mit T. E. Lawrences *Die sieben Säulen der Weisheit* und *Composers' Letters*). Mit *Great Speeches and Soliloquies of Shakespeare*, einer Sammlung, an der unter anderem ein junger Simon Russell Beale mitwirkte, der heute zu den führenden klassischen und modernen Bühnenschauspielern Großbritanniens zählt, ging das Label wiederum den ersten Schritt in Richtung Schauspiel.

Je weiter die Monate und Jahre voranschritten, desto häufiger heimste Naxos AudioBooks Preise auf beiden Seiten des Atlantiks ein, erweiterte seine Bandbreite und pendelte sich allmählich bei 50 Neuveröffentlichungen pro Jahr ein. Der richtige Vorleser ist für den Erfolg eines Hörbuches ganz entscheidend, da sowohl die Stimme als auch die Interpretation der Lesung eine Aufnahme vollkommen verändern kann. Die Käufer treffen ihre Wahl ebenso häufig anhand eines Vorlesers wie anhand eines Autors oder Genres. Einige Schauspieler wurden schon bald sehr stark mit Naxos AudioBooks identifiziert. Bereits 1995 las Juliet Stevenson Virginia Woolfs *Zum Leuchtturm* in einer gekürzten Fassung ein und ihre bemerkenswert nuancierte, klassische Lesung besitzt einen sofortigen Wiedererkennungswert. Später las sie darüber hinaus den Großteil der Werke Jane Austens in gekürzten und ungekürzten Fassungen ein, die dank ihrer Darbietung zu den international am meisten geschätzten Aufnahmen zählen. Neville Jason, ein Vorleser mit besonders kultivierter Ausstrahlung, hinterließ mit zwei immensen Projekten einen ähnlich starken Eindruck. Das erste war Prousts *Auf der Suche nach der verlorenen Zeit*: Es begann mit Jasons eigener gekürzter Fassung des ersten Teils, *In Swanns Welt*, auf den *Eine Liebe von Swann* folgte, bevor es schließlich mit dem letzten Teil *Die wiedergefundene Zeit* (in seiner eigenen Übersetzung) endete. Selbst in gekürzter Form umfasst das Werk 39 CDs und wie auch im Falle von *Ulysses* diente es vielen Menschen als Einstieg in einen der wichtigsten Romane des 20. Jahrhunderts. Anschließend begab Jason sich für weitere 25 Tage ins Studio, um Tolstois *Krieg und Frieden* in der ungekürzten Fassung einzulesen. Es wurde auf 51 CDs veröffentlicht und zeigt eine wirklich bemerkenswerte Leseleistung, bei der die unzähligen Einzelfiguren stets klar voneinander zu unterscheiden sind.

Ein weiterer Vorleser, der eng mit Naxos AudioBooks in Verbindung gebracht wird, ist David Timson. Als er 1998 eine drei CDs umfassende Ausgabe mit Sherlock-Holmes-Geschichten einlas, darunter auch *Das gesprenkelte Band*, hatten weder er noch Naxos AudioBooks die geringste Ahnung, dass später noch das gesamte Werk folgen sollte. Zehn Jahre später ging er erneut ins Studio, um die letzten Geschichten aus *Sherlock Holmes' Buch der Fälle* einzulesen. Mit 60 CDs ist das Box-Set *The Complete Sherlock Holmes* noch umfangreicher als *Krieg und Frieden*, und es erfreut die Zuhörer mit einer außergewöhnlichen, verblüffenden Vielfalt an Charakteren und Akzenten, dargeboten von einem der vielseitigsten Vorleser, die England je hervorgebracht hat. In bewährter Naxos-AudioBooks-Tradition enthält es außerdem ein Booklet mit Timsons erläuternden Kommentaren zu jeder Geschichte und bietet sogar einen von Timson selbst verfassten neuen Sherlock-Holmes-Fall, den er mit entsprechender Begeisterung liest.

Neben diesen Aufnahmen waren sowohl Jason als auch Timson mit der Regie einer Reihe ungekürzter Shakespeare-Stücke für das Label beschäftigt. Jason führte bei der ersten Aufnahme, *Hamlet* (mit Anton Lesser in der Titelrolle), Regie, später dann auch bei *Ein Sommernachtstraum*. Timson war für *Was ihr wollt, Othello, Heinrich V.* und *Richard III.* verantwortlich. Die Produktion von *Richard III.*, mit Kenneth Branagh in der Titelrolle, war insofern ungewöhnlich, als zwischen Branaghs erstem Vorschlag zu der Aufnahme am Telefon und dem ersten Tag im Studio nur etwas mehr als eine Woche verging. Branagh hatte schon lange den Wunsch, an dem Stück zu arbeiten, bisher jedoch Schwierigkeiten gehabt, in seinem Terminplan zwischen mehreren großen Filmen Zeit dafür zu finden. Man einigte sich schnell auf die restliche Besetzung, die ebenso rasch zusammengetrommelt wurde, und die Aufnahmen fanden an drei Tagen statt, wobei die Luft im Studio vor Begeisterung förmlich knisterte.

Der alleinige Bestseller unter den Shakespeare-Stücken ist *Romeo und Julia* mit Kate Beckinsale und Michael Sheen, der nicht nur den Romeo spielte, sondern auch Regie führte. Die außergewöhnliche irische Schauspielerin Fiona Shaw führte wiederum bei *Macbeth* Regie und übernahm auch die Rolle der Lady Macbeth. Sowohl Shaw als auch Sheen, der zum ersten Mal bei einer Hörbuch-Produktion Regie geführt hatte, schufen äußerst lebendige Shakespeare-Darbietungen.

Der nächste große Schritt in der Shakespeare-Reihe erfolgte durch den renommierten BBC-Produzenten John Tydeman, der Paul Scofield als *König Lear* ins Studio von Naxos AudioBooks brachte. Scofield, der in jenem Jahr seinen 80. Geburtstag feierte, führte eine der eindrucksvollsten Besetzungen an, die je für eine Hörbuch-Produktion versammelt worden war, darunter auch Emilia Fos als Cordelia, Kenneth Branagh als Hofnarr und Alec McCowen als Graf von Gloucester. Tydeman führte außerdem Regie bei *Der Sturm* mit Ian McKellen als Prospero (direkt nach dessen Triumph als Gandalf). Schließlich brachte eine Koproduktion zwischen dem Donmar Warehouse (einem der führenden Theater Londons), BBC Radio 3 und Naxos AudioBooks die preisgekrönte Bühnenproduktion von *Othello* auf CD, mit Chiwetel Ejiofor als Othello und Ewan McGregor als Jago; Regie führte Michael Grandage vom Donmar Warehouse.

Darüber hinaus finden sich noch weitere klassische Dramen, darunter auch Samuel Becketts *Warten auf Godot* und Ibsens *Hedda Gabler* (mit zwei unvergesslichen Darbietungen von Juliet Stevenson in der Titelrolle und Michael Maloney als George Tesman). 2011 wurde außerdem eine grandiose, vierstündige Produktion von Goethes *Faust* mit Samuel West in der Titelrolle und Toby Jones als Mephisto veröffentlicht. Diese dramatisierte Fassung unter der Regie von David Timson wurde zunächst auf BBC Radio 3 ausgestrahlt.

Naxos AudioBooks beging den 100. Jahrestag des 16. Juni 1904, einer der meistgefeierten Tage in der Literatur (der Tag, an dem Leopold Bloom durch Dublin spazierte), mit einer ungekürzten Aufnahme von

Ulysses, gelesen von Jim Norton und Marcella Riordan. Die Produktion unter der Regie von Naxos' erklärtem Joyce-Experten Roger Marsh umfasst 22 CDs und wurde mit ausführlichen, hilfreichen Anmerkungen, einem von Marsh verfassten Begleitheft sowie einer CD-ROM mit Zusatzmaterial veröffentlicht – sie wurde von der Kritik als eines der besten Hörbücher aller Zeiten gefeiert. Zu ihr gesellt sich mit *Finnegans Wake* ein weiteres Werk von Joyce, allerdings in gekürzter Fassung.

Marsh führte außerdem bei einem weiteren Meilenstein des Labels Regie: der ungekürzten Aufnahme von Dantes *Göttliche Komödie* in einer brillanten Neuübersetzung der Verse von Benedict Flynn, gelesen vom außergewöhnlichen Dramatiker, Schauspieler und Schriftsteller Heathcote Williams. Flynn übersetzte für Naxos AudioBooks außerdem *Beowulf* und *Sir Gawain und der grüne Ritter*, schrieb eine moderne Adaption von *König Artus und die Ritter der Tafelrunde* (es ist der einzige Bestseller der Reihe *Junior Classics* und wurde von Sean Bean gelesen) und verfasste Neuerzählungen von Homer, *Robin Hood* und irischen Sagen.

Naxos AudioBooks war das erste Hörbuch-Label, das all seine Titel auf CD anbot, und es blieb bei technologischen Neuerungen auch später stets an vorderster Front. Es war beispielsweise das erste Unternehmen, das auf naxosaudiobooks.com eine eigene Download-Seite anbot, die vom freien IT-Berater Arthur Ka Wai Jenkins entworfen wurde und betreut wird. Sie stellt sämtliche Titel im Rahmen der Naxos Spoken Word Library als Streaming zur Verfügung und ist eine einzigartige Plattform, die es den Kunden erlaubt, die verschiedenen Titel anzuhören und nebenbei die entsprechenden Texte online mitzulesen.

Darüber hinaus erweiterte das Label sein Sortiment, indem es religiöse Schlüsselwerke – vom Christentum bis zum Buddhismus – sowie philosophische Texte (Platon, Lukrez, Descartes, Nietzsche und andere) veröffentlichte. Außerdem erarbeitete es sich einen hervorragenden Ruf für seine außergewöhnlichen Originalwerke, die Erwachsene und Kinder an klassische Musik heranführen. Auf *The History of Classical Music* und *The History of Opera*, geschrieben von Richard Fawkes, folgte *The Story of Classical Music and Famous Composers*, verfasst von Darren

Henley und gelesen von der Naxos-Dirigentin Marin Alsop sowie Aled Jones. Die Reihe setzte sich mit weiteren »History«-Ablegern sehr produktiv fort: Es folgten *Theatre* (geschrieben von David Timson), *Literature* (Perry Keenlyside) und *Poetry*, *Science* und *Western Art* aus der Feder des vielseitigen Peter Whitfield.

Nebenbei hat Naxos AudioBooks auch stets seine Belletristik-Sparte ausgebaut. In den ersten Jahren des 21. Jahrhunderts führte die steigende Beliebtheit der Downloads und MP3-Player zu einer wachsenden Nachfrage ungekürzter Fassungen: 30-stündige Aufnahmen sind als MP3-Format entschieden praktischer zu handhaben als auf CD. Viele Klassiker wurden daher in ungekürzten Versionen neu aufgenommen, und das Label hat es sich zum Ziel gesetzt, alle wichtigen Dickens-Romane zum 200. Geburtstag des Schriftstellers im Jahr 2012 in seinem Katalog zu versammeln – meist gelesen von Anton Lesser, Sean Barrett und David Timson.

Naxos AudioBooks bietet inzwischen über 700 Titel an, und der Katalog wächst weiter. Das Label gehört zu den weltweiten Marktführern im Bereich der klassischen Literatur, aber darüber hinaus ist es ihm gelungen, auch im zeitgenössischen Bereich einen bleibenden Eindruck zu hinterlassen, besonders mit den Werken des japanischen Schriftstellers Haruki Murakami (zu seinen wichtigsten, bei Naxos AudioBooks erschienenen Romanen gehören auch *Naokos Lächeln* und *Kafka am Strand*) und des amerikanischen Pulitzer-Preis-Gewinners Cormac McCarthy (Rupert Degas' stimmungsvolle Lesung von *Die Straße* und die hochgelobte, überzeugend texanische Darbietung von *Kein Land für alte Männer* des irischen Schauspielers Sean Barrett stechen besonders hervor). Davon abgesehen ist es möglicherweise das einzige Label der Welt, das kontinuierlich neue Texte speziell für die Hörbuchsparte in Auftrag gibt. Zum Sortiment gehören auch ein Sachbuch-Programm für Kinder und Jugendliche, das von *Great Explorers of the World* von David Angus über *Great Rulers of Ancient Rome* von Hugh Griffith bis hin zu *Stories from Shakespeare* von David Timson reicht, sowie neue Titel für Erwachsene (*A Guide to Wine*, *The History of the Olympics* und eine breite Auswahl an Einführungen in diverse Themen in der

Reihe *In a Nutshell*, beispielsweise *Napoleon, Cathedrals, Afghanistan* und *Confucius*).

Innerhalb von knapp zwei Jahrzehnten ist es Naxos AudioBooks gelungen, einen der eindrucksvollsten und umfassendsten Hörbuch-Kataloge der Welt aufzubauen und sich zu einem der innovativsten Labels auf diesem Gebiet zu entwickeln.

Naxos Hörbücher

Der deutsche Hörbuchmarkt ist nach dem englischsprachigen der zweitgrößte der Welt und 1998 gründete Klaus Heymann gemeinsam mit Sören Meyer-Eller ein deutsches Hörbuch-Label. Wie Naxos AudioBooks ging es mit der Absicht an den Start, klassische Literatur anzubieten, obwohl man von Anfang an beschloss, sich, wann immer möglich, auf ungekürzte Fassungen zu konzentrieren. Schiller, Hoffmann, Heine und Goethe standen ganz oben auf der Liste, gefolgt von Kleist, Grillparzer und Kafka. Der größte kommerzielle Erfolg stellte sich mit einer CD-Reihe des deutschen Künstlers und Geschichtenerzählers Lutz Görner ein, der durch Deutschland tourte und erfreuliche Verkaufszahlen für das Label erreichte. Naxos Hörbücher weitete sein Angebot später auch auf Übersetzungen aus, etwa Kinderbuchklassiker wie Lewis Carrolls *Alice im Wunderland*, Werke von Alexander Puschkin, Alphonse Daudet, Robert Louis Stevenson und Guy de Maupassant sowie Sir Arthur Conan Doyles *Der Hund von Baskerville*. Mittlerweile umfasst der Katalog 130 Titel.

Naxos Educational

Schon bevor Naxos das Licht der Welt erblickte, verfolgte Heymanns Engagement auf dem Gebiet der Klassikaufnahmen einen Bildungszweck: die Kassetten-Reihe *Budget Classics* Anfang der 1980er war darauf ausgerichtet, klassische Musik einem neuen Publikum näherzubringen, und die Kunden erhielten mit dem Kauf jeder Aufnahme der Reihe kostenlos ein umfangreiches, von Keith Anderson verfasstes Booklet mit einer Einführung in das Thema. Auch Naxos selbst richtete sich später teilweise an Erstkäufer klassischer Musik.

Es dauerte nach den ersten turbulenten Jahren des Labels nicht lange, bis die ersten dezidierten »Bildungsprojekte« erschienen. Sie nahmen zwar unterschiedliche Formen an, aber den fraglos größten Erfolg erzielten *The A–Z of Classical Music* und *The A–Z of Opera*: umfangreiche Editionen mit einer Doppel-CD und einem 250.000 Wörter umfassenden Beiheft, das die Komponisten in alphabetischer Reihenfolge auflistete, einmal mehr geschrieben und zusammengetragen von Anderson. Trotz des dicken Booklets (das in China gedruckt und den CDs in einer Hülle beigefügt wurde – ein schönes Paket mit geballtem Wissen) wurden sie weltweit zum normalen Naxos-Preis für eine Doppel-CD verkauft und zu Recht als absolutes Schnäppchen betrachtet. Selbst Buchläden verkauften die Aufnahmen im vorderen Bereich ihrer Verkaufsräume. Die Gewinnspanne war winzig – nur ein paar Cent – aber aus Heymanns Sicht hatte sich das Projekt dank seines Bildungswertes und der Erweiterung von Naxos' Profil ohne Zweifel gelohnt.

Einige ganz ähnliche Projekte führten kurz nach der Jahrtausendwende zur Gründung von Naxos Educational. Das Label begann damals, seine Projekte im Bildungsbereich spezieller zu bewerben. Mit den Erfahrungen der mit klassischer Musik unterlegten Geschichten bei Naxos AudioBooks im Rücken erkannte Heymann eine weitere, noch speziellere Möglichkeit, die Musik in ähnlicher Weise zu präsentieren. Er beauftragte den Schriftsteller und Rundfunkjournalisten Jeremy Siepmann mit einer Reihe von Hörbuch-Biografien diverser Komponisten. Jede Veröffentlichung der Reihe *Life and Works* wurde als Ausgabe mit vier CDs geplant. Siepmanns Lesungen wurden durch Briefe und andere Texte des jeweiligen Komponisten oder von Personen, die eine wichtige Rolle in dessen Leben gespielt hatten, ergänzt, von Schauspielern eingelesen und mit Musik unterlegt. Die Hörer lernen so die wichtigsten Stationen im Leben des Komponisten kennen – auch durch dessen eigene Worte – und hören einige seiner wichtigsten Werke. Obwohl sich dieses Format perfekt für Biografien von Komponisten eignet, ist es auf CD nicht sehr weit verbreitet. Die Reihe präsentiert elf Komponisten.

Der zweite wichtige Hörbuch-Zweig bei Naxos Educational ist *Classics Explained* mit seiner Schwesterreihe *Opera Explained*. Mit *Classics Explained* rückt Siepmann bestimmte Werke ins Scheinwerferlicht, die er Schritt für Schritt erklärt. Insgesamt sind acht Titel erschienen (jeweils auf zwei CDs), die von Schuberts *Forellenquintett* bis zu Strawinskis *Le sacre du printemps* reichen. Ziel der Aufnahmen ist es, klassische Werke für Nicht-Musiker zugänglich zu machen – es werden beispielsweise nur sehr wenige Fachbegriffe benutzt.

Jeder Titel der auf Einzel-CDs erschienenen Reihe *Opera Explained* widmet sich wiederum einer bestimmten Oper: Die Skripte von Opern-Fan Thomson Smillie präsentieren Hintergrund und Handlung und stellen die großen Arien und wichtigsten Leitmotive vor. Sie werden vom Naxos AudioBooks-Schauspieler (und Sänger) David Timson gelesen und bieten gemeinsam mit der kompetenten Tonbearbeitung eine ebenso unterhaltsame wie informative Einführung in das gängige Repertoire der Opernhäuser. Die Reihe umfasst inzwischen 30 Titel, die von Monteverdis *Orfeo* und Glucks *Orfeo ed Euridice* über vier Opern von Mozart bis hin zu Verdi, Puccini und Wagner reichen. Die jüngste Ergänzung ist die auf Doppel-CD erschienene Einführung in *Der Ring des Nibelungen*, geschrieben und gelesen von Stephen Johnson – ein wahres Aushängeschild der Reihe.

So attraktiv sie jedoch auch waren, die Hörbuch-Produktionen verkauften sich nicht sonderlich gut. Naxos Educational begann daher, sich mehr auf CD-Sets mit ausführlichen Essays zu konzentrieren. *Art and Music* ist eine Reihe mit Einzel-CD-Titeln besagter Essays. Sie zeigt, dass die wichtigsten Entwicklungen in Kunst und Musik mitnichten Hand in Hand verliefen (die Musik entwickelte sich etwa ein halbes Jahrhundert später). Die unterschiedlichsten Künstler wurden in ihrem Leben und bei ihrer Arbeit von der Musik berührt, und durch die gleichzeitige Erkundung beider Bereiche gelingt es, zahlreiche faszinierende Verbindungen aufzudecken. Zu den hier präsentierten Künstlern gehören auch Canaletto, Rembrandt und Picasso. Die ebenso kompetenten wie geistreichen Essays wurden von Hugh Griffith verfasst und sind nicht nur erhellend, sondern manchmal auch sehr überraschend.

Die kühne *Portrait*-Reihe rückt zeitgenössische Musik in den Mittelpunkt. Zwei CDs mit den wichtigsten Werken und einem gelegentlichen kurzen Interview mit dem Komponisten werden durch ausführliche Essays ergänzt. Bartók, Maxwell Davies, Pärt, Prokofjew, Rodrigo, Schostakowitsch, Strawinski und Tavener sind nur einige der vertretenen Komponisten. In derselben Form wurden auch *The Story of British Classical Music*, geschrieben von Anthony Burton, und *The Story of American Classical Music,* aus der Feder von Barrymore Laurence Scherer, veröffentlicht.

Die *Discover*-Reihe begann ebenfalls als Doppel-CD-Serie inklusive eines 100-seitigen Booklets. Die ersten fünf Titel deckten die wichtigsten musikalischen Perioden ab – *Discover Early Music* (Jenkins), *Discover Music of the Baroque Era* (Unger Hamilton), *Classical Era* (Johnson), *Romantic Era* (McCleery) und *Twentieth Century* (McCleery) – bevor man sich speziellen Genres widmete: *Symphony* (Huth), *Chamber Music* (Siepmann), *Choral Music* (Hansell), *Film Music* (Riley) und *Opera* (Kimberley).

Naxos Books

Stets daran interessiert, die Marke noch weiter auszudehnen, wagte sich Naxos 2005 auf das Feld der Buchverlage. Den Anfang machte ein neuartiges Projekt mit Musikbiografien, bei dem die Bücher inklusive einer CD und einer speziellen Website erschienen, die viele weitere Stunden des Hörvergnügens boten. Die Reihe *Life and Music* präsentiert zehn bekannte Komponisten, deren Biografien von etablierten Musikjournalisten in sehr lesbarem Stil geschrieben wurden. Als Erstes erschienen *Mozart* und *Beethoven*, beide aus der Feder von Jeremy Siepmann, gefolgt von *Chopin* von Jeremy Nicholas und *Mahler* von Stephen Johnson.

Dank Naxos' unerreichtem Katalog mit Aufnahmen amerikanischer Klassikwerke war es möglich, dasselbe Format (ein Buch mit zwei CDs und einer Website) auch für eine erste umfangreiche Präsentation des Themas anzuwenden: *A History of American Classical Music* von Barrymore Laurence Scherer. Anschließend untermauerte Naxos Books seine Glaubwürdigkeit als Verlag mit *Down a Path of Wonder*, das auf faszinierende Weise die Musik und Musiker des 20. Jahrhunderts im Speziellen und die Kunst dieser Zeit im Allgemeinen aus der persönlichen Sicht von Robert Craft schildert, Strawinskis Protegé und Erbe. Etwas kompakter waren die Titel der *Discover*-Reihe von Naxos Educational, die sich mit den einzelnen Perioden anhand der Musiktheorie beschäftigten und ebenfalls als attraktive, günstige Bücher mit Websites veröffentlicht wurden (einige sind auch als Hörbuch erschienen).

Den stärksten Eindruck hat Naxos Books bisher auf beiden Seiten des Atlantiks mit zwei fantasievollen Büchern über klassische Musik von Genevieve Helsby hinterlassen, die sich an jüngere Leser richten. Lebendige Illustrationen und ungezwungene, aber dennoch informative Texte machen *My First Classical Music Book* für Kinder zwischen fünf und acht zur perfekten Einführung in den Themenbereich klassische Musik, Komponisten und Instrumente. Es wird von einer CD mit Musikstücken begleitet, auf die auch im Buch näher eingegangen wird. *Meet the Instruments of the Orchestra!* ist mit Hunderten von Fotos illustriert und richtet sich an eine etwas ältere Zielgruppe. Es bietet nicht nur eine zuverlässige, mitreißende Einführung in das Thema, sondern auch eine CD-ROM voller Musik und Spiele sowie zusätzlichen historischen Informationen.

Der weltweite Vertrieb der Bücher erfolgt durch ein vollkommen anderes Netzwerk als im Bereich der CDs und hin und wieder fiel es Naxos schwer, einen Platz in den Buchläden zu ergattern. Die Kinderbücher spielten eine wichtige Rolle, um dort einen dauerhaften Stand zu finden.

Naxos war eines der allerersten Unternehmen, das E-Texte mit Musikaufnahmen vereinte – sowohl für Smartphone- als auch für Tablet-Nutzer – und Apps für klassische Musik entwickelte. Die Reihen *Life and Music*, *Portrait* und *Discover* wurden erfolgreich für E-Leser adaptiert, und auch *My First Classical Music App* wurde begeistert aufgenommen. Einmal mehr zeigte sich, dass Naxos stets auf dem neuesten technologischen Stand ist.

Artaria Editions

Artaria Editions ist einer der weniger bekannten, sehr spezialisierten Naxos-Zweige: ein Boutique-Verlag, der sich der Wiederentdeckung und Veröffentlichung von Musik aus der Zeit der Klassik widmet – vorwiegend aus dem Wiener 18. Jahrhundert, auch wenn er sich in jüngster Vergangenheit bis in die ersten Jahre des 19. Jahrhunderts vorgewagt hat. 1995 in Neuseeland gegründet und nach dem ursprünglichen Herausgeber von Haydn und Mozart benannt, ist der Verlag das geistige Ergebnis von Allan Badley und Klaus Heymann. Laut Badley existiert noch immer ein reicher Musikschatz mit Werken von Haydn, Mozart und Beethoven aus jener Zeit, der nur darauf wartet, entdeckt zu werden. »Die Musiker freuen sich immer über Stücke aus der Klassik-Ära, die ein Publikum ansprechen, das nach etwas Neuem, aber dennoch Vertrautem sucht.«

Das Unternehmen Artaria wurde ursprünglich gegründet, um neues, einzigartiges Material für Naxos' Repertoire-Liste mit Werken des 18. Jahrhunderts bereitzustellen, aber irgendwann begann es, ein eigenes Leben zu führen. Inzwischen gibt das Haus alljährlich mehr Werke heraus, als Naxos jemals aufnehmen und veröffentlichen könnte.

Bei Artaria sind annähernd 500 Werke von rund 30 Komponisten erschienen, die jahrhundertelang ein Dasein als Fußnote in der Musikgeschichte fristeten. Dazu gehören auch 30 Sinfonien von Franz Ignaz Beck (1734–1809), der in Mannheim geboren wurde, den Großteil seines beruflichen Lebens jedoch in Frankreich verbrachte und auch die schweren Jahre der Französischen Revolution überstand; 30 Sinfonien des äußerst produktiven Johann Baptist Vanhal (1739–1813), den Badley für einen der talentiertesten Komponisten jener Zeit hält; sowie 36 Werke (Sinfonien, Konzerte, Sonaten und eine Motette) von Leopold Hofmann (1738–1793), Kapellmeister des Stephansdoms in

Wien. Haydns Meisterschüler Ignaz Pleyel (1757–1831), einer der beliebtesten Komponisten des späten 18. und frühen 19. Jahrhunderts, ist mit wichtigen Editionen seiner Sinfonien, konzertanten Sinfonien, Konzerten und Kammermusikwerken ebenfalls im Katalog vertreten. Artarias bislang unvollendete Reihe der kompletten Werke von Joseph Martin Kraus (1756–1792) verspricht, sich zu einem Meilenstein der Erforschung der Musik des 18. Jahrhunderts zu entwickeln und umfasst die bereits fertiggestellten Editionen der kompletten Sinfonien, Ballettmusik, Klaviaturmusik und Violinsonaten. Eines der größten Projekte der vergangenen Jahre war die Veröffentlichung der kompletten Werke für Klavier und Orchester von Beethovens Schüler Ferdinand Ries (1784–1838).

Im Rahmen dieses Programms ist eine noch immer wachsende Diskografie entstanden, die auch Konzerte für Oboe, Violine, Cello und Flöte von Hofmann, vier CDs mit den Sinfonien und der kompletten Klaviermusik von Kraus, Sinfonien von Christian Cannabich und Ouvertüren von Domenico Cimarosa einschließen. Darüber hinaus sind Aufnahmen seltener Choralwerke erschienen, unter anderem Messen von Vanhal und Johann Nepomuk Hummel.

Die wissenschaftlichen Veröffentlichungen von Artaria richten sich in erster Linie an Musiker, auch wenn sie detaillierte Informationen über die verwendeten Quellen enthalten und von gewissenhafter redaktioneller Arbeit zeugen. Badley erklärt: »Handschriftliche Partituren und authentische (von den Komponisten korrigierte) Kopien von Werken aus dem 18. Jahrhundert sind extrem selten, und die Zuverlässigkeit des vorhandenen Aufführungsmaterials variiert sehr stark. Dies kann eine große Herausforderung für die Redakteure bedeuten, vor allem, wenn ein Werk nur noch in einer einzigen Ausfertigung existiert. Immerhin hat dies aber den Vorteil, dass es die Auswahl der Quellen erleichtert, die für die Ausgabe genutzt werden.

Viele Kompositionen sind jedoch in verschiedenen handschriftlichen Kopien erhalten geblieben und in der Regel gibt man Quellen den Vorzug, die aus dem Umfeld des Komponisten stammen oder in irgendeiner Weise mit seiner beruflichen Tätigkeit zu tun haben.« Trotz all dieser

Recherchen veröffentlicht Artaria im strengen Sinne keine »kritischen Ausgaben«. Ziel des Unternehmens ist es, reine, seriös recherchierte Partituren und Auszüge zu veröffentlichen, die so getreu wie möglich die Absichten des Komponisten übermitteln, die in der oder den verwendeten Quellen transportiert wurden. »Nur allzu oft muss man sich mit einer professionell kopierten Sammlung einzelner Auszüge als grundlegendes Quellmaterial zufriedengeben und hoffen, dass die meisten Noten vorhanden sind! Gelegentlich müssen wir an den Stücken ziemlich aufwendige ›Operationen‹ vornehmen. Ich bin in all den Jahren ziemlich gut darin geworden, fehlende Teile zu schreiben, und ich bin stolz darauf, dass meine Ergänzungen bei den Aufführungen nicht zu erkennen sind, auch wenn sie in den Partituren natürlich immer genau gekennzeichnet werden.«

Hin und wieder blickt Artaria auch über die Grenzen des mitteleuropäischen Repertoires hinaus. Das Sortiment bietet 17 Kammermusikwerke des englischen Violinisten und Komponisten William Shield (1748–1829), einem Freund Haydns; Ouvertüren sowie die Oper *Polly* (die Fortsetzung von *The Beggar's Opera*) von Samuel Arnold (1740–1802), einem weiteren englischen Komponisten jener Zeit; Violinsonaten von Pietro Locatelli (1695–1764) und Sinfonien des wallonischen Komponisten François-Joseph Gossec (1734–1829).

Fünf-
zehn

Hinter den Kulissen

A&R, Neuaufnahmen und der Veröffentlichungszeitplan

Die Veröffentlichungen von Naxos sind ohne Zweifel zahlreicher und hinsichtlich des Repertoires ambitionierter als die jeder anderen Plattenfirma der Welt. In den 25 gemeinsamen Jahren von Naxos und Marco Polo hat das Label regelmäßig über 300 Aufnahmen pro Jahr veröffentlicht – eine erstaunliche Zahl, wenn man den aufwendigen internationalen Aufnahmeplan und den globalen Geschäftsbereich des Unternehmens bedenkt.

Die Managementleistung des Unternehmens ist wirklich bemerkenswert, umso mehr, als ein Großteil über den Schreibtisch eines einzigen Mannes geht: Klaus Heymann. In Naxos' Anfangsjahren, als er den Katalog sehr bewusst aufbaute, erfolgte die Auswahl des Repertoires und der Künstler einzig und allein durch ihn. Das allermeiste plante er äußerst sorgfältig, indem er Listen mit Werken und Prioritäten erstellte. Je mehr das Label wuchs, desto mehr wuchs auch sein Vertrauen in seine planerischen Fähigkeiten, und spätestens nach fünf Jahren wurde ihm bewusst, dass er im Begriff war, eine erstklassige Klassik-Bibliothek mit dem wichtigsten Repertoire zu entwickeln. Er erwies sich als sehr geschickt darin, die richtigen Werke für diesen Katalog sowie die passenden Künstler für die Aufnahmen der jeweiligen Werke auszuwählen. Am Sitz des Unternehmens in Hongkong entschied er über Vorschläge, hörte sich DATs an und unterhielt sich mit verschiedenen Leuten, bevor er mit der Unterstützung und den Ratschlägen von Takako Nishizaki seine endgültigen Entscheidungen traf. Er hatte keine Angst davor, ebenso häufig ohne zu zögern »nein« zu sagen, wie er »ja« sagte – oder hin und wieder auch: »Ja, aber nicht mit diesem Repertoire.«

Ein Vierteljahrhundert später scheint er sein glückliches Händchen noch immer nicht verloren zu haben. Er hat Naxos mit sicherem Instinkt, Fachkenntnis, Offenheit für neue Ideen, einer Nase für gute Geschäfte und seiner Risikobereitschaft geschaffen. Darauf gründet seine A&R-Methode, auch wenn sie für ein konventionelles Unternehmen denkbar ungeeignet wäre. Er mag zwar ein paar Fehler gemacht haben, aber in den allermeisten Fällen konnte er sie in einen Vorteil verwandeln und am Ende aus einem Verlust einen Gewinn machen.

Heute segnet er zwar noch immer alle neuen Aufnahmen persönlich ab, aber die Ideen und Vorschläge flattern aus vielen verschiedenen Ecken zu ihm: von Agenten, Musikern, Dirigenten, Orchestern, Impresarios, Wissenschaftlern und sogar vereinzelten Sammlern und Freunden klassischer Musik. All dies wird von seiner A&R-Chefin Edith Lei koordiniert, der ehemaligen Geschäftsführerin des Hong Kong Philharmonic Orchestra, die ihn außerdem über die genauen Produktionskosten informiert, wenn er sich nicht sicher ist, ob sich eine bestimmte Aufnahme oft genug verkaufen wird. Darüber hinaus entscheidet er über Vorschläge und Projekte, die ihm von den Naxos-Tochterunternehmen angetragen werden. Großbritannien und die USA sind in dieser Hinsicht am aktivsten: Ihre Aufnahmeprogramme stellen die vieler anderer unabhängiger Labels mit Leichtigkeit in den Schatten. Aber auch aus anderen Ecken der Welt treffen ständig Ideen ein – aus Skandinavien, Griechenland und Spanien ebenso wie aus Japan, Neuseeland und Australien. Heymann filtert das Repertoire und die passenden Künstler sorgfältig heraus. Er kreiert dabei nicht selten seine eigene Mischung: Wenn ihm die Repertoire-Idee gefällt, kann es durchaus vorkommen, dass er aus musikalischen oder Marketinggründen ein anderes Orchester vorzieht. Oder er lehnt den Repertoire-Vorschlag ab, weil bereits ein anderes Projekt mit dem Stück geplant ist oder das Werk – selbst für ihn – zu abwegig ist. In diesen Fällen unterbreitet er oft einen Gegenvorschlag.

All diese Ideen verwaltet Lei in Hongkong in einer großen Masterdatei, die den erfrischenden, für Naxos typisch schlichten Namen »Projekte in der Pipeline« trägt. Sie besteht aus einer stetig aktualisierten Tabelle mit zwölf separaten Seiten, die jeweils die aktuelle Anzahl geplanter Aufnahmen in einer bestimmten Kategorie enthält. Zur Zeit der Entstehung dieses Buches bot sich folgendes Bild: Orchesterwerke 173, Konzerte 73, Kammermusik 163, Instrumentalstücke 139, Gesang und Chor 76, Vermischtes 31, Englisch 64, Ballett-, Opern- & Bühnenwerke 32, Amerikanisch 90, Andere Regionen 42, Blu-ray Audio 11 und Artaria (der Verlag) 10. Diese Datei schließt den Buch-Zweig (der aus Naxos AudioBooks, Naxos Educational und Naxos Books besteht) nicht mit ein, da dieser als eigenständiger Geschäftsbereich geführt wird. Sie umfasst ausschließlich die regelmäßigen Neuaufnahmen von Naxos, bereits fertiggestellte Aufnahmen auf Initiative von Einzelpersonen sowie Werke, die zuvor bereits bei anderen Labels wie Delos oder Collins Classics erschienen sind.

Es ist ein riesiges, hervorragend organisiertes Unternehmen. In den vergangenen Jahren war Heymanns Begeisterung hin und wieder sogar so groß, dass er ein Projekt absegnete, ohne es überhaupt ins System einzuspeisen: Oft erfuhren seine Mitarbeiter erst davon, wenn die Masters eintrafen. Derartige Überraschungen waren in den 1990ern keine Seltenheit und auf den Regalen des Tonstudios von K&A in Potters Bar, Großbritannien, bildete sich schon bald ein wahrer Master-Rückstau.

Sämtliche Masters gehen an K&A, die Produktionsinformationen (Labelcopy) werden dem Naxos-Produktionsplan hinzugefügt, der von Peter Bromley verwaltet wird. Als Produktionsleiter fällt ihm die Aufgabe zu, die diversen Veröffentlichungen in die Monatsplanung einzufügen: für die jeweils folgenden zwei Monate im Detail, für spätere Veröffentlichungen reichen allgemeine Informationen. Die Zusammenstellung dieses Veröffentlichungsplans ist eine ebenso komplizierte wie faszinierende Aufgabe, bei der viele verschiedene Faktoren berücksichtigt werden müssen.

Allein die schiere Anzahl der Veröffentlichungen ist dabei immer wieder ein Problem. Verkäufer in aller Welt präsentieren nicht gerne einen sperrigen Naxos-Veröffentlichungsplan, und oft erscheinen in einem einzigen Monat bis zu 30 Titel. Dabei geben gewisse Termine die jeweilige Platzierung vor, etwa Jahrestage oder Konzerttourneen. Hin und wieder legen auch vertragliche Übereinkünfte fest, wann eine bestimmte Aufnahme veröffentlicht werden muss. Darüber hinaus können auch Kampagnen geplant sein (internationale wie regionale), die aus diversen Gründen oft schon sehr weit im Voraus vorbereitet werden müssen. Auch die Ausgewogenheit des monatlichen Repertoires spielt eine wichtige Rolle. Ziel ist es, jeden Monat Werke aus folgenden Kategorien zu veröffentlichen: einen Kassenschlager (ein großes Orchesterwerk, ein Chor- und Orchesterwerk oder eine Oper), ein Konzert, eine Orchesteraufnahme, eine Aufnahme mit Alter Musik oder Barockmusik, ein Gitarren- oder Lautenstück, ein Kammermusikwerk, eine Klavieraufnahme, eine nationale Aufnahme (abgesehen von den *American Classics*), eine *American Classics*-Aufnahme (sofern in den anderen Kategorien keine Werke amerikanischer Komponisten zu finden sind), eine Opernaufnahme (sofern der Kassenschlager keine Oper ist), ein Chorwerk (falls der Kassenschlager kein Chor- und Orchesterstück ist) sowie jeden zweiten Monat eine Lieder-/Songaufnahme. Trotz seines Sammlerinstinkts bittet Heymann darum, dass nicht mehr als 25 Prozent der Titel in einem Monat in den Bereich fallen, den man als »spezielles Repertoire« bezeichnen könnte. Nur allzu oft ist dies jedoch unmöglich.

Weitere Prioritäten beim Auswahlprozess sind: Kernrepertoire, Aufnahmen bekannter Künstler, die Fortsetzung laufender Reihen, Verpflichtungen gegenüber diversen Wettbewerben (Gitarre, Violine, Cello oder Klavier), langfristige Verpflichtungen gegenüber Festivals, von Tochterunternehmen vorgeschlagene Projekte sowie die riesige Sammlung fertiger Masters, die noch immer auf eine Veröffentlichung warten. Darüber hinaus sollte ein Gleichgewicht hinsichtlich der Musik aus verschiedenen Epochen sowie der nationalen Vielfalt bestehen – nicht zu viele amerikanische Klassiker oder englische Orchesterwerke, beispielsweise, die sich in anderen Regionen vielleicht nicht so gut verkaufen. Eine reibungslose Planung kann dabei durch verschiedene Szenarien gefährdet werden: Hin und wieder treten unerwartete Probleme mit Masters, Noten oder Genehmigungen auf. Manchmal ist ein Jahr bereits komplett ausgebucht, wenn plötzlich ein wichtiger Vertrag mit einem Orchester abgeschlossen wird, der die baldige Veröffentlichung diverser Aufnahmen festlegt (wodurch nicht nur die Anzahl der Veröffentlichungen durcheinander geraten kann, sondern auch die Ausgewogenheit des Repertoires). Es soll auch schon vorgekommen sein, dass eine ganz neue Aufnahme als außergewöhnlich und sogar preisverdächtig erachtet wird und man sich allgemein fragt, ob es vielleicht doch noch möglich wäre, sie ganz kurzfristig und rechtzeitig vor den GRAMMYS zu veröffentlichen. Und so weiter, und so fort.

Die Verwaltung des Naxos-Veröffentlichungsplans gleicht einem Jonglage-Akt, der sich ständig verändert und eng mit der Produktion der Aufnahmen, dem Schnitt und der Gestaltung des Covers zusammenhängt – von den Verkaufs-, Marketing-, Werbe- und anderen geschäftlichen Anforderungen ganz zu schweigen.

Im Januar jedes Jahres treffen sich die Naxos-Vertriebspartner auf der MIDEM in Cannes mit ihren Kunden, aber der wichtigste Termin während dieses Aufenthalts ist jedes Mal der Tag der Naxos-Präsentation in einem Hotelkonferenzraum. Dieser Termin erreicht direkt zu Beginn seinen Höhepunkt, wenn die Veröffentlichungen des kommenden Jahres auf der großen Leinwand präsentiert werden und Klaus Heymann seinen Vertriebspartnern die Aufnahmen vorstellt, die er für die wichtigsten oder interessantesten hält. Dies ist der Moment, in dem er sämtliche Aspekte der umfangreichen Produktionstätigkeiten seines Unternehmens auf einen Punkt bringt. In jedem Monat werden zwar rund 30 Titel veröffentlicht, aber Heymann konzentriert sich jeweils auf fünf oder sechs und spielt höchstens zwei von ihnen an. Dabei geht es ebenso wenig um lokale Crossover-Kampagnen aus der Backkatalogverwertung wie darum, die Werbetrommel für einen bestimmten regionalen Künstler zu rühren: Hier steht der internationale Veröffentlichungsplan im Vordergrund, die tragende Säule von Naxos, mit der es steht oder fällt. Jedes Jahr, wenn Heymann diese Pläne enthüllt, ergreift er für etwa 30 Minuten mit einer frei gehaltenen Rede das Wort, und während der gesamten Zeit könnte man eine Stecknadel fallen hören.

Aufnahmen, Produktion und Schnitt

Andrew Walton und sein Produktionsteam bei K&A benötigen etwa vier Stunden, um die Studioausrüstung für die Aufnahme einer Schostakowitsch-Sinfonie mit dem Royal Liverpool Philharmonic Orchestra und Vasily Petrenko in der Philharmonic Hall im Stadtzentrum vorzubereiten. Phil Rowlands, der Techniker, benutzt am liebsten zwei AKG-414-Mikrofone als Hauptsystem, in Kombination mit Schoeps-Ständern und individuellen Kardioidmikrofonen für Streicher und Holzbläser. Je nach Sinfonie stellt er außerdem Stützmikrofone für die Blechbläser und – wir sprechen hier schließlich von Schostakowitsch – die Perkussionisten auf.

Zwischen dem Regieraum und dem Studio müssen Hunderte von Metern an Kabeln fein säuberlich verlegt, und auch das Mischpult und die Computer müssen vorbereitet werden: Es gibt zwar ein Back-up-System, aber die Aufnahme wird direkt von der SADiE-Software des Computers aufgezeichnet, derselben Software, die später auch beim Schneideprozess verwendet wird. Walton und Rowlands sind an zwei Tagen für vier jeweils dreistündige Sessions im Studio – oder fünf Sessions an zweieinhalb Tagen, falls die Musik besonders anspruchsvoll ist, sei es in Bezug auf die musikalische Interpretation oder die technische Seite der Aufnahme. Während dieser Tage herrscht oft eine große Anspannung, da alle Beteiligten über lange Zeit mit voller Konzentration arbeiten müssen – und technische Störungen oder Fehler sind das Letzte, was dabei irgendjemand gebrauchen kann.

Noch vor der ersten Session treffen sich Produzent und Dirigent und besprechen das Werk. Walton kennt die Partitur sehr genau. Er ist sich auch der schwierigen Stellen bewusst und seine Aufgabe ist es, Petrenko dabei zu helfen, seine persönliche Interpretation umzusetzen. Petrenko weist hin und wieder auf Takte hin, bei denen er eine innere Melodie hervorheben, das Tempo erhöhen oder eine bestimmte Balance zwischen Holzbläsern und Streichern erzielen möchte. Wie es der Zufall so will, war auch Walton selbst vor seiner Produzentenkarriere Berufsgeiger und es ist ein zusätzlicher Gewinn, dass er das Werk auch aus der Perspektive eines Musikers betrachten kann. Die Beziehung zwischen Produzent und Dirigent spielt eine zentrale Rolle und kann entscheidend für den Erfolg oder Misserfolg einer Aufnahme sein: Einige der besten Aufnahmen in der Geschichte der Plattenindustrie waren auf ein besonderes gegenseitiges Verständnis dieser Beteiligten zurückzuführen. Wenn diese Beziehung ins Wanken gerät oder – noch schlimmer – in die Brüche geht, können sich die Aufnahmesessions in einen Albtraum für alle Mitwirkenden verwandeln.

»Als Produzent geht man nie mit dem Gedanken zu einer Aufnahmesession, dass man seine eigenen Ideen zu dem jeweiligen Werk einbringen kann«, so Walton. »Man stimmt vielleicht nicht mit dem überein, was der Dirigent will, aber es ist seine oder ihre Aufnahme. Empathie ist dabei sehr wichtig. Andererseits muss man auch offen sein und darauf hinweisen, wenn man denkt, dass irgendetwas so nicht funktioniert. Dann muss man aber auch eigene Vorschläge machen und dem Dirigenten andere Möglichkeiten aufzeigen, das zu erreichen, was er erreichen möchte.«

Walton macht sich während der Aufnahmen Notizen in der Partitur und streicht die Takes und Takte an, die gut funktioniert haben oder noch verbesserungswürdig sind. Jeder Produzent hat seine eigene Arbeitsmethode, und manche haben sogar ein System mit verschiedenfarbigen Bleistiften für aufeinanderfolgende Takes. Waltons System ist jedoch ziemlich simpel. Sein Ziel ist es, jede Session mit einem relativ klaren Überblick über seine bevorzugten Takes zu verlassen, die er sich in der Partitur anstreicht, sodass er sich später bei seiner Arbeit im Schneideraum auf einen soliden Fahrplan verlassen kann.

Zurück in den K&A-Studios in Potters Bar beginnt er damit, den ersten Schnittplan, den er während der Aufnahmen erstellt hat, zu überarbeiten. Trotzdem hört er sich auch andere Takes an, um sicherzugehen, dass es nicht doch noch eine bessere Version gibt, die ihm vielleicht nur nicht aufgefallen ist und bei der irgendein Detail möglicherweise besser zur Geltung kommt. Anschließend fertigt er eine erste Schnittfassung an, die der Dirigent sich anhört und mit Kommentaren versieht. Walton versucht dann, diese Anmerkungen, wenn möglich, in seiner zweiten Fassung einzuarbeiten. Er glaubt, dass er sich nach Abschluss des Schnittprozesses so gut wie alle Teile drei Mal angehört hat. Für gewöhnlich dauert es vier bis fünf Tage bis die Aufnahme gemastert werden kann. Dieser Prozess liegt sämtlichen Naxos-Titeln zugrunde: Jede Aufnahme wird mit derselben Fachkenntnis, Sorgfalt und Liebe zum Detail erstellt. Mal geht anschließend ein Preisregen auf sie nieder, mal wird sie mit nur einer einzigen messerscharfen Zeile von einem Kritiker zerstört.

Dieses grundlegende Muster hat sich seit dem Beginn von Marco Polo und später Naxos kaum verändert, auch wenn sich sowohl die Aufnahme- als auch die Schnitt-Technologie erheblich weiterentwickelt haben. Viele Marco-Polo-Aufnahmen wurden in zwei Großstädten eingespielt: Bratislava und Budapest. Nach dem Start von Naxos verließ Heymann sich auf ein Produktionsteam mit Sitz in Heidelberg, das von Teije van Geest zusammengestellt worden war und dem auch die Produzenten Martin Sauer und Günther Appenheimer angehörten. Ihre Namen sind auf der Rückseite zahlreicher Naxos-CDs aus den Anfangsjahren des Labels zu finden. Am 10. Juli 1987 verließ Appenheimer Heidelberg in einem mit Aufnahmeausrüstung vollgepackten Lieferwagen. Am Morgen des 12. Juli baute er alles im Konzertsaal der Slowakischen Philharmonie auf, bereit für die erste Aufnahmesession der *Vier Jahreszeiten*, gespielt von Takako Nishizaki und der Capella Istropolitana unter der Leitung von Stephen Gunzenhauser. Appenheimer gehörte zu jenen Produzenten, die ihre Mikrofone gerne selbst aufstellten und auch die technische Überwachung der Aufnahme am liebsten persönlich übernahmen – was einige Naxos-Produzenten auch heute noch gerne tun. Die Aufnahmen dauerten fast eine Woche, da die Sessions in den normalen Zeitplan der Musiker und des Konzerthauses eingeflochten werden mussten. Für das Aufnahmeteam bedeutete dies extrem lange Wartezeiten. Als die Sessions abgeschlossen waren, kehrte Appenheimer nach Heidelberg zurück, wo van Geests Team – ein geschäftiges, unabhängiges Unternehmen – die Aufnahmen schnitt und masterte. Am 10. Oktober 1987 befand sich Appenheimer erneut in Bratislava, um die Capella Istropolitana unter der Leitung von Wolfgang Sobotka aufzunehmen, die Mozarts *Eine kleine Nachtmusik*, *Serenata notturna* und *Lodron Night Music* einspielten. Die Aufnahme ist noch immer erhältlich und hat sich bereits annähernd 250.000 Mal verkauft. Dieser Prozess wurde noch einige Jahre fortgesetzt, wenngleich Naxos' (und Marco Polos) rasche Expansion bedeutete, dass auch in anderen Städten in ganz Europa – von London bis Moskau – Aufnahmen eingespielt und produziert wurden, ebenso wie in den USA, Fernost und Neuseeland. Für gewöhnlich wurden die finalen Schnittfassungen der DATs dann nach Heidelberg zum Mastering geschickt.

Mit dem wachsenden Erfolg des Labels begannen Kritiker und CD-Käufer, ihr Augenmerk nicht mehr nur auf die Interpretation zu richten, sondern auch auf die technische Qualität der Aufnahmen. Auch wenn die meisten durchaus akzeptabel waren, wurde Heymann bewusst, dass sich Naxos um einen konstant hohen Standard bemühen musste. Darüber hinaus benötigte das Label dringend ein zentrales Studio, um die Hunderte von Bändern zu sichten und zu organisieren, die aus aller Welt eintrafen. Heymann beschloss, dass es an der Zeit sei, eine eigene Naxos-Produktionsstätte einzurichten. 1995 machte ihn David Denton, der zahlreiche Aufnahmen in Großbritannien initiiert hatte, mit Andrew Walton bekannt, damals noch ein junger, aber engagierter Produzent, der seine Zeit zwischen seiner Leidenschaft für CD-Aufnahmen und seiner freiberuflichen Arbeit als Berufsgeiger aufteilte. Er war schon lange vom Aufnahmeprozess fasziniert und verbrachte immer mehr Stunden vor einem Mischpult anstatt vor einem Dirigenten. Es war Walton, der die ersten fünf Aufnahmen des Maggini Quartet produzierte, die dazu führten, dass das Ensemble einen Vertrag mit Naxos unterzeichnete. Außerdem schlug Walton durch diese Aufnahmen beruflich eine neue Richtung ein. Während Walton mit Heymann in Hongkong telefonierte – der die Aufnahmen bereits gehört hatte und ihre Qualität beurteilen konnte – schlug dieser ihm ein gemeinsames Unternehmen vor, obwohl die beiden sich noch nie getroffen hatten: Er bot ihm an, die nötigen finanziellen Mittel zur Anmietung geeigneter Räumlichkeiten sowie zum Kauf der notwendigen Ausrüstung bereitzustellen, um ein hochmodernes Aufnahmestudio zu gründen und die entsprechenden Mitarbeiter einzustellen. Der Großteil des Kontakts mit Heymann fand in dieser Zeit per Fax statt, da er sich entweder in Hongkong oder Neuseeland aufhielt. Nach etwa zwei Monaten entstand schließlich jene Firma, die Heymann auf den Namen »K&A [Klaus und Andrew] Productions« taufte und deren Hauptzweck es war, ein Mastering-Studio aufzubauen, um die technischen Standards der Naxos- und Marco-Polo-CDs einander anzugleichen bzw. zu erhöhen. Obwohl sie inzwischen Geschäftspartner waren, trafen sich Heymann und Walton erst später in jenem Jahr zum ersten Mal auf einer Verkaufskonferenz in Deutschland.

Zu K&As Aufgaben gehörte es auch, sämtliche Aufnahmen aufmerksam anzuhören, bevor sie zur Veröffentlichung an Naxos weitergeleitet wurden – sie mussten anhand der Partitur auf Fehler sowie auf hörbare Schnitte, Hintergrundgeräusche, ungleiche Höhen und weitere potenzielle Mängel überprüft werden, die eine ansonsten gute Aufnahme verderben konnten. Hin und wieder waren umfangreiche Nachbesserungen nötig. Walton erinnert sich noch gut daran, wie sehr ihn die extrem unterschiedlichen Standards der Aufnahmen, die die Produzenten ihm zuschickten, überraschten. Teil des Problems war die schiere Anzahl der Aufnahmen, die über die Schreibtische der Produzenten und Tonmeister gingen: Heymanns ambitionierte Pläne – die sowohl auf seinen persönlichen Enthusiasmus als auch auf die Nachfrage der Kunden zurückzuführen waren – hatten das System an die Grenze seiner Belastbarkeit gebracht. Jede Aufnahme wurde einer minutiösen Qualitätskontrolle unterzogen. Es gab Zeiten, in denen Walton auf einer Neuaufnahme des Materials bestand, da sein Team die Probleme nicht beheben konnte. Hin und wieder empfahl er sogar, eine Aufnahme komplett zu verwerfen, da sie nicht den hohen Standards des Labels entsprach. Kopien der entsprechenden Aufnahmen wurden dann von Potters Bar nach

Hongkong geschickt, wo Heymann und Nishizaki sie ebenfalls anhörten, da sie nur sehr ungern eine komplette Aufnahme verlieren wollten. Sie folgten Waltons Ratschlag jedoch fast jedes Mal.

Es war eine sehr geschäftige Zeit in Potters Bar. Zwischen Juli 1995 (dem Monat, indem die junge Firma ihre ersten Gehversuche unternahm) und dem Ende desselben Jahres wurden dort 211 Aufnahmen gemastert. 1996 stieg die Gesamtzahl auf 515 an: eine Zahl, die die kontinuierliche Produktivität der Naxos-Musiker in aller Welt widerspiegelte. Fast ein Jahrzehnt pendelte sich diese Zahl bei rund 500 Titeln ein, während sie 2004 auf 752 schoss. Zu diesem Zeitpunkt hatte K&A im selben Gebäude in Potters Bar expandiert und mittlerweile waren mindestens sechs Masteringtechniker Vollzeit für die Firma tätig. Die Aufnahmen deckten Naxos' gesamte Bandbreite ab: Neuaufnahmen, Orchestermusik, Kammermusik und Opern sowie eine große Anzahl historischer Aufnahmen. Diese wurden größtenteils auf der anderen Seite des Atlantiks von Mark Obert-Thorn und Ward Marston sehr fachkundig von 78ern transferiert, denen vor dem Mastering jedoch noch die Trackpoints hinzugefügt und die einer generellen Überprüfung unterzogen werden mussten. 2005 stieg die Gesamtzahl der Aufnahmen auf 898 an, 2007 – im stärksten Jahr – sogar auf 950, bevor sie sich bei einem überschaubareren Durchschnittswert von 700 einpendelte.

Durch das schiere Tempo von Heymanns Aufnahmeprogramm entstand unweigerlich ein Rückstau: Hin und wieder lagen sage und schreibe 600 Aufnahmen in den Regalen, komplett fertiggestellt und inklusive Dokumentation, die nur noch auf das Mastering warteten. Es gab so viel zu tun, dass die Aufnahmen teilweise jahrelang auf ihre Veröffentlichung warteten. In seinen ersten 15 Jahren überprüfte und masterte K&A insgesamt 10.130 Aufnahmen, und bei vielen übernahm die Firma sogar den Schnitt. Darüber hinaus wurde der hohe Standard der Aufnahmen immer mehr auch von anderen Plattenfirmen bemerkt und schon bald wollten sowohl etablierte als auch unabhängige Labels die Dienste des Unternehmens in Anspruch nehmen. »Wir wollten Produktionen machen, die sowohl in technischer als auch in musikalischer Hinsicht in der ersten Liga spielten, ganz unabhängig von ihrem Verkaufspreis«, erklärt Walton. Die Tatsache, dass sie regelmäßig von preisgekrönten Labels und Produzenten für den Schnitt ihrer Aufnahmen engagiert wurden, bewies, dass sie dieses Ziel erreicht hatten.

Natürlich waren die Zeiten, in denen man die Aufnahmen mit Tesafilm und Rasierklingen geschnitten hatte, längst vorbei: Inzwischen lief alles digital. In den ersten Jahren arbeitete K&A mit Sonic Solutions, einer Schnittsoftware für Apple Mac. Später wechselte die Firma jedoch zu SADiE, einem PC-System, mit dem sie heute noch arbeitet. Anfangs wurden sämtliche Aufnahmen von DATs gemastert, aber allmählich setzte sich die CD-R immer mehr durch. Aufgrund der Art der Arbeit und der kontinuierlichen technischen Entwicklungen war Walton gezwungen, ständig in die neueste Ausrüstung zu investieren. Er hatte Glück, Heymann als Partner an seiner Seite zu haben, da dieser dank seines beruflichen Hintergrunds im Bereich der Studioausrüstung wusste, wie wichtig es war, in technologischer Hinsicht fortwährend auf dem neuesten Stand zu sein. Tatsächlich bestand Heymann stets darauf, dass Naxos seine besten neuen Aufnahmen trotz ihres günstigen Verkaufspreises in den modernsten Formaten veröffentlichte, egal, ob es sich dabei um DVD-Audio, SACD oder BD-Audio handelte. In den vergangenen Jahren war ein rapider Anstieg im Bereich der Klassik-DVDs zu beobachten, und darüber hinaus hat K&A sein breites Tätigkeitsfeld auch auf DVD- und Blu-ray-Authoring erweitert.

Ursprünglich wurde K&A als reines Mastering-Studio gegründet, dessen Hauptaufgabe die Qualitätskontrolle war. Bereits knapp ein Jahr nach seiner Gründung wurden dem Unternehmen jedoch auch Aufnahmesessions übertragen. Paul Myers, der erfahrene ehemalige Produzent von CBS und Decca, hatte bereits begonnen, für Naxos zu arbeiten, erkrankte jedoch 1996 während einer Aufnahmesession in Bristol, bei der Niklas Sivelöv Klaviermusik von Wilhelm Stenhammar einspielte. Walton und sein Team sprangen ein, und schon nach kurzer Zeit waren sie mit den eigentlichen Aufnahmen ebenso beschäftigt wie mit dem Mastering. Walton hat es stets vorgezogen, mit einem Tontechniker zu arbeiten, damit er selbst sich ausschließlich auf die Produktion und die Arbeit mit den Musikern konzentrieren kann. In den folgenden Jahren reiste er mit seinem Team für zahlreiche Aufnahmen für Naxos und Marco Polo durch die ganze Welt. Sie produzierten damals viele CDs mit französischer, spanischer, japanischer und portugiesischer Musik und verbrachten unzählige Stunden in Autos oder Flugzeugen – und sie hatten stets ihre eigene Aufnahmeausrüstung im Gepäck. Die Sinfonien des portugiesischen Komponisten Joly Braga Santos, mit Álvaro Cassuto am Dirigentenpult, verschlugen Walton nach Lissabon, Dublin, Bournemouth und an die Algarve. Guridi wurde in Bilbao, Hanson in Nashville und Yashiro in Japan aufgenommen. Eine der anspruchsvollsten, aber auch lohnenswertesten Aufgaben war die Aufnahme der zehn *Naxos Quartets* von Peter Maxwell Davies, gespielt vom Maggini Quartet in Potton Hall, Suffolk.

Walton betrachtet sich als privilegiert, weil er für Naxos die komplette Reihe mit englischer Chormusik des 19. und 20. Jahrhunderts mit dem Chor des St. John's College, Cambridge, unter der Leitung von Christopher Robinson aufnehmen durfte, wobei das Repertoire von Stanford über Rubbra bis zu Tavener reichte. Darüber hinaus war er für die Aufnahme diverser Livekonzerte verantwortlich und führte auch bei den unvermeidlichen Nachbesserungs-Sessions Regie, die stattfanden, nachdem das Publikum gegangen war. Ihm ist vermutlich keine Panne fremd, die eine Aufnahme treffen kann: Musiker, die unvorbereitet zu den Sitzungen erscheinen; Verkehrslärm; Regen, der durch Löcher im Dach hereintropft; flatternde Tauben unter dem Dach; Straßenhändler, die vor dem Aufnahmestudio so viel Lärm machen, dass man sie dafür bezahlen muss, leiser zu sein – und Musiker, die zu spät kommen. Während der Aufnahme von *Spitfire Prelude and Fugue* und weiterer Werke für die Naxos-Reihe mit William Waltons Orchestermusik kam ein Fagottist, der dringend benötigt wurde, 40 Minuten zu spät. Da man nicht überziehen und viel Geld für die zusätzliche Zeit bezahlen wollte, hatten die English Northern Philharmonia und Paul Daniel nur noch Zeit für einen Take von *March for ›A History of the English Speaking Peoples‹*. Sie schafften es acht Sekunden vor Ablauf der Zeit.

Die Internationalität und der schiere Umfang des Naxos-Aufnahmeprogramms bedeuteten jedoch, dass der Großteil der Aufnahmen von anderen Teams geleistet werden musste. Im Laufe der Jahre haben dabei die Produzentin Ibolya Tóth und der Tontechniker János Bohus in Budapest einen besonders wichtigen Beitrag geleistet. Tóth studierte zur selben Zeit wie Jenő Jandó, András Schiff und Zoltán Kocsis an der Liszt-Akademie (Komposition und Orchesterleitung). Während deren Karrieren als Berufsmusiker Fahrt aufnahmen, wandte sie sich der Produktion zu – anfangs noch beim Rundfunk, später dann, 1980, bei der nationalen ungarischen Plattenfirma Hungaroton. Sie arbeitete bereits dort, als Heymann seine Zusammenarbeit mit dem Unternehmen begann: Hungaroton sprach Empfehlungen für Musiker aus und war in seinem Namen für Aufnahmen für Marco Polo und – in den ganz frühen Jahren – auch für Naxos verantwortlich. Im Oktober 1987, als sie noch immer für Hungaroton tätig war, wirkte Tóth an István Székelys Aufnahme von Chopins Balladen und Scherzi mit, die für Naxos im Italienischen Kulturinstitut in Budapest eingespielt wurden. Die Zusammenarbeit mit Naxos sollte ihr Leben verändern.

Am Ende des Jahrzehnts produzierte Tóth bereits regelmäßig für Naxos, da ein Großteil des Wiener Repertoires mit ungarischen Musikern aufgenommen wurde. In zwei Sitzungsblöcken im Mai und Juni 1989 nahm sie Mozarts Klavierkonzerte Nr. 20 und 21 (*Elvira Madigan*) mit Jenő Jandó und dem Concentus Hungaricus unter der Leitung von András Ligeti auf: Es sollte der Beginn eines kompletten Zyklus sein. 1990 verließ Tóth Hungaroton und gründete ein eigenes Aufnahmeunternehmen, Phoenix Studio, auch wenn sie weiterhin im Italienischen Kulturinstitut und der Reformationskirche in Budapest aufnahm. »Ungarn war damals zwar sehr rückständig, aber wir haben trotzdem sehr gute Aufnahmen produziert!«, sagt sie heute. »Am Anfang hatten wir nicht mal ein Faxgerät und ich weiß noch, wie ich später dagesessen und zugesehen habe, wie das erste Fax ankam – ich konnte es einfach nicht glauben.«

1990 entstanden weitere Jandó-CDs (darunter auch Liszts Sonate in h-Moll). Tóth saß auch bei den meisten Aufnahmen der wichtigsten Zyklen mit Jandó auf dem Produzentenstuhl, etwa bei den kompletten Mozart-Sonaten und -Konzerten, den Haydn-Sonaten und Bartóks

Klaviermusik. Sie produzierte darüber hinaus die kompletten Haydn-, Beethoven- und Schubert-Quartette mit dem Kodály Quartet sowie den kompletten Mozart-Zyklus mit dem Éder Quartet und war für die Aufnahmen der Beethoven-Sinfonien mit Béla Drahos und der Nicolaus Esterházy Sinfonia verantwortlich (sie hatte die Sinfonia 1992 selbst gegründet).

1995, im selben Jahr, in dem auch K&A an den Start ging, wagte sie den mutigen Schritt, für Phoenix ein eigenes großes, maßgeschneidertes Aufnahmestudio in Diósd am Stadtrand von Budapest zu bauen. Dort fanden in der Folge all ihre Aufnahmen statt, darunter auch Mozarts Opern für Naxos. Phoenix entwickelte sich zum führenden unabhängigen Produktionsteam in Ungarn und auch wenn es hin und wieder für andere Labels arbeitete, war Naxos viele Jahre lang sein wichtigster Kunde. Tóth kümmerte sich um die Aufnahmen und den Schnitt und arbeitete mit den Musikern, um die bestmögliche Endfassung zu erreichen, die sie anschließend an K&A zum Mastering schickte. Der Qualitätsstandard ihrer Arbeit war so hoch, dass es nur selten Probleme gab.

Schon bald kamen auch andere Musiker, die regelmäßig für Naxos arbeiteten, nach Ungarn, darunter auch die Cellistin Maria Kliegel und der Pianist Christopher Hinterhuber, dessen CDs mit Werken von C. P. E. Bach in Budapest eingespielt wurden. Im Laufe der Jahre hat Tóth über 350 Aufnahmen für Naxos produziert, die sich insgesamt über drei Millionen Mal verkauft haben. »Der Produzent ist wie ein Spiegel des Künstlers«, bemerkt sie. »Die Musiker wissen ja nie, wie ihre Arbeit sich wirklich anhört, bevor man sie ihnen vorspielt. Bei den Aufnahmen ist der Musiker also das innere Ohr und ich bin das äußere.« Nach Hunderten von Aufnahmen – zu den CD-Covers, die ihre Wände zieren, gehören auch ungarische Folkloremusiker – wird deutlich, dass weder ihre Leidenschaft für die Musik noch ihre Bewunderung für viele der Musiker, mit denen sie bisher zusammengearbeitet hat, abgenommen hat. Jenő Jandó ist nur ein Beispiel. »Jenő besitzt die Fähigkeit, Musik sehr schnell zu lernen. Sein wahres Talent ist aber, dass er sie auf ganz natürliche Weise in sich aufnimmt, so instinktiv, dass es klingt, als spiele er sie schon seit Jahren. Selbst als er diese unglaubliche Menge an

Musik in so kurzer Zeit für Naxos einspielte, klang sie immer frisch und bedeutungsvoll. Er denkt nicht darüber nach, was er damit machen oder wie er sie spielen soll: Bei ihm ist die Musik von Anfang an sehr ausdrucksstark. Und er hat immer 25 oder 30 Klavierkonzerte auswendig im Kopf.«

Ein weiteres Produktionsteam, Norbert und Bonnie Kraft in Toronto, war für Naxos ebenfalls sehr aktiv. Der Erfolg der Produktionen der Krafts, die mit CDs mit Gitarrenmusik begannen, führte zu vielfältigeren Aufträgen. Sie nahmen schon bald auch ambitioniertere Projekte an, die von historischen Aufnahmen über große Orchesterwerke wie Händels *Feuerwerksmusik* und *Wassermusik* – mit dem Aradia Ensemble unter der Leitung von Kevin Mallon – bis hin zu kompletten Barockopern und Oratorien reichten. Die aufwendigste Aufnahme war Berlioz' Requiem mit 400 Musikern – eine echte Herausforderung. Mit der Aufnahme von Ilya Kalers Solo-CDs mit Violinwerken von Bach und Ysaÿe fühlten sie sich jedoch ebenso wohl. Die Krafts entwickelten sich schon bald zum wichtigsten Produktionsteam für Naxos' Solo- und Kammermusikwerke in Nordamerika und lockten Musiker aus aller Welt an: Das Vermeer Quartet spielte Bartók ein, das New Zealand String Quartet Mendelssohn, Boris Berman Cages *Sonaten und Interludien* für präpariertes Klavier und Patrick Gallois französische Flötenmusik. Auch Takako Nishizaki reiste aus Hongkong an, um die letzte Sammlung von Mozarts Violinsonaten aufzunehmen. Es gab eine Zeit, in der die Krafts 30 CDs pro Jahr produzierten – inklusive Aufnahme, Schnitt und Mastering. In ihren zwei Jahrzehnten mit Naxos sind beinahe 250 Aufnahmen entstanden.

Einer der produktivsten Produzenten und Techniker des vergangenen Jahrzehnts ist der in Großbritannien lebende Tim Handley. Seit der Jahrtausendwende ist er in alle Welt gereist und hat an so unterschiedlichen Projekten wie Solo-CDs und aufwendigen Produktionen mit vielen Musikern mitgewirkt. Normalerweise arbeitet er allein und übernimmt sowohl die Rolle des Produzenten als auch des Technikers, und inzwischen kann er bei Naxos auf über 200 Aufnahmen zurückblicken, darunter auch zwei riesige »Live«-Projekte: William Bolcoms

Songs of Innocence and of Experience unter der Leitung von Leonard Slatkin und John Adams' *Nixon in China*, dirigiert von Marin Alsop. Bei Liveaufnahmen wie diesen lastet ein besonderer Druck auf dem Produzenten, da dieser sehr schnell arbeiten muss, um sofort alle Abschnitte zu identifizieren, die in den anschließenden Sessions nachgebessert werden müssen: Es gibt so gut wie keinen Raum für Fehler. Der Großteil von Handleys Arbeit fand jedoch in einer Studioumgebung statt. Im Juli 2008 arbeitete er mit der Nashville Symphony, erneut unter der Leitung von Leonard Slatkin, an der CD *Abraham Lincoln Portraits*. Zwei Wochen später reiste er nach Frankreich und nahm mit dem Orchestre National de Lyon und Jun Märkl Messiaens *Poèmes pour Mi*, *Les Offrandes oubliées* und andere Werke auf. Danach folgte eine Roussel-CD in Glasgow mit dem Royal Scottish National Orchestra unter der Leitung von Stéphane Denève. Gut einen Monat später befand er sich bereits in Neuseeland, um mit dem New Zealand Symphony Orchestra und Pietari Inkinen Sinfonien von Sibelius aufzunehmen. Anschließend ging es für noch mehr Roussel wieder zurück nach Glasgow. Zwischen diesen Reisen kehrte er für die Schnittarbeiten in sein Studio in London zurück.

Darüber hinaus arbeiten noch viele weitere Produzenten in aller Welt regelmäßig an Naxos-Projekten. Michael Ponder hat in Großbritannien zahlreiche Solo- und Kammermusikaufnahmen produziert und Günther Appenheimer arbeitet bereits seit Jahrzehnten mit Naxos zusammen. Das Produktionsteam aus Karol Kopernicky und Otto Nopp kümmert sich nach wie vor um das Mammutprojekt der Komplettedition von Johann Strauss (Vater), das mit der Slovak Sinfonietta Žilina unter der Leitung von Christian Pollack und dem verstorbenen Ernst Märzendorfer in der Slowakei entsteht und zu den außergewöhnlichsten Marco-Polo-Projekten gehört.

Schon bei den allerersten Marco-Polo-Aufnahmen stellte Klaus Heymann sicher, dass sämtliche Produktionsinformationen korrekt auf der Rückseite jeder CD abgedruckt wurden und er sah keinen Grund, weshalb diese Tradition nicht auch bei Naxos fortgeführt werden sollte, trotz des Budgetpreises. Da er selbst begeisterter Sammler ist, weiß er, welch wichtigen Beitrag Produzenten und Techniker leisten und er war immer sehr interessiert, zu erfahren, wann, wo und mit wem die Aufnahmen entstanden waren. Auch die meisten Musiker wissen, wie viel sie den Technikern zu verdanken haben, die an ihren Projekten mitarbeiten, und bei Naxos und Marco Polo werden sie stets mit sehr detaillierten Produktionsinformationen gewürdigt.

Sprachaufnahmen

Neben all den Musikaufnahmen setzte auch Naxos AudioBooks die Produktionen für seinen Katalog mit klassischer Literatur fort. Die meisten der Titel sind zwar Aufnahmen mit nur einem Sprecher, aber dennoch sind Sprachaufnahmen eine vollkommen eigene Disziplin, für die spezielle Mikrofone und ein Studio mit sehr wenig oder gar keinem Raumschall benötigt werden – im Gegensatz zu Musikaufnahmen, für die eine lebendigere Akustik nötig ist.

Da einige Werke 30 oder sogar 40 CDs umfassen (die ungekürzte Fassung von *Krieg und Frieden* erschien auf 51 CDs), arbeiten Produzent und Vorleser in einigen Fällen drei Wochen lang täglich zusammen. Der Produzent spielt bei der Aufnahme eine zentrale Rolle: Auch er muss den Text sehr genau kennen und bereits im Vorfeld Entscheidungen zur Aussprache ungewöhnlicher Personen- und Ortsnamen treffen. Roy McMillan, der viele ungekürzte Fassungen großer Klassiker produzierte (darunter auch *Middlemarch*, gelesen von Juliet Stevenson, und *Nicholas Nickleby*, gelesen von David Horovitch), bespricht mit den Schauspielern vorab den Grundton des Werkes und die Interpretation der einzelnen Protagonisten und kann so Einfluss auf den Charakter der gesamten Produktion ausüben.

Die Aufnahme klassischer Stücke mit großer Besetzung, Musik und Soundeffekten stellt große technische Ansprüche an eine Produktion – sowohl im Studio als auch während des langen Schneideprozesses: Die Schlacht von Agincourt in Frankreich muss ebenso realistisch klingen wie Julias Tod in den Katakomben von Verona.

Für den Schnitt und das Mastering von Sprachaufnahmen braucht man besondere Fachkenntnisse. Bei klassischer Musik wird ein großer dynamischer Bereich benötigt, bei Sprachaufnahmen ist es hingegen am allerwichtigsten, dass jedes einzelne Wort gut zu verstehen ist, egal, wo die Aufnahme angehört wird – im Auto, im Zug oder in der ruhigeren Umgebung zu Hause. Ist der dynamische Bereich zu groß, sind leisere Sprachpassagen vielleicht nicht zu hören, während den Zuhörern bei den lauteren beinahe das Trommelfell platzt. Die Sprache mit Musik zu unterlegen, erfordert ebenfalls spezielle Kenntnisse und besondere Sensibilität.

In den ersten Jahren von Naxos AudioBooks zeichnete sich Simon Weir von der Classical Recording Company für zahlreiche Aufnahmen verantwortlich. Im Laufe des vergangenen Jahrzehnts entwickelte sich Sarah Butcher zur wichtigsten Tonmeisterin. Sie hat Hunderte Stunden Material geschnitten, von *The History of Opera* von Richard Fawkes (einschließlich aller Musikausschnitte), gelesen von Robert Powell, bis hin zu Anton Lessers Lesung von *Unser gemeinsamer Freund* von Charles Dickens. Als professionelle Cellistin konnte sie ihr Fachwissen außerdem nutzen, um die passende Begleitmusik auszuwählen und diese außerordentlich fachkundig während der Postproduktion einzufügen.

Verträge und Organisation der Aufnahmen

Aufnahmen müssen organisiert werden – gut organisiert. Es gilt, den Saal zu reservieren, Musiker zu buchen, die Noten zur richtigen Zeit an den richtigen Ort zu schicken und die Sessions zu planen – für all diese verwaltungstechnischen Aufgaben benötigt man nicht nur Organisationstalent, sondern auch umfassende Kenntnis im Bereich der Musik und, in vielen Fällen, eine Sprachbegabung.

Im Zentrum der Organisation der Naxos-Aufnahmen steht beinahe von Beginn an der slowakische Musikwissenschaftler Ivan Marton. Dank seines musikalischen Hintergrundes und seiner Fähigkeit, auf Englisch, Französisch, Deutsch, Polnisch, Russisch, Ungarisch, Italienisch, Niederländisch und in seiner Muttersprache Tschechisch zu arbeiten, sorgte Marton dafür, dass die Aufnahmeprogramme in den ersten zehn Jahren und darüber hinaus stets in der Spur blieben, ganz egal, wie rasant das Tempo auch war. Er wurde zu Naxos großem Problemlöser und Vertragsmanager. Mitte der 1990er kümmerte er sich von seinem kleinen Büro in Bratislava aus um sage und schreibe 200 Aufnahmen pro Jahr, hin und wieder mit der Unterstützung eines Assistenten, oft jedoch alleine. Dabei konnte es sich um ein Sonaten-Programm mit nur zwei Musikern oder um eine komplette Oper inklusive Orchester, Chor und 20 oder mehr Solisten handeln: Sämtliche Einzelheiten und die Hauptorganisation liefen über seinen Schreibtisch.

Er traf Klaus Heymann Mitte der 1980er zum ersten Mal, als er für Slovart arbeitete, das staatliche Import-Export-Unternehmen, das im slowakischen Teil der Tschechoslowakei sämtliche geschäftlichen Angelegenheiten im Kulturbereich abwickelte. »Wir haben uns auf der MIDEM getroffen und ich war ganz aufgeregt, weil Klaus sagte, er wolle 40 Aufnahmen mit populärem Repertoire machen.« Im Sommer 1987 begann die Slowakische Philharmonie mit den Aufnahmen für die CDs, und Marton erinnert sich noch gut daran, wie geschäftig und aufregend diese Zeit war. »Das war während der kommunistischen Ära und Klaus Heymann hat den Musikern Arbeit, Geld und Hoffnung gebracht! Sie spielten zwei, manchmal auch drei Sitzungen pro Tag – und damals dauerte eine Session noch vier Stunden, nicht drei Stunden wie heute.«

Das Projekt traf im damaligen kommunistischen System auf einige politische Probleme und die Aufnahmen mussten an das Tschechoslowakische Rundfunk-Symphonieorchester übertragen werden. Marton hingegen arbeitete weiterhin eng mit Heymann zusammen. Im Mai 1989, kurz vor der *Samtenen Revolution*, verließ Marton Slovart, um fest bei Naxos anzufangen. Aufgrund der Erweiterung des Aufnahmeprogramms benötigte Naxos einen Vollzeit-Verwalter und A&R-Berater. Beinahe zehn Jahre lang organisierte er sämtliche Aufnahmen in Osteuropa, einschließlich Russland, der Ukraine, Polen und Ungarn. Er war bei vielen Aufnahmesessions in Tschechien, der Slowakei und Budapest anwesend und sprach Empfehlungen zu neuen Orchestern für andere Aufnahmen aus, wenn und falls diese benötigt wurden.

Das Aufnahmeprogramm für Opern, mit dem Marton in Bratislava begann, war in organisatorischer Hinsicht eine besondere Herausforderung. »Wir mussten einen sehr detaillierten Plan ausarbeiten, damit die Sänger genau wussten, wann wir sie brauchten: Sie hatten alle ziemlich volle Zeitpläne und oft bedeutete das, dass sie sofort wieder zu ihrem nächsten Job verschwanden, wenn sie ihre Arien eingesungen hatten.« Marton arbeitete eng mit den jeweiligen Dirigenten zusammen und plante die einzelnen Sessions auf die Minute genau. Gemeinsam mussten sie überlegen, wie lange die Aufnahme einer bestimmten Szene wohl dauern würde und dafür sorgen, dass alle Sänger zur richtigen Zeit anwesend waren. Es gab wenig Spielraum für Fehler. »Wir wussten, dass wir verlorene Zeit kaum wieder würden aufholen können, wenn wir erst einmal hinter dem Zeitplan lagen!« Der Druck war ganz erheblich. »Es war sehr aufregend und anstrengend.«

Ab Ende der 1990er, als Naxos begann, regelmäßiger in Westeuropa und in aller Welt aufzunehmen, wurde ein großer Teil der administrativen Aufgaben nach Hongkong verlagert, wo Edith Lei sich heute noch darum kümmert. Martons Arbeit konzentrierte sich so immer mehr auf die vertragliche Seite. Klare Verträge waren von Anfang an eines der Grundprinzipien von Naxos. Jeder Musiker muss zunächst einen Vertrag unterschreiben, bevor er mit den Aufnahmen beginnt, damit es zu einem späteren Zeitpunkt nicht mehr zu Missverständnissen kommen kann. Nach mehr als zwei Jahrzehnten arbeitet Marton noch immer von Bratislava aus, wo er alle wichtigen Vertragsangelegenheiten regelt und das Label zu bestimmten speziellen Projekten berät, etwa der Aufnahme von Martinůs Klavierkonzerten mit der Bohuslav-Martinî-Philharmonie und dem Pianisten Giorgio Koukl, die 2010 veröffentlicht wurde.

Booklets und Design

Jede Naxos- und Marco-Polo-CD und sämtliche Download-Aufnahmen beinhalten einen Booklet-Text. Sie sind so allgegenwärtig, dass die Kunden sie als festen Bestandteil jeder CD erwarten. Trotzdem haben sie sich auf ihre ganz eigene Weise zu etwas Außergewöhnlichem entwickelt. Die Tatsache, dass sie bereits in den ganz frühen Tagen existierten, zeigte, dass es auch für ein Budget-Label keinen Grund gab, seinen Kunden die grundlegenden Dinge vorzuenthalten, die sie auch von jedem anderen guten Klassik-Label erwarten konnten. Dies half Naxos sehr dabei, die Lücke zu den etablierten Labels zu schließen, da es bewies, dass dieses kleine Unternehmen aus Hongkong alles zu bieten hatte, was die Kunden auch bei einem Vollpreis-Label fanden. Die einzige Schwierigkeit lag in der Präsentation der Texte: Sie sahen schlichtweg nicht sonderlich ansprechend aus. Sie wurden in den schlichtesten Schrifttypen und im schlichtesten Layout abgedruckt und ließen nicht erkennen, dass man sich große Gedanken über das Design gemacht hatte. Das Schlagwort hieß Klarheit. Die Texte umfassten 1.000 bis 1.200 prägnante Wörter und boten Informationen zum Komponisten und dem Werk selbst sowie einige Angaben zu den Musikern. Das war alles.

Die frühen Naxos-Aufnahmen konzentrierten sich, selbstverständlich, auf die beliebtesten Klassik-Werke – weder Kritikern noch Sammlern würden sich mit dem Kauf einer CD von *Eine kleine Nachtmusik* oder Tschaikowskis *Klavierkonzert Nr. 1* völlig neue Hintergrundinformationen erschließen. Heymann hörte oft, diese Booklet-Texte seien nicht wirklich nötig und er könne sich das Geld genauso gut sparen. Aber sein Augenmerk galt den Hauptkunden des Labels – den Neulingen auf dem Gebiet der klassischen Musik, die eine grundlegende Sammlung mit Klassik-CDs anlegen sowie den Studenten, die gerne etwas dazulernen wollten. Sie versorgten die Texte mit exakt dem richtigen Umfang an Informationen auf genau dem richtigen Niveau. Heymann beharrte daher weiter darauf.

Schon nach relativ kurzer Zeit erschienen auch immer mehr Werke, die etwas abseits des Mainstreams lagen. Plötzlich wurden die Booklet-Texte selbst von Sammlern gelesen, die sich beispielsweise nicht mehr genau an den Ursprung der Klavierkonzerte von Schumann oder Brahms erinnerten und ihr Wissen anhand der Texte auf ebenso praktische wie zuverlässige Weise auffrischen konnten.

Für alle, die Marco Polo schon seit einiger Zeit treu waren, war dies hingegen nichts Neues. Seit über fünf Jahren konnten sie sich bereits auf die Texte, die jede der Aufnahmen begleiteten, verlassen. Viele der Komponisten waren relativ unbekannt, und für ihre Werke galt dies umso mehr. Es gab diverse Komponisten aus Osteuropa und dem Baltikum, aber auch bekanntere Komponisten waren vertreten, allerdings mit Werken, die in den Geschichtsbüchern nur eine kleine Randnotiz darstellten. Marco-Polo-Sammler legten ihre LPs (und später CDs) auf und studierten dann umgehend die Booklet-Texte – 1.000 Wörter mit klaren Informationen über die Entstehungsgeschichte des Werkes, den Kontext sowie den Entstehungszeitpunkt. Darunter stand stets die knappe Zeile: »Anmerkungen von Keith Anderson« – und unglaublicherweise waren sie tatsächlich ausnahmslos von Keith Anderson. Auch als Naxos begann, Hunderte von Aufnahmen pro Jahr zu produzieren, stand diese Zeile jedes Mal dort: »Anmerkungen von Keith Anderson.« Daran änderte sich jahrelang nichts. Wer also war, oder ist, Keith Anderson?

Er ist ein klein gewachsener, sehr ruhiger und sanfter klassischer Musikjournalist, Lehrer und ehemaliger Geiger, Bratschist und Pianist sowie ein Nachfahre von Sir George Grove, dem Gründer des *Grove Dictionary of Music and Musicians*. Anderson kam in den 1970ern nach Hongkong – durch Umwege über Oxford und Ankara – und spielte Geige bei Filmaufnahmen und Rundfunkaufführungen als Mitglied des Ensembles der Chinesischen Universität. Hier, bei einem Konzert, begegnete er auch Klaus Heymann. Anderson war ebenso sehr Wissenschaftler wie Musiker. Nachdem er ein Stipendium für Klassik und Musik am Lancing College erhalten hatte (in dem auch Benjamin Britten und Peter Pears häufige Gäste waren), studierte er anschließend *Literae Humaniores* am Wadham College in Oxford. Im Anschluss nahm er diverse Anstellungen an (unter anderem als Privatlehrer des Dirigenten Benjamin Zander), bevor er in die Türkei zog, wo er Englisch in Ankara unterrichtete und als Lehrer eines der Söhne des Premierministers tätig war. 1973 kam er nach Hongkong, wo er bis 1996 lebte. In den ersten Jahren verdiente er sich teilweise als Musiker, teilweise als Musikkritiker für verschiedene Zeitungen – darunter auch die *South China Morning*

Post – teilweise als Dozent an der Chinesischen Universität und später an der Hongkong Academy for Performing Arts und der Baptistischen Universität in Hongkong seinen Lebensunterhalt.

Als er Heymann im Jahr 1973 kennenlernte, war Anderson bereits ein arrivierter Schriftsteller und Akademiker, der englisch, französisch, spanisch, italienisch, deutsch, altgriechisch, Latein und türkisch sprach. Außerdem beherrschte er einige Brocken Kantonesisch. Dank Heymanns linguistischem Hintergrund bildeten die beiden ein perfektes Team. Als Heymann sein erstes Klassik-Label gründete (Budget Classics, das Musikreihen für Einsteiger auf Kassette veröffentlichte), bat er Anderson, die Texte zu schreiben. Darüber hinaus erhielten alle Kunden, die die komplette Reihe kauften, als kleines Extra ein ausführliches Gratisbeiheft über klassische Musik. Sein Einfallsreichtum wurde durch Heymanns nächstes Unternehmen auf eine etwas härtere Probe gestellt: HK, ein Label, das es sich zum Ziel gesetzt hatte, chinesisch-»westliche« Klassik aufzunehmen und zu veröffentlichen. Für Werke wie *The Butterfly Lovers,* die Kantate *Der Gelbe Fluss* oder *Fisherman's Song of the East China Sea* benötigte Heymann ebenfalls Booklet-Texte. Anderson befand sich zumindest am richtigen Ort und kannte die richtigen Leute, die er um Informationen bitten konnte.

Dies war jedoch lediglich eine Art Aufwärmprogramm für eine noch größere Aufgabe, die bald darauf folgte: der Start von Marco Polo 1982. Über populäre Klassik zu schreiben, auch über chinesische, war nicht sonderlich kompliziert, aber nun sollte Anderson mit einem Mal auch zuverlässig und kompetent über vergessene, vernachlässigte Bereiche der Musik schreiben – und das von Hongkong aus. Mit 1.000 bis 1.200 knappen, aber akkuraten Wörtern musste er beispielsweise vergessene Werke von Joseph Joachim, Anatol Ljadow, Nikolai Mjaskowski, Kurt Atterberg oder Wilhelm Furtwängler vorstellen und erklären. Er hatte zwar eine eigene Ausgabe des *Grove Dictionary of Music and Musicians* von 1945 zu Hause und Zugang zur Universitätsbibliothek, aber die Recherchen erforderten zeitaufwendige Besuche. Später schaffte Heymann eine Ausgabe von *Die Musik in Geschichte und Gegenwart* (»MGG«) an, die er in seinem Büro aufbewahrte, und glücklicherweise konnte Anderson die deutschen Texte lesen. Aber reichten diese Quellen wirklich aus, um 1.200 Wörter über Ouvertüren von Wagner zu schreiben, die noch nie zuvor aufgenommen worden waren? Wie klangen die Stücke überhaupt? Wenn überhaupt, waren sie nur sehr selten bei Konzerten gespielt worden. Und was sollte er zu Azio Corghis Oper *Divara – Wasser und Blut* schreiben?

Anderson erinnert sich ebenso gut an die Schwierigkeiten wie an das Vergnügen beim Schreiben. Furtwängler, der heute vor allem für seine Tätigkeit als Dirigent bekannt ist, schrieb auch Sinfonien, Chorwerke und Konzerte, und Heymann war sehr erpicht darauf, sie auf CD zu veröffentlichen. Dafür brauchte er natürlich Texte – eine Menge Texte. Anderson fand Anmerkungen zu den Werken, die von Furtwängler selbst stammten, aber sie waren allesamt in einer verschnörkelten, philosophischen Sprache geschrieben, mit der selbst deutsche Muttersprachler in Hongkong ihre liebe Mühe hatten. Ihnen ihre Bedeutung zu entlocken, war alles andere als eine leichte Aufgabe, und Anderson wird diesen Kampf nie vergessen. Andererseits erinnert er sich auch noch sehr gut an die Recherchen für seine Texte zu *Tonadas*, als der Komponist Joaquín Nin-Culmell ihn warnte, nicht alles zu glauben, was seine Schwester, Anaïs Nin, dazu zu sagen hatte. Und Anderson freute sich sehr darüber, mehr über Franz Schreker erfahren zu können, als Marco Polo sich zu der weltweit ersten Aufnahme von *Der ferne Klang* entschloss. Seine musikalische Neugier ließ ihn darüber hinaus in die Opern von Siegfried Wagner, Richards Sohn, eintauchen – eine weitere angenehme Aufgabe, auch wenn er dabei feststellte, dass das Talent beim Übergang von einer Generation zur nächsten ein wenig abgenommen hatte.

Als Marco Polo sich etabliert hatte, war Anderson bereits von Kowloon in ein traditionelles chinesisches (sprich: straßenloses) Dorf namens Siu Lek Yuen in den New Territories gezogen. Von dort aus waren zwar begrenzt Telefonverbindungen nach Hongkong möglich, die aufgrund des Wetters jedoch hin und wieder ausfielen. Anderson saß dort mit seiner Brother-Schreibmaschine in seinem kleinen Zimmer und verfasste Texte zu Tournemires 6. Sinfonie oder den kompletten elf

Sinfonien von Joachim Raff. Es muss dabei wohl Zeiten gegeben haben, in denen er sich über Heymanns Drang zur Vollständigkeit besonders freute – und solche, in denen er ihn weniger beeindruckte. Die Informationen erreichten Anderson in seinem kleinen Zimmer in seinem kleinen Dorf auf vielfältige Weise – hin und wieder auch durch Fotokopien von Partituren oder Artikel aus renommierten europäischen Musikzeitschriften, die er selbst übersetzen musste – und er ergänzte diese dann durch seine persönlichen Diskussionen mit Dirigenten, Musikern oder Agenten.

Anfang der 1990er war Naxos bereits in vollem Gange. Bei diesem neuen Label war jedoch weniger das ausgefallene Repertoire eine Herausforderung als vielmehr die schiere Menge an neuen Aufnahmen. Auch wenn er immer wieder kurz davor stand, von der großen Anzahl der Veröffentlichungen überwältigt zu werden, blieb Anderson jahrelang heldenhaft der einzige Autor der Anmerkungen. Er verfasste pro Tag einen Booklet-Text und unternahm dann alle paar Tage die Reise nach Hongkong, um sie eigenhändig in den Naxos-Büros in Kowloon, dem Industriegebiet der Stadt, abzuliefern. Viele Jahre lang nahm Klaus sie dann mit zu sich nach Hause, las sie über Nacht durch, änderte, wenn nötig, Kleinigkeiten und brachte sie dann wieder zurück ins Büro. Anschließend wurden sie gesetzt und die Endfassungen gingen zu einer letzten Überprüfung an Heymann und Anderson, bevor das Booklet veröffentlicht wurde. Da sie beide mehrere Sprachen beherrschten, waren sie besonders pedantisch, was die korrekten diakritischen Zeichen bei der Vielzahl der verschiedenen Namen und anderen Wörter anging. Im Allgemeinen erschienen die Texte ausschließlich auf Englisch, aber wenn Heymann der Ansicht war, eine Aufnahme werde sich in Deutschland, Frankreich oder Spanien besonders gut verkaufen, wurden Übersetzungen angefertigt, die ebenfalls von Anderson und Heymann geprüft wurden. An diesem Prozess hat sich bis heute fast nichts geändert (obwohl inzwischen sehr viel mehr Personen involviert sind). Die Zahl der geschriebenen und gelesenen Wörter lässt sich unmöglich nachvollziehen. Anderson selbst hat nicht die geringste Ahnung. »Das kann nur der Allmächtige beantworten«, scherzt er, und damit meint er keineswegs Heymann, der es genauso wenig weiß – obwohl er sich auch schon gefragt hat, ob Anderson in Bezug auf die schiere Quantität, die er im Laufe der Jahrzehnte produziert hat, nicht vielleicht der meistveröffentlichte Schriftsteller der Welt sein könnte. Anderson war nicht nur für die Booklet-Texte verantwortlich, er verfasste darüber hinaus zwei umfangreiche Anthologien: *The A–Z of Classical Music* und *The A–Z of Opera*. Beide wurden Ende der 1990er in einer Edition mit einer Doppel-CD veröffentlicht und verkauften sich mehrere tausend Mal. Auch als die überarbeiteten Versionen erschienen, verkauften sie sich massenweise, und einige Jahre später wurden erweiterte Ausgaben veröffentlicht.

1996 verließ Keith Anderson Hongkong und zog in ein kleines Dorf in Wales. Heute ist er über 80 und lebt in Northumberland im Nordosten von England. Er war einer der Ersten, die auf Computer umstiegen, und besitzt einen der ersten Apple Macintosh Classics. Er schreibt noch immer Booklet-Texte, liest Korrektur und beantwortet die Flut an Fragen, die ihn beinahe täglich erreicht. Eine der jüngsten Aufgaben, die auf seinem Schreibtisch landete, war es, herauszufinden, wer der Verfasser eines von Stefan George übersetzten Gedichtes war, das bislang, anscheinend fälschlicherweise, Baudelaire zugeschrieben worden war – eines der typischen, vielfältigen Rätsel, die Naxos gerne an ihn weiterleitet.

Andersons Leistung ist im Laufe der Jahre nicht unbemerkt geblieben. *Fanfare*, eine amerikanische Musikzeitschrift, begann, in ihren CD-Besprechungen regelmäßig auch seine Booklet-Texte zu kommentieren. »Keith Andersons Anmerkungen sind gut, aber der Naxos-Sound ist ein wenig fad ...«, hieß es etwa in einer, während in einer anderen das Wort »faulkneresk« zu lesen war. Ein anderer amerikanischer Kritiker schrieb: »Zu dieser ausgezeichneten Aufnahme trägt Keith Andersons Booklet-Text ein Übriges bei, der seinem üblichen hohen Standard auch dieses Mal treu bleibt.« Heymann verneigt sich vor seiner Arbeit und weist mit einiger Befriedigung darauf hin, dass bisher noch in keinem seiner Texte ein Fehler entdeckt wurde – angesichts der schieren Menge eine beinahe unglaubliche Tatsache. Er nannte Anderson außerdem »einen der Väter von Naxos«. Dieser Aussage kommt vielleicht noch größere Bedeutung zu, wenn man weiß, dass Andersons Sohn Anthony nach seinem Universitätsabschluss ebenfalls eine Stelle in Heymanns Unternehmen antrat, heute Teil des leitenden Managements ist und nicht nur große Verantwortung im internationalen Geschäft trägt, sondern auch Naxos' britisches Vertriebsunternehmen Select Music leitet.

Während der ersten Hälfte der 1990er übernahm Anthony Anderson von Hongkong aus die Aufgaben des Produktionsmanagers, der auch die Herstellung sämtlicher Booklets und Covers überwacht. Deren Koordination und Detailbearbeitung wurden mit der Zeit immer umfangreicher, und es erwies sich als zunehmend schwierig, in Hongkong die nötigen Fachkräfte für diese anspruchsvolle Aufgabe zu finden. Immer mehr Aspekte dieses Naxos-Produktionszweigs wurden daraufhin nach Großbritannien verlagert, besonders, als Anthony 1997 dorthin zurückkehrte, um den Posten des Geschäftsführers von Select Music zu übernehmen. Eine der ersten Veränderungen, die er vornahm, war es, eine neue Version des Logos des Labels zu veranlassen. Die berühmten Naxos-Säulen waren nun nicht länger schwarz auf weiß, sondern weiß auf blau und bekamen so einen etwas stilvolleren Look. 1999 wurde Peter Bromley zum neuen Produktionsmanager ernannt und mit der Überwachung der Covers und Booklets sämtlicher Veröffentlichungen betraut, deren Zahl sich inzwischen auf rund 300 pro Jahr belief.

Bis zum Ende des 20. Jahrhunderts waren Naxos und Marco Polo so schnell gewachsen, das Aufnahmeprogramm so umfangreich und die Auftragsvergabe so abenteuerlich und spontan, dass die Labels drei Monate hinter ihrem Zeitplan lagen. Die Dinge wurden durch die Internationalität des Design- und Produktionsbereichs zusätzlich verkompliziert, indem Designer und Redakteure auf unterschiedlichen Kontinenten arbeiteten. Später entspannte sich die Situation dank der Möglichkeit, E-Mails zu verschicken, und heute ist dieser Kommunikationsweg die Norm. In Zeiten, in denen noch fast alles über Faxe abgewickelt wurde, war es jedoch – vorsichtig ausgedrückt – ein ambitioniertes Unterfangen. Aufgrund der großen Investitionen in Neuaufnahmen hatte deren Veröffentlichung Priorität, während Back-up und Archivierung weniger

Zeit und Mühe gewidmet wurden. Als später jedoch alles für die Präsentation im Internet vorbereitet werden musste, kam diesem Bereich eine bedeutendere Rolle zu. Die beachtliche Aufgabe, ein vernünftiges, gut zugängliches Archiv zu erstellen, gehörte zu den ersten, mit denen Bromley beauftragt wurde. Naxos- und Marco-Polo-CDs wurden von CD-Herstellern auf verschiedenen Kontinenten gepresst, und alte Grafikdateien zu durchforsten oder verlorene Grafik-Folien wiederzufinden, waren zwar entscheidende, aber weit weniger glamouröse Aufgaben als etwa das Design für die Cover der jüngsten Sinfonie-Veröffentlichungen zu erstellen.

Das Design der Cover und des gesamten Booklets und Innenlebens der CDs änderte sich im Laufe der ersten zehn Jahre kaum. Im Falle von Marco Polo war es eine offensichtliche Wahl gewesen, ein Bild des Komponisten auf dem Cover abzudrucken, obwohl Heymann schnell feststellte, dass dies eine Menge alter Männer mit Bärten bedeutete. Für Naxos hatte er sich von Anfang an für die einfache Lösung eines Gemäldes oder eines anderen Kunstwerks entschieden, die er aus den unterschiedlichsten Quellen zusammensuchte. 2000 arbeitete Naxos dann ausdrücklicher mit verschiedenen Bildarchiven in aller Welt zusammen, mit denen Heymann dank der großen Abnahmemenge Sonderkonditionen aushandeln konnte.

Die Bandbreite der Veröffentlichungen hatte sich so sehr erweitert, dass es unerlässlich wurde, CD-Reihen zu produzieren, um es den Kunden zu erleichtern, sich im Naxos-Katalog zurechtzufinden. Im Laufe der Zeit nahm die Vielfalt immer weiter zu, und für jedes der vielen neuen Labels oder der neuen Serien (egal, ob *Complete Piano Music of Liszt*, *Naxos World*, *Very Best of*, *Wind Band Classics* oder *Guitar Collection*) mussten Bromley und sein Produktionsteam ein neues Design kreieren. In einigen Fällen entschied man, sich nicht zu weit vom weißen Naxos-Look zu entfernen, besonders im Falle der nationalen Labels, etwa für *American Classics* oder *Spanish Classics*. In anderen Fällen, in denen ein kühnerer Ansatz gefragt war, beispielsweise bei Filmmusik oder Naxos Nostalgia, beschloss man, aus diesem Rahmen auszubrechen. In den letzten paar Jahren hat sich dieses System kaum verändert: Jede

Veröffentlichung muss mit den Tonmeistern koordiniert werden, die an den Sounddateien arbeiten und Trackpoints und Timings bestimmen, und jede Veröffentlichung umfasst einen einführenden »Klappentext« auf der Rückseite, der von der Marketingabteilung verfasst und von Bromley abgesegnet wird. Naxos ist nach wie vor das einzige Label der Branche, das diese Informationen auf jeder CD-Rückseite bereitstellt, etwas, das Heymann schon immer für unerlässlich hielt. Für jede Veröffentlichung müssen außerdem ein Bild für das Cover ausgewählt, die Booklet-Texte (und, wenn nötig, deren Übersetzung) in Auftrag gegeben und korrigiert und sämtliche grundlegenden Informationen der Aufnahme zusammengetragen werden: Ort, Datum, Techniker, Produzent, Tonmeister usw. Naxos mag als Budget-Label mit populärem Repertoire begonnen haben, aber seine Wurzeln gehen auf Heymanns persönliches Interesse als Sammler zurück – und Sammler wollen diese Informationen.

Dank Breitband-Internetzugängen ist es heute kein Problem mehr, dass sich das Produktionsteam aus internationalen, größtenteils freiberuflichen Mitgliedern zusammensetzt, die von zu Hause aus arbeiten. In der Regel arbeitet ein Designer – in Großbritannien, Neuseeland, Italien, Hongkong oder Manila – von Anfang bis Ende an einer Veröffentlichung. Hin und wieder kann es jedoch vorkommen, dass in Manila das Cover kreiert wird, der Rest des Booklets jedoch in Großbritannien. Designer mit besonderem Interesse an klassischer Musik werden so oft wie möglich eingesetzt, und es ist besonders wichtig, dass sie sich der diakritischen Zeichen bei Namen bewusst sind: Aufgrund der internationalen Mischung der Musiker und Komponisten ist die Genauigkeit bei tschechischen, ungarischen oder polnischen Namen besonders entscheidend.

Opernlibretti und gesungene Texte machen die Sache noch ein wenig komplizierter. Für Aufnahmen mit Orchester- und Instrumentalmusik war das Layout schon immer sehr geradlinig, aber im Falle von Opern, Liedern, Chansons und anderen Liedaufnahmen sowie bei Sakralmusik blühten die Booklets förmlich auf. Die Aufgabe, diese Texte zu beschaffen und zu reproduzieren, fiel Bromley und seiner Abteilung zu – anfangs wurden nur die gesungenen Texte benötigt, später auch immer öfter Übersetzungen. Bei Libretti mit ausgelaufenem Copyright gab es keinerlei Probleme, außer, dass das Team mit großen Textmengen in verschiedenen Sprachen arbeiten musste. Es gab jedoch nicht selten Schwierigkeiten mit den Inhabern von Urheberrechten, die es gewohnt waren, von Vollpreis-Labels fürstlich entlohnt zu werden und kein Verständnis für die engen Gewinnmargen bei Naxos hatten. Ziel des Labels war und ist es, den Kunden die bestmögliche Aufnahme zu einem günstigen Preis zur Verfügung zu stellen, aber wann immer die Verhandlungen scheiterten, wurden stattdessen detaillierte Exposés in Auftrag gegeben.

Bromley war darüber hinaus für die Überwachung weiterer Entwicklungen im stilistischen Bereich zuständig, darunter auch die Einführung einer großen Vielfalt von Schriftarten und anderen Designelementen. Für Aufnahmen mit bestimmtem Repertoire greift man inzwischen auch immer häufiger auf randlose Covers zurück, und die wichtigsten Veröffentlichungen erscheinen immer öfter in einer Hülle, um diese besonderen CDs von den anderen abzuheben und interessanter wirken zu lassen, selbst in einer weißen Naxos-Wand. Das schwarze Inlay wurde ebenfalls neu gestaltet und umfasst nun auch ein Textfeld mit allen Details der Aufnahme.

Hin und wieder werden Aufnahmen in verschiedenen Formaten mit leichten Abweichungen veröffentlicht. So kann das fertige Produkt in Europa anders aussehen als in den USA oder in Fernost. Dies kann zu Komplikationen führen, da sich die Anforderungen hinsichtlich der Abmessungen oder des Layouts der einzelnen CD-Hersteller oft leicht unterscheiden. Der jeweilige Designer, der für die unterschiedlichen Versionen zuständig ist, muss diesen kleinen Details große Beachtung schenken.

Auch die steigenden Download- bzw. sinkenden CD-Verkaufszahlen haben sich auf das Design ausgewirkt. Ein Cover muss nun gleichzeitig in Thumbnail-Größe funktionieren – und einen klar erkennbaren Titel haben – und auch im Regal attraktiv wirken. Einige Aufnahmen werden in digitaler Form »vorveröffentlicht«, bevor sie als CD auf dem internationalen Markt erscheinen. In diesen Fällen gibt es eine Phase mit »halb fertigem Design«: Die Aufnahme erscheint zunächst mit einem schlichteren Basisdesign, das später durch das endgültige Design des CD-Covers ersetzt wird.

Die Koordination erfordert hierbei einen immensen logistischen Aufwand. Da die Designer und inzwischen auch die Verfasser der Texte in den unterschiedlichsten Ländern leben, arbeitet das Naxos-Team mit einem zentralen FTP-Server, der rund um die Uhr zugänglich ist. Auf diesem Server befindet sich ein Jahrzehnt an Arbeit, und Naxos-Töchter in aller Welt können sich dort problemlos ein Cover oder einen Booklet-Text herunterladen, falls diese kurzfristig für eine Kampagne benötigt werden. Der Server hat sich mittlerweile zu einer der wichtigsten Ressourcen entwickelt.

sech-
zehn

Naxos im Web

Die Entwicklung der digitalen Dienste

Der Internetauftritt von Naxos zählt zu den innovativsten und effektivsten Bereichen des Unternehmens. Bereits 1996 stellte er unter Beweis, dass es viel mehr war als nur ein Klassik-Label mit Budgetpreisen. Naxos hatte die Absicht, langfristige, umfassende Dienste im Bereich der klassischen Musik anzubieten, und letzten Endes setzte es sich das Unternehmen zum Ziel, weit über die Grenzen eines reinen Klassik-Labels hinauszugehen. Heymann wollte Naxos' Reichweite vergrößern und das Label im umfassendsten Sinne in einen Anbieter klassischer Musik verwandeln, der auch Audio- und Videodateien sowie eine reiche Fülle weiterer Medien zur Auswahl stellte – kurz und gut: eine digitale Quelle, die den Klassikfreunden alles bot, was ihr Herz begehrte.

Heymann ist der Erste, der zugibt, dass diese klare Strategie Mitte der 1990er, als der Einfluss des Internets immer größer wurde, noch nicht bestand. Da er in Hongkong lebte, war er sich vor den meisten anderen in der Welt der Klassik über die Ausweitung des Internets bewusst. Als sein Lagerverwalter S. K. Wong, ein Hobby-Computerfan, daher mit der Idee an ihn herantrat, eine erste Internetseite aufzubauen, stimmte er zu. Anfangs lehnte er Wongs Ratschlag allerdings ab, die Domain-Namen »naxos.com« und »marcopolo.com« registrieren zu lassen. Stattdessen startete er mit einer gemeinsamen Website unter dem Namen des Mutterunternehmens, »hnh.com« – ein Fehler, der später korrigiert wurde. Dennoch erschien die gerade flügge gewordene Seite hnh.com 1996 mit grundlegenden Informationen zu Naxos und Marco Polo im Netz. Die Seite war langsam, schlicht und ein wenig verwirrend. Aber schon damals wurde dort ein Ausschnitt jeder neuen Veröffentlichung in RealAudio gestreamt, und Heymann erkannte ihr Potenzial.

1999 wurde die Website generalüberholt. Sie war schneller, die Informationen klarer, und, am allerwichtigsten: Die Besucher konnten in Windows Media Audio (WMA) sämtliche kompletten Alben aus dem Naxos- oder Marco-Polo-Katalog streamen. Die Seite hieß nun »naxos.com« und war eine echte Innovation – sie war die erste Seite, in der Klassik- oder Popwelt, die sämtliche Titel zum Anhören online stellte, und es war möglich, jedes Stück einzeln zu wählen. Die Werke konnten zwar nur gestreamt und nicht heruntergeladen werden, aber dennoch brachte die Seite die Musik über das Internet direkt in die Wohnzimmer.

Die Qualität war passabel, und 20 kBit/s waren in Zeiten der Einwählverbindungen die einzig realistische Option, aber im Bereich des Klassik-Marketings bedeutete dies dennoch einen großen Schritt nach vorne – andererseits jedoch auch ein großes Risiko. Innerhalb des Unternehmens warnten viele Vertriebe vor diesem ihrer Ansicht nach äußerst gefährlichen Schritt. Die Piraterie wirkte sich bereits immer mehr auf das Pop-Geschäft aus. Auf diese Art lud Heymann, so befürchteten die Zweifler, Musikdiebe praktisch persönlich zu Naxos ein. Er sah die Sache jedoch anders. Zunächst betrachtete er die Seite als ideales Marketinginstrument, das die Kunden zu mehr Käufen anregen würde. Darüber hinaus war die Qualität relativ niedrig. Sie war zwar gut genug, um die Darbietung beurteilen zu können, aber kein echter Klassikliebhaber würde sich mit Musik dieser Bit-Rate zufriedengeben. Außerdem waren die Naxos-CDs so preiswert, dass Heymann sich beim besten Willen nicht vorstellen konnte, dass irgendjemand wirklich all die Mühe auf sich nehmen würde, die Musik zu klauen – was damals längst noch nicht so einfach war – wenn er auch die richtige CD für relativ wenig Geld haben konnte.

Dieser mutige Schritt sollte weitreichende Auswirkungen haben. Er brachte Naxos im Bereich der Webauftritte innerhalb der Klassikbranche die Spitzenposition ein – und er bedeutete, dass das Unternehmen plötzlich über eine eigene Internetabteilung verfügte. In immer mehr Räumen des Bürogebäudes in Hongkong saßen junge, dynamische IT-Experten, die CDs rippten und digitale Dateien des Inhalts erstellten, und – ebenso wichtig – Musikwissenschaftler, die sämtliche Metadaten (Hintergrundinformationen) zusammentrugen, die für die Datenbank der Website benötigt wurden. Hier wurde eine digitale Quelle geschaffen, die es mit nur einem Mausklick ermöglichte, sämtliche Informationen zu allen 2.500 CDs bereitzustellen – einschließlich der Booklet-Texte. Es war ein wirklich bemerkenswert vorausschauendes Unterfangen, das vielleicht nur möglich war, weil sich der Sitz der Firma in Hongkong befand, wo man sich in Sachen Computertechnologie stets auf dem neuesten Stand befand.

Nur allzu oft musste Heymann jedoch den Preis dafür bezahlen, stets auf dem neuesten Stand sein zu wollen. Er kann sich längst nicht mehr daran erinnern, wie oft die Website inklusive des kompletten, ständig wachsenden Katalogs redigitalisiert werden musste. Als die Internetverbindungen schneller wurden, waren 20 kBit/s nicht länger akzeptabel, und die Bit-Rate der gesamten Seite musste erhöht werden. Ursprünglich waren die Stücke im RealAudio-Format gestreamt worden, aber als der Windows Media Player begann, den Markt zu dominieren, konvertierte man die Titel in WMA-Dateien, die später wiederum in Flash konvertiert wurden. Heymann beschloss, dass er kein DRM (Digitales Rechtemanagement) benötigte, da die Gefahr, dass irgendjemand die Streams aufzeichnen würde, nicht sonderlich groß war. Innerhalb des Unternehmens gab es außerdem Befürchtungen, dass all das Geld, das in den Naxos-Internetauftritt investiert wurde, jeden wahrscheinlichen Gewinn bei Weitem überstieg. Heymann ließ sich jedoch nicht beirren. Dadurch, dass er in Asien lebte, wusste er aus persönlicher Erfahrung, wie schnell sich die Internetdienste und die Geschwindigkeit verbesserten. Tatsächlich war er entschieden besser positioniert, dies zu beurteilen als seine Vertriebspartner auf den wichtigsten Märkten in den USA oder Europa.

Zur Jahrtausendwende ging er mit einem völlig neuen Vorhaben an den Start, das sich ebenfalls des digitalisierten Musikarchivs bediente. 2001 begab Heymann sich mit einer Festplatte im Gepäck – damals hatten diese noch die Größe einer Kiste – auf eine Tour durch seine Hauptmärkte und präsentierte sie seinen Verkäufern. »Hier sind unsere gesamten Aufnahmen drauf«, verkündete er dann begeistert und erläuterte sein Konzept. Die besten Hotels in aller Welt würden ein Abonnement für den Klassik-Katalog von Naxos erwerben und eine jährliche Gebühr bezahlen, die es ihnen erlaubte, ihren Gästen eine breite Auswahl an klassischer Musik in jedem Hotelzimmer anzubieten. Er erklärte weiter, dass nur rund 1.000 Hotels nötig waren, die eine vernünftige Gebühr bezahlten, um die Einnahmen des Unternehmens zu verdoppeln, und darüber hinaus entfielen die Kosten für eine CD-Pressung. Die Verkäufer in den USA wurden leichenblass bei dem Gedanken daran, dass die Festplatte womöglich in die falschen Hände geraten und kopiert werden könnte. Wenn Heymann mit sämtlichen Naxos-Aufnahmen in der Aktentasche durch die ganze Welt reist, braucht er auf jeden Fall einen Leibwächter, fanden sie. Heymann beauftragte seine Vertriebspartner, nach Abonnement-Kunden zu suchen – in Hotels, Krankenhäusern, Restaurants usw. Letzten Endes war die Idee jedoch nicht von allzu großem Erfolg gekrönt. Immerhin war sie aber der erste Schritt zur vielleicht innovativsten, nützlichsten Internetquelle für klassische Musik überhaupt und in der Zwischenzeit hat sie sich im Bildungsbereich als unschätzbar wertvoll erwiesen: naxosmusiclibrary.com.

Die Naxos Music Library ging 2002 an den Start. Ihr Ziel war es, Bildungs- und musikalische Einrichtungen mit einer unvergleichbaren Quelle klassischer Musik zu versorgen. Die »NML«, wie sie allgemein genannt wird, wurde als Streaming-Dienst für Schulen, Universitäten und Musikkonservatorien entwickelt, der jedoch schon bald auch von anderen genutzt wurde: Orchestern, Musikgesellschaften (zur Planung ihrer Programme), Kunstorganisationen, öffentlichen Bibliotheken und sogar Unternehmen, die für ihre Filme oder Werbespots klassische

Musik benötigten. Sie war außerdem für Einzelpersonen attraktiv, die die Freiheit genießen wollten, der Musik ihrer Wahl zu jeder Tages- und Nachtzeit zu lauschen. Anfangs hatte man die Idee, die Musik den Einrichtungen, die ein Abonnement erworben hatten, auf einer Festplatte zu liefern, so dass nur die Suche über die Seite der Naxos Music Library abgewickelt wurde. Kurz nach der Einführung des Dienstes sanken die Kosten für schnelle Internetverbindungen jedoch dramatisch, so dass es für die Kunden möglich wurde, die Musik direkt vom Hauptserver in Hongkong zu streamen.

Der Inhalt, der nun als Streaming-Angebot zur Verfügung steht, ist, kurz gesagt, die größte und umfangreichste Sammlung klassischer Musik überhaupt (die sogar kleine Ausflüge in andere Bereiche, etwa Jazz und Weltmusik, erlaubt). Sie kam nur zustande, weil Heymann von Anfang an die Idee hatte, auch alle anderen Klassik-Labels einzuschließen – auch wenn sie den Namen »Naxos Music Library« trägt und der umfangreiche Naxos-Katalog ihr Herzstück bildet. Er lud alle anderen Labels ein, sich der Bibliothek anzuschließen, hin und wieder musste er sie jedoch regelrecht beschwatzen. Diejenigen, die ohnehin schon von Naxos vertrieben wurden, standen dem Vorhaben offener gegenüber als andere, die auf das »Budget«-Label noch immer ein wenig reserviert reagierten. Immerhin bedeutete eine Teilnahme, dass die Labels ihren eigenen Katalog in die Hände eines Konkurrenten legen mussten, daher war es nur natürlich, dass einige von ihnen zögerten. Doch eine faire Umsatzbeteiligung, transparente Berichte und klare Verträge sorgten dafür, dass die Anzahl der Labels mit jedem Monat wuchs. Darüber hinaus war die Seite so gestaltet, dass die Naxos-Aufnahmen keinerlei Vorteile erhielten: Bei der Suche nach einem Werk mit mehreren Aufnahmen verschiedener Labels werden die Ergebnisse in der NML in der von Google erstellten Reihenfolge angezeigt. Innerhalb kürzester Zeit wurde das Naxos-Büro in Hongkong mit CDs (und später Festplatten) von anderen Labels förmlich überschwemmt, die alle nur darauf warteten, in die erforderlichen Formate konvertiert zu werden.

In den ersten zehn Jahren des 21. Jahrhunderts waren Downloads (und illegale Tauschbörsen) der letzte Schrei. Streamings wurde nur wenig Aufmerksamkeit zuteil. Heymann war jedoch der Ansicht, dass Streamings schon in naher Zukunft, wenn schnelle Breitbandverbindungen universeller verfügbar waren, ebenso wichtig oder sogar noch wichtiger werden würden. Zugang statt Besitz war der Schlüssel, so glaubte er. Als Inhaber eines Katalogs wusste er jedoch, dass dieses Geschäftsmodell vor allem auf Sicherheit achten und den anderen Label-Eignern einen lohnenden Gewinn bieten musste. Er war nicht der Meinung, dass der Weg über die Werbung (also eine Bezahlung nach Werbeeinnahmen) zuverlässig oder angemessen war. Seiner Ansicht nach versprach das Abonnement-Modell, das sich ursprünglich an Einrichtungen und Unternehmen richtete, die besten Aussichten auf ein lohnenswertes Geschäft für alle Beteiligten. Die Eigentümer der Aufnahmen würden für jede Mikrosekunde, die jemand auf ihre Aufnahmen zugriff, bezahlt werden.

Für redaktionelle Projekte, etwa *Grove Music Online*, existierte in der Welt der Klassik bereits ein grundlegendes Abonnement-Modell. Allerdings war dieses Modell bislang noch nicht auf Musikaufnahmen angewandt worden, hauptsächlich, weil ein Zusammenschluss mehrerer Labels nötig war, damit das Unterfangen sich überhaupt lohnte – und dies war in dem Umfang, den Heymann vorschlug, bisher schlichtweg noch niemandem gelungen, und ganz sicher war es auch keine einfache Aufgabe. Die Labels waren vorsichtig, teilweise sogar misstrauisch. Die flexibleren, unabhängigen Labels schlossen sich dem Projekt nach und nach in Scharen an, während die etablierten Labels kollektiv ihre Köpfe in den Sand steckten und sich weigerten, einzusteigen. Im Laufe der Jahre wurde die Haltung der etablierten jedoch immer unwichtiger, da sich die Bandbreite des Repertoires, das Naxos gemeinsam mit den unabhängigen Labels anbot, immens erweiterte. Was das Repertoire betraf, so waren sämtliche Werke zugänglich und konnten im Detail studiert oder einfach nur genossen werden. Heymann verfolgte von Anfang an das Ziel, mindestens eine Aufnahme jedes Werkes, das jemals eingespielt worden war, anzubieten. Wenn es um die Darbietungen an sich ging, waren die etablierten Labels jedoch nach wie vor wichtig – sie hatten schließlich die Stars. Für die Zwecke der Einrichtungen, an die sich die NML in erster Linie richtete, war das Repertoire jedoch von größerer Bedeutung als die Künstler.

Diese Ansicht vertraten auch die Universitäten und Musikakademien, die sich schon bald für ein Abonnement entschieden und dieses regelmäßig erneuerten. Die Naxos-Verkäufer in aller Welt mussten nun lernen, auch in einer akademischen Umgebung zu arbeiten, die sich sehr von der des Einzelhandels unterschied. Die Universitäten und anderen Einrichtungen bemerkten schnell, dass ein Abonnement der NML wirtschaftlich sinnvoller war, als in eine CD jedes Werkes zu investieren: Die CDs konnten jeweils nur von einem Studenten nach dem anderen genutzt und darüber hinaus verloren gehen oder beschädigt werden. Aber mit nur zehn oder zwanzig Abonnements konnten die Musikstudenten überall an der Universität auf die NML zugreifen und jedes Werk ihrer Wahl in ihrer Freizeit studieren.

Es ging jedoch nicht nur um die Musik an sich. Musikwissenschaftler in aller Welt – in Hongkong, Manila, den USA und Großbritannien – wurden engagiert, um weitere Hintergrundinformationen zu den Werken zu sammeln, anstatt nur die Metadaten zusammenzustellen. Es war eine wichtige Aufgabe. Heymann wollte, dass Studenten und Musiker mit nur einem Mausklick alles über die Künstler, die Länge des Werkes, seine Geschichte und den Komponisten, die Produktionsdetails, die Instrumentierung sowie Informationen über den Verlag erhielten. Ziel war, um es mit Heymanns Worten auszudrücken, eine konkurrenzlose Musikquelle mit allem Drum und Dran.

Innerhalb von fünf Jahren hatte sich die NML bereits zum globalen Marktführer in diesem Angebotsbereich entwickelt und andere Projekte, die Ähnliches versuchten, bei Weitem überflügelt. Die täglichen Updates des Inhalts zeigen, dass die Bibliothek noch immer in stetem Tempo wächst. Ende 2010 bestand die NML aus 50.000 Alben mit 750.000 Stücken. Es ist zu erwarten, dass diese Zahlen Ende 2012 auf 70.000 Alben und eine Million Einzelstücke steigen werden.

Der wachsende Erfolg der NML veranlasste Heymann dazu, eine Schwester-Seite für Hörbücher zu schaffen. Dank Naxos AudioBooks stand ihm eine ebenfalls wachsende Reihe erfolgreicher Aufnahmen mit Literaturklassikern zur Verfügung, die ihm den dafür nötigen Inhalt boten. Die Naxos Spoken Word Library (NSWL) war ein weiteres einzigartiges Unternehmen: Von Beginn an bot sie, wenn möglich, nicht nur die Aufnahmen, sondern auch die dazugehörigen Texte an und ermöglichte es den Kunden so, gleichzeitig zuzuhören und mitzulesen. Dies hat sich besonders für Schüler und Studenten als hilfreich erwiesen, die Englisch lernen oder englische Literatur studieren.

2005 wurde ein neues Naxos-Büro in Manila eröffnet, das sich auf die Internetaktivitäten konzentrieren sollte. Ein Großteil dieser Aufgaben wurde von Hongkong dorthin übertragen. Das Büro machte sich den Vorteil englischsprachiger IT-Fachkräfte und Musikwissenschaftler zunutze. In den folgenden fünf Jahren befand sich das Herz von Naxos' Internetpräsenz in Manila, bis die Aufgaben aufgrund neuerlicher Veränderungen im Bereich der Belegschaft und der geschäftlichen Ausrichtung erneut aufgeteilt wurden. Ein Großteil der Back-Office-Updates für die Websites wurde weiterhin von Manila aus abgewickelt, während andere IT-Arbeiten wieder in Hongkong erledigt wurden. 2010 verlagerte man die wichtigsten IT-Entwicklungsprojekte dann zu Naxos of America nach Nashville, um näher am größten Online-Musikmarkt der Welt zu sein.

Da sich die NML zu einem umfassenden Erfolg entwickelte, konnte Heymann seine Aufmerksamkeit den Downloads zuwenden. 2007 ließ sich im Bereich der Klassik-Downloads allmählich ein Muster erkennen: Das MP3-Format schien weitgehend akzeptiert zu sein, und iTunes hatte in Sachen Klassik-Downloads vor eMusic und Amazon die Spitzenposition inne. Es gab zwar noch weitere Anbieter, die jedoch nicht ins Gewicht fielen. Angesichts des wachsenden NML-Inhalts schien es relativ einfach zu sein, einen erstklassigen Download-Store mit klassischer Musik anzubieten, der über eine hervorragende Suchmaschine verfügte, die speziell für Klassik entwickelt worden war. Es war offensichtlich, dass sich sowohl die Abonnenten von naxos.com als auch der NML die Möglichkeit wünschten, digitale Dateien zu kaufen, und ein Download-Store war daher der nächste logische Schritt.

2007 ging ClassicsOnline (COL) an den Start. Man entschied sich für einen neutralen Namen anstatt der Seite den Naxos-Stempel aufzudrücken, nicht zuletzt, da das Naxos-Label nur eines unter vielen sein würde. Herunterladbare Stücke wurden zunächst mit einer Bit-Rate von 128 kBit/s verkauft (die NML streamte die Stücke mit derselben Geschwindigkeit). Später wurde die Rate auf 320 kBit/s erhöht, wodurch eine Klangqualität entstand, die eher den Erwartungen der Klassikliebhaber entsprach. COL erwischte einen guten Start und zog regelmäßig Kunden an, doch 2010 spiegelte es die allgemeine Situation der weltweiten Downloads wider: Die Verkaufszahlen stagnierten, anstatt weiter zu steigen. Nichtsdestotrotz sicherte es den teilnehmenden Labels Mehreinnahmen.

Die wachsende Bedeutung der Klassik-DVDs auf dem Markt war ein klares Zeichen dafür, dass eine spezielle Online-Plattform für Videos benötigt wurde. Einmal mehr setzte Heymann all sein Vertrauen in das Streaming und brachte 2009 die Naxos Video Library (NVL) an den Start. Die weltweite Ausbreitung schneller Breitbandverbindungen ließ das Unternehmen erfolgversprechend erscheinen, und auch das Abonnement-Modell hatte sich bereits als zuverlässig erwiesen. Als inzwischen führendes Vertriebsunternehmen von Klassik-DVDs verfügte Naxos über das nötige Fachwissen, um sich auf diesem Gebiet zu versuchen. Angesichts des beachtlichen Wachstums auf diesem Gebiet allgemein – Opern- und Ballettensembles, Orchester und Konzertveranstalter waren immer mehr daran interessiert, ihre Darbietungen fürs Fernsehen oder DVD-Veröffentlichungen zu filmen – kam eine Internetpräsenz genau zur richtigen Zeit.

Die Plattformen

Naxos-Website (naxos.com)

Für alle Naxos-Labels ist naxos.com das wichtigste Marketing-Fenster weltweit. Im Laufe der Jahre hat sich die Seite immens weiterentwickelt und ist inzwischen eine umfassende Naxos-Informationsquelle, die täglich aktualisiert wird. Als internationale Plattform wird sie auch von einem internationalen Team verwaltet: Neuigkeiten und Informationen zu Neuveröffentlichungen treffen aus allen Naxos-Zentren in Hongkong ein, wo sie koordiniert werden. Web-Updates werden in Manila von einem dreiköpfigen Team durchgeführt, während man sich in Hongkong wiederum um Werbeangelegenheiten und Rezensionen kümmert. Bis vor Kurzem wurden sämtliche laufende Banner von Heymann persönlich abgesegnet, der auch den Stil für das Design vorgab. Die Seite hat rund 300.000 nicht zahlende Abonnenten, die 25 Prozent eines Stückes streamen können, sowie eine kleinere Anzahl zahlender Abonnenten, die Zugang zu sämtlichen kompletten Aufnahmen haben. Es ist eine wirklich globale Gemeinschaft.

Die umfangreiche Seite fungiert auch als Informationsquelle für alle Mitarbeiter des Unternehmens. Wer in die vielen verschiedenen Bereiche vordringen möchte, muss sich auf eine gewissenhafte, investigative Reise begeben, die einige Überraschungen bereithält. Zuallererst bietet die Seite umfassende Informationen zu den bestehenden Katalogen der Audio- und Video-Labels, die zu Naxos gehören oder von Naxos vertrieben werden. Darüber hinaus sind auch die diversen Naxos-Reihen sorgfältig dokumentiert. Dieser »Sets/Series«-Bereich hilft dabei, bestimmte Seiten des Labels hervorzuheben, die ansonsten Gefahr laufen würden, im Hauptkatalog in Vergessenheit zu geraten.

Auch Künstler und Komponisten haben ihre eigenen Bereiche und diesen digitalen Nischen lassen sich außergewöhnliche Details entlocken. Der »Komponisten«-Bereich, der auch über die Geburts- und Sterbedaten jedes einzelnen Künstlers informiert, reicht von Aagaard,

Thorvald (1877–1937) bis Zyman, Samuel (geb. 1956), aber auch darüber hinaus sind zahlreiche Informationen verfügbar. Zu jedem Komponisten sind eine Biografie, Informationen zu den Hauptwerken – jeweils nach Genres sortiert – sowie eine Diskografie vorhanden. Die Diskografie von J. S. Bach enthält beispielsweise rund 1.800 Titel. Klickt man auf irgendeinen dieser Titel, erscheinen alle verfügbaren Informationen: Werke, ausführende Künstler, Spieldauer, Erscheinungsdatum, oft auch die Booklet-Texte und vieles mehr. Es werden sogar Links zu den Biografien der wichtigsten Komponisten und zu allgemeinen Essays über das jeweilige Genre oder die Periode bereitgestellt. Darüber hinaus existieren Newsletter-, Nachrichten- und Rezensionen-Archive sowie Informationen zu den Vertrieben in aller Welt. Der Nutzer erfährt außerdem, wo und wie diese CDs erhältlich sind und kann die unerlässliche Schlagwort-Suche nutzen, die ihn sofort zu dem gewünschten Werk führt. Der schiere Informationsgehalt der Seite ist phänomenal.

Naxos Music Library (naxosmusiclibrary.com)

Die meisten Musikstudenten in aller Welt kennen die Naxos Music Library und äußern sich sehr lobend über sie. Viele haben sie während ihres Studiums zu Recherchezwecken genutzt oder einfach, um Musik zu hören. Der Zugriff auf diese gut funktionierende Musikbibliothek ist jederzeit möglich. Dies stimmt umso mehr, seit 2010 die NML-App eingeführt wurde, die es den Abonnenten ermöglicht, beispielsweise auch in ihrem Lieblingscafé auf die Musik der Bibliothek zuzugreifen. Erst durch die Nutzung dieser App lernt man die Möglichkeiten und die stetig wachsende Flexibilität der Streaming-Technologie wirklich zu schätzen.

Die Datenbank der NML umfasst knapp 400 Labels, die klassische und folkloristische Musik, Jazz, Blues, Evergreens und Oldies, Hörbücher und sogar Entspannungsmusik anbieten. Jeden Tag werden neue Alben hinzugefügt – beinahe zu viele für die Hörer, um damit Schritt zu halten. EMI war 2011 das erste etablierte Label, das sich der Bibliothek anschloss, und brachte 6.500 Klassik- und Jazztitel mit. Kurz darauf folgte auch Warner Classics. Das reichhaltige Angebot der NML und die große Repertoirevielfalt werden durch viele unabhängige Labels, große wie kleine, gesichert.

Jedes monatliche Update auf naxos.com spiegelt sich zwar automatisch in der NML wider, hinzu kommen jedoch noch die monatlichen Aktualisierungen der unabhängigen Labels. Über den »Recent Additions«-Button gelangt man zu einer wöchentlichen oder monatlichen Übersicht der Neuzugänge und auch diese Liste ist oft sehr lang.

Auf die »Playlist«-Funktion möchten viele Abonnenten inzwischen nicht mehr verzichten. Professoren und Studenten können damit innerhalb der Bibliothek ihre eigenen Playlists erstellen und haben so zu den Werken, die sie gerade studieren, jederzeit schnell und praktisch Zugang. Auf der Playlist können sie außerdem Lesezeichen hinzufügen, und auch der Zugriff über die NML-App ist möglich, wenn sie beispielsweise Änderungen vornehmen möchten.

Die komplette Seite lässt sich nach Komponisten, Werken, Labels oder Genres durchsuchen, und zu jeder einzelnen Aufnahme stehen umfangreiche Informationen zur Verfügung. Der Website-Eintrag für Bachs Kantate *Jauchzet Gott in allen Landen* (BWV 51) beispielsweise enthält nicht nur die Stücke an sich, sondern informiert auch über die ausführenden Künstler, die Biografien und Diskografien jedes einzelnen Musikers und bietet, natürlich, Angaben zu dem Werk selbst: Komponist, Texter, Instrumentation, Verlag, Spieldauer, Periode und Genre. Die Auflistung umfasst außerdem eine elektronische Version des Booklet-Textes, der mit der CD erschienen ist, sowie eine Liste mit sämtlichen verfügbaren Aufnahmen des Werkes in der NML.

Darüber hinaus gibt es die Funktion »Advanced Search«, die eine erweiterte Suche der Datenbanken anhand verschiedener Kriterien ermöglicht, beispielsweise der Spieldauer. Diese Funktion ist besonders für Berufsmusiker und jene Nutzer sehr hilfreich, die mit der Erstellung von Programmen zu tun haben. So kann etwa ein Dirigent gezielt nach einem 15 Minuten langen Stück aus dem Bereich der spanischen Orchestermusik des 19. Jahrhunderts suchen, indem er für die Felder der Spieldauer »14« und »16«, im »Land«-Feld »Spanien«, in die Felder für

»Kompositionsjahr« zwischen »1800« und »1899« und bei »Genre und Musikkategorien« schließlich »Orchestral« eingibt. Die Ergebnisse erhält er dann umgehend, inklusive aller Details zur Instrumentation und allen Herausgebern sämtlicher Werke.

Die NML bietet aber noch weitere nützliche Bereiche. In der »Study Area« sind speziell in Auftrag gegebene Texte zur Musikgeschichte und -theorie zu finden, die gemäß den spezifischen Anforderungen der Bildungssysteme in Nordamerika, Großbritannien, Australien und anderen Ländern präsentiert werden. Zu »Resources« gehört auch ein Bereich, der Querverweise zu sämtlichen Stücken bietet, die im britischen ABRSM-Prüfungsprogramm in den Fortgeschrittenenstufen für Violine, Klavier, Cello, Gitarre und Flöte aufgelistet sind (sowie einige aus dem Programm von Trinity Guildhall). Der »Pronunciation Guide« hilft bei der richtigen Aussprache der Namen der meisten Komponisten, die hier von Muttersprachlern vorgesprochen werden. Unter »Glossary« und »Fundamental Terms« finden sich Definitionen einer Vielzahl von Fachbegriffen und speziellen Formulierungen aus dem Bereich der Musik. Außerdem stehen viele Opernlibretti zur Verfügung, beispielsweise zu *Carmen*, *Der Barbier von Sevilla* und sämtlichen Opern von Richard Wagner. Aufgrund von Urheberrechtsfragen sind diese Libretti nur für gemeinfreie Texte verfügbar, aber die Auswahl ist dennoch beeindruckend.

Die NML hat sich bereits als bahnbrechende Quelle bewährt und wird noch immer kontinuierlich durch inhaltliche Ergänzungen und neue Funktionen erweitert. Darüber hinaus wartet auch die Naxos Music Library Jazz, der sich immer mehr Labels anschließen, mit momentan 5.000 Alben und 50.000 Stücken auf.

ClassicsOnline (classicsonline.com)

Mit der Download-Seite ClassicsOnline begab sich Naxos in einen Internetbereich, der bereits von einigen etablierten Anbietern bedient wurde (etwa dem weltweiten Marktführer iTunes, eMusic und anderen). Dennoch war Heymann der Ansicht, Naxos benötige dank seines ausgezeichneten Rufs in Sachen Webservice auch ein eigenes Download-Angebot, und so schuf er einen ausschließlich auf klassische Musik spezialisierten Online-Store. Da er sich die Ressourcen der Naxos Music Library zunutze machen konnte, verfügte er bereits über den technischen Vorteil, keine Klassik-Webseite aus dem Nichts aufbauen zu müssen.

ClassicsOnline versuchte von Anfang an, sämtlichen Klassikkäufern gerecht zu werden, auch den ernsthaften Sammlern. Dabei spielte das Angebot natürlich eine Schlüsselrolle und wurde daher sehr schnell erweitert. Heute enthält die Seite rund 50.000 CDs von fast 400 Labels. Jedes Stück kann einzeln heruntergeladen werden und die Musik wird DRM-frei angeboten.

Ein besonderer Vorteil für Klassikkenner ist die erweiterte Suchfunktion, die eine sehr spezifische Suche ermöglicht – nach Kompositionsjahr, Genre, Nationalität usw. Zusätzlich stehen weitere Funktionen für »Klassik-Freunde« zur Verfügung, die neue Labels, Neuerscheinungen, von der Kritik gelobte Werke und Stücke hervorheben, die nur bei COL zu finden sind. Die Seite ist, wenn man so will, das Harrods der Download-Stores für klassische Musik.

Naxos Video Library (naxosvideolibrary.com)

Die Naxos Video Library (NVL) ist die jüngste Streaming-Seite auf Abonnement-Basis. Ihr rasant wachsendes Repertoire umfasst bereits über 1.000 Titel und profitiert von Naxos' Aktivitäten im DVD-Bereich in den vergangenen zehn Jahren. Inzwischen tragen rund 30 Labels zur Erweiterung der Datenbank bei und die Videoauswahl ist äußerst vielfältig: Opern, Ballette und Konzerte sind ebenso zu finden wie Dokumentationen, Bildungsprogramme und Reisefilme. Opern sind nach wie vor am stärksten vertreten, und auch hier ist das Angebot vielfältig: Es gibt fünf Produktionen von *Macbeth*, jeweils drei von *Madame Butterfly* und *La Bohème*, drei von *Siegfried* und vier von *Tristan und Isolde* sowie Opern von Donizetti, Rossini, Mascagni und anderen. Darüber hinaus sind Janáčeks *Jenůfa*, Bergs *Wozzeck*, Bernsteins *Trouble in Tahiti* und

Sallinens *The Palace* zu finden. Untertitel, die auf den ursprünglichen DVDs zur Verfügung standen, werden hier ebenfalls mit angeboten, und auch die Libretti sind in verschiedenen Sprachen erhältlich. Die Nutzer können die Untertitel also in der Originalsprache sehen und das Libretto in einer anderen Sprache lesen oder umgekehrt. Zu den Balletten gehören diverse Produktionen beliebter Werke von Tschaikowski sowie moderne Stücke des Niederländischen Tanztheaters oder des Alvin Ailey American Dance Theatre. Unter den Dokumentationen finden sich auch einige ältere Filme von Leonard Bernstein, Karl Böhm, Sergiu Celibidache (Proben und Aufführung), Nathan Milstein und Itzhak Perlman, eine Meisterklasse mit Júlia Varady sowie *Global Treasures*, eine Reihe von Reisedokumentationen, die von Budapest bis Borobudur reicht.

Die Naxos Video Library befindet sich noch immer im Anfangsstadium, aber man kann davon ausgehen, dass sie als Videoquelle für Klassikaufnahmen eine immer wichtigere Rolle spielen wird.

Naxos Spoken Word Library (naxosspokenwordlibrary.com)

Den Großteil dieser Seite nehmen die 700 Titel von Naxos AudioBooks ein. Sie ist eine außergewöhnliche Quelle, die vorwiegend englische Literaturklassiker bietet, aber auch diverse europäische Klassiker in englischer Sprache zur Auswahl stellt – von Platon über Dante bis hin zu Hugo und Tolstoi. Das Design der Seite ermöglicht einen schnellen Zugriff auf einzelne Kapitel, einzelne Gedichte oder einen bestimmten Akt eines Shakespeare-Stückes. Darüber hinaus enthält das Sortiment eine Sammlung deutscher Klassiker von Naxos Hörbücher, darunter Werke von Goethe, Fontane, Heine, Hoffmann und anderen, sowie deutsche Übersetzungen anderer europäischer Klassiker, etwa Tschechow, Daudet und Lewis Carroll. Auch eine begrenzte Anzahl französischer Texte ist erhältlich. Dank der Playlist-Funktion inklusive Lesezeichen lassen sich Aufnahmen und Texte, auf die die Nutzer bereits zugegriffen haben, problemlos wiederfinden (dies ist auch über die flinke NSWL-App möglich).

Wie auch die NML wird die NSWL hauptsächlich von Institutionen genutzt, aber auch Privatkunden zeigen immer größeres Interesse.

Naxos Web Radio (naxosradio.com)

Naxos Web Radio war einer der ersten Onlinedienste des Unternehmens und streamte mit 48 kBit/s Musik aus dem Katalog. Es ist vielleicht der unbekannteste aller Naxos-Webdienste und erfüllt die direkte Aufgabe, klassische Musik rund um die Uhr, an sieben Tagen in der Woche, in die Wohnzimmer oder an den Arbeitsplatz der Menschen zu bringen. Es existieren über 80 vorprogrammierte Kanäle, die sämtliche Genres des Naxos-Labels abdeckt (von »Alte Musik« über »Klassik des 21. Jahrhunderts«, »Amerikanische Klassik«, »Chinesische Klassik« und »Filmmusik« bis hin zu »Melodies of Love«, »Klavier« oder »Gitarre und Laute« usw.). Es gibt keinerlei Werbung, und der Abonnementpreis ist sehr gering.

sieb-
zehn

Der Vertrieb:
Die Ausweitung eines Imperiums

Der Vertrieb war für die Expansion des Unternehmens von entscheidender Bedeutung. Klaus Heymann hatte keineswegs den Plan, ein weltweites Vertriebsnetzwerk aufzubauen, als er zunächst Marco Polo und später Naxos gründete. Er war einzig und allein an der Musik interessiert, wollte sich auf die Weiterentwicklung der Labels konzentrieren und in die Erweiterung der Kataloge investieren, nicht in den Vertrieb. Er hatte bereits zuvor ein Netzwerk mit Vertriebsunternehmen und Lizenznehmern in Asien aufgebaut, das er 1989 an BMG verkaufte, und darüber hinaus bis 2003 den Vertrieb der Bose-Audioausrüstung in Hongkong und China übernommen. Vertriebspartner für Marco Polo zu finden war nicht besonders schwierig, da es sich dabei um ein Vollpreis-Label handelte, das sich auf Weltpremieren konzentrierte. Bei Naxos sah die Sache hingegen anders aus. Obwohl es als erstes Budget-Label für klassische Musik neue digitale Aufnahmen anbot, stellte die Suche nach Vertriebsunternehmen eine echte Herausforderung dar. Etablierte Vertriebe anderer Klassik-Labels wollten nichts mit einem »Budget-Label mit Klassik-CDs aus Hongkong« zu tun haben (obwohl es auf dem Markt bereits andere erfolgreiche günstige Klassik-LP-Labels gab, etwa Vox-Turnabout und Vanguard). Zu Beginn war Heymann daher gezwungen, mit »Außenseitern« zu arbeiten.

Sein erster deutscher Vertrieb war ein kleines Unternehmen, das parallel Hi-Fi-Ausrüstung von Denon nach Deutschland importierte. Sie waren einverstanden, auch Naxos-CDs zu importieren, da diese in den Anfangsjahren von Denon hergestellt wurden, aber sie verkauften sie zum vollen Preis. Da dies jedoch ganz und gar nicht im Sinne der Sache war, wechselte Heymann kurz darauf zu einem anderen Vertrieb. In Australien arbeitete er mit einem weiteren Außenseiter zusammen, der das Label unter Lizenz produzierte. Die Sache endete schließlich vor Gericht und Heymann musste sich auch hier nach einem neuen Vertrieb umschauen. In Frankreich machte es der Anfangserfolg in den *hypermarchés* schwierig, anschließend einen Vertrieb zu finden, der bereit war, Naxos auch in normalen Plattenläden zu verkaufen. In Großbritannien kam der Durchbruch, als Woolworth das Label aufnahm.

Schließlich baute Heymann ein Netzwerk aus unabhängigen Vertrieben auf, die jedoch meist nicht auf klassische Musik spezialisiert waren. Aus unterschiedlichen Gründen gerieten die meisten von ihnen später in Schwierigkeiten und benötigten finanzielle Unterstützung oder mussten vom Naxos-Mutterunternehmen in Hongkong übernommen werden. Nachdem Heymann Tochterunternehmen für den Vertrieb in den wichtigsten Musikmärkten etabliert hatte, wurde ihm klar, dass es für diese Firmen schwierig werden würde, sich zu halten, wenn sie nur CDs von Marco Polo oder Naxos anboten. Er beschloss daher, auch den Vertrieb anderer unabhängiger Klassik-CD-Labels zu übernehmen, ab 2000 auch den Vertrieb unabhängiger Klassik-DVD-Labels, wobei Arthaus Musik den Anfang machte.

Als sich die Geschäfte veränderten, die CD-Verkäufe ins Wanken gerieten und die Globalisierung immer weiter voranschritt, wurde der physische Vertrieb der Klassik-Labels auf eine kleinere Anzahl von Händen konzentriert. Aus wirtschaftlicher Sicht ergab es zunehmend Sinn, einzelne Läden in verschiedenen Ländern von einem zentralen Depot aus zu beliefern, anstatt in jedem Land eine eigene Lagerhalle zu unterhalten. Daher beliefert Naxos of America heute auch Läden in Kanada, Naxos Sweden Geschäfte in ganz Skandinavien und Naxos Global Logistics (NGL) in München Läden in Frankreich und Deutschland. Es ist ziemlich wahrscheinlich, dass sich dieses Muster weiter durchsetzen wird. Das Modell ermöglicht es den nationalen Vertrieben, sich auf den Verkauf, das Marketing und die Werbung zu konzentrieren, anstatt sich um die Verwaltung eines riesigen Lagerhauses kümmern zu müssen. Das Bild mag von außen ein wenig kompliziert erscheinen, aber Naxos verfügt heute über fünf große regionale Logistikzentren, die für Abnehmer im In- und Ausland die Lagerhaltung und den Vertrieb übernehmen: NGL, Naxos Sweden, Naxos of America und Naxos Far East sowie Select Music in Großbritannien.

Da Naxos von Beginn an mit seinem eigenen Vertrieb sehr erfolgreich war, war für alle offensichtlich, dass das Unternehmen wusste, was es tat. Die führenden unabhängigen Labels entschieden sich schließlich, dem Naxos-Vertriebsnetzwerk beizutreten, auch wenn es ihnen anfangs vorgekommen sein muss, als vertrauten sie ihre Existenzgrundlage und all ihre Geschäftsgeheimnisse ihrem größten Rivalen an. Aber das Unternehmen legte immer äußersten Wert auf Integrität: Wenn es vorab von den Plänen eines unabhängigen Labels erfuhr, einen bestimmten Titel zu veröffentlichen, missbrauchte Naxos dieses Wissen nie zu seinen eigenen Gunsten. Tatsächlich war es für Naxos aber durchaus von Vorteil, zu wissen, welche Werke die anderen unabhängigen Labels veröffentlichten, sodass sich Probleme mit Überschneidungen durch Verhandlungen lösen ließen. Angesichts des Erfolges gaben sogar die etablierten Labels zu, dass das Naxos-Vertriebsnetzwerk sich besser für den Vertrieb ihres Backkatalogs eignete als ihre eigenen.

Die eigentliche Herausforderung, vor der Heymann stand, wenn er sich in neue Vertriebsunternehmen einkaufte, war es, die richtige Person für deren Leitung zu finden. Überraschenderweise lässt sich dabei kein typisches Modell herausfiltern – es scheint bei Naxos keinen »Vertriebsleiter-Klon« zu geben. Einige der Geschäftsführer haben einen umfangreichen Klassik-Hintergrund, etwa in Großbritannien, Deutschland und Australien. Die Geschäftsführer in Schweden und den USA hingegen wurden erst durch ihre neue Aufgabe mit klassischer Musik vertraut (ihr Hintergrund liegt in anderen Musikbereichen). In Japan verfügte der Geschäftsführer zwar über ein breites Klassikwissen, hatte aber keinerlei Vertriebserfahrung. Irgendwie hat Heymann es dennoch geschafft, diese unterschiedlichen Talente zu vereinen und das stärkste internationale Klassik-Vertriebsnetzwerk aufzubauen, CDs und DVDs zu verkaufen, die Abonnement-Dienste des Unternehmens zu vermarkten und Aufnahmen zu lizenzieren.

Naxos Global Logistics

Die ersten Naxos-CDs wurden von Denon in Japan gepresst, was entscheidenden Einfluss auf den Anfangserfolg des Labels hatte, da Denon einen außergewöhnlich guten Ruf in Sachen Qualität genoss. Es dauerte jedoch nicht lange, bis die Nachfrage das rapide wachsende Label dazu zwang, die CDs näher an den Hauptmärkten zu pressen und ein zentrales Depot aufzubauen. Dafür bot sich Europa an. Deutschland war aufgrund seiner Lage mitten in Europa der logische Standort und 1991 wurde Music and Video Distribution (MVD) in der Nähe von München gegründet. Die Firma hatte zwei Aufgaben: die Herstellung der CDs (und später DVDs) mit europäischen Fabrikanten zu organisieren und zu koordinieren und einen effizienten Service für die Naxos-Vertriebe in Ländern in aller Welt bereitzustellen.

Es galt, zahlreiche Fallstricke zu umgehen. Eine sorgfältige Lagerverwaltung ist entscheidend für den Erfolg eines Labels wie Naxos und es können sich schnell ruinöse Überbestände ansammeln, wenn einzelne Vertriebe mehr in ihren Lagern haben, als sie tatsächlich benötigen. Die Zentralisierung der CD-Herstellung und des Vertriebs waren die Lösung – jedenfalls in den meisten Fällen. Ganz sicher galt dies für Gebiete in Europa, Fernost und Australien, in denen die regionale Nachfrage nur selten eine regionale Fabrikation gerechtfertigt hätte. In den USA und Kanada gestaltete sich die Sache schon etwas schwieriger: Dort mussten hin und wieder CDs gepresst werden, vor allem bei Titeln mit besonderem regionalem Reiz, der entweder durch das Repertoire, den Künstler oder eine spezielle Kampagne entstand.

Das Zentrum der CD-Herstellung und Lagerverwaltung für den internationalen Vertrieb blieb weiter in München. Im Juli 2008 gründete die Naxos Group ein neues Unternehmen mit dem Namen Naxos Global Logistics (NGL), das von Mohamed El Wakil geführt wird, der bereits für das vorangegangene Vertriebsunternehmen sowie für Naxos Deutschland gearbeitet hatte. Die Arbeit des Unternehmens ist für die gesamte Naxos Group von entscheidender Bedeutung: NGL kann den Vertriebspartnern und anderen Labels ein komplettes Servicepaket anbieten, das auch die Auslieferung an Läden und Endkunden in aller Welt beinhaltet. Jeden Monat veröffentlicht Naxos zwischen 20 und 40 neue Aufnahmen und die Mitarbeiter bei NGL prüfen jeden Titel, bevor er ausgeliefert wird. Auch die Aufnahmen des immensen Backkatalogs müssen in angemessener Anzahl vorhanden sein: Für die Erfüllung all dieser Aufgaben ist eine klar strukturierte Verwaltung des Depots nötig.

Ein weiterer Aspekt ist natürlich der Vertrieb an sich. In den Anfangsjahren trudelten die seitenlangen Bestellungen aus unzähligen Ländern aus aller Welt per Fax ein. Darüber hinaus wurden Aufträge per Telefon entgegengenommen – aus Hongkong und Fernost am Morgen, aus Europa am Nachmittag und aus den USA am Abend. Heute treffen die meisten Bestellungen per E-Mail ein und jeden Tag sind es Hunderte große und kleine Aufträge. Containerfahrzeuge, beladen mit Paletten mit Tausenden von Klassik-CDs, reisen durch ganz Europa und über seine Grenzen hinaus, zu Häfen und zu Flughäfen. In den wichtigsten Klassik-Märkten – Deutschland, Großbritannien, den USA und Japan – treffen tägliche, wöchentliche und monatliche Lieferungen ein. Aber auch aus anderen Kontinenten, etwa Südamerika und Australien, gehen regelmäßig Bestellungen ein. NGL macht Geschäfte mit mehr als 50 internationalen Vertriebsunternehmen, darunter auch einige eher unerwartete aus dem Libanon oder Kenia.

Rafael Schölermann ist der internationale Kundendienstleiter und seit 20 Jahren in diesem Naxos-Unternehmen tätig. Er hat Aufstieg und Zenit der CD ebenso miterlebt wie den Rückgang der Verkaufszahlen. Zu Hochzeiten wurden rund sechs Millionen CDs durch das zentrale Depot abgewickelt, heute sind es nur noch etwa drei Millionen. Aufgrund der Geschwindigkeit und der Leichtigkeit, mit der CDs heute gepresst werden können, liegen die anfänglichen Auflagen teilweise recht niedrig – zwischen 1.000 und 3.000 Stück – aber Schölermann erinnert sich noch, dass die Erstauflage des Samplers zum zehnjährigen Jubiläum 1997 bei 250.000 lag.

Mit annähernd 9.000 CD- und DVD-Titeln in den vereinten Katalogen von Naxos und Marco Polo sowie anderen CD- und DVD-Labels, die durch das Naxos-Netzwerk vertrieben werden, ist NGL in der Lage, 33.000 vorrätige Titel kurzfristig zu liefern und hat für gewöhnlich etwa drei Millionen auf Lager. Dies ist notwendig, da NGL durch die sinkenden CD-Verkaufszahlen inzwischen häufiger CDs direkt an die einzelnen Läden in ganz Europa ausliefert: Eine derartig zentralisierte Auslieferung wird in der Branche immer wichtiger. Die Kommunikations- und Transportverbindungen sind so gut, dass NGL von München aus problemlos Läden in Budapest, Amsterdam, Bukarest, Rom, Warschau und weit darüber hinaus innerhalb von 24 Stunden beliefern kann. Es dürfte daher nicht überraschen, dass sich einige Läden in Deutschland schon seit Jahren direkt von NGL beliefern lassen.

Naxos: Vertrieb in aller Welt

Großbritannien: Select Music und Videovertrieb

Der Erfolg von Naxos in Großbritannien setzte ein Beispiel für die Expansion des Unternehmens in vielen anderen Regionen. Im Nachhinein liest sich die Geschichte wie ein rasanter, selbstbewusster Aufstieg auf zahlreichen Gebieten, der als Prototyp für andere Industriezweige dienen und glatt Thema eines Manager-Handbuchs sein könnte. Die Realität sah jedoch nicht ganz so organisiert und durchgeplant aus, wie diese Geschichte vermuten lässt. Man war zwar mit dem richtigen Produkt zur richtigen Zeit am richtigen Ort, aber es bedurfte großer Antriebskraft und Begeisterung sowie eines immensen Klassikwissens, das weit über normales unternehmerisches Engagement hinausging, um das Vorhaben in die Tat umzusetzen. Man hatte das Gefühl, das Klassik-Establishment wirklich herausfordern und sogar übertrumpfen zu können – und dank einiger entscheidender Wendungen gelang dies auch.

Naxos tat Ende der 1980er als Haus-Label von Woolworth einen ersten Schritt auf den Markt in Großbritannien und verkaufte seine CDs dort für £3,99 pro Stück. Die Präsenz der Billig-Kette in den wichtigen Einkaufsstraßen Großbritanniens nahm damals bereits ab, aber Heymann war es auf clevere Weise gelungen, als hauseigenes Budget-Label mit Exklusivvertrag trotzdem einen Fuß in die Läden zu bekommen (die CDs trugen ein eindeutiges Naxos-Markenlogo inklusive der weißen Cover, die schon damals Standard waren). 1989 las Heymann die Rezension einiger früher Naxos-Aufnahmen in *Classical Music*, die von David Denton, einem Musikschriftsteller aus Sheffield, verfasst worden war. Denton lobte eine Reihe von CDs für ihr gutes Preis-Leistungs-Verhältnis, wies jedoch darauf hin, dass sie ihr Potenzial durch den Exklusivvertrag mit Woolworth nicht voll ausschöpfen konnten. Um zu expandieren, musste das Label aus diesem Vertrag aussteigen. Heymann nahm Kontakt zu Denton auf und holte ihn mit der Absicht an Bord, Naxos in Großbritannien einem breiteren Publikum bekannt zu machen.

Er weiß, dass die Leistung, die Denton – gemeinsam mit seiner Frau Rona – in den folgenden Jahren für Naxos erbrachte, für den Erfolg des Labels von entscheidender Bedeutung war.

David und Rona Denton gründeten ein neues Unternehmen mit dem Namen Naxos Promotions, dessen erste Aufgabe es war, über Naxos' Ausstieg aus dem Exklusivvertrag mit Woolworth zu verhandeln. Diese Aufgabe gestaltete sich relativ einfach, da Naxos bereits begonnen hatte, Sammlungen mit mehreren CDs zu produzieren, die in größeren Hüllen steckten, für die Woolworth nicht den nötigen Regalraum besaß. Darüber hinaus gab es Repertoire, bei dem Woolworth noch nicht einmal versuchen wollte, es zu verkaufen, etwa Bartóks *Konzert für Orchester*, das zusammen mit *Musik für Saiteninstrumente, Perkussion und Celesta* erschien. Der angemessene Schritt, sich von Woolworth zu trennen, kam daher zur rechten Zeit. Denton schloss mit Harmonia Mundi, einem französischen Label, das kleineren Klassik-Labels den Vertrieb innerhalb Großbritanniens von einem Depot in London aus anbot, einen Vertrag ab. Der Geschäftsführer war Graham Haysom. 1990 tauchte Naxos in Plattenläden im ganzen Land auf, und obwohl man den Preis für eine CD auf £4,99 erhöht hatte, wurde dieser noch immer als sehr günstig wahrgenommen. Dieser Preis blieb 15 Jahre lang (bis 2005) konstant und sollte sich als wichtiger Maßstab für das Label erweisen, sein Profil formen und ganz entscheidend zu seinem Erfolg beitragen: Die CD-Käufer staunten, dass neue Digitalaufnahmen von guter Qualität so günstig zu haben waren.

Denton setzte seine Mission mit unermüdlichem Enthusiasmus in den unterschiedlichsten Bereichen fort – in Läden, bei Plattensammlerclubs und in der Presse – und für gewöhnlich stieß er auf positive Resonanz. Die Werke waren zwar von osteuropäischen Orchestern eingespielt worden, aber es waren Digitalaufnahmen mit gutem Klang und es ließ sich nur schwer leugnen, dass die Musik zumindest zuverlässig gespielt wurde. Allmählich sprach sich die Sache herum und bei Harmonia Mundi trafen schon bald Bestellungen zahlreicher Händler ein. David Blake, damals Verkaufsleiter bei Harmonia Mundi in Großbritannien und später bei Select Music, erinnert sich, dass immer mehr Läden anriefen, nachdem Harmonia Mundi den Vertrieb übernommen hatte: Sie orderten ein paar CDs jedes neuen Titels und schon bald erhöhten sich die Bestellungen auf »zehn von jedem neuen Titel«. Nachdem Harmonia Mundi Naxos etwa 18 Monate lang vertrieben hatte, bestellten viele der Läden bereits eine komplette Box (25 CDs) jedes neuen Titels und einige gaben sogar noch größere Bestellungen in Auftrag und orderten gleichzeitig Boxen mit Titeln aus dem Backkatalog. Noch nie zuvor hatte ein Klassik-Label etwas Vergleichbares geschafft. Die Faxgeräte kamen kaum noch hinterher, als eine seitenlange Bestellliste nach der anderen durch die Leitung ratterte und schier unzählige Blatt Papier auf den Boden der Lagerhalle flatterten. Die Mitarbeiter bei Harmonia Mundi hatten Mühe, Schritt zu halten. An den Tagen, an denen die Neuerscheinungen versandt wurden, war der Fußboden von Kisten übersät. »Manchmal ließ sich nicht vermeiden, dass wir auf eine der Kisten traten«, erinnert sich Blake. Es war verrückt. Und es war aufregend.

Das neue Interesse an Naxos war auf cleveres Marketing zurückzuführen sowie auf ein wachsendes Bewusstsein dafür, dass Klassik-CDs keineswegs teuer sein mussten, um gut zu sein. Im Haus der Dentons in Sheffield – später dann in einem kleinen Büro – entstanden schlichte, aber klug platzierte Werbeanzeigen und Pressemitteilungen sowie ein Rezensionsservice. Denton und seine Frau besuchten Plattensammlerclubs im ganzen Land und trugen die Naxos-Botschaft unter die Menschen. Darüber hinaus erschienen in verschiedenen Zeitungen Interviews mit Heymann.

Es war nicht leicht, die Mauer der Überlegenheit des Klassik-Establishments zu durchbrechen, aber nach und nach entstanden schließlich Risse, als einige Journalisten die breite Nachfrage nicht länger ignorieren konnten. Die Menschen waren ganz offensichtlich sehr interessiert daran, ihre klassische LP-Sammlung durch neue CDs zu ersetzen und sie hatten das Gefühl, dass Naxos ihren Ansprüchen dabei mehr als gerecht wurde. Schon bald verließ Naxos die Woolworth-Geschäfte und war in den wichtigsten Plattenläden zu finden, darunter auch HMV, Our Price und Tower Records. Etwas später erhielt das Label sogar Bestätigung durch einen der angesehensten britischen Musikkritiker:

Edward Greenfield, der Klassik-Kritiker des *Guardian*, beschloss, es sei an der Zeit, eine Rezension zu verfassen. Denton schickte ihm kurzfristig eine Box mit einigen Naxos-CDs zu und der Artikel, der daraufhin erschien – eine umfassende, gut platzierte Empfehlung für das Label, seine Veröffentlichungen und deren Preis – verhalf Naxos zu mehr Autorität und Ansehen in der Klassikwelt. Greenfield schrieb immerhin auch für *Gramophone*, die renommierteste Klassikzeitschrift überhaupt, sowie für den *Penguin Guide to Classical Music*: Wenn er verkündete, die Naxos-CDs seien gut, dann bestand überhaupt kein Zweifel daran. Greenfield erinnert sich noch immer an seine Entdeckung: »Anfangs wurden die Naxos-CDs nur bei Woolworth verkauft, deshalb nahm sie kein Kritiker ernst, und sie wurden auch nicht für Rezensionen verschickt. Glücklicherweise kaufte mein Cousin eine CD aus dem Beethoven-Zyklus mit den Klaviersonaten, gespielt von einem ungarischen Pianisten, von dem noch kaum jemand gehört hatte: Jenő Jandó. Ich habe schnell gemerkt, dass diese Aufnahmen bemerkenswert gut waren und erfrischend direkte, geradlinige Darbietungen boten. Also habe ich in meiner Plattenkolumne im *Guardian* über Naxos geschrieben und ich fühle mich wirklich geschmeichelt, dass Klaus Heymann einen Teil des Anfangserfolges seiner Firma meinen Artikeln zuschreibt!«

Harmonia Mundi wurde daraufhin von noch mehr Bestellungen überschwemmt. Dies war 1991. Die etablierten Labels reagierten mit der Anschuldigung, Naxos beute osteuropäische Künstler aus. Heymann und Denton hielten dagegen, planten jedoch bereits den nächsten Schritt: Aufnahmen in Großbritannien. Naxos bot faire Honorare und die meisten Orchester hatten nichts dagegen, für ein Budget-Label zu arbeiten. Ein oder zwei der etablierten (und sogar ein oder zwei der unabhängigen Labels) versuchten, dies zu unterbinden, indem sie verkündeten, jedem Orchester und jedem Künstler, die für Naxos arbeiteten, würden die Türen ihres Hauses für immer verschlossen bleiben. Nichtsdestotrotz kamen einige Orchester an Bord, darunter auch das Bournemouth Symphony Orchestra, das Royal Scottish National Orchestra, die Northern Sinfonia, das BBC Scottish Symphony Orchestra, die City of London Sinfonia, die English Northern Philharmonia und

BBC Philharmonic. Zu ihnen gesellte sich eine Reihe kompetenter, freiberuflicher Aufnahmetechniker, deren Namen stets auch auf den CDs zu lesen waren: Andrew Walton, Tim Handley, Chris Craker, Gary Cole, John Taylor und Michael Ponder. Sie alle wurden dringend gebraucht, da sich Großbritannien sowohl im Bereich des Standardrepertoires als auch im Bereich spezifisch englischer Musik (die hin und wieder auch durch »britische« Musikreihen erweitert wurde) zu einem wichtigen Aufnahmezentrum entwickelte.

Großbritannien war insgesamt ein wichtiger Markt für Naxos. Je weiter das Jahr 1991 voranschritt, desto deutlicher wurde, dass Naxos die Kapazitäten von Harmonia Mundi allmählich überstieg. Auch der französische Gründer des Labels, Bernard Coutaz, blickte ungläubig auf einige der Verkaufszahlen, die sein Ableger in Großbritannien erzielte. Er war alles andere als begeistert darüber, dass ein Budget-Label aus Hongkong sein seriöses Label überflügelte. Er wies seine Geschäftsführer in Großbritannien, Graham Haysom und Fergus Lawlor, an, den Vertrieb von Naxos einzustellen, obwohl er einen Großteil des Umsatzes des Unternehmens ausmachte. Haysom informierte Heymann über diese Entscheidung. Da er jedoch der Ansicht war, Naxos könne das Label der Zukunft sein, schlug er vor, zu dritt (mit Heymann und Lawlor) ein gemeinsames Vertriebsunternehmen zu gründen. Im Anschluss nahmen die Dinge sehr schnell ihren Lauf und im Oktober 1991 nahmen Select Music und Video Distribution Ltd in einem Industriegebiet in Redhill, Surrey, ihre Geschäfte auf. Neben der Hauptaufgabe, dem Vertrieb der Naxos-CDs, hatte das Unternehmen auch das weiter gefasste Ziel, andere Labels mit an Bord zu holen und so eine Ertragssteigerung zu erzielen.

Es war die richtige Entscheidung. Zwischen 1991 und 1997 stiegen die Verkaufszahlen von Naxos alljährlich dramatisch an. Teilweise war dies auf den erstaunlich schnell wachsenden Katalog zurückzuführen. Denton initiierte ein geschäftiges Aufnahmeprogramm, das manchmal sogar zwei Aufnahmen in den unterschiedlichsten Ecken des Landes vorsah. Dank einiger guter Rezensionen und der ausgezeichneten Verkaufszahlen von Elgars 1. Sinfonie unter der Leitung von George Hurst war es ihm gelungen, Heymann davon zu überzeugen, dass englische Musik sich gut verkaufen würde. In seiner typisch expansiven Art bat Heymann Denton, Programme seiner Top 100 mit englischer Musik zusammenzustellen und die CDs aufzunehmen. Denton berichtet, dass dieses Vorhaben erst 2008 mit der letzten Aufnahme abgeschlossen wurde: der von zwei Teilen von Tippetts Streichquartetten. Zu den Programmen gehörten unter anderem die Walton-Reihe mit der English Northern Philharmonia, der Bax-Sinfoniezyklus mit David Lloyd-Jones und dem Royal Scottish National Orchestra, mehrere Bliss-Aufnahmen sowie eine Reihe mit englischer Kammermusik, die mit dem Maggini Quartet begann. Als diese Aufnahmen gute Rezensionen erhielten, erlangte Naxos immer größeres Ansehen für seinen speziellen Beitrag im Bereich der britischen Musik. Dieser Ruf erreichte schon bald auch andere Naxos-Märkte und half, das internationale Profil des Unternehmens zu schärfen.

Denton trieb auch die Erweiterung des Labels auf dem Gebiet der historischen Aufführungspraxis voran. Heymann hatte daran zwar kein allzu großes Interesse, da sein Schwerpunkt nach wie vor auf dem zentralen klassischen Repertoire mit konventionellen Instrumenten lag. Wie zuvor im Falle der englischen Musik hörte er Denton jedoch aufmerksam zu und willigte schließlich ein, es mit einigen Aufnahmen zu versuchen, vorwiegend mit der Oxford Camerata und dem Rose Consort of Viols. Sie sollten sich sowohl in kommerzieller als auch in musikalischer Hinsicht als Erfolg erweisen. Denton besuchte mit seiner Frau Konzerte im ganzen Land, um Musiker zu finden, die für Naxos spezielles Repertoire einspielen konnten. Dabei schlug er Heymann nur Künstler vor, die er bei Konzerten persönlich gehört (und geprüft) hatte und bei denen er sich sicher war, dass ihre Darbietungen auch im Studio nichts von ihrer Qualität einbüßen würden.

Mit diesen einfallsreichen A&R-Projekten, die für ein Budget-Label mit Sitz in Hongkong vollkommen unerwartet waren, ging eine positive kommerzielle Entwicklung einher. Ursprünglich waren die Naxos-CDs verstreut in den allgemeinen Klassik-Regalen der Läden platziert worden, aber die Kunden hatten schon bald begonnen, gezielt nach dem weißen Label mit dem £4,99-Preisetikett zu fahnden. HMV begann daher, Naxos in eigenen großen Aufstellern auszustellen, die aufgrund ihrer einheitlich weißen Covers schon bald als die »weiße Naxos-Wand« bekannt wurden. Kein anderes Label war auf diese Weise in den Läden platziert, und daraus entwickelte sich eine starke Markenidentität. Steigende Verkaufszahlen ließen nicht lange auf sich warten. Die Kunden durchstöberten die weiße Naxos-Wand und gingen oft nicht nur mit einer oder zwei, sondern mit einer ganzen Handvoll CDs an die Kasse. Sie betrachteten die Naxos-CDs als echte Schnäppchen. Das Modell wurde schon bald von anderen Händlern kopiert. Haysom erinnert sich noch sehr genau daran, dass Select Music im September 1993 seine bislang größte Einzelbestellung erhielt: Naxos-CDs im Wert von £250.000, geordert von Our Price, einer der führenden Plattenladenketten. Sie hatten beschlossen, das Label in all ihren Filialen anzubieten. Es war das erste Mal, dass sich Our Price im Klassikbereich auf diese Weise an ein Budget-Label band: Man hatte die Nachfrage erkannt.

Select Music erwies sich als Erfolg und schon bald beschlossen andere Vollpreis-Labels, sich dem Unternehmen anzuschließen – trotz einiger Bedenken hinsichtlich seiner Verbindung zu einem Budget-Label. Tatsächlich hatte aber auch Select Music mit einem eigenen Vollpreis-Label begonnen: Marco Polo. Auch wenn Marco Polo ein wenig vom ungeheuren kommerziellen Erfolg von Naxos überschattet wurde, investierte Heymann weiter in das Label und sein wichtigstes Ziel, Weltpremieren romantischer und spätromantischer Musik zu veröffentlichen. Marco Polo war ein Label für Sammler mit besonderen Interessen, die es nach wie vor sehr schätzten. Zu den Labels, die sich Select Music anschlossen, gehörte auch eines der besten in ganz Großbritannien: 1995 beschloss Ted Perry, ein Risiko einzugehen und mit Hyperion, seinem Label der Klassikstars, an Bord zu kommen. Weiteren europäischen Labels, etwa BIS und CPO, und neuen Initiativen wie Clarinet Classics folgte ein weiteres führendes unabhängiges Labels aus Großbritannien: ASV. Zu jenem Zeitpunkt hatte sich Select Music bereits der Herausforderung »Naxos AudioBooks« gestellt und vertrieb in vielen Buchläden in Großbritannien auch Hörbücher mit Literaturklassikern auf CD und Kassette.

Das Unternehmen war bestens dazu in der Lage, all diese neuen Projekte zu meistern: Es hatte sich von Anfang an als profitabel erwiesen und sein Einkommen mit jedem Jahr gesteigert. 1996 verkaufte es zum allererstem Mal über eine Million CDs und machte Umsätze in Höhe von £4 Millionen. In kommerzieller Hinsicht war Naxos das Kronjuwel des Unternehmens und sorgte in seinen Anfangsjahren für 80 Prozent seines Umsatzes. 1997 pendelte sich das Verhältnis bei 60/40 ein, wenngleich es weiterhin zu Naxos' Gunsten ausfiel. Je mehr sich die Position des Naxos-Labels am Markt festigte, desto mehr wuchs auch sein Marktanteil in Großbritannien. Obwohl nach wie vor Vorurteile bestanden, nahmen diese mit jedem Jahr ab: Allein die künstlerische Leistung, sowohl im Bereich des britischen als auch des internationalen Repertoires, ließ sich nicht länger von der Hand weisen. Haysom und Lawlor hatten Select Music gegründet, als die Vertriebsgeschäfte der unabhängigen Klassik-Labels sich gerade von einer turbulenteren Phase erholten. Während dieser Zeit waren zahlreiche neue Unternehmen aufgetaucht und beinahe ebenso schnell wieder verschwunden. Select Music hatte nicht nur Erfolg, weil es effizient geführt wurde, sondern auch, weil es ein eigenes umsatzstarkes Plattenlabel vermarkten konnte: eine perfekte Gewinnformel. Im Laufe der 1990er steigerte sich das Einkommen von Jahr zu Jahr und der Umsatz stieg alljährlich um mindestens 20 Prozent. Mitte der 1990er näherte sich Naxos' Marktanteil in Großbritannien der 13-Prozent-Marke. Zu jener Zeit hielt EMI einen Marktanteil von rund 30 Prozent, Universal (Decca, Deutsche Grammophon und Philips) einen von 30–35 Prozent.

Naxos war überall – wenn auch nicht immer unter seinem eigenen Markennamen: Jahrelang erschien eine Auswahl von Naxos-Titeln (teils gestrichene, teils neue) unter dem Markennamen der führenden Buchladenkette Dillons. Graham Haysom erinnert sich: »Es steht außer Frage, dass Klaus das Label damals einen großen Schritt nach vorne gebracht und den Standard sowohl bei den Künstlern als auch bei den Aufnahmen, der Produktion, der Präsentation und der Werbung immens erhöht hatte. Dieser Qualitätsanstieg des Labels machte den großen Erfolg von Select in den 1990ern erst möglich.«

1997 zeichneten sich schließlich unterschiedliche Ansätze bei Haysom und Lawlor auf der einen und Heymann auf der anderen Seite ab. Haysom und Lawlor hatten ambitionierte Ziele, was die Vielfalt des Angebots betraf: Sie betrachteten Select Music zuallererst als effizientes Vertriebsunternehmen, das im Prinzip alles vertreiben konnte, was die Läden auch kaufen würden. Haysom gibt zu: »Ich wollte nicht, dass wir all unsere Eier in einen Korb [Klassik-CDs] packten, nicht zuletzt, weil die Welt der Klassik eher klein ist.« Heymann hingegen wollte sich weiterhin nur auf den Vertrieb klassischer Musik konzentrieren. Dies war ein weiterer Wendepunkt für Naxos als Label, der Heymanns damaliges Ziel untermauerte: Naxos in eine umfassende Enzyklopädie klassischer Musik zu verwandeln, ohne sich von anderen gewinnträchtigen Unternehmungen ablenken zu lassen, so attraktiv sie auch erscheinen mochten. An diesem Wendepunkt hatte er natürlich noch keine Ahnung, dass die Plattenwelt schon bald durch weitere technologische Fortschritte vollkommen auf den Kopf gestellt werden würde. Das Internet wurde in der Industrie allmählich immer präsenter, wenngleich die Zukunft der klassischen Musik noch immer fest mit der CD verknüpft zu sein schien. Hier und da blitzten jedoch bereits DVDs und andere Formate auf.

Im Herbst 1997 übernahm Heymann die Kontrolle über die Produktions- und Vertriebsaktivitäten in Großbritannien. Haysom und Lawlor verließen Select Music, und David und Rona Denton setzten sich zur selben Zeit zur Ruhe (sie hatten sich schließlich hauptsächlich auf Neuaufnahmen konzentriert und waren nun bereit, ihren vollen Terminkalender abzugeben). Großbritannien hatte sich mit drei Tätigkeitsfeldern zum vielleicht wichtigsten Standort von Naxos außerhalb Hongkongs entwickelt: Produktion, Mastering (bei K&A Productions, das Heymann 1995 mit Andrew Walton gegründet hatte) und Vertrieb. Heymann benötigte jemanden, der all dies überwachte, und wandte sich an Anthony Anderson, damals Klassik-Leiter des Naxos-Labels und seit acht Jahren in Hongkong. Anthony Anderson, der nicht nur einen Abschluss in Altphilologie hatte, sondern auch über ein umfangreiches Musikwissen verfügte (und der Sohn von Keith Anderson war, dem Hauptverfasser der Booklet-Texte), kehrte im Juli desselben Jahres nach Großbritannien zurück, wo er die Stelle als Geschäftsführer von Select Music antrat und Heymann auch in allen anderen Naxos-Aktivitäten innerhalb des Landes vertrat.

Die neue Position bedeutete eine große Herausforderung für Anderson: Das Unternehmen hatte sich inzwischen zum führenden unabhängigen Klassik-Vertrieb entwickelt. Naxos AudioBooks heimste zwar zahlreiche Auszeichnungen ein, hatte jedoch mit Verkaufs- und Vertriebsproblemen zu kämpfen. Die Mastering-Aufgaben von K&A überstiegen sämtliche Erwartungen und der A&R-Sitz, zunächst in Hongkong und für kurze Zeit in Neuseeland, siedelte ebenfalls nach Großbritannien über. »Hauptsächlich erinnere ich mich noch daran, wie furchtbar hektisch diese Zeit war, aber meine neue Verantwortung war auch ein großer Antrieb für mich«, so Anderson. »Unsere grundlegenden Ziele waren es, die Gewinnspanne auf einem vernünftigen Level zu halten und Naxos' Marktanteil zu erhöhen. Wir haben die Investitionen in das Marketing für Naxos gesteigert und eine Zeit lang auch in der nationalen Presse inseriert. Von 1997 bis 2000 haben sich die CD-Verkäufe von Naxos um rund 35 Prozent gesteigert, und 2002 haben sie dann ihren Höhepunkt erreicht.« Damals sah es gut aus, doch in den folgenden Jahren bekam Anderson die weitreichenden Auswirkungen der großen Veränderungen in der allgemeinen Plattenindustrie zu spüren.

Mit Select Music fand er ein gut organisiertes Vertriebsunternehmen vor, das noch immer auf Expansionskurs war. In seinem Zentrum befand sich Naxos, ein Label, das sein ursprüngliches Ziel, zuverlässige Aufnahmen des zentralen Klassik-Repertoires zu Budgetpreisen anzubieten, bereits bei Weitem überstieg. Auf den Veröffentlichungslisten konnten John Cage und Pierre Boulez ebenso zu finden sein wie Rameau auf historischen Instrumenten, Arnold, Bax oder Stamitz, Korngold, Josquin Desprez, die komplette Kammermusik von Poulenc sowie Werke von Einojuhani Rautavaara und Walzer von Johann Strauss (Sohn). Viele Jahre lang war auch der Katalog von Naxos Historical von entscheidender Bedeutung, da er hochgelobte Transfer-Produktionen enthielt, die einige der besten Klassik- und Jazzaufnahmen der Vergangenheit völlig neu aufleben ließen. Naxos entwickelte sich in der Klassikbranche schnell zu dem Label mit den ambitioniertesten Projekten, auch wenn es oft ein schwerer Weg war, dies auch der Klassik-Presse und den Klassiksammlern bewusst zu machen. Die Sammler erkannten es als Erste und verliehen ihrer Anerkennung Ausdruck, indem sie ihre Geldbörsen zückten und stapelweise Neuveröffentlichungen kauften. Vielleicht war es jedoch gerade Naxos' großer Erfolg als beliebtes Budget-Label, der es so schwer machte, gegen die alten Vorurteile anzukämpfen, die die etablierte Presse trotz einiger Fürsprecher nach wie vor hegte. Selbst in den ersten Jahren nach 2000 war noch immer diese berühmte Zeile zu lesen, die stets ein wenig nach falschem Lob klang: »Ausgezeichnete Aufnahme für eine CD zum Budgetpreis.«

Andersons Aufnahmeprogramm leistete einen großen Beitrag dazu, Naxos' Image in Großbritannien zu verändern. Während seiner Zeit bei Select wurden unter seiner Federführung in den meisten Jahren zwischen 15 und 20 neue Aufnahmen in Großbritannien produziert. Dabei handelte es sich zwar nicht immer um britische Musik, aber die Reihe war ein wichtiger roter Faden, der auch Orchester- und Kammermusik umfasste. Das Maggini Quartet spielte Werke von Alwyn, Rubbra, Rawsthorne und anderen Komponisten ein, und die 15-jährige Zusammenarbeit des Ensembles mit dem Label wurde von einem einzigartigen Projekt gekrönt: den zehn *Naxos Quartets* von Peter Maxwell Davies, die dieser speziell für Naxos geschrieben hatte. Anderson leistete darüber hinaus aber noch einen weiteren entscheidenden Beitrag, indem er außergewöhnliche Talente unter den jungen englischen Musikern ins Naxos-Studio brachte. Ein gutes Beispiel ist der Pianist Ashley Wass. Anderson erinnert sich: »Ich habe Ashley Wass 1997 zum ersten Mal gehört, als er einen Wettbewerb gewann, der damals noch World Piano Competition hieß – und das meiner Meinung nach mit meilenweitem Vorsprung. Teil der Auszeichnung war die Chance, eine Aufnahme für Naxos einzuspielen, und er suchte sich Stücke von Franck aus. Ein paar Jahre später nahm er wieder Kontakt zu uns auf und wir sprachen über andere Bereiche des Repertoires. Wir landeten schließlich bei Bax und später bei weiteren britischen Komponisten. Ich glaube, Ashley war anfangs ein wenig zögerlich, britisches Repertoire aufzunehmen, da dies beinahe unbekannt war und er fürchtete, in eine Schublade gesteckt zu werden. Nachdem er jedoch so lange Zeit mit dieser Musik verbracht und so viele verschiedene Werke aufgenommen hatte, konnte er sich für einen Großteil davon erwärmen. Wie schon 1997 glaube ich noch heute, dass er einer der besten Pianisten unseres Landes ist.

Ashley spielte auch Teile der Reihe *British Piano Concerto* ein, die eine Idee des Pianisten Peter Donohoe war. Es wurde sogar eine Stiftung gegründet, die British Piano Concerto Foundation. Als die Stiftung dann aufgrund zu geringer Spenden aufgelöst werden musste, haben wir die Serie trotzdem fortgesetzt – und wir arbeiten immer noch daran. Ich glaube, durch die Aufnahmen haben wir eine Menge Musik veröffentlicht, die sonst niemals gehört worden wäre. In dieser Hinsicht haben wir eines der ursprünglichen Ziele der Stiftung erreicht.«

Schon David Denton hatte sich (mit Jeremy Summerly und seinen Ensembles Oxford Camerata und Schola Cantorum of Oxford) die ausgeprägte englische Chortradition zunutze gemacht, und auch Anderson pflegte diese weiter und holte die Chöre des St. John's College und des Clare College aus Cambridge an Bord. Der überraschendste Erfolg aus kommerzieller Sicht war jedoch die Aufnahme einer neuen »Ensemble«-Version von John Rutters *Requiem* mit dem Chor des Clare College, Cambridge, unter der Leitung von Timothy Brown, die sich in Großbritannien 60.000 Mal verkaufte: Sie gehört zu den Bestsellern unter den »hausgemachten« Aufnahmen. Anderson bemerkt: »Ein Großteil des Erfolges dieser Aufnahme ist John selbst zu verdanken, der sie freundlicherweise produziert hat – was besonders großherzig war, da das Risiko bestand, dass die Naxos-Version den Verkaufszahlen der Aufnahme schaden würde, die bei seinem eigenen Label Collegium von dem Werk erschienen war.« Diese ungewöhnliche Zusammenarbeit zeigte, wie ein Partner-Label unter der Flagge von Select Music mit Naxos zusammenarbeiten und daraus ein Gewinn für alle Beteiligten entstehen konnte. Die britischen Aufnahmen – beispielsweise Butterworths *A Shropshire*

Lad, Vaughan Williams' *Sancta civitas* und *Dona nobis pacem* oder der Evergreen *Spem in Alium* – waren bei Select Music häufig in den monatlichen Top Ten der Naxos-Aufnahmen zu finden und erzielten sehr respektable Verkaufszahlen. Das Engagement für britische Musik wurde noch vertieft, als entsprechende Aufnahmen des aufgelösten Labels Collins Classics aufgekauft wurden, insbesondere Musik von Benjamin Britten und die Reihe *The English Song Series*.

Ebenfalls von Select Music kam die Idee zu einer Reihe beliebter Sampler, die einem sehr breiten Publikum die Türen in die Welt der Klassik öffneten. Zu diesen einführenden Serien – oder »Lifestyle«-Projekten – gehörten auch die Reihen *Best of*, *Meditation* und *Chill with* (*Chill with Mozart*, *Chill with Vivaldi* usw.), die zwölf Titel umfasste und sich weltweit über eine Million Mal verkaufte. Über viele Jahre machten diese beliebten Sampler zehn Prozent des Umsatzes von Naxos in Großbritannien aus und da sie auf bereits bestehenden Naxos-Aufnahmen beruhten, waren sie besonders einträglich. Die britischen Ideen wurden oft auch von Naxos-Unternehmen in anderen Ländern übernommen, in den USA wie in Asien, und erreichten auch dort hohe Verkaufszahlen.

Es gab jedoch auch einfallsreiche Ausflüge in andere populäre Bereiche, darunter auch Titel, die sich an ein jüngeres Publikum richteten. *Peter und der Wolf*, gelesen von dem Schauspieler Barry Humphries (mit der Stimme seines Alter Ego Dame Edna Everage), war einer der ersten. Der Titel wurde mit einer amüsanten Coverzeichnung des Kinderbuch-Illustrators Tony Ross veröffentlicht (der sich vor allem durch seine Arbeit an den in England sehr bekannten *Horrid Henry*-Büchern einen Namen gemacht hatte). Er stand bei Select Music jahrelang auf der Bestsellerliste für Großbritannien und verkaufte sich über 100.000 Mal. In dieser äußerst erfolgreichen Reihe für Kinder folgten auch Saint-Saëns' *Karneval der Tiere* mit dem verstorbenen Johnny Morris, der seine eigenen Verse las, sowie viele weitere Titel, für die so berühmte britische Namen wie June Whitfield, Brian Cant, Angela Rippon und Bernard Cribbins gewonnen werden konnten. Die Aufnahmen verkauften sich sowohl in Großbritannien als auch international mehrere Tausend Mal.

Die größte Beachtung fand jedoch möglicherweise die Sammlung *The Sven-Göran Eriksson Classical Collection*, die drei CDs mit Werken umfasste, die der Trainer der englischen Fußballnationalmannschaft im Rahmen einer Kampagne im Vorfeld der Weltmeisterschaft 2002 ausgewählt hatte. Sie erhielt eine Menge Publicity, einschließlich eines »Auftritts« im britischen Fernsehen zur besten Sendezeit, und verkaufte sich sehr gut. Auch dieser Titel folgte dem alten Naxos-Prinzip, klassische Musik einem breiteren Publikum nahezubringen, und erreichte dieses Ziel allein durch seine Medienpräsenz. Die etwas zu überschäumende Begeisterung vor der ersten Pressung sowie Englands frühes Ausscheiden aus dem Turnier in Südkorea und Japan führten jedoch zu großen Restbeständen. Diese Gefahr besteht allerdings immer, wenn man die behaglichen klassischen Gefilde mit mutigen Projekten verlässt.

Trotz des kommerziellen Erfolges von Naxos in den ersten zehn Jahren dauerte es bis 1999, bis sich auch bei den *Gramophone* Awards ein erster Erfolg einstellte, die in Großbritannien als die wichtigste Auszeichnung der Klassikindustrie galten: Naxos' Reihe mit britischer Musik erhielt den »Editor's Choice Award« des Chefredakteurs James Jolly. Zwei Jahre später folgte die erste Auszeichnung der *Gramophone*-Kritiker für eine CD: Sie ging an die Aufnahme mit Werken von Vaughan Williams des Maggini Quartet. 2009 gewann Tschaikowskis *Manfred*-Sinfonie, gespielt vom Royal Liverpool Philharmonic Orchestra unter der Leitung des charismatischen Vasily Petrenko, den Orchesterpreis. Im folgenden Jahr ging ein weiterer Redaktionspreis an Bernsteins Messe unter der Leitung von Marin Alsop – Naxos war inzwischen einfach zu groß geworden, um es noch länger zu ignorieren.

Kurz nach seiner Ankunft 1997 gewann Anderson weitere wichtige Labels für den Vertrieb hinzu, wobei das Label Collegium des Komponisten und Dirigenten John Rutter den Anfang machte. Viele weitere folgten, darunter auch Chandos, Gimell, BBC Legends und Opera Rara sowie diverse Haus-Labels verschiedener Orchester, etwa des London Philharmonic Orchestra, der Berliner Philharmoniker, des Monteverdi Chor und Orchester (Soli Deo Gloria) und von The Sixteen (Coro). Auch weitere Komponisten folgten John Rutters Beispiel und schlossen sich mit ihren Labels Select Music an, unter ihnen auch Michael Nyman und Carl Davis.

In den Anfangsjahren des neuen Jahrtausends gewannen auch Klassik-Musikvideos immer mehr an Bedeutung. Heymann hatte mit Arthaus Musik einen Vertrag für den weltweiten Vertrieb unterzeichnet, da er überzeugt davon war, dass sich die Klassik-Videos und -DVDs vorwiegend über die altbewährten Klassik-Kanäle verkaufen würden und nicht in den Videotheken, wie man damals im Allgemeinen annahm. Er sollte recht behalten, und Anderson machte Select Music zum führenden Anbieter von Klassik-DVDs, darunter auch Aufnahmen von TDK, Opus Arte und EuroArts sowie die Filme von Christopher Nupen.

Auch unabhängige Labels erkannten allmählich, dass ihre Angst, bei Select wie Labels zweiter Klasse behandelt zu werden, unbegründet war. Tatsächlich brachte es viele Vorteile, sich einem Naxos-Unternehmen anzuschließen, da es als Label selbst direkt mit den Veränderungen auf dem CD-Markt zu kämpfen hatte. Viele waren angesichts der steigenden Download-Zahlen zutiefst besorgt, als sie beobachteten, welche Auswirkungen nicht nur die Piraterie, sondern auch die legalen Downloads auf die Rock- und Popbranche hatten. Man fragte sich allmählich, ob es im zweiten Jahrzehnt des 21. Jahrhunderts überhaupt noch CDs geben würde.

Anderson, der nicht nur die Naxos-Labels in Großbritannien leitete, sondern auch viele andere repräsentierte, hatte die perfekte Position inne, um neue Entwicklungen vorauszuahnen. Für viele vielleicht unerwartet, verfolgte Naxos weltweit die Politik, sämtliche vertriebene Labels in seine Pläne einzubeziehen und das Beste aus dieser wirklich vollkommen neuen Welt zu machen. Auch das Naxos-Label selbst wurde von den sinkenden CD-Verkaufszahlen sehr hart getroffen.

Anderson erklärt: »Bis 2005 stach Naxos im Handel sehr hervor und war oft das einzige Klassik-Label bei Ketten wie Andys, MVC, WH Smith und die eher von Pop dominierte Kette Our Price. Von 2005 an verschwanden die meisten dieser Läden jedoch aus den wichtigsten Einkaufsstraßen. Ein großer Anteil der Verkäufe verlagerte sich von den konventionellen Läden zu e-Shops, hauptsächlich zu Amazon, aber auch zu Klassik-Spezialisten wie Presto und MDC. Alles passierte sehr schnell. Dieser Verlagerung hat Naxos eines seiner hervorstechendsten Vorteile beraubt: seiner Auffälligkeit in den Läden. Die weiße Naxos-Wand war immer seltener zu sehen.« Auch das Phänomen der »Impulskäufe«, das durch den günstigen Preis begünstigt wurde, der es den Käufern selbst mit £5,99 (ab 2005) erlaubte, mit unbekannten Komponisten, Werken oder Musikern zu experimentieren, war immer seltener zu beobachten. Und als die e-Shops es sich zur Gewohnheit machten, Kunden mit Sonderangeboten von Vollpreis-Labels zu locken, wurde auch der berühmte Preisvorteil von Naxos immer unbedeutender. Glücklicherweise hatte sich das Label jedoch neu erfunden und in das bevorzugte Katalog-Label der Klassiksammler verwandelt, das spezielles Repertoire und Kernwerke anbot. Dadurch konnte es mit sämtlichen Vollpreis-Labels auf Augenhöhe konkurrieren. 2010 war Naxos das erfolgreichste Klassik-Label und sein Budgetpreis war dabei nur von untergeordneter Bedeutung.

In den ersten zehn Jahren des 21. Jahrhunderts übernahm Naxos dank der Entwicklung seiner eigenen digitalen Plattformen und Webdienste eine führende Rolle im Bereich des digitalen Vertriebs. Heymanns Weitsicht, dank der er umfangreiche Mittel in die Naxos Music Library und den Download-Store ClassicsOnline hatte fließen lassen, sicherten nicht nur die Zukunft von Naxos als führender digitaler Anbieter speziellen Repertoires, sondern bedeuteten paradoxerweise auch einen Rettungsanker für Klassik-Labels in aller Welt. 2004 begann Select, Abonnements für die Naxos Music Library an Bildungseinrichtungen in ganz Großbritannien zu verkaufen. Bis Ende des Jahrzehnts hatte man bereits die meisten Musikschulen und Musikabteilungen des Dienstleistungssektors sowie viele Musikabteilungen in den Sekundarschulen, private wie staatliche, als Abonnenten gewonnen. Einer der Schlüsselfaktoren für den Erfolg der Bibliothek ist, dass sie neben den hauseigenen auch die Kataloge vieler anderer unabhängiger Labels anbietet. Inzwischen hat sie sich zu einer weltweit unerreichten Quelle entwickelt.

Select Music brachte in den 20 Jahren seit seiner Gründung nicht nur Naxos selbst ans Steuer seiner Vertriebsgeschäfte in Großbritannien, es festigte außerdem seine Position als führender Klassik-Vertrieb auf einem der wichtigsten Märkte für klassische Musik überhaupt. Das Unternehmen beschritt dabei einen äußerst erfolgreichen Weg und konnte sich mit einigen seiner größten Konkurrenten zusammenschließen, die zu den besten unter den unabhängigen Labels zählen. Dabei gelang es ihm, die größere Leistungsfähigkeit dieser vereinten Kräfte für seine Geschäfte zu nutzen, wodurch der Hauptwettbewerb auf der Verkaufsebene stattfand. Dieser Ansatz bringt nicht nur für die einzelnen Labels große Vorteile mit sich, sondern ganz gewiss auch für die Naxos-Labels selbst, die auf diese Weise nicht mehr der Gnade der wankelmütigen, allein an Gewinnen interessierten Vertriebsunternehmen ausgesetzt sind. Es ist interessant zu beobachten, dass sich dieses Konzept, das bereits beim Vertrieb der physischen Produkte sehr gut funktionierte, nun auch auf die digitale Welt ausweitet.

USA: Naxos of America

Unter all den wichtigen Märkten, auf die Naxos sich wagte, haben sich die USA als der schwierigste erwiesen. Das erste Jahrzehnt, in dem Naxos zunächst von diversen Vertriebsunternehmen und einem Lizenznehmer vertrieben wurde, verlief eher durchwachsen. Heymann beschloss daraufhin, dem Vorbild des britischen Erfolgsmodells zu folgen, da er der Ansicht war, eine langfristige Zukunft in den USA könne nur durch die Gründung einer eigenen Firma gewährleistet werden. Sie nahm 1991 von ihren Büros in New Jersey die Arbeit auf und erfüllte einige Jahre ihre Aufgabe, den wachsenden Katalog in Klassikkreisen zu vertreiben. Dennoch gelang es ihr nicht, auf Kritikerseite positive Reaktionen für Naxos auszulösen, und es sah aus, als würde sie niemals aus den roten Zahlen herauskommen, geschweige denn Gewinne erwirtschaften.

1997 erfolgte eine einschneidende Veränderung. Zwei neue, junge, aber dennoch erfahrene Musikexperten, Jim Sturgeon und Jim Selby, wurden mit dem Auftrag ins Naxos-Boot geholt, noch einmal ganz von vorne anzufangen. Keiner der beiden war Klassik-Spezialist, aber sie kannten die Plattenindustrie und sahen sofort, dass das Unternehmen im Bereich der Logistik des CD-Vertriebs sowie hinsichtlich der Positionierung auf dem Markt dringend einiger Verbesserungen bedurfte. Sie begannen mit dem drastischen Schritt, mit Naxos of America nach Franklin, Tennessee, umzuziehen, da sie dies für eine sinnvollere Umgebung für ein CD-Label hielten, auch wenn es sich um ein Klassik-Label handelte. Franklin liegt in direkter Nachbarschaft zu Nashville, einer absoluten Musikstadt. Darüber hinaus erleichterte der neue Standort in der Mitte der USA den Vertrieb des Produktes erheblich. »Mit nur einem Tag Fahrt konnten wir 50 Prozent der Bevölkerung erreichen«, erklärt Selby. Das Büro wurde 1998 trotz einiger Skepsis auf Seiten von Naxos eröffnet – immerhin war Nashville hauptsächlich für seine Countrymusik bekannt, nicht für Klassik. Aber es gab dort die Nashville Symphony und Kenneth Schermerhorn, einen Dirigenten, mit dem Heymann bereits in Hongkong zusammengearbeitet hatte, als Schermerhorn Chefdirigent des Hong Kong Philharmonic Orchestra gewesen war. Außerdem war in Nashville durch einen glücklichen Zufall bereits ein neuer Konzertsaal in Planung, der sich hervorragend für Aufnahmen eignen würde und in den folgenden Jahren rege für diese genutzt wurde.

Als Naxos of America in Franklin an den Start ging, so Selby (heute Geschäftsführer), repräsentierte es vorwiegend Heymanns Labels: Naxos, Marco Polo, Naxos AudioBooks sowie CPO und das angeschlossene dänische Label Dacapo. Der Jahresumsatz belief sich auf etwa US$3,5 Millionen. Ziel war es, die Logistik dramatisch zu verbessern, Beziehungen zu Händlern wiederherzustellen, das Profil der Labels (allen voran Naxos) zu stärken und den Umsatz zu steigern. Zehn Jahre später entwickelte sich Naxos of America trotz der am tiefsten greifenden Veränderungen der Marktumgebung, die die Musikindustrie je erlebt hatte – die Ausbreitung der digitalen Piraterie, den Anstieg der digitalen Verkäufe und den darauf folgenden Untergang vieler traditioneller Händler, um nur einige zu nennen – zum führenden Klassik-Vertrieb des Landes und erarbeitete sich einen Umsatz von annähernd US$20 Millionen, einen guten Ruf für sein eigenes amerikanisches Label und obendrein eine ansehnliche GRAMMY-Sammlung.

Diese außergewöhnliche Leistung war auf eine Reihe weitsichtiger Entscheidungen zurückzuführen, die Heymann in Hongkong traf und die von einem relativ jungen Managementteam in den USA umgesetzt wurden, das mit den neuesten Technologien bestens vertraut war. Darüber hinaus verfügte es über innovative Fähigkeiten, die sich im Klassikbereich als ebenso wichtig erwiesen wie bei populäreren Genres.

In den ersten Jahren in Franklin kristallisierten sich auch zwei neue Wachstumsbereiche heraus, angefangen bei der kommerziellen Verwertung: »Klaus wollte die Lizenzvergabe der Musik aus dem Naxos-Katalog sehr stark vorantreiben«, erinnert sich Selby. Der Bereich wuchs tatsächlich sehr schnell, besonders, da Heymann bei der Gründung des Labels in weiser Voraussicht darauf bestanden hatte, dass Naxos die Rechte an all seinen Aufnahmen behielt. Musik wird permanent auf unterschiedliche Weise lizenziert und genutzt: in Filmen, im Fernsehen, für Premium-Werbegeschenke, in Telefonzentralen, auf CD-Samplern für Babys und sogar bei Operationen von Chirurgen und Zahnärzten. Der Lizenzierungsprozess kann sehr kompliziert sein, wenn erst die genaue Rechtelage geklärt werden muss – aber nicht für Naxos. Das Label wurde schon bald als direkte, unkomplizierte Quelle für klassische Musik bekannt. Der Geschäftsbereich näherte sich schon bald einem Umsatz von US$1 Million pro Jahr und wuchs kontinuierlich weiter.

Der zweite Wachstumsbereich war ein musikalischer. 1999 veröffentlichte Naxos of America die ersten Titel seiner Reihe *American Classics*. Ihnen folgten weitere regelmäßige Veröffentlichungen, die Musik aus den unterschiedlichsten Perioden präsentierten, dabei aber vor allem das Ziel verfolgten, die klassische Musik des Kontinents bekannter zu machen. Das Projekt *American Classics* war der ambitionierte Versuch, Naxos auf dem US-Markt zu etablieren und gleichzeitig amerikanische Klassik auf dem Weltmarkt einzuführen. Heymann holte sich mit dem Produzenten- und Agentenpaar Victor und Marina Ledin sowie einem Beratergremium aus angesehenen amerikanischen Musikwissenschaftlern professionelle Hilfe und die Reihe erzielte einen Erfolg nach dem anderen. Plötzlich nahmen Kritiker und Journalisten das Naxos-Label auch durch sein musikalisches Angebot wahr. Individuelle Projekte waren jedoch nicht immer von kommerziellem Erfolg gekrönt: Es gab einige Aufnahmen, die sich nicht besonders gut verkauften und ihre Ausgaben wohl nie wieder einspielen werden. Insgesamt war die Serie aber profitabel und sie leistete einen so offensichtlichen Dienst an der amerikanischen Musik, dass sie auch weitere Gewinne verbuchen konnte. Durch *American Classics* wurde Naxos so bekannt, wie es dem Label durch Sonderangebote oder »Lifestyle«-Sampler wohl niemals gelungen wäre.

Zur selben Zeit, als Naxos of America zu neuem Leben erwachte, stellten die Marktkräfte eine immer größere Herausforderung für die Plattenfirmen dar. 2004 musste Tower Records mit seinen landesweit 130 großen Läden Insolvenz anmelden – das Unternehmen war bankrott. Diese Entwicklung hatte sich schon durch die immer größeren Rücksendungen abgezeichnet. Schon ein paar umfangreichere Rücksendungen von Tower, einem der größten Kunden von Naxos of America, konnten sich für das Unternehmen als große Belastung erweisen. Eine zu große Abhängigkeit von Tower oder Borders (ein weiteres Unternehmen, das bereits erste Anzeichen dafür zeigte, dass der Handel sich momentan auf einem recht steinigen Weg befand) war zwar extrem riskant, aber paradoxerweise war sie auch die einfachste und am meisten Gewinn versprechende Möglichkeit, die Stammkäufer klassischer Musik zu erreichen. Wie alle anderen Plattenfirmen musste auch Naxos of America lernen, mit der Angst zu leben, dass die Lieferungen an diese großen Handelsketten palettenweise wieder zurückgeschickt werden würden. Dies war umso frustrierender, wenn man feststellte, dass viele der CD-Boxen noch originalverpackt waren und die CDs es nie in die Ladenregale geschafft hatten: Sie waren einfach nur vom Naxos-Depot zum Lager der jeweiligen Händler und wieder zurück zu Naxos transportiert worden. Die gesamte Industrie hatte unter diesen Geschäftspraktiken zu leiden, die für keinen der Beteiligten tragbar waren, besonders nicht in einer Umgebung, die sich ständig veränderte. 2006 kam das endgültige Aus für Tower Records.

Inmitten all dieses Trubels überlebte Naxos of America nicht nur, es expandierte sogar, indem es auch auf sogenannte »nicht-traditionelle Verkaufskanäle« auswich. Das Lizenzgeschäft florierte. 2005 wagte es sich besonders auf den Bildungssektor vor und arbeitete mit so renommierten Verlagen wie W. W. Norton, Prentice Hall und McGraw Hill zusammen: Das Label stellte Naxos-Aufnahmen zur Verfügung, die Lehrbücher begleiteten, fungierte als »Projektmanager« für neue Lehrbücher und holte weitere Unternehmen mit ins Boot. Dies erwies sich als äußerst einträglicher Schachzug, da die zahlreichen Neuauflagen für ein regelmäßiges Einkommen sorgten.

Naxos of America trug außerdem zum Erfolg der digitalen Dienste bei und profitierte auch selbst ganz erheblich davon. Was anfangs noch als Gnadenstoß für die Musikindustrie betrachtet worden war, hatte sich 2005 zu einer zuverlässigen, wachsenden Einkommensquelle entwickelt. Als die Download-Zahlen immer schneller stiegen, war dies zunächst jedoch kein gutes Omen. Am Ende des 20. Jahrhunderts wirkte sich die digitale Piraterie bereits nachhaltig auf die Musikverkäufe aus und Selby gehörte zu jenen, die sich ernsthaft fragten, ob die Plattenindustrie überhaupt überleben würde. Er war damals Anfang 30, mit der Technologie bestens vertraut – er wusste, wie man Musik herunterlud und kannte sämtliche Piraterie-Seiten – und befürchtete, dies könne das Ende der Rentabilität für die Musikbranche bedeuten. Doch dank Heymanns Weitsicht und Selbys aktivem Interesse an Musik in digitaler Form erlangte Naxos of America gegenüber all seinen Klassik-Konkurrenten einen entscheidenden Vorteil.

Alles begann in Hongkong. Bereits zur Jahrtausendwende war naxos.com, das von Hongkong aus verwaltet wurde, eine der umfangreichsten Klassik-Seiten überhaupt. Schon 1996 hatte Heymann sichergestellt, dass die kompletten Backkataloge von Naxos und Marco Polo sowie alle Neuaufnahmen einschließlich aller notwendigen Metadaten digitalisiert wurden. Die kompletten Aufnahmen beider Labels wurden zu Werbezwecken mit einer Geschwindigkeit von 20 kBit/s zum Streaming angeboten, Stück für Stück und absolut kostenlos. 2003 brachte Apple sein bahnbrechendes iTunes an den Start. Auch wenn es zunächst nur in den USA verfügbar war, sorgte es für eine erstaunliche Entwicklung. Obwohl es von Popmusik dominiert wurde, war Naxos das einzige Klassik-Label, das tatsächlich ein breites Repertoire anbot: Da das Label ohnehin bereits all seine Aufnahmen digitalisiert hatte, war es für iTunes relativ einfach, seinen gesamten Katalog zu übernehmen. Es war ermutigend, zu sehen, dass die iTunes-Kunden durchaus nicht abgeneigt waren, klassischer Musik auch in digitaler Form eine Chance zu geben. Dank Naxos' deutlicher Präsenz bei iTunes und seines Status als bekannte Marke in der Welt der Klassik entwickelte es sich schnell zum meistverkauften Label des Online-Stores.

Selby erinnert sich noch immer an den atemberaubenden Anstieg der digitalen Verkaufszahlen. »Unser erster Tantiemenscheck belief sich auf US$3.500, was dem Profit aus dem Verkauf Tausender CDs entsprach – nur mit viel weniger Arbeit. Und ohne Rücksendungen! Jeder Monat war besser als der vorangegangene. In der ersten Zeit stieg unser Gewinn monatlich um 100 Prozent.«

Obwohl Naxos of America bereits sämtliche Aufnahmen digitalisiert hatte, bedurfte es einiger Arbeit, um die spezifischen Anforderungen von iTunes zu erfüllen. Bis zu diesem Zeitpunkt hatten sämtliche Digitalisierungen der gesamten Naxos-Gruppe in Hongkong stattgefunden, wo auch naxos.com seinen Sitz hatte. Durch das Aufkommen von iTunes und weiterer seriöser digitaler Anbieter wurde eine eigene technische Abteilung für Naxos of America jedoch unerlässlich, um die Anforderungen dieser digitalen Dienstleister zu erfüllen. Dabei konnte man ihnen jedoch nicht einfach eine Festplatte mit der kompletten Musik überreichen: Die Lieferbedingungen der einzelnen Anbieter unterschieden sich ganz leicht voneinander. Naxos of America erhielt also eine neue Abteilung, die dem Unternehmen eine wichtige Position innerhalb der digitalen Struktur von Naxos sicherte. Es wurde schnell klar, dass auch Drittlabels, die Naxos of America noch immer in Scharen für den CD-Vertrieb gewann, diesen Service der digitalen Umwandlung und Lieferung würden in Anspruch nehmen wollen: 2005 vertrieb das Unternehmen bereits die CDs von Analekta, CBC Records, Naïve und Pentatone Classics. Es war nun in der Lage, diesen digitalen Service auch seinen Labels anzubieten, und angesichts der Tatsache, dass die Zukunft weiter schwindende CD-Verkäufe bringen würde, wurde er allgemein als essentieller Teil der Vertriebsaufgaben betrachtet.

Eine weitere wichtige digitale Entwicklung in den ersten Jahren des 21. Jahrhunderts war die hauseigene Naxos Music Library des Labels. Dieser höchst innovative Streaming-Service auf Abonnement-Basis wurde von immer mehr Bildungseinrichtungen überall in den USA genutzt und steigerte die Glaubwürdigkeit von Naxos weiter. Sein Ruf als seriöse Klassikfirma und führendes Unternehmen im Bereich der technologischen Innovationen festigte sich so noch mehr. Als der Druck auf Tower Records und andere Händler in den USA immer größer wurde, war Naxos bereits dabei, sich breiter aufzustellen. Der CD-Handel blieb ein Schlüsselbereich für den Fortbestand des Unternehmens, auch wenn es einige sehr strapaziöse Phasen erlebte, als verschiedene Händler Bankrott machten, die Naxos-Produkte in ihrem Sortiment geführt hatten, da es nicht immer leicht für das Unternehmen war, diese zurückzubekommen. Naxos of America war jedoch bei der Erschließung alternativer Wege, auf denen es seine Kunden erreichen wollte, bereits sehr weit vorangeschritten.

2005 erzielte Naxos of America Umsätze in Höhe von US$16,5 Millionen, wobei die CD-Verkäufe US$6 Millionen ausmachten. Ein weiterer großer Anteil war der DVD-Sparte zuzuschreiben. Nachdem Heymann begonnen hatte, auch DVD-Labels für den internationalen Vertrieb mit an Bord zu nehmen, hatte sich Naxos of America im Lauf der vorangegangenen fünf Jahre zum führenden Vertrieb für Klassik-DVDs in den USA entwickelt. Es hatte Arthaus Musik, Opus Arte, TDK DVD, EuroArts und viele andere unter Vertrag. Tatsächlich gab es sogar ein oder zwei Jahre, in denen die DVD-Einnahmen die der CDs überstiegen.

Obwohl die konventionelle Ladenstruktur in den USA scheinbar zusammenbrach, war Selby davon überzeugt, dass die Stammkäufer der Klassik-CDs auch weiterhin existieren und man nur abwarten musste, wo sie wieder zum Vorschein kommen würden. Er nahm an, dass dies Online der Fall sein würde und begann, seine Marketingaktivitäten in Form von Fanseiten, Blogs und Foren auf das Internet auszurichten. So wurde auch NaxosDirect geschaffen, eine Website, die den Kunden sämtliche Vertriebslabels von Naxos of America direkt anbot. Zur selben Zeit erlebte Amazon mit seinen effizienten Webdiensten einen außerordentlichen Aufschwung. Heute treffen alle zehn Minuten Amazon-Bestellungen über eines der sechs Vertriebszentren überall in den USA bei Naxos of America ein. Während sich in der Vergangenheit oft Tausende von CDs eines einzelnen Titels in den Läden (oder noch originalverpackt in ihren Lagerhallen) im ganzen Land befanden, bedeuten weniger Händler heute auch geringere Überschussmengen – auch wenn dies wiederum zu anderen logistischen Herausforderungen führt, etwa bei der pünktlichen Lieferung einer großen Anzahl relativ kleiner Bestellungen.

Während all dieser allgemeinen geschäftlichen Veränderungen steigerte sich Naxos' Ansehen als Klassik-Label kontinuierlich. *American Classics* hatte zwar bereits 1999 einigen Eindruck gemacht, war aber beinahe wieder völlig verstummt, während weitere Aufnahmen in der Slowakei stattfanden. 2000 brachte Naxos Hansons 1. Sinfonie, *Nordic*, und die Suite *Merry Mount* heraus, die von der Nashville Symphony unter der Leitung von Kenneth Schermerhorn eingespielt worden war – sie stieß sofort auf uneingeschränkt begeisterte Reaktionen seitens der Kritiker. Es folgten noch viele weitere Aufnahmen mit dem Orchester, darunter auch die 2. Sinfonie von Ives, Orchesterwerke von Chadwick und Bernsteins *West Side Story*. Naxos erweiterte seine Liste amerikanischer Künstler anschließend um zahlreiche weitere führende Musiker, darunter auch Marin Alsop und Leonard Slatkin.

Auch die großen Erfolge bei den GRAMMYS rissen nicht ab. Seinen allerersten GRAMMY gewann Naxos 2003 mit dem Titel *Sacred Tibetan Chant*, geistlichen Gesängen der Mönche des Klosters Sherab Ling, der als Bestes Traditionelles Weltmusik-Album ausgezeichnet wurde. Die Aufnahme war von Naxos World produziert worden, einem Ableger von Naxos of America. 2006 folgten die ersten GRAMMYS für eine Klassik-Aufnahme, als William Bolcoms *Songs of Innocence and of Experience* unter der Leitung von Leonard Slatkin gleich vier Preise einheimste. Die Auszeichnungen besiegelten die »Ehrbarkeit« des Budget-Labels ein für alle Mal und verhalfen Naxos zu einem noch stärkeren Profil und höheren Verkaufszahlen. 2008 wurde ein weiterer Titel der Reihe *American Classics*, Joan Towers *Made in America, Tambor* und *Concerto for Orchestra*, mit drei GRAMMYS ausgezeichnet. 2011 folgte ein besonders erfolgreiches Jahr für Naxos, als das Label fünf GRAMMYS mit nach Hause nehmen konnte, davon drei für die Aufnahme von Michael Daughertys *Deus ex Machina* und *Metropolis Symphony*, gespielt von der Nashville Symphony unter der Leitung von Giancarlo Guerrero: Beste Orchesterdarbietung, Beste Technische Leistung (Album) und Beste Zeitgenössische Klassik-Komposition (für *Deus ex Machina* mit dem Pianisten Terrence Wilson). Das Parker Quartet, ein junges, talentiertes Ensemble aus Neuengland, erhielt ebenfalls einen GRAMMY für Ligetis Streichquartette Nr. 1 und 2., und Paul Jacobs' Aufnahme von Messiaens *Livre du Saint-Sacrement* erhielt den allerersten GRAMMY für ein Solo-Orgelwerk überhaupt. Bis heute hat Naxos insgesamt 16 GRAMMYS gewonnen, darunter auch einen »Latin«-GRAMMY für Klaviermusik von Villa-Lobos.

Zehn Jahre nach dem Umzug nach Franklin hatte sich Naxos of America als einer der Marktführer im Bereich der klassischen Musik etabliert. Ende 2010 war das Unternehmen der größte Vertrieb unabhängiger Klassik-Labels in den USA und bei den CD-Verkäufen belegte es hinter Universal (das seine Platzierung zu einem großen Teil Crossover-Titeln zu verdanken hatte) den zweiten Platz. Die Reihe *American Classics*, die inzwischen rund 360 Titel umfasst, war und ist eine ganz besondere Leistung. Auch die Liste der vertriebenen unabhängigen Labels (zu dem auch Chandos gehört, eines der führenden britischen Labels) wird immer länger. 2010 schloss sich auch eines der etablierten Labels dem Vertriebsnetzwerk an: Warner Classics, das sich aus Warner Classics, Erato und Teldec zusammensetzt. Es erzielte nach Naxos die zweithöchsten Verkaufszahlen aller angeschlossenen Labels. Das Unternehmen ist noch immer der führende Vertrieb für Klassik-DVDs und erhielt außerdem den Zuschlag für die Vertriebsrechte von Jazz Icons, was zu weiteren kommerziellen Erfolgen führte.

Naxos of America spielt heute auch eine wichtige Rolle für Naxos' digitale Präsenz in aller Welt, steht mit anderen digitalen Anbietern in Verbindung und kümmert sich um die Verwaltung und die Weiterentwicklung der Naxos Music Library und von ClassicsOnline. Das

Unternehmen ist außerdem für den digitalen Vertrieb zahlreicher unabhängiger Klassik-Labels verantwortlich. Zur Zeit der Entstehung dieses Buches besteht ein gesundes, relativ ausgewogenes Verhältnis zwischen den einzelnen Geschäftsbereichen: Der Audio-Anteil liegt bei rund 40 Prozent, die DVD-Verkäufe bei knapp 30 Prozent, die digitalen Erträge bei fast 20 Prozent und das Lizenzgeschäft bei rund zehn Prozent. In den USA werden oft die Trends für den gesamten Handelsbereich gesetzt und obwohl Naxos of America selbst zu den Branchenführern gehört, ist es flexibel und leichtfüßig genug, um auf etwaige Veränderungen schnell zu reagieren.

Obwohl Naxos of America seine aktuelle Position vorwiegend durch seine klugen Geschäftstätigkeiten erlangt hat, waren auch die engen musikalischen Beziehungen zu einigen Künstlern sehr hilfreich.

Die besondere Verbindung, die sich 1998 kurz nach dem Umzug von Naxos of America in die unmittelbare Nachbarschaft des Orchesters zwischen der Nashville Symphony und dem Label entwickelte, sollte sich für beide Seiten als sehr einträglich erweisen. Sie waren beide ambitionierte, schnell wachsende Unternehmen. Alan Valentine, Geschäftsführer der Nashville Symphony, hatte erst kurz vor Naxos of Americas Umzug die Zügel übernommen und plante, das Orchester zu einer bedeutenden Größe im Bereich der amerikanischen Musik zu machen. Er erkannte, dass eine Aufnahmeserie mit einem großen internationalen Label sicherlich hilfreich sein würde, wenn er dieses Ziel wirklich erreichen wollte. Der Chefdirigent des Orchesters, Kenneth Schermerhorn, hatte bereits zuvor für Naxos aufgenommen (*Finlandia* und andere Tongedichte mit dem Slowakischen Rundfunk-Symphonieorchester) und eine gute Beziehung zu Heymann. Schermerhorn war besonders an amerikanischer Musik interessiert, vor allem an Komponisten aus Neuengland. Nashville war für Naxos daher eine offensichtliche Wahl für einige der Schlüsselaufnahmen der Reihe *American Classics*.

Hansons 1. Sinfonie, *Nordic*, und die Suite *Merry Mount* standen am Anfang dieser fruchtbaren Verbindung. Der Aufnahme folgten Ives' 2. Sinfonie und die *Robert Browning Overture*, die unter Verwendung der neuen kritischen Ausgaben von Ives entstand. Als das Orchester diese Werke in der Carnegie Hall aufführte, schickte es der Aufnahme, die bei den Kritikern später auf große Bewunderung stieß, bereits einen grandiosen Glanzpunkt voraus. Im Laufe der Jahre folgten über 20 weitere CDs, die ein breites Repertoire abdeckten. Einige der Ideen stammten von Heymann selbst, etwa Amy Beachs Klavierkonzert und *Gaelic*-Sinfonie oder Bernsteins *West Side Story*. Als Heymann die Nashville Symphony bat, *West Side Story* einzuspielen, trieb Valentine das Projekt in seiner charakteristischen Weise noch einen Schritt weiter und schloss sich mit dem Tennessee Repertory Theatre für eine Koproduktion in der Stadt zusammen. Sie verhalf dem Projekt zu noch größerer Aufmerksamkeit und die Aufnahme selbst wurde zu einem Naxos-Bestseller. Aber nicht das gesamte Repertoire, das in Nashville eingespielt wurde, erschien im Rahmen der *American Classics*. Zu Heymanns anderen Aufträgen gehörten auch wichtige Werke des zentralen Klassik-Repertoires (etwa Beethovens *Missa solemnis*), die zeigten, welch großen Respekt er Schermerhorn und dem Orchester entgegenbrachte.

Zu den Ideen, die von Seiten der Nashville Symphony kamen, gehörten auch eine John Corigliano gewidmete Aufnahme (mit *A Dylan Thomas Trilogy* und anderen Werken) mit dem Bariton Thomas Allen unter der Leitung von Leonard Slatkin sowie Ouvertüren und Tongedichte von Thomas Chadwick. Die Aufnahme von Joan Towers *Made in America*, finanziell unterstützt durch den Ford Motor Company Fund, war ein weiteres wichtiges Ereignis in der Geschichte der Nashville Symphony. Sie wurde mit *Tambor* und *Concerto for Orchestra* kombiniert, erneut unter der Leitung von Leonard Slatkin eingespielt und 2008 mit drei GRAMMYS ausgezeichnet.

Mit der Eröffnung der Laura Turner Concert Hall im Schermerhorn Symphony Center in Nashville im Jahre 2006 wurde die Beziehung zwischen dem Orchester und dem Label erneut vertieft. Der Saal war speziell für Musikaufnahmen entworfen worden. Seit der Eröffnung sind sämtliche Aufnahmen mit der Nashville Symphony für Naxos dort entstanden. Alan Valentine ist überzeugt davon, dass sich die Qualität der Aufnahmen dadurch erneut verbessert hat. »Man kann den Saal förmlich hören!«, zeigt er sich begeistert.

Valentine glaubt, die Nashville Symphony verfüge über zwei charakteristische Eigenschaften, die auf jeder ihrer Aufnahmen deutlich zu hören sind, ganz gleich, wer als Dirigent vor ihr steht. Eine hängt direkt mit der Darbietung amerikanischer Musik zusammen. »Das Orchester hat seinen Sitz in Music City USA, wo sehr viel amerikanische Musik produziert wird – Countrymusik, R&B und eine Menge Popmusik. Wenn sie Zeit haben, spielen viele unserer Musiker hier bei anderen Sessions mit. Dadurch ›verstehen‹ sie die Ausdrucksweise der amerikanischen Popkultur, die sehr häufig in die Musik zeitgenössischer amerikanischer Komponisten einfließt, wenn sie ihre Orchestersinfonien schreiben. Nehmen Sie zum Beispiel Leonard Bernstein, seine *West Side Story*, *Dybbuk* oder *Fancy Free*, oder auch Daughertys *Metropolis*: Das Orchester versteht diese Musik einfach sofort. Es spielt sie sehr idiomatisch, und das hört man auch.

Die andere charakteristische Eigenschaft des Orchesters ist das Spiel der Saiteninstrumente, das sich in unserem neuen Saal einfach wunderbar entwickelt hat. Es ist wirklich ganz außergewöhnlich. Das hat mit der ersten Aufnahme von Hansons *Rhythmic Variations on Two Ancient Hymns* angefangen und sich seither immer mehr verfeinert.«

Valentine fügt noch hinzu: »Die Beziehung zwischen Naxos und der Nashville Symphony war für beide Seiten sehr gut, aber ich bin Klaus und Naxos wirklich außerordentlich dankbar für den Ruf, den wir uns mit ihrer Hilfe erarbeiten konnten. Offen gesagt, ist die steile Karriere unseres Orchesters zu einem großen Teil auch auf die Beziehung zu Naxos zu zurückzuführen: Sie hat die Fantasie unserer Gemeinschaft und unserer Leitungsebene angeregt und uns gezeigt, was alles möglich ist. Klaus war immer ein großartiger Partner für uns.«

In den vergangenen zehn Jahren wurden auch zahlreiche Aufnahmen mit zwei amerikanischen Dirigenten produziert, die in Sachen Persönlichkeit und Stil kaum weiter voneinander entfernt sein könnten: Gerard Schwarz und JoAnn Falletta.

Schwarz war über ein Vierteljahrhundert lang Chefdirigent des Seattle Symphony Orchestra. In dieser Zeit entstanden zahlreiche bahnbrechende Aufnahmen, allen voran die Musik von William Schuman,

Walter Piston und Howard Hanson sowie – durch das Milken Archive of Jewish Music – Werke von David Diamond und anderen jüdischen Komponisten. Falletta ist seit über zehn Jahren Chefdirigentin des Buffalo Symphony Orchestra. Sie hat die Musik zeitgenössischer amerikanischer Komponisten wie John Corigliano und Kenneth Fuchs sowie die Werke von Aaron Copland, Ernő Dohnányi und Richard Strauss schon immer gefördert, sowohl auf CD als auch in den Konzertsälen.

Schwarz, heute Mitte 70, hatte persönlich mit vielen amerikanischen Größen des 20. Jahrhunderts zu tun, in früheren Jahren als Trompeter, später dann als Dirigent. »Ich bin alt genug, um mit Samuel Barber und Aaron Copland befreundet gewesen zu sein und um mit Paul Creston, Milton Babbitt, Jacob Druckman und Vincent Persichetti studiert zu haben. Gunther Schuller ist ein guter Freund von mir und ich war auch mit David Diamond eng befreundet. Als ich 1985 nach Seattle kam, habe ich nicht nur gezielt versucht, diese Komponisten zu fördern, sondern auch Meister wie William Schuman, Walter Piston und Howard Hanson, dessen Werke damals aufgrund des Aufkommens der Avantgarde und der seriellen Musik praktisch ignoriert wurden. Seine konservativere Musik wurde nicht nur vernachlässigt, man sah sogar auf sie herab. Es schien, als seien die Menschen nicht mehr an der Art bodenständiger, gut strukturierter Sinfonien interessiert, die Hanson schrieb. Es war beinahe, als hätte seine Musik gar keine Zeit gehabt, eine Fangemeinde um sich zu scharen, weil wir uns viel zu schnell weiterentwickelt und uns für andere Dinge interessiert haben. Seit damals hat die amerikanische Musik aber vor allem von zwei Plattenfirmen immense Unterstützung erhalten. Zuerst gab es Delos und jetzt haben wir Naxos, die uns wirklich eine riesige Hilfe waren. Was Naxos mit seiner amerikanischen Reihe leistet, ist wirklich unglaublich. Fantastisch. Aber noch besser wäre natürlich, wenn das *alle* machen würden!«

Für Naxos dirigierte Schwarz Hansons die wichtige, 1933 entstandene Oper *Merry Mount*, die auf einer Doppel-CD erschien. Die Aufnahme basierte auf der Aufführung mit Solisten und der Seattle Symphony von 1996 (zum 100. Geburtstag des Komponisten). Außerdem nahm er die acht veröffentlichten Sinfonien von William Schuman auf, gepaart mit anderen Werken, und bescherte dem Komponisten so eine wichtige Diskografie. Darüber hinaus wirkte er an der Aufnahme von Pistons 2., 4. und 6. Sinfonie sowie an *The Incredible Flutist* und anderen Orchesterwerken mit.

Mit insgesamt knapp 250 Aufnahmen, an denen er im Laufe seiner Karriere für verschiedene Labels beteiligt war, ist es Schwarz gelungen, sein Netz weit über die amerikanische Musik hinaus zu spinnen. Erst kürzlich hat er eine Reihe mit Rimski-Korsakow-Werken für Naxos aufgenommen, darunter, natürlich, auch *Sheherazade*. Aber er freut sich, dass er auch weniger bekannte Stück dirigieren durfte, etwa zahlreiche Ouvertüren und Suiten von Rimski-Korsakows Opern. »Ein Album ist ausschließlich Ouvertüren gewidmet, und ich kann mich wirklich nicht entscheiden, welche mir am besten gefällt.« Sämtliche Rimski-Korsakow-Aufnahmen spielte die Seattle Symphony ein.

2009 gewann Fallettas Aufnahme mit Musik von John Corigliano – *Mr. Tambourine Man: Seven Poems of Bob Dylan and Three Hallucinations (from Altered States)* – mit dem Buffalo Philharmonic Orchestra zwei GRAMMYS (Beste Gesangsdarbietung Klassik und Beste Zeitgenössische Klassik-Komposition für *Mr. Tambourine Man*). Der Komponist übernahm eine aktive Rolle bei der Produktion der Aufnahmen von *Mr. Tambourine Man* in der Kleinhans Music Hall in Buffalo, New York, und arbeitete eng mit dem Naxos-Produzenten Tim Handley zusammen. Falletta nahm später auch Coriglianos Violinkonzert *The Red Violin* (mit Michael Ludwig als Solist) und *Phantasmagoria* (eine Suite aus seiner Oper *The Ghosts of Versailles*) auf, ebenfalls mit dem Buffalo Philharmonic Orchestra. Diese Corigliano-Aufnahmen bedeuteten ganz gewiss einen Höhepunkt in der zehnjährigen Zusammenarbeit zwischen Naxos und Falletta.

»Also, zuallererst möchte ich festhalten, dass Naxos mit seinem unstillbaren Appetit auf ungewöhnliche Musik in all den Jahren unserer Zusammenarbeit ein wirklich unglaublicher Partner war. Sie haben uns dazu gebracht, die unterschiedlichsten Dinge zu suchen, zu entdecken und aufzunehmen. Ich denke da zum Beispiel an die Orchesterversion von Schuberts Quartett *Der Tod und das Mädchen* oder an die CD mit

Orchestermusik von Duke Ellington. Sie haben uns die Tür zu so vielen wundervollen Projekten geöffnet und ihre Lust auf das Ungewöhnliche ist dabei nie versiegt. Was mir persönlich besonders viel Spaß macht, ist es, *alte* Werke zu finden, die noch nie gespielt worden sind – romantisches Repertoire, das bisher aus irgendwelchen Gründen einfach immer durch das Netz gerutscht ist. Wissen Sie, die Leute denken immer: ›Ach, wenn die Musik wirklich gut wäre, dann hätten wir längst davon gehört.‹ Ich glaube das nicht. Es gibt so viele Gründe, warum Musik verloren gehen kann.«

Falletta hat darüber hinaus zwei CDs mit Werken von Dohnányi aufgenommen, die beide Violinkonzerte und *Variations on a Nursery Song* enthalten. Darüber hinaus hat sie die Musik von Josef Suk (Dvořáks Schwiegersohn) für Naxos neuentdeckt, darunter auch seine Fantasie für Violine und Orchester, eine wahre *tour de force* für das Instrument. Im April 2010 reiste sie in die Niederlande, um eine Aufnahme von Arvo Pärts *Lamentate* für Klavier und Orchester zu dirigieren. »Ich habe mit Ralph van Raat zusammengearbeitet, einem fantastischen Pianisten, der sich vor allem für neue Musik interessiert und dieses Klangvokabular wirklich liebt. Wenn man es mit jemandem wie Pärt zu tun hat, ist der Klang sehr nuanciert: Er ist sehr intim und das Vokabular des Klaviers wird von den Klangfarben, die Pärt benutzt, unglaublich verstärkt. *Lamentate* ist, wie die meisten Stücke von Pärt, ein sehr tiefgründiges Werk. Die Wurzeln des Stücks liegen in seiner Spiritualität, in seiner Sicht der Qualen des Krieges, unserer modernen Welt und der Herausforderungen, denen wir alle begegnen. Es handelt davon, wie jeder Einzelne den Schmerzen und den Tragödien begegnet, die uns umgeben, und davon, wie wir uns unseren Weg freikämpfen. Es ist nicht nur sehr tiefgründige, sondern auch wunderschöne Musik.«

Mit ihrer Diskografie, die auch Coplands *Prairie Journal* und die Suite *The Red Pony*, Daron Hagens Oper *Shining Brow* und Werke von Respighi, Jack Gallagher und Marcel Tyberg zieren, hat JoAnn Falletta für Naxos in der Tat ein sehr vielfältiges Repertoire aufgenommen.

Deutschland: Naxos Deutschland

Der Marktanteil der Klassik-CDs in Deutschland ist mit rund 7,5 Prozent der höchste in ganz Europa. In gewisser Weise ist es daher besonders schwer, mit etwas Neuem auf diesem Markt Fuß zu fassen: Das Publikum ist ebenso kompetent wie erfahren, aber größtenteils auch sehr traditionell. Die Käufer wissen, was ihnen gefällt, und es war für Naxos ganz sicher nicht einfach, sich auf diesem Markt zu behaupten. In den ersten sechs Jahren hatte Heymann alle Mühe, seine CDs nicht nur auf den Schnäppchentischen der Supermärkte zu platzieren. In den ganz frühen Jahren mochte dies für ein Budget-Label akzeptabel gewesen sein, aber Anfang der 1990er war Naxos zu einem seriösen Klassik-Label herangereift. Es musste unbedingt den Schritt in den klassischen Einzelhandel schaffen, vor allem, da Marco Polo sich bereits dort befand. Das Label wurde von demselben Unternehmen vertrieben, fühlte sich mit seinen Pappaufstellern aber nicht sonderlich wohl.

Eines Tages im Jahr 1990 beschloss Chris Voll, Verkaufsleiter bei Fono, dem führenden Vertriebsunternehmen für klassische Musik, den billig aussehenden CDs, die er schon seit einiger Zeit immer öfter auf den Wühltischen sah, doch eine Chance zu geben. Er wählte zwei aus dem Sortiment aus, legte zu Hause eine von ihnen in seinen CD-Player ein und ging ins Nebenzimmer – eine Hörprobe als Hintergrundmusik dürfte genügen, dachte er. In den folgenden 15 Minuten war er mit irgendetwas anderem beschäftigt und erst, als er wieder in das Zimmer zurückkehrte, hörte er der Musik richtig zu. Er hatte inzwischen vergessen, was er eigentlich aufgelegt hatte, blieb aber trotzdem stehen und lauschte. Ziemlich gut, befand er. Er schaute sich die Hülle genauer an und war erstaunt, als er feststellte, dass es sich um eine Naxos-CD handelte. Er hörte sich auch den Rest der Aufnahme an, legte dann die zweite CD auf und war ebenso beeindruckt. Leider kann er sich heute, zwei Jahrzehnte später, nicht mehr daran erinnern, welche Musik es war – er weiß jedoch noch ganz genau, wie verblüfft er war.

Kurze Zeit später, im Januar 1991, besuchte er zum ersten Mal die MIDEM Classique, die Messe für klassische Musik in Cannes. Als er durch die Messeräume schlenderte, traf er dort auch auf Naxos und Marco Polo. Er vereinbarte ein Treffen mit Klaus Heymann. Sie unterhielten sich lange Zeit und stellten fest, dass sie vieles gemeinsam hatten, unter anderem eine Verbindung zum Vox-Label, das Pionierarbeit auf dem Gebiet geleistet hatte, auf dem nun auch Naxos tätig war. Am Ende des Gesprächs bot Voll an, Marco Polo zu vertreiben – definitiv ein Label mit speziellem Repertoire, das gut in das Angebot eines renommierten Unternehmens wie Fono passen würde. Er bot den Vertrieb von Naxos nicht an, da er glaubte, es sei ohnehin nicht verfügbar. Bereits zwei Monate später vertrieb er Marco Polo in Deutschland. Es vergingen kaum zwei weitere Monate, bevor er einen Anruf von Heymann aus Hongkong erhielt, der ihn fragte, ob zu den Kunden von Fono neben reinen Musikgeschäften (von denen es in Deutschland damals Hunderte gab) auch Supermärkte gehörten. Voll bejahte. Heymann teilte ihm mit, er suche einen neuen Vertrieb für Naxos – ob Voll und Fono ihn nicht übernehmen wollten? »Gerne«, antwortete Voll. »Bestens«, erwiderte Heymann, »ihr könnt nächste Woche anfangen.«

Es war ein großer Schritt für Naxos und Fono. Das Vertriebsunternehmen sah sich auf allen Seiten großen Herausforderungen gegenüber. »Wir mussten lernen, wie man mit großen Mengen umgeht, über Preise verhandelt und Extras und Anreize für Supermarktkäufer bietet«, erinnert sich Voll. »Daran waren wir nicht gewöhnt.« Sie mussten außerdem gegen Vorurteile aus ihrer Welt der Klassik ankämpfen, die sie so gut kannten. »Wir mussten unsere ernsthaften, konservativen Läden davon überzeugen, dass das ›seriöse‹ Unternehmen Fono mit Naxos keinen schrecklichen Fehler begangen hatte.« Man arbeitete sich langsam auf dem Markt vor und Naxos entwickelte sich letzten Endes zu Fonos wichtigstem Label.

Nachdem Voll und sein Team bei Fono fünf Jahre lang mit Naxos gearbeitet hatten, verlangte die stetig wachsende Expansion des Labels eine frische Herangehensweise im Bereich des Vertriebs. Klaus Heymann beschloss, ein eigenes Unternehmen für Verkauf, Marketing und Vertrieb zu gründen: Naxos Deutschland. Am 1. Januar 1997 öffnete Chris Voll als Geschäftsführer die Türen der neuen Firma in Münster, die damals aus einem kleinen, dreiköpfigen Team bestand, dem auch Ludger Diekamp als Marketingmanager angehörte. Diekamp, der zuvor eine Schlüsselposition im Team von EMI bekleidet hatte, war in der deutschen Klassikbranche sehr bekannt. Gemeinsam sollten die beiden die Geschicke von Naxos in Deutschland in den kommenden 15 Jahren lenken. Mit einem vierköpfigen Verkaufsteam, das komplett aus ehemaligen Fono-Mitarbeitern bestand, machte sich Voll an die Aufgabe, Naxos in Deutschland stärker zu etablieren. »Bei Fono war Naxos nur ein Label unter vielen gewesen. Indem wir unserer eigenen Firma den Namen Naxos Deutschland gaben, drückten wir damit unser besonderes Engagement für das Label aus.« Trotzdem schloss sich dem Unternehmen bereits von Beginn an eine kleine Gruppe unabhängiger Labels an, darunter auch hänssler CLASSIC und Preiser Records. Angemessenerweise ereignete sich all dies in Naxos' zehntem Jahr.

Schon mit der ersten Kampagne wollte man einen bleibenden Eindruck hinterlassen – was auch gelang. Voll und Diekamp stellten eine Reihe mit zehn »Limited Editions« von Box-Sets mit jeweils fünf CDs beliebter, praktischer Sampler zusammen. Sie erhielten den Stempel »Jubiläumsausgabe«, der auf Naxos' zehnjähriges Bestehen hinwies, und enthielten Beethovens komplette Sinfonien, Chopins Solo-Klaviermusik, Vivaldis wichtigste Konzerte und eine Sammlung klassischer Gitarrenwerke. Sie wurden zu einem sehr günstigen Preis angeboten und einige verkauften sich über 100.000 Mal. Das Konzept erwies sich als so beliebt, dass auch nach einem Jahr noch eine rege Nachfrage bestand. Voll teilte seinen Verkäufern mit, man werde das Angebot auf eine weitere Bestellung pro Händler ausweiten. Es trafen erneut Großbestellungen ein und die Nachfrage ebbte auch anschließend nicht ab. Laut Voll sind einige dieser »Jubiläumsausgaben« noch heute erhältlich und verkaufen sich nach wie vor gut.

Der Kampagne folgten weitere Ideen, darunter auch die »Trio«-Reihe mit drei Original-CDs in einer attraktiven Hülle mit deutschem Text (Albinonis Oboenkonzerte, Beethovens Klavierkonzerte und *Festliche Barocktrompete*, beispielsweise). Die Reihe bestand aus 40 Titeln und wurde mit dem Slogan »3 CDs zum Preis von 2« beworben – inzwischen eine überstrapazierte Marketingtaktik, Ende der 1990er jedoch noch vollkommen neu, besonders im Bereich der klassischen Musik. Einige Trios verkauften sich allein in Deutschland rund 50.000 Mal. Darauf folgte The A–Z of Classical Music, ein Titel, der bereits auf den anderen wichtigen Naxos-Märkten Erfolge gefeiert hatte und hier in einer deutschen Version mit einer CD und einem 1.000-seitigen Booklet erschien. In Deutschland war das Risiko jedoch größer, da durch die Übersetzung Zusatzkosten anfielen. Dennoch verkaufte sich der Titel zu einem sehr günstigen Preis (der nur ein paar Cent über dem Produktionspreis lag) rund 250.000 Mal. Für Naxos Deutschland war die CD ebenso ein Marketinginstrument mit kleiner Gewinnspanne wie ein ernsthaftes Verkaufsprodukt.

Der Erfolg dieser Initiativen untermauerte Naxos' wachsende Präsenz in den Läden und zog solch spektakuläre Aufsteller nach sich wie die riesige Naxos-Acrylpyramide. Hinter all dem standen harte Arbeit und das Bemühen, Naxos in Deutschland als angesehenes Klassik-Label zu etablieren. »Unser Motto war: ›Hohe Qualität – niedriger Preis‹.« Das stand auf sämtlichen Aufstellern und die Preise waren in der Tat niedrig. Als Fono Naxos übernahm, wurden sämtliche CDs für DM9,90 verkauft. Als Naxos Deutschland an den Start ging, wurde dieser Preis beibehalten. Auch als im Januar 2002 der Euro eingeführt wurde, hielt Naxos Deutschland an seinem niedrigen Preis fest: €4,99. Letztlich konnte das Label damit jedoch schlichtweg keine vernünftige Gewinnspanne erzielen und erhöhte den Preis ein Jahr später auf €5,99. Andere Naxos-Vertriebe in Europa und anderswo erhöhten ihre Preise ebenfalls, aber nur wenige trafen auf denselben Widerstand, der sich in Deutschland regte. Die großen Supermärkte drohten, Naxos aus ihrem Sortiment zu streichen und die komplette Ware aus ihren Lagern zurückzuschicken. Der unabhängige Sektor tat sich ohnehin bereits schwer und hatte nun auch noch mit unzufriedenen Kunden zu kämpfen, die sich betrogen fühlten. Naxos Deutschland sah sich ähnlichen Reaktionen gegenüber. »Wir haben unzählige Postkarten von einzelnen Kunden erhalten, die uns schrieben, sie seien wirklich große Fans von

Naxos gewesen und hätten 180 CDs oder mehr in ihrer Sammlung, aber nun müssten sie sich leider von uns verabschieden.«

Einerseits waren diese Reaktionen ein Zeichen für den Erfolg des Slogans »Hohe Qualität – niedriger Preis«, andererseits war es jedoch äußerst schwierig, die Haltung der Kunden zu ändern. Voll fing bei den großen Läden an. Er stellte fest, dass deren eigentliche Sorge nicht die Preissteigerung an sich war, sondern die Tatsache, dass diese Erhöhung in den Einkaufsstraßen zu wahren Preiskriegen führen könnte. Er wirkte dem mit der Diplomatie der Vernunft entgegen und stellte sicher, dass niemand die Preisempfehlung unterschritt. Was die CD-Sammler selbst anging, so heilten die Zeit und die kontinuierliche Expansion letzten Endes alle Wunden: »Die Kunden haben *sehr* sensibel darauf reagiert«, so Voll. Es war eine harte Lektion, aber auch heute liegt der Preis für eine Naxos-CD in Deutschland noch bei €5,99.

Tatsächlich spielte das Label für Sammler inzwischen bereits eine viel zu wichtige Rolle, als dass sie es einfach hätten ignorieren können. Die CD-Boxen sprachen einen Kundenkreis am einen Ende des Marktes an, während sich am anderen Ende die Sammler befanden. Sie freuten sich über neue Aufnahmen mit deutschen Orchestern, die Naxos Deutschland initiierte, vor allem mit dem Kölner Kammerorchester (*Römische Weihnacht*, *Barocke Kostbarkeiten*, *Telemann: Darmstädter Ouvertüren* und *Mozart: Heitere Serenaden*) und dem Leipziger Kammerorchester. Darüber hinaus veröffentlichte Naxos Deutschland weitere Titel für diesen speziellen Markt, darunter auch eine Hörbuchreihe des Musikwissenschaftlers Dr. Stefan Straub, die klassische Musik anhand von Auszügen aus Musikstücken erklärte: Die Rolle der Sonatenform in Beethovens Klaviermusik wurde darin ebenso erläutert wie das Thema musikalische Architektur oder die Werke von Schostakowitsch.

Der Umsatz von Naxos Deutschland erreichte, ähnlich wie bei anderen europäischen Naxos-Vertrieben, in den ersten Jahren des neuen Jahrtausends seinen Höhepunkt – dann wurde der Markt jedoch härter. Es tauchten immer mehr Konkurrenzunternehmen auf, die teilweise allerdings sehr geringe Qualität lieferten (eines von ihnen trug den Namen »Nexus«) und nicht mehr als eine vorübergehende Bedrohung darstellten. Den Taktiken der etablierten Labels ließ sich hingegen nicht immer so leicht etwas entgegensetzen: Deutschland war traditionell ein heiß umkämpfter Klassikmarkt und die etablierten Labels waren bereit, erhebliche Ressourcen zu mobilisieren. Voll gelang es zwar, sich gegen mehr Angriffe zu behaupten als er sich heute noch erinnern kann, aber ein oder zwei Vorstöße der etablierten Labels waren dennoch von Erfolg gekrönt – und der Wettbewerb dauert bis heute an. Die Etablierten hatten einige große Vorteile auf ihrer Seite: einen Backkatalog mit großen Stars, den sie recyceln konnten, oder die Marktstärke, um Sondervereinbarungen mit Plattenläden abzuschließen (die Pop und Klassik einschlossen). Naxos konnte auf keinem dieser Gebiete wirklich mit ihnen konkurrieren. Stattdessen machte Voll das Beste aus dem stetig wachsenden Repertoire und dem riesigen Katalog, der ihm zur Verfügung stand.

Auch der CD-Boom, der zur selben Zeit seinen Höhepunkt erreichte, trug seinen Teil dazu bei. Als die Verkaufszahlen der Klassik-CDs zu sinken begannen, mussten zahlreiche Läden schließen. Auch wenn im Gegenzug die Online-Bestellungen zunahmen, gingen die Spontankäufe beim Stöbern in den Läden zurück. Zur selben Zeit stiegen auch die Download-Verkäufe und es tauchten weitere Konkurrenten auf.

Darüber hinaus ergab sich eine neue Möglichkeit, klassische Musik zu verkaufen: DVDs. Eines Tages im Jahr 1999 betrat Voll Diekamps Büro und wurde Zeuge eines Telefongesprächs, in dem es um den Vertrieb von Klassik-DVDs ging. Arthaus Musik, eine einflussreiche Film- und DVD-Firma, war auf der Suche nach einem Vertrieb für seine Klassik-DVDs. Voll vereinbarte ein Treffen und teilte ihnen mit, er sei der festen Überzeugung, Naxos Deutschland sei dank seines speziellen Klassik-Vertriebs und seiner Erfahrung besser dazu in der Lage, sich ihres Produktes erfolgreich anzunehmen als die Filmvertriebe, mit denen sie momentan zusammenarbeiteten. Er konnte sie überzeugen und nach einem Gespräch mit Heymann, der eine weltweite Gelegenheit wähnte, vergab Arthaus Musik die Vertriebsrechte an Naxos. Der Einsatz zahlte sich aus. Bereits einige Monate später traten weitere große Klassik-DVD-Labels an Voll heran, die ebenfalls von Naxos vertrieben werden wollten, unter ihnen auch EuroArts. Naxos Deutschland hatte die beste Position inne, um von der schnellen Ausbreitung des Mediums zu profitieren, und entwickelte sich auf diesem Gebiet zum unangefochtenen Marktführer. Ende 2010 waren die DVD-Verkäufe bei Naxos Deutschland um annähernd 30 Prozent gestiegen.

Seit 2008 konzentriert sich Naxos Deutschland vorwiegend auf Verkauf, Marketing und Pressearbeit sowie die Entwicklung neuer Musikprojekte und überlässt den physischen Vertrieb NGL.

In den 20 Jahren, in denen Voll Naxos vertrieb, hat sich der deutsche Klassikmarkt vollkommen verändert. Die meisten Verkäufe finden heute in drei großen Ketten (die hauptsächlich Elektrogeräte verkaufen) und über zwei große Internetanbieter statt. Es gibt höchstens noch 40 reine Klassikhändler. Interessanterweise haben sich die Download-Zahlen in Deutschland nur sehr langsam entwickelt und belaufen sich bei den Klassikverkäufen momentan auf weniger als fünf Prozent – es scheint, als seien den Deutschen ihre guten, alten CDs immer noch am liebsten! Angesichts dieses geschrumpften Händlerangebots spielten Marketing und Pressearbeit eine immer entscheidendere Rolle für die Vertriebsunternehmen, um Sammlern oder potenziellen Käufern ausreichende Informationen zu bieten. Trotz all dieser Veränderungen leistete Naxos Deutschland einen wichtigen Beitrag dazu, das Label im Herzen Europas zu verankern. Im August 2011 berief Klaus Heymann als neuen Geschäftsführer von Naxos Deutschland Matthias Lutzweiler, der zuvor 21 Jahre bei hänssler CLASSIC aktiv war und die Geschicke des Labels in den letzten 10 Jahren maßgeblich steuerte. Mit ihm und dem kreativen Team ist Naxos Deutschland für die Zukunft des sich wandelnden Marktes gut aufgestellt und wird sich neben dem reinen physischen Vertrieb der CDs auch den heutigen Marktgegebenheiten stellen – hierzu werden Konzepte entwickelt und umgesetzt, die das Endkunden- und Lizenzgeschäft weiter voranbringen, die Kunden via Social Media gewinnen und der nach wie vor bestehenden Nachfrage nach Klassik Rechnung tragen. Gerade in Deutschland sind viele Menschen an Klassik interessiert, doch aufgrund der inzwischen nur noch rudimentär vorhandenen Musikhändlerstruktur müssen die Käufer auch, durch den Versandhandel und via Internet erreicht werden. Desweiteren ist geplant, das Digitalgeschäft auszuweiten, die Naxos Music Library in Deutschland stärker zu etablieren und Naxos als Gesamtdienstleister für Firmen, Institutionen und Orchester zu positionieren.

Die nordischen Länder: Naxos Schweden

Naxos Sweden, das von Håkan Lagerqvist und Mats Byrén geführt wird, leistete durch eine Reihe mutiger, innovativer Fernsehkampagnen in den 1990ern einen besonderen Beitrag zur Ausbreitung von Naxos in Skandinavien und den nordischen Ländern. Diese verhalfen dem Label zu außergewöhnlichen Verkaufszahlen, brachten klassische Musik einem ganz neuen Publikum nahe, etablierten die Marke Naxos als die beliebteste und bekannteste in ganz Schweden und sicherten dem Unternehmen den dominierenden Marktanteil. Heute hält Naxos Sweden, das neben Naxos inzwischen 300 weitere Klassik-Labels vertreibt, einen bemerkenswerten Marktanteil von 85 Prozent im Bereich der Klassik. Darüber hinaus überwacht es durch seine Schwesterunternehmen Naxos Denmark, Naxos Norway und FG Naxos in Finnland den Vertrieb dieser Labels in anderen nordischen Ländern: Es ist das bedeutendste Klassik-Netzwerk des gesamten Gebiets.

Nichts von alledem hätte sich bereits 1989 vorhersehen lassen, als sich Viva, ein kleiner christlicher Vertrieb in Schweden, einverstanden erklärte, Naxos innerhalb des Landes zu vertreiben. Weder Lagerqvist noch Byrén, die das Verkaufsteam bildeten, das dem Label zugeteilt wurde, hatten mehr als oberflächliche Kenntnisse im Bereich der klassischen Musik, und anfangs stellte ihre neue Aufgabe eine echte Herausforderung dar. Lagerqvist erinnert sich noch daran, wie sie zu zweit über den Katalog gebeugt saßen und versuchten, die erste Bestellung aufzugeben. »Wir kannten den Namen Bach und dachten, wir sollten etwa zehn oder 15 Stück pro Titel bestellen. Die meisten anderen Namen im Katalog hatten wir allerdings noch nie gehört und schlichtweg keine Ahnung, was wir bestellen sollten.« Trotz dieses unsicheren Beginns vertrieb Viva Naxos in den folgenden drei Jahren, bis das Unternehmen in Schwierigkeiten geriet und 1993 schließen musste. Klaus Heymann schlug Lagerqvist und Byrén umgehend vor, Naxos Sweden zu gründen und sich damit auf das Naxos-Label zu konzentrieren, gleichzeitig aber auch einen Vertriebsservice für andere unabhängige Klassikfirmen anzubieten. Im Juni 1993 ging es in Örebro, 200 km von Stockholm entfernt, mit fünf Mitarbeitern an den Start. Innerhalb der ersten beiden Jahre stieg Naxos' Marktanteil sprunghaft von zehn auf 65 Prozent an.

»Wir machten von Anfang an Gewinn, aber die Herausforderung bestand darin, Naxos auch bei den großen Händlern und Klassikspezialisten zu etablieren«, erklärt Lagerqvist. Immer wieder sah er sich mit seinem Team aufgrund der Aufnahmen mit osteuropäischen Orchestern, Dirigenten und Solisten offenen Vorurteilen gegenüber. Die Käufer in den Läden waren einfach zu elitär, um sie zu akzeptieren. »Es war wirklich schwierig für uns, einen Fuß in die speziellen Klassikläden zu bekommen. Deshalb haben wir uns auch für eine ganz andere Strategie entschieden.« Diese bestand aus einem Netzwerk mit »autorisierten Naxos-Händlern«, das einem Händler in jeder Stadt die Exklusivrechte sowie Sonderbedingungen unter drei Konditionen anbot: Erstens musste Naxos in einem eigenen Aufsteller präsentiert werden, zweitens musste immer der gesamte Katalog vorrätig sein, und drittens mussten alle neuen Titel automatisch bestellt werden. In größeren Städten gab es oft zwei oder drei autorisierte Naxos-Händler, die jedoch jeder einen eigenen Bereich abdeckten. Das System nahm schnell Gestalt an. Der nächste Schritt war die Zusammenstellung einer Sonderausgabe mit vier CDs: *Best of Naxos* vereinte besonders populäre Stücke und wurde zu einem günstigen Preis angeboten. Gleichzeitig veröffentlichte Naxos Sweden eine einseitige Anzeige in der größten landesweiten Zeitung, die auch die komplette Liste der autorisierten Naxos-Händler enthielt. Innerhalb kürzester Zeit verkaufte sich das Box-Set 20.000 Mal – ein außergewöhnlicher Erfolg für eine Klassikproduktion. Der Sampler hinterließ einen so großen Eindruck, dass auch unabhängige Klassikläden und die Klassikabteilungen der großen Musikläden das Label nicht länger ignorieren konnten. 1994 wurde Naxos dann auch von den größeren Händlern geführt, während die autorisierten Läden mit Sonderkonditionen zufriedengestellt wurden. Naxos Sweden erwirtschaftete einen ordentlichen Gewinn, aber Heymann und Lagerqvist beschlossen, ihn direkt in das Unternehmen zu reinvestieren und zu versuchen, ihren Marktanteil zu verbessern. »Klaus war in dieser Anfangsphase eine große Inspiration und Unterstützung und er war bereit, ein Risiko einzugehen«, so Lagerqvist.

Der nächste Schritt war definitiv riskant: eine landesweite Werbekampagne im Fernsehen – die allererste Kampagne für klassische Musik in Schweden überhaupt. »Wir haben unser komplettes Marketingbudget in diese eine Idee investiert – sie sollte einen bleibenden Eindruck hinterlassen«, erinnert sich Lagerqvist. Es funktionierte. Vor Kurzem waren in Schweden private Fernsehsender an den Start gegangen, und Lagerqvist und sein Team, die nicht zu den traditionellen, festgefahrenen Klassikvertrieben gehörten, betrachteten dies als offensichtliche Chance. »Ich habe den Markt als Dreieck betrachtet. Die oberen fünf Prozent waren die langjährigen Klassikkäufer, die sich mit klassischer Musik auskannten. Der nächste Streifen, 25 Prozent, waren die Kunden, die nur sehr wenig darüber wussten und vielleicht eine oder zwei Klassik-CDs in ihrer Sammlung hatten. Dazu gehörte übrigens auch ich selbst. Ich weiß noch, wie ich als Teenager Vivaldis *Vier Jahreszeiten* gekauft, es zu Hause komplett durchgehört habe und immer frustrierter wurde, weil ich auf das eine Stück wartete, das ich kannte. Als ich es dann gehört habe, habe ich mich sehr gefreut. Jedenfalls befand sich der größte Streifen am unteren Ende des Dreiecks: Das waren die 70 Prozent, die nicht das Geringste über klassische Musik wussten. Es war offensichtlich, dass dieser Bereich die beste Zielgruppe für uns darstellte. Wie konnten wir diese Leute davon überzeugen, sich ein Box-Set mit Klassik-CDs zu kaufen? Wir mussten uns nur die Frage stellen: Wie würden wir selbst in Versuchung geraten? Wir sind davon ausgegangen, dass die klassische Musik grundsätzlich für jeden etwas bot und entschieden uns für den Slogan: ›Alle lieben Klassik‹. Es ging eigentlich nur darum, den Menschen dabei zu helfen, das zu finden, was sie lieben.«

Das Set bestand aus drei CDs und bekam den Namen *Klassiska Favoriter*. Es erschien im Oktober 1994. Für den 30-sekündigen Werbespot ersann Naxos Sweden eine einfache Geschichte: Die Szene zeigte ein lautes, buntes, chaotisches Kinderfest. Die Gesichter der Kinder waren mit Tiermasken bemalt und die Eltern hatten Mühe, die Bande im Zaum zu halten. Dann sah man das Gemälde einer idyllischen Paradiesszene, die Adam und Eva von Tieren umgeben zeigte. Das Bild war mit sanfter, warmer klassischer Musik untermalt. Innerhalb weniger Monate verkaufte sich das Set 100.000 Mal. Durch kluges Timing erreichten die Verkaufszahlen zu Weihnachten ihren Höhepunkt. Die CDs wurden von einem nationalen Nachrichtenmagazin im Fernsehen zum Weihnachtsgeschenk des Jahres gewählt und kletterten in den offiziellen Musik-Verkaufscharts auf Platz 1, wo sie sich drei Wochen lang hielten. Bis heute haben sie sich über 330.000 Mal verkauft und gehen nach wie vor jedes Jahr mehrere Tausend Mal über die Ladentische. Für ein junges Unternehmen, das von einem Team geführt wurde, das nicht viel über klassische Musik wusste, war dies ein erstaunlicher Erfolg. Während die Kassen weiter klingelten, bereitete Naxos Sweden bereits seine zweite Fernsehkampagne vor, die zwar vollkommen anders, deshalb jedoch nicht weniger kühn sein sollte.

»Nachdem wir die Tür zur Welt der Klassik für viele Menschen zum allerersten Mal geöffnet hatten, fanden wir, dass wir sie nun auch ein wenig weiterbilden sollten. Wir kamen auf die Idee, eine CD speziell mit schwedischer Klassik zu produzieren, eingespielt vom Helsingborg Symphonieorchester.« Zu den Komponisten gehörten Stenhammar, Söderman, Larsson, Alfvén und Peterson-Berger. Diese Namen waren kaum bekannt und bei der Ausgabe handelte es sich dieses Mal auch nur um eine Einzel-CD, sodass der Ertrag pro verkaufter CD viel geringer war. Am Ende rechneten sich die hohen Kosten für die TV-Kampagne nicht – zumindest nicht in finanzieller Hinsicht. *Svenska Klassiska Favoriter* wurde im Frühling 1995 veröffentlicht und verkaufte sich 150.000 Mal, was angesichts des Repertoires zwar sehr beeindruckend war, jedoch kaum ausreichte, um die Marketingkosten wieder einzuspielen. Lagerqvist gibt zu, dass sich der Titel vermutlich bis heute nicht ausgezahlt hat. Der eigentliche Gewinn bestand jedoch darin, dass er dabei half, den Bekanntheitsgrad der Marke Naxos zu steigern: Die Hingabe des Labels zur Musik, besonders zu schwedischer Musik, wurde ins gesamte

Land getragen. Dieser Aspekt war in gewisser Weise viel entscheidender als ausgeglichene Bilanzen und sollte in Zukunft noch satte Dividenden einbringen. Unerschrocken ließ das Unternehmen ein drittes über das Fernsehen beworbenes Album folgen: *Klassiska Favoriter, Vol. 2* erschien im Herbst 1995. Die Kampagne hatte ein völlig verrücktes Konzept, das auch einen Affen einschloss, aber sie funktionierte. Auch der zweite Teil verkaufte sich 150.000 Mal, und da es sich dabei um ein Set mit drei CDs handelte, waren die Einnahmen dieses Mal höher. Ein Jahr später folgte *Klassiska Favoriter Opera*, das sich 120.000 Mal verkaufte und sich bis heute, genau wie alle anderen Titel, relativ großer Beliebtheit erfreut.

1997 beschloss Naxos Sweden, seinen Kurs ein wenig zu ändern, und wagte sich mit spektakulärem Erfolg auf den »Lifestyle«-Markt. *Lugna Blå Timmar* (»Blaue Stunden«), ein drei CDs umfassender Sampler mit Musik für eher melancholische Stunden und einem stilvollen Cover, wurde mit einer TV-Kampagne in ganz Skandinavien beworben; er hat sich bis heute 300.000 Mal verkauft. Weitere Kampagnen folgten, aber die Marketingaktivitäten des Unternehmens beschränkten sich keineswegs auf das Fernsehen. 1996 erschien eine Weihnachts-CD mit Göteborgs Domkyrkas Gosskör, einem Knabenchor, die sich ganz ohne TV-Werbung 40.000 Mal verkaufte und sich sehr hoch in den Musik-Verkaufscharts platzierte – das war zu viel für das Klassik-Establishment. »Die etablierten Labels, die die Verkaufscharts kontrollierten, beschlossen eine neue Preisregelung, sodass Naxos-CDs nur noch in den Klassikcharts für das mittlere Preissegment auftauchten, die natürlich kaum bekannt waren und keine große Rolle spielten. Ich schätze, sie dachten: Wenn wir sie nicht schlagen können, dann schränken wir sie eben ein«, so Lagerqvist. Es war ziemlich schäbig – und kam zu spät. Marktforschungen durch eine schwedische Universität ergaben Ende der 1990er, dass sich Naxos bereits zur bekanntesten Klassikmarke des Landes entwickelt hatte, und selbst wenn die Menschen die Marke an sich nicht identifizieren konnten, war klassische Musik für sie trotzdem gleichbedeutend mit *Klassiska Favoriter*. Der Einsatz im Fernsehen hatte sich gelohnt. Hinzu kam, dass diejenigen, die die Marke Naxos kannten, zehn Jahre jünger waren als der Durchschnittskäufer klassischer Musik.

In den 1990ern erreichte Naxos Sweden seinen Höhepunkt. 1998, fünf Jahre nach der Gründung des Unternehmens, hatte sich die Zahl der Mitarbeiter bereits verdreifacht, der Umsatz sogar mehr als vervierfacht. Wie auch in anderen Gebieten ließ sich dies auf den CD-Boom zurückführen und irgendwann wurde es unmöglich, die CD-Verkaufszahlen aufrechtzuerhalten. Die Firma initiierte jedoch auch einige neue Aufnahmen mit skandinavischer Musik. Mithilfe eines Beraters für klassische Musik, Lars Johansson (ein ehemaliger Händler), reichte Naxos Sweden bei Heymann eine stetig wachsende Liste mit Vorschlägen ein und produzierte im Laufe der Jahre fast 50 Aufnahmen. Unter ihnen sticht besonders das Schwedische Kammerorchester hervor: Seine Darbietung der Sinfonien von Joseph Martin Kraus, dem »Mozart Schwedens«, gewann 1999 einen Klassikpreis auf der MIDEM Classique in Cannes. Abgesehen von diesen besonderen Projekten stellte Naxos Sweden sein Talent jedoch auch in Bezug auf sein Alltagsgeschäft im Bereich der allmonatlichen Veröffentlichungen und des Vertriebs von Naxos und Marco Polo sowie der kontinuierlichen Werbung für die schnell wachsenden Kataloge unter Beweis.

Neben all diesen Naxos-Aktivitäten entwickelte sich die Firma auch zum führenden Vertrieb anderer unabhängiger Klassik-Labels des In- und Auslands. Ohne Ausnahme wandten sich sämtliche unabhängige Labels aus den nordischen Ländern, Großbritannien, Frankreich, Deutschland und sogar den USA nach Örebro, um auf dem schwedischen Markt Fuß zu fassen. Zu ihnen gehörten auch BIS aus Schweden, Hyperion (das erste große unabhängige Label, das sich Naxos Sweden 1997 anschloss) und Chandos aus Großbritannien, Harmonia Mundi und Naïve aus Frankreich, ECM aus Deutschland, Telarc aus den USA sowie die wichtigsten Klassik-DVD-Labels. Die Dominanz von Naxos wurde erst durch die Entscheidung der etablierten Labels, dieses Feld zu räumen, möglich. (Auch ein Großteil der Etablierten beschloss letzten Endes, sich zu einem eigenen Vertriebsnetzwerk zusammenzuschließen.) Heute stehen auf der Liste von Naxos Sweden Jazz, Folk, christliche Musik und Popmusik ebenso wie Klassik.

Da sich die Welt der Klassikaufnahmen immer mehr veränderte, war auch das erste Jahrzehnt dieses Jahrhunderts vor allem für Vertriebe in Ländern mit kleinen Bevölkerungszahlen eine Zeit des Ausprobierens und dies galt besonders für die nordische Region. Ein Zusammenschluss in irgendeiner Form war unvermeidlich, auch wenn sich anfangs keine offensichtliche, klare Route abzeichnete. Die vier Länder Schweden, Dänemark, Norwegen und Finnland sprachen nicht nur verschiedene Sprachen, sie hatten auch andere Traditionen. Für den Großteil des 20. Jahrhunderts hatten sie alle ihre eigenen Vertriebsnetzwerke aufrechterhalten, die oft dieselben Labels unter Vertrag hatten. (Der allererste Vertrieb, dem sich Naxos 1987 angeschlossen hatte, war Olga Musik aus Dänemark gewesen, der damals von Birger Hansen geführt wurde.) Aufgrund der wachsenden Stärke von Naxos reiste Lagerqvist immer häufiger durch ganz Skandinavien, um sich mit Anderen zu beraten und einen Weg zu finden, wie die Länder enger zusammenarbeiten konnten. Anfangs sollte diese Zusammenarbeit nur den Vertrieb und die Werbung für die Naxos-Produkte einschließen, später jedoch auch auf andere Gebiete ausgeweitet werden, etwa die Logistik oder das Marketing. Als die CD-Verkaufszahlen allgemein sanken, ließ sich dies nicht durch gesteigerte digitale Umsatzzahlen ausgleichen, zumindest nicht in finanzieller Hinsicht: Der Erfolg der berüchtigten Seite »The Pirate Bay«, einer illegalen Tauschbörse im Internet, stellte Schweden und ganz Skandinavien vor besondere Probleme. Klassische Musik litt zwar weniger unter der Piraterie als Pop und andere Genres, aber sie war trotzdem betroffen. Die Aktivitäten der »Pirate Bay« waren bereits so weit verbreitet, dass die Internetnutzung an jenem Tag, an dem die vier in die Machenschaften involvierten Schlüsselpersonen wegen Beihilfe zur Verletzung des Urheberrechts zu einjährigen Gefängnisstrafen verurteilt wurden, um 40 Prozent zurückging.

Heymann erkannte, dass er tief in die Tasche greifen und in die unabhängigen Unternehmen investieren musste, die seine Labels in den 1990ern vertrieben hatten, wenn er einen zuverlässigen Vertrieb in Skandinavien aufbauen wollte. Eins nach dem anderen verwandelten sie sich in Naxos-Unternehmen: FG Naxos in Finnland war bereits 1995 gegründet worden, 2002 folgte Naxos Denmark und 2011 schließlich

Naxos Norway. Von diesem Zusammenschluss profitierten letztlich alle. Es war ganz offensichtlich nicht länger möglich, dass jedes Land ein eigenes Depot unterhielt, um die Produkte all der unabhängigen, größtenteils sehr kleinen Labels zu lagern. Die Lagerhalle von Naxos Sweden in Örebro ist heute das zentrale Depot für ganz Skandinavien, während die Naxos-Büros in den jeweiligen Ländern sich vorwiegend um Verkaufs- und Marketingaufgaben kümmern. Auch die Sprachbarriere wurde inzwischen überwunden: Alle sprechen englisch.

Naxos Sweden konnte sich jedoch auch in anderen Bereichen vergrößern und verändern und in den vergangenen Jahren beispielsweise andere skandinavische Labels übernehmen. Zu ihnen gehörten auch Proprius, Prophone, Swedish Society und das finnische Label Ondine. »Wir wissen nicht, wie lange die CD noch bei uns sein wird. Deshalb ist es wichtig, die Materialrechte zu besitzen, damit man etwas in der Hand hat, das man vertreiben kann – ganz egal, welches Format die Leute wollen«, so Lagerqvist. Er sieht eine neue, erweiterte Rolle für Naxos Sweden: als Serviceanbieter für Klassik-Labels. »Wir bieten unseren 300 Labels nicht nur Vertrieb, Verkauf und Marketing an, wir helfen ihnen auf Wunsch auch bei der Produktentwicklung und der Herstellung, beim Design und der Digitalisierung und beraten sie bei Aufnahmen – und sogar bei ihren Vertragsabschlüssen.«

Obwohl Naxos Sweden mit einem starken Fokus auf Naxos an den Start ging, macht der Anteil des Labels heute nur noch 25 Prozent aller Geschäftstätigkeiten aus. Das Unternehmen spielt für Naxos selbst jedoch weiterhin eine Schlüsselrolle, da es für den alleinigen Vertrieb in der Region zuständig ist, auch wenn Naxos Sweden seinen Tätigkeitbereich inzwischen über den Vertrieb hinaus erweitert hat. Dies war nötig, da es ganz offensichtlich noch einige Jahre dauern wird, bis sich der Rückgang bei den CD-Verkäufen allein durch digitales Wachstum ausgleichen lässt. Dank der Naxos Music Library konnte sich das Unternehmen zwar auch ein weiteres Standbein bei akademischen Einrichtungen und öffentlichen Bibliotheken aufbauen – in Schweden gibt es im Verhältnis zur Einwohnerzahl vielleicht die meisten Abonnenten – aber noch reichen die Download-Zahlen nicht einmal annähernd aus.

Naxos Japan

Obwohl Japan – durch die Aufnahmen von Takako Nishizaki – von Anfang ein wichtiger Teil von Naxos war, war es für das Label kurioserweise recht schwierig, sich in dem Land selbst einen festen Stand zu erarbeiten. Dies lag teilweise daran, dass Japan eine sehr traditionelle Haltung im Bereich der klassischen Musik hatte und sein Vertrauen vorwiegend den großen Stars schenkte, die von den etablierten Labels vermarktet wurden, etwa von Karajan und Solti oder Größen der Vergangenheit wie Furtwängler oder Toscanini. Allein das Konzept eines Budget-Labels für Klassik-CDs war für japanische Sammler beinahe ein Gräuel. In den ersten Jahren von Naxos fand Heymann daher keinen Vertrieb, der bereit war, das Label unter Vertrag zu nehmen.

1991 sprang schließlich Heymanns Schwager Atsushi Nishizaki in die Bresche. Er gab seine Stelle beim Fernsehen auf und gründete Ivy, ein Vertriebsunternehmen mit Sitz in Nagoya, der Heimatstadt der Familie. Es war alles andere als eine leichte Aufgabe, nicht nur, da es galt, sich gegen große Vorurteile seitens der Kunden zu behaupten. Vor allem musste er sich gegen das Vertriebskartell bewähren, das die Klassikszene beherrschte: Selbst heute existiert noch eine Hauptorganisation, die den Vertrieb von Klassikaufnahmen an die Plattenläden dominiert. Letzten Endes war Nishizaki gezwungen, diese Standardroute zu umgehen und Naxos direkt von seiner Lagerhalle in Nagoya an die Läden zu vertreiben.

Die nächste zu überwindende Hürde war es, die Anerkennung der Klassikzeitschriften zu erlangen, die dem Label ebenfalls mit Vorurteilen begegneten. Das führende Klassikmagazin *Record Geijutsu* lehnte es mehrere Jahre lang ab, Rezensionen zu veröffentlichen, selbst als die Naxos-CDs bereits in den großen Läden erhältlich waren, unter anderem in den internationalen Ketten HMV und Tower sowie in den meisten japanischen Ketten und Spezialgeschäften. Dennoch zerstreuten sich die Vorurteile auf Kundenseite allmählich: Die Öffentlichkeit stimmte mit ihrem Geldbeutel über die Angelegenheit ab und im Laufe des Jahrzehnts wurde Naxos in den Läden immer präsenter. Das Label erlangte zwar nie ganz denselben Status wie in anderen Ländern oder schaffte es, eine »weiße Wand« zu errichten, aber dies lag hauptsächlich daran, dass die CDs in Japan mit dem Rücken anstatt mit den Covers nach vorne in den Regalen standen. Im Laufe der 1990er wuchs die Präsenz von Naxos in den meisten Plattenläden immens an. Auch der Großteil der Zeitschriften konnte diese Entwicklung letzten Endes nicht länger ignorieren und begann schließlich, das Label doch zu rezensieren.

Als sich das neue Jahrtausend näherte, waren die Verkaufszahlen bereits recht zufriedenstellend. Heymann wusste jedoch, dass sie noch nicht das Niveau erreicht hatten, das er anstrebte, trotz der unermüdlichen Arbeit von Nishizaki (der im Unternehmen inzwischen Unterstützung von seinem Sohn Hiroshi bekommen hatte). Da er bereits den Erfolg anderer »nationaler« Aufnahmeprogramme bei Naxos hatte beobachten können, beschloss Heymann, es sei an der Zeit, *Japanese Classics* ins Leben zu rufen. Antike japanische Musiktraditionen, etwa *gagaku* (die Hofmusik) oder Darbietungen mit speziellen Instrumenten wie der *shakuhachi* oder dem *koto*, existierten noch immer. Die Verwestlichung Japans seit Beginn des 20. Jahrhunderts hatte jedoch auch die Musik erfasst und es gab viele japanische Komponisten, die sich entschieden, ihre Werke im westlich-sinfonischen Stil zu schreiben. Von den meisten waren jedoch höchstens die Namen bekannt, und ihre Musik wurde bei Konzerten nur äußerst selten gespielt. Mithilfe eines der führenden Experten auf diesem Gebiet, Morihide Katayama, wurde eine Reihe orchestraler Schlüsselwerke für die Aufnahmen ausgewählt. 2002 erblickten *Japanese Classics* mit der Veröffentlichung von *Japanese Orchestral Favourites* (zu den Komponisten gehörten auch Yuzo Toyama und Akira Ifukube) das Licht der Welt. Die Aufnahme sollte die Art und Weise, in der Naxos in Japan wahrgenommen wurde, für immer verändern. Die CD wurde von den Kritikern mehrerer japanischer Zeitschriften begeistert aufgenommen. Mamoru Shima von *Stereo Sound* schrieb beispielsweise: »Dieses ambitionierte Projekt wird die Welt mit unserem kulturellen Erbe vertraut machen. Um ehrlich zu sein, ist es eine Schande, dass diese Aufnahme von einem ausländischen

Label produziert wurde, aber ich versichere Ihnen, dass sie hinsichtlich der Musik, der Darbietung und des Klangs volle zehn Punkte erreicht. Ich hoffe, dass möglichst viele Menschen dieses besondere Geschenk werden genießen können.« Yuji Ito vom *CD Journal* drückte es ganz ähnlich aus, fügte jedoch noch hinzu: »Es bleibt uns nur noch, uns vor Naxos zu verneigen.«

2003 folgten die Violinkonzerte und andere Werke von Hiroshi Ohguri, eingespielt mit dem Solisten Kazuhiro Takagi und dem Osaka Philharmonic Orchestra unter der Leitung von Tatsuya Shimono. Die Aufnahmen fanden in der Osaka Philharmonic Hall statt und wurden von Andrew Walton produziert. Anfang 2004 folgte die Veröffentlichung einer CD mit Orchesterwerken von Kôsçak Yamada, dem ersten japanischen Komponisten, der je im sinfonischen Stil geschrieben hat (seine Ouvertüre aus dem Jahr 1912 war eine Weltpremiere auf CD). Zu diesem Zeitpunkt hatte die ausführliche Berichterstattung über *Japanese Classics* bereits ein sehr breites Publikum angezogen und eine Umfrage im selben Jahr führte zu dem überraschenden Ergebnis, dass Naxos unter den meistgeschätzten Klassik-Labels in Japan inzwischen den zweiten Platz belegte – einzig geschlagen von Deutsche Grammophon! Eine wirklich bemerkenswerte Auszeichnung.

Die Reihe *Japanese Classics* konnte international zwar nie nennenswerte Verkaufszahlen erzielen, aber allein die Verkäufe in Japan waren mehr als ausreichend, um die Investitionen wieder einzuspielen. *Japanese Orchestral Favourites* verkaufte sich fast 50.000 Mal, Tōru Takemitsus *Toward the Sea* und andere Werke über 40.000 Mal, und auch viele andere Titel erreichten Verkaufszahlen um 15.000. Obwohl sich ein paar der 25 Titel nur rund 10.000 Mal verkauft haben, brachte die Reihe den gesamten Katalog in Japan voran. Dies bedeutete auch, dass *Record Geijutsu* endlich Notiz von dem Label nahm, obwohl das Magazin Naxos bis heute keine Titelgeschichte gewährt hat.

2007, als sich Naxos fest auf dem japanischen Klassikmarkt etabliert hatte, war die Familie Nishizaki bereit, sich zur Ruhe zu setzen und das Unternehmen Ivy zu schließen. Von 2005 an wurden sowohl Naxos' digitale als auch seine Lizenzgeschäfte von Naxos Digital Japan abgewickelt, einem Unternehmen mit Sitz in Tokio, das Klaus Heymann gemeinsam mit Ryuichi Sasaki (einem erfahrenen Geschäftsmann aus der IT-Branche) gegründet hatte. Die Firma übernahm schließlich auch den physischen Vertrieb des Naxos-Labels und wurde zu Naxos Japan. Im digitalen Bereich konnte sie bereits Erfolge verbuchen: Die Naxos Music Library fand neben den Bildungseinrichtungen auch Anklang bei einer erstaunlichen Anzahl individueller Abonnenten. Bis heute gibt es in Japan mehr Einzelabonnenten der NML als im Rest der Welt zusammen. Da sie bereits sehr daran gewöhnt waren, Musik auf ihren Telefonen zu hören und herunterzuladen, nahmen die japanischen Abonnenten vor allem die NML-App für iPhone bzw. Android mit offenen Armen auf.

Das Einkommen von Naxos Japan verteilt sich inzwischen auf drei gleichwertige Bereiche: NML-Abonnements, Lizenzen (für Spiele, Werbung und anderes) und physische Verkäufe. Die CD erfreut sich in Japan nach wie vor großer Beliebtheit, und nun, da die ursprüngliche Liste der *Japanese Classics* beinahe abgearbeitet ist, plant Naxos bereits neue Aufnahmen mit der Universität für Kunst und Musik in Tokio.

Australien: Select Audio-Visual Distribution

In den ersten 15 Jahren wurde Naxos in Australien von verschiedenen unabhängigen Unternehmen vertrieben – vor allem von Sonart, das von Les Hodge geleitet wurde. Über zehn Jahre lang war er für die Verbreitung von Naxos in Australien verantwortlich. 2003 übernahm Heymann die Verkaufs-, Marketing- und Vertriebsgeschäfte selbst: Er gründete ein neues Unternehmen, Select Audio-Visual Distribution (SAVD), das in die ehemaligen Sonart-Büros in Sydney zog. Sechs Monate später kam Andrew McKeich, ein Veteran der Klassikszene in Australien, der bereits eine eigene Firma geleitet und für andere Unternehmen gearbeitet hatte, als Geschäftsführer an Bord.

Aufgrund einzigartiger Besonderheiten stehen Unternehmen in Bezug auf die Einfuhr und den Vertrieb klassischer Labels in Australien vor ganz speziellen Herausforderungen, selbst wenn sie – wie SAVD – das größte des ganzen Landes sind. Genau wie andere Vertriebsunternehmen, die sich im Besitz von Naxos befinden, repräsentiert es neben den Naxos-Labels auch viele der wichtigsten unabhängigen Labels (vor allem aus Europa). Australien ist ein großes Land mit relativ geringer Bevölkerung, das sich nicht mit den Klassikzentren in Europa oder den USA vergleichen lässt und eine vollkommen andere Umgebung bietet: Hier haben sich nach wie vor zahlreiche konventionelle Plattenläden erhalten – mehr als in den meisten anderen entwickelten Ländern – und auch Spezialgeschäfte sind weiter verbreitet. Auf der anderen Seite existieren in Australien kaum Versandunternehmen und auch Downloads stellen nach wie vor keinen entscheidenden Geschäftsbereich dar.

Laut McKeich ist die Konkurrenz auf einem Markt wie diesem für ein Label wie Naxos besonders groß: In Australien sind die Preise für CDs aus den Backkatalogen allgemein niedrig, die Liste der Budget-Labels ist lang und es gibt ein staatlich geführtes Plattenlabel, ABC Classics, das australische Klassik stark fördert und bereits zahlreiche CDs veröffentlicht hat. Darüber hinaus steigen die Importzahlen über amazon.com und amazon.co.uk: Ist der australische Dollar stark, kann es für die Kunden trotz der Versandkosten günstiger sein, in den USA zu bestellen.

Als McKeich das Unternehmen übernahm, war es sein erstes Ziel, den Vertrieb wiederzubeleben und den generellen Stand von Naxos in Australien zu stärken, der in den letzten Jahren von Sonart immer schwächer geworden war: Die Händler hatten den Glauben an die zuverlässige Auslieferung der Naxos-CDs verloren. Der riesige Backkatalog war jedoch nach wie vor gefragt, besonders bei Titeln wie *Peter und der Wolf* (gelesen vom Australier Barry Humphries) und Holsts *The Planets*. Darüber hinaus bestand seitens der Klassiksammler stets Interesse an Neuerscheinungen. Um ein breiteres Publikum zu erreichen und die Neuveröffentlichungen im Bereich des speziellen Repertoires auszugleichen, stellten McKeich und sein Team mit ansehnlichem Erfolg eine Reihe mit Samplern mit populären Werken zusammen. *The Ultimate Opera Album*, eine Doppel-CD, enthielt die wichtigsten beliebten Arien, Chöre, Ouvertüren und Orchestervorspiele aus 400 Jahren des Genres, aber der eigentliche Geniestreich war das Cover. »Wir entschieden uns gegen die damals gängige Praxis und setzten ganz kühn eine dralle, traditionelle Wagner-Sopranistin aufs Cover.« Er zielte damit auf eine besondere Art des australischen Humors ab und traf ganz offensichtlich ins Schwarze: Der Titel verkaufte sich mehrere Tausend Mal. Fünf Jahre später gehörte er im Laden des Opernhauses in Sydney noch immer zu den Bestsellern. Nach einigen Monaten folgte *Extreme Classics*, eine weitere Doppel-CD mit einer Auswahl der besten lauten, dynamisch-aggressiven Klassikwerke, angefangen mit Tschaikowskis Ouvertüre aus dem Jahr 1812. Auch dieser Titel erwies sich als Verkaufsschlager.

McKeich vereinte diese und andere Titel im Rahmen einer TV-Kampagne, die das Motto »Erleben Sie die Welt der Klassik – all die klassische Musik, die Sie für Ihre Sammlung benötigen« erhielt und zu hohen Verkaufszahlen führte. Weitere Labels beschlossen, seinem Beispiel zu folgen, wodurch sich SAVD gezwungen sah, mit seinen Marketinginitiativen auf andere Bereiche vorzudringen. Man beschloss beispielsweise, sich in Zukunft auch direkt an die Sammler zu richten. McKeich ist der Ansicht, dass der Massenmarkt für günstige Klassik-CDs nach wie vor besteht und nur die billigen Online-Angebote, der Wechselkurs gegenüber dem US-Dollar und das problemlose Einkaufen im Ausland für sinkende Verkaufszahlen verantwortlich sind – und er weiß, dass sich in diesem Geschäft niemand auf seinen Lorbeeren ausruhen kann.

Wie auch andere Naxos-Vertriebsunternahmen hat SAVD vom Aufstieg der Klassik-DVDs profitiert. Mc Keich sagt hierzu: »Als die Sammler glaubten, genügend Audioaufnahmen in ihren Regalen zu haben, wandten sie sich eben dem visuellen Angebot zu. Der Markt scheint im Moment eher für Opern- und Ballett-DVDs empfänglich zu sein, auch wenn diese normalerweise teurer sind als Film-DVDs.« Was den digitalen Markt angeht, so hat sich die Naxos Music Library bereits in vielen Bildungseinrichtungen etabliert, auch wenn Klassik-Downloads in Australien nach wie vor keine große Bedeutung haben.

Auch in Australien ist die starke Position von Naxos darauf zurückzuführen, dass es das Haus-Label seines nationalen Vertriebs ist: Mit einem Anteil von rund 35 Prozent an den gesamten SAVD-Verkäufen hält Naxos klar die »Pole-Position« im Unternehmen. Dennoch macht es nur einen Teil der Infrastruktur des gesamten Vertriebs aus: SAVDs Sicherheitsnetz ist seine breite Basis.

Naxos Far East

Das starke Interesse an westlicher klassischer Musik in Fernost spiegelt sich nicht nur in der großen Anzahl ausgezeichneter Musiker aus China, Japan, Südkorea und einigen ihrer Nachbarländer wider, sondern auch in den CD-Verkaufszahlen im Bereich der Klassik: Naxos verfügt direkt vor seiner Haustür über einen gesunden Markt, der jedoch nie ein einfacher Markt gewesen ist. Hongkong selbst ist relativ klein und der Export von CDs und DVDs nach China wurde durch Piraterie ziemlich belastet: Selbst mit einem Budget-Label wie Naxos können Produktpiraten durch den Verkauf von illegalen Kopien Geld verdienen. Die China National Publications Import and Export Corporation führt darüber hinaus nur eine begrenzte Anzahl legaler CDs ein. Naxos ist es jedoch gelungen, die Lizenzen an einigen seiner Bücher zusammen mit den Begleit-CDs an chinesische Verlage zu verkaufen.

Rick Heymann, Klaus Heymanns Sohn, leitet Naxos Far East seit 2008. Er kümmert sich vor allem um Hongkong, China, Taiwan, Singapur, Malaysia und Thailand. Da er die Sprache spricht, reist er außerdem regelmäßig nach Japan, wo er im Vorstand von Naxos Japan sitzt. Naxos Far East repräsentiert neben der Naxos-Gruppe 40 weitere Labels, darunter auch viele der wichtigsten Klassik-DVD-Labels (Arthaus Musik, Opus Arte, EuroArts und C Major). Bei den DVDs verkaufen sich Konzerte besser als Opern, möglicherweise, weil nur wenige DVDs chinesische Untertitel bieten, und auch die Blu-ray-Sparte wächst stetig. Zu den von Naxos Far East vertriebenen CD-Labels gehören auch Harmonia Mundi, BIS, Challenge Classics, OehmsClassics, hänssler CLASSIC und Audite.

»Der Markt für audiophile Labels in Hongkong und China ist riesig, deshalb sind in Bezug auf die Einnahmen auch First Impression Music und Reference Recordings unsere besten Labels«, erklärt Rick Heymann.

»Wir bekommen einige sehr umfangreiche Bestellungen für audiophile Aufnahmen, in der Regel von unseren chinesischen Partnern. In China steigt die Anzahl der Reichen rapide an und die suchen alle nach etwas, wofür sie ihr Geld ausgeben können. Ein paar von ihnen kaufen sich oft erst eine Hi-Fi-Ausrüstung im Wert von US$20.000 bis US$60.000 und dann bei uns die audiophilen CDs. Das sind Leute, die sich für ihre Anlagen Kabel kaufen, die US$1.000 oder mehr kosten!«

Der CD-Markt in Hongkong ist recht stabil. »iTunes ist hier noch nicht angekommen und es gibt auch keine wirklich erfolgreichen Download-Seiten. Das klassische Kernrepertoire, Sampler und Box-Sets verkaufen sich hier und in ganz Asien sehr gut; in Taiwan besonders die Box-Sets. 99,9 Prozent unserer Verkäufe finden in Plattenläden statt – wir bekommen nur sehr wenige Bestellungen per Post. Wie in vielen anderen Ländern auch können die Plattenläden sich hier aber nicht mehr über Wasser halten, wenn sie nur CDs verkaufen. Sie bieten daher auch andere Produkte an: DVDs, Videospiele, iPhone-Zubehör, T-Shirts und Bücher. Mit Konzertverkäufen tun auch wir mehr in Hongkong und China.«

Am besten verkaufen sich in Fernost nach wie vor die Titel mit Rick Heymanns Mutter, Takako Nishizaki, deren Starstatus in Hongkong für eine kontinuierliche Beliebtheit all ihrer CD- und DVD-Aufnahmen sorgt: Vor allem die Beliebtheit des Violinkonzertes von Chen und He, *The Butterfly Lovers*, ist nach wie vor ungebrochen.

Naxos Korea

Die Tatsache, dass Naxos auch in Südkorea vertreten ist, ist eher ungewöhnlich. Die physische Seite des Geschäfts (CDs und DVDs) wird von Aulos Media abgewickelt, einem unabhängigen Vertriebsunternehmen. Die Haupteinnahmequelle ist jedoch Naxos Korea (»Naxos Global Distribution, Korea«), das 2004 mit dem ursprünglichen Zweck gegründet wurde, Naxos' breites Angebot an digitalen Diensten zu verkaufen, sich später jedoch auch um die Lizenzvergabe von Naxos-Aufnahmen an diverse Medien kümmerte. Das Unternehmen war die Idee von Kai Czepiczka, der in Deutschland geboren wurde und dort auch seine

Ausbildung abschloss. Er studierte Deutsche Literatur, entwickelte in seinen Zwanzigern jedoch ein tief gehendes Interesse an klassischer Musik und begann, CDs zu sammeln. Bis 1994 lebte er in Seoul in Südkorea, wo er auch an Universitäten unterrichtete – bis er Klaus Heymann kennenlernte, wie er erklärt:

»1995 oder 1996 suchte ich in einem Laden in Seoul nach zehn bestimmten Marco-Polo-CDs, aber dort sagte man mir, sie hätten sie nicht vorrätig und ich solle nächste Woche wiederkommen. Das ging mehrere Monate so weiter, aber die CDs kamen nie an. Also habe ich eine E-Mail an Naxos in Hongkong geschickt und sie gefragt, warum es nicht möglich war, Marco-Polo-CDs in Seoul zu kaufen. Ich habe meine Anfrage an die Adresse info@naxos.com geschickt, oder vielleicht war es auch der Kundendienst, ich kann mich nicht mehr erinnern. Auf jeden Fall war es nicht die direkte Adresse einer bestimmten Person. Zu meiner Überraschung erhielt ich dann von Klaus Heymann persönlich eine E-Mail! Er antwortete mir, er müsse eine Woche später geschäftlich nach Seoul reisen und ich könne ihm sagen, welche CDs ich wolle. Ich schickte ihm die Liste und er bat mich, ihn in seinem Hotel in Seoul zu treffen. Er überreichte mir die CDs – die ich bar bei ihm bezahlte – und lud mich zu einer Tasse Tee ein, weil er sich einerseits für mich als Kunden interessierte, andererseits auch für die allgemeine Einzelhandelssituation in Seoul. Wir haben uns dann eine Weile unterhalten und sind auch später noch in Kontakt geblieben. Ich sagte ihm, er könne jederzeit auf mich zukommen, wenn er Fragen über die Situation in Korea habe, und das hat er auch ein paar Mal gemacht. Viele Jahre später, 2003, war ich meinen Job an der Universität allmählich leid, und ich hatte gelesen, dass Naxos noch Mitarbeiter in Hongkong suchte. Ich habe eine E-Mail an Klaus geschickt und ihn gefragt, ob er Interesse daran hätte, einen Naxos-Zweig in Seoul zu gründen. Nachdem ich ihm meinen Businessplan zugeschickt hatte, war er einverstanden, und im Februar 2004 habe ich Naxos Korea gegründet. Wenn ich acht Jahre zuvor diese Marco-Polo-CDs in diesem Laden hätte kaufen können oder wenn Klaus sich nicht so ausführlich um diesen einen Kunden aus Korea gekümmert hätte, dann gäbe es Naxos Korea heute nicht.

2004 arbeitete Naxos bereits mit Vertriebsunternehmen in Korea zusammen und hatte auch seine digitalen Dienste eingeführt, beispielsweise die Naxos Music Library. Da Korea schon immer eines der Länder mit der besten IT-Infrastruktur war [es hat seit einiger Zeit das vielleicht beste Breitband-Netzwerk der Welt und WLAN ist weiter verbreitet als in irgendeinem anderen Land], habe ich mich zunächst auf das digitale Geschäft konzentriert. Es gab keinen Grund, sich von den Vertriebsunternehmen zu trennen, die bereits ein gutes Netzwerk für die physischen Produkte aufgebaut hatten. Aber der neue, digitale Geschäftsbereich war sehr vielversprechend. Wir haben mit dem Verkauf von NML, NSWL und später NML Jazz angefangen und schließlich auch die neue NVL angeboten. Kurz darauf kamen auch die Lizenzierungen und die Geschäfte mit den digitalen Dienstleistern hinzu. Alles entwickelte sich sehr gut: 2004 habe ich ganz allein noch mal von vorn angefangen und heute sind wir zu viert und sehr beschäftigt.«

Naxos Korea vergibt Lizenzen für Naxos-Aufnahmen und -Texte an viele verschiedene Unternehmen. Dabei kam es hin und wieder auch zu eher ungewöhnlichen Geschäften: Lizenzen für Hersteller von Handys oder GPS-Geräten, die bereits mit einigen Musikstücken ausgestattet in den Verkauf gingen, Video-Lizenzen für IPTV-Anbieter oder der Aufbau eines Musik-Streaming-Dienstes für Bildungszwecke, der in Zusammenarbeit mit KBS (Korean Broadcasting System) entstand, der führenden Rundfunkanstalt in Südkorea. Auch die Naxos Music Library war sehr erfolgreich: Die meisten koreanischen Universitätsbibliotheken, vor allem diejenigen mit musikalischen Fakultäten, haben inzwischen ein Abonnement.

»Es ist wirklich ein aufregendes Geschäft und ich habe oft das Gefühl, als wären wir die einzige Klassikfirma in ganz Korea, die optimistisch in die Zukunft blickt«, so Czepiczka. »Der digitale Geschäftsbereich entwickelt sich sehr schnell weiter und wir haben Glück, dass wir über einen ausreichenden Inhalt und inzwischen auch über die nötige Erfahrung verfügen, ein erfolgreiches Unternehmen zu führen.«

Frankreich: Abeille Musique (unabhängig)

Naxos besitzt in Frankreich kein eigenes Vertriebsunternehmen und verlässt sich nach wie vor auf eine Reihe örtlicher Vertriebe. Frankreich war in Europa seit den dramatischen Anfängen stets einer der anspruchsvollsten Märkte für Naxos.

Die *hypermaché*-Ketten entfachten 1987 den ersten Funken für Naxos in Frankreich, als Fargo, ein Einkaufsunternehmen mit Sitz in Hongkong, Bestellungen in Höhe von bis zu 5.000 Stück von jeder der anfangs 30 CDs des Katalogs in Auftrag gab. Sie verkauften sich kistenweise – ein echter Traumstart für Heymann. Die langfristige Zukunft von Naxos in Frankreich glich jedoch eher einem Albtraum. Yves Riesel, Gründer von Abeille Musique, einem der führenden unabhängigen Vertriebe, die Naxos heute in Frankreich repräsentieren, erinnert sich noch gut daran, dass allein schon das Konzept eines günstigen Klassik-Labels mit ernstzunehmenden Ambitionen für die französischen Klassikkäufer einen Widerspruch in sich bedeutete. Er gehörte damals selbst zu den Klassiksammlern und kannte und bewunderte Marco Polo für sein abenteuerliches Repertoire. 1989 begann er, mit Media 7 zusammenzuarbeiten, einem Vertriebsunternehmen für Popmusik, das sehr interessiert daran war, auf dem Klassikmarkt Fuß zu fassen. Er brachte Media 7 nach und nach mit unabhängigen Klassik-Labels aus dem Ausland in Kontakt, darunter auch Testament und Chandos. Marco Polo stand bereits auf der Liste des Vertriebs, bei Naxos war er jedoch etwas nervöser. »Die Kulturszene in Frankreich liebt es, prätentiös zu sein, und ihre Vollpreis-Labels verstand sie eben. Naxos ist allerdings vollkommen unprätentiös und ich wusste, dass es ein riesiger Kampf werden würde, wenn wir den ursprünglichen Ruf als billiges, wertloses Budget-Label, das nur in Supermarktregale passte, auslöschen wollten, den Naxos in Frankreich hatte. Es bereitet mir allerdings großes Vergnügen, gegen prätentiöse Leute zu kämpfen.«

Im Herbst 1990 erklärte sich Media 7 bereit, Naxos unter Vertrag zu nehmen. Virgin hatte gerade seine erste französische Filiale auf den Champs-Élysées eröffnet und wollte Naxos exklusiv anbieten. Riesel hatte jedoch das Gefühl, dies würde das Label zu sehr einschränken, und überredete das Unternehmen, 3.000 Stück von 50 ausgewählten Titeln neu zu verpacken und sie unter einem anderen Label exklusiv zu vertreiben: Espoir Classique. Der Name wurde gewählt, weil erst vor Kurzem die Berliner Mauer und der Eiserne Vorhang gefallen waren und neue Hoffnung in der Luft lag – Naxos hatte schließlich mit zahlreichen osteuropäischen Orchestern zusammengearbeitet! Nachdem Riesel eine zwar komplizierte, aber sehr zügige Einigung mit Hongkong erlangt hatte, erblickte Espoir Classique inklusive französischer Booklet-Texte das Licht der Welt. Die Vermarktung über Virgin funktionierte sehr gut und wurde auch auf die anderen Filialen erweitert, die kurze Zeit später eröffneten.

Riesels Hauptaufgabe bestand jedoch darin, die Marke Naxos zu etablieren, und angesichts der Vorgeschichte des Labels in Frankreich war dies alles andere als einfach. Riesel konnte nicht einfach direkt in die Klassikabteilungen der Plattenläden spazieren und ihnen mitteilen, er vertrete das Label von nun an und hier sei der Katalog – die meisten von ihnen hätten jeden Vorschlag rundheraus abgelehnt, bei dem es um das »Supermarkt-Label« ging. Also behalf er sich mit einem kleinen Trick und präsentierte zunächst eine Liste mit CDs von Musikern, die bereits für einige Aufnahmen mit Hungaroton oder Sony bekannt waren (etwa das Kodály Quartet oder der Pianist Stefan Vladar): Riesel fügte sie einfach der Liste mit den Neuerscheinungen hinzu, ohne das Plattenlabel zu nennen. Er wandte eine ganz ähnliche Taktik an, um auch andere Aufnahmen zu fördern, deren Herkunft er ebenfalls für sich behielt – und es funktionierte. Die Händler zeigten Interesse und gaben Bestellungen auf. Als die CDs in ihren Läden eintrafen und sie den Namen Naxos lasen, riefen sie Riesel an und behaupteten, sie nie bestellt zu haben. Er erklärte ihnen dann, dass sie dies sehr wohl getan hatten: Sie konnten die CDs natürlich zurückschicken, aber da sie nun schon einmal bei ihnen im Laden waren, wieso gaben sie ihnen nicht einfach eine Chance? Die meisten Händler erklärten sich dazu bereit und die CDs verkauften sich gut – für Naxos begann ein neues Leben.

Mit weiteren kühnen, cleveren Schachzügen dieser Art fand Naxos in Frankreich allmählich einen immer sichereren Stand. Dabei half auch das französische Repertoire. Veröffentlichungen wie die CD mit

Violinsonaten von Saint-Saëns, Debussy, Ravel und Poulenc, gespielt von Dong-Suk Kang und Pascal Devoyon, verhalfen dem Label zu größerer Akzeptanz bei den französischen Sammlern und in der breiten Öffentlichkeit. Ein riesiger Schritt nach vorne gelang, zur Überraschung aller, mit dem Box-Set von Prokofjews Klavierkonzerten Nr. 1-5, gespielt von Kun Woo Paik und dem Nationalen Symphonischen Orchester des Polnischen Rundfunks unter der Leitung von Antoni Wit, das einen *Diapason d'Or* gewann. Das war im Frühling 1992, und im Winter desselben Jahres wurde der Titel von *Diapason* zur Aufnahme des Jahres gekürt. Von jenem Zeitpunkt an konnte Naxos nicht länger als Budget-Label abgestempelt werden, das seine CDs für unter 50 Francs verkaufte. Heymann reiste nach Frankreich, um Interviews zu geben und das Label zu bewerben, und Riesels Bemühungen, Naxos zu mehr Ansehen zu verhelfen, trugen immer mehr Früchte.

Riesel gründete daraufhin ein spezielles französisches Naxos-Label. Es erhielt den Namen Naxos Patrimoine. Er wusste, dass es bei Marco Polo zahlreiche attraktive, aber seltene Aufnahmen mit französischer Musik gab, von Komponisten wie André Caplet, Félicien David, Maurice Emmanuel, Benjamin Godard, Henri Sauguet und Charles Koechlin. »Marco Polo war für so viele Sammler ein echtes Traum-Label«, so Riesel. »Ich glaube nicht, dass Naxos ohne Marco Polo jemals so stark geworden wäre. In den frühen Jahren von Marco Polo standen immer viele Musiksammler mit speziellem Wissen und Interesse mit Klaus in Kontakt und haben ihm auch Vorschläge für Naxos unterbreitet. Aber Klaus' Einstellung war natürlich genauso entscheidend, schließlich hat er das Label mit der Begeisterung eines echten Musikliebhabers aufgebaut – und nicht mit reinem Opportunismus, wie es damals so viele der etablierten Labels taten.« Riesel setzte seine Idee um und brachte diese französischen Marco-Polo-Komponisten nur für Frankreich bei einem eigenen Label zum Naxos-Preis heraus – Naxos' Ansehen stieg weiter.

Mitte der 1990er konnte Naxos bereits sehr respektable Verkaufszahlen in Frankreich verbuchen: In einem Jahr, so erinnert sich Riesel, verkaufte man 750.000 Einheiten. Weitere französische Künstler arbeiteten mit dem Label zusammen. Der französische Pianist François-Joël

Thiollier spielte die kompletten Klavierwerke von Debussy und Ravel ein. Hervé Niquet und sein hervorragendes Chorensemble Le Concert Spirituel begannen mit einer Reihe von Charpentier-CDs, die sowohl in wissenschaftlicher Hinsicht als auch in ihrer musikalischen Ausführung absolut tadellos waren. Damit hatte sich auch die französische Alte Musik im Naxos-Katalog etabliert.

Riesel schlug daraufhin etwas noch Gewagteres vor. Er hatte İdil Birets Aufnahme der 2. Klaviersonate von Boulez in den 1970ern gehört und trat mit der Idee an Heymann heran, ihr anzubieten, alle drei für Naxos einzuspielen. Heymann, der stets bereit war, ein Risiko einzugehen und einem Vertrieb unter die Arme zu greifen, war zwar etwas zurückhaltender, stimmte schließlich aber zu. Die Aufnahmen fanden im Studio 106 bei Radio France im Januar und Februar 1995 statt. Die CD verkaufte sich außergewöhnlich gut und stärkte Naxos' Ruf als seriöses Klassik-Label in Frankreich (und darüber hinaus) noch weiter. Riesel ersann eine amüsante Werbekampagne, die in allen wichtigen Klassikzeitschriften erschien und den Slogan trug: »Wenn Sie denken, Sie mögen diese Art von Musik nicht, dann können Sie jetzt wenigstens herausfinden, warum!«

Es war eine aufregende, wachstumsstarke Zeit. 1995 gründeten Riesel und Heymann ein gemeinsames Unternehmen: Naxos et Marco Polo France. Einerseits sollte Riesel dadurch mehr Zeit gewinnen, sich um Marketing und Werbung der beiden Labels zu kümmern (bei Media 7 hatte er auch noch andere ausländische Labels in seinem Portfolio), andererseits sollte sich Media 7 so stärker auf Verkauf und Vertrieb konzentrieren. Riesel hatte außerdem den Auftrag, weitere französische Aufnahmen anzustoßen und speziell für die französische Kultur weitere Produkte zu entwickeln. Die komplette Kammermusik von Poulenc entstand ebenso in dieser Zeit wie die Verbindung zwischen Naxos und dem Orchestre National de Lille, das die Aufnahme von Debussys *Pélleas et Mélisande* unter der Leitung von Jean-Claude Casadesus einspielte, die viel Lob einheimste.

1997 wurde Naxos' zehnter Geburtstag in Frankreich mit einem großen Konzert in Notre Dame de Paris gefeiert, bei dem auch die

Orgelsinfonie von Saint-Saëns und das Orgelkonzert von Poulenc auf dem Programm standen. Der Erzbischof lobte Naxos für die Organisation des wunderbaren Konzertes und seines wichtigen Beitrags zur französischen Kultur. Es war *un moment incroyable* für das Label. Die Liveaufnahme, die von dem Orgelkonzert gemacht wurde, ist noch immer bei Naxos erhältlich.

Media 7 bewegte sich jedoch allmählich in eine andere Richtung und Heymann hatte das Gefühl, in Frankreich einiges verändern zu müssen. Naxos et Marco Polo France wurde geschlossen und Marketing und Vertrieb siedelten zu Naïve über, einem französischen Label, das auch über ein Vertriebsnetzwerk verfügte. Nach einigen Jahren stand ein neuerlicher Wechsel an, dieses Mal zu Intégral Distribution.

Unterdessen hatte Riesel sein eigenes Vertriebsunternehmen gegründet, Abeille Musique, das sich um eine stetig wachsende Anzahl unabhängiger Vollpreis-Labels aus dem Ausland kümmerte. 2006 unterzeichneten Riesel und Heymann ein Verkaufs- und Vertriebsabkommen für Naxos und Marco Polo. 2009 wurde es ein wenig angepasst und die neue Strategie gilt noch heute: Abeille Musique ist für Verkauf und Werbung zuständig, während die Lieferungen direkt vom Depot von Naxos Global Logistics in München nach Frankreich gehen.

Wie in den meisten anderen Ländern gibt es auch in Frankreich immer weniger Plattenläden. Der Einzelhandel wird von einer einzigen Kette, Fnac, dominiert, und die wenigen unabhängigen Läden, die noch überleben, sehen sich einem immer stärkeren Druck ausgesetzt. Versandbestellungen gewinnen zunehmend an Bedeutung, da sie für viele inzwischen der einzige Weg sind, sich spezielle Klassik-CDs zu besorgen. Im Internet beherrscht amazon.fr die Szene, aber auch abeille-musique.com bietet diesen Service an. Die Einnahmen aus Downloads und Streamings (von ClassicsOnline und der Naxos Music Library) sind nach wie vor relativ gering. Riesel schätzt, dass sich die Klassik-Verkäufe in Frankreich in drei etwa gleich große Teile zwischen Fnac, Amazon und den übrigen Händlern aufteilen.

Acht-
zehn

Naxos: Die Zukunft

Allgemein ist man der Ansicht, die klassische Musik sei ein ziemlich stabiler Bereich der Unterhaltungsindustrie, egal, ob eine neue Aufnahme von Beethovens 5. Sinfonie erscheint, ein junger, dynamischer Geiger – vielleicht aus China – Tschaikowski spielt oder eine attraktive, blonde Sängerin eine CD mit glänzenden Arien präsentiert. Tatsächlich machen diese Titel aber nur einen sehr kleinen Teil des Ganzen aus. In Wahrheit verändert sich die Welt der Klassikaufnahmen, genau wie das Popgeschäft, sehr rasant, was zum einen an immer neuen Technologien liegt, zum anderen aber mindestens so sehr an der Mode, der Politik und der Ökonomie der Musik. Sicher ist nur, dass die Welt der Klassikaufnahmen sich nicht mehr in derselben geschützten Blase befindet wie praktisch während der kompletten zweiten Hälfte des 20. Jahrhunderts.

Dies gilt besonders für ein Unternehmen wie Naxos, das über ein Vierteljahrhundert lang auf so vielen Gebieten wegweisend war und sich damit rühmt, Risiken einzugehen, immer auf dem neuesten technologischen Stand zu sein und zu versuchen, sich die Fähigkeit zu schnellen Veränderungen zu erhalten, falls die Umstände diese erfordern. Das Naxos aus dem Jahr 2012 unterscheidet sich völlig von dem Unternehmen von vor zwei Jahrzehnten: Was als ein Budget-Label begann, das sich darauf konzentrierte, populäre Werke aufzunehmen, hat sich zu einem seriösen Repertoire-Label entwickelt, das die breiteste Auswahl und den vielfältigsten Katalog aller Klassik-Labels weltweit anbietet. Unterwegs machte es einige Identitätskrisen durch und Klaus Heymann erlebte immer wieder schwierige Zeiten, wenn er sich gegen die unterschiedlichsten Meinung behaupten musste: »Mehr Neuaufnahmen mit bekannter Musik, gespielt von einem Künstler, der sich auch verkaufen lässt«, forderte etwa ein Vertrieb, während ein Dirigent vorschlug: »Wie wäre es mit einer Reihe mit böhmischen Sinfonien aus dem 17. Jahrhundert, die ich in einer Bibliothek in der Slowakei entdeckt habe?« »Wir können diese große Sinfonie doch auf Blu-ray Audio und auf normaler CD herausbringen«, fand ein eifriger Techniker, während ein Buchhalter warnte: »Wir bekommen unser Geld nie zurück, wenn wir diese Aufnahme auf CD pressen – wir sollten sie lieber nur digital veröffentlichen, dann sind unsere Verluste geringer.«

Der Druck, die Dilemmata und die komplexen Umstände, denen sich Klassik-Labels heute gegenüber sehen, sind größer und vielfältiger als je zuvor. Dies ist nicht zuletzt darauf zurückzuführen, dass viele Musiker einen so hohen Standard haben und bereit sind, ihre eigenen Aufnahmen für die Labels zu finanzieren, um überhaupt veröffentlicht zu werden. Musiker betrachten dies als Werbekosten und auch wenn die Labels sich über kostenlose Masters freuen, machen sie sich doch hin und wieder Gedanken darüber, dass all diese neuen Titel den Markt verstopfen könnten.

Wohin wird sich Naxos – genauer gesagt: Naxos, das Label, Naxos, das Vertriebsunternehmen, Naxos online und Naxos, der Dienstleister – im Laufe der zweiten Dekade des 21. Jahrhunderts noch entwickeln? Heymann wird oft nach seinen allgemeinen Ansichten zu klassischer Musik befragt, sei es von der *New York Times*, der *Financial Times* oder *Gramophone*. Seine Aussagen darüber, wo wir uns im Moment befinden oder seine Vorhersagen für die Zukunft mögen stark mit seinem eigenen Unternehmen zusammenhängen, aber er richtet seinen Blick auch stets auf die weltweite Situation. Die Menschen hören ihm zu, weil es zu seinen großen Stärken gehört, dass er bei allem, was er sagt, sehr geradeheraus ist. Er sagt, was er denkt, ganz egal, ob einige Kollegen bei Naxos ihn deswegen vielleicht für ein wenig indiskret halten oder finden, er verrate Geschäftsgeheimnisse. Darüber hinaus hat er auch niemals Angst, zuzugeben, dass er seine Meinung geändert hat, dass er Unrecht hatte oder dass die Umstände inzwischen eine andere Vorgehensweise nahelegen.

Nehmen wir als Beispiel nur einmal das grundlegende Naxos-Prinzip, das Repertoire immer über die Künstler zu stellen und die Namen dieser Künstler niemals in größerer Schrift auf dem Cover zu platzieren als die der Komponisten: Diese Richtlinie formte 15 Jahre lang den Charakter des Labels, aber nach und nach wurde offensichtlich, dass – bei Naxos wie bei den Vollpreis-Labels – einige Künstler einen sehr großen Kaufanreiz boten und es absolut sinnvoll war, sie auf dem Cover zu präsentieren. Heymann gibt heute zu, dass es in Zukunft häufiger solche »Künstler«-Aufnahmen geben wird, da das Unternehmen immer mehr Beziehungen zu außergewöhnlichen Musikern aufbaut, die dadurch auch immer stärker mit dem Naxos-Label identifiziert werden. Er legt allerdings großen Wert darauf, dass sie eine ausgewogene Mischung aus Standard- und seltenem Repertoire einspielen. Er wählt daher Künstler aus, die ein natürliches Interesse in dieser Richtung zeigen und das Label nicht nur mit einigen interessanten Werken, sondern auch mit ihren ganz persönlichen musikalischen Ansichten und ihrer Persönlichkeit bereichern können.

Heymann möchte, dass Naxos nach wie vor ein abenteuerlustiges Label bleibt. Es macht ihm Spaß, in dem Karton mit den CD-Neuveröffentlichungen zu kramen, der jeden Monat auf seinem Schreibtisch steht, und er freut sich über die Mischung extrem seltener Werke, die sich darin in direkter Nachbarschaft zu einigen »Lifestyle«-Samplern befinden – »Hauptsache, sie sind geschmackvoll«, ist sein einziger Einwand.

Mit seinem Vertriebsnetzwerk und seinen digitalen Plattformen ist Naxos inzwischen viel mehr als ein Plattenlabel, auch wenn es zu all dem beinahe nie gekommen wäre. Nur wenige wissen davon, aber vor etwa acht Jahren bot Heymann, der sich eine Zeit lang durch die doppelte Verantwortung, die die Leitung des Vertriebsnetzwerks und des Labels mit sich brachte, stark belastet fühlte, den Geschäftsführern der wichtigsten Naxos-Vertriebsunternehmen die Übernahme ihrer jeweiligen Firma an. Darüber hinaus würde er ihnen garantieren, das

Naxos-Label für eine bestimmte Zeit bei den Unternehmen zu belassen, damit sie ihr Kronjuwel nicht verloren. Interessanterweise nahm nicht ein einziger Geschäftsführer das Angebot an. In gewisser Weise war dies durchaus verständlich: Die Ausweitung des digitalen Mediums war so offensichtlich, dass sie sich fragten, in welchem Bereich die Zukunft liegen würde. Auch der Vertrieb blieb also in Heymanns Händen und er tat alles, um die starke Position des Netzwerks noch weiter auszubauen und ihm eine klare Rolle in der digitalen Welt zu geben.

Die Vertriebsunternehmen sind heute stärker als jemals zuvor und wachsen – angetrieben von Heymanns Ideen – nach wie vor weiter, nicht zuletzt, weil sich ihnen viele andere unabhängige Labels für den Vertrieb angeschlossen haben. Die CD scheint vom Aussterben bedroht (auch wenn es ihr nach wie vor besser geht als irgendjemand, Heymann eingeschlossen, prophezeit hatte) und auch aufgrund anderer Faktoren sind viele Klassikvertriebe bereits von der Bildfläche verschwunden. Das Naxos-Netzwerk könnte, wenn man so will, bald der letzte Mohikaner sein. Heymann hat seine Vertriebe darüber hinaus dazu ermutigt, sich als Dienstleister in der traditionell geprägten Klassikindustrie neu zu erfinden.

Auch Heymann sieht, wie schnell und einfach Online-Quellen wie Wikipedia den Menschen Informationen, Bildung und Unterhaltung zur Verfügung stellen und er schmiedet längst Pläne für eine umfangreiche Online-Enzyklopädie mit klassischer Musik sowie für weitere Online-Programme, die den Menschen die Musik noch näher bringen soll. Naxos befindet sich in der idealen Position, um den Ansprüchen auf diesem Gebiet in bemerkenswert umfassender Weise gerecht zu werden. Die Vertriebsunternehmen konzentrieren sich nicht mehr nur auf die Werbung für und den Verkauf von CDs, sondern auch auf die Werbung und den Verkauf von Online-Diensten und -Quellen, die das Leben all jener bereichern können, die sich für klassische Musik interessieren. Für die Zukunft deutet alles auf ein Gleichgewicht zwischen physischen und digitalen Aktivitäten hin.

Im Herzen all dessen stehen Naxos, Marco Polo und all die anderen Labels, die im Besitz des Unternehmens sind. Als das renommierte deutsche Klassik-Label Capriccio in finanzielle Schwierigkeiten geriet, erwarb Heymann daher nur die digitalen und nicht auch die CD-Rechte. Er erkannte, dass er mit Capriccio viele Lücken des Naxos-Labels füllen konnte – etwa mit der Musik von C. P. E. Bach und Kurt Weill – was von entscheidender Bedeutung für die Streaming- und Download-Angebote wie die Naxos Music Library und ClassicsOnline war.

Heymann misst der finanziellen Rolle dieser Online-Dienste, in die er riesige Summen investiert hat, innerhalb des Unternehmens momentan jedoch keine übergroße Bedeutung bei. Auch wenn sie sich bereits auszahlen, sind sie noch längst nicht mit den Einnahmen aus dem Originalgeschäft der CD-Verkäufe vergleichbar – auch wenn Heymann erwartet, dass sich dies in Zukunft ändern wird. »Naxos und unsere anderen Labels werden auch weiterhin die wichtigste Einkommensquelle für uns sein, wenn nicht durch die physischen Verkäufe, dann eben über Downloads, Streamings und Lizenzierungen«, bekräftigt er. »Meiner Ansicht nach wird die Industrie in fünf Jahren wie folgt aussehen: 25 Prozent physische Produkte, 25 Prozent Downloads und 50 Prozent Streaming nach Bedarf, einschließlich Abonnements des kompletten Katalogs. Die Downloads könnten sogar noch einen etwas höheren Anteil ausmachen, wenn wir mit unseren verschiedenen neuen digitalen Produkten – Texten mit Musik und Texten mit Sprachaufnahmen und Musik – Erfolg haben. Auch Bildungs- und andere Anwendungen könnten sich entscheidend auf das ›Download-to-own‹-Geschäftsmodell auswirken.«

Auf dem Höhepunkt der CD-Verkäufe Ende der 1990er verkaufte die Naxos-Gruppe rund zehn Millionen Alben pro Jahr. Bei einigen handelte es sich um recht große Box-Sets, was bedeutete, dass das Unternehmen über zwölf Millionen CDs pro Jahr pressen ließ. Mittlerweile sind die physischen Verkaufszahlen zurückgegangen und auch wenn Downloads und Streamings noch nicht ganz aufschließen konnten, nehmen sie kontinuierlich zu. Die CD-Verkäufe scheinen sich bei rund drei Millionen Alben eingependelt zu haben und zig Millionen Einzelstücke wurden inzwischen gestreamt oder heruntergeladen (was dem Verkauf Hunderttausender Alben entspricht). Es besteht kein Zweifel daran, dass das Geschäft mit dem Verkauf von Klassik-CDs – egal ob von Naxos oder anderen Labels – ebenso wie das weltweite Geschäft mit Musik-CDs insgesamt zurückgegangen ist. Der Wert des Unternehmens insgesamt steigt jedoch dank des Vertriebsnetzwerks und anderen Diensten nach wie vor an.

Es war ein weiter Weg von der beiläufigen Anfrage einer koreanischen Firma, die ein Haustürgeschäft betrieb und 30 billige, digitale CD-Titel suchte, bis zur Veränderung der kompletten internationalen Klassikindustrie – und die Geschichte ist noch längst nicht zu Ende. Es gibt keinerlei Anzeichen dafür, dass Klaus Heymann auch nur an den Ruhestand denkt, auch nicht im Alter von 75 Jahren: Dafür genießt er den Wettbewerb nach wie vor viel zu sehr und er steckt noch immer voller Ideen, die er umsetzen möchte und bei denen er überzeugt davon ist, dass er das Klassik-Publikum mit ihrer Hilfe noch weiter vergrößern kann.

Im August 2010 veröffentlichte *Gramophone* ein Interview von Martin Cullingford mit Klaus Heymann, in dem er auch laut über die Zukunft der Industrie nachdachte. Es passt ganz wunderbar, dieses Buch mit diesem Interview zu schließen, da es Heymanns mutige Haltung und seine klaren Ansichten über die Klassikindustrie, auf die er in den vergangenen 25 Jahren einen so großen Einfluss ausübte, sehr gut zeigt – auch wenn einige Dinge nach all der Zeit vielleicht ein wenig überholt sein mögen. Es zeigt uns den guten, alten Klaus Heymann.

Gramophone: Können Sie die Herausforderungen beschreiben, vor die Sie das schnelle Wachstum der Online-Musik gestellt hat?

Klaus Heymann: Wir müssen zunächst einmal klar festhalten, dass die CD – oder irgendein anderes physisches Medium – noch viele Jahre existieren wird. Die Klassik-CD verschwindet längst nicht so schnell wie die Pop- oder Rock-CD. Wenn wir uns in diesem Jahr verschiedene Gebiete anschauen, dann war sie in den ersten vier oder fünf Monaten sogar recht stabil. Mal ging es aufwärts, mal abwärts, aber im Durchschnitt denke ich, dass sich die CDs dieses Jahr genauso gut verkaufen werden wie 2009. Wir sind nicht von diesem schnellen Rückgang betroffen.

G: Wie erklären Sie sich das? Liegt das an dem Sammleraspekt, der bei klassischer Musik sehr verbreitet ist?

KH: Ich glaube, das liegt hauptsächlich an den Kernsammlern. Ich denke, da ist das Niveau stabil. Alle Veränderungen bei den Verkaufszahlen sind eher auf das Repertoire oder auf einmalige Aufnahmen zurückzuführen – wie etwa in Japan, wo Harmonia Mundi 100.000 CDs von Nobuyuki Tsujii [Pianist, Gewinner des Van-Cliburn-Wettbewerbs] verkauft hat. Durch diese Aufnahmen kann es schon zu großen Schwankungen kommen. Aber im Großen und Ganzen denke ich, dass wir inzwischen einen recht stabilen Markt für das physische Produkt gefunden haben. Davon abgesehen, schauen wir natürlich alle darauf, was wo online passieren wird – was kommt nach dem physischen Produkt? Und im Moment sieht es ganz so aus, als seien es nicht die Downloads.

G: Wie kommen Sie darauf?

KH: Nun, der Anstieg der Download-Zahlen hat sich dramatisch verlangsamt. Wir können zwar immer noch ein leichtes Wachstum verbuchen, aber es ist längst nicht mehr so hoch. Ich spreche natürlich auch hier nur für klassische Musik, aber ich bezweifle, dass sie 20 Prozent der gesamten Verkaufszahlen übersteigen werden, also 80 Prozent bei den physischen Verkäufen liegen werden. In den USA sind es vielleicht etwas mehr als 20 Prozent und natürlich schreitet die Entwicklung auf verschiedenen Märkten auch unterschiedlich schnell voran. Ich glaube, die Zukunft des Musikhörens ist eine Art All-You-Can-Eat-Modell, bei dem die Leute monatlich oder jährlich einen bestimmten Betrag für eine Flatrate bezahlen und dann Musik hören können, so viel sie wollen. Das ist ja auch das Modell unserer Musikbibliothek und mittlerweile unserer Videobibliothek, wie beim Spotify-Premiummodell oder bei Rhapsody. Im Fernsehen wird das genauso passieren – ich glaube, wir werden irgendwann keine Lust mehr haben, 150 Kanäle zu durchsuchen, um herauszufinden, was gerade läuft. Wenn jemand *Parsifal* sehen möchte, dann möchte er es gleich sehen und das kann er auch. Es wird immer noch die sogenannten linearen Kanäle geben, aber trotzdem wird sich das Fernsehen immer mehr zu einem Service »auf Nachfrage« entwickeln. Das ist die Zukunft. In welcher Form das passieren wird – ob der Service von Breitband-Anbietern, ISPs, Telefonunternehmen, über das Kabelfernsehen oder von Stromkonzernen angeboten werden wird – weiß heute noch niemand.

G: Aber für den Moment, in Ihrem Fall, passiert es immer noch über eine Naxos-Seite?

KH: Es gibt die Naxos Music Library und die Naxos Video Library, aber wenn irgendjemand mit einem ähnlichen Konzept an uns herantritt, dann bieten wir dort gerne unseren Inhalt an. Ich denke, dass es bald viele verschiedene Anbieter geben wird, die viele verschiedene Modelle austesten. Und wenn sie unseren Inhalt herunterladen und für seine Lieferung auf Festplatte bezahlen wollen, dann steht er ihnen zur Verfügung und sie können sehen, was sie damit anfangen können. Wenn ich mich an die Anfänge der Downloads zurückerinnere, als immer mehr Seiten auftauchten, dachten damals alle: »Wir müssen da überall vertreten sein.« Aber letzten Endes gibt es nicht mehr als zehn Seiten, die klassische Musik verkaufen können. Es gibt iTunes, es gibt die Naxos Music Library, die inzwischen vermutlich der zweitgrößte Anbieter ist, dann eMusic, ClassicsOnline ist wahrscheinlich auf Platz vier, und auch Rhapsody, Napster, ArkivMusic und Classical Archives mischen noch ein bisschen mit. Statt also auf allen Seiten präsent zu sein, hat es sich gezeigt, dass gewisse Seiten klassische Musik verkaufen können, und andere eben nicht.

G: Und wie verkauft man nun klassische Musik online?

KH: Ich denke, es kommt auf die Auswahl an. Auf den Publikumsverkehr, den die Seiten anlocken können. Auf unserer ClassicsOnline-Website stagniert der Verkehr beispielsweise und wir versuchen gerade herauszufinden, warum. Auf naxos.com herrscht hingegen mehr Verkehr, deshalb denken wir gerade darüber nach, Downloads auch auf naxos.com zu stellen, um zu sehen, ob die beiden Seiten vielleicht gemeinsam wachsen können. Es kostet viel Mühe, mehr Publikumsverkehr zu schaffen – das wissen Sie ja selbst. Die

Konversionsrate ist recht stabil, etwa 1,5 Prozent der Leute, die die Seite besuchen, kaufen auch etwas, nur der Verkehr nimmt einfach nicht zu. Aber die Music Library verzeichnet ein sehr starkes Wachstum.

G: Als Sie die Music Library ins Leben riefen, richtete sie sich sehr stark an akademische Einrichtungen, Konservatorien usw.

KH: Nun, es sind nach wie vor Universitäten und Musikschulen, die einen Großteil der Nutzer stellen. Aber sie wird auch immer mehr von Berufsmusikern genutzt. Wenn Sie mit Marin Alsop oder Leonard Slatkin sprechen, werden sie Ihnen sagen, dass sie nicht mehr ohne sie leben können. Sie nutzen sie, wenn sie ihre Programme erstellen oder um Musik zu hören, wenn sie unterwegs sind. Inzwischen gibt es eine iPhone-App, und wir arbeiten bereits an Blackberry- und Android-Apps – das ist vor allem für Berufsmusiker zunehmend interessant. Wenn ein Cellist ein Programm mit französischer Cellomusik zusammenstellt und nach einem Stück sucht, das elf Minuten lang ist, kann er einfach »10–12 Minuten«, »Frankreich« und »Cello« eingeben – und schon werden alle passenden Stücke angezeigt.

G: Wurde diese Funktionalität also speziell mit diesen Nutzern im Hinterkopf entwickelt?

KH: Ja, ganz genau. Außerdem sind dort Informationen über den Verlag und die Instrumentation verzeichnet – wir fügen immer mehr Funktionen hinzu. Wir bieten darin Musikprogramme für verschiedene Schul- und Hochschulabschlüsse an und wir haben sogar ein kanadisches Musikprogramm dabei – die Seite wächst immer weiter. Wir haben die Playlists für alle wichtigen Prüfungen: ABRSM, Guildhall usw.

G: Werden Sie auch eine neue Benutzeroberfläche für ein allgemeineres Publikum schaffen?

KH: Ja, wir werden auch eine Kunden-Webseite machen. Sie wird in die Download-Seite integriert werden. Die Kunden können dann entweder etwas herunterladen, CDs oder DVDs bestellen oder ein Streaming-Abonnement kaufen.

G: Letztes Mal, als wir uns unterhalten haben, sprachen Sie darüber, Musik an einen Autohersteller zu verkaufen. Sie füllen also zwei Rollen aus: Sie machen den Inhalt – A&R, Aufnahmen usw. – und Sie bieten ihn an und verkaufen ihn. Nicht viele Labels arbeiten auf diese Weise.

KH: Nun, das würden sie schon gerne, aber sie wissen nicht, wie, weil sie zu klein sind. Also übernehmen wir die Lizenzierungen für sie. Wir haben etwa 30 oder 40 Labels, deren Inhalt wir auch lizenzieren. Man braucht ja einen Vertreter, der sie verkauft, und wir haben ein Verkaufsteam: Wir beschäftigen dafür einen Mitarbeiter hier in Großbritannien, zwei in den USA, einen in Frankreich, einen in Deutschland und einen in Schweden. Man muss schon aktiv sein, wenn man etwas verkaufen will. Wir sind so groß, dass wir unsere Dienste auch anderen Labels anbieten können. Naxos hat als Budget-Label angefangen und heute sind wir der größte Dienstleister in der Branche – wir sind für den Vertrieb, die Logistik und den digitalen Vertrieb von Chandos, BIS und rund 60 weiteren Labels zuständig. Wir liefern ihren Inhalt an iTunes und eMusic und erstellen Metadaten in Hongkong und auf den Philippinen. Keines der Labels kann das alleine leisten.

G: Metadaten sind bei klassischer Musik online eines der größten Probleme – nur sehr wenige machen das richtig.

KH: Das stimmt, und wir sind darin sehr gut. Ich lese selbst jeden Eintrag Korrektur – ich lese nicht die gesamte Auflistung, aber ich lese, was auf dem Bildschirm erscheint und stelle sicher, dass alles absolut korrekt ist. Manchmal überprüfe ich aber auch detailliert, dass wirklich alles übereinstimmt und einheitlich ist. Eine einheitliche Schreibweise bzw. die Rechtschreibung ist zum Beispiel ein Thema – C-Dur schreibt man mit großem »C« und großem »D«. iTunes zum Beispiel stimmt nicht immer ganz mit den musikwissenschaftlichen Vorgaben überein, deshalb haben wir eigentlich zwei Daten-Sätze: Unsere Seite stimmt [stilistisch] mit *Grove* und dem *RED*-Katalog überein, der andere Datensatz mit den eigenen Standards von iTunes. Das Anlegen von Daten ist wirklich sehr wichtig – deshalb beschäftigen wir auch 13 Musikwissenschaftler in Manila und zwei weitere in Hongkong.

Momentan arbeiten wir an einer Online-Enzyklopädie für Musik. Gerade schneiden einige Mitarbeiter unsere gesamten Noten und teilen sie in die verschiedenen Abschnitte auf, die zu den einzelnen Werken gehören. Natürlich gehören unsere Noten normalerweise zu einem bestimmten Album mit drei oder vier Werken und jetzt schneiden wir diese Noten und teilen sie den einzelnen Werken zu. Mittlerweile sind 7.000 fertig – und insgesamt haben wir 40.000, es wird also noch eine ganze Weile dauern. Dann haben wir auch noch viele Bücher über klassische Musik – *The History of Opera, The History of Classical Music, The A–Z of Conductors* – das schneiden wir auch alles. Wenn man nur unseren eigenen kompletten Inhalt zusammennimmt, haben wir ein ebenso umfangreiches Werk wie *Grove* – es ist vielleicht nicht so wissenschaftlich, aber dafür hat *Grove* auch keine Noten und keine Musik. Und zu jedem Eintrag wird es einen Link zu einer Audiodatei geben, die man sich anhören kann.

G: Und wie werden Sie damit Geld verdienen?

KH: Sie erwerben ein Abonnement für die Naxos Music Library und bezahlen fünf Dollar extra für den Zugang zur Online-Enzyklopädie.

G: Wie sehen Sie den Musikkonsumenten von morgen? Schauen wir uns doch mal die Labels an – früher haben sich die Leute mit bestimmten Labels identifiziert und sind ihnen gefolgt. Ist das heute anders?

KH: Nun, ich denke, bei den etablierten Labels gibt es keine große Label-Loyalität mehr. Die Leute gehen nicht mehr in den Laden und fragen nach der neuesten Veröffentlichung von EMI oder DG – sie fragen nach Künstlern. Heute gibt es diese Label-Loyalität bei den Unabhängigen – bei Kunden, die Hyperion kaufen oder Harmonia Mundi – Labels, die für etwas Bestimmtes stehen und ein eindeutiges Image haben. Und Naxos ist, glaube ich, das einzige Label, das in den Läden auch als Label verkauft wird. Ich habe noch nie einen Hyperion- oder einen EMI-Aufsteller gesehen, aber es gibt auf der ganzen Welt jede Menge Naxos-Aufsteller. Weil das Label seinen Sitz in Hongkong hat, haben wir keine natürliche Identität – in England sind wir deshalb ein englisches Label, in Amerika ein amerikanisches mit amerikanischer Klassik – in dieser Hinsicht hatten wir ein paar Mal auch großes Glück.

G: Wenn wir uns die Aufnahmen ansehen, die Sie immer noch machen: Wonach suchen Sie da heute? Wie sieht Ihre A&R-Strategie aus?

KH: Unglaublicherweise füllen wir noch immer Repertoire-Lücken, das hat nach wie vor erste Priorität. Dann produzieren wir natürlich auch für spezifische Märkte – hier in England gibt Select größtenteils den Ton an, hier haben wie die *English Song Series* und die Reihe *English Piano Concerto*. In Amerika produzieren wir viel für den amerikanischen Markt – dort investieren wir am meisten, aber es ist auch unser größter Markt. Unsere Hauskünstler müssen wir natürlich auch beschäftigen! Marin Alsop und Leonard Slatkin haben eine ziemlich lange Liste [mit Werken, die sie aufnehmen wollen]! Wir bauen inzwischen aber auch [neue] Künstler auf. Wir werden auch in Zukunft noch Lücken im Katalog füllen, aber unsere ältesten Aufnahmen sind jetzt 25 Jahre alt, deshalb denke ich, dass wir es rechtfertigen können, wieder Standardrepertoire aufzunehmen. Wenn man erfolgreiche Künstler unter Vertrag nehmen will, muss man ihnen auch das Standardrepertoire anbieten. Wir machen deshalb jetzt Schostakowitsch mit Petrenko, und das nächste große Projekt ist dann der Mahler-Zyklus.

G: Wer dirigiert den?

KH: Das haben wir noch nicht entschieden. Aber so könnte die Zukunft aussehen. Beethoven-Sinfonien, Mozart-Sinfonien – wir brauchen keinen weiteren Brahms-Zyklus, das hat Marin schon erledigt – Schumann-Sinfonien, ein Tschaikowski-Zyklus vielleicht, der ist auch schon 20 Jahre alt. Ich habe noch ein paar Lieblingsprojekte, die ich machen möchte, zum Beispiel Pfitzners *Palestrina*. Das mache ich zu meinem Privatvergnügen. Ich würde gerne den kompletten Pfitzner aufnehmen – er ist einer der meistunterschätzten Komponisten.

G: Was wissen Sie über die demografischen Daten Ihrer Online-Hörerschaft?

KH: Das Publikum ist viel jünger als bei den Konzerten. Durch die Naxos Music Library sind die Daten natürlich ein wenig verzerrt, weil sie ja meist von Menschen zwischen 18-24 genutzt wird – in den USA sind schon ganze Schulbezirke unsere Kunden, in denen dann alle Schulen die Naxos Music Library anbieten, und die Zahl steigt. Das bedeutet wiederum, dass die jüngsten Hörer erst sechs Jahre alt sind. Wir hoffen, dass wir bald Schulen in China mit MP3-Playern ausstatten können, weil es in vielen ländlichen Gegenden kein Breitband gibt – der Klang ist zwar nicht ideal, aber so kann man auch junge Menschen erreichen. Es gibt eine Menge Leute, die gar nicht wissen, dass wir auch CDs machen! Wir hatten mal einen Stand auf einer Bibliotheksmesse: Unser Mitarbeiter dort hatte einen Stapel mit CDs und daneben die Music Library auf einem Bildschirm, und viele der anderen Musikbibliothekare kamen zu ihm und meinten: »Ich wusste gar nicht, dass ihr auch CDs macht!«

G: Wie wird die Industrie in zehn Jahren aussehen?

KH: Tatsächlich glaube ich, dass sie gar nicht so anders aussehen wird. Es wird immer noch physische Verkäufe geben, aber wir werden vermutlich irgendwann an einen Punkt kommen, an dem wir sie nur noch an einen harten Kern [von Sammlern] verkaufen werden. Und dann wird es die Technikfans geben, die den ultimativen Klang fordern werden. Ich denke, das wird den Bereich der Blu-rays oder der hochwertigsten Downloads in Studio-Master-Qualität betreffen – aber das wird nur für ein relativ kleines Publikum interessant sein. Ich denke, diese Downloads werden auch wieder zurückgehen, sobald sich ein technisch ebenso hochwertiges physisches Produkt auf dem Markt etabliert hat. Und dann wird es die unterschiedlichsten Abonnement-Dienste geben – ganz sicher auch das Gegenstück zu iTunes als Streaming-Service. iTunes möchte keine

Streamings, noch nicht, aber ich schätze, dass sie ihre Meinung irgendwann ändern werden. Es wird bestimmt auch eine Jazz-Streaming-Seite geben, und vielleicht eine Seite mit Weltmusik und ein paar mit klassischer Musik. Wir wissen es nicht, es kommt ganz darauf an, wie viel Inhalt sie ansammeln können. Aber so wird der Markt mehr oder weniger aussehen. Heute haben wir ja auch Dinge, von denen wir nie dachten, dass sie passieren würden – wir können uns heute Opern im Kino ansehen. Es gibt inzwischen einen so großen Katalog, dass eigentlich jede Stadt ein oder zwei Kinos haben könnte, deren Programm komplett aus Musik in HD-Qualität besteht. Das ist ein völlig neuer Geschäftsbereich, und wir bereiten uns gerade darauf vor, einen Verkäufer in jedem Tochterunternehmen zu haben, der sich um diese Geschäfte kümmert.

Vielen Dank an Gramophone *für die freundliche Unterstützung und ihr Einverständnis, diese leicht abgeänderte Version des Interviews mit Klaus Heymann hier abzudrucken, das in der August-Ausgabe 2010 erschienen ist. www.gramophone.co.uk*

Wenn man mich nach dem Geheimnis meines Erfolges fragt, antworte ich immer:

1. Ich konnte keine Noten lesen.

2. Ich konnte kein Instrument spielen.

3. Ich hatte noch nie für ein Plattenlabel gearbeitet.

Klaus Heymann

Anhang

Auszeichnungen

Obwohl sich der frühe Ruf von Naxos auf neue, zuverlässige Digitalaufnahmen zu Budgetpreisen gründete, heimste das Label seit den 1990ern auch immer wieder höheres Lob ein. Im Folgenden ist nur eine kleine Auswahl der Preise und Auszeichnungen führender Magazine und Musikkritiker zu finden.

GRAMMYS

Sacred Tibetan Chant
　76044-2
Bestes Traditionelles Weltmusik-Album
46. GRAMMY-Verleihung

Bolcom: Songs of Innocence and of Experience
　8.559216–18
Bestes Klassik-Album
Beste Chordarbietung (Solisten, Michigan University Choirs, Slatkin)
Beste Zeitgenössische Klassik-Komposition
Produzent des Jahres, Klassik (Tim Handley)
48. GRAMMY-Verleihung

Tower: Made in America / Tambor / Concerto for Orchestra
8.559328
Bestes Klassik-Album
Beste Orchesterdarbietung (Nashville Symphony, Slatkin)
Beste Zeitgenössische Klassik-Komposition (Made in America)
50. GRAMMY-Verleihung

Carter: String Quartets Nos. 1 & 5
8.559362
Best Chamber Music Performance (Pacifica Quartet)
51. GRAMMY-Verleihung

Corigliano: Mr. Tambourine Man / Three Hallucinations
8.559331
Beste Gesangsdarbietung Klassik (Hila Plitmann, Sopran)
Beste Zeitgenössische Klassik-Komposition (Mr. Tambourine Man)
51. GRAMMY-Verleihung

Daugherty: Metropolis Symphony / Deus ex Machina
8.559635
Beste Orchesterdarbietung (Nashville Symphony, Slatkin)
Beste Technische Leistung Album (Klassik)
Beste Zeitgenössische Klassikkomposition (Deus Ex Machina)
53. GRAMMY-Verleihung

Dorman: Concertos for Mandolin, Piccolo, Piano / Concerto Grosso
8.559620
Produzent des Jahres, Klassik (David Frost)
53. GRAMMY-Verleihung

Ligeti: String Quartets Nos. 1 & 2 / Andante and Allegretto
8.570781
Beste Kammermusikdarbietung (Parker Quartet)
53. GRAMMY-Verleihung

Messiaen: Livre du Saint-Sacrement
  8.572436–37
Beste Instrumentaldarbietung, Solist (ohne Orchester) (Paul Jacobs, Orgel)
53. GRAMMY-Verleihung

Gramophone Awards

British Music Series
Redaktionspreis, 1999

Vaughan Williams: Phantasy Quintet / String Quartets Nos. 1 & 2
  8.555300
Kammermusikpreis, 2001

Naxos
Label des Jahres, 2005

Tchaikowski: Manfred Symphony / Voyevoda
  8.570568
Orchesterpreis, 2009

Bernstein: Mass
  8.559622–23
Redaktionspreis, 2010

Klassikpreis Cannes

Beck: Symphonies
8.553790 – 1998
Franck: Piano Quintet / Chausson: String Quartet
8.553645 – 1999
Kraus: Symphonies, Vol. 1
8.553734 – 1999
Vanhal: Symphonies, Vol. 1
8.554341 – 2000
Telemann: Darmstadt Overtures (Suites)
8.554244 – 2001
Howells: Requiem / Take Him, Earth, for Cherishing
8.554659 – 2001
Messiaen: Turangalîla Symphony / L'Ascension
8.554478-79 – 2002

International Classical Music Awards

Shostakovich: Symphony No. 8
8.572392 – 2011

Penguin Guide Awards

Hier sind nur die Penguin Guide Rosettes – die höchste Auszeichnung – aufgelistet, nicht die unzähligen empfohlenen Aufnahmen.

Bach, C. P. E.: Complete Flute Concertos
8.555715–16
Balada: Orchestral Works, Vol. 2
8.555039
Barber: Symphonies Nos. 1 and 2 / Essay for Orchestra No. 1
8.559024
Bax: Symphony No. 6
8.557144
Brahms: Hungarian Dances Nos. 1–21
8.550110
Copland: Rodeo / Prairie Journal / The Red Pony Suite, Letter from Home 8.559240
Dohnányi: Complete Piano Works, Vol. 1
8.553332
Dohnányi: Serenade / Sextet
8.557153
Donizetti: Double Concerto, Flute Concertino, Clarinet Concertino
8.557492
Fauré / Ravel: String Quartets
8.554722
Linde: Violin Concerto / Cello Concerto
8.557855
Liszt: Années de Pèlerinage, Vol. 2
8.550549
Manfredini: Concerti grossi
8.553891
Ockeghem: Missa l'homme armé / Alma redemptoris mater / Ave Maria 8.554297

Piston: Symphony No. 4 / Three New England Sketches / Capriccio
8.559162
Piston: Violin Concertos Nos. 1 & 2 / Fantasia for Violin and Orchestra 8.559003
Prokofiev: Peter and the Wolf / Britten: The Young Person's Guide to the Orchestra / Poulenc: The Story of Babar the Elephant 8.554170
Puccini: La Bohème
8.111249-50
Rochberg: Symphony No. 5 / Black Sounds / Transcendental Variations 8.559115
Rutter: Requiem
8.557130
Soler: Sonatas for Harpsichord, Vol. 1
8.553462
Soler: Sonatas for Harpsichord, Vol. 2
8.553463
Soler: Sonatas for Harpsichord, Vol. 3
8.553464
Soler: Sonatas for Harpsichord, Vol. 4
8.553465
Soler: Sonatas for Harpsichord, Vol. 5
8.554434
Soler: Sonatas for Harpsichord, Vol. 6
8.554565
Soler: Sonatas for Harpsichord, Vol. 7
8.554566
Soler: Sonatas for Harpsichord, Vol. 8
8.555031
Soler: Sonatas for Harpsichord, Vol. 9
8.555032
Soler: Sonatas for Harpsichord, Vol. 10
8.557137

Soler: Sonatas for Harpsichord, Vol. 11
8.557640
Soler: Sonatas for Harpsichord, Vol. 12
8.557937
Soler: Sonatas for Harpsichord, Vol. 13
8.570292
Tallis: Spem in Alium
5.110111 (DVD-Audio)
Tallis: Spem in Alium
6.110111 (SACD)
Tallis: Spem in Alium
8.557700 (CD)
Telemann: Viola Concerto / Recorder Suite / Tafelmusik
8.550156
Tomkins: Consort Music for Viols and Voices
8.550602
Vaughan Williams: Phantasy Quintet / String Quartets Nos. 1 & 2
8.555300
Vivaldi: Cello Concertos, Vol. 3
8.550909
Weber: Symphonies Nos. 1 & 2
8.550928

Diapason d'Or

Reguläre Naxos-Titel

Benevolo: Missa Azzolina / Magnificat / Dixit Dominus
8.553636
Berwald: Symphonies Nos. 1 & 2
8.553051
Berwald: Symphonies Nos. 3 & 4 / Piano Concerto
8.553052
Boulez: Piano Sonatas Nos. 1–3
8.553353
Britten: Rejoice in the Lamb / Hymn to St Cecilia / Missa Brevis
8.554791
Britten: String Quartets Nos. 1 and 2 / Three Divertimenti
8.553883
Ego sum Resurrectio – Gregorian Chant for the Dead
8.553192
Elgar: String Quartet in E minor / Piano Quintet in A minor
8.553737
Guarnieri: Piano Concertos Nos. 1–3
8.557666
Guarnieri: Piano Concertos Nos. 4–6
8.557667
Ives: Symphony No. 1 / Emerson Concerto
8.559175
Lutosławski: Symphony No. 4 / Violin Partita / Chain II / Funeral Music 8.553202
Muffat: Concerti grossi Nos. 1–6
8.555096
Muffat: Concerti grossi Nos. 7–12
8.555743

Offenbach arr. Rosenthal: Gaîté Parisienne / Offenbachiana
8.554005

Penderecki: A Polish Requiem
8.557386-87

Prokofiev: Piano Concertos Nos. 1, 3 & 4
8.550566

Prokofiev: Piano Concertos Nos. 2 & 5
8.550565

Roussel: Bacchus et Ariane / Symphony No. 3
8.570245

Schenck: Nymphs of the Rhine: Vol. 1
8.554414

Schenck: Nymphs of the Rhine: Vol. 2
8.554415

Schostakowitsch: Symphony No. 10
8.572461

Szymanowski: Songs with Orchestra
8.553688

Szymanowski: Violin Concertos Nos. 1 and 2 / Nocturne and Tarantella 8.557981

Various: Lamentations
8.550572

Naxos-Historical-Titel

Busoni and His Pupils
8.110777

Caruso – Complete Recordings, Vol. 4
8.110719

Caruso – Complete Recordings, Vol. 5
8.110720

Caruso – Complete Recordings, Vol. 6
8.110721

Caruso – Complete Recordings, Vol. 7
8.110724

Caruso – Complete Recordings, Vol. 8
8.110726

Cortot – Chopin: Ballades Nos. 1–4, Nocturnes
8.111245

Cortot – Chopin: Piano Sonatas Nos. 2 & 3 / Polonaises
8.111065

Curzon/Budapest String Quartet – Brahms / Dvořák:
Piano Quintets 8.110307

Ferrier – Brahms: Alto Rhapsody / Schumann:
Frauenliebe und -leben 8.111009

Ferrier – Mahler: Kindertotenlieder / Symphony No. 4
8.110876

Friedman – Chopin: Mazurkas
8.110690

Friedman – Mendelssohn: Songs without Words
8.110736

Gieseking – Beethoven: Piano Concertos Nos. 4 & 5
8.111112

Gigli Edition, Vol. 1: Milan Recordings
8.110262

Gigli Edition, Vol. 2: Milan, Camden and New York Recordings
8.110263

Gigli Edition, Vol. 3: Camden and New York Recordings
8.110264

Gigli Edition, Vol. 4: Camden and New York Recordings
8.110265

Gigli Edition, Vol. 5: New York Recordings
8.110266

Gigli Edition, Vol. 6: New York Recordings
8.110267

Gigli Edition, Vol. 7: London, New York and Milan Recordings
8.110268

Gigli Edition, Vol. 8: Milan, London and Berlin Recordings
8.110269

Gigli Edition, Vol. 9: Berlin, Milan and London Recordings
8.110270

Gigli Edition, Vol. 10: Milan and London Recordings
8.110271

Gigli Edition, Vol. 11: Milan, Berlin and Rome Recordings
8.110272

Heifetz – Brahms / Glazunov: Violin Concertos
8.110940

Heifetz – Elgar / Walton: Violin Concertos
8.110939

Heifetz – Mozart / Mendelssohn: Violin Concertos
8.110941

Heifetz – Prokofjew / Gruenberg: Violin Concertos
8.110942

Heifetz – Tchaikovsky / Wieniawski / Sibelius: Violin Concertos
8.110938

Heifetz – Vieuxtemps: Violin Concertos Nos. 4 & 5
8.110943

Kapell – Prokofiev: Piano Concerto No. 3 / Khachaturian: Piano Concerto 8.110673

Kapell – Rachmaninow: Piano Concerto No. 2 / Rhapsody on a Theme of Paganini 8.110692

Koussevitsky – Mussorgsky: Pictures at an Exhibition / Ravel: Boléro & Ma Mère l'oye 8.110154

Koussevitsky – Sibelius: Symphonies Nos. 2 & 5
8.110170

Kreisler/Rachmaninow – Beethoven / Schubert / Grieg: Violin Sonatas 8.110968

Levitzki – Complete Recordings, Vol. 1
8.110688

Levitzki – Complete Recordings, Vol. 2
8.110769

Mengelberg – Brahms: Symphonies Nos. 1 & 3
8.110164
Mengelberg – Strauss: Ein Heldenleben / Tod und Verklärung
8.110161
Menuhin – Beethoven / Franck / Lekeu: Violin Sonatas
8.110989
Menuhin – Beethoven: Violin Sonatas Nos. 7 & 9
8.110775
Menuhin – Brahms / Schumann: Violin Sonatas
8.110771
Milstein – Dvořák / Glazunov: Violin Concertos
8.110975
Milstein – Mendelssohn / Tchaikovsky / Bruch: Violin Concertos
8.110977
Moiseiwitsch – Chopin: 24 Preludes / Ballades / Fantaisie-Impromptu 8.111118
Moiseiwitsch – Chopin: Piano Works
8.111117
Moiseiwitsch – Schumann: Kinderszenen / Mussorgsky: Pictures at an Exhibition 8.110668
Moiseiwitsch – Weber-Tausig: Rondo brillante / Liszt: La leggierezza /
Wagner-Liszt: Isoldes Liebestod etc.
8.110669
Petri – Brahms: Paganini and Handel Variations
8.110634
Ponselle – Rosa Ponselle Sings Verdi
8.110728
Sammons – Mozart: Sinfonia Concertante / Elgar: Violin Sonata
8.110957
Schnabel – Beethoven: Piano Sonatas Nos. 1–3
8.110693
Schnabel – Beethoven: Piano Sonatas Nos. 4–6 & 19–20
8.110694

Schnabel – Beethoven: Piano Sonatas Nos. 7–10
  8.110695
Schnabel – Beethoven: Piano Sonatas Nos. 11–13
  8.110756
Schnabel – Beethoven: Piano Sonatas Nos. 14–16
  8.110759
Schnabel – Beethoven: Piano Sonatas Nos. 17, 18 & 21
  8.110760
Schnabel – Beethoven: Piano Sonatas Nos. 22–26
  8.110761
Schnabel – Beethoven: Piano Sonatas Nos. 27–29
  8.110762
Schnabel – Beethoven: Piano Sonatas Nos. 30–32
  8.110763
Szigeti – Brahms / Mendelssohn: Violin Concertos
  8.110948
Szigeti – Prokofiev / Bloch: Violin Concertos
  8.110973
Talich – Smetana: Má Vlast
  8.111237
Tauber – Lieder
  8.110739
Tauber – Operetta Arias
  8.110779
Thibaud/Casals/Cortot – Beethoven: Archduke Trio / Kreutzer Sonata 8.110195
Thibaud/Casals/Cortot – Haydn / Beethoven / Schubert: Piano Trios 8.110188
Thibaud/Casals/Cortot – Mendelssohn / Schumann: Piano Trios 8.110185
Walter – Mahler: Symphony No. 9
  8.110852

Naxos Historical: Opern und Musicals

Borodin: Prince Igor
8.111071–73
Delius: A Village Romeo and Juliet
8.110982–83
Giordano: Andrea Chénier
8.110275–76
Mussorgski: Khovanshchina
8.111124–26
Ponchielli: La Gioconda
8.110112–14
Porter: Kiss Me, Kate / Let's Face It
8.120788
Rodgers & Hammerstein: Oklahoma!
8.120787
Rodgers & Hammerstein: South Pacific
8.120785
Sullivan: The Mikado
8.110176–77
Tchaikowski: Eugene Onegin
8.110216–17
Verdi: Otello
8.111018–19
Wagner: Die Meistersinger von Nürnberg
8.110872–75
Wagner: Die Walküre, Acts I & II
8.110250–51
Wagner: Parsifal
8.110221–24
Wagner: Tristan und Isolde
8.110068–70
Wagner: Tristan und Isolde
8.110321–24

Danksagungen

Viele Menschen haben bei der Entstehung dieses Buches geholfen und ihnen allen gilt mein ganzer Dank. Zuallererst möchte ich Klaus Heymann nennen, der – unausweichlich – die wichtigste Quelle für eine Menge detaillierter Informationen war. Seinem Ruf, auf Fragen per E-Mail unglaublich schnell zu antworten, wurde er während der Recherchen, des Schreibens und des Korrekturprozesses dieses Buches mehr als gerecht. Sein akkurates Gedächtnis für Fakten und Zahlen war fast ebenso unglaublich – glücklicherweise hatte ich jedoch den Eindruck, dass er sich über die Chance gefreut hat, die vergangenen 25 Jahre noch einmal Revue passieren zu lassen, obwohl er von Natur aus eher zu jenen Menschen gehört, die selten in den Rückspiegel schauen.

Als Zweites danke ich meiner Lektorin Genevieve Helsby, die die anspruchsvolle Aufgabe zu bewältigen hatte, meiner hin und wieder eher kreativen, eigenwilligen (und lückenhaften) Auffassung von Grammatik und Gründlichkeit einen Sinn zu entlocken. Es gab Tausende kleiner Kleinigkeiten, die es zu bestätigen, infrage zu stellen oder zu verändern galt, was sie mit unermüdlicher Geduld und Sorgfalt getan hat – und ganz nebenbei leitete sie weiterhin ihre geschäftige Naxos-Redaktion.

Dieses Buch entsprang zahlreichen Diskussionen mit David Patmore, dem Musikhistoriker und Naxos-Autor, der mir sehr dabei geholfen hat, es in Form zu gießen, besonders, was die Geschichte der Klassikindustrie betrifft, die er so gut kennt. David Shelley – stellvertretender

Herausgeber von Little, Brown UK – bin ich für sein Interesse an der Geschichte von Naxos ebenso dankbar wie für sein Angebot, dieses Buch zu veröffentlichen.

Auch alle Naxos-Mitarbeiter und -Förderer, die auf diesen Seiten erwähnt werden, waren ungemein großzügig mit ihrer Zeit und ihrem Wissen. Künstler, Verwaltungsangestellte, Verkäufer, Tonmeister, Verleger, Produzenten und Techniker von Hongkong bis Schweden, von Korea bis in die USA, von Australien bis Ungarn – sie alle haben sich der Herausforderung gestellt, meine vielen und manchmal auch seltsamen Fragen zu beantworten, obwohl sie kaum eine Ahnung hatten, was mit ihren Antworten passieren würde. Da ich ja selbst seit fast zwei Jahrzehnten zu Naxos gehöre, kannte ich natürlich viele von ihnen bereits, da ich sie in ihren Büros getroffen oder auch bei Konzerten gesehen hatte! Aber durch den erneuten Kontakt während der Entstehung dieses Buches hat sich einmal mehr gezeigt, was für eine Gruppe bemerkenswerter, außergewöhnlich talentierter Menschen sie sind: Sie lieben ihre Arbeit und engagieren sich sehr für das Label. Letzten Endes hat die Hingabe jedes Einzelnen von ihnen, angefangen bei Klaus Heymann, Naxos zu dem gemacht haben, was es heute ist – und auch nach 25 Jahren hat es sich seinen individuellen Charakter nach wie vor bewahrt!

Index

A

Aagaard, Thorvald 458
Abbado, Claudio 38
Abeille Musique 529, 533
Abendroth, Hermann 276
Adam, Antoine 63
Adams, John 253, 284, 304–305, 356, 358, 431
Ailey, Alvin 463
Alain, Jehan 364
Albanese, Licia 373
Albinoni, Tomaso 375, 506
Alcántara, Theo 360
Alfvén, Hugo 514
Alkan, Charles-Valentin 98, 390
Allegri, Gregorio 354
Allen, Sir Thomas 302, 499
Alsop, Marin 140, 176, 248–254, 304, 305, 307, 346, 350, 358, 403, 431, 486, 496, 545, 548
Alwyn, William 224, 239, 483
Amadis 365
Anderson, Anthony 127, 138–139, 155, 220, 342, 442, 481
Anderson, Keith 114, 127, 405, 437, 441, 482
Anderson, Leroy 284, 358
Anderson, Marian 374
Andry, Peter 35
Angel, David 219–222
Angus, David 403
Anthony, Adele 305
Antill, John 291
Appenheimer, Günther 422, 423, 431
Arenski, Anton 262–263, 386
Armstrong, Louis 374
Arnold, Malcolm 326
Arnold, Samuel 411
Artaria Editions 151–152, 241, 351, 409
Arthaus Musik 468, 487, 495, 509, 525
Asturias-Symphonieorchester 360–361
Atterberg, Kurt 438
Auden, W. H. 289
Aufnahmeformate 31
    78er 30, 369, 425
    Audiokassetten 30, 32, 137, 397, 438, 480
    audiophil 384, 525, 526

573

BD-Audio 302, 426
Bildplatte 31
Blu-ray/Blu-ray Audio 154, 302, 417, 426, 525, 538, 549
CD 31–36, 41, 96, 106, 109–111, 120, 122–123, 135, 137, 144, 153–154, 156, 169, 171–173, 184, 186, 196, 201–202, 206, 208–210, 220, 224–225, 228–229, 231, 235–236, 238, 241–242, 247–249, 252–253, 257, 259, 263–264, 267, 271–272, 279–280, 284–285, 290–291, 299, 302, 305–307, 327, 330, 332, 343, 348, 352–353, 355–356, 358, 367–369, 372, 374, 377, 383–386, 389–392, 397, 401–403, 406–408, 431, 435–436, 439, 445, 450, 455, 460, 471, 474, 476, 480–481, 483, 486, 501–502, 504, 507, 514, 518, 520–522, 530, 532, 537–538, 540, 542, 561
CD-R 36–37, 40, 354, 402, 404, 408, 426, 443–444, 541
CD-ROM 402, 408
Download/Streaming 156, 163, 170–172, 187, 255, 287, 295, 377, 402, 403, 435, 445, 453, 456, 457, 461, 462, 487, 488, 493, 509, 510, 518, 523, 524, 526, 533, 541, 543–545, 549
DVD/DVD-Audio 153–156, 172, 211, 356, 374, 376, 383, 426, 457, 462, 463, 468, 470, 472, 481, 487, 495, 497, 498, 509, 510, 516, 524–526, 545, 561
e-Leser 408
Hörbücher 17–18, 137–139, 147, 152–153, 251, 370, 397, 402, 404, 455, 459, 463, 480
Laserdisc 154, 374
LP 30–32, 34–37, 61, 71–74, 80, 82, 83, 88, 91, 94–96, 105, 106, 109–111, 123, 194, 245, 383, 385, 397, 437, 467, 475
MP3 170, 172, 403, 456, 549
SACD 153–154, 426, 561
Smartphone 408
Tablet 408
U-matic 106
VHS 154, 374, 375

B

Babbitt, Milton 501
Bach, C. P. E. 143, 227, 242, 429, 541
Bach, Johann Sebastian 119, 150, 199, 201, 207, 226, 272–273, 275–277, 295, 353–355, 364, 375, 390, 429–430, 459, 511, 559
Bach, Wilhelm Friedemann 227
Badley, Allan 241, 409–410
Balakirew, Mily 262, 386
Balanchine, George 289
Baltimore Symphony Orchestra 249
Barbagallo, James 391

Barber, Samuel 140, 249, 298, 357, 501
Barrett, Sean 403
Bartholdy-Quartett 235
Bartók, Béla 185, 198–199, 202, 204, 216, 251, 253, 256, 356, 390, 407, 428, 430, 474
Basie, Count 374
Bax, Arnold 138, 224, 236–238, 291, 326, 386, 482, 484, 559
BBC 175, 212, 251, 270–271, 278–279, 284, 401, 476–477, 486
   Orchester 278–279, 284–285, 476
   Proms 237, 249, 270, 285
Beach, Amy 499
Beale, Simon Russell 399
Beaver, Steve 81, 128, 130
Bechet, Sidney 374
Beck, Franz Ignaz 151, 409
Beecham, Sir Thomas 24, 372
Beethoven, Ludwig van 26, 30, 32, 39, 60, 117–119, 122, 124, 164, 183, 185, 193–194, 199, 201–204, 207, 210, 214–216, 238, 241, 246–247, 267, 269, 277, 290, 295, 341, 345, 353–354, 356, 365, 371–372, 381, 407, 409–410, 429, 476, 499, 506, 508, 537, 548, 564–567
Beiderbecke, Bix 374
Belcea Quartet 222
Belgisches Rundfunk- und Fernsehorchester (BRT) 131, 346
Berg, Alban 356
Berio, Luciano 297
Berkeley, Lennox 224
Berliner Philharmoniker 33, 38, 270, 486
Berlioz, Hector 61, 285, 376, 430
Berman, Boris 430
Bernold, Philippe 226
Bernstein, Leonard 26, 28, 139–140, 249, 251, 290, 298, 357–358, 462–463, 486, 496, 499–500, 557
Bilbao Symphonieorchester 360, 427
Biret, İdil 204–208, 239, 256, 259, 297, 331, 348, 532
BIS 25, 33, 167, 479, 516, 525, 546
Bizet, Georges 246, 356
Björk 327
Björling, Jussi 150, 369, 372
Blake, David 474
Bliss, Arthur 224, 326, 391, 478
Bloom, Leopold 401
Blumenthal, Daniel 390

BMG 80, 81, 121, 122, 128, 129, 467
Boccherini, Luigi 232, 332, 363
Böhm, Karl 463
Bohus, János 428
Bohuslav-Martinů-Philharmonie 435
Bolcom, William 248, 282, 299, 305, 359, 430, 496
Bose, Dr. Amar G. 71
Boulez, Pierre 204, 206–207, 306, 331, 343, 348, 482, 532, 562
Bournemouth Symphony Orchestra 146, 250, 291, 307, 476
Brahms, Johannes 39, 119, 131, 176, 192, 199, 204, 206–207, 210, 217, 239, 242, 248, 251–253, 256, 259, 267, 270, 290, 295, 346, 365, 371, 381, 390, 436, 548, 559, 564–567
Bramall, Anthony 118, 246
Breiner, Peter 118, 196, 248, 255, 332, 335, 336
Brendel, Alfred 73, 200
Brian, Havergal 97, 247, 386
Bridge, Frank 219, 237, 326
British Piano Concerto Foundation 484
Britten, Benjamin, 220–221, 230, 279, 326, 356, 437, 485, 560, 562
Brodsky Quartet 327
Bromley, Peter 99, 331, 362, 417, 442
Bronsart, Hans 73
Brouwer, Leo 231
Brown, Timothy 330, 484
Bruch, Max 37, 119, 156, 192, 210, 216, 262, 277, 346, 371, 468, 566
Bruckner, Anton 51, 72, 87, 144–146, 346
Budapest, Rundfunk-Symphonieorchester 91
Buffalo Philharmonic Orchestra 301, 502
Buffalo Symphony Orchestra 501
Burton, Anthony 407
Busoni, Ferruccio 207, 362, 390, 563
Butcher, Sarah 433
Butterworth, George 484
Buxtehude, Dietrich 355, 364
Bylsma, Anner 235
Byrd, William 270, 347, 354
Byrén, Mats 127, 511

C
Cage, John 296, 358, 482
Callas, Maria 150, 372, 373
Camden, Anthony 145
Candide 73, 79

Cannabich, Christian 410
Capella Istropolitana 111, 116, 119, 130, 246, 247, 345, 422, 423
Caplet, André 531
Cardoso, Manuel 274
Carreras, José 38
Carter, Elliott 298
Casadesus, Jean-Claude 532
Casals, Pablo 150, 371
Casella, Alfredo 100, 362
Cassuto, Álvaro 427
Castelnuovo-Tedesco, Mario 362, 363
CBS/Columbia 24, 26, 35, 426
CD Journal 521
CD(s):
   analoge Aufnahmen auf 37
   Aufkommen von 35
   Downloads/Streaming vs. 170, 541
   DVDs und 383
   erste Naxos- 13, 34, 242
   LPs vs. 31, 35, 109, 111
   Piraterie 30, 104, 172, 384, 450, 487, 490, 493, 517, 525
   Rückgang von 471, 518, 542
   Streichungen 376
   verbesserte Formate von 153
C-Dur 546
Celibidache, Sergiu 463
Chadwick, George Whitefield 496, 499
Challenge Classics 525
Chandos 33, 138, 169, 285, 486, 497, 516, 529, 546
Chapí, Ruperto 361
Charpentier, Marc–Antoine 146, 532
Chatschaturjan, Aram 391
Chen Gang 82, 84, 258
China Central Broadcasting 103
China National Publications Import and Export Corporation 525
China Records 103, 384
Chopin, Frédéric 183, 199, 204–208, 210, 239–240, 258, 354, 365, 407, 428, 506, 564, 566
Chor des Clare College, Cambridge 330, 484
Chor des St. John's College, Cambridge 327, 427, 484,
Christopher-Nupen-Filme 487
Chrysalis 81

Cimarosa, Domenico 228, 410
City of London Sinfonia 476
Čiurlionis, M. K. 98, 382, 386, 390
Clarinet Classics 16, 137, 479
Classical Recording Company 433
ClassicsOnline (COL) 170, 172, 456–457, 461–462, 488, 497, 533, 541, 544
Clements, Mike 274
Cliburn, Van 543
Coates, Eric 247
Coates, Gloria 299
Collegium Records 330, 484, 486
Collins Classics 326, 417, 485
Collins, Wilkie 398
Colorado Symphony Orchestra 249, 307
Concentus Hungaricus 202, 428
Constable, John 353
Copland, Aaron 252, 290, 298, 357, 501, 503, 559
Copyright; *siehe auch* Urheberrecht 114, 136, 174, 445
Corelli, Arcangelo 73, 375
Corghi, Azio 386, 439
Corigliano, John 299, 301, 358, 499, 501, 502
Cornelius, Peter 372
Corp, Ronald 219, 224
Cortot, Alfred 204, 205, 369
Costa, Sequeira 390
Coste, Napoléon 231, 363
Coutaz, Bernard 477
CPO 142, 479, 490
Craft, Robert 153, 286–288, 296, 408
Craker, Chris 477
Cresswell, Lyell 291
Creston, Paul 501
Cribbins, Bernard 485
Crumb, George 299
Cuckston, Alan 391
Cui, César 382, 386
Cullingford, Martin 542
Curtin, Joseph 195
Curzon, Frederic 247
Czepiczka, Kai 526, 528
Czerwenka, Oskar 372

D

Dacapo 490
Daniel, Paul 427
Dante 16, 137, 402, 463
DAT (Digital Audio Tape) 119, 195, 201, 416, 423, 426
Daudet, Alphonse 404, 463
Daugherty, Michael 299, 305–307, 497, 500, 556
David, Félicien 98, 388, 531
Davis, Carl 487
Davis, Colin 40
Davis, Miles 374
de Almeida, Antonio 363
de Brito, White 270
de Falla, Manuel 359, 361
de los Ángeles, Victoria 373
de Saint-Georges, Chevalier 152, 189, 192, 196, 277
de Sarasate, Pablo 235
de Victoria, Tomás Luis 270, 359
Debussy, Claude 131, 216, 227, 531–532
Decca 24, 26, 29, 30, 38, 240, 285, 426, 480
Degas, Rupert 403
Delaware Symphony Orchestra 116, 247
Delos 417, 501
Denève, Stéphane 431
Denon 34, 105, 112, 125, 468, 470
Denton, David 127, 138, 142, 146, 219, 270, 272, 342, 423, 473, 484
Denton, Rona 474, 481
Desprez, Josquin 482
Detroit Symphony Orchestra (DSO) 282, 285, 307
Deutsche Grammophon (DG) 24, 26–27, 30, 33, 37–38, 73, 225–226, 480, 521, 547
Deutsche Grammophon Gesellschaft (DGG) 24
Deutsche Harmonia Mundi 25
Devich, János 212
Devienne, François 226
Devoyon, Pascal 531
Diamond, David 501
Diapason d'Or 220, 255, 344, 531, 562
Die Musik in Geschichte und Gegenwart (»MGG«) 88, 438
Diekamp, Ludger 506, 509
Digitales Rechtemanagement (DRM) 170, 451
Ding, Shande 82
Djagilew, Sergei 263
Dmitri Ensemble 330

Dohnányi, Ernő 198, 204, 216, 501, 503, 559
Domingo, Placido 26, 38
Donau 193, 365, 386
Donizetti, Gaetano 356, 376, 386, 462, 559
Donohoe, Peter 220, 484
Doppler, Franz 226
Doppler, Karl 226
Dorchester Abbey 271
Dostojewski, Fjodor 398
D'Oyly Carte Opera Company 373
Drahos, Béla 246, 345, 429
Druckman, Jacob 501
Du Mingxin 84, 122
Dupré, Marcel 364
Dvořák, Antonín 199, 209, 217, 249, 253, 256, 261, 267, 347, 359, 386, 389, 503, 564, 566
Dylan, Bob 301, 502

E

ECM 33, 516
Éder, György 212
Éder Quartet 429
Edison, Noel 307
Edlinger, Richard 123
Egues, Richard 365
Eicher, Manfred 33
Eisenlohr, Ulrich 232, 347
Ejiofor, Chiwetel 401
El Vallès Symphonieorchester 361
El Wakil, Mohamed 471
Elektra Nonesuch 25, 29, 35, 348
Elgar, Edward 209, 220, 239, 247, 267, 290, 347, 371, 477, 562, 565–566
Elora Festival Singers 307
EMI 24, 26, 29, 35, 36, 38, 42, 73, 149, 174, 249, 259, 273, 285, 459, 480, 506, 547, 548
Emmanuel, Maurice 531
eMusic 169, 170, 456, 461, 544, 546
English Chamber Orchestra 142, 219
English Northern Philharmonia 427, 476, 478
Ensemble der Chinesischen Universität 437
Erato 25, 35, 497
Erkel, Ferenc 98, 390
Erle, Broadus 190

Escudero, Francisco 360
Espoir Classique 530
Essex Trading 72
Esterházy, Schloss 214
EuroArts 487, 495, 510, 525
EuroBeat 128–130
Eurodisc 80, 81

F

Faber Music 270
Failoni-Orchester 265, 268
Falletta, JoAnn 240, 301, 500, 503
Falvay, Attila 212, 213
Falvay, Mária 216
Fargo 34, 112, 529
Farley, Carole 298, 299, 353
Fauré, Gabrielle 272–274, 559
Fawkes, Richard 402, 433
Fejérvári, János 212
Ferrara, Franco 362
Ferrie, Edward 398
Ferrier, Kathleen 372
FG Naxos 511, 517
Fias, Gábor 212
Filipec, Goran 264
First Impression Music 525
Fischer, Edwin 371
Fitelberg, Grzegorz 258
Fitz-Gerald, Mark 331
Flagstad, Kirsten 372
Florida Philharmonic Orchestra 290
Flynn, Benedict 402
Fnac 533
Fokine, Michel 263
Fono 504–507
Ford Motor Company Fund 303, 499
Franck, César 190, 225, 236, 364, 483, 558, 566
Franova, Tatjana 390
Franz-Liszt-Musikakademie 198, 201, 202, 428
Fred Sherry String Quartet 287
Friedman, Ignaz 372
Fuchs, Joseph 76, 188
Fuchs, Kenneth 501

Fuchs, Robert 390
Furtwängler, Wilhelm 372, 386, 438–439, 519

G

Gabala-Musikfestival 264
Gallagher, Jack 503
Gallois, Patrick 224, 430
Garofalo, Carlo 382, 386
Gävle Symphonieorchester 241
Gedda, Nicolai 372
Geest, Teije van 142, 422
George, Stefan 441
Gerhard, Roberto 390
German, Edward 391
Gershwin, George 224–225, 290, 357, 374
Ghedini, Giorgio Federico 362
Gianneo, Luis 390
Gieseking, Walter 150
Gigli, Beniamino 372
Gillinson, Clive 40
Gimell 100, 486
Giulini, Mauro 28, 32
Glass, Philip 252, 279, 304
Glasunow, Alexander 98, 217, 261–263, 348, 386, 390
Glemser, Bernd 256
Glennie, Evelyn 307
Gluck, Christoph 390, 406
Godard, Benjamin 531
Godowsky, Leopold 391
Goethe 52, 401, 404, 463
Goldmark, (Penthesilea) 266–267, 386
Gombert, Nicolas 273
Goodman, Benny 374
Górecki, Henryk 259, 347
Görner, Lutz 404
Gortázar, Isabel 151, 359
Gossec, François-Joseph 151, 411
Göteborgs Domkyrkas Gosskör 515
Gould, Glen 200, 371
GRAMMYS 284, 299, 301, 303, 359, 419, 496–497, 499, 502, 555
Gramola 95, 125, 368
Gramophone 15, 96, 132, 157, 221, 249, 268, 344, 476, 486, 538, 542, 550, 557
  Awards 50, 486, 557–559
  Interview mit Klaus 542–550

Granados, Enrique 359, 363, 386
Grandage, Michael 401
Grappelli, Stephane 374
Greenfield, Edward 131, 476
Grieg, Edvard 190, 199, 347, 365, 389, 565
Griffith, Hugh 403, 407
Grodd, Uwe 241
Grohovski, Valeri 264
Grzegorz-Fitelberg-Konzertsaal 258
Guarneri del Gesu, Giuseppe 194–195, 198
Guerrero, Giancarlo 306, 497
Gulda, Rico 242
Gunzenhauser, Stephen 116, 193, 217, 246, 247, 422
Gutman, Natalia 208

H

Hagen, Daron 503
Haitink, Bernard 26
Halász, Michael 192, 209, 256, 264
Hand, Gregory 301
Händel, Georg Friedrich 116, 274, 347, 356, 430
Handley, Tim 253, 283, 284, 292, 300, 430, 477, 502, 555
Haneke, Michael 242
Hansa 80
Hansen, Birger 517
Hanslip, Chloë 284
Hanson, Howard 358, 427, 496, 498, 500–501
Hänssler Classic 506, 525
Harbison, John 299
Harden, Wolf 118, 194
Harmonia Mundi UK 125, 474–477, 516, 525, 543, 547
Harris, Roy 140, 252, 298, 358
Harty, Sir Hamilton 279
Hashimoto, Qunihico 281
Haydn, Joseph 120, 132, 143, 151–152, 199–200, 202–204, 212–216, 220, 223–225, 227, 246–247, 277, 344–345, 349, 351, 409–411, 428–429, 567
Haysom 16, 125, 139, 141, 474, 477, 479–481
Haysom, Graham 16, 125, 141, 474, 477, 480
He Zhanhao 82–83, 349
Heifetz, Jascha 150, 349, 371, 565
Helsby, Genevieve 153, 408, 569
Helsingborg Symphonieorchester 514
Henley, Darren 402

Henze, Hans Werner 232, 350, 363
Hersch, Michael 252, 350
Hessischen Rundfunks, Sinfonieorchester des 60
Hessischer Rundfunk 60
Heymann, Barbara (Klaus' Schwester) 59
Heymann, Brigitte (Klaus' Schwester) 59
Heymann, Ferdinand (Klaus' Vater) 59
Heymann, Henryk (»Rick«) (Klaus' Sohn) 46, 78, 193, 525, 526
    Geburt von 78
Heymann, Klaus 11, 13, 15, 19, 34, 36, 45–46, 49–55,
    Anerkennung der Leistung von 157
    A&R-Methode von 416
    Artaria Editions initiiert von 241
    Ausbildung von 65–66
    betrachtet »Niederlagen« als »Lernerfahrungen« 155
    Deutsche Schubert-Lied-Edition und 232
    Firmen geleitet von 48, 65, 90
    Geburt von 59
    Geheimnis des Erfolges von 551
    geisteswissenschaftlicher Hintergrund von 46
    »Gelblabel« und 24, 225
    Gramophone-Interview 542–550
    Großmutter von 59, 60
    K&A Productions und 142, 143, 417, 420–421, 424,
    Kindheit von 60
    komplette Zyklen und 98, 122, 156
    »kultiviertes« Zuhause von 60
    Literaturleidenschaft von 46
    Loyalität und 49, 54, 185, 262
    Marco Polo gegründet von 33, 87
    musikalische Bildungsprojekte unterstützt von 405
    Musikleidenschaft von 48, 51
    Naxos geschaffen von 36
    Plattenladen eröffnet von 78
    PolyGram verklagt 79
    Preis als erfolgreichster selbstständiger Unternehmer gewonnen von 50
    Privatvermögen von 147
    Risikobereitschaft von 250, 416
    Ruhestand und 55, 542
    Sportleidenschaft von 48, 62
    Takako heiratet 78, 188
    technologische Fortschritte und 31, 105, 481

trifft Takako 76
  vor Marco Polo 332
  Weinleidenschaft von 55
  Weitsicht von 493
  weltweiter Vertrieb und 467-533
Heymann, Paula (Klaus' Mutter) 59
Heymann, Takako (Klaus' Frau) *siehe* Takako Nishizaki
Hildegard von Bingen 273, 350
Hindemith, Paul 351, 391
Hinterhuber, Christopher 187, 241, 242, 429
Hirsch, Rebecca 279, 326
historische Aufnahmen 149, 150, 344
Hitchcock, Wiley 140, 357
HK-Label 11, 381, 382, 384
HK Marco Polo 87, 381; *siehe auch* Marco Polo Records
HMV 475, 479, 519
hnh.com 162, 163, 167, 450
Ho, John 104
Hodge, Les 522
Hofmann, Leopold 151, 246, 351, 409-410
Hogwood, Christopher 29
Holst, Gustav 523
Homer 16, 137, 398, 402
Hommel, Christian 276
Homs, Joaquim 390
Honegger, Arthur 280, 391-392
Hong Kong Academy for Performing Arts 145, 438
Hong Kong Business Awards 50
Hong Kong Coliseum 84
Hong Kong Philharmonic Orchestra 75, 82, 87-89, 91, 118, 278, 381, 385, 416, 490
Hong Kong Records 78
Horenstein, Jascha 73, 144
Horovitch, David 432
Horowitz, Joseph 140, 358
Horowitz, Vladimir 371
Hosokawa, Toshio 297
Houston, Whitney 81
Hugh, Tim 279, 326
Hugo, Victor 398, 463
Hummel, Johann Nepomuk (»Jan«) 202, 242, 386, 410
Humphries, Barry 383, 485, 523
Hungaricus, Concentus 202, 428

Hungaroton 25, 72, 80, 90, 117, 118, 120, 185, 201, 382, 428, 530
Hurford, Peter 29
Hurst, George 477
Huxley, Aldous 289
Hyperion 33, 138, 141, 479, 516, 547, 548

I

Ibert, Jacques 98
Ibsen, Henrik 401
İdil Biret Archive (IBA) 207
Ifukube, Akira 262, 520
Imai, Nobuko 188
Ink Spots 370
Inkinen, Pietari 431
Intégral Distribution 533
Ippolitow-Iwanow, Michail 382, 386
IRCAM 306
Italienisches Kulturinstitut (Budapest) 117, 200, 201, 215, 268, 428
Ito, Yuji 521
iTunes 168–170, 456, 461, 493, 494, 526, 544, 546, 549
Iwanows, Jānis 261, 263
Ives, Charles 298, 357–358, 496, 498, 562
Ivy 519, 521

J

Jablonskaja, Oksana 261
Jablonski, Dmitri 246, 260–264
Jackson, Garfield 221
Jackson, Laurence 219, 224
Jacobs, Paul 331, 364, 497, 557
Jahn, Jörg-Wolfgang 235
Janáček, Leoš 259, 332, 333, 386, 462
Jandó, Jenő (»JJ«) 116–118, 185, 194, 198–204, 216, 239, 259, 345, 428–429, 476
Japan Philharmonic Orchestra 190
Järvi, Neeme 307
Jason, Neville 399
Jean, Kenneth 97, 193
Jenkins, Arthur Ka Wai 402
Jive Records 81
Joachim, Joseph 89, 192, 265, 438
Johansson, Lars 516
Johnson, Stephen 406, 407
Jolly, James 486
Jones, Aled 403

Jones, Toby 401
José, Antonio 361
Joseph Meyerhoff Symphony Hall 249
Joyce, James 138, 398, 402
Judd, James 237, 246, 289
Juilliard School 76, 81, 188, 190, 194, 261
Junkin, Jerry 302

K

K&A Productions 142–143, 417, 420–421, 424–426, 429, 481–482
Kabalewski, Dmitri 262
Kaczyński, Lech 205
Kaiser-Lindemann, Wilhelm 210
Kaler, Ilya 216, 346, 430
Kalinnikow, Wassili 98, 382
Kalkbrenner, Friedrich 242
Kang, Dong-Suk 531
Karajew, Kara 262
Karłowicz, Mieczysław 218, 259
Kassai, István 390
Kastilien-León, Symphonieorchester von 360
Katayama, Morihide 281, 520
Kavafian, Ida 307
Kaznowski, Michal 219
Keenlyside, Perry 403
Kektjiang, Lim 82
Kempff, Wilhelm 204, 207
Kennedy, Nigel 38
Ketèlbey, Albert 387, 391
Kissin, Evgeny 200
Kitt, Eartha 374
Kleiber, Carlos 27
Kleiber, Erich 372
Klemperer, Otto 26, 28, 32, 73
Kliegel, Maria 185, 208, 261, 267, 327, 345, 429
Kobow, Jan 234
Koch International Classics 287
Kocsis, Zoltán 201, 428
Kodály Quartet 120, 132, 212–214, 216, 345, 429, 530
Kodály, Zoltán 198
Koechlin, Charles 387, 531
Koehne, Graeme 279
Kölner Kammerorchester (KKO) 275–277, 345, 508

Kopernicky, Karol 431
Korean Broadcasting System (KBS) 528
Korngold, Erich 356, 386, 391–392, 482
Koukl, Giorgio 435
Kraft, Bonnie 230, 430
Kraft, Norbert 228, 229, 231, 333, 360, 363
Kraus, Joseph Martin 228, 410, 516
Kraus, Sylvie 192, 196
Kreisler, Fritz 76, 81, 150, 188, 190, 194–195, 197, 565
Kun Woo Paik 255, 531
Kwon, Hellen 268

L

Lachner, Franz 98, 382, 387
Lagerqvist, Hakan 127, 342, 511–515, 517–518
Lamberti, Giorgio 131
Lancaster Symphony Orchestra 247
Langlais, Jean 364
Larsson, Lars-Erik 514
Lassus, 270, 275; Messen für fünf Stimmen 275
Lau, David 283, 300
Laura Turner Concert Hall 284, 304, 499
Lauro, Antonio 363
Lawlor, Fergus 125, 477
Le Concert Spirituel 146, 532
Leaper, Adrian 246, 247, 256
Lebrecht, Norman 178
Lebrun, Eric 364
Ledin, Marina 140, 261, 343, 357, 491
Ledin, Victor 140, 261, 343, 357, 491
Lee, Mr. 110
Lei, Edith 343, 416, 435
Leinsdorf, Erich 372
Leipziger Kammerorchester 508
Lenárd, Ondrej 97, 246, 247
Lennick, David 370
Lenni-Kalle Taipale Trio 366
Leoncavallo, Ruggero 356
Lesser, Anton 397, 398, 400, 403, 433
Lettisches Nationalorchester 261–262
Leventritt-Wettbewerb 76, 188
Levine, James 26
Levy, David 72

Lewis, Edward 30
Liang Shan Bo 83
Ligeti 207, 497, 556
Ligeti, András 428
Ligeti, György 297
Lihua, Tan 336
Lilburn, Douglas 291
Lin, Cho-Liang 346
Linz 365
Lippert, Herbert 268
Liszt, Franz 198–199, 201–202, 204, 207, 238–240, 242, 261, 343, 347–348, 428, 443, 559, 566
Liu, Hsin-Ni 263
Ljadow, Anatol 387, 391, 438
Lloyd-Jones, David 236, 478
Lobo, Duarte 229, 274, 363, 389, 497
Locatelli, Pietro 411
London Philharmonic Orchestra (LPO) 40, 176, 252, 346, 486
London Symphony Orchestra (LSO) 40, 145
Lopes-Graça, Fernando 239
Loughran, James 206
LPs 32, 35, 61, 72, 74, 82, 91, 94
    CDs vs. 30, 31, 95–96, 105–106, 109–111, 123, 385, 397, 437, 467, 475
    Kassetten vs. 30
    Beständigkeit von 30–31
    Music for Pleasure 36
Ludwig, Michael 301, 502
Lully, Jean-Baptiste 116, 356
Lutosławski, Witold 256–258, 324–325, 562
Lutzweiler, Matthias 510
Ljapunow, Sergei 262, 264, 391
Lydian 365
Lyrita 25

M Madrid, Gemeindeorchester 361
Maggini Quartet 6, 157, 218, 220–224, 326, 329, 423, 427, 478, 483, 486
Mahler, Gustav 26, 51, 72, 87, 256, 267, 269, 347, 407, 548, 564, 567
Mailer, Prof. Franz 99
Malipiero, Gian Francesco 361–363, 387
Mallon, Kevin 430
Maloney, Michael 401
Malory, Sir Thomas 397

Mandela, Nelson 210
Mangoré, Agustín Barrios 232, 363
Marco-Polo-Katalog 109, 384–385, 389, 398, 403, 415, 450,
    alphabetische Auflistung 349
    Chinese Classics 384
    Kammermusik 350–352
    Klaviermusik 350–351
    Marco Polo Classics 385
    Marco-Polo-Filmmusik 391–392, 443
    Opern 385
    Orchestermusik 384, 386
Marco Polo Records 33
    »Gotische«-Sinfonie und 97
    komplette Zyklen 98
    Kreisler-Edition neu herausgegenen von 188
    »Label der Entdeckungen« 184, 381, 393
    Mandela und 211
    musikalische Standards von 196
    Nationalhymnen und 335–336
    Naxos überschattet 479
    Novecento-Werke von 100
    »Traum-Label«-Status von 97
    Unterhaltungsmusik und das Strauss-Projekt 387
    Verkaufszahlen 383
Marco Polo France 532
Mark, Jon, 148
Mark-Almond 148
Markewitsch, Igor 387
Märkl, Jun 431
Markson, Gerhard 208
Marsh, Roger, 402
Marston, Ward 149, 369, 425
Martin, Laurent 390
Martinů, Bohuslav 435
Marton, Ivan 110, 433–435
Martucci, Giuseppe 100, 362
Mascagni, Pietro 100, 356, 462
Masó, Jordi 390
Massenet, Jules 356
Maupassant, Guy 404
Maxwell Davies, Sir Peter 219, 222, 327–330, 407, 427, 483
May, Karl 61

Mayuzumi, Toshiro 281
McCarthy, Cormac 403
McCawley, Leon 238
McCleery, 407
McCormack, John 374
McCowen, Alec 401
MacDowell, Edward 358, 391
McGraw Hill 493
McGregor, Ewan 401
Machaut, Guillaume de 273–274
MCI 102, 104
McKay, George Frederick 299
McKeich, Andrew 522–524
McKellen, Ian 401
MacMillan, James 278, 329–330
McMillan, Roy 432
Media 167, 450, 451, 510, 526, 529, 532, 533
Melchior, Lauritz 372
Melodiya 26, 110, 382
Mena, Juan José 360
Mendelssohn, Felix 61, 73, 79, 119, 186, 192–193, 210, 216, 225, 280, 290, 364–365, 430, 564–567
Mendelssohn-Bartholdy, George 73, 79
Menotti, Gian Carlo 297
Menuhin, Yehudi 26, 371, 566
Mercadante, Saverio 226
Meridian 25
Messiaen, Olivier 256–258, 331, 364, 431, 497, 557–558
Metropolitan Opera (»Met«) 173
Meyerbeer, Giacomo 356, 386
Meyer-Eller, Sören 404
Michelangeli, Arturo 32
Middle Kingdom 7, 392–393
MIDEM 16, 33, 80–81, 95, 127, 136, 165, 256, 263, 419, 434, 504, 516
MIDEM Classique 16, 33, 256, 504, 516
Milken Archive of Jewish Music 501
Miller, Glenn 374
Milnes, Sherrill 26
Milstein, Nathan 463
Milton, John 137, 397, 501
Minolta 74
Miricioiu, Nelly 131

591

Moeran, E. J. 219–220, 388
Moiseiwitsch, Benno 150, 173, 372, 566
Montemezzi, Italo 100
Monteverdi Chor und Orchester 486
Monteverdi, Claudio 406
Moorani, Riyaz 170
Moroi, Saburo 281
Morris, Joan 299
Morris, Johnny 18, 485
Moscheles, Ignaz 73
Moskauer Symphonieorchester 262, 391
Motown 81
Mozart, Wolfgang Amadeus 29, 52, 119, 124, 151, 183, 185, 188–189, 193–194, 196–197, 199–200, 202–203, 225, 227, 239, 247, 265, 267–269, 277, 290, 341, 345–346, 354, 356, 365, 381, 406–407, 409, 423, 428–430, 485, 508, 516, 548, 565–566
Müller, Othmar 242
Müller-Brühl, Helmut 6, 275–277, 345
Münchner Philharmoniker 60
Murakami, Haruki 403
Music and Video Distribution (MVD) 470
Music City USA 500
Music Masters 287
Music Week 15, 37
Musikpiraterie 81, 336
Musikverein (Wien) 192, 241
Musikwissenschaft 140, 151–152, 170, 357–358, 433, 451, 455–456, 491, 508, 547
Mussorgsky, Modest 117, 199, 565–566, 568
Mute 81
MVC 487
Mjaskowski, Nikolai 98, 262, 266–267, 382, 387, 391, 438
Myers, Paul 426

N

Nachéz, Tivadar 195
Nagoya Philharmonic Orchestra 82, 384
Nagy, Péter 118
Naïve 494, 516, 533
Nancarrow, Conlon 296
Napster 544
Nashville Symphony 284, 302–306, 431, 490, 496–500, 556
Nationales Symphonieorchester der Philharmonie (Kattowitz) 324
Nationales Symphonisches Orchester des Polnischen Rundfunks (NSOPR) 255–256, 324–325, 331, 347, 531

National Symphony Orchestra of Ireland (RTÉ) 146, 346
Naxos:
    Anerkennung von 157, 217
    Anfangstage von 117, 164
    Aufnahme-, Produktions- und Schnittprozesse 418, 420, 422, 423, 432
    Aufnahme-/Veröffentlichungszeitplan 357, 415,
    Auszeichnungen 138, 482, 496, 553, 555; siehe auch GRAMMYS
    CD-Verkäufe von 37, 156, 169, 468, 482, 494–495, 497, 518, 541
    Charakter von 539
    Ehepartner-Team von 52
    gemeinfreies Repertoire und 296
    Gerichtsverhandlungen mit Beteiligung von 173
    »Gotische«-Sinfonie und 97
    Gründung von 15, 184
    Hörbücher, *siehe* Naxos AudioBooks
    Internet und 161–179
    Katalog, *siehe* Naxos-Katalog
    Konkurrenten von 489
    Ltd 113
    Marktanteil 480, 482, 504, 511–513
    Mutterunternehmen von 162
    Nationalhymnen und 333–336
    SADiE-Software und 420, 426
    Takako Nishizaki und 45, 52
    Umsatz 480
    »Väter von« 115
    Vertriebsunternehmen 12, 16, 36, 54, 69, 95, 100, 121, 125, 139, 165, 186, 354, 368, 442, 457, 467, 469, 471, 477, 481–482, 489, 504–505, 510, 519, 523, 526, 528–529, 533, 538–540
    Vorläufer von 80
    Vorurteile gegenüber 221
    Woolworth und, siehe Haupteintrag
Naxos of America 54, 128, 284, 335, 456, 468–469, 489–498
Naxos AudioBooks 17–18, 136, 138, 152, 251, 343, 397–406, 417, 432–433, 455, 463, 479, 482, 490
    Classic Fiction-Reihe 398
    Classic Non-Fiction-Reihe 399
    deutsch, *siehe* Naxos Hörbücher
    Grimms Märchen 398
    History-Reihe 403–407
    In a Nutshell-Reihe 404
Naxos Australia, siehe SAVD

Naxos Books 152–153, 407–408, 417
    Biografien von 152, 371, 405
    Discover-Reihe 407–408
    e-Texte und Apps 153, 408
    Kinderbücher von 153
    Life and Music-Reihe 407–408
    Portrait-Reihe 407
    Websites zu 456
Naxos-Katalog 183, 207, 265, 297, 299, 307, 329, 331–332, 342–343, 354, 356, 360, 443, 453, 491, 532
    American Classics 139–140, 251, 298, 301, 343, 357–359, 418, 443, 491–492, 496–499
    Anthologien 353
    Best of-Reihe 353–354
    britischer Musik, Reihe mit 486
    British Piano Concerto-Reihe 279, 484
    Budget Classics 80, 404, 438
    Chill with-Reihe 199, 275, 354, 485
    Cinema Classics 354
    Clarinet Classics 479
    Classics at the Movies, The 354
    Complete Piano Music of Liszt 443
    Deutsche Schubert-Lied-Edition 347
    Early Music Collection 355
    Easy Listening Piano Classics 355
    English Song Series 485, 548
    Gesang und Chor 349, 355, 417
    Great Conductors 371–372
    Greek Classics 355
    Guitar Collection 228–232, 363, 443
    Hochzeitsmusik 355
    Immortal Performances-Reihe 149, 173
    Italian Classics 355, 361
    Japanese Classics 139, 281, 520–522
    »Jubiläumsausgaben« 506
    Laureate Series 231, 343, 355
    Listen, Learn and Grow-Reihe 354
    Liszt, komplette Klaviermusik 238
    Melodies of Love 464
    monatliche Top Ten 485
    Naxos Web Radio, Streaming 464
    19th Century Violinist Composers 355

NML und 164, 166–170, 172–173, 452–453, 455–457, 459–461, 464, 522, 528
»Projekte in der Pipeline« 417
Opera Classics 356
Organ Encyclopedia 364
Robert Craft Collection, The 287
Romantic Piano Favourites 355
»Salonmusik« 354
Sammlungen 355
Spanish Classics 355, 359, 361, 443
Streichungen 376
Tintner Memorial Edition 346
Trompetenaufnahmen (The Art of the Baroque Trumpet) 355
Verwertung 353
Very Best of-Reihe 354, 443
Wind Band Classics 443
Naxos Denmark 511, 517
Naxos Deutschland 155, 323, 471, 504–510
Naxos Digital Japan 521
NaxosDirect 495
Naxos DVD 374, 376
   Jazz Icons-Reihe 497
   Musical Journeys 375
Naxos Educational 8, 349, 352, 404–406, 408, 417
Art and Music-Reihe 406
   Classics Explained 406
   Discover-Reihe 407–408
   Life and Works-Reihe 405
   Opera Explained 406
   Portrait-Reihe 407
Naxos Far East 9, 46, 469, 525
Naxos Finland, siehe FG Naxos
Naxos Global Distribution 526
Naxos Global Logistics (NGL) 468–472, 510, 533
Naxos-Gruppe 494, 525, 541
Naxos Historical 7, 150, 173, 368, 370–371, 373, 482, 568
Great-Reihe 371–372
Naxos Hongkong
Naxos Hörbücher 8, 404, 463
Naxos in Frankreich, *siehe* Abeille Musique
Naxos Japan 519–522
Naxos Jazz 7, 365, 370, 373
Naxos Korea 9, 526–528

Naxos Music Library (NML) 47, 164–170, 172–173, 254, 452-453, 455-457, 459-462,
    464, 488, 495, 497, 511, 518, 522, 528, 533, 541, 544, 547, 549
Abonnements 455, 488, 522, 541
Apps 408, 545
Jazz 453
Naxos Musicals 370, 373
Naxos Norway 511, 518
Naxos Nostalgia 370, 373, 443
Naxos Patrimoine 531
Naxos Promotions 474
Naxos Quartets 219, 222, 224, 327–328, 427, 483
Naxos Spoken Word Library (NSWL) 402, 456, 463–464, 528
Naxos Sweden 54, 127, 342, 354, 468–469, 511–516, 518
Naxos Video Library (NVL) 457, 462–463, 544, 528
    Global Treasures-Reihe 463
Naxos Web Radio 8, 464
Naxos-Website 152, 161–163, 172–173, 177, 341, 407–408, 449, 451–452, 456,
    458–464, 495, 544
    Apps 408
    Bücher mit 407
    BWV 51 460
    DRM und 170, 451
    Einwählverbindungen und 450
    E-Texte und Apps 153, 408
    FTP-Server von 446
    »globale Gemeinschaft« 458
    Metadaten und 168, 451, 455, 493, 546
    Newsletter 459
    NML und 164, 166–170, 172–173, 452–453, 455–457, 459–461, 464, 522, 528
Naxos' »weiße Wand« 40, 126, 445, 479, 488, 520
Naxos World 7, 148, 367, 443, 496
Nebolsin, Eldar 6, 239, 258, 313
Nelsova, Zara 261
New Zealand Chamber Orchestra 151
New Zealand String Quartet 430
New Zealand Symphony Orchestra (NZSO) 145, 241, 280–281, 289–291, 333, 346,
    431
Newman, Anthony 346
Nexus 508
NHK 33
Nicholas, Jeremy 407
Nicolaus Esterházy Sinfonia 246, 345, 429

Nielsen, Carl 247
Nietzsche, Friedrich 402
Nimbus 25, 33
Nin-Culmell, Joaquín 439
Niquet, Hervé 146, 532
Nishizaki, Atsushi (Takakos Bruder) 519
Nishizaki, Masako (Takakos Mutter) 190
Nishizaki, Shinji (Takakos Vater) 190
Nishizaki, Takako (Klaus' Frau) 13, 45, 52, 72, 76–78, 82–84, 88–90, 92, 96, 115–117, 119, 121, 152, 185, 188–189, 197–199, 217, 247, 266, 277, 296, 332, 346, 349, 384, 416, 422, 430, 519, 526
   Butterfly Lovers, The aufgenommen von 82, 84, 121, 189, 191, 197, 349, 384, 438, 526
   Chinesische Musik aufgenommen von 83, 87
   erste Rezension von 96
   Geburt von 188
   Geigen-Popsongs von 332
   Geigenwettbewerbe, als Jurymitglied von 197
   Geigenunterricht bei 190
   Juilliard besucht von 188, 190, 194
   Juilliard Concerto Competition gewonnen von 188
   Klaus heiratet 78
   Konzerte aufgenommen von 119, 152
   Kreisler-Edition und 188
   Leventritt-Wettbewerb und 76, 188
   »Mrs. Heymann«, Beiname von 197
   Naxos und 45
   Takako Nishizaki Violin Studio gegründet von 197
   trifft Klaus 188
   Vier Jahreszeiten aufgenommen von 115–116, 119, 186, 188, 193, 247, 346, 422
Nock, Mike 147, 366
Nopp, Otto 431
Norberg-Schulz, Elizabeth 268
Norddeutscher Rundfunk
North, Nigel 232
Northern Chamber Orchestra 229, 273
Northern Sinfonia 476
Norton, Jim 398, 402
Nyman, Michael 279, 348, 487

Obert-Thorn, Mark 149, 368–369, 425
OehmsClassics 525

Ohguri, Hiroshi 521
Ohki, Masao 281
Ohzawa, Hisato 262
Olga Musik 517
Olympische Spiele 333–335
Onczay, Csaba 199, 345
Ondine 228, 518
Opus 25, 72, 90, 155, 202, 213, 382, 487, 495, 525
Opus Arte 155, 487, 495, 525
Orbón, Julián 361
Orchestra of St. Luke's 287, 289, 303
Orchestra Sinfonica di Roma 362–363,
Orchestre National de Lille 532
Orchestre National de Lyon 285, 331, 431
Orff, Carl 73, 296
Orgonášová, Luba 131
Osaka Philharmonic Orchestra 521
Ottensamer, Ernst 242
Otterloo, Willem van 61
Our Price 475, 479, 487
Outram, Martin 219
Overseas Weekly 64–66
Oxford Camerata 138, 146, 270–271, 273–274, 317, 350, 478, 484

P

Pacific Audio Supplies Ltd 104
Pacific Mail Order System 70
Pacific Music Co. Ltd 104, 121, 128–129, 332
Pacifica Quartet 298, 556
Pacini, Giovanni 356
Paganini, Niccolò 91, 192, 216–217, 235, 363, 565–566
Paik, Kun Woo 255, 531
Paleczny, Piotr 256
Palestrina, Giovanni Pierluigi da 51, 196, 270–271, 354, 548
Paley, William 24
Parker Quartet 297, 497, 556
Pärt, Arvo 278, 280, 331, 348, 407, 503
Patmore, David 569
Paton, Laura 398
Pauk, György 256
Pavarotti, Luciano 26, 38
Pears, Peter 437
Peking Symphonieorchester 335–336

Penderecki, Krzysztof 257–259, 325, 563
Penguin 132, 178, 344, 476, 559
Penny, Andrew 362
Pentatone Classics 494
Perlman, Itzhak 76, 188, 463
Perry, Ted 141, 479
Persichetti, Vincent 501
Peter Breiner und sein Kammerorchester
Petermandl, Hans 391
Peterson-Berger, Wilhelm 514
Petitgirard, Laurent 331
Petrenko, Vasily 176, 240, 245, 349, 420–421, 486, 548
Pfitzner, Hans 51, 386–387, 548–549
Philharmonia Orchestra 206, 287
Philips 24, 26, 30–31, 38, 40, 61, 285, 480
Phoenix Studio 203, 215, 269, 428
Piazzolla, Ástor 232, 235, 363
Pierné, Gabriel, 285
Pierre, Fabrice 225
Pinza, Ezio 374
Pirate Bay 517
Piston, Walter 357, 501
Pittsburgh Symphony Orchestra 303
Pizzetti, Ildebrando 100, 362, 389
Platon 402, 463
Pleyel, Ignaz Joseph 152, 207, 228, 410
Plitmann, Hila 301, 556
Pollack, Christian 431
Pollini, Maurizio 26
Polskie Nagrania 25, 257
PolyGram 30, 37–38, 42, 79, 120–122
Ponder, Michael 431, 477
Ponti, Michael 73, 75, 79, 94, 194
Popper, David 210, 260–261
Porter, Cole 370
Poulenc, Francis 482, 531–533, 560
Powell, Robert 433
Prandelli, Giacinto 373
Preiser Records 506
Prentice Hall 493
Primrose, William 371
Prokofjew, Sergei 253, 255, 264, 383, 407, 531

Prophone 518
Proprius
Proust, Marcel 399
Prunyi, Ilona 390
Puccini, Giacomo 356, 406, 560
Purcell, Henry 273
Puschkin, Alexander 404

R

Raat, Ralph van 305, 503
Rachmaninow, Sergei 149–150, 183, 199, 206–207, 239, 242, 256, 262–264, 285, 347, 368, 371
Radio France 206, 532
Raff, Joachim 98, 253, 382, 387, 440
Rahbari, Alexander 131, 346
Rameau, Jean-Philippe 356, 365, 482
Rautavaara, Einojuhani 226, 482
Ravel, Maurice 216, 227, 256, 285, 531–532, 559, 565
Rawsthorne, Alan 224, 279, 483
RCA 24, 26, 35, 81, 190, 285, 306
Record Geijutsu 519, 521
Record Review 212, 270
RED 546
Reference Recordings 525
Reger, Max 348, 364
Reinecke, Carl 226
Reiner, Fritz 372
Reinhardt, Django 374
Residentie Orkest 61
Respighi, Ottorino 88–89, 91–92, 191–192, 361, 382, 385–386, 503
Revox (HK) Ltd 74, 81, 104
Rhapsody 290, 350, 387, 543–544, 564–565
Rheinberger, Joseph 364
Rheinische Philharmonie
Richter, Sviatoslav 263
Ries, Ferdinand 152, 187, 241, 410
Riesel, Yves 206, 529–533
Rihm, Wolfgang 187, 235
Rimski-Korsakow, Nikolai 263, 375, 383, 386, 502
Ringeissen, Bernard 390
Riordan, Marcella 398, 402
Rippon, Angela 485
Robinson, Christopher 327, 427

Rochberg, George 298
Rodrigo, Cecilia 360
Rodrigo, Joaquín 225, 229, 231, 348, 359–361, 363, 407
Rorem, Ned 298
Rosbaud, Hans 60
Rose Consort of Viols 478
Ross, Graham 330
Ross, Tony 485
Rossini, Gioachino 356, 365, 376, 391, 462
Rostropowitsch, Mstislaw 209, 352
Rowlands, Phil 420
Royal Academy of Music 270
Royal Liverpool Philharmonic Orchestra (RLPO) 176, 237, 242, 291, 349, 420, 486
Royal Opera House 64
Royal Philharmonic Orchestra 209, 284
Royal Scottish National Orchestra 140, 146, 249, 346, 431, 476, 478,
RTVE-Symphonieorchester und -Chor
Rubackyté, Múza 390
Rubbra, Edmund 224, 278–279, 388, 427, 483
Rubinstein, Anton 188, 192, 266, 382, 385, 387, 391
Rubinstein, Arthur 150
Rübsam, Wolfgang 364
Russische Philharmonie 262
Rutter, John 330, 484, 486
Rydl, Kurt 268
Rzewski, Frederic 242, 299

S
Saarbrücken, Rundfunk-Symphonieorchester 208
Saint-Saëns, Camille 206, 209–210, 485, 531, 533
Saito, Hideo 190
Sallinen, Aulis 463
Santander Internationaler Klavierwettbewerb
Santos, Joly Braga 386, 389, 427
São Carlos, Oper de 64
Sarnoff, David 24
Sasaki, Ryuichi 522
Sauer, Martin 422
Sauguet, Henri 531
SAVD 522, 524–525
Scarlatti, Domenico 343, 348
Schäuble, Niko 366
Scheidemann, Heinrich 364

Scherbakov, Konstantin 390
Scherer, Barrymore Laurence 407–408
Schermerhorn, Kenneth 118, 284, 490, 496, 498
Schiff, András 117, 201, 428
Schirmer, G. 302
Schmid, Rosl 60
Schnabel, Artur 371
Schnittke, Alfred 208
Schola Cantorum 270–272, 484
Schönberg, Arnold 242, 278, 286–289, 296, 356
Schostakowitsch, Dmitri 136, 144, 176, 210, 217, 221, 245, 261–262, 264, 296, 331, 349, 365, 391, 407, 420, 508, 548
Schreker, Franz 266, 356, 385, 439
Schröder-Klaviere
Schubert, Franz 60, 190, 195, 199, 202–203, 214, 216, 220, 232–234, 239, 242, 260, 265–266, 269, 345–347, 365, 406, 429, 502, 565, 567
Schuman, William 140, 298, 358, 500–501
Schumann, Robert 52, 217, 256, 270, 346–347, 365, 389, 436, 548, 564, 566–567
Schütz, Heinrich 140, 274
Schwarz, Gerard 358, 500
Schwarzkopf, Elisabeth 372
Scofield, Paul 401
Scriabin, 79, 205
Sculthorpe, Peter 291
Seattle Symphony Orchestra 500
Selby, Jim 128, 489–491, 493–495
Select Music, UK/Select Music and Video Distribution Ltd 16, 54, 125, 127, 138–139, 142, 220, 342, 442, 469, 473–474, 477, 479–482, 484–485, 487–48
Seo, Kazunori 226
Serebrier, José 299, 373
Serra, Joaquim 361
Shakespeare, William 362, 399–401, 403, 463
Sherab Ling, Kloster 148, 367, 496
Sherry, Fred 287
Shield, William 411
Shima, Mamoru 520
Shimono, Tatsuya 521
Shirley, Wayne 140, 358
Sibelius, Jean 118, 136, 216, 247, 280, 431, 565
Siepmann, Jeremy 349, 405, 407
Simon, Klaus 305
Sinfonia Finlandia Jyväskylä 225–226, 228

Singapore Symphony Orchestra 88, 91, 191, 381
Sinigaglia, Leone 100
Sivelöv, Niklas 426
Slatkin, Leonard 6, 248, 282–285, 300, 302–303, 359, 431, 496, 499, 545, 548, 555–556
Slovák, Ladislav 144, 349
Slovak Sinfonietta Žilina 431
Slovart 90, 434
Slowakisches Kammerorchester
Slowakische Nationaloper, Orchester der 116
Slowakische Philharmonie 90–92, 97, 111, 116, 192–193, 246, 266–267, 422, 434
Slowakischer Philharmonie-Chor 130
Slowakisches Rundfunk-Symphonieorchester 97, 116, 118, 144, 246, 333–334, 336, 349, 392, 434, 498
Smetana, Bedřich 256, 386, 567
Smillie, Thomson 406
Smith, Bessie 370
Soames, Benjamin 398
Soames, Nicolas 15, 19, 136, 397
Soames, Victoria 16
Sobotka, Wolfgang 423
Söderman, August 514
Soler, Antonio 349, 560–561
Solti, Georg 26, 32, 64, 519
Sonart 522–523
Sonic Solutions 426
Sony 31, 35, 42, 122, 530
Sousa, John Philip 140, 357
Spohr, Louis (Ludwig) 88–89, 192, 195, 386–387, 389
Spotify 543
SRB Records 110
SRI 228
Staatskapelle Weimar 259
Städtische Bühnen (Augsburg) 246
Stamitz, Johann 151, 349, 482
Stanzeleit, Susanne 224
Starker, János 209
Stenhammar, Wilhelm 426, 514
Stereo Sound 520
Stern, Isaac 26, 32, 145, 273, 344
Stevenson, Juliet 319, 399, 401, 432
Stevenson, Robert Louis 404

St. Louis Symphony 303
Straub, Stefan Dr. 508
Strauss, Johann (Sohn) 99, 373, 388, 482
Strauss, Johann (Vater) 99, 388, 431
Strauss, Josef 98, 388
Strauss, Richard 51, 61, 113, 259, 266, 280, 346, 372–373, 501
Strawinski, Igor 61, 136, 153, 207, 286–289, 296, 406–408
Studer-Revox (HK) Ltd 74, 81, 104
Sturgeon, Jim 128, 489
Süddeutscher Rundfunk
Suk, Josef 503
Summerly, Jeremy 6, 138, 146, 270–275, 484
Supraphon 25, 72, 80, 90, 110,
Surif, Valentin 390
Suzuki Method 46, 77, 188, 190, 197
Suzuki, Shinichi 76–77, 188, 190
Swarowsky, Hans 278–279
Schwedisches Kammerorchester 225, 516
Sydney Symphony Orchestra 279
Szabó, Tamás 212
Székely, István 118, 428
Szymanowski, Karol 98, 196, 218, 220, 255, 258–259, 324, 351, 356, 385–386, 563

T

Tabakov, Emil 226, 351
Takagi, Kazuhiro 521
Takako Nishizaki Violin Studio 197
Takemitsu, Tōru 231, 251–252, 281, 297, 331, 352, 521
Tallis, Thomas 270, 273, 347, 352, 561
Tanejew, Sergei 218, 352, 387
Tartini, Giuseppe 73, 352
Tatum, Art 374
Tauber, Richard 374
Tavener, Sir John 210, 273–274, 279, 326–327, 348, 352, 407, 427
Taylor, John 477
Tebaldi, Renata 373
TEC, SL 151
Telarc 25, 285, 516
Teldec 35, 497
Telefunken 80, 82, 194
Telemann 277, 508, 558, 561
Thalberg, Sigismond 73, 391
Thessaloniki Symphonieorchester 362–363

Thiollier, François-Joël 531
Tichy, Georg 268
Time Warner 35
Timson, David 319, 400–401, 403, 406
Tintner, Georg 145–146, 346
Tippett Quartet 238,,
Tischtschenko, Boris Iwanowitsch 262
Toho School of Music 190
Tokio, Universität für Kunst und Musik 280–281, 522
Tolstoi, Leo 400, 463
Toscanini, Arturo 24, 519
Tóth, Erika 212
Tóth, Ibolya 200, 202, 210, 215, 321, 428
Tournemire, Charles 387, 439
Tower, Joan 284, 299, 303, 496, 499
Tower Records 475, 492, 495
Toyama, Yuzo 520
Trekel, Roman 232
Trenet, Charles 374
Tschechoslowakisches Rundfunk-Symphonieorchester 434
Tschaikowski, Pjotr (»Peter«) 83, 119, 183, 189, 192–193, 209–210, 216–217, 245, 247, 256, 262, 267, 333, 347, 352–354, 436, 463, 486, 524, 537, 548
Tsujii, Nobuyuki 543
Tuck, Rosemary 391
Turner, Laura 284, 304, 499
Twentieth Century Classics Ensemble 287
Tyberg, Marcel 503
Tydeman, John 401

U

Ugetsu 366
Ulster Orchestra 278, 281, 305, 327, 329
Ungarischen Rundfunks, Wettbewerb des 117
Unicorn-Kanchana 25
Universal 480, 497
University of Texas Wind Ensemble 302
Urheberrecht, *siehe auch* Copyright 135, 139, 174, 336, 370, 374, 445, 461, 517

V

Valdés, Maximiano 360–361
Valentine, Alan 304, 498–500
Vallé, Orlando (»Maraca«) 366
Vanguard 467
Vanhal, Johann Baptist 152, 192, 196, 277, 409–410, 558
Varady, Júlia 463

Vaughan, Sarah 374
Vaughan Williams, Ralph 157, 221, 237, 290–291, 326, 391, 485–486, 557, 561
VEB Deutsche Schallplatten 25
Ventapane, Lorenzo 194
Verdi, Giuseppe 206, 356, 376, 406, 566, 568
Vermeer Quartet 216, 430
Verne, Jules 398
Victor 16, 24, 83, 91, 140, 261, 270, 343, 350, 357–359, 374, 491
Vierne, Louis 364
Villa-Lobos, Heitor 229, 363, 389, 497
Virgin 81, 364, 398–399, 529–530
Vītols, Jāzeps 261, 387
Viva 73, 115, 227, 235, 247, 272–273, 277, 346, 375, 485, 506, 511, 513, 561
Vivaldi, Antonio 73, 115, 227, 235, 247, 272–273, 277, 346, 375, 485, 506, 513, 561
Vladar, Stefan 345, 530
Voll, Chris 128, 155, 504–506, 508–510
von Bahr, Robert 33, 167
von Bülow, Hans 390
von Karajan, Herbert 26, 28, 31–33, 37–38, 120, 372, 519
von Matačić, Lovro 278
von Suppé, Franz 196
von Zemlinsky, Alexander 242, 290, 386
Vox-Turnabout 73, 79, 467

W

W. W. Norton 493
Wagner, Richard 385, 461
Wagner, Siegfried 100, 439
Walls, Peter 291
Walter, Alfred 99
Walter, Bruno 372
Walton, Andrew 142, 219, 221, 274, 292, 420, 423, 477, 481, 521
Walton, William 326, 427
Ward, Nicholas 229
Warner 29, 35, 460, 497,,
Warschauer Philharmonie 218
Wass, Ashley 6, 236, 291, 312, 483
Wearn, Jonathan 173, 368
Webern, Anton 278, 280, 287
Weill, Kurt 541
Weir, Simon 433
Whitacre, Eric 307
White Cloud 148

Whiteman Paul 374
Whitfield, June 485
Whitfield, Peter 403
Wieck, Clara 205
Wiener Philharmoniker 225
Wiener Staatsoper 130, 264, 268, 316
Wiener Staatsorchester 266
Wieniawski, Henryk 76–78, 565
Wildner, Johannes 130
Williams, Alberto 390
Williams, Heathcote 399, 402
Wilson, Terrence 306, 497
Winter, Richard 95, 125, 368
Wit, Antoni 6, 218, 225–226, 240, 246, 255–260, 267, 324–325, 331, 348, 365, 531
Witt, Friedrich 225
Wong, S. K. 161, 167, 449
Wood, Henry 209
Woolf, Virginia 398–399
Woolworth 15, 36–37, 40, 125, 468, 473–476
Wordsworth, Barry 118, 246–247, 345
Wulfson, Eduard 264
Wuorinen, Charles 299

X
Xhosa-Wiegenlieder 210

Y
Yamada, Kôsçak 278, 280, 521
Yang, Tianwa 6, 187, 235, 317
Yashiro, Akio 278, 281, 427,
Yellow River 7, 392–393,
YouTube 232
Ysaÿe, Eugene 218, 235, 430
Yuasa, Takuo 6, 278–281, 305, 327, 329
Yüksel, Şefik 207

Z
Zagreber Philharmoniker 123
Zander, Benjamin 437
Zenker, Martin 366
Zhu Ying Tai 83
Zyman, Samuel 459